Italiener in Hamburg

Italien
in Geschichte und Gegenwart

Herausgegeben von
Luigi Vittorio Ferraris, Erik Jayme,
Günter Trautmann(†), Hartmut Ullrich

Band 19

PETER LANG

Frankfurt am Main · Berlin · Bern · Bruxelles · New York · Oxford · Wien

Elia Morandi

Italiener in Hamburg

Migration, Arbeit und Alltagsleben vom Kaiserreich bis zur Gegenwart

PETER LANG
Europäischer Verlag der Wissenschaften

Bibliografische Information Der Deutschen Bibliothek
Die Deutsche Bibliothek verzeichnet diese Publikation in der
Deutschen Nationalbibliografie; detaillierte bibliografische
Daten sind im Internet über <http://dnb.ddb.de> abrufbar.

Zugl.: Hamburg, Univ., Diss., 2003

Gedruckt mit freundlicher Unterstützung des
italienischen Generalkonsulates in Hamburg.

Eine Veröffentlichung der Forschungsstelle für Zeitgeschichte
in Hamburg.

Umschlagabbildung:
Terrazzoarbeiter.

Gedruckt auf alterungsbeständigem,
säurefreiem Papier.

D 18
ISSN 0945-1846
ISBN 3-631-52205-3
© Peter Lang GmbH
Europäischer Verlag der Wissenschaften
Frankfurt am Main 2004
Alle Rechte vorbehalten.

Printed in Germany 1 2   4 5 6 7

www.peterlang.de

Meinen Eltern

Geleitwort

Hamburg, den 1. April 2004

Mit großer Freude möchte ich unserem jungen Autor ein paar Geleitworte mitgeben, die meine Bewunderung für seine Forschungsarbeit zum Ausdruck bringen. Die Wege meines Schicksals haben mich oft nach Deutschland geführt, zunächst in den 50er Jahren als jungen und reisefreudigen Studenten, später als Diplomaten bei der italienischen Botschaft in Bonn, dann als Generalkonsul in Stuttgart und seit 2000 wieder als Generalkonsul in Hamburg. Um in jungen Jahren meine Entdeckungsreisen zu finanzieren, habe ich stets im Ausland gearbeitet und somit auch in Deutschland die verschiedensten Tätigkeiten verrichtet. Für meinen Lebensweg war das eine unverzichtbare und unvergessliche Zeit und sie hat es mir erlaubt, viele der Erfahrungen der damals in Deutschland arbeitenden Italiener, aber auch der Griechen und Spanier und von anderen Menschen, die entschieden zum Wirtschaftswunder beigetragen haben, zu teilen. Umso mehr freue ich mich darüber, dass nun diese exzellente Studie erscheint, die die bislang wenig bekannte Geschichte der italienischen Präsenz in Hamburg ans Tageslicht bringt und somit auch dazu beiträgt, ein detailliertes Gesamtbild der italienischen Deutschland-Wanderung und ihrer Rolle im Werdegang dieses Landes nachzuzeichnen.

Der italienische Generalkonsul in Hamburg
Dr. Antonio Cardelli

Danksagung

Im Frühjahr 1996 beschloss ich, damals Geschichtsstudent der Universität Venedig, für einige Semester im Rahmen des Studentenaustauschprogramms Erasmus im Ausland zu studieren. Im Herbst war es soweit, und ich landete, relativ zufällig, in Hamburg. In dieser Zeit begann ich, mir Gedanken über ein geeignetes Thema für meine Magisterarbeit zu machen und kam aus diesem Grund mit Prof. Dr. Arnold Sywottek vom Historischen Seminar der Universität Hamburg in Kontakt. Ich ahnte nicht, dass diese Begegnung meine Zukunft entscheidend beeinflussen würde. Prof. Sywottek, damals Leiter der Forschungsstelle für Zeitgeschichte in Hamburg (FZH), konzipierte gerade ein Projekt zum Thema „Fremde in Hamburg seit dem Ersten Weltkrieg", in welchem in verschiedenen Teilprojekten die Geschichte ausgewählter Gruppen fremder Herkunft in der Stadt untersucht werden sollte. Als ich mich vorstellte und ihm dabei erzählte, dass ich zwar in Italien, aber in einer italienisch-deutschen Familie zweisprachig aufgewachsen und mit beiden Kulturen vertraut war, forderte er mich spontan auf, mich mit der Geschichte der italienischen Migration nach Hamburg auseinanderzusetzen. Ich nahm mit Begeisterung seinen Vorschlag auf und beendete Anfang 2000 mit einer Arbeit über italienische „Gastarbeiter" in Hamburg mein Studium in Venedig. Einige Monate später stellte mich Prof. Sywottek als wissenschaftlicher Mitarbeiter der FZH an. Ich sollte mich im Rahmen des erwähnten Projekts mit der Geschichte der Italiener in Hamburg seit 1918 befassen. Aufgrund der guten Quellenlage wurde mir gestattet, den Untersuchungsraum auf die Zeit des Kaiserreichs auszudehnen. Im Spätherbst 2002 war die Arbeit, die inzwischen auch zum Promotionsvorhaben an der Universität Hamburg geworden war, fertig. Hiermit wird sie nun – unverändert – veröffentlicht.

Dass es so weit kommen konnte, verdanke ich in erster Linie der FZH, die als Institut durch Übernahme der gesamten Druckkosten auf großzügige Weise die Veröffentlichung unterstützt hat, und all ihren Mitarbeitern, die mich freundlich in ihrem Kreise aufgenommen und mir mit Rat und Tat beiseite gestanden haben, darunter vor allem Prof. Dr. Axel Schildt, der Leiter des Instituts. Ein besonderer Dank gebührt auch Prof. Dr. Klaus J. Saul, meinem „Doktorvater", der während der ganzen Zeit geduldig die Arbeit betreut hat, und Prof. Dr. Karl C. Führer, dem Zweitgutachter. Ausgesprochen hilfreich waren auch die für die meisten Doktoranden unerreichbar günstigen Arbeitsbedingungen, von denen ich als Angestellter eines historischen Instituts profitieren konnte, nämlich ein regelmäßiges Einkommen, eine „eigene" gut ausgestattete Bibliothek und anderes mehr. Außerhalb des engeren Kreises meiner Kollegen und Kolleginnen in der FZH und meines Doktorvaters bin ich vielen anderen Personen zu Dank verpflichtet: Als ersten möchte ich hier Dr. Antonio Cardelli, den italienischen Generalkonsul in Ham-

burg, nennen, der mir die größte Hilfsbereitschaft bei den Recherchen im Konsu-
latsarchiv gezeigt und großzügig auch die Publikation unterstützt hat. Ferner
möchte ich mich bei den Mitarbeitern der verschiedenen Archive bedanken, die
ich besucht habe, darunter in erster Linie bei Herrn Dr. Peter Gabrielsson, meinem
Betreuer im Staatsarchiv Hamburg; bei allen Mitarbeitern des italienischen Kulturinstituts in Hamburg, darunter vor allem danke ich Dr. Madina Fabris, der damaligen Leiterin des Instituts, und Frau Anita Moschetti, einer ehemaligen Angestellten des Generalkonsulats, die mein erster Kontakt innerhalb der italienischen
Gemeinde in Hamburg war und die mich mit vielen späteren Interviewpartnern in
Verbindung gebracht hat; mein Dank geht auch an Herrn Luigi Giorgio, dem
ehemaligen Italiener-Betreuer des Caritasverbandes in Hamburg; an Don Quintino
Lugnan, dem ehemaligen italienischen katholischen Missionar in Hamburg; an
Herrn Emanuele Padula, dem Präsidenten der *Associazione Basilicata*, sowie an
Herrn Gualberto Galetti und Herrn Franco Bonsignore, dem ehemaligen bzw. ak-
tuellen Hamburg-Vertreter des italienischen Fürsorgewerkes INCA; ich danke
auch all den weiteren Gesprächs- und Interviewpartnern, die mir ihre Berufserfah-
rungen oder lebensgeschichtlichen Erinnerungen anvertraut und auch großzügig
Material zur Verfügung gestellt haben; meinen Eltern, die mein Vorhaben in
Deutschland zu promovieren stets unterstützt haben, und all den guten libanesi-
schen, deutschen, italienischen, englischen, portugiesischen, französischen und
griechischen Freundinnen und Freunden, die meine Zeit in Hamburg zum unver-
gesslichen Erlebnis gemacht haben. Unter ihnen gebührt ein besonderer Dank den
deutschen Junghistorikern Rüdiger, Kristina und Lars, für ihre kostbare Hilfe
beim kritischen Korrekturlesen. Ein ebenso besonderer Dank geht zum Schluss
auch an die Herausgeber der Peter Lang Reihe „Italien in Geschichte und Gegenwart", in der die vorliegende Arbeit aufgenommen worden ist.

Last but not the least erwähne ich hier nochmals Prof. Dr. Arnold Sywottek, der
es mir ermöglichte, zwei Jahre intensiv das Thema der italienischen Migration
nach Deutschland bzw. nach Hamburg vor Ort zu bearbeiten und leider kurz nach
meiner Ankunft im Institut plötzlich und unerwartet verstarb.

Verona, im April 2004

Inhaltsverzeichnis

I.   EINLEITUNG

1.   Fragestellung, Forschungsstand und Leitbegriffe

In der langjährigen Debatte in Deutschland über die Frage, ob die Bundesrepublik durch die starken Einwanderungswellen seit den sechziger Jahren ein Einwanderungsland geworden sei und ob die Präsenz von vielen Personen fremder Herkunft überhaupt gerechtfertigt sei, wird oft vergessen, dass die Präsenz von „Fremden" in Deutschland durchaus Tradition und eine außerordentliche Bedeutung hat. Deutsche Historiker wie Klaus J. Bade und Ulrich Herbert haben mit ihren Untersuchungen gezeigt, dass zwar eine bedeutende Daueransiedlung von „Fremden" erst seit den siebziger Jahren des 20. Jahrhunderts stattgefunden hat, aber nicht nur die letzten Jahrzehnte, sondern die gesamte deutsche Geschichte der letzten 150 Jahre von der Präsenz zahlreicher fremder Arbeiter gekennzeichnet war, ohne die die rasante wirtschaftliche Entwicklung dieser Zeit nicht denkbar gewesen wäre.[1]

Eine der stärksten Fremdengruppen in Deutschland seit dem Kaiserreich ist die der Italiener. Bereits nach der Jahrhundertwende befanden sich nach einigen Schätzungen zeitweilig 200.000 Italiener im Kaiserreich. Die meisten von ihnen weilten nur temporär in Deutschland, wo sie saisonale Tätigkeiten ausübten. Nach dem Ersten Weltkrieg kam es lange Zeit aufgrund der schwierigen wirtschaftlichen Lage Deutschlands zu keiner nennenswerten Zuwanderung von Italienern. Erst im Zuge der von den Nationalsozialisten beschlossenen Aufrüstung, die die gesamte deutsche Wirtschaft ankurbelte und einen großen Bedarf an Arbeitskräften entstehen ließ, fand gegen Ende der dreißiger Jahre und bis in den Zweiten Weltkrieg hinein erneut eine Migration von italienischen Arbeitern nach Deutschland statt. Ende 1943, als der italienische König Mussolini stürzte und einen Waffenstillstand mit den Alliierten unterzeichnete, wurden einige hunderttausende (etwa 600.000) von der Wehrmacht gefangen genommene italienische Soldaten nach Deutschland deportiert. Nach dem Krieg kehrten sie wieder zurück. Nur einige Jahre danach begaben sich allerdings im Rahmen des (west-)deutschen Wirtschaftbooms wieder zahlreiche Italiener nach Deutschland. Wie vor 1918 handelte es sich um eine meist temporäre Wanderung. Diesmal kam es allerdings auch zu zahlreichen Niederlassungen. Gegenwärtig leben um die 600.000 Italiener in

---

[1]   Ulrich Herbert, Geschichte der Ausländerpolitik in Deutschland. Saisonarbeiter, Zwangsarbeiter, Gastarbeiter, Flüchtlinge, München 2001; Klaus J. Bade (Hg.): Deutsche im Ausland – Fremde in Deutschland. Migration in Geschichte und Gegenwart, München 1992; ders.: Auswanderer – Wanderarbeiter – Gastarbeiter. Arbeitsmarkt und Wanderung in Deutschland seit der Mitte des 19. Jahrhunderts, Ostfildern 1984.

Deutschland. Sie stellen nach Türken und Jugoslawen die drittstärkste Ausländergruppe dar.

Mit dieser langjährigen Präsenz und ihren Charakteristika setzt sich auffälliger-
weise die historiographische Forschung erst seit relativ kurzer Zeit auseinander.
Die italienische Präsenz im Kaiserreich war lange Zeit nur durch zeitgenössische
Überblicksdarstellungen bekannt[2] und wurde erst im Rahmen eines wachsenden
Interesses für die Migrationsgeschichte im Europa der Jahrhundertwende - vor allem in den neunziger Jahren - Gegenstand mehrerer Untersuchungen.[3] So zeichneten etwa René Del Fabbro und Adolf Wennemann Umfang und Charakteristika
der italienischen Migration nach Süddeutschland bzw. ins Rheinland und nach
Westfalen im Kaiserreich nach[4], Luciano Trincia die Betreuung der Migranten
seitens der katholischen Kirche.[5] Trotz dieser Arbeiten ist der Umfang der Forschungsliteratur über die italienische Präsenz in Deutschland im Kaiserreich immer noch relativ begrenzt, wie kürzlich in einem Dossier über die Forschungsper-
spektiven in diesem Bereich beklagt wurde.[6]

Die italienische Präsenz in Deutschland zwischen 1937 und 1945, d.h. die Geschichte der vom nationalsozialistischen Deutschland angeworbenen italienischen

---

2   Giacomo Pertile, Italiani in Germania, in: MAE (Hg.), Bollettino dell'Emigrazione 11/13, Rom
    1914, S. 703-1043; Ina Britschgi-Schimmer, Die wirtschaftliche und soziale Lage der italieni-
    schen Arbeiter in Deutschland. Ein Beitrag zur ausländischen Arbeiterfrage, Diss. Karlsruhe
    1916; August Sartorius von Waltershausen, Die italienischen Wanderarbeiter, Leipzig 1903;
    Gisela Michels-Lindner, Die italienischen Arbeiter in Deutschland, in: Der Arbeitsmarkt 14,
    1910, S. 101–135; Stefano Jacini, Die italienische Auswanderung nach Deutschland, in: Welt-
    wirtschaftliches Archiv 5, 1915, I, S. 124–136; Pietro Pisani, Gli emigranti italiani all'estero e
    specialmente in Germania, in: Rivista internazionale di scienze sociali e discipline ausiliarie
    26, 1901, S. 3–22.
3   René Del Fabbro, Emigrazione proletaria italiana in Germania all'inizio del XX secolo, in:
    Jens Petersen (Hg.), L'emigrazione tra Italia e Germania, Bari und Rom 1993, S. 27–44; ders.,
    Wanderarbeiter oder Einwanderer? Die italienischen Arbeitsmigranten in der wilhelminischen
    Gesellschaft, in: AfS 32, 1992, S. 207–229; Hermann Schäfer, Italienische „Gastarbeiter" im
    deutschen Kaiserreich (1890 – 1914), in: Zeitschrift für Unternehmensgeschichte 27, 1982, S.
    192–214; Martin Forberg, Manodopera italiana e sindacati tedeschi nell'impero (1890 – 1916),
    in: Jens Petersen (Hg.), L'emigrazione tra l'Italia e la Germania (1993), S. 45–62.
4   René Del Fabbro, Transalpini. Italienische Arbeitswanderung nach Süddeutschland im Kaiser-
    reich 1870-1918, Osnabrück 1996; Adolf Wennemann, Arbeit im Norden. Italiener im Rhein-
    land und Westfalen des späten 19. und frühen 20. Jahrhunderts, Osnabrück 1997.
5   Luciano Trincia, Migration und Diaspora: katholische Kirche und italienische Arbeitswande-
    rung nach Deutschland und in die Schweiz vor dem Ersten Weltkrieg, Freiburg im Breisgau
    1998.
6   Luciano Trincia, Verso un quadro globale dell'emigrazione italiana in Germania, in: ders.
    (Hg.), Dossier: l'emigrazione italiana in Germania fra Otto e Novecento: Fonti, aspetti e pro-
    blemi di metodo, in: CSER (Hg.), Studi Emigrazione 38, Rom 2001, S. 245-258, hier: S. 256.

Arbeiter und der Ende 1943 ins „Dritte Reich" deportierten italienischen Kriegsgefangenen, wurde, wie schon die italienische Deutschlandwanderung vor 1918,
vor allem in den letzten Jahren genauer von Historikern analysiert. Insbesondere
den italienischen Forschern Brunello Mantelli und Cesare Bermani ist die Rekonstruktion der Geschichte der italienischen Arbeiter zu verdanken, die sich nach
1937 nach Deutschland begaben. In ihren Arbeiten stützen sie sich nicht nur auf
die Auswertung schriftlicher Quellen, sondern versuchen mittels der *Oral History*
auch die Erfahrungen der Migranten nachzuzeichnen.[7] Der deutsche Historiker
Gerhard Schreiber hat eine umfassende Gesamtdarstellung des Schicksals der italienischen Kriegsgefangenen vorgelegt.[8] Die Arbeiten dieser und anderer Wissenschaftler, die sich in den letzten Jahren mit dem Thema beschäftigt haben,[9] hat
Ralf Lang in einer stringenten Gesamtdarstellung über die Zeit von 1937 bis 1945
zusammengefasst.[10]

Solche monographischen historiographischen Arbeiten sind für die italienische
Migration in die BRD rar. Die starke Zunahme der Zahl der Zuwanderer in
Deutschland nach dem Zweiten Weltkrieg und die zahlreichen Probleme, die dieser Zuzug aufgeworfen hat, wurden in Deutschland in den sechziger und siebziger
Jahren Objekt unzähliger Analysen. Allerdings wurde dabei die Lage der Italiener
oft gemeinsam mit der anderer Migranten dargestellt. Darüber hinaus befassten
sich diese Arbeiten meist entweder mit politisch-ökonomischen Fragen der „Gastarbeiter"-Präsenz in Deutschland[11] oder mit Teilaspekten dieser Präsenz (Arbeit,

---

[7]   Cesare Bermani/Sergio Bologna/Brunello Mantelli, Proletarier der „Achse". Sozialgeschichte
     der italienischen Fremdarbeit in NS-Deutschland 1937 bis 1943, Berlin 1997.

[8]   Gerhard Schreiber, Die italienischen Militärinternierten im deutschen Machtbereich 1943 bis
     1945. Verraten – Verachtet – Vergessen, München 1990. Dazu neuerdings auch: Gabriele
     Hammermann, Zwangsarbeit für den „Verbündeten". Die Arbeit und Lebensbedingungen der
     italienischen Militärinternierten in Deutschland 1943 – 1945, Tübingen 2002.

[9]   Es erschienen u. a.: Falk Wiesemann, Italienische Arbeitskräfte im nationalsozialistischen
     Deutschland, in: Annali della facoltà di lettere e filosofia dell'Università di Napoli 25, A.A.
     1982/1983, S. 423–437; Christoph Schminck-Gustavus, Herrenmenschen und Badoglio-
     schweine. Italienische Militärinternierte in deutscher Kriegsgefangenschaft 1943 – 1945. Er-
     innerungen von Attilio Budini und Gigina Querzé aufgezeichnet von C.U. Schminck-
     Gustavus, in: Herrenmensch und Arbeitsvölker. Ausländische Arbeiter und Deutsche 1939 –
     1945, Beiträge zur nationalsozialistischen Gesundheits- und Sozialpolitik, Bd. 3, Berlin 1986,
     S. 55-102; Luigi Cajani, Die italienischen Militär-Internierten im nationalsozialistischen
     Deutschland, in: Ulrich Herbert (Hg.), Europa und der „Reichseinsatz". Ausländische Zivilar-
     beiter, Kriegsgefangene und KZ-Häftlinge in Deutschland 1938 – 1945, Essen 1991, S. 295–
     316.

[10] Ralf Lang, Italienische „Fremdarbeiter" im nationalsozialistischen Deutschland 1937 – 1945,
     Frankfurt am Main 1996.

[11] Siehe u. a.: Siegmar Geiselberger, Schwarzbuch: Ausländische Arbeiter, Frankfurt am Main
     1972; Marios Nikolinakos, Politische Ökonomie der Gastarbeiterfrage. Migration und Kapita-
     lismus, Reinbek bei Hamburg 1973.

Wohnen, Bildung, Gesundheit usw.) und gingen nicht über eine Situationsanalyse hinaus.[12]

Forscher italienischer Nationalität widmeten sich damals bevorzugt der Analyse vergangener – meist transozeanischer – italienischer Migrationsströme.[13] Wenn sie sich mit der zeitgenössischen europäischen italienischen Wanderung auseinandersetzten, dann meist nur, um die Gründe, den Umfang und die Folgen – vor allem in Italien – dieser Migration zu untersuchen[14], wahrscheinlich davon ausgehend, dass die europäische Migration ein temporäres Phänomen sei und nicht zur Bildung größerer stabiler Migrantenkolonien wie in den amerikanischen Ländern führen würde. Die Forschung über die zeitgenössische italienische Europawanderung reflektierte vermutlich in nicht unerheblichem Maße auch die gesellschaftspolitischen Auseinandersetzungen während des Kalten Krieges. Das Interesse lag weniger bei den einzelnen Migrationsströmen als bei allgemeinen Fragen der Arbeitsmigration im kapitalistischen System. Die italienische Deutschlandwanderung wurde selten analysiert und wenn überhaupt, beschränkte man sich, wie in Deutschland, ebenfalls meist auf eine Situationsanalyse der Lage der Migranten in der BRD.[15]

---

[12] Von der kaum mehr überschaubaren Fülle an Studien über Ausländer in Deutschland seien hier lediglich einige Beispiele genannt: Karl Bingemer u. a., Leben als Gastarbeiter. Geglückte und missglückte Integration, Köln und Opladen 1970; Ursula Mehrländer, Beschäftigung ausländischer Arbeitnehmer in der Bundesrepublik Deutschland unter spezieller Berücksichtigung von Nordrhein-Westfalen, Köln und Opladen 1969; Helga und Horst Reimann (Hg.), Gastarbeiter. Analyse und Perspektiven eines sozialen Problems, Opladen 1987 (neu bearbeitete Auflage des 1976 erstmals erschienen Werkes); Angelika Schildmeier, Integration und Wohnen. Analyse der Wohnsituation und Empfehlungen zu einer integrationsgerechten Wohnungspolitik für ausländische Arbeitnehmer und ihre Familien, Hamburg 1975.

[13] Eine ausgewählte Bibliographie zum Thema befindet sich in: Emilio Franzina u. a. (Hg.), Storia dell'emigrazione italiana. Partenze, Rom 2001.

[14] Siehe u. a.: Giovanni Blumer, L'emigrazione italiana in Europa. Un sottoproletariato che lo sfruttamento internazionale tiene socialmente e politicamente diviso dalla classe operaia, Milano 1970; Paolo Cinanni, Emigration und Imperialismus. Zur Problematik der Arbeitsmigration, München 1970; Anna Maria Birindelli, L'emigrazione italiana con particolare riguardo all'emigrazione continentale nell'ultimo dopoguerra, in: Istituto di Demografia dell'Università di Roma (Hg.), Emigration from mediterranean basin to industrialised Europe, Mailand 1976, S. 169-220; Claudio Calvaruso u.a., L'emigrazione italiana negli anni '70. Antologia di studi sull'emigrazione, Roma 1975.

[15] Livio Zancan, L'altro volto della Germania: l'emigrazione, Brescia 1979; Maria Luisa Gentileschi, La collettivita' italiana di Stoccarda, in: CSER (Hg.), Studi Emigrazione 47, Rom 1977, S. 247-280; dies., L'immigrazione italiana a Wolfsburg, „città nuova" della Germania Federale, in: Scritti geografici, Firenze 1982, S. 429-451; dies. u.a., Sardi a Stoccarda. Inchiesta su un gruppo di emigrati in una grande città industriale, Cagliari 1979.

Mit der Abnahme der europäischen „Gastarbeiter"-Migrationen zwischen den siebziger und achtziger Jahren nahm das Interesse der Wissenschaftler für diese Frage langsam ab. In Deutschland hingegen, wo sich mittlerweile viele Migranten-Familien etabliert hatten, blieb bis heute das Thema der Zuwanderung und Präsenz von Ausländern aktuell und veranlasste weiterhin zahlreiche Untersuchungen, vor allem im Bereich der schulischen und beruflichen Situation sowie der kulturellen Identität der heranwachsenden „zweiten Generation". Es erschienen in dieser Phase auch mehrere Arbeiten, die die Lage der Italiener als Schwerpunkt hatten, dennoch handelte es sich immer noch um Situationsanalysen, die mittels teilnehmender Beobachtungen, Umfragen und der Auswertung von zeitgenössischen Statistiken zur Optimierung ihrer Situation in bestimmten Bereichen verhelfen sollten.[16] Parallel dazu hat allerdings seit den achtziger Jahren vor allem dank der Arbeit der bereits erwähnten Historiker Bade und Herbert sowie anderer ein Historisierungsprozess der ausländischen „Gastarbeiter"-Zuwanderung in Deutschland begonnen.[17] Eine spezifische historiographische Aufarbeitung der italienischen Deutschlandwanderung nach 1945 steht aber noch in den Anfängen.[18]

In Italien ist gegenwärtig im Zusammenhang mit dem Wandel vom Aus- zum Einwanderungsland ein wachsendes Interesse für die Geschichte der italienischen Emigration zu verzeichnen. Allerdings wird, wie schon in der Vergangenheit, der italienischen Europa- bzw. Deutschlandwanderung nach 1945 noch wenig Auf-

---

[16]   Mario de Matteis, Die zweite italienische Gastarbeitergeneration, in: J. Papalekas (Hg.), Die Ausländerfrage. Gastarbeiter im Spannungsfeld von Integration und Reintegration, Herford 1983, S. 187-192; Agostino Portera, Die kulturelle Identität italienischer Jugendlicher in Deutschland. Empirische Untersuchung über die psychosoziale Situation und soziokulturelle Orientierung italienischer Jugendlicher in Freiburg, in: Ausländerkinder 21, S. 4-22; Roberto Alborino und Konrad Pölzl (Hg.): Italiener in Deutschland. Teilhabe oder Ausgrenzung?, Freiburg im Breisgau 1998; Antonella Serio (Hg.): Der unsichtbare Mitbürger. Soziale und gesellschaftliche Aspekte der Integration der Italienerinnen und Italiener in Deutschland, Freiburg im Breisgau 2000; Claudia Martini, Italienische Migranten in Deutschland. Transnationale Diskurse, Berlin 2001.

[17]   Johann Woydt, Ausländische Arbeitskräfte in Deutschland. Vom Kaiserreich bis zur Bundesrepublik, Heilbronn 1987; Lothar Elsner und Joachim Lehmann, Ausländische Arbeiter unter dem deutschen Imperialismus 1900 bis 1985, Berlin (Ost) 1988.

[18]   Anne von Oswald, „Venite a lavorare alla Volkswagen!" Strategie aziendali e reazioni degli emigrati italiani a Wolfsburg, 1962 – 1975, in: Fondazione Giangiacomo Feltrinelli (Hg.), „Annali" della Fondazione Giangiacomo Feltrinelli 1997, S. 695-740; u. a. auch Italienern gewidmet ist die Arbeit von Franziska Dunkel und Gabriella Stramaglia-Faggion, Zur Geschichte der Gastarbeiter in München. „Für 50 Mark einen Italiener", München 2000; Yvonne Rieker, Südländer, Ostagenten oder Westeuropäer? Die Politik der Bundesregierung und das Bild der italienischen Gastarbeiter 1955 – 1970, in: AfS 40, 2000, S. 231–258; dies., „Ein Stück Heimat findet man ja immer". Die italienische Einwanderung in die Bundesrepublik, Essen 2003.

merksamkeit geschenkt.[19] Die historiographische Forschungslandschaft über die
italienische Deutschlandwanderung seit dem Kaiserreich ist alles in allem noch
defizitär. Vor allem gibt es kaum lokalintensive Untersuchungen, die mit einem
schärferen Blick auf die Geschehnisse vor Ort dazu beitragen könnten, ein detail-
lierteres Gesamtbild herzustellen.

Die vorliegende Arbeit untersucht die italienische Zuwanderung und Präsenz in
Hamburg seit dem Kaiserreich. Mit „Hamburg" ist der hamburgische Staat in seinen heutigen Grenzen gemeint. Mit einbezogen in die Untersuchung wird also
die italienische Zuwanderung in Harburg-Wilhelmsburg, Wandsbek und Altona.
Städte, die am Ende des 19. Jahrhunderts mit Hamburg bereits zusammengewachsen waren und 1937 im „Groß-Hamburg-Gesetz" dem hamburgischen Staat angegliedert wurden.

Ziel der Arbeit ist die Analyse von Migrationsphasen, Arbeits- und Lebensverhältnissen sowie Niederlassungstendenzen und Integrationsprozessen der Migranten am Zielort der Wanderung im Wandel der Zeit. Die Untersuchung stellt damit
den ersten Versuch einer generationenübergreifenden Analyse dar. Um die italienische Migration nach Hamburg und ihre Akteure einordnen zu können, werden
zum einen die Strukturen in den Herkunftsgebieten und die wanderungsbestim-
menden Faktoren dargestellt und, unter besonderer Berücksichtigung der Deutschlandwanderung, die italienischen Migrationsströme beschrieben. Zum anderen
wird auf die ökonomischen und demographischen Hintergründe der Ausländerpräsenz in der Hansestadt eingegangen.

Für Begriffe wie *Einwanderung, ethnische Gruppe, ethnische Kolonie* und *Integration* orientiert sich die Untersuchung an den Definitionen des Soziologen
Friedrich Heckmann. *Einwanderung* wird als Prozess des dauerhaften Ansässig-
werdens und der Orientierung der Lebensperspektive auf einen dauerhaften
Verbleib im Zielland verstanden.[20] *Ethnische Gruppen* sind Kollektive, die eine
„Vorstellung gemeinsamer Herkunft sowie ein Zusammengehörigkeitsbewusst-
sein" haben. Zugehörigkeitsdefinitionen werden nicht nur „über Grenzziehung der
ethnischen Gruppe selbst", sondern auch „über Abgrenzung durch andere ethnische Kollektive" bestimmt. *Ethnische Kolonien* entstehen, wenn es zu einer „freiwillige[n] Aufnahme oder Weiterführung innerethnischer Beziehungen" kommt
und dabei zur Entwicklung von Strukturen wie Vereinen, „religiöse[n] Gemein-

---

[19] Ein kürzlich beim italienischen *Ministero per i Beni e le Attività culturali* (etwa „Ministerium
      für Kulturgüter") eingerichtetes Komitee „*Italia nel mondo*" („Italien in der Welt") hat ein
      mehrbändiges Sammelwerk über die gesamte Geschichte der italienischen Migration in Auf-
      trag gegeben: Franzina u. a. (Hg.), Storia dell'emigrazione italiana (Bd.1, 2001, Bd. 2, 2002).

[20] Friedrich Heckmann, Die Bundesrepublik. Ein Einwanderungsland? Zur Soziologie der Gast-
      arbeiterbevölkerung als Einwandererminorität, Stuttgart 1981, S. 183-185.

den, politische[n] Organisationen, informelle[n] soziale[n] Verkehrskreise[n] und Treffpunkte[n], spezifisch ethnische[n] Medien, schließlich eine[r] ethnische[n] Ökonomie". Die *ethnische Ökonomie* ist eine Ökonomie, die von den Mitgliedern der ethnischen Gruppe getragen wird. Wenn sie auf herkunftsorientierte Bedürfnisse der Einwanderer ausgerichtet ist, die vom deutschen Markt nicht gedeckt werden, spricht man auch von *ethnischer Ergänzungsökonomie*. Wenn sie dagegen vor allem auf die Nachfrage der Mehrheitsgesellschaft zielt, zum Beispiel durch die Gründung von Restaurants, dann ist von *Nischenökonomie* die Rede. Ethnische Kolonien sind Indiz eines Einwanderungsprozesses, weil sie eine Art Übergangsinstitution darstellen, in der Migranten materielle Hilfe und Identitätssicherung finden. *Integration* wird als ein aus drei Stadien bestehender Prozess der Annährung von Normen und Verhaltensweisen der zugewanderten Gruppe an diejenigen der Aufnahmegesellschaft (praktisch handelt es sich meistens aber um einen wechselseitigen Prozess) verstanden. *Akkomodation* ist das erste Stadium und steht für das Erlernen von Kommunikationsregeln und –mitteln, die das praktische Leben in der Aufnahmegesellschaft ermöglichen. *Akkulturation* hat *Akkomodation* als Voraussetzung und bedeutet die Annährung der Normen und Werte der Zuwanderer an die der Einheimischen. *Assimilierung* stellt eine Phase des allmählichen Verschwindens ethnischer Identitäten und Grenzen dar, wobei ethnische Kategorien zunehmend irrelevant für das soziale Handeln werden.[21]

2.   Aufbau der Arbeit

Die Arbeit ist in sieben Kapitel gegliedert. Nach der Einleitung (Kap. I) und einer kurzen historischen Einführung (Kap. II) beginnt die eigentliche Untersuchung, die die Kapitel III bis V umfasst und chronologisch aufgebaut ist. Die Jahre 1918 und 1945 stellen die Zäsuren zwischen diesen drei Kapiteln dar, da sie klare Trennungslinien nicht nur in der Geschichte der italienischen Migration nach Deutschland im Allgemeinen, sondern auch nach Hamburg markieren.

Kapitel III setzt sich mit der Präsenz von Italienern im Deutschen Kaiserreich in Hamburg auseinander. Nach einem Überblick über die italienische Deutschlandwanderung (III.1) und über die Verhältnisse im Aufnahmeraum (III.2) wird den Fragen nach der Herkunft der Migranten sowie den Rahmenbedingungen, dem Umfang und den Charakteristika der Zuwanderung nachgegangen (III.3.1). Anschließend werden die Tätigkeiten der Migranten und ihre Arbeitsbedingungen untersucht (III.3.2). Auf eine dieser Tätigkeiten, den Eisverkauf, und auf dessen Rezeption in Hamburg wird exemplarisch eingegangen (III.3.3). Es folgt eine

---

[21]   Ders., Ethnische Minderheiten, Volk und Nation. Soziologie inter-ethnischer Beziehungen, Stuttgart 1992, S. 55, 98, 109, 168–170.

Analyse der Reaktionen der lokalen Institutionen auf die Zuwanderung von Italienern und ihrer Beziehungen zu diesen Migranten (III.3.4). Danach wird auf die Lebensverhältnisse der Migranten eingegangen (III.3.5). Dabei liegt ein besonderes Augenmerk auf den Beziehungen inner- und außerhalb der Migrantengruppe. Es folgt eine Analyse der gegenseitigen Wahrnehmung zwischen italienischen Migranten und Hamburgern (III.4). Anhand der bisher dargestellten Erkenntnisse und anderer Materialien wird dann nach Niederlassungstendenzen und Integrationsmustern der zugewanderten Italiener gefragt (III.5). Abschließend für den ersten Hauptteil wird die italienische Präsenz in Hamburg im Ersten Weltkrieg untersucht (III.6).

Im IV. Kapitel, das sich mit der italienischen Präsenz in Hamburg zwischen den Weltkriegen auseinandersetzt, wird erneut einleitend auf die damalige Deutschlandwanderung (IV.1) und die Lage im Aufnahmeraum eingegangen (IV.2). Es geht dann um die Verfolgung des Schicksals der sich vor dem Krieg in Hamburg gebildeten „Kolonie" (IV.3.1) und um die Frage nach neuen Einwanderungsströmen, ihres Umfangs und ihrer Charakteristika (IV.3.2). Anschließend wird das Leben der italienischen Gruppe in Hamburg im Spannungsfeld zwischen Assimilierung und Erhaltung einer starken nationalen Identität im Rahmen der Verbreitung des Faschismus unter den in Hamburg lebenden Italienern analysiert (IV.3.3). Letztere Entwicklung wird auch unter dem Gesichtspunkt der öffentlichen Wahrnehmung untersucht, und es wird nach möglichen Kontakten der Faschisten zur lokalen NSDAP gefragt (IV.4). Es folgt die Darstellung des mehr oder weniger freiwilligen Zuzuges von Italienern im Laufe des Zweiten Weltkrieges und ihrer Arbeits- und Lebensbedingungen sowie ihrer Kontakte zu den bereits zuvor nach Hamburg gekommenen Italienern (IV.5). Kapitel IV schließt mit einer Analyse der deutsch-italienischen Wahrnehmung und Beziehung im Nationalsozialismus (IV.6) und versucht damit Entwicklungen seit den Zeiten des Kaiserreichs nachzuzeichnen.

Kapitel V setzt sich mit der italienischen Präsenz in Hamburg nach 1945 auseinander. Nach den einleitenden Kapiteln über italienische Migrationsströme, Deutschlandwanderung (V.1) und Aufnahmeraum (V.2) wird auf die Lage der italienischen Gruppe in den Jahren vor dem Einsetzen der Massenmigration der sechziger Jahre eingegangen. Das Jahr der Unterzeichnung des deutschitalienischen Anwerbeabkommens (1955) wird hier als Trennungslinie zu dieser Phase gesetzt. Es werden erneut die Schicksale der früheren Einwanderer ins Auge gefasst, um die Entwicklung ihrer Lebensverhältnisse in der zweiten und dritten Generation zu beobachten (V.3.1). Es wird ferner der Frage nach Zuwanderungswellen vor 1955 (V.3.2) und nach den neuen Innenbeziehungen der italienische Gruppe nach dem Untergang des Faschismus nachgegangen (V.3.3). Es folgt die ausführliche Analyse der Zuwanderung und der Arbeits- und Lebensbedingungen sowie der Niederlassungstendenzen der so genannten „Gastarbeiter" seit Mitte der fünfziger Jahre, wobei sich im Wesentlichen die Struktur des III. Kapitels wiederholt. Kapitel VI stellt die wichtigsten Ergebnisse dar.

3. Quellenlage

Aufgrund der unbefriedigenden Forschungslage erforderte die Untersuchung die umfassende Erschließung unterschiedlicher Quellen: Archivalien, lokale Ausländerstatistiken, Interviews, Expertenbefragungen, Tagespublizistik, veröffentlichte Berichte und unveröffentlichte Briefwechsel der in Hamburg tätigen italienischen Diplomaten. Weitere Informationen fanden sich in Studien über Personen ausländischer Herkunft in Hamburg[22] sowie der allgemeinen Forschungsliteratur über die italienische Migration und die ausländische Präsenz in Deutschland.

Am ertragreichsten erwiesen sich die Recherchen im Hamburger Staatsarchiv, im Archiv der Hamburger Handelskammer, im Archiv der Forschungsstelle für Zeitgeschichte in Hamburg (FZH) – wo Archivalien des Hamburger DGB aufbewahrt werden –, im Archiv des Hamburger Arbeitsamtes und im Bistumsarchiv in Osnabrück. Die Quellen aus dem Staatsarchiv reichen dabei von Berichten der Polizei bis hin zu Ausländerstatistiken und Briefwechseln zwischen Behörden und in Hamburg lebenden Italienern. Im Staatsarchiv befinden sich zudem verschiedene Firmenarchive, darunter das der Werft Blohm & Voss, in dem ebenfalls Unterlagen über Italiener erhalten geblieben sind.

Vor dem Ersten Weltkrieg fanden die Italiener in den Akten eher sporadisch Berücksichtigung. Dies dürfte zum einen auf den bescheidenen Umfang ihrer Präsenz in der Stadt und zum zweiten auf die Tatsache zurückzuführen sein, dass sie sich offenbar wenig auffällig in der einheimischen Gesellschaft bewegten. Stärkere Aufmerksamkeit seitens des Staates wurde ihnen im Ersten Weltkrieg gewidmet, als sie zu Feinden erklärt und deshalb schärfer kontrolliert wurden. Dasselbe

---

[22] Einige Beispiele: Margit Bonacker und Reinhard Häufele, Großstädtische Wohn- und Lebensverhältnisse von Arbeitsmigranten. Dargestellt am Beispiel Hamburgs, Hamburg 1986; Angelika Schildmeier/Ruth Stertkamp/Horst Lühring, Ausländische Arbeitnehmer in Hamburg. Wohnsituation und Integration in ausgewählten Wohngebieten, Hamburg 1975; Eckart Kleßmann, Ausländer in Hamburg, Hamburg 1993; Karl Heinrich Biehl, Die volkswirtschaftliche Bedeutung der Beschäftigung ausländischer Arbeitnehmer in der Freien und Hansestadt Hamburg 1960 – 1980 unter besonderer Berücksichtigung der organisierten Beschaffung von Wanderarbeitern aus dem Ausland, Diss. Hamburg 1985; Jürgen Janssen, Ausländische Arbeitnehmer in Hamburg. Entwicklung der Beschäftigung und der Arbeitsmarktsituation, in: Hochschule für Wirtschaft und Politik Hamburg (Hg.), Jahrbuch für Sozialökonomie und Gesellschaftstheorie – Hamburg Studien, Opladen 1983, S. 269–288; Matthias Felsmann, Italiener in Hamburg. Wanderung und Leben in der Bundesrepublik nach 1955, Mag. Hamburg 1988.

Quellenproblem wie vor 1914 stellt sich für die Zeitspanne zwischen den Weltkriegen.

Weit ergiebiger sind dagegen die Akten für die Zeit des Zweiten Weltkrieges, als
zunächst zahlreiche italienische Vertragsarbeiter und später Kriegsgefangene nach
Hamburg kamen. Die interessanteste Quelle stellten dabei 60 Strafsachen-Akten
der Staatsanwaltschaft beim Landgericht Hamburg dar, die im Staatsarchiv aufbewahrt werden. Sie stammen aus der Zeit zwischen 1940 und 1945 und gewähren indirekt einen Einblick in die Tätigkeiten, die Wohngegenden und die Lebensverhältnisse der Italiener in der Stadt.

Aufschlussreich ist auch die Quellenlage für die Folgezeit. Im Staatsarchiv auf-
bewahrte Akten des Hamburger Landesarbeitsamtes gewähren einen detaillierten
Einblick in die erste Phase der Gastarbeiterzuwanderung nach Hamburg. Es geht
um Betreuungsmaßnahmen der Stadt in Zusammenarbeit mit dem italienischen
Generalkonsulat und mit dem Caritasverband. Diese Akten beschäftigen sich fast
ausschließlich mit den Italienern, da diese als erste „Gastarbeiter" in Hamburg
eintrafen und somit eine Art „Pionierrolle" unter den ausländischen Arbeitern einnahmen. In diesem Bestand befinden sich außerdem Listen sämtlicher Wohnheime für ausländische Arbeitskräfte und verschiedene Protokolle von Unterkunfts-
überprüfungen, die in den sechziger Jahren durchgeführt wurden. Weiterhin ließen sich im Staatsarchiv auch zahlreiche Unterlagen über den Schulbesuch der
„Gastarbeiter"-Kinder finden.

Anders als im Staatsarchiv sind im Archiv der Handelskammer die Unterlagen,
die die Zeit vor 1945 abdecken, im Zweiten Weltkrieg durch Bombenangriffe
fast komplett vernichtet worden. Mit der Sturmflut im Jahr 1962 sind viele Archivalien der Handelskammer ebenfalls zerstört oder stark beschädigt worden. Die
Materialien, die aus späteren Jahren stammen, sind allerdings zugänglich und von
großem Interesse. Es handelt sich u. a. um Statistiken, kurzen Berichten und Be-
sprechungsprotokollen über die Beschäftigung ausländischer Arbeitnehmer in
Hamburg, in denen oft explizit von Italienern die Rede ist.

Zum Thema Italienerbeschäftigung in Hamburg nach dem Zweiten Weltkrieg
haben sich vor allem hinsichtlich des Teilaspektes der Betreuung im Arbeitsbereich die in der Forschungsstelle für Zeitgeschichte aufbewahrten DGB-
Unterlagen als besonders aufschlussreich erwiesen. Sie gestatten eine lückenlose
Verfolgung der Entwicklung der Gastarbeiterbetreuung seitens des DGB in
Hamburg von Mitte der fünfziger bis Mitte der siebziger Jahre. Ebenfalls sehr
ergiebig war die Recherche im Archiv des Hamburger Arbeitsamtes. Dort sind
detaillierte Statistiken über die Ausländerbeschäftigung in sämtlichen Wirtschaftszweigen Hamburgs zwischen Mitte der fünfziger und Anfang der siebziger

Jahre vorhanden. Nicht minder ertragreich war die Recherche im Bistumsarchiv Osnabrück. Dort werden u. a. sämtliche Jahresberichte der Anfang der fünfziger Jahre in Hamburg gegründeten italienischen katholischen Mission aufbewahrt, da die Hamburger Diözese bis vor kurzem dem Osnabrücker Bischof unterstand (heute ist auch Hamburg Bischofssitz). Diese Berichte beinhalten verschiedene, detaillierte Angaben über die Lage der Italiener in der Stadt. Da sie ferner von Geistlichen verfasst wurden, erlauben sie einen Einblick in die Haltung der katholischen Kirche gegenüber der Frage der italienischen Zuwanderung.

Bei den weiteren aufgesuchten Archiven handelt es sich um das Hamburgische Welt-Wirtschaftsarchiv, um einige Hamburger Stadtteilarchive, um das Landesarchiv Schleswig-Holstein in Schleswig und schließlich um zwei Archive in Italien, das Archiv des Provinzarbeitsamtes von Verona und das Archiv des italienischen Außenministeriums in Rom (*Archivio Storico Diplomatico*).

Während die Recherchen in den Hamburger Stadtteilarchiven keinen nennenswerten Erfolg hatten, konnten im Hamburgischen Welt-Wirtschafts-Archiv einige Zeitungsausschnitte aus der Zeit zwischen 1933 und 1960 und im Schleswiger Landesarchiv einige Akten zu den Italienern in Altona und Wandsbek vor 1937 ausfindig gemacht werden. Beide Städte gehörten bis zu dem Zeitpunkt zum preußischen Staat, entsprechend lag die Kommunalaufsicht bei der preußischen Bezirksregierung in Schleswig. Nach ihrer Angliederung an den hamburgischen Staat wurden zwar die Altonaer und Wandsbeker Bestände mit den Hamburgern zusammengelegt. Einige wenige Akten befinden sich aber immer noch außerhalb Hamburgs.

In Verona konnten detaillierte Listen von in den sechziger Jahren nach Deutschland ausgereisten italienischen Arbeitern eingesehen werden, die Aufschluss über Herkunfts- und Zielort sowie die Hamburger Zielfirmen der Migranten geben. Diese Listen befinden sich in Verona, weil dort eine so genannte Deutsche Kommission der Bundesanstalt für Arbeit tätig war, die im Rahmen eines 1955 zwischen Italien und der BRD vereinbarten Anwerbeabkommens die Auswanderungskandidaten in gesundheitlicher und beruflicher Hinsicht prüfte und nach Deutschland sandte. Interessant, bezogen auf die italienische Präsenz in Hamburg vor 1918, sind auch einige wenige Akten des Archivs des italienischen Außenministeriums in Rom. Es geht in erster Linie um Berichte der in Hamburg tätigen italienischen Diplomaten über die Lage der Italiener in der Stadt im Ersten Weltkrieg und unmittelbar davor. Zu den Archivalien sei noch abschließend gesagt, dass spätestens bei Akten, die aus der Zeit Anfang der siebziger Jahre stammen, die Auswertung aufgrund der allgemeinen Sperrfrist endet.

Eine weitere wichtige Quellengattung sind die Hamburger und die preußischen Ausländerstatistiken.[23] Detaillierte statistische Daten über Italiener für den Untersuchungsraum sind bis 1937 – also bis zum Groß-Hamburg-Gesetz – allerdings nicht flächendeckend vorhanden. Registriert wurde die Zahl der Ausländer zwar überall, jedoch nur im „alten" Staat Hamburg, und zwar dies auch nicht regelmäßig, wurden Statistiken über die demographische Struktur und über die Verteilung der ausländischen Gruppen auf dem Staatsgebiet aufgestellt. Schließlich wurden den Statistiken mal die Staatsangehörigkeit, mal die Herkunft, mal die Muttersprache und mal eine Kombination dieser Kriterien zu Grunde gelegt, so dass ihre Interpretation im Längsschnitt nicht ganz unproblematisch ist. Sämtliche hier genannte Statistiken befinden sich in Veröffentlichungen des Statistischen Landesamtes (bis 1905 „Statistisches Bureau") des hamburgischen Staates und des preußischen statistischen Amtes. Weitere Statistiken konnten in den Archiven ermittelt werden. Es handelt sich um nicht veröffentlichte Sonderaufstellungen der Hamburger und Altonaer Polizei.

Die vorhandenen Statistiken sind nur mit großer Vorsicht zu benutzen, da sie über die bereits angedeuteten Schwierigkeiten in der Längsschnittinterpretation hinaus jeweils im Dezember aufgestellt wurden und deshalb eine eventuelle saisonale Sommerpräsenz nicht berücksichtigen – einzige Ausnahme die hamburgische Berufszählung vom 12. Juni 1907.[24] Es ist also möglich, dass sie den wahren Umfang der Ausländerpräsenz in der Stadt nicht widerspiegeln. Andererseits wurde nicht die wohnende, sondern die ortsanwesende Bevölkerung gezählt, was, aufgrund der Präsenz des großen Hafens, die Zahl der Ausländer nach oben treiben konnte (man denke an Seeleute und Auswanderer, die in Hamburg auf ihre Ausreise warteten). Ferner meldeten sich aus verschiedenen Gründen nicht alle Italiener, die sich vor 1914 nach Deutschland begaben, an und/oder ab. Nach dem Ersten Weltkrieg wurden allerdings die Volkszählungen im Sommer durchgeführt. Damit wurde immerhin eine Fehlerquelle in der Interpretation der Statistiken beseitigt.

Nach 1937 und dem Groß-Hamburg-Gesetz stehen schließlich einheitliche statistische Angaben für den gesamten Untersuchungsraum zur Verfügung. Die ersten Daten finden sich in der nationalsozialistischen Reichsvolkszählung vom Mai 1939, die Angaben über Zahl und Muttersprache der Italiener in Hamburg beinhaltet.[25] Die nächsten Statistiken stammen aus der unmittelbaren Nachkriegszeit (Oktober 1946) und enthalten ebenfalls Angaben über Umfang und Muttersprache

---

[23]   StatBHH/LHH (Hg.), StatHS; KstatBB (Hg.), StatPS.
[24]   StatLHH (Hg.), StatMHH, Hefte 3 und 4 (1915).
[25]   StatR (Hg.), StatDR, Band 552, Heft 5 (1943).

der italienischen Gruppe.[26] Ab den sechziger Jahre befinden sich in jährlich und manchmal vierteljährlich erscheinenden Bundesstatistiken und Statistiken des Statistischen Landesamtes Hamburgs Zahlen unterschiedlichster Natur über die Italiener in der Stadt.[27] Weitere statistische Angaben speziell zum Arbeitsbereich (Beschäftigtenzahlen, Arbeitslosenzahlen usw.) finden sich in Veröffentlichungen der Bundesanstalt für Arbeit und des Hamburger Arbeitsamtes.[28]

Veröffentlichte Berichte und der Briefwechsel der in Hamburg tätigen italienischen Diplomaten mit der Botschaft in Deutschland, mit dem italienischen Außenministerium und mit sonstigen Personen stellen eine weitere wichtige Quelle dar. Allerdings decken diese Unterlagen lediglich die Zeit vor dem Ersten Weltkrieg ab. Die Berichte der italienischen Diplomaten in Hamburg wurden zweimal in Publikationen des italienischen Außenministeriums veröffentlicht, im Jahre 1905[29] und im Jahre 1913.[30] In beiden Fällen ist die Beschreibung der italienischen „Kolonie" im Untersuchungsraum ziemlich dürftig, und 1913 benutzte der Verfasser hier und da die Formulierungen seines Vorgängers. Dennoch handelt es sich um Gesamtdarstellungen, die direkt oder indirekt Aufschlüsse über die wichtigsten Merkmale der italienischen Gruppe in der Stadt geben. Da die Verfasser in Hamburg lebten und sich deshalb persönlich ein Bild über die Lage ihrer Landsleute machen konnten, dürften diese Berichte ausreichend wirklichkeitsgetreu sein. Der Briefwechsel der in Hamburg tätigen italienischen Diplomaten stellt eine weitere wichtige Quelle dar. Es handelt sich um mehrere Bücher, in denen sich – leider nur – die Kopien der Briefe des italienischen Generalkonsulates in den Jahren zwischen 1873 und 1896 befinden. Diese Schriftstücke sind an Personen jeder sozialen Schicht adressiert und geben ebenfalls direkt oder indirekt Aufschlüsse über Migration und Lebenswelten der Italiener, die nach Hamburg kamen.

---

[26] StatLHH (Hg.), StatHS, Heft XXXV (1950).

[27] StatB (Hg.), Fachserie A (Bevölkerung und Kultur), Reihe 1 VI (Ausländer); Fachserie A (Bevölkerung und Erwerbstätigkeit), Reihe 1.4 (Ausländer); Fachserie A (Bevölkerung und Erwerbstätigkeit), Reihe 2 (Ausländer); Fachserie A (Bevölkerung und Kultur), Reihe 10 (Bildungswesen); Fachserie 11 (Bildung und Kultur), Reihe 1 (Allgemeinbildende Schulen); StatJbBRD. StatLHH (Hg.), StatJbHH; StatTbHH; StatBerHH; HZe; HZa.

[28] BfA (Hg.): ANBfA 12, Nürnberg 1997. AHH (Hg.), Ausländer in Hamburg, Daten-Fakten-Analysen, Hamburg 1985; Ausländer in Hamburg 1999, Hamburg 2000.

[29] Michelangelo Pinto, L'immigrazione italiana ad Amburgo, in: Gli italiani nelle province e negli stati della Germania settentrionale, in: MAE (Hg.), Emigrazione e colonie. Raccolta di rapporti dei RR. Agenti diplomatici e consolari, Bd. 1, Teil 3, Rom 1905.

[30] Giuseppe Giacchi, Amburgo sotto l'aspetto storico ed economico, in: MAE (Hg.), Bollettino dell'emigrazione, Parte commerciale, Rom 1913.

Auch die deutsche und vor allem Hamburger Presse hat sich als eine ergiebige Quelle erwiesen. Die Artikel stammen aus verschiedenen Tageszeitungen und aus dem ganzen Untersuchungszeitraum. Es handelt sich um Artikel, die über die Lage der Italiener in der Stadt berichten oder in denen Italiener in Hamburg eine Rolle spielen. Allerdings wurden diese Artikel nicht durch eine systematische Sichtung der Tageszeitungen ermittelt, was angesichts des sehr bescheidenen Umfangs der italienischen Präsenz in Hamburg und des umfangreichen Untersuchungszeitraumes eine kaum zu bewältigende Arbeit bedeutet hätte. Einige kleinere systematische Suchaktionen wurden nur dann durchgeführt, wenn aus anderen Quellen präzise Zeitangaben über Geschehnisse, in denen Italiener verwickelt waren, ermittelt werden konnten. Die meisten Artikel stammen aus den Hamburger Archiven, wo sie als Materialien zu bestimmten Themen aufbewahrt werden. Besonders ergiebig war dabei der Bestand der Staatlichen Pressestelle im Hamburger Staatsarchiv. Einige Artikel über Italiener in Hamburg nach dem Zweiten Weltkrieg stammen aus dem Archiv des Axel-Springer-Verlages. Sie wurden aber vom Verlag selber und nicht vom Autor ermittelt. Bis auf wenige Ausnahmen handelt es sich also, insgesamt gesehen, um eine Artikelsammlung, die aus verschiedenen Ausleseaktionen hervorgegangen ist und deshalb weder lückenlos sein kann noch das gesamte gesellschaftliche Meinungsspektrum widerspiegelt. Mit der angebrachten Vorsicht benutzt, stellt sie aber eine äußerst wichtige Quelle für die Rekonstruktion von Leben und Arbeit der Italiener in Hamburg und darüber hinaus für einen Einblick in ihre Wahrnehmung seitens der Hamburger Öffentlichkeit dar.

Die letzte Quellengattung, auf die sich die vorliegende Arbeit stützt, sind einige Interviews und Expertenbefragungen. Die Interviews wurden mit Italienern durchgeführt, die seit ihrer Geburt in der Hansestadt leben oder im späteren Verlauf ihres Lebens nach Hamburg kamen und sich dort niederließen. Es handelt sich um 14 Interviews mit Personen, die nach dem Zweiten Weltkrieg nach Hamburg kamen. Sieben Interviews wurden mit Italienern durchgeführt, die bereits vor 1945 in der Stadt gelebt hatten. Von diesen sieben fanden vier mit Personen statt, die vor dem Ersten Weltkrieg geboren worden waren. Ein Interview wurde mit einem Italiener durchgeführt, der zwischen 1964 und 1966 in Hamburg gearbeitet hatte und nun in seiner Heimatstadt in Italien, Verona, lebt. Im Rahmen dieser Arbeit konnte eine für statistische Zwecke brauchbare Zahl von Interviews nicht in Betracht gezogen werden. Sie wurden nicht standardisiert durchgeführt und sollten lediglich einen Einblick in Aspekte des Lebens von Italienern verschiedener Migrantengenerationen erlauben, die aus der schriftlichen Überlieferung wenig oder gar nicht hervorgehen (beispielsweise die Kontakte mit den Deutschen). Oft ergaben sich aus den Interviews mit den vor 1945 in Hamburg zur Welt gekommenen Italienern wichtige Hinweise für die Archivrecherchen. Die Interviewpartner wurden durch direkte Ansprache in italienischen Vereinen oder durch den so genannten Schneeballeffekt ermittelt. Der Interviewpartner, der in Verona lebt, wurde auf der Basis seines in alten Unterlagen erwähnten Namens mittels Telefonbuch kontaktiert. Die meisten Interviews fanden in italienischen Einrichtungen und nur in wenigen Fällen bei den Interviewpartnern zu Hause oder auf ihrer Arbeitsstätte (meist in Restaurants) statt. Acht Interviews – darunter auch ein Doppelinterview – konnten auf Tonband aufgenommen werden und sind nun für Forschungszwecke im WdE-Archiv der FZH zugänglich. In den anderen Fällen wurden die Interviewinhalte schriftlich festgehalten. Alle in der Arbeit erscheinenden Namen von Interviewpartnern sind Aliasnamen.

Zu den Interviews kamen verschiedene Expertenbefragungen. Es handelt sich um Gespräche mit dem ehemaligen italienischen Caritasverbandbetreuer für die Italiener in Hamburg in den achtziger und neunziger Jahren, mit dem italienischen katholischen Missionar in der Hansestadt in den sechziger Jahren (dieses Gespräch fand in Vadena bei Bozen in Italien statt) und mit seinem bis vor kurzem in Hamburg noch tätigen Nachfolger. Ferner wurden Gespräche mit dem Gründer der Hamburger Parteistelle der italienischen Kommunistischen Partei, mit dem Hamburg-Vertreter eines italienischen Fürsorgewerkes, des *Istituto Nazionale Confederale di Assistenza* (INCA), usw. geführt. Auch die Inhalte dieser Gespräche wurden bis auf einen Fall lediglich schriftlich festgehalten. Die Namen dieser Gesprächspartner wurden nicht geändert. Eine Liste aller Interviews und Gespräche befindet sich im Anhang (VII.4.1.4).

II. DIE VORGESCHICHTE: ITALIENISCHE HÄNDLER UND STUCKATURMEISTER IN DER HANSESTADT

Wenn man sich mit der Geschichte der Fremden im Hamburger Raum, d.h. in Hamburg und seinen Nachbarstädten Altona, Harburg und Wandsbek auseinandersetzt[1], wird einem deutlich, wie sehr die Zuwanderung aus fernen Ländern für seine Entwicklung von Bedeutung war. Seit Beginn des 16. Jahrhunderts waren aus politischen, religiösen und wirtschaftlichen Gründen hauptsächlich Niederländer, Engländer, iberische Juden (Sepharden) und Franzosen in den Hamburger Raum ausgewandert. Diese brachten neue Künste, neue Arbeitstechniken und weltweite Handelskontakte mit und verhalfen dadurch ihrer neuen Heimat zu einer Spitzenposition unter den europäischen Handelszentren.[2]

Obwohl es sich im Vergleich zu den obengenannten Gruppen eher um eine zahlenmäßig recht bescheidene Gemeinde handeln musste, hinterließen auch Italiener Spuren in Hamburgs Vergangenheit. Nicht anders als die Niederländer oder die Engländer zogen z.B. auch Italiener in die Hafen- und Handelsstadt Hamburg, um dort Geschäfte abzuwickeln, Handelsbeziehungen zu knüpfen oder auch nur, um im Dienste von bereits etablierten Häusern das Kaufmannsmetier zu erlernen.[3] Auch sie brachten ferner neue handwerkliche Fertigkeiten mit und verbreiteten u. a. neue Stilrichtungen z.B. in der Kunst (Barock) oder in der Musik (Oper).

Der erste nachweisbare Italiener im Hamburger Raum war allerdings kein Händler oder Musiker, sondern nichts Geringeres als ein Papst, nämlich der aus Rom stammende Benedikt V. Im Jahr 964 wurde er vom Kaiser Otto I., der seine Investitur nicht akzeptierte, abgesetzt und als Gefangener nach Hamburg gebracht, wo er wenig später starb und im Dom beigesetzt wurde.[4] 1589 tauchen dann die ersten Spuren italienischer Händler und Arbeiter in Hamburg auf. In jenem Jahr zog

---

[1] Die Literatur über Fremde in Hamburg ist im Allgemeinen sehr spärlich und beschränkt sich auf kürzere oder essayistische Beiträge: Rolf Italiaander, Vielvölkerstadt. Hamburg und seine Nationalitäten, Düsseldorf 1986; Frank Kürschner-Pelkmann, Fremde bauen eine Stadt, Hamburg 1993; Eckart Kleßmann, Ausländer in Hamburg (1993). Bei Monographien über einzelne Nationalitäten sieht es nicht viel besser aus. Lediglich über Polen, Sepharden und Griechen gibt es bislang längere wissenschaftliche Studien.

[2] Kleßmann, Ausländer in Hamburg (1993), 2-28.

[3] Giacomo Greppi erlernte z. B. den Kaufmannsberuf in dem bereits in Hamburg existierenden italienischen Handelshaus Gebrüder Brentano. Siehe: Giovanni Liva, Le „aziende Greppi" in Europa: Amburgo e Amsterdam, in: Archivio Storico Lombardo, Bologna 1997, S. 189-238, hier: S. 217.

[4] Eckart Kleßmann, Geschichte der Stadt Hamburg, Hamburg 1981, S. 33. Einzelheiten über die Geschichte von Benedikt V. in Hamburg in: Ralf Busch, Ein Papst in Hamburg: ein historisches Essay über Benedikt V, Hamburg 1999.

der Florentiner Händler Alessandro Della Rocca samt seinem offenbar ansehnlichen Hab und Gut nach Hamburg, wo er ein großes Haus erwarb und einen aufwändigen Lebensstil pflegte. Nachdem er sich in der Stadt eingelebt hatte, aktivierte er seine Handelskanäle mit dem Süden und begann, Samt, Seide und Atlas sowie vermutlich Schmuck und Kunstgegenstände aus Italien nach Hamburg zu importieren. Seine Geschäfte müssen dermaßen von Erfolg gekrönt gewesen sein, dass er bald die Gunst der Grafen von Schauenburg (die über Pinneberg und Altona herrschten) erlangte und vielleicht gelegentlich sogar als deren Hofbankier wirkte. Die Bedeutung dieses florentinischen Kaufmanns für eine Geschichte der italienischen Gemeinde im Hamburger Raum geht außerdem über seine kaufmännischen Fähigkeiten hinaus. Da er gläubiger Katholik im reformierten Hamburg war, wo katholische Gottesdienste strengstens verboten waren, ließ er um 1591 den Jesuitenpater Michael van Isselt aus den Niederlanden nach Altona kommen. Dort hatte er nämlich direkt vor dem Millerntor mit Genehmigung der befreundeten Schauenburger, die über Altona herrschten, für die katholische Gemeinde eine Kapelle errichten lassen. Die Wiederbelebung des katholischen Gottesdienstes in Altona, nachdem sich die ganze Umgebung für den lutherischen Glaube entschieden hatte, ist somit auf die Bestrebungen dieses Florentiners zurückzuführen. Della Rocca war zu diesem Zeitpunkt auch nicht der einzige aus der Halbinsel zugezogene Händler im Hamburger Raum, da unweit von der Stadt, in Stade, eine italienische Firma, Calandrini & Compagnia, im Tuchwarengeschäft tätig war.[5]

Zu der italienischen Gemeinde im Hamburger Raum müssen damals jedoch mehr Händler als nur Della Rocca und die Calandrinis gezählt haben.[6] Auch von den Handwerkern und Künstlern, die in der Frühen Neuzeit, als ganz Europa im Zeichen der italienischen Renaissance stand, nach Deutschland gezogen waren,[7] ließen sich einige für kürzere oder längere Zeit in Hamburg nieder. Italienische Maler, Maurer und Stuckateure sind zumindest ab Mitte des 17. Jahrhunderts in der Hansestadt sowie im ganzen norddeutschen Raum genau nachweisbar.

Zwischen Mitte des 17. und Mitte des 18. Jahrhunderts waren italienische Stuckaturwerkstätten in Hamburg außerordentlich bedeutend. Hatte es in Norddeutschland vor dieser Zeit nur gelegentliche Stuckaturarbeiten gegeben, stiegen gegen

---

[5]   Walter Görlitz, Italien und Hamburg in alter Zeit. Streiflichter aus der Vergangenheit, in: Walter Görlitz/Hans W. Grohn/Ingeborg Brandt, Beziehungen zu Italien im Hamburger Kunst- und Geistesleben, Hamburg 1973, S. 1-7, hier: S. 1ff.

[6]   Hans-Dieter Loose, Das Zeitalter der Bürgerunruhen und der großen europäischen Kriege 1618 – 1712, in: Ders./Werner Jochmann (Hg.), Hamburg. Geschichte der Stadt und ihrer Bewohner, Band I, Hamburg 1982, S. 259-350, hier: S. 311.

[7]   Anton Schindling, Bei Hofe und als Pomeranzenhändler: Italiener im Deutschland der Frühen Neuzeit, in: Klaus J. Bade (Hg.), Deutsche im Ausland – Fremde in Deutschland. Migration in Geschichte und Gegenwart, München 1992, S. 287-294, hier: 290.

Ende des 17. Jahrhunderts die Ansprüche der Landesfürsten und der bürgerlichen Familien auf repräsentative Raumausstattungen. Da die Arbeit der italienischen Meister als qualitativ und künstlerisch unübertroffen galt, wurden sie mit Aufträgen überschüttet. Deshalb zogen viele Stuckateure aus Süddeutschland, wo ihre Präsenz bereits Tradition hatte, in Richtung Norden. Anstatt aber, wie es sonst üblich war, in den Wintermonaten – die Arbeitssaison dauerte von Februar bis November – zurückzukehren, ließen sich die meisten mit der Familie ganzjährig in Norddeutschland nieder.[8] Hamburg bot im norddeutschen Raum als Standort für diese Künstler und ihre Mitarbeiter, Gesellen und Lehrlinge entscheidende Vorteile: Im benachbarten Altona konnten sie inmitten einer evangelischen Umgebung katholischen Gottesdiensten beiwohnen.[9] Hier konnten sie dank der Neutralitätspolitik des Senats und der imposanten Wehranlagen genügend Schutz vor den kriegerischen Auseinandersetzungen finden, die ständig die Umgebung bedrohten. Hier konnten sie außerdem unter Landsleuten leben, da weitere italienische Händler Della Rocca gefolgt waren. Dazu kam noch, dass die freie Hansestadt inmitten der chronischen Auseinandersetzungen, die damals unter den benachbarten Grafen, Herzögen und Fürsten stattfanden, als von Machtzentren unabhängiges Dienstleistungszentrum fungierte.[10]

Obwohl genaue Datierungen äußerst schwierig sind, scheint eine der ersten italienischen Stuckaturwerkstätten in Hamburg diejenige eines gewissen Carlo Tagliata gewesen zu sein. 1692 tauchte er in Coburg auf. Seine Werkstatt hatte aber ihren Sitz in Hamburg. Die aber zu jener Zeit wohl bekannteste Werkstatt in Hamburg war zweifelsohne die von Joseph Mogia. Er blieb bis zu seinem Tod im Jahre 1739 aktiv und beteiligte sich etwa 40 Jahre lang an fast allen größeren Bauvorhaben in Hamburg, Mecklenburg und Schleswig-Holstein. Es sind noch drei weitere italienische Werkstätten bekannt, die zu dieser Zeit in der Hansestadt ihren Sitz hatten. Eine davon, die von Carlo Enrico Brenno, arbeitete 1716 an einem von Zeitgenossen bewunderten Epitaph im Hamburger Dom. Seine Arbeiten wurden dermaßen geschätzt, dass er 1722 mit seinen Mitarbeitern und Gesellen nach Kopenhagen ziehen durfte, um dort am dänischen Königshof als Hofstuckateur zu wirken.[11]

---

[8]   Barbara Rinn, Italienische Stuckatur des Spätbarock zwischen Elbe und Ostsee – Studien zu den Werkstätten italienischer Stuckateure in Hamburg und Schleswig-Holstein unter Berücksichtigung ihrer Arbeiten in Mecklenburg-Vorpommern und Dänemark (ca. 1685-1740), Diss. Kiel 1995, S. 262.

[9]   1722 wurde die katholische Kirche St. Joseph in Altona (Große Freiheit) von einer italienischen Werkstatt mit Stuckaturen ausgestattet. Siehe: ebenda, S. 26.

[10]   Ebenda, S. 172.

[11]   Ebenda, S. 251-257.

Dank ihres ausgezeichneten Rufs und der hervorragenden Kenntnisse dominierten die italienischen Werkstätten konkurrenzlos die Dekorationsbranche. Erst gegen Mitte des 18. Jahrhunderts gelang es auch deutschen Werkstattleitern (bis dahin hatte es nur einen gegeben!) sich in diesem Gewerbe durchzusetzen.[12] Gleichwohl standen in den folgenden Jahrzehnten italienische Künstler in der Hansestadt und Umgebung noch hoch im Kurs. 1748 ließ sich der Maler, Baumeister und Dekorateur Giovanni Battista Colombo in Hamburg nieder. 1756 folgten ihm der Maler Francesco Martini und dessen Bruder, der Stuckateurmeister Carlo Donato Martini.[13]

Alle italienischen Stuckateure stammten aus Norditalien (Lombardei/Tessin), wo die Kunst der Stuckatur eine lange Tradition hatte, und gehörten der zweiten oder dritten Generation von Meisterfamilien an, die im deutschsprachigen Raum tätig waren.[14] Sie ließen sich, wie die Kirchenbücher der katholischen Gemeinde Altonas belegen, dauerhaft in Hamburg nieder (viele Taufen und Hochzeiten fanden im Winter statt). Sie pflegten ein freundschaftliches Verhältnis untereinander. In den Werkstätten, zumindest unter den Meistern, wurde auch nach jahrelangem Aufenthalt in Deutschland weiterhin Italienisch gesprochen.[15] Von einigen Stuckateuren wissen wir, dass sie deutsche Frauen heirateten und in Hamburg Kinder taufen ließen.[16] Wo sich diese Familien in Hamburg niedergelassen hatten, ist allerdings unbekannt. Es könnte aber die Neustadt in Frage kommen, da 1710 ein Italiener dort in einem Haus im „Pehlhöfen" (heute Kohlhöfen) heiratete. Diese Gruppe pflegte außerdem rege Kontakte zu anderen in Hamburg lebenden Italienern wie z.B. zu den Kaufmannsfamilien Galli, Scala und Vita. Sie gehörten ebenfalls der katholischen Gemeinde an und fungierten u. a. als Verbindung zur Heimat, da sie berufshalber ohnehin einen regelmäßigen Postverkehr mit Italien unterhielten.[17]

Die Bedeutung der italienischen Kaufleute im Hamburger Handelsleben vom Mittelalter bis zum Kaiserreich ist schwer einzuschätzen. Da die Handelsbilanz der Hansestadt im 17. und 18. Jahrhundert mangels Statistiken leider kaum rekonstruierbar ist, kann man auch nicht feststellen, welche Rolle damals Italien für die Geschäftsverbindungen der Stadt spielte. Wahrscheinlich aber keine besonders wichtige, denn die vom Handel mit Italien in Anspruch genommene Schiffstrans-

---

[12] Ebenda, S. 262.

[13] „Von der Elbe bis zum Tiber. Ahnen der italienischen Kolonie in Hamburg", in: Hamburger Fremdenblatt vom 29. Juli 1939.

[14] Rinn, Italienische Stuckatur des Spätbarock zwischen Elbe und Ostsee (1995), S. 263.

[15] Ebenda, S. 18.

[16] Ebenda, S. 173.

[17] Ebenda, S. 23-28.

portkapazität im 17. Jahrhundert lag unter einem Prozent.[18] Auch im 18. und im frühen 19. Jahrhundert richtete sich der Hamburger Handel eher nach Frankreich, England, Holland, Spanien und die USA.[19] Einzige Produkte, die man aus Italien importierte, waren typische südländische Erzeugnisse wie Öle, Zitrusfrüchte, Alaun, Seide, Harz und Spezereien.[20]

Die bereits erwähnten Familien Galli, Scala und Vita gehörten wahrscheinlich der großen Gruppe von italienischen Händlern an, die wie schon Della Rocca sich im 17. und 18. Jahrhundert in Deutschland niederließen und Südfrüchte, Gewürze und Luxusartikel importierten. Häufig hatten diese Händler als einfache Hausierer angefangen.[21] Da sich die Geschichte eines damaligen italienischen Handelshauses in Hamburg glücklicherweise rekonstruieren lässt, ist ein Einblick in die Tätigkeiten dieser Händler möglich. 1766 erfolgte in Hamburg die Gründung des Handelshauses Brentano Bovara und Greppi, nachdem Giacomo Greppi, dessen Vater ein bedeutender Mailänder Händler war, hierher gekommen war und beschlossen hatte sich mit der bereits etablierten und in Hamburg offenbar sehr berühmten italienischen Kaufmannsfamilie Brentano[22] zusammen zu schließen. Etwa zwanzig Jahre lang widmeten sich Greppi und die Brentanos Wechselgeschäften, dem Import von italienischen Erzeugnissen (Öle aus Apulien, Zitrusfrüchte aus Ligurien und Sizilien usw.) und dem spekulativen An- und Verkauf von sonstigen Produkten, z.B. von russischem Getreide.

Letztere Aktivität lässt darauf schließen, dass italienische Händler nicht nur nach Hamburg kamen, um italienische Waren zu platzieren, sondern auch, um an einem der wichtigsten Handels- und Transitplätze Europas lukrative Geschäfte abwickeln zu können. Ihre Bedeutung im Hamburger Wirtschaftsleben kann demnach nicht nur am Umfang des hamburgischen Handels mit Italien gemessen werden. Die Tatsache ferner, dass es Greppi-Niederlassungen auch in Antwerpen und Cadiz gab und dass Giacomo Greppi einen regen Gedankenaustausch über mögliche neue Geschäfte mit seinem Vater in Mailand und mit seinen Brüdern in den Niederlanden und in Spanien unterhielt[23], lässt vermuten, dass auch einige der italienischen Handelshäuser in Hamburg in einem europaweiten Handelsnetzwerk

---

[18] Loose, Das Zeitalter der Bürgerunruhen (1982), S. 331.

[19] Franklin Kopitzsch, Zwischen Hauptrezeß und Franzosenzeit 1712 – 1806, in: Jochmann/Loose (Hg.), Hamburg. Geschichte der Stadt und ihrer Bewohner (1982), Band I, S. 351-414, hier: S. 375.

[20] Görlitz, Italien und Hamburg in alter Zeit (1973), S. 4.

[21] Schindling, Bei Hofe und als Pomeranzenhändler (1992), S. 292f.

[22] Häuser Brentano sind in ganz Europa nachweisbar. Siehe: Edith Pichler, Migration, Community-Formierung und ethnische Ökonomie. Die italienischen Gewerbetreibenden in Berlin, Berlin 1997, S. 142.

[23] Liva, Le „aziende Greppi" in Europa: Amburgo e Amsterdam (1997), S. 226f.

operierten. Hamburg scheint diesen tüchtigen Kaufleuten gefallen zu haben. 1787, kurz vor der Auflösung der Gesellschaft Brentano Bovara und Greppi und der Rückkehr nach Italien, teilte Giacomo Greppi in einem Brief dem Vater mit, dass ihm die Trennung von vielen guten Freunden und von einem Land, das seiner Lebens- und Gedankenweise so nahe stand, sehr schwer fiel.[24]

Die ohnehin nicht sehr bedeutenden Handelsbeziehungen zwischen Italien und Hamburg wurden wahrscheinlich durch die kriegerischen Auseinandersetzungen, die nach der französischen Revolution ganz Europa erschütterten, stark eingeschränkt. Gleichwohl ließen sich auch in diesen bewegten Zeiten einige italienische Händler, und zwar Kunsthändler, in der Hansestadt nieder, wo sie offenbar blühende Geschäfte unterhielten. Darunter ein gewisser Taraguiola, der sich zwischen 1806 und 1816 in Hamburg aufgehalten haben und auch als Graveur tätig gewesen sein soll. Das große Interesse an italienischen Kunstgegenstände beruhte wahrscheinlich auf der Sehnsucht nach dem Land jenseits der Alpen, das auch viele Hamburger aufs Goethes Spuren besucht hatten und als das Kultur- und Bildungsland schlechthin empfanden.[25]

Im Laufe des 18. Jahrhunderts kamen allerdings nicht nur italienische Stuckateure, Maler und Händler nach Hamburg. Im August 1740 traf erstmals der Opernimpresario Angelo Mingotti mit seiner „Compagnie italienischer Operisten" in der Hansestadt ein und organisierte bis Ende September auf dem Kaiserhof bestens besuchte Vorstellungen von italienischen Opern, für die Hamburger damals eine absolute Neuigkeit. 1743 bis 1747 erschien dann Pietro Mingotti, der Bruder Angelos, des öfteren in Hamburg, wo er auf der Bühne im ehemaligen Reithaus am Dragonerstall von seiner Künstlergruppe dem begeisterten Hamburger Publikum die besten italienischen Opern vorführen ließ. Am 18. November 1743 durfte er sich sogar der Anwesenheit des Kronprinzen und der Kronprinzessin von Dänemark erfreuen, die eigens nach Hamburg gekommen waren, um die italienische Oper zu bewundern.[26]

Bis ins 19. Jahrhundert hinein lässt sich also trotz der spärlichen Quellen die Existenz einer kleinen und etwas unstabilen italienischen Gemeinde feststellen, da viele Italiener, seien es Künstler, Facharbeiter oder Händler, offenbar oft nach Hamburg kamen, aber in Hamburg nur vorübergehend verweilten. Besonders zu den Zeiten der italienischen Stuckaturwerkstätten, also zwischen dem 17. und 18. Jahrhundert, scheint es jedoch zu einer gewissen Stabilität der Gemeinde gekom-

---

[24] Ebenda, S. 223.

[25] „Von der Elbe bis zum Tiber. Ahnen der italienischen Kolonie in Hamburg", in: Hamburger Fremdenblatt vom 29. Juli 1939.

[26] Görlitz, Italien und Hamburg in alter Zeit (1973), S. 3f.

men zu sein. Eine Gruppe von italienischen Künstlern und Handwerkern hatte Hamburg als Standort gewählt und führte mit einigen ebenfalls italienischen Händlerfamilien offenbar ein gewisses Gemeinschaftsleben. Die Tatsache, dass diese beiden Gruppen aus Norditalien bzw. der Lombardei kamen, muss dabei eine nicht unbedeutende Rolle gespielt haben. In den Familien und auf der Arbeit, besonders bei den Händlern, wurde Italienisch gesprochen[27], die Verbindungen zur Heimat wurden aufrechterhalten, und es wurden vermutlich im Rahmen der religiösen Aktivitäten die heimatlichen Sitten gepflegt. Einige dieser Italiener heirateten, wie bereits erwähnt, deutsche Frauen und blieben wahrscheinlich in Hamburg hängen, wo sie sich mit der Zeit assimilierten. Hin und wieder kamen auch in den folgenden Zeiten Italiener nach Hamburg, sogar italienische Soldaten[28], und es gab sicherlich welche, die sich in der Hansestadt niederließen. Die Quellen, die im Rahmen dieser Arbeit recherchiert werden konnten, gaben jedoch keine Aufschlüsse über die eventuelle Existenz und die Charakteristika einer hiesigen italienischen „Kolonie" zwischen Mitte des 18. und Mitte des 19. Jahrhunderts.

---

[27] Antonio, der Vater von Giacomo Greppi, schien sich über das Verlernen der italienischen Sprache seitens des Sohnes Sorgen zu machen und schickte ihm verschiedene italienische Bücher und Zeitungen. Er konnte jedoch feststellen, dass im italienischen Handelshaus Brentano „sehr viel" Italienisch gesprochen wurde. Siehe: Liva, Le „aziende Greppi" in Europa: Amburgo e Amsterdam (1997), S. 218, Anm. 142.

[28] Zwischen 1806 und 1814, zur Zeit der französischen Herrschaft, weilten in der Tat in Hamburg auch italienische Besatzungssoldaten. Siehe: Kleßmann, Ausländer in Hamburg (1993), S. 27.

III.   ITALIENER IN HAMBURG 1871 – 1918. DIE ENTSTEHUNG EINER ITALIENISCHEN „KOLONIE"

1.   Italienische Emigration nach Deutschland von der Gründung des italienischen Königreiches (1861) bis zum Ersten Weltkrieg

Als am 17. März 1861 das italienische Königreich proklamiert wurde[1] und Viktor Emanuel II. vom bis dahin eher bescheidenen Hause Savoyen sich endlich als würdiges Oberhaupt eines großen und zukunftsreichen Flächenstaates rühmen konnte, existierte der neue italienische Staat lediglich auf dem Papier. Zu diesem Zeitpunkt stellte die italienische Halbinsel als Resultat eines langwierigen Prozesses, der teils auf geophysikalische Gegebenheiten und teils auf politische und wirtschaftliche Entwicklungen zurückzuführen war, in ökonomischer, demographischer und gesellschaftlicher Hinsicht keineswegs eine homogene Einheit dar. Deutliche Differenzen in der sozioökonomischen Entwicklung zeigten sich besonders zwischen den nördlichen Tiefebenen, die sich auf dem Weg zur modernen kapitalistischen Industriegesellschaft befanden, und den armen, ebenfalls nördlichen Alpengebieten sowie einem noch von feudalen Strukturen gekennzeichneten Süden. Diese Differenzen trugen die Keime der starken Auswanderungswellen in sich, die nach der Vereinigung Italiens einsetzten. In einem langjährigen, komplexen und von ständig wechselnden Abstoßung- und Anziehungsfaktoren gekennzeichneten Prozess wanderten Millionen von Italienern temporär oder permanent bis zum Ersten Weltkrieg aus.[2] Im Folgenden sollen die wesentlichen Ursachen

---

[1]   Im Jahre 1859 begann der Aufbau des italienischen Staates, wie wir ihn heute kennen. Ein erfolgreicher Krieg des Kgr. Sardinien und dessen Verbündeten, das französische Kaiserreich, gegen Österreich brachte die Lombardei in den Besitz des Hauses Savoyen. Im Frühjahr 1860 wurde durch Volksabstimmungen der Anschluss der Herzogtümer Parma-Piacenza und Modena, des Großherzogtums Toskana und der päpstlichen Legationen von Ferrara und Bologna legitimiert. Im Mai desselben Jahres landete Garibaldi auf Sizilien, von wo aus er in wenigen Monaten das gesamte Königreich beider Sizilien eroberte. Auch diese Gebiete wurden kurz darauf nach Plebiszite dem Kgr. Sardinien angegliedert. Am 17. März 1861 wurde das Kgr. Italien offiziell proklamiert. Es fehlten allerdings noch Venetien (dessen Eingliederung 1866 durch die Teilnahme am preußisch-österreichischen Krieg an der Seite Preußens erfolgte), das Latium und Rom (die Einnahme der Stadt, die unter französischem Schutz stand, wurde 1870 durch den Krieg Frankreichs gegen Deutschland ermöglicht), Julisch-Venetien, Triest und die Brennergrenze (diese Gebiete wurden dem italienischen Kgr. erst 1919 nach dem Ersten Weltkrieg mit den Friedensverträgen von Saint-Germain-en-Laye eingegliedert).

[2]   Zur italienischen Emigration im Allgemeinen siehe besonders: Gianfausto Rosoli (Hg.), Un secolo di emigrazione italiana: 1876 – 1976, Rom 1978. Speziell zum Zusammenhang zwischen der italienischen ökonomischen Entwicklung und Emigration: Emilio Sereni, Il capitalismo nelle campagne, Rom 1968. Über die Folgen der Vereinigung hinsichtlich der Emigration siehe zusammenfassend: Marcello Paoletti, L'unità d'Italia e l'emigrazione verso l'Europa continentale (origine e sviluppi) 1860 – 1970, Diss. Freiburg in der Schweiz 1976.

der italienischen Migrationsströme und deren Volumen skizziert werden. Ein
besonderes Augenmerk wird dabei auf der Deutschlandwanderung der Italiener
liegen.

Die wesentlichen Gründe der starken Auswanderungswellen, die nach der politischen Vereinigung der Halbinsel einsetzten, liegen in den regional stark sich un-
terscheidenden sozio-ökonomischen Strukturen zum Zeitpunkt der Gründung des
italienischen Königreiches, aber auch und besonders in dessen späteren Entwicklung im Rahmen des Aufbaus des italienischen Nationalstaates.

Als die Garibaldiner im Jahre 1860 in Sizilien landeten und nach einem kurzen
Siegeszug das Königreich beider Sizilien eroberten, herrschten dort fast mittelal-
terliche Verhältnisse. Jegliche politische Reformen und somit wichtige Impulse
zur gesellschaftlichen und wirtschaftlichen Entwicklung des Landes waren in der
Vergangenheit ausgeblieben. Die Landwirtschaft im südlichen Teil der Halbinsel
litt unter mageren Erträgen und Wasserkargheit. Sie wurde archaisch betrieben,
und ihre Produkte fanden höchstens einen regionalen Absatzmarkt. Fast wie im
Mittelalter lebte die Landbevölkerung unter ärmsten Bedingungen und wagte nur
selten und ohne Erfolg sich gegen die adeligen Eliten des Landes zu erheben, die
nicht das geringste Interesse an der Entwicklung der eigenen enormen Landgüter
zeigten und ein müßiges Leben in den Städten führten. Eine Akkumulation von
Kapital für die Modernisierung der Landwirtschaft oder die industrielle Entwicklung blieb deshalb aus. Einige wenige und meist kleine Betriebe konnten nur dank
des Schutzes durch den Staat überleben, der extrem hohe Eingangszölle auf Im-
portwaren verhängt hatte. Auch ein Mittelstand von dynamischen und gut verdie-
nenden Freiberuflern, der sich für eine Modernisierung der Gesellschaft hätte einsetzen können, existierte kaum, und bis auf einige Ausnahmen (in Palermo und in
Neapel) war sogar das Bankwesen derart unterentwickelt, dass es absolut unfähig
war, das Wirtschaftsleben anzukurbeln.[3]

Im ehemaligen päpstlichen Mittelitalien sowie im ehemaligen Großherzogtum
Toskana war die Lage etwas anders. Dort wurde die Landwirtschaft von Halbpächtern zum Teil mit moderneren Methoden als im Süden betrieben und eine
Reihe von kleinen, aber erfolgreichen Handwerksbetrieben zeugte von der Existenz einer gewissen wirtschaftlichen Flexibilität.[4]

Im nördlichen Teil der Halbinsel schließlich, wo regelmäßige Niederschläge und
eine große, gut durchwässerte und fruchtbare Ebene die Existenz einer ertragrei-
chen Landwirtschaft ermöglichten, hatte eine wirtschaftliche Entwicklung im

---

[3]   Paoletti, L'unità d'Italia e l'emigrazione (1976), S. 38f.
[4]   Sereni, Il capitalismo nelle campagne (1968), S. 177-180.

Sinne der industriellen Revolution begonnen. Die konstitutionelle Monarchie im Königreich Sardinien und ein aufgeklärter Despotismus in den von Österreich-Ungarn besetzten oder kontrollierten Gebieten Norditaliens[5] hatten die sozialen, ökonomischen und politischen Bedingungen für die Entwicklung einer breiten und strebsamen Bourgeoisie geschaffen, die aus einer mit modernen Methoden betriebenen Landwirtschaft Gewinne zu erzielen vermochte und diese im Industriebereich wieder anlegte. Diese regen Entwicklungen sowie die Nähe zu den mitteleuropäischen Märkten hatten besonders aus der Lombardei und dem Piemont die wirtschaftlichen Motoren des Österreichischen Kaiserreichs bzw. des Sardischen Königreiches gemacht.[6]

Obwohl in vielen Gebieten der Halbinsel Armut, Arbeitslosigkeit und Unterbeschäftigung herrschten, hatte es vor der Gründung des italienischen Königreiches aufgrund der politischen und wirtschaftlichen Fragmentierung der Halbinsel, aufgrund einer gewissen gesellschaftlichen Immobilität – besonders in Süditalien – sowie noch fehlender internationaler Rahmenbedingungen keine nennenswerten Binnen- oder Auswanderungswellen gegeben.

Nur in den nördlichen Alpenregionen hatte eine gewisse Emigration stattgefunden. Es handelte sich um eine meist saisonale Auswanderung, vor allem von Handwerkern, Hausierern und Künstlern, die besonders aus den Alpen- und Voralpenregionen in die Schweiz, nach Österreich-Ungarn und nach Deutschland führte. Insbesondere in den bergigen Regionen Venetiens, die wie viele süditalienische Gebiete ebenfalls von der Kargheit der Böden sowie von schlechten Klimabedingungen betroffen waren, hatte sich seit Jahrhunderten eine Auswanderungstradition etabliert, die vorwiegend saisonalen Charakter hatte. Die Männer, die in der Heimat in den Wintermonaten nicht ausreichend Beschäftigung finden konnten, wanderten als Handwerker oder Hausierer über die Grenzen, während Frauen, Kinder und Greise zurückblieben, um sich um die kleinen Familiengrundstücke zu kümmern.[7] Händler und Hausierer aus der Lombardei und der Toskana begaben sich nach Frankreich und nach Deutschland.[8] Einige politische Emigranten überquerten den Ozean nach Amerika, wo sie z. B. in Argentinien erste italienische „Kolonien" gründeten. Einige ligurische Seeleute ließen sich

---

5   Dem Österreichischen Kaiserreich waren die Lombardei, Venetien, Julisch-Venetien, Triest, Trient und das heutige Südtirol direkt angegliedert, während das Herzogtum von Parma und Piacenza sowie das Großherzogtum Toskana von nahen Verwandten des habsburgischen kaiserlichen Hauses regiert wurden.

6   Paoletti, L'unità d'Italia e l'emigrazione (1976), S. 40f.

7   Pertile, Italiani in Germania (1914), S. 718f. Ferner: Bianca M. Pagani, L'emigrazione friulana dalla metà del secolo XIX al 1940, Udine 1968, S. 19-22.

8   Pertile, Italiani in Germania (1914), S. 22.

ebenfalls in Amerika nieder.[9] Und schließlich gab es vereinzelte Personen aus
dem Kgr. beider Sizilien, die als Zauberkünstler und Musiker durch ganz Europa
reisten.[10] Eine regelrechte Massenmigration mit tiefgreifenden sozialen Folgen
existierte jedoch noch nicht.[11]

Mit der Gründung des italienischen Königreiches und darauf folgender politischer
und sozioökonomischer Entwicklungen setzte ein Prozess ein, der im Laufe der
Jahrzehnte weite Teile der italienischen Bevölkerung zur Auswanderung zwang.
Die norditalienischen politischen und industriellen Eliten, die nicht nur aus patriotischen, sondern auch aus ökonomischen Gründen den Vereinigungsprozess
befürwortet und vollzogen hatten, übernahmen die Führung des Landes. Der süditalienische Adel hatte sich mit einer Beibehaltung eines gewissen gesellschaftlichen statu quo im Süden zufrieden gegeben. Eine wirksame Agrarreform, die den
„parasitären" Großgrundbesitz hätte aufheben und die Landwirtschaft modernisie-
ren können, blieb im Süden aus. Die *Riforma Fondiaria*, eine vom neuen Staat
eingeleitete Bodenreform, bot nur ehemalige Staats- und Kirchengüter zum Verkauf an, und diese wurden hauptsächlich vom Adel oder von einer neuen, aber
ebenfalls absentistischen Bourgeoisie erworben.

Wirtschaftspolitisch gesehen bedeutete die politische Zurückhaltung der süditalienischen Eliten, dass in keinerlei Weise die süditalienischen ökonomischen Belange berücksichtigt wurden. Alle Binnenzölle der Halbinsel, die lange Zeit auf eine
weitere ökonomische Entwicklung der nördlichen Ebenen hemmend gewirkt,
dagegen aber im Süden die Landwirtschaft und die sich im Anfangsstadium be-
findende Industrie am Leben erhalten hatten, wurden nach der Vereinigung
schlagartig aufgehoben. Die norditalienische Wirtschaft gewann damit einen großen Binnenmarkt für den ungestörten Umsatz der eigenen Produkte, da die süditalienischen Erzeugnisse der neuen Konkurrenz nicht gewachsen waren. Als zudem
in den achtziger Jahren des 19. Jahrhunderts der Staat durch protektionistische
Maßnahmen die nationale Industrieproduktion vor der französischen Konkurrenz
zu schützen versuchte, ergriff Frankreich ebenfalls Maßnahmen gegenüber italienischen Produkten.

Während der Norden ungehindert seine industriellen Erzeugnisse im Süden des
Landes vermarkten konnte, wurde der Süden von diesem Zollkrieg schwer getroffen, da man dort vorwiegend auf den Export von Agrarprodukten – vor allem nach
Frankreich – angewiesen war. Die bereits angeschlagene süditalienische Landwirtschaft musste gleichzeitig mit der wachsenden Konkurrenz des viel billigeren

---

[9] Baily, Immigrants in the Lands of Promise (1999), S. 49 und 223.
[10] Schindling, Bei Hofe und als Pomeranzenhändler (1992), S. 287-294.
[11] Paoletti, L'unità d'Italia e l'emigrazione (1976), S. 44-47.

Abb. III.1: Italien im 19. und 20. Jahrhundert

Königreich Italien 1861	Verlust an Frankreich 1860	Kgr. = Königreich
Erwerbungen 1866-70	Verlust an Frankreich 1947	Fsm. = Fürstentum
Erwerbungen 1919-20	Verlust an Jugoslawien 1947/1954	Rep. = Republik
	Heutige ital. Staatsgrenze	

Von der Karte nicht erfasst: Der Dodekanes, 1912/23 italienisch, fiel 1947 an Griechenland.
Quelle: Brockhaus, Bd. 11, Mannheim 1997 (zwanzigste Auflage) S. 24. Eigene Überarbeitung.

Getreides aus den USA, Argentinien und Russland rechnen. Das alles hatte nahezu verheerende Folgen auf kleine Pächter und Landbesitzer. Viele mussten ihre
bereits unstabile Selbstständigkeit definitiv aufgeben. Die auf diese Weise vom
Land gelösten Arbeitskräfte konnten aber in den unterentwickelten Industrien und
Handwerksstätten oder in den wenigen kapitalistisch geführten landwirtschaftlichen Betrieben selbst als Tagelöhner kaum eine Beschäftigung finden, so dass in
vielen, meist bergigen Gebieten Süditaliens eine „künstliche Überbevölkerung"
entstand.[12]

Das Ausbleiben einer wirksamen Agrarreform, die erdrückende Konkurrenz der
norditalienischen Industrieprodukte auf dem nationalen Markt sowie fragwürdige
wirtschafts- und gesellschaftspolitische Entscheidungen der Regierungen verhin-
derten oder verlangsamten eine ökonomische und soziale Entwicklung des Südens. Vielen, meist jungen Süditalienern blieb in dieser Lage nichts anderes übrig,
als sich in den industrialisierten Regionen des Nordens oder ins Ausland zu begeben, so dass letztendlich auch das für einen Aufschwung unentbehrliche Human-
kapital langsam verschwand. Im Süden der italienischen Halbinsel entstand somit
eine Art Teufelskreis der Unterentwicklung, der immer wieder zu Auswanderungen führte.[13]

Kräftige Auswanderungswellen setzten allerdings nicht nur im langsam chronisch
unterentwickelten Süden ein, sondern auch im Norden des Landes, wo sich im
Laufe der zweiten Hälfte des 19. Jahrhunderts die traditionelle saisonale Emigration der Alpen- und Voralpengebiete durch die zusätzliche Auswanderung von einer Vielzahl von Menschen aus der Po-Ebene verstärkte und erweiterte. Dort hatte
die norditalienische Bourgeoisie inzwischen aus einer Subsistenzlandwirtschaft
ein modernes, gewinnfähiges Unternehmen gemacht. Einfache Pächter und Halb-
pächter, die in armen, aber sicheren Verhältnissen lebten, wurden immer seltener.
Die Anzahl der festen Tagelöhner und der Gelegenheitstagelöhner in den modernen landwirtschaftlichen Unternehmen ging dagegen rasch in die Höhe. Der Zollkrieg mit Frankreich und die Konkurrenz durch russisches und amerikanisches
Getreide, die am Ende des 19. Jahrhundert bereits vielen süditalienischen Bauern
die Existenzgrundlage entzogen und zur Auswanderung gezwungen hatte, verursachten auch die Emigration von vielen dieser norditalienischen Tagelöhner.[14]

Festzuhalten ist also, dass nach der politischen Vereinigung Italiens überall im
Land ein „Proletarisierungsprozess" vieler kleiner Grundbesitzer, Bauern und
Handwerker einsetzte, die einem generellen Anstieg der Steuern (besonders der

---

[12]   Ebenda, S. 72-93.
[13]   Francesco Barbagallo, Lavoro ed esodo nel Sud 1861-1971, Neapel 1973, S. 37-41.
[14]   Paoletti, L'unità d'Italia e l'emigrazione (1976), S. 106-118.

verhassten Salz- und Mahlsteuern) sowie dem Druck eines nationalen und internationalen Marktes nicht standhalten konnten und zu „mobilen" Arbeitskräften wurden.[15]

In einer Welt, in der europäische und nicht-europäische Länder, dank der technischen Fortschritte im Personentransport, immer näher zusammen zu rücken schienen, galt für viele Italiener als mögliche Alternative zur Akzeptanz des statu quo eine neue Überlebensstrategie: die Auswanderung. Ob ganze Familien oder nur einzelne Personen, ob temporär oder permanent – oder all diese Optionen in verschiedenen Momenten –, es verließen zum ersten Mal Millionen von Italienern die Halbinsel in Richtung Amerika (USA, Argentinien und Brasilien) oder in Richtung der europäischen Nachbarländer (Frankreich, Schweiz, Deutschland und Österreich-Ungarn). In diesen Ländern hatte es in der zweiten Hälfte des 19. Jahrhunderts einen derartigen Wirtschaftsaufschwung gegeben, dass angesichts der Arbeiterknappheit vor Ort eine verstärkte Beschäftigung von ausländischen Arbeitskräften unerlässlich wurde. Besonders in den amerikanischen Ländern, die noch als recht unterbevölkert galten und wo die Politiker auf einen „zivilisatorischen" Einfluss der Einwanderer hofften (besonders in Argentinien), entwickelte sich diese Emigration zu einer permanenten Einwanderung.[16] In Europa dagegen war sie eher von temporärem Charakter. Nur in Frankreich, wo eine beunruhigende demographische Stagnation die Franzosen dazu bewogen hatte, die Naturalisierung der Einwanderer zu fördern, fanden zahlreiche Einbürgerungen von italienischen Migranten statt.[17]

Was das Gesamtvolumen der Auswanderungswellen zwischen 1876[18] und dem Ersten Weltkrieg betrifft, melden die Statistiken die Expatriierung von etwa 14 Millionen Italienern. Davon begaben sich etwa 44 Prozent in europäische Länder, während 56 Prozent in nichteuropäische Länder emigrierten.[19]

Bis zur Jahrhundertwende gab es etwa ein Gleichgewicht zwischen europäischer und nichteuropäischer Emigration (mehr als fünf Millionen Expatriierungen insgesamt). Letztere betraf fast ausschließlich den amerikanischen Kontinent und dort hauptsächlich Lateinamerika. Die italienische Emigration auf dem europäischen Festland richtete sich hauptsächlich nach Frankreich (mit mehr als 817.000

[15] Ebenda, S. 44. Ferner: Emilio Franzina, La grande emigrazione. L'esodo dei rurali dal Veneto durante il sec. XIX, Venedig 1976, S. 82f.

[16] Baily, Immigrants in the Lands of Promise (1999), S. 70-83.

[17] Paoletti, L'unità d'Italia e l'emigrazione (1976), S. 127.

[18] Erst ab diesem Jahr sind nationale Emigrationsstatistiken vorhanden.

[19] Luigi Favero/Graziano Tassello, Cent'anni di emigrazione italiana (1876 – 1976), in: Rosoli (Hg.), Un secolo di emigrazione italiana: 1876 – 1976 (1978), S. 21.

Expatriierungen, etwa 30 Prozent der Auswanderung in europäische Länder), Österreich-Ungarn (23,5 Prozent), Deutschland-Luxemburgs (14 Prozent) und der Schweiz (13 Prozent).[20] Die meisten Emigranten (drei Fünftel) stammten bis 1900 aus dem Norden der italienischen Halbinsel, doch der Anteil der Süditaliener, anfangs nicht besonders hoch, stieg ständig und kräftig an (von etwa zwölf Prozent im Jahre 1876 auf etwa 33 Prozent im Jahre 1900).[21] Die Amerikawanderer kamen vorwiegend aus dem Süden der Halbinsel (Abruzzen, Molise, Kampanien, Apulien, Basilikata, Kalabrien, Sizilien und Sardinien). 1.332.376 Personen emigrierten jenseits des Atlantiks (USA), während nur 124.068 ein europäisches Ziel wählten. Die Europawanderer kamen dagegen vorwiegend aus dem Norden des Landes (Piemont, Ligurien, Lombardei, Emilien und dem 1866 im Nationalstaat eingegliederten Venetien). Dort war allerdings der Unterschied zwischen Europa- und Amerikawanderung (Argentinien, Brasilien) nicht so gravierend (jeweils 2.238.600 und 1.090.224 Ausreisen) wie im Süden.[22]

Nach der Jahrhundertwende verließen noch etwa acht Millionen Italiener die Halbinsel (57 Prozent nach Amerika und 41 Prozent in Richtung Europa). Unter den amerikanischen Ländern wurden erstmals die USA zum Hauptziel der italienischen Migranten. Auf dem Kontinent dagegen emigrierte man hauptsächlich in die Schweiz (mit mehr als eine Million Ausreisen etwa 28 Prozent der Europawanderung). Es folgten Frankreich (25 Prozent), Deutschland (24 Prozent) und Österreich-Ungarn (20 Prozent). Die Regionen, die in diesen 15 Jahren die meisten Auswanderer stellten, waren Sizilien (13 Prozent), gefolgt von Kampanien (11 Prozent), Venetien (10 Prozent), Lombardei und Piemont (beide mit etwa 9,5 Prozent).[23] Besonders deutlich lässt sich erkennen, dass sich Süditaliener weiterhin fast nur nach Amerika begaben (3.572.150 Amerika- und 275.109 Europawanderer), während Norditaliener nun verstärkt die Länder Europas aufsuchten (2.761.084 Europa- und 870.733 Amerikawanderer).[24]

Auf der Basis einiger Rückkehrstatistiken sowie der mit etwas Vorsicht zu genießenden Daten über Auswanderungsabsichten[25] wird allerdings klar, dass es sich

---

[20] Ebenda, S. 23.

[21] Ebenda.

[22] Del Fabbro, Transalpini (1996), S. 33. Eigene Berechnungen.

[23] Favero/Tassello, Cent'anni di emigrazione italiana (1876 – 1976) (1978), S. 27ff.

[24] Del Fabbro, Transalpini (1996), S. 33. Eigene Berechnungen.

[25] Bis 1903 wurden lediglich Statistiken der Auswanderungsabsichten der Emigranten aufgestellt (die Emigranten sollten anlässlich der Beantragung der für die Auswanderung notwendigen Papiere mitteilen, ob sie „temporär" oder „permanent" auszuwandern gedachten). Daten dazu in: Pagani, L'emigrazione friulana (1968), S. 205-343. Ab 1905 gibt es dann auch Rückkehrstatistiken, aber nur über Rückwanderer aus America. Siehe dazu: Favero/Tassello, Cent'anni di emigrazione italiana (1876 – 1976) (1978), S. 28.

Tab. III.1: Wanderungsbewegung zwischen Italien und europäischen und außereuropäischen Staaten 1876 – 1915

	Auswanderungen	in % aller Ausw.	Rückw. (ab 1905)	in % aller Rück.	in % von Sp. 2
Österreich	1.422.946	10,1	.	.	.
Frankreich	1.715.510	12,0	.	.	.
Deutschland	1.225.820	8,8	.	.	.
Schweiz	1.340.260	9,5	.	.	.
Europa	**6.137.250**	**44,0**	.	.	.
Nordamerika	*4.305.450*	*30,5*	*1.322.010*	.	*30,7*
Südamerika	*3.317.170*	*23,5*	*642.637*	.	*19,3*
Amerika insg.	*7.622.650*	*54,5*	*1.964.630*	.	*25,7*
Außereur.	**7.894.360**	**56,0**	**1964.630**	.	**24,8**
Ges.	**14.027.100**	**100,0**	.	.	.

Quelle: Favero/Tassello, Cent'anni di emigrazione italiana (1876 – 1976) (1978), Tab. 1, S. 19 und Tab. 8, S. 28. Eigene Berechnungen.

Tab. III.2: Italienische Wanderung in europäische Staaten 1876 – 1915

	Europäw. insg.	Österr.	in % der Europäw.	Schweiz	%	Frankr.	%	Deutschl.	%
1876-1880	399.912	95.979	24,0	66.410	16,6	184.279	46,1	36.574	9,1
1881-1885	451.133	128.122	28,4	35.161	7,8	222.504	49,4	34.634	7,7
1886-1890	439.195	170.408	38,8	36.014	8,2	151.570	34,5	51.760	11,8
1891-1895	531.356	181.724	34,2	60.829	11,4	125.484	23,6	76.228	14,3
1896-1900	723.454	229.335	31,7	128.193	17,7	124.808	17,2	154.703	21,4
1901-1905	1.168.532	272.268	23,3	269.141	23,0	271.493	23,2	280.045	24,0
1906-1910	1.246.268	185.694	14,9	386.527	31,1	301.123	24,2	310.999	25,0
1911-1915	1.180.859	159.416	13,5	357.977	30,3	325.317	27,5	280.906	23,8
1911-1913	866.731	116.142	13,4	268.054	30,9	220.894	25,5	222.404	25,7
1876-1915	**6.133.387**	**1.422.946**	**23,2**	**1.340.252**	**21,8**	**1.706.578**	**27,8**	**1.225.849**	**20,0**

Quelle: Del Fabbro, Transalpini (1996), Tab. II.3, S. 34. Eigene Berechnungen.

insgesamt um stark von Temporarität geprägte Auswanderungswellen handelte.
Emigration muss schließlich nicht als eine „Einbahnstraße" verstanden werden,
sondern eher als eine Überlebensstrategie, die aus den verschiedensten sozioökonomischen Gründen von saisonalen, temporären oder permanenten Aufenthalten
im Ausland gekennzeichnet sein konnte.[26] Besonders im Nordosten Italiens wurde
traditionsgemäß temporär ausgewandert – in der östlichen venetischen Provinz
Udine lag der Anteil der Migranten, die sich im Zeitabschnitt 1876 – 1903 für
eine baldige Rückkehr erklärt hatten, sogar bei 94,8 Prozent aller Auswanderer.[27]
Zwischen 1876 und 1903 hatten gut 52,6 Prozent aller Migranten erklärt nur
„temporär" expatriieren zu wollen und von den zwischen 1901 und 1915 nach
Amerika ausgewanderten fünf Millionen Italienern kehrten zwischen 1905 und
1915 immerhin zwei Millionen zurück (hauptsächlich nach Süditalien). Foerster
geht schließlich von einer dauerhaften Auswanderung von etwa „nur" 4,2 Millionen Italiener zwischen 1862 und 1911 aus.[28]

Wie aus der Tabelle III.2 auf S. 49 zu entnehmen ist, machte die Deutschlandwanderung der Italiener vor dem Ersten Weltkrieg einen nicht unbedeutenden Teil
der gesamten italienischen Europawanderung aus. Wie in der Schweiz und in
Frankreich hatte in der zweiten Hälfte des 19. Jahrhunderts auch im deutschen
Kaiserreich eine außerordentliche wirtschaftliche Entwicklung in den verschiedensten Sektoren (Hoch- und Tiefbau, Bergbau, Hüttenwesen, Maschinen-, Tex-
til- und Chemische Industrie) stattgefunden, so dass die Zahl der Arbeiter in der
näheren Umgebung der Bauten oder der Industrien nicht mehr zur Deckung des
Arbeitskräftebedarfs ausreichte und die Rekrutierung fremder Arbeiter unerlässlich wurde. Während in Deutschland immer mehr Arbeitskräfte benötigt wurden,
fanden in Italien die bereits angedeuteten strukturellen Veränderungen der Landwirtschaft statt, die aus vielen Bauern, Pächtern oder Halbpächtern mobile Tagelöhner machten, die in Krisensituationen zur Auswanderung bereit waren. Die traditionelle saisonale Auswanderung von Arbeitern aus dem italienischen Norden
wurde somit zur Massenmigration nach Deutschland. Eine wichtige Rolle spielten
dabei zweifelsohne die Erweiterung und Verbesserung des europäischen Eisen-
bahnnetzes, die die Reisen erheblich vereinfachten und beschleunigten. Dazu
gehörten z. B. die Eröffnung der Brenner-Eisenbahnlinie im Jahre 1867[29] und die
der Gotthard-Linie durch die Schweiz im Jahre 1882, die in kürzester Zeit viele
„Italienerzüge" nach Basel und von dort aus auch nach Süddeutschland befördern

---

[26] Del Fabbro, Transalpini (1996), S. 43.
[27] Ebenda, S. 42.
[28] Robert F. Foerster, The italian Emigration of our times, Harvard University Press 1919, S. 23.
[29] Paoletti, L'unità d'Italia e l'emigrazione (1976), S. 117.

konnte.[30] Am wichtigsten war aber, dass Italiener uneingeschränkt nach Deutschland auswandern durften. 1873 hatten der italienische und der deutsche Staat die Passbestimmungen geregelt. Laut Vertrag brauchten fortan die Italiener, anders als die meisten andern Bürger von Drittstaaten, kein Visum mehr, um sich nach Deutschland zu begeben. Zwar mussten sie in der Lage sein, sich ausweisen zu können. Die Kontrollen waren aber keineswegs scharf.[31]

Es wurde bereits erwähnt, dass sich vorwiegend Norditaliener ins europäische Ausland begaben. Aber woher genau kamen die meisten Deutschlandwanderer? Aus den Statistiken geht die außerordentliche Bedeutung Venetiens für die Migration nach Deutschland hervor. Zwischen 1872 und 1915 zählte man 1.286.465 italienische Deutschlandwanderer. Darunter 811.347 Personen aus Venetien, also etwa zwei Drittel des Auswanderungsvolumens. Bis zum Beginn des 20. Jahrhunderts, als auch andere italienische Regionen verstärkt Emigranten nach Deutschland entsandten (Lombardei, Toskana, Emilia, Marken, Umbrien, Abruzzen und Molise), lag dieses Verhältnis aber noch bei über vier Fünftel der Deutschlandwanderer.[32]

Nicht der ganze Nordosten Italiens war allerdings von starken Auswanderungswellen betroffen. Auch in den venetischen Tiefebenen hatte eine gewisse industrielle Entwicklung stattgefunden, so dass viele vom Land gelöste Arbeitskräfte anderweitig Beschäftigung finden konnten. Von den fast 1,3 Millionen Menschen, die von 1876 bis 1915 den Nordosten Italiens in Richtung Deutschland verließen, kam in der Tat der größte Teil aus den zwei bergigen Provinzen von Belluno und Udine[33], darunter besonders aus letzterer, deren Gebiet als Friaul bekannt ist.

Wie bereits angedeutet, handelte es sich meist um eine saisonale Wanderung. Diese stellte eine Art Überlebensstrategie dar. Um sich finanziell über Wasser zu halten, arbeiteten viele Mitglieder von Familien von Landarbeitproletariern einige Monate lang im Ausland. Zu dieser Strategie gehörte, dass allein Männer auswanderten, während Frauen, Kinder und Greise in der Heimat blieben. Die italienische Deutschlandwanderung setzte sich vor allem aus jungen männlichen ledigen Personen zusammen. 1900 waren rund 81,7 Prozent der im Reich gezählten italienischen Staatsangehörigen Männer. Davon waren etwa 71 Prozent ledig. Die meisten Migranten waren zudem im „besten Arbeitsalter", denn am 1. Dezember 1900 befanden sich etwa 78 Prozent aller in Deutschland gezählten Italiener in einem

---

[30] Manz, Emigrazione italiana a Basilea (1988), S. 21. Über die besondere Bedeutung der neuen Kommunikationswege siehe auch: Trincia, Migration und Diaspora (1998), S. 34-42.

[31] Wennemann, Arbeit im Norden (1997), S. 94.

[32] Del Fabbro, Transalpini (1996), S. 35.

[33] Ebenda, S. 38.

Tab. III.3: Italienische Wanderung nach Deutschland/national und regional 1872 – 1915

	Italien	Venetien	Lombardei	Toskana	Emilien	Marken	Umbrien	Abr.u.Mo.*	%Ven. von Sp.2
1872-1875	60.618	42.315	7.350	889	1.551	29	20	5	69,8
1876-1880	36.574	30.000	3.337	422	924	21	14	2	82,0
1881-1885	34.634	30.015	1.543	368	737	13	2	11	86,7
1886-1890	51.758	46.588	1.370	1.355	908	21	2	15	90,0
1891-1895	76.228	70.131	2.263	1.074	913	34	-	8	92,0
1896-1900	154.703	123.005	8.639	3.784	10.626	1.321	1.160	965	79,5
1901-1905	280.045	165.932	24.694	15.184	32.005	10.259	5.132	12.292	59,2
1906-1910	310.999	152.502	34.026	22.374	35.328	17.923	14.007	15.259	49,0
1911-1915	280.906	150.859	35.674	18.119	21.694	14.473	11.604	11.779	53,7
1872-1915	**1.286.465**	**811.347**	**118.899**	**63.569**	**104.686**	**44.101**	**32.011**	**40.336**	**63,0**

Quelle: Del Fabbro, Transalpini (1996), Tab. II.4, S. 35. *Abruzzen und Molise.

Tab. III.4: Anteil der Udineser (Friauler) an der venetischen Deutschlandwanderung 1872-1915

	Italien	Venetien	Provinz Udine (Friaul)	in % von Sp. 3
1872-1875	60.618	42.315	26.911	63,5
1876-1880	36.574	30.000	21.059	70,1
1881-1885	34.634	30.015	23.985	79,9
1886-1890	51.758	46.588	34.093	73,1
1891-1895	76.228	70.131	47.343	67,5
1896-1900	154.703	123.005	60.070	48,8
1901-1905	280.045	165.932	75.471	45,4
1906-1910	310.999	152.502	54.108	35,4
1911-1915	280.906	150.859	57.077	37,8
1872-1915	**1.286.465**	**811.347**	**400.117**	**49,3**

Quelle: Del Fabbro, Transalpini (1996), S. 35; Pagani, L'emigrazione friulana (1968), S. 193-379. Eigene Berechnungen.

Alter zwischen 15 und 40 Jahren.[34] Die regelmäßige Rückkehr der Migranten in
die Heimat und der dortige Verbleib der Familien lohnte sich, weil in Italien die
Lebenshaltungskosten deutlich niedriger waren als im Zielgebiet.[35] Aufgrund dieser Pendelstrategie waren die italienischen Migranten vorwiegend im Baugewerbe
und in der Industrie der Steine und Erden (Ziegeleien und Steinbruch) tätig; Branchen, in denen relativ leicht ausführbare Tätigkeiten verrichtet wurden und die
von einer starken saisonalen Fluktuation gekennzeichnet waren. 1900 hatten beispielsweise im Baugewerbe etwa 48,7 Prozent und in der Industrie der Steine und
Erden etwa 18,6 Prozent der berufstätigen Italiener in Deutschland Beschäftigung
gefunden. In ganzjährigen Berufszweigen, die eine langfristige Niederlassung
erforderten, waren sie hingegen weniger vertreten.[36]

Um die Jahrhundertwende begann allerdings ein Stabilisierungsprozess der Italiener in Deutschland, der auf eine berufliche Umorientierung derselben zurückzuführen war. Die meisten Migranten arbeiteten zwar noch in saisonabhängigen
Branchen wie dem Baugewerbe, aber vielen gelang der Übergang zu qualifizierte-
ren Positionen in der westdeutschen Industrie (rheinländisch-westfälische Berg-
und Hüttenwerke), was schließlich längerfristige Aufenthalte im Reich mit sich
brachte.[37] Die Zahl der in den Wintermonaten, als die Arbeitssaison in den witte-
rungsabhängigen Branchen längst vorüber war, noch in Deutschland anwesenden
Italiener stieg beständig an. Die Erhebungen aus den Jahren 1900 und 1910 belegen die Präsenz von jeweils 69.738 und 104.204 Italienern in den Wintermonaten
im Reich.[38] Auch das langsame Sinken der Erwerbsquote unter den Italienern (12
Prozent 1900 und 30 Prozent 1910), der Anstieg des Frauenanteils (1910: 30,1
Prozent), die Zunahme der Anzahl der nicht Ledigen – vor allem unter den Frauen
(1900: 66,8 und 1910: 75,1) – und die Verminderung der Anzahl der Personen
zwischen 15 und 60 Jahren (1910: 74 Prozent) sowie die in den letzten Jahren vor
dem Ersten Weltkrieg verstärkte Beschäftigung italienischer Frauen in der deutschen Industrie (insbesondere in Textilindustrien) sind klare Indizien für eine
tendenziell zunehmende Ansässigkeit.[39] Familien wurden in Deutschland zusam-
mengeführt und gegründet, Kinder geboren und großgezogen, und es kam zur
Entwicklung italienischer Gemeinden in verschiedenen deutschen Industriezent-

---

[34] Ebenda, S. 97-101.
[35] Wennemann, Arbeit im Norden (1997), S. 76.
[36] Britschgi-Schimmer, Die wirtschaftliche und soziale Lage (1916), S. 53.
[37] Del Fabbro, Wanderarbeiter oder Einwanderer? (1992), S. 222ff.
[38] Britschgi-Schimmer, Die wirtschaftliche und soziale Lage (1916), S. 42.
[39] Del Fabbro, Transalpini (1996), S. 97-101.

ren.[40] In den letzten Vorkriegsjahren fand ein regelrechter Integrationsprozess statt.[41]

Der Erste Weltkrieg markierte eine unerwartete Zäsur. Die schwere Wirtschaftskrise, die wegen der Anpassung an die Erfordernisse der Kriegswirtschaft im Reich ausgebrochen war, machte viele italienische Einwanderer arbeitslos. Auch die steigenden Lebensmittelpreise sowie eine offene Italienerfeindlichkeit[42] trugen dazu bei, dass viele sich für die Heimkehr entschieden. Durch die Unterstützung der italienischen Konsulate wurden schließlich Sonderzüge bereitgestellt, die die rückreisewilligen Italiener nach Italien befördern sollten.[43] Es kehrten allerdings nicht alle zurück, da dort die Arbeitslosigkeit in den Abwanderungsgebieten noch extrem hoch war.[44] Genaue Zahlen über die in den Kriegsjahren in Deutschland noch anwesenden Italiener gibt es leider nicht. Bekannt ist nur, dass es am Jahresende 1914 allein in den preußischen Gebieten noch etwa 32.000 Italiener gab. Als Italien am 24. Mai 1915 Österreich den Krieg erklärte, setzte aus Panik vor Vergeltungen und weiteren Verschlechterungen der bereits angespannten Lage eine zweite Welle der Remigration ein.[45] Und das, obwohl am 21. Mai 1915 Italien und Deutschland die so genannten „Maivereinbarungen" unterzeichnet hatten, die den Italienern und ihren Familien im Deutschen Reich den Fortbestand ihrer Vorkriegsrechte gewährleisteten.[46] Zu diesem Zeitpunkt dürften besonders diejenigen, die in Deutschland familiäre Beziehungen eingegangen waren, zurückgeblieben sein. Die Lage für die noch in Deutschland anwesenden Italiener verschlechterte sich erheblich nach der Kriegserklärung Italiens an Deutschland im August 1916. Sie wurden von nun an als „feindliche Ausländer" ständig überwacht und verloren jegliche Rechte auf soziale Unterstützung, was in Kriegszeiten letztendlich über Leben und Tod entscheiden konnte.[47] Eine weitere Folge der Kriegserklärung war, dass die Zahl der Italiener im Reich erneut in die Höhe schoss. Etwa 133.000 italienische Soldaten fielen zwischen 1916 und 1918 in deutsche Gefangenschaft. Sie wurden, wie andere Kriegsgefangene auch, mit Ausnahme der Offiziere, sämtlich in Deutschland als Zwangsarbeiter eingesetzt.[48]

---

[40] Pertile, Italiani in Germania (1914), S. 33.

[41] Del Fabbro, Wanderarbeiter oder Einwanderer? (1992), S. 229.

[42] Italien, ehemaliger Verbündeter des deutschen Kaiserreiches und der österreichisch-ungarischen Monarchie im Dreibund, hatte unmittelbar nach dem Ausbruch des Krieges seine Neutralität erklärt.

[43] Wennemann, Arbeit im Norden (1997), S. 177f.

[44] Ebenda, S. 180.

[45] Del Fabbro, Transalpini (1996), S. 281.

[46] Wennemann, Arbeit im Norden (1997), S. 183.

[47] Ebenda, S. 185.

[48] Herbert, Geschichte der Ausländerpolitik (2001), S. 88f.

Nach Kriegsende kehrten alle italienischen Kriegsgefangenen wieder in die Heimat zurück, gefolgt von den meisten zivilen Italienern, die sich noch in Deutschland befanden, denn die Demobilisierung der deutschen Armee und der Zusammenbruch der Kriegswirtschaft hatten eine enorme Arbeitslosigkeit verursacht und ausländische Arbeiter wurden schon bald entlassen, um Arbeitsplätze für heimkehrende deutsche Soldaten freizumachen.[49] Gleichwohl blieben aber noch einige Migranten in Deutschland. 1925 wurden noch etwa 24.000 italienische Staatsangehörige in der Weimarer Republik gezählt.[50]

2. Der Aufnahmeraum Hamburg

2.1. Politische, wirtschaftliche und demographische Entwicklung

Die von Hamburg in Jahrhunderten gegenüber deutschen und dänischen Grafen, Prinzen und Königen hart erkämpfte Unabhängigkeit, die erst 1768 de jure anerkannt wurde,[51] wurde bereits am 15. Mai 1867 aufgegeben, als die Hansestadt dem Norddeutschen Bund beitrat und wichtige Souveränitätsrechte zugunsten des neuen, von Preußen dominierten Bundes abtrat. Obwohl es noch zahlreiche Skeptiker und offene Gegner dieses Beitritts gab, zeigte sich der größte Teil der Stadtbevölkerung von dieser Entwicklung, die im Zeitalter der Nationalbewegungen in Richtung eines großdeutschen Nationalstaates wies, zweifellos begeistert.[52]

Der erfolgreiche Krieg gegen Frankreich im Jahr 1870 und das 1871 gegründete Kaiserreich brachten schließlich die lang ersehnte Vereinigung Deutschlands mit sich. Hamburg musste sich zwar in vielen Bereichen (z.B. in der Rechtsordnung und im Währungsbereich) nun vereinheitlichten Regeln anpassen, blieb aber als Stadtstaat weiterhin bestehen und gewann den weltweiten politischen und militärischen Rückhalt eines starken Flächenstaates. Anfangs wurden auch die Handelsinteressen der Stadt gewahrt, indem man sie nicht zum Beitritt in den deutschen Zollverband zwang. Der Handel konnte sich somit nach wie vor ungehindert entfalten. Als 1878 der Reichskanzler Bismarck diesen Beitritt dann doch einforderte, einigte man sich nach zähen Verhandlungen auf einen Kompromiss, der etwa drei Jahre später, am 25. Mai 1881 in Berlin unterzeichnet wurde. Es wurde beschlossen, dass Hamburg zwar dem Zollverband beitreten sollte, dafür aber ein großes (mehrmals erweitertes) Freihafengelände behalten durfte, wo außerhalb

---

[49] Wennemann, Arbeit im Norden (1997), S. 186.
[50] Del Fabbro, Wanderarbeiter oder Einwanderer? (1992), S. 228.
[51] Kopitzsch, Zwischen Hauptrezeß und Franzosenzeit (1982), S. 354.
[52] Werner Jochmann, Handelsmetropole des Deutschen Reiches, in: Loose/Jochmann (Hg.), Hamburg. Geschichte der Stadt und ihrer Bewohner (1986), Band II, S. 15-130, hier: S. 16.

der Zollschranken weiterhin Waren gelagert, verarbeitet und verkauft werden
konnten. Die notwendigen Bauarbeiten, die erforderlich waren um den Freihafen
zweckmäßig zu gestalten, bescherten zudem der Stadt eine umfangreiche Modernisierung und Erweiterung von nunmehr veralteten Schuppen, Lagerplätzen und
Kommunikationswegen. Da es in Hamburg an unternehmerischer Initiative nicht
mangelte, konnte die Stadt von der weltwirtschaftlichen Hochkonjunktur, die sich
in den achtziger Jahren anbahnte, bestens profitieren und sich definitiv als eine
der weltweit wichtigsten Handelsmetropolen behaupten.[53]

Wichtiger Bestandteil dieses imposanten Aufschwungs war die Entwicklung der
Seefahrt, die zur Gründung von zahlreichen, erfolgreichen Reedereien führte,
nachdem zuvor die Kaufleute auch den Warentransport betrieben hatten. Die
Familien Sloman, Godeffroy und Ballin gründeten Unternehmen, die innerhalb
kurzer Zeit mit ihren von modernen Frachtern und Passagierdampfern befahrenen
Schifffahrtslinien den ganzen Erdball umspannten. Eine außerordentliche Rolle in
der Expansion der Wirtschaftskraft der Hansestadt spielten aber nach wie vor
hauptsächlich viele große Hamburger Handelshäuser sowie unzählige kleinere,
die sich im Rahmen einer zunehmenden Spezialisierung innerhalb der Branche
behaupten konnten. Zwischen 1880 und 1900 verdreifachten sich in Hamburg
sowohl die Einfuhr als auch die Ausfuhr von Waren aller Art.

Auch die Industrie, obwohl ihre Belange in der traditionell vom Handel geprägten
Stadt durch die im Jahre 1866 gegründeten Handelskammer zunächst wenig
berücksichtigt wurden, konnte nach der Reichsgründung wichtige Erfolge verbuchen. Die Standortvorteile sowie die Existenz des Freihafengebietes hatten die
Ansiedlung zahlreicher Firmen zur Folge, so dass zu Beginn des neuen Jahrhunderts die Hansestadt zur zweitgrößten Industriestadt des Kaiserreichs geworden
war. Große und kleine Schiffswerften, u. a. die im Jahre 1877 am Reiherstieg
gegründete Blohm & Voss, unzählige Lieferbetriebe in der Schiffsausrüstungs-
branche, Nahrungsmittelunternehmen, Raffinerien (u. a. die Norddeutsche Affinerie), Bekleidungs- und Textilbetriebe und chemische Werke (u. a. Beiersdorf)
gaben dem Industriesektor einen entscheidenden Impuls. Diese industrielle Entwicklung spiegelte sich in der nach der Reichsgründung beständig steigenden Anzahl der in Hamburg ansässigen Betriebe sowie der dort beschäftigten Personen
wider. Gab es 1880 in der Hansestadt erst etwa 600 Großbetriebe und 18.000
Industriearbeiter, lagen diese Zahlen 1914 bei jeweils 5.000 und 115.000. Hinzu
kamen noch etwa 15.000 Handwerksbetriebe mit insgesamt um die 50.000
Beschäftigten. 43 Prozent der Hamburger Beschäftigten war somit vor dem Ausbruch des Ersten Weltkriegs in der Industrie und im Handwerk tätig. Auch Ban-

---

[53] Ebenda, S. 16-21.

ken und Versicherungen sowie Dienstleistungsunternehmen aller Art ermöglichten die außerordentliche Entwicklung der Stadt und profitierten zugleich davon.[54]

Aufgrund des imposanten wirtschaftlichen Aufschwungs war Hamburg gezwungen, seine seit Jahrhunderten kaum erweiterten und verbesserten Infrastrukturen auszubauen. So wurde das Wasserstraßensystem der Elbe rund um Hamburg verbessert, Hafenbecken und Speicheranlagen wurden gebaut oder erweitert und neue Schienenanschlüsse im Hafengebiet in Betrieb genommen, um den Warentransport und -umschlag zu beschleunigen. Auch die innerstädtischen Verkehrsverbindungen wurden modernisiert. Da sich Büros vorwiegend in der Innenstadt und Industrieanlagen im nahe gelegenen Hafenbereich konzentrierten, bewegten sich tagtäglich Tausende von Menschen von den Randbezirken in den Stadtkern hinein. Um diesen Massen den Arbeitsweg zu erleichtern, wurden zunächst 1895 die alten Stadtbahnlinien ausgebaut und mit elektrischen Wagen versehen, vorher waren es Pferdewagen gewesen. Die Fertigstellung eines modernen Hauptbahnhofs, einer Hochbahn (1912) und eines Tunnels unter der Elbe, der ab 1911 den Hafenarbeitern die tägliche Fähre ersparte, schufen endlich auch in Hamburg metropolenwürdige Verkehrsverbindungen, was einer rasch wachsenden Bevölkerung nur zugute kommen konnte.[55]

Das wirtschaftliche Wachstum und die dadurch entstandenen Arbeitsmöglichkeiten blieb nicht ohne Konsequenzen für die Bevölkerungsentwicklung der Stadt. Aus den benachbarten Gebieten sowie aus allen Teilen des Reiches strömten Massen von Menschen in die Hansestadt, so dass zwischen 1871 und dem Ersten Weltkrieg eine wahre Bevölkerungsexplosion stattfand. Lebten zum Zeitpunkt der Reichsgründung noch rund 300.000 Menschen in Hamburg (ohne Altona, Wandsbek und Harburg), waren es um die Jahrhundertwende bereits 750.000. 1914 wurde die Millionengrenze überschritten. Dieses unkontrollierte, ja unkontrollierbare Wachstum hatte erhebliche gesellschaftliche Folgen. Bescheidene und ruhige Randviertel wurden zu Massenquartieren, in denen die Menschen oft in trostlosen Mietskasernen wohnten und die Lebensqualität sehr gering war. Das kleine Barmbek z.B., wo 1871 ganze 8.000 Personen gelebt hatten, erreichte 1914 mit seinen 120.000 Bewohnern die Dimensionen einer Großstadt mit allen ihren sozialen Konflikten. Nicht nur Menschen von außerhalb zogen in diese wenig attraktiven Randwohngebiete, sondern auch Hamburger, die aus dem für den Freihafen bestimmten Gelände vertrieben worden waren. Auch viele derjenigen, die in der Innenstadt lebten, mussten ihre Wohnungen räumen. Die in jenen Jahren beschlossene und längst fällige Sanierung der engen und schmutzigen Altbauviertel, der Bau der Hochbahn und die geplante Neugestaltung des Stadtkerns

---

[54]   Ebenda, S. 22-25.
[55]   Ebenda, S. 26f.

sowie die beständige räumliche Expansion von Banken, Versicherungen, Reedereien und sonstigen Verwaltungsbüros drängten die alten Innenstadtbewohner in die neuen, oft schäbigen und traditionsarmen Randviertel. Hamburg wurde somit innerhalb weniger Jahrzehnte eine der größten Städte des Kontinents.[56]

Zur Größe – in jeder Hinsicht – Hamburgs trugen auch ihre preußischen Nachbarstädte Altona, Wandsbek und Harburg bei, die, vor allem die ersten zwei, wirtschaftlich auf die Hansestadt orientiert waren und sich ebenfalls ökonomisch, demographisch und sozial stark entwickelten. Altona war um die Jahrhundertwende, urbanistisch gesehen, mit Hamburg stark zusammengewachsen. Die beiden Stadtkerne waren kaum mehr zu trennen. Die Stadt war vor allem mit der Eingemeindung der benachbarten Orte Ottensen und Bahrenfeld 1889, wo sich zahlreiche Industrien (Metall- und Nahrungs- und Genussmittelindustrie) niedergelassen hatten, zum großen Industriezentrum geworden.[57] Die industrielle Entwicklung und die Eingemeindungen verursachten einen raschen Anstieg der Altonaer Wohnbevölkerung. Lebten 1880 dort etwa 106.000 Personen, waren es 1910 etwa 173.000.[58] Obwohl nicht so stark wie Altona, war auch Wandsbek, seit 1901 kreisfreie Stadt im Osten Hamburgs, um die Jahrhundertwende bereits mit der Hansestadt zusammengewachsen – seit 1897 verband eine elektrische Straßenbahn die beiden Stadtkerne.[59] Auch in Wandsbek siedelten sich mehrere, hier in erster Linie mittelständische, aber auch größere Betriebe (Nahrungs- und Genussmittelindustrie) an[60] und die Bevölkerung wuchs von etwa 31.000 Personen im Jahr 1905 auf etwa 35.000 im Jahr 1910.[61] Die südlich der Elbe gelegene Stadt Harburg war anders als Altona und Wandsbek damals räumlich noch von Hamburg getrennt und wirtschaftlich mehr auf ihr preußisches Hinterland orientiert, gehörte aber ebenfalls zum wirtschaftlichen „Großraum" der Hansestadt. Täglich pendelten Hunderte von Arbeitern zwischen den beiden Elbufern. 1902 wurde Harburg durch die Einweihung einer Straßenbahnlinie nach Hamburg endgültig zum „Vorort" der Hansestadt.[62] Wie die Nachbarstädte nördlich der Elbe wurde auch Harburg in der zweiten Hälfte des 19. Jahrhunderts zum Industriezentrum

---

56   Ebenda, S. 27-30.

57   Anthony McElligott, „Im Schatten Hamburgs". Altona vor dem Ersten Weltkrieg. Zur wirtschaftlichen, gesellschaftlichen und politischen Entwicklung, in: Arnold Sywottek (Hg.), Das andere Altona, Hamburg 1984, S. 22-38, hier: S. 23.

58   KstatBB (Hg.), StatPS, Heft 66 (1883), S. 42f; StatPS, Heft 234 (1913), S. 278.

59   Georg-Wilhelm Röpke, Wandsbek. Vom stormarnschen Dorf zum Hamburger Stadtteil, in: Werner Johe u. a., Vom Vier-Städte-Gebiet zur Einheitsgemeinde. Altona/Harburg-Wilhelmsburg/Wandsbek gehen in Groß-Hamburg auf, Hamburg 1988, S. 87-102, hier: S. 93.

60   Ebenda, S. 94.

61   KstatBB (Hg.), StatPS, Heft 206 (1908), S. 304f; StatPS, Heft 234 (1913), S. 278.

62   Jürgen Ellermeyer, Die Industrialisierung Harburgs im 19. Jahrhundert, in: Jürgen Ellermeyer u. a. (Hg.), Harburg. Von der Burg zur Industriestadt, Hamburg 1988, S. 158-205, hier: S. 185.

(Gummi-, Öl- und Chemieindustrie)[63] und auch hier stieg in der Industrialisierungsphase die Bevölkerung rasch an. Hatten 1880 etwa 19.000 Personen in Harburg gelebt, waren es 1910 bereits etwa 67.000.[64]

Die rege Entwicklung des gesamten Hamburger Raumes in den ersten Jahren des 20. Jahrhunderts wurde durch den Ausbruch des Ersten Weltkrieges abrupt beendet. Die von den Briten verhängte Seeblockade legte die Saulen der Hamburger Wirtschaft, Handel und Schifffahrt, lahm. Auch die zum Teil von Rohstoffimporten abhängigen Industrien der Nachbarstädte befanden sich in großer Not. Überall verloren zahlreiche Menschen ihren Arbeitsplatz. Trotz der Einberufungen zur Armee wuchs die Arbeitslosigkeit stark an. Ferner hatte die Reichsregierung aufgrund des großen Bedarfs an Geldmitteln bei Kriegsbeginn die Golddeckung der Währung aufgehoben und in großem Stil neue Zahlungsmittel in Umlauf gebracht. So stürzte aber der Wert der Mark und die Lebenshaltungskosten schwollen unkontrolliert an. Von diesen negativen Entwicklungen waren gleichermaßen Arbeiter und Beamte betroffen, da sie feste Löhne bezogen. Letztere wurden zwar etwas erhöht, aber erst relativ spät. Die Zulagen reichten oft nicht, um bittere Notsituationen abzuwenden. Es gab Hungerunruhen (Februar 1917) und Streiks (April/August 1917 und Januar 1918).[65] Zwischen dem 6. und dem 7. November 1918 übernahmen Arbeiter- und Soldatenräte in Hamburg und den Nachbarstädten die Macht. Die kurz zuvor in Kiel begonnene Novemberrevolution hatte den Hamburger Raum erreicht.

2.2.   Gründe und Entwicklung der Ausländerpräsenz in Hamburg

Der Hamburger Raum ist in seiner Geschichte schon immer Ziel einer starken Zuwanderung von Ortsfremden gewesen. Der Historiker Eckart Kleßmann überschreibt bezeichnenderweise eines der Kapitel seiner Geschichte Hamburgs mit der Frage „Woher kommen die Hamburger?".[66] Der langsame Anstieg der Hamburger Einwohnerzahl, der am Anfang des 16. Jahrhunderts begann, ist weniger auf die bescheidenen Geburtenüberschüsse zurückzuführen, sondern eher auf stete Zuwanderung.[67] Gegen Ende des 19. Jahrhunderts forcierte schließlich ein wirtschaftlicher Boom von nie zuvor gekanntem Ausmaß diesen Zuzug entschieden. Um 1900 bestand etwa die Hälfte der hamburgischen Stadtbewohner aus Zuwanderern.[68] Bis zur Mitte des 19. Jahrhunderts kamen sie vorwiegend aus den

---

[63]   Ebenda, S. 175ff.
[64]   KstatBB (Hg.), StatPS, Heft 66 (1883), S. 42f; StatPS, Heft 234 (1913), S. 278.
[65]   Jochmann, Handelsmetropole (1986), S. 108-125.
[66]   Kleßmann, Geschichte der Stadt Hamburg (1981), S. 486.
[67]   Ebenda, S. 487.
[68]   Jochmann, Handelsmetropole (1986), S. 27.

Abb. III.2: Der Hamburger Raum vor dem Ersten Weltkrieg

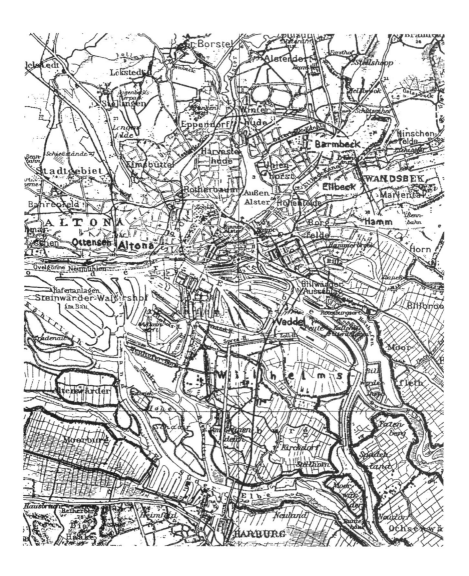

Quelle: Hamburger Heimatatlas, Leipzig 1913, S. 6f.

nordwestdeutschen Gebieten und später aus dem Osten Deutschlands. Allerdings begaben sich nicht nur Deutsche in den Hamburger Raum.

Mit der Gründung des Kaiserreichs und dem Beginn des wirtschaftlichen Booms wurde Deutschland erstmals in seiner Geschichte zum „Arbeitseinfuhrland".[69] Massen von Land- und Industriearbeitern, hauptsächlich Österreicher, deutsche, österreichische und russische Polen, Italiener, Skandinavier, Franzosen und Belgier begaben sich nach Deutschland, um als Ersatz- oder Zusatzkräfte auf den Feldern, in den Industrien, in Zechen, Steinbrüchen und auf Baustellen zu arbeiten. Diese Entwicklung betraf auch den Hamburger Raum, wo eine neue Ausländerzuwanderungsphase begann. Der bis dahin erfolgte Zuzug von wenigen reichen und gebildeten ausländischen Kaufleuten und Bankiers oder auch von größeren fremden Menschengruppen, etwa Franzosen, die vor der Revolution flüchteten, war oft politisch und religiös bedingt gewesen (vgl. hier, Kapitel II). Mit Beginn der Expansion der lokalen Wirtschaft begann dagegen eine strikt ökonomisch bedingte Zuwanderung von Tausenden von ausländischen Arbeitern, die der heimischen Armut zu entfliehen versuchten und vorwiegend den untersten sozialen Schichten angehörten. Die traditionelle Zuwanderung von ausländischen Kaufleuten hielt zwar noch an, zumal sich die Bedeutung des Standortes Hamburg auch rasch steigerte, wurde aber von diesen neuen Arbeiter-Zuwanderungswellen deutlich übertroffen. Es wuchsen nicht nur die bereits im Hamburger Raum anwesenden Gemeinden der Niederländer, der Engländer und der Franzosen, sondern es entwickelten sich auch neue ausländische „Kolonien" wie die der Polen, der Österreicher, der Russen, der Skandinavier, der Italiener, der Griechen, der Spanier und sogar der Chinesen.

Die größte Zuwanderergruppe setzte sich aus Polen zusammen. Die meisten dieser Polen kamen aus den preußischen Provinzen Posen und Schlesien und waren damit rechtlich gesehen preußische Staatsangehörige. Genaue Zahlen über diese Gruppe sind deshalb schwer zu ermitteln, da sie nicht in den offiziellen Ausländerstatistiken auftauchen. Es lebten 1898 offenbar im Hamburger Raum etwa 5.000 Polen, und diese Anzahl stieg 1913 auf etwa 21.000 an, wobei die größte Konzentration in der zum preußischen Kreis Harburg gehörenden Gemeinde Wilhelmsburg anzutreffen war. Eine beachtliche Anzahl, wurden doch 1910 nur etwa 31.000 „offizielle" Ausländer im Hamburger Raum registriert (vgl. Tab. III.5b auf S. 64). Für einige dieser Polen sollte die Hansestadt nur eine Zwischenstation auf dem Weg in die USA sein, die meisten aber ließen sich hier nieder. Sie wurden als Erd- und Bauarbeiter beim Bau der Hochbahn und des Elbtunnels sowie als Industriearbeiter in der 1889 in Wilhelmsburg in Betrieb genommenen „Hambur-

---

[69]   Klaus J. Bade, Vom Auswanderungsland zum Einwanderungsland? Deutschland 1880-1980, Berlin 1983, S. 29.

ger Wollkämmerei AG" und in einer Jute-Spinnerei östlich von Hamburg im preußischen Schiffbek (heute das Hamburger Viertel Billstedt) eingesetzt. Sie gründeten Vereine („Club Polski" und „Nadzieja"-„Hoffnung"-) und führten ein reges Gemeindeleben.[70]

Wie die Tabellen III.5a und III.5b (S. 63 bzw. 64) zeigen, kamen weitere Einwanderer aus Österreich und den skandinavischen Ländern. 1871 hatten sich bereits etwa 1.300 Österreicher und 1.400 Schweden und Norweger von ihrer Heimat verabschiedet und hier niedergelassen. Wenige Jahre später, 1900, war der Umfang dieser Gruppen auf etwa 6.400 und 2.300 Personen angestiegen. Die Schweden arbeiteten im Hoch- und Tiefbau, in der Gummi-Industrie und in der Tabakindustrie und ferner als Diener, Dienstmädchen, Knechte, Kutscher, Gärtner, Glaser und Tabakladenbesitzer.[71] Auch die Dänen waren im nahen und reichen Hamburger Raum stark vertreten. Im Jahr 1900 waren es etwa 3.000. Auch Griechen lebten hier. Ihre Präsenz ist ab 1871 nachweisbar und 1923 existierten sogar 65 griechische Unternehmen (Bankhäuser, Zigarettenfabriken, Makler usw.) in Hamburg. Es ist daher nicht unwahrscheinlich, dass einige davon bereits vor 1914 in der Stadt aktiv waren.[72] Die Anzahl der „türkischen" Staatsangehörigen – das Osmanische Reich wurde erst 1918 aufgelöst – im Hamburger Raum betrug Anfang Dezember 1890 und 1910 jeweils 56 und 128 Personen. Neben den vermutlich hier tätigen osmanischen Händlern gab es zur damaligen Zeit in der Hansestadt auch einige „türkische" Industriearbeiter auf der Schiffswerft Blohm & Voss.[73] Auch einige Spanier lebten während des Kaiserreiches hier. Sie müssen vorwiegend Kaufleute gewesen sein, die hauptsächlich Agrarprodukte von der iberischen Insel importierten. Sogar Chinesen hatten ihre kleine „Kolonie" im Hamburger Raum. Die anfangs bescheidene Anzahl von chinesischen „Kulis" auf deutschen Schiffen, die sich hier niedergelassen hatten, war bis 1910 auf 208 offiziell gemeldete Personen angestiegen. Sie betrieben im hafennahen hamburgischen Stadtviertel St. Pauli bzw. in der Schmuckstraße an der Grenze zu Altona eine Reihe von Wäschereien und Restaurants und prägten damit nachdrücklich

---

[70] Angelika Eder, Aspekte polnischen Lebens in Hamburg. Beispiele 1918 bis 1980, in: Christoph Pallaske (Hg.), Die Migration von Polen nach Deutschland. Zu Geschichte und Gegenwart eines europäischen Migrationssystems, Baden-Baden 2001, S. 43-60, hier: S. 47. Ferner: Kleßmann, Ausländer in Hamburg (1993), S. 29. Ausführlich zum Thema Polen in Wilhelmsburg zwischen 1871 und 1933: Elke Hauschildt, Polnische Arbeitsmigranten in Wilhelmsburg während des Kaiserreichs und der Weimarer Republik, Diss. Dortmund 1986.

[71] Kleßmann, Ausländer in Hamburg (1993), S. 29f.

[72] Helene Manos, Zu Hamburg in der „Fremde"? Eine Kritik der griechischen Emigrationsideologie, Hamburg 2001, S. 68f.

[73] Liste der auf der Werft Blohm & Voss beschäftigten ausländischen Arbeitnehmer 1910, StAHH, Bestand 621-1/Blohm & Voss, Bd. 1, Akte 423.

Tab. III.5a: Ortsanwesende Ausländer in Hamburg, Altona, Harburg und
Wandsbek nach ihrer Staatsangehörigkeit 1871 und 1900
(ausgewählte Nationalitäten)

Staat	1.12.1871					1.12.1900				
	Ham.	Alt.	Har.	Wan.	*ges.*	Ham.	Alt.	Har.	Wan.	*ges.*
Österreich-Ungarn	1.077	214	.	.	*(1.291)*	4.656	782	994	.	*(6.432)*
Holland	221	33	.	.	*(254)*	713	178	4	.	*(895)*
Dänemark	944	217	.	.	*(1.161)*	2.275	615	62	.	*(2.952)*
Russland	326	40	.	.	*(366)*	502	87	17	.	*(606)*
Schweiz	370	28	.	.	*(398)*	918	95	17	.	*(1.030)*
Belgien	104	44	.	.	*(148)*	147	153	1	.	*(301)*
Italien	41	47	.	.	*(88)*	335	208	29	.	*(572)*
Großbritannien	846	138	.	.	*(984)*	1.221	97	.	.	*(1.318)*
Schweden	1.231	215	.	.	*(1.446)*	1.360	354	.	.	*(1.714)*
USA	550	23	.	.	*(573)*	771	72	.	.	*(843)*
Norwegen (1871 mit Schweden)	.	.	.	.	.	535	80	.	.	*(615)*
Frankreich	131	10	.	.	*(141)*	260	28	.	.	*(288)*
Spanien	63	7	.	.	*(70)*	127	6	.	.	*(133)*
Portugal	12	2	.	.	*(14)*	38	5	.	.	*(43)*
Türkei	6	2	.	.	*(8)*	96	4	.	.	*(100)*
Griechenland	1	0	.	.	*(1)*	61	0	.	.	*(61)*
China	.	.	.	.	.	22	.	.	.	*(22)*
Andere	695	47	.	.	*(742)*	1.231	801	131	.	*(2.163)*
Ges.	**6.618**	**1.068**	.	.	*(7.686)*	**(15.268)**	**3.565**	**1.155**	.	*(19.988)*

Quelle: StatBHH (Hg.), StatHS, Heft IV (1872), S. 81f; StatHS, Heft XXI (1903), S. 60. StatLHH
(Hg.), StatHS, Heft XXVIII (1919), S. 66f; KstatBB (Hg.), StatPS, Heft 177 (1903), S. 310f;
StatPS, Heft 234 (1913), S. 278. StatLHH (Hg.), StatHbHH 1920 (1921), S.22. StatAA (Hg.),
WberASH, Heft 1 (1927), S. 31. Eigene Berechnungen. Diese Zahlen, die auf der im Stadtstaat
Hamburg sowie in den Stadtkreisen Altona, Harburg und Wandsbek registrierten Bevölkerung basieren und am 1. Dezember des jeweiligen Jahres erhoben wurden, sollen nur für eine Einschätzung der Größenordnung dienen. Tatsache ist, dass viele Ausländer nur im Sommer in Deutschland arbeiteten und sich im Winter bereits in ihren Heimatländern befanden, so dass deren Anzahl
in den Sommermonaten auch im Hamburger Raum vermutlich höher war. Bei den Statistiken ist
ferner zu beachten, dass sie auch Schiffspersonal und Amerikawanderer beinhalten, die sich nur
vorübergehend im Hamburger Raum aufhielten. Wo möglich werden diese Personengruppen ausgeklammert. Leider ist dies nur für den hamburgischen Staat und für die am stärksten vertretenen
Nationalitäten möglich. Die Fehlerquote dürfte damit jedenfalls auf einem Minimum beschränkt
sein. Bei den Zahlen zwischen Klammern handelt es sich um ungefähre Zahlen, da die Angaben
nicht vollständig sind.

Tab. III.5b: Ortsanwesende Ausländer in Hamburg, Altona, Harburg und
Wandsbek nach ihrer Staatsangehörigkeit 1910 und 1916
(ausgewählte Nationalitäten)

Staat	1.12.1910					1.12.1916				
	Ham.	Alt.	Har.	Wan.	*Ges.*	Ham.	Alt.	Har.	Wan.	*ges.*
Österreich-Ungarn	10.043	1.612	2.642	228	*(14.525)*	9.099			.	*(9.099)*
Holland	1.092	404	43	28	*(1.567)*	1.196			.	*(1.196)*
Dänemark	3.550	734	183	48	*(4.515)*	2.300			.	*(2.300)*
Russland	1.218	152	96	43	*(1.509)*	3.286			.	*(3.286)*
Schweiz	1.194	98	19	22	*(1.333)*	1.343			.	*(1.343)*
Belgien	283	153	7	11	*(454)*	555			.	*(555)*
Italien	580	272	64	4	*(920)*	400		.	.	*(400)*
Großbritannien	708	102	.	.	*(180)*	556		.	.	*(556)*
Schweden	1.440	287	.	.	*(1.727)*	1.285		.	.	*(1.285)*
USA	660	72	.	.	*(732)*	434		.	.	*(434)*
Norwegen	644	53	.	.	*(697)*	460		.	.	*(460)*
Frankreich	411	12	.	.	*(423)*	294		.	.	*(294)*
Spanien	184	0	.	.	*(184)*	87		.	.	*(87)*
Portugal	66	12	.	.	*(78)*	45		.	.	*(45)*
Türkei	123	5	.	.	*(128)*	221		.	.	*(221)*
Griechenland	72	3	.	.	*(75)*	51		.	.	*(51)*
China	207	1	.	.	*(208)*	118		.	.	*(118)*
Andere	674	125	239	194.	*(1.232)*	(873)			.	*(873)*
Ges.	**(23.149)**	**4.097**	**3.293**	**578**	*(31.117)*	**(22.603)**			.	*(22.603)*

Quelle: Siehe Tab. III.5a.

das Bild der Straße, die später auch als „Chinatown" bekannt wurde.[74] Unter den
vielen Ausländergruppen waren auch die Italiener vertreten, deren Zahl sich kurz
vor dem Ersten Weltkrieg auf etwa 900 Personen belief.

Zwar sind Statistiken über die ausländische Präsenz im Hamburger Raum nach
1910 nur für den alten hamburgischen Staat vorhanden, diese legen aber nahe,
dass der Ausbruch des Ersten Weltkriegs den Zuwachs der Ausländerpräsenz

---

[74] Kleßmann, Ausländer in Hamburg (1993), S. 30. Über Chinesen in Hamburg siehe besonders:
Lars Amenda, Chinesen in Hamburg 1917 bis 1945. Zur Sozial- und Kulturgeschichte einer
fremden Minderheit, Mag. Hamburg 2000.

stoppte und viele veranlasste den Hamburger Raum zu verlassen. Hielten sich
– ohne die „deutschen" Polen zu berücksichtigen – Ende 1910 noch etwa 31.000
Ausländer in der Hansestadt auf, waren es Ende 1916 etwa 22.600 (vgl. Tab.
III.5b). Die Gründe für den Rückgang der ausländischen Bevölkerung liegen auf
der Hand: das lokale Wirtschaftsleben lag größtenteils aufgrund der britischen
Seeblockade am Boden, die Lebenshaltungskosten waren extrem hoch, und die
Versorgung der Bevölkerung mit Lebensmitteln und Heizmaterial war absolut
unzureichend. Dass die Zahl der Ausländer Ende 1916 dennoch noch relativ hoch
war, hat wahrscheinlich mehrere Gründe. Zum einen wurden die in der Industrie
arbeitenden Angehörigen feindlicher Nationen an einer Abfahrt gehindert, da sie
als Arbeitskräfte gebraucht wurden.[75] Zum anderen waren vermutlich im Laufe
des Krieges Kriegsgefangene in den Hamburger Raum verbracht und dort als Arbeitskräfte eingesetzt worden.[76] Auf die Entwicklung und die Charakteristika der
Italienerpräsenz im Krieg wird im Kapitel III.7 eingegangen. Genaues über andere
Ausländer ist nicht bekannt. Eine Untersuchung über (Zwangs-)-Arbeit und Leben
von Ausländern im Hamburger Raum im Ersten Weltkrieg steht noch aus.

3.   **Die Entstehung einer italienischen „Kolonie" in Hamburg**

3.1.   Die italienischen Zuwanderer

3.1.1.   Zahlenmäßige Entwicklung 1871-1918

Dank der in Hamburg ab Mitte des 19. Jahrhunderts regelmäßig durchgeführten
Volkszählungen gibt es zahlreiche Angaben über die Anzahl der italienischen
Staatsangehörigen in dieser Stadt. Relativ gut kann dank der preußischen Volkszählungen auch die Entwicklung der Italienerpräsenz in den preußischen Nachbarstädten Altona, Harburg und Wandsbek verfolgt werden – in Harburg allerdings nur ab 1895 und in Wandsbek ab 1905.

Problematisch ist jedoch, dass die für die Aufstellung der Statistiken benutzten
Werte Anfang Dezember des jeweiligen Jahrganges erhoben wurden. Ein für diese Untersuchung sehr unglücklicher Zeitpunkt, da sich die italienische Deutschlandwanderung traditionell meist aus Saisonarbeitern zusammensetzte, die sich
nur in den Sommermonaten im Kaiserreich aufhielten. Lediglich 1907 wurde
anlässlich einer Berufszählung die Zahl der – gebürtigen – Italiener im Sommer
(12. Juni) festgehalten und leider nur im hamburgischen Staat. Hinzu kommt, dass

---

[75]   Herbert, Geschichte der Ausländerpolitik in Deutschland (2001), S. 86.
[76]   Über Praxis und Ausmaß des Arbeitseinsatzes von Kriegsgefangenen im Deutschen Kaiserreich im Ersten Weltkrieg siehe: ebenda, S. 86ff.

anlässlich der Volkszählungen die ortsanwesenden Personen gezählt wurden, das heißt auch Menschen, die sich zum Beispiel auf einem gerade im Hafen eingelaufenen Schiff befanden. Die Lade- und Entladezeiten waren um die Jahrhundertwende ziemlich lang, so dass sich die Mannschaften für einige Tage in der Stadt aufhalten mussten[77], aber es handelt sich hier eindeutig nicht um Migranten. Außerdem meldeten sich vermutlich nicht alle Zuwanderer bei der Ankunft im Hamburger Raum bei den zuständigen Stellen an, obwohl dieser Schritt von den lokalen Behörden verlangt wurde.[78] Teilweise geschah es vermutlich aus Unkenntnis der Meldevorschriften- und Modalitäten. Gewiss bildeten aber auch die damit verbundenen Kosten einen Abschreckungsfaktor. Die lokalen Behörden verlangten bei der Anmeldung die Vorweisung eines gültigen Passes. Dieser wurde aber von den italienischen Behörden lediglich nach Bezahlung einer Steuer ausgestellt.[79]

Trotz der möglichen Fehlerquellen kann man sich anhand der vorhandenen Statistiken zumindest eine Vorstellung von der Anzahl der Italiener machen, die sich zwischen 1871 und 1918 im Hamburger Raum befanden. Am 1. Dezember 1871 wurden im Gebiet von Hamburg und Altona 88 italienische Staatsangehörige gezählt (vgl. Tab. III.6 auf S. 68). Eine noch sehr bescheidene Präsenz, die sich wahrscheinlich in erster Linie aus wenigen niedergelassenen selbstständigen Kaufleuten und Facharbeitern sowie deren Familien zusammensetzte, da sich die italienische Massenmigration nach Deutschland noch in den Anfängen befand. Aber anlässlich der Volkszählung im Dezember des Jahres 1900 wurden in Hamburg bereits 335, in Altona 208 und in Harburg 29 italienische Staatsangehörige gezählt. Im Jahre 1910 hielten sich in diesen vier angrenzenden Städten 920 italienische Staatsangehörige auf, davon 580 in Hamburg, 272 in Altona, 64 in Harburg und 4 in Wandsbek (vgl. Tab. III.6). Es handelt sich hierbei aber um Dezember-Werte, die die Konsistenz und die Auffälligkeit der italienischen Gruppe im Hamburger Raum in den Sommermonaten nicht exakt widerspiegeln. Im Sommer 1874 arbeiteten z.B. an den Hamburger Hafenanlagen etwa 200 italienische saisonale Bauarbeitskräfte[80] und im Sommer/Herbst des Jahres 1895 etwa 480 italieni-

---

[77] Ein Italiener unterhielt 1875 in Hamburg eine Herberge für italienische Matrosen. Siehe: Brief des italienischen Generalkonsuls mit unbekanntem Adressaten, 24. Februar 1875, AitGkHH, Briefwechsel 1873-1876.

[78] Giacchi, Amburgo (1913), S. 658; Elsner/Lehmann, Ausländische Arbeiter (1988), S. 375.

[79] Brief des italienischen Generalkonsuls in Hamburg mit unbekanntem Adressaten, 20. Dezember 1895, AitGkHH, Briefwechsel 1893-1896.

[80] Italienischer Generalkonsul/Hamburg an italienischen Botschafter/Berlin, 30. April 1874, AitGkHH, Briefwechsel 1873-1876.

sche Künstler und Statisten auf einer Hamburger Ausstellung.[81] Die Aussagen des 1913 in Hamburg amtierenden italienischen Generalkonsuls, der von einer Präsenz von über 1.000 Italienern in der Stadt ausging[82], scheinen nicht zu hoch gegriffen zu sein.

Infolge der wirtschaftlichen Engpässe und Umstrukturierungen und der Entstehung einer gewissen Italienerfeindlichkeit (vgl. hier, Kapitel III.1) nach dem Ausbruch des Ersten Weltkrieges sank die Anzahl der Italiener im Hamburger Raum beträchtlich. Am Jahresende 1915 zählte die Hamburger Polizei nur noch 233 italienische Staatsangehörige in der Stadt.[83] In Altona waren es im Mai nach Angaben der dortigen Polizeiverwaltung nur noch etwa 85.[84] Auch etliche von denen, die sich zuvor mit Hab und Gut im Hamburger Raum niedergelassen hatten, waren nach polizeilichen Ermittlungen (19. Mai 1915) nach Italien zurückgekehrt.[85] Wahrscheinlich handelte es sich vorwiegend um alleinlebende Migranten oder um diejenigen, die keine verwandtschaftlichen Beziehungen zu Deutschen hatten. Auch die am 21. Mai 1915 von Italien und Deutschland unterzeichneten „Maivereinbarungen", die nach der italienischen Kriegserklärung an Österreich (24. Mai 1915) den italienischen Staatsangehörigen im Kaiserreich die Vorkriegsrechte garantierten, konnten offenbar wegen der schleichenden Italienerfeindlichkeit[86] viele Emigranten nicht überzeugen in Deutschland zu bleiben. Überraschenderweise meldete jedoch die Hamburger Polizei am 4. August 1916 die Präsenz von rund 452 italienischen Staatsangehörigen in der Hansestadt[87], während es am Jahresende 1915, also wenige Monate zuvor, nur noch 233 gewesen waren. Dieser krasse Unterschied könnte auf ein Anhalten der Saisonwanderung bis zur italienischen Kriegserklärung an Deutschland und/oder auf die Tatsache zurückzuführen sein, dass für viele italienische Wanderarbeiter, die in Skandinavien oder Russland arbeiteten, Hamburg die wichtigste Station Nordeuropas auf der Rückreise nach Italien war. Dort meldeten sich viele Hilfsbedürftige beim Generalkon-

---

[81] Wilhelm Melhop, Historische Topograp hie der Freien und Hansestadt Hamburg von 1880 bis 1895 (nebst vielen Nachträgen aus älterer Zeit) im Anschluß an die „Historische Topographie" von C. F. Caedechens unter Benutzung amtlicher Quellen, Hamburg 1895, S. 250.

[82] Giacchi, Amburgo (1913), S. 658.

[83] Die Ausländer in Hamburg am Jahresschluss 1915, StAHH, Bestand 111-2, Akte L z 31, Bl. 131.

[84] Verzeichnis der in Altona wohnhaften Italiener am 25. Mai 1915, LASH, Abt. 309, Akte 8302.

[85] Bericht der Hamburger Polizei über die Lage der Italiener vom 19. Mai 1915, StAHH, Bestand 111-2, Akte L z 9, Bl. 6.

[86] Diese drückte sich auch in Form von fristlosen Kündigungen aus. Siehe: Italienischer Generalkonsul/Hamburg an italienischen Botschafter/Berlin, 2. September 1914, ASDR, Inventario delle rappresentanze diplomatiche/Berlino 1867 – 1943, Busta 122, fascicolo 73, Bl. 85.

[87] Bericht der Hamburger Polizei, 4. August 1916, StAHH, Bestand 111-2, Akte L z 9, Bl. 35.

sulat, wo sie finanzielle Unterstützung für den Rest der (Zug-)Reise erhalten konnten.

Tab. III.6: Italienische Staatsangehörige in Hamburg, Altona, Harburg und
Wandsbek 1871 – 1916

	Hamburg	Altona	Harburg	Wandsbek	insg.
1871	41	47	.	.	(88)
1880	83	21	.	.	(104)
1890	208	89	.	.	(297)
1895	292	102	26	.	(420)
1900	335	208	29	.	(572)
1905	411	237	84	1	(733)
1907	511*	.	.	.	(511)
1910	580	272	64	4	(920)
1916	400	.	.	.	(400)

Quelle: StatBHH (Hg.), StatHS, Heft IV (1872), S. 81; StatHS, Heft XI (1881), S. 95; StatHS, Heft XVI (1894), S. 33; StatHS, Heft XIX (1900), S. 95; StatHS, Heft XXI (1903), S. 60; StatHS, Heft XXIV (1909), S. 34. StatLHH (Hg.), StatHS, Heft XXVIII (1919), S. 66; StatMHH, Heft 3 (1915), S. 10. KstatBB (Hg.), StatPS, Heft 143 (1898), S. 102f; StatPS, Heft 177 (1903), S. 310f; StatPS, Heft 206 (1908), S. 304f; StatPS, Heft 234 (1913), S. 278. StatLHH (Hg.), StatHbHH 1920 (1921), S.22. StatAA (Hg.), WberASH, Heft 1 (1927), S. 31. Eigene Berechnungen. *Gebürtige Italiener.

Bereits am 26. August 1914 hatte der italienische Generalkonsul in Hamburg nach Rom gemeldet, dass wegen des Kriegsausbruches etwa 5.000 Italiener, teils mit eigenen, teils mit Mitteln des Generalkonsulats, über die Hansestadt heimgekehrt waren.[88] Die Anzahl der Italiener dürfte also aufgrund der Repatriierungswellen aus Nord- und Osteuropa zumindest zwischen dem Ausbruch des Krieges und der italienischen Kriegserklärung an Deutschland stark geschwankt haben. Die Durchreise war, wenn das Generalkonsulat seine finanziellen Möglichkeiten ausgeschöpft hatte, weder schnell noch einfach, so dass einige italienische Wanderarbeiter im Hamburger Raum geblieben sein müssen. Laut einer am Jahresende 1916 aufgestellten Statistik wurden zu dem Zeitpunkt noch rund 400 italienische Staatsangehörige im hamburgischen Staatsgebiet gezählt.[89] Eine Zahl, die sich bis Kriegsende kaum geändert haben dürfte, da die nach der Kriegserklärung Italiens an Deutschland (28 August 1916) zu feindlichen Ausländern erklärten Italiener an

---

[88] Italienischer Generalkonsul/Hamburg an italienischen Botschafter/Berlin, 26. August 1914, ASDR, Inventario delle rappresentanze Diplomatiche/Berlino 1867 – 1943, Busta 122, fascicolo 73, Bl. 15.

[89] StatLHH (Hg.), StatHbHH 1920 (1921), S. 22.

der Heimkehr gehindert wurden.[90] Obwohl entsprechende Angaben nicht zur Verfügung stehen, dürften es auch mehr als 400 gewesen sein, da vor dem Krieg Italiener schließlich auch in Altona, Harburg und Wandsbek gelebt hatten.

Festzuhalten ist, dass vor dem Ersten Weltkrieg in diesem norddeutschen Bal-
lungsgebiet die Italiener stärker vertreten waren, als die Statistiken vermuten lassen. Dennoch blieb die italienische Migration im Hamburger Raum im Vergleich
zu anderen deutschen Gebieten ziemlich bescheiden. In Lothringen, Baden, Württemberg, Bayern, Rheinland und Westfalen hielten sich 1910 etwa 85 Prozent der
sich in Deutschland befindenden Italiener auf. Die meisten von ihnen konzentrierten sich in Lothringen (30 Prozent, d.h. etwa 31.000 Personen). Allein im lothrin-
gischen Landkreis Diedenhofen wurden einige Tausend Italiener gezählt.[91] Der
Grund für den geringen Umfang der italienischen Präsenz im Hamburger Raum
hing in erster Linie damit zusammen, dass italienische Arbeitskräfte dort weit
weniger Arbeitsmöglichkeiten als in Süd- und Westdeutschland fanden. Woran
dieser Mangel an Arbeitsmöglichkeiten lag, wird im Kapitel III.3.2.1 dargestellt.
Hier sei nur gesagt, dass die berufliche Zusammensetzung der italienischen
Migration, die wirtschaftliche Struktur des Hamburger Raumes sowie die starke
Konkurrenz anderer fremder Arbeiter auf dem Arbeitsmarkt dabei eine wichtige
Rolle spielten. Obwohl Hamburg eindeutig nicht zu den Hauptzielen der italienischen Deutschlandwanderung im Kaiserreich gehörte, handelte es sich um die
größte italienische „Kolonie" in Norddeutschland. Im Dezember 1910 hielten sich
in Kiel 208, in Bremen 245, in Danzig 31, in Stettin 81 und in Königsberg 77 italienische Staatsangehörige auf.[92]

3.1.2.   Regionale Herkunft

Die italienische Emigration nach Deutschland zwischen 1871 und dem Ersten
Weltkrieg setzte sich wie bereits erwähnt vorwiegend aus Migranten aus Venetien
und darunter besonders aus der Provinz Udine, dem Friaul, zusammen (vgl.
Tab. III.3 und III.4 auf S. 52) und konzentrierte sich fast ausschließlich in Indust-
riegebieten außerhalb der Großstädte des Reiches.[93] Dort konnte es wegen der
Rekrutierungsmethoden und der jeweils gefragten Fertigkeiten nicht selten zu

---

[90]   Wennemann, Arbeit im Norden (1997), S. 184.

[91]   Britschgi-Schimmer, Die wirtschaftliche und soziale Lage (1916), S. 46f.

[92]   Für Bremen siehe: Karl M. Barfuss, „Gastarbeiter" in Nordwestdeutschland 1884 – 1918,
       Bremen 1986, S. 258. Für Kiel, Danzig, Stettin und Königsberg siehe: KstatBB (Hg.), StatPS,
       Heft 234 (1913), S. 252ff.

[93]   Britschgi-Schimmer, Die wirtschaftliche und soziale Lage (1916), S. 48.

Konzentrationen von Arbeitern aus einem ganz bestimmten Gebiet kommen.[94] In den bayerischen Ziegeleien waren beispielsweise um die Jahrhundertwende fast ausschließlich Personen aus dem Friaul beschäftigt. Ein Gebiet, das in Bayern traditionell zum Arbeitskräftereservoir dieser Branche gehörte.[95] Die Vielfalt an stadt- oder standortspezifischen Arbeitsmöglichkeiten, die die Großstädte des Kaiserreichs den Migranten bot, führte dagegen offenbar zu einer etwas gemischteren regionalen Komposition der dort anwesenden italienischen „Kolonien".

Bei der Frage nach der regionalen Zusammensetzung der italienischen Präsenz im Hamburger Raum muss zwischen einer saisonalen Präsenz und einer anhaltenden Ansiedlung von Italienern unterschieden werden. Es muss also nicht nur untersucht werden, welche Gebiete, sondern auch welche wann am meisten vertreten waren. Leider lässt sich anhand der vorliegenden Quellen nicht genau feststellen, welchen Anteil die verschiedenen Regionen an der italienischen Präsenz im Hamburger Raum hatten. Vermutlich überwog jedoch in den Sommermonaten bei weitem die Präsenz saisonaler Bauarbeitskräfte aus den Abruzzen und Venetien. Dabei entsprach die regionale Komposition der italienischen Präsenz etwa derjenigen auf Reichsebene. Die italienische Zuwanderung in Hamburg setzte sich, wie 1905 der italienische Generalkonsul zu Hamburg berichtete, größtenteils aus Maurern und Mosaikarbeitern aus Venetien und Erdarbeitern aus den Abruzzen zusammen.[96] Zum einen, weil während der Hochsaison Hamburger Bauherren auch auf italienische Arbeiter zurückgriffen, und zum anderen, weil sich verschiedene Terrazzofirmen im Hamburger Raum angesiedelt hatten, die Saisonarbeiter aus dem italienischen Nordosten beschäftigten. Da aber im Winter die meisten dieser saisonalen Arbeitskräfte Hamburg verließen, dürfte die regionale Zusammensetzung der italienischen Gruppe etwas vielfältiger gewesen sein. Nicht nur selbstständige oder zur Stammbelegschaft gehörende venetische Terrazzoleger und Eiskonditoren, sondern auch Groß- und Kleinhändler, Straßenverkäufer und -musiker, Literaten, Künstler und Lehrlinge aus sämtlichen italienischen Regionen siedelten sich in Hamburg an, da sie in der Stadt günstige Arbeitsbedingungen vorfanden. Einige Künstler kamen aus Rom, Venedig und Turin.[97] Ein Sprachlehrer stammte aus der lombardischen Stadt Brescia. Italienische Großhändler, die typische südländische Waren wie Wein, Öl, Teigwaren und Zitrusfrüchte impor-

---

[94] Italienische Subunternehmer – meistens ehemalige Arbeiter – rekrutierten in ihrer Heimatregion die Arbeiter. Siehe: Del Fabbro, Transalpini (1996), S. 141 und 157.

[95] Ebenda, S. 155.

[96] Pinto, Rapporto su Amburgo (1905), S. 26.

[97] Verschiedene Dokumente über in Hamburg beschäftigten italienischen Sänger, Musiker und Künstler, StAHH, Bestand 376-2, Akte Gen IX A 3, III.

tierten, stammten aus dem Piemont, aus Ligurien, der Lombardei und Sizilien.[98] Besonders stark vertreten war offenbar die italienische Küstenregion Ligurien, aus der zahlreiche Straßenhändler und -musiker kamen.

3.1.3. Demographische Struktur und besondere Merkmale der italienischen Präsenz

Wie bereits dargestellt, war hinsichtlich der Geschlechts-, Alters- und Familienverteilung die italienische Migration nach Deutschland um die Jahrhundertwende von einem deutlichen Übergewicht an ledigen Personen männliches Geschlechtes und im Arbeitsalter gekennzeichnet. Kurz vor dem Ersten Weltkrieg hatte aber eine Verschiebung dieser Verhältnisse zugunsten „normalerer" Geschlechts-, Alters und Familienverhältnisse stattgefunden, was als ein Indiz für die steigende Präsenz von Familien gedeutet werden kann und deshalb für die Tatsache, dass sich einige Migranten auf einen längeren Aufenthalt in Deutschland orientiert hatten. Während 1900 etwa 81 Prozent der im Reich gezählten Italiener Männer und etwa 93 Prozent zwischen 15 und 60 Jahre alt waren, lag am 1. Dezember 1910 der Männeranteil bei „nur" 69,9 Prozent und 74 Prozent der Italiener befanden sich in einem Alter zwischen 15 und 60 Jahren. Während ferner 1900 etwa 29 Prozent der Männer und 67 Prozent der Frauen ledig waren, waren es 1910 etwa 36 und 75 Prozent.[99]

Im Hamburger Raum ist eine etwas andere Entwicklung der demographischen Verhältnisse innerhalb der italienischen Gruppe zu verzeichnen. Nach den hamburgischen und preußischen Volkszählungen vom Dezember 1900 befanden sich dort 429 männliche und 198 weibliche italienische Staatsangehörige, was einen Frauenanteil von 35 Prozent bedeutet. Im Jahre 1910 lag dieser Wert etwas höher, bei 36 Prozent.[100] Er könnte allerdings noch höher sein, da nur in der ersten Rechnung die italienische, normalerweise ausschließlich männliche Schiffsbevölkerung ausgeklammert werden konnte. Zwar liegen detaillierte Altersstatistiken nur für den alten hamburgischen Staat vor. Diese legen aber nahe, dass es sich bei den Zuwanderern um Personen im besten Arbeitsalter handelte. 1910 gehörten 71,5 Prozent der italienischen Staatsangehörigen im hamburgischen Staat der Altersgruppe 15-50 Jahren an[101] – zum Vergleich: damals waren nur 57,4 Prozent der

---

[98]   Giovanni De Bottazzi, Italiani in Germania. Als Italiener im Deutschland der Jahrhundertwende, Turin 1895, S. 15f.

[99]   Del Fabbro, Transalpini (1996), S. 97-101.

[100] StatBHH (Hg.), StatHS, Heft XXI (1903), S. 60. StatLHH (Hg.), StatHS, Heft XXVIII (1919), S. 66. KstatBB (Hg.), StatPS, Heft 177 (1903), S. 310f; StatPS, Heft 234 (1913), S. 278. Eigene Berechnungen.

[101] StatLHH (Hg.), StatHS, Heft XXVIII (1919), S. 71f. Eigene Berechnungen.

deutschen Stadtbewohner zwischen 15 und 50 Jahren alt.[102] Es handelte sich also auch in der Hansestadt um eine Arbeitermigration, die sich vorwiegend aus Männern im „besten Arbeitsalter" zusammensetzte. Dennoch, der im Vergleich zum Reichsdurchschnitt stets deutlich höhere Frauenanteil unter den italienischen Migranten im Hamburger Raum lässt vermuten, dass Niederlassungsprozesse dort viel stärker waren und viel früher begonnen hatten. Statistiken über die Familienverhältnisse liegen leider nicht vor und können nicht herangezogen werden.

Betrachtet man die Geschlechterverhältnisse innerhalb der italienischen Gruppe in den einzelnen Städten des Untersuchungsraumes (Tab. III.7), wird deutlich, dass sich, auch angesichts der vielen dort gemeldeten Italiener, der Schwerpunkt der italienischen Niederlassung in Altona befand. Im Dezember 1895 wurden dort 102 italienische Staatsangehörige registriert, davon 41 Frauen, was einem Frauenanteil von 40 Prozent entspricht. Im Winter 1905 und 1910 lag, bei einer steigenden italienischen Wohnbevölkerung, der Frauenanteil noch höher und zwar bei rund 43 Prozent.[103] Diese Werte könnten noch höher liegen, weil eine eventuelle italienische Schiffsbevölkerung nicht ausgeklammert werden konnte. Sie legen jedenfalls nahe, dass innerhalb des Hamburger Raumes vor allem in Altona italienische Migranten zur Ansässigkeit neigten und dort eine italienische „Kolonie" entstanden war. Tatsächlich berichtete 1905 der italienische Generalkonsul, dass sich dort eine stabile italienische Ansiedlung befinde, die vorwiegend aus Familien bestünde.[104]

Tab. III.7: Anteile der Geschlechter an den italienischen Ortsanwesenden im Reich und in Altona 1895 – 1910

	Reich				Altona			
	Männer		Frauen		Männer		Frauen	
	Abs.	%	Abs.	%	Abs.	%	Abs.	%
1895	17.068	75,2	5.625	24,6	61	59,9	41	40,1
1900	57.004	81,7	12.734	18,3	116	55,8	92	44,2
1905	75.937	77,4	22.228	22,6	135	57,0	102	43,0
1910	72.948	69,9	31.317	30,1	154	56,7	118	43,3

Quelle: Del Fabbro, Transalpini (1996), Tab. IV.4, S. 97. KstatBB (Hg.), StatPS, Heft 148 (1898), S. 102f; StatPS, Heft 177 (1903), S. 310f; StatPS, Heft 206 (1908), S. 304f; StatPS, Heft 234 (1913), S. 278.

---

[102] Ebenda.

[103] KstatBB (Hg.), StatPS, Heft 148 (1898), S. 102f; StatPS, Heft 206 (1908), S. 304f; StatPS, Heft 234 (1913), S. 278. Eigene Berechnungen.

[104] Pinto, Rapporto su Amburgo (1905), S. 27. Eigene Übersetzung.

Dass italienische Migranten in den Städten besonders zur Niederlassung neigten, ist eine Tatsache, die bereits in Berlin beobachtet wurde[105] und vermutlich mit der Zusammensetzung der städtischen und der nichtstädtischen Migration der Italiener in Verbindung zu bringen ist. Während in den außerstädtischen Industriegebieten und Großbaustellen fast ausschließlich mobile Arbeiter anzutreffen waren, gab es in den Städten des Reiches eine traditionelle Einwanderung von italienischen Künstlern, Literaten, Kaufleuten, Diplomaten und Angehörigen anderer Berufe wie Facharbeitern und Handwerkern, Eiskonditoren, Gastwirten usw., Personen, die öfter mit ihrem Hab und Gut und ihren ganzen Familien, also auch Frauen und Kindern, nach Deutschland zogen und sich dort für längere Zeit niederließen. Viele heirateten deutsche Frauen und blieben dauerhaft im Kaiserreich. Die überall in Deutschland registrierbare zunehmende Ansässigkeit der Italiener nach der Jahrhundertwende war also in den Städten bzw. in Hamburg, wo die Berufsstruktur der Zuwanderer sich etwas anders zusammensetzte als in den Industriegebieten, in denen eher Bau- und Industriearbeiter gefragt waren, stärker und begann zu einem früheren Zeitpunkt.

3.2.   Die Tätigkeiten der Zuwanderer

3.2.1.   Die Berufsstruktur der Italiener in Hamburg

Eine erste Bestandsaufnahme der italienischen Migration im nordwestdeutschen Raum um 1895 stammt aus der Feder eines damals in Deutschland ansässigen italienischen Literaten. Demnach setzte sich die italienische „Kolonie" im konsularischen Bereich von Hamburg [Hamburg, Bremen, Lübeck, Altona, die Provinz Hannover, das Großherzogtum Oldenburg und das Herzogtum Lauenburg] „großenteils aus Arbeitern und Krämern und nur sehr wenigen bedeutenden Händlern" zusammen.[106]

Um welche Arbeiter es sich in der Hansestadt handelte, erfahren wir dank eines 1905 erschienenen Berichtes des in der Stadt amtierenden italienischen Generalkonsuls:

Die italienische Zuwanderung in Hamburg [...] ist in diesen letzten Zeiten ansehnlich angestiegen, indem sie von etwa 500 auf mehr als 1.000 Personen heranwuchs. Sie hat nicht permanenten Charakter, da sie vorwiegend von außerordentlichen Arbeiten in der Innenstadt, im Hafen und in der Umgebung verursacht wird. Es handelt sich großenteils um Mauer-, Stuckatur-, Mosaik- und Gipsarbeiten [...] Abgesehen von den Arbeitern und den üblichen ambulanten Kurzwarenhändlern

---

[105] Kinder & Jugend Museum im Prenzlauer Berg/Istituto Italiano di Cultura Berlino (Hg.), Italiener in Prenzlauer Berg. Spurensuche vom Kaiserreich bis in die Gegenwart, Berlin 1997, S. 11.

[106] De Bottazzi, Italiani in Germania (1895), S. 14.

gibt es leider eine Vielzahl an *vagabondi*, Taugenichtse, die mit der Ausrede, dass sie eine Arbeit suchen wollen (die sie aber nie finden, weil sie die nicht haben wollen), das Konsulat bedrängen, um finanzielle Unterstützungen abzuluchsen. Wenige Dutzende von Landsleuten widmen sich dem Handel, der *industria* [vermutlich ist hier das Handwerk gemeint – E.M.] und den freien Berufen. Reiche Geschäftsleute fehlen [...] 1903 zählte [der italienische Wohltätigkeitsverein – E.M.] etwa 50 Mitglieder, größtenteils kleine Händler [...] Eine Art temporärer Migranten, die nun in Hamburg ansteigt ist die, der „*volontari*" [„Freiwillige" – E.M.]. Es sind junge Leute, die fast alle aus gutem Hause stammen und hierher kommen, um die deutsche Sprache und das Handelsgeschäft zu erlernen; aber nur Wenigen gelingt es, sich eine gute Position anzueignen und so bleiben sie nur selten länger als ein Jahr.[107]

Etwa zehn Jahre später schien sich die Lage kaum geändert zu haben, wie aus der Bestandsaufnahme des neuen italienischen Generalkonsuls herzuleiten ist:

Die italienische Kolonie in Hamburg zählt 634 Individuen, großenteils Arbeiter [„*la massima parte operaia*"]. Wenige Dutzende von Landsleuten widmen sich dem Handel, dem Handwerk und den freien Berufen und genießen einen gewissen Wohlstand: Fünf Fräulein leben vom Italienisch-Unterricht, den sie deutschen Frauen erteilen. Diese Frauen lernen es ausschließlich, um gut Gesang studieren zu können und nur sehr wenige sprechen es wirklich [...]. Die Anzahl der Tagelöhner neigt generell zur Abnahme wegen der Konkurrenz der deutschen Arbeiterklasse und wegen der Tatsache, dass die Bauherren selbstverständlich ihre Landsleute bevorzugen und nur im Fall extremer Notwendigkeit ausländische Arbeiter einsetzen.[108]

Italienische Migranten konzentrierten sich im Hamburger Raum also vor allem in der Baubranche und im Groß- und Kleinhandelgewerbe. Diese berufliche Zusammensetzung lag vermutlich zum einen an den Charakteristika der damaligen italienischen Deutschlandwanderung und zum anderen an der makroökonomischen Struktur des Hamburger Raumes sowie an der starken Konkurrenz anderer fremder Arbeiter.

Die italienische Migration, die zwischen 1871 und 1918 das Kaiserreich betraf, setzte sich größtenteils aus wenig qualifizierten, männlichen Arbeitern zusammen, die sich vor allem in Sektoren konzentrierten, in denen sie am Saisonende wieder heimkehren konnten, wie das Baugewerbe und die Industrie der Steine und Erden (Ziegeleien und Steinbrüche). In ganzjährigen Berufszweigen, die eine langfristige Niederlassung erforderten, waren sie hingegen weniger vertreten. Gerade auf solchen Berufszweigen stützte sich aber die um die Jahrhundertwende boomende Wirtschaft Hamburgs (unter anderem Schiffbau und Zulieferbetriebe, Nahrungs-, Genuss- und Textilindustrie).[109] Zwar stieg nach der Jahrhundertwende die Zahl der Italiener in den ganzjährigen Berufen stetig[110], im fernen Norddeutschland

---

[107] Pinto, Rapporto su Amburgo (1905), S. 26f. Eigene Übersetzung.

[108] Giacchi, Amburgo (1913), S. 658.

[109] Jochmann, Handelsmetropole (1986), S. 23ff.

[110] Del Fabbro, Wanderarbeiter oder Einwanderer? (1992), S. 221.

bzw. in Hamburg aber stießen sie, anders als in Süddeutschland, auf die stärkere Konkurrenz anderer fremder Arbeiter, insbesondere Polen und andere Osteuropäer, die traditionell zum Arbeitskräftereservoir der Region zählten.[111] So kam in Hamburg für ungelernte italienische Arbeiter stets lediglich, wenn überhaupt, das Baugewerbe als Auffangbecken in Frage.

Dennoch, wie die Berichte der Generalkonsule zeigen, beeinflussten die räumliche Distanz, die makroökonomische Struktur des Hamburger Raumes und die Konkurrenz anderer fremder Arbeitskräfte, die den Zuzug von italienischen Arbeitern erschwerten, nicht die Zuwanderung besonderer italienischer Berufsgruppen. Gewerbetreibende fanden in den Städten des Kaiserreichs und besonders in Metropolen wie Hamburg oder Berlin[112] mit ihren großen Absatzmärkten sehr günstige Arbeitsbedingungen. Da sie meistens begehrte Fertigkeiten wie das *Terrazzo*[113] und die Speiseeisherstellung importierten oder in besonderen Marktnischen tätig waren, die traditionell von Italienern besetzt wurden, beispielsweise im Straßenhandel mit Spielwaren und Gipsfiguren, litten sie weder an Arbeitsmangel noch brauchten sie Konkurrenz zu fürchten. Die Möglichkeit das ganze Jahr über zu arbeiten und gute Verdienste zu erzielen, bewegte viele dieser Migranten zur Ansässigkeit. Auch andere Italiener kamen nach Hamburg, fanden dort günstige Arbeitsbedingungen und ließen sich in der Stadt nieder. Sie sind aber nicht dem traditionellen Umfeld der damaligen Arbeitswanderung nach Deutschland zuzurechnen. Es handelte sich u. a. um Musiker und Gelehrte, aber vor allem um Großhändler, die italienische Ware über Hamburg nach Deutschland importierten oder in andere Länder weiterleiteten. Im Folgenden wird auf die von den Italienern im Hamburger Raum ausgeübten Tätigkeiten genauer eingegangen.

3.2.2.   Groß- und Kleinhändler

Die Bedeutung Italiens als Handelspartner Hamburgs blieb bis zum Ende des 19. Jahrhunderts ausgesprochen bescheiden. Die Handelsbeziehungen der Stadt erstreckten sich vielmehr nach Frankreich, England und Übersee. Aus Italien wurden nur wenige typische südländische Produkte für den lokalen Markt importiert. Die Gründung des Norddeutschen Bundes und später des Deutschen Kaiserreichs brachten allerdings aus politischen und wirtschaftlichen Gründen eine Intensivie-

---

[111] Siehe dazu besonders: Barfuss, „Gastarbeiter" (1986) und Hauschildt, Polnische Arbeitsmigranten (1986).

[112] Für Berlin siehe: Kinder & Jugend Museum im Prenzlauer Berg/Istituto Italiano di Cultura Berlino (Hg.), Italiener in Prenzlauer Berg (1997).

[113] Der *Terrazzo* ist ein besonderer Marmorfußboden, der mit Marmorsplitt und Zement angefertigt wird und vielfältige Gestaltungsmöglichkeiten erlaubt (verschiedene Farben, Mosaiken usw.).

rung der Einfuhr italienischer Waren in Deutschland mit sich, die unter anderem über die Hansestadt erfolgte. Ein erster deutsch-italienischer Handelsvertrag wurde 1867 zwischen dem Norddeutschen Bund und dem vereinigten Italien unterzeichnet. Ein zweiter Vertrag folgte im Jahre 1883 und ein dritter im Jahre 1891. Besonders der dritte bildete die Basis für den steigenden Warenaustausch zwischen dem Deutschen Reich und dem italienischen Königreich. Als Gegenleistung für die Erleichterung des Exports von deutschen Industrieprodukten nach Italien gewährte der Vertrag erhebliche Ermäßigungen in der Höhe der Zollsätze bei der Einfuhr von italienischen landwirtschaftlichen Erzeugnissen nach Deutschland.[114] Wichtige Voraussetzungen einer Intensivierung der Handelsbeziehungen waren die Verbesserung und der Ausbau der Verkehrsverbindungen zwischen den beiden Ländern.[115] Während der Verbesserung der Landverbindungen die Öffnung des Gotthard-Tunnels im Jahre 1882 zuzuschreiben ist, war der Ausbau der ebenso wichtigen, vor allem für Norddeutschland, Seeverbindungen hauptsächlich der Hamburger Reederei Sloman zu verdanken. Ihre Schiffe liefen regelmäßig die italienischen Häfen von Catania, Messina, Napoli und Livorno an. In Sizilien verluden die Sloman-Dampfer Schwefel, Asphalt und Südfrüchte und in Livorno Marmorblöcke.[116] Auch italienische Schiffe begannen verstärkt die Hansestadt anzulaufen. 1896 berichtete der italienische Generalkonsul der Hansestadt, dass während der letzten zwei Jahre „eine deutliche Belebung sowohl des See- als auch des Handelsverkehrs zwischen diesem Standort und Italien" zu verzeichnen sei. Die Anzahl der Schiffe unter italienischer Flagge, die in Hamburg angelegt hatten, habe die 60 überschritten.[117]

Der Generalkonsul war zwar sehr zufrieden über die Belebung der Handelsbeziehungen, beklagte aber, dass die italienischen Exporteure die außerordentliche Bedeutung Hamburgs als Umschlagplatz für den Export nach Übersee nicht erkannt hätten. Die Kaufleute würden ihre Tätigkeit lediglich auf den Import von Wein, Öl, Teigwaren und Zitrusfrüchten für den lokalen Markt beschränken. Sie sollten dagegen versuchen, die Ware auch über Hamburg nach Übersee und insbesondere in die „reichen Provinzen" Südamerikas zu verschicken.[118] Der Genueser Kaufmann M. Cresta, der 1895 italienische Produkte nicht nur nach Deutschland, sondern auch nach Übersee (insbesondere Südamerika) exportierte, scheint eine Aus-

---

[114] Bericht über den Handelsvertrag mit Italien, StAHH, Bestand 132-1 II, Akte 850, Bd. 2. Ferner: Rudolf Schneiders, Deutsch-Italienische Handelsbeziehungen, Bonn 1926, S. 68f.

[115] Schneiders, Deutsch-Italienische Handelsbeziehungen (1926), S. 15f.

[116] Brief des deutschen Generalkonsuls in Genua mit unbekanntem Adressaten, 6. Januar 1911, StAHH, Bestand 132-1 II, Akte 2229, Bl. 17.

[117] Italienischer Generalkonsul/Hamburg an italienischen Außenminister/Rom, 17. Juni 1896, AitGkHH, Briefwechsel 1893-1896. Eigene Übersetzung.

[118] Ebenda.

nahme gewesen zu sein. Erst in den zwanziger und dreißiger Jahren des 20. Jahrhunderts interessierten sich italienische Kaufleute verstärkt für die Möglichkeit, Hamburg als Umschlagplatz zu benutzen. Die wenigen damals in Hamburg tätigen italienischen Händler beschränkten sich vermutlich auf den Import von typischen südländischen Produkten, besonders Wein. Als Weinhändler waren in Hamburg L. S. Cloos, A. Guarisco und G. Righettini tätig.[119] 1892 eröffnete ein Konsortium für die Einfuhr italienischer Weine einen Laden in der Altstadt, wo verschiedene italienische Weine verkostet werden konnten.[120] In dem noch preußischen Harburg hatte sich die Weinimportfirma Fazzio behaupten können. Dort unterhielt sie eine Verkaufsstelle und konnte sich offenbar eines großen Erfolges erfreuen.[121] Weitere um die Jahrhundertwende in Hamburg tätige italienische Kaufleute waren G. Cocchi und F. Semeria.[122] Laut hamburgischer Berufszählung von 1907 waren 78 – gebürtige – Italiener dort im Handelsgewerbe tätig, davon 23 selbständig.[123] Die Ausübung einer selbstständigen Tätigkeit war kein Problem. Italiener besaßen laut einem deutsch-italienischen Handelsvertrag vom 6. Dezember 1891 das Recht, uneingeschränkt einer Erwerbstätigkeit im Kaiserreich nachzugehen.[124]

Kaufleute, die mit einer breiten Warenpalette handelten (unter anderem Südfrüchte, Tabak, Luxuswaren, Gewürze), scheinen vorwiegend, wie schon im Deutschland des 16. und 17. Jahrhunderts, aus Norditalien gekommen zu sein.[125] Manche, wie der Weinhändler Fazzio, dürften mit sehr bescheidenen Mitteln ihre Tätigkeit im Hamburger Raum angefangen haben.[126] Händler, die im Zitrusfrucht-Import spezialisiert waren, kamen dagegen offenbar großenteils aus dem Süden bzw. aus Sizilien. Bei der Versorgung Norddeutschlands mit Zitrusfrüchten wurde der Seeweg bevorzugt.[127] So handelte es sich höchstwahrscheinlich um Verwandte von sizilianischen Landbesitzern, die die Hafen- und Handelsstadt Hamburg als günstigen Standort zur Erschließung neuer Absatzmärkte für ihre Landeserzeugnisse im norddeutschen Raum erkannt hatten. Die sizilianischen Kaufleute L.

---

[119] De Bottazzi, Italiani in Germania (1895), S. 15.

[120] Italienischer Generalkonsul/Hamburg an Senator Hachmann/Hamburg, 18. März 1892, AitGk-HH, Briefwechsel 1890-1892.

[121] Italienischer Generalkonsul/Hamburg an italienisches Handelsministerium/Rom, 15. Mai 1897, AitGkHH, Briefwechsel 1897.

[122] De Bottazzi, Italiani in Germania (1895), S. 15.

[123] StatMHH, Heft 3 (1915), S. 10.

[124] Wennemann, Arbeit im Norden (1997), S. 95.

[125] Schindling, Bei Hofe und als Pomeranzenhändler (1992), S. 292.

[126] Italienischer Generalkonsul/Hamburg an Senator Hachmann/Hamburg, 18. März 1892, AitGk-HH, Briefwechsel 1890-1892.

[127] Schneiders, Deutsch-Italienische Handelsbeziehungen (1926), S. 16.

Cannella (Palermo)[128], G. Santoro[129] und G. La Rosa (Messina) müssen dieser Gruppe angehört haben. La Rosa betrieb im Hafenbereich der Hamburger Altstadt mit Erfolg ein Südfruchtgeschäft und hinterließ nach seinem plötzlichen Tode 1918 einen ansehnlichen Aktivbestand.[130]

3.2.3.   Erdarbeiter, Maurer und Terrazzoleger

Die italienische Auswanderung nach Deutschland vor 1918 setzte sich großenteils aus Bauarbeitern zusammen. Meist unqualifizierte Arbeiter strömten ins Kaiserreich, um Häuser zu errichten und Kanäle und Eisenbahnlinien zu bauen. Die Mehrheit dieser Arbeitskräfte stellten die Erdarbeiter dar, die bei allen größeren staatlichen und privaten Bauvorhaben eingesetzt wurden.[131] Sie verdienten ihren geringen Lohn durch schwere körperliche Arbeit. Um Kosten zu drücken und Kündigungsschwierigkeiten zu vermeiden, ließen viele deutsche Bauherren die Italiener von italienischen Subunternehmern anwerben. Letztere konnten die Arbeiter untertariflich bezahlen (und somit ihren Verdienst steigern) und fristlos kündigen.[132]

Die erste große Gruppe italienischer Bauarbeiter kam Anfang April 1874 nach Hamburg. Der Subunternehmer G. Cajrola aus Turin hatte 207 piemontesische Hilfskräfte für untertarifliche Bauarbeiten nach Hamburg (Altstadt) geholt. Dies scheint jedoch der einzige Fall einer Gruppenanwerbung von italienischen Arbeitern in Hamburg gewesen zu sein. Die meisten kamen auf eigene Faust, nachdem sie sich brieflich beim Konsulat nach Arbeitsmöglichkeiten erkundigt hatten.[133] Die großen Bauvorhaben, die um die Jahrhundertwende in der Hansestadt in Angriff genommen wurden[134], zogen noch mehrere italienische Arbeiter an, obwohl für unqualifizierte Tätigkeiten die Konkurrenz anderer ausländischer Arbeitskräfte sehr stark war. Laut *L'Operaio Italiano* (deutsches Informationsblatt für italieni-

---

[128] Melderegisterakte über L. Cannella, StAHH, Bestand 111-2, Akte L z 9, Bl. 44.

[129] Giuseppe Santoro [Name geändert]. kam 1908 nach Hamburg und gründete hier eine Firma für den Import von Südfrüchten. Siehe: „Giuseppe [...]. 60 Jahre alt", in: Hamburger Tageblatt vom 28. Mai 1942.

[130] Amtsgericht an Senatskommission für die Justizverwaltung, StAHH, Bestand 241-1 I, Akte I E b 14 a 1 Vol. 5b, Bl. 70.

[131] Pertile, Italiani in Germania (1914), S. 97.

[132] Wennemann, Arbeit im Norden (1997), S. 113-118.

[133] Beispielsweise: Italienischer Generalkonsul/Hamburg an Herrn Ciliotta/Valle di Cadore, 4. Januar 1891, AitGkHH, Briefwechsel 1887-1889.

[134] Unter anderem Sanierung des so genannten Gängeviertels, Bau der Untergrundbahn und des Elbtunnels. Siehe: Jochmann, Handelsmetropole (1986), S. 28.

sche Bauarbeiter[135]) gab es 1908 in Hamburg einen Bauherrn, der „sehr gerne italienische Arbeiter einstellte".[136] Den Angaben des italienischen Generalkonsuls
zufolge setzte sich um die Jahrhundertwende die italienische Gemeinde in Hamburg vorwiegend aus Maurern und Erdarbeitern zusammen. Meistens handelte es
sich jedoch um sehr prekäre Anstellungen. Nach Beendigung der Arbeiten oder in
Krisenzeiten wurde oft allen ausländischen Arbeitskräften gekündigt. So verloren
zum Beispiel laut *L'Operaio Italiano* im Februar 1902 in der Hansestadt alle ausländischen Hilfs- und Erdarbeiter, „vorwiegend Italiener, Böhmen und Kroaten",
die auf öffentlichen Baustellen tätig waren, ihre Arbeit.[137]

Sicher ist, dass italienische Arbeiter beim Bau des Elbtunnels (1907-1911) mit-
wirkten. Dort mussten sie schwere und gefährliche Arbeiten verrichten. Das Gra-
ben der Schächte auf Steinwerder und auf den St. Pauli Landungsbrücken und das
Bohren der zwei nebeneinander liegenden Röhren wurde unter Druckluft ausgeführt, um das Eindringen von Wasser zu verhindern.[138] Trotz besonderer Sicher-
heitsvorkehrungen, die die Arbeit unter Pressluft betrafen, wie Schleusen und
ständige sanitäre Betreuung, blieben nur wenige Arbeiter und Ingenieure von der
so genannten „Caisson-Krankheit" verschont. Schmerzen, Schwindelanfälle und
Schwerhörigkeit waren die Folgen von Stickstoff-Bläschen, die bei rascher
Druckverminderungen in den Blutgefäßen frei wurden.[139] 52 Personen wurden im
Hafenkrankenhaus wegen schwerer Caissonkrankheit behandelt. Darunter vier Italiener.[140] So beschreibt ein Elbtunnelhistoriker die außerordentlich harten Arbeitsbedingungen im Tunnel:

Es wurde „rund um die Uhr", ohne Sonn- und Feiertage gearbeitet [...]. Drei Schichten zu etwa 60
Mann lösten sich ab. Bei einer Temperatur von über 20 Grad, in feuchten Nebel gehüllt unter teilweise ohrenbetäubendem Lärm musste schwere und schwerste körperliche Arbeit geleistet werden.[141]

---

[135] Am 18. Juni 1898 erschien im Verlag der Generalkommission der Gewerkschaften Deutschlands eine italienische Arbeiterzeitung (für Maurer und Bauarbeiter), die diese der gewerkschaftlichen Bewegung näher bringen sollte. Siehe Grundstein vom 11. Juni 1898.

[136] "Avvertimenti, consigli e informazioni", in: L'Operaio Italiano vom 22. Mai 1908. Eigene
Übersetzung.

[137] "Germania", in: L'Operaio Italiano vom 8. Februar 1902.

[138] Klaus Böcklitz, Der Bau des Hamburger Elbtunnels, in: Verein Deutscher Ingenieure (Hg.),
Sonderdruck der Zeitschrift Technik-Geschichte vom Verein Deutscher Ingenieure, Düsseldorf 1974, S. 235.

[139] Ebenda, S. 242.

[140] Karl Lauenstein, Die Caissonerkrankungen beim Schachtbau des Elbtunnels auf Steinwerder,
in: Sonderabdruck aus der Monatsschrift für Unfallheilkunde und Invalidenwesen, Leipzig,
Juli 1909, S. 6.

[141] Böcklitz, Der Bau des Hamburger Elbtunnels (1974), S. 242.

Selbst eine überdurchschnittliche Bezahlung konnte nicht viele deutsche Arbeiter anlocken:

Die Arbeiter verdienten anfangs 55 Pf. die Stunde, aber nach einem Streik im Frühjahr 1907 wurde das Entgelt auf 60 Pf. erhöht […] Damit lagen die Löhne zwar weit über den sonst üblichen Gehältern, trotzdem musste der Tunnel weitgehend mit polnischen und italienischen „Gastarbeitern" gebaut werden.[142]

Eine weitere Gruppe von italienischen Bauarbeitern war die der Terrazzo- und Mosaikleger. Wie im Kapitel II dargestellt, hatten bereits zwischen dem 17. und 18. Jahrhundert italienische Facharbeiter (Stuckateure) aufgrund ihrer besonderen und sehr gefragten Kenntnisse in Norddeutschland bzw. in Hamburg ein ideales Arbeitsumfeld gefunden. Hier konnten sie ihre in Italien bereits zur Tradition zählenden Techniken konkurrenzlos und zu besten Preisen anbieten. Eine Tatsache, die nicht nur den Werkstattleitern, sondern auch den Lehrlingen zugute kam. Für erfahrene Arbeiter war der Weg in die Selbstständigkeit leicht, da es an Arbeitsaufträgen nicht mangelte. Die ausgesprochen guten Beschäftigungsmöglichkeiten veranlassten einige dieser Facharbeiter sich dauerhaft niederzulassen. Ähnlich günstig war die Lage für die italienischen Terrazzoarbeiter, die in der zweiten Hälfte des 19. Jahrhunderts nach Deutschland bzw. nach Hamburg kamen. Diese Arbeiter nahmen eine besondere Stellung unter den italienischen Bauarbeitern in Deutschland ein.[143] Ihre Arbeit bestand zwar noch immer aus körperlich anstrengenden Tätigkeiten, beruhte aber gleichzeitig auf spezifischen technischen Fähigkeiten. Sie wurden dementsprechend auch besser entlohnt als die unqualifizierten Erdarbeiter. Terrazzo- und Mosaikleger hatten ferner wegen ihrer speziellen Kenntnisse weder von deutscher noch von Seite sonstiger europäischer Arbeitskräfte Konkurrenz zu befürchten. Wie zu früheren Zeiten die Stuckateure neigten auch sie wegen der guten Arbeitsmöglichkeiten, die sie im Hamburger Raum vorfanden, zur Ansässigkeit und dürften das Gros der italienischen „Arbeiterkolonie" ausgemacht haben.

Im Rahmen des steigenden allgemeinen Wohlstandes im Kaiserreich der Jahrhundertwende hatten viele Stadtbewohner und Großbauern der unmittelbaren ländlichen Umgebung den Marmorfußboden kennen gelernt. Hoch geschätzt wurde sein elegantes Aussehen, aber auch und besonders seine Hygieneeigenschaften. Marmorfußböden konnten viel einfacher, schneller und effektiver als herkömmliche Fußböden gereinigt werden. Dieser Marmorfußboden bestand aus einer Mischung aus Marmorsplitt und Zement. Diese Mischung, aus der man auch Mosaikapplikationen machen konnte, wurde auf einer fünf Zentimeter starken Betonunterschicht

---

[142] Ebenda.
[143] Pertile, Italiani in Germania (1914), S. 110f.

angebracht und dann mit einem verhältnismäßig weichen, in einer eisernen Klaue verkeilten Stein mehrmals per Hand geschliffen – eine sehr harte und mühsame Arbeit. Jeder Arbeiter schaffte nicht mehr als vier Quadratmeter pro Tag.[144] Dieser begehrte Fußboden war mit seinen 13 Goldmark pro Quadratmeter generell ziemlich teuer, der Preis hing aber stark von der Qualität der Anfertigung ab.

Abb. III.3: Terrazzoarbeiter vor dem Ziviljustizgebäude in Hamburg um 1900

Quelle: Toffolo Terrazzo Vertriebsgesellschaft mbH, Werbebroschüre.

Alleinige Spezialisten in dem Verlegen und der künstlerischen Gestaltung von Marmorfußböden waren Norditaliener aus dem Friaul. Wie schon die italienischen Stuckateure im 17. Jahrhundert arbeiteten die Terrazzoleger für kleine oder große italienische Werkstätten. Obwohl es sich um eine ganzjährige Tätigkeit handelte und die Werkstätten eine Stammbelegschaft von etwa fünf bis zehn Personen hatten, wurden in den Sommermonaten, wenn die allgemeine Bausaison im vollen

---

[144] Interview mit H. Monti [Name geändert], FZH, WdE 703, Interview vom 20. November 2000, S. 5.

Gange war, auch mehrere Saisonarbeiter – ausschließlich Friauler – beschäftigt.[145]
Allerdings nur in den größeren Werkstätten.

Vor 1895 sind die Werkstätten des A. Frisoni und des Viotti nachweisbar. Frisoni
war auch als Bildhauer und Marmorimporteur tätig[146] und muss eine ziemlich
große Werkstatt geleitet haben. Der italienische Konsul, der einmal Herr Frisoni
besuchte, spricht von einem *stabilimento*, einem „Werk".[147] Die Arbeit dieser
zwei Werkstätten konnte offenbar nicht die Nachfrage nach Terrazzoarbeiten in
Hamburg und Umgebung befriedigen, so dass sich vor dem Ersten Weltkrieg im
Hamburger Raum ca. zehn andere Friauler erfolgreich in dieser Branche selbstständig machen konnten.[148] Ein bescheidenes Startkapital reichte, um ein Famili-
enunternehmen auf die Beine zu stellen. Einige schlossen sich mit anderen Italienern zusammen[149] um die Gründungsrisiken zu reduzieren. Rechtliche Schwierigkeiten gab es, wie bereits erwähnt, nicht. Jeder Italiener konnte sich in Hamburg-
selbstständig machen.[150]

Der wohl bekannteste unter den italienischen Terrazzounternehmern war der im
friaulischen Dorf Fanna geborene Vittorio Monti Er war als kleines Kind nach
Deutschland emigriert und hatte dort bei einer Berliner Firma das Terrazzo-
Handwerk gelernt. Im Auftrag dieser Firma erledigte er Aufträge in Russland,
Österreich und England. Ein Auftrag führte ihn dann nach Hamburg, wo er sich
schließlich 1889 niederließ und selbstständig machte. Am Anfang arbeitete er allein. Seine erste Werkstatt war ein Kellerraum in der Böckmannstrasse in St.
Georg. Morgens schob er eine Karre mit seinem ganzen Werkzeug bis zur
Arbeitsstelle, wo er ganztägig aktiv war.[151] Innerhalb von nur wenigen Jahren ver-
größerte sich seine mittlerweile nach Eilbeck verlegte Werkstatt und wurde zur
bekanntesten Terrazzofirma Hamburgs. Das Unternehmen erhielt bei der Hamburger Baubehörde wichtige Aufträge, darunter das Rathaus, das Ziviljustizge-

---

[145] Interview mit L. Monti [Name geändert], FZH, WdE 686, Interview vom 24. November 2000,
S. 5.

[146] De Bottazzi, Italiani in Germania (1895), S. 15. Ferner: Italienischer Generalkonsul/Hamburg
an Vittorio Frisoni/Verona, 20. Januar 1897, AitGkHH, Briefwechsel 1897.

[147] Italienischer Generalkonsul/Hamburg an Präfekt von Verona, 20. Oktober 1890, AitGkHH,
Briefwechsel 1890-1892.

[148] Del Fabbro, Transalpini (1996), S. 190. Es handelte sich unter anderem um die Friauler Monti,
Cadel, Rizzotti, Arditi und Ghizzi. Bereits 1907 waren es allein im alten hamburgischen Staat
laut Berufszählung fünf. Siehe: StatLHH (Hg.), StatMHH, Heft 4 (1915), S. 61.

[149] Wie beispielsweise Rizzotti. Siehe: Interview mit I. Rizzotti [Name geändert], FZH, WdE 685,
Interview vom 7. Dezember 2000, S. 3.

[150] Giacchi, Amburgo (1913), S. 658.

[151] Siehe: Interviews mit H. Monti (FZH, WdE 703 vom 20. November 2000, S. 1) und L. Monti
(FZH, WdE 686 vom 24. November 2000, S. 3).

bäude und zahlreiche Schulen und sonstige Gebäude.[152] Bezeichnend für den Erfolg des Geschäftes war, dass 1911 der Sitz der Firma Monti mit einer der damals noch relativ seltenen Fernsprechanlagen ausgestattet war.[153] Die Erfolgsgeschichte dieser Werkstatt darf aber nicht täuschen. Obwohl alle anderen italienischen Unternehmen, die es vor dem Ersten Weltkrieg im Hamburger Raum gab, über eine gute Auftragslage verfügten und ihren Inhabern ebenfalls zu einen gewissen Wohlstand verhalfen, entwickelten sie sich nicht zu Großunternehmen.

Nicht nur die Inhaber der Firmen, sondern auch die Beschäftigten im Terrazzogewerbe verdienten vergleichsweise gut. Etwa 55 Pfennig pro Stunde, also etwa fünfeinhalb bis sechs Mark pro Tag bei einem zehn bis elf Stunden Arbeitstag, stellten die übliche Entlohnung für qualifizierte Maurer wie die Terrazzoarbeiter um die Jahrhundertwende in Hamburg dar.[154] Kein schlechter Verdienst im Vergleich zu anderen körperlichen Arbeiten, die von Ausländern in Hamburg verrichtet wurden. Ein gelernter polnischer Industriearbeiter in Wilhelmsburg verdiente beispielsweise 1906 drei Mark pro Tag bei ebenfalls elf Stunden Arbeit.[155] Der bei der Firma Viotti beschäftigte Arbeiter F. Parolo behauptete 1897, dass er „ziemlich gut" (*discretamente*) entlohnt sei.[156] Nichtsdestotrotz nahmen auch viele Terrazzoarbeiter, vermutlich vor allem die Saisonarbeiter, die auf den größtmöglichsten Verdienst angewiesen waren, jede Möglichkeit war, etwas mehr beiseite zu legen. Ungeachtet der Gefahren bei der Arbeit unter Pressluft ließen sich einige von denen wegen der guten Verdienstmöglichkeiten offenbar auch für den Bau des Elbtunnels anwerben[157], wo sie 60 Pfennig die Stunde bekommen konnten.

3.2.4.   Gastwirte und Eiskonditoren

Einige der italienischen Migranten, die um die Jahrhundertwende nach Hamburg gekommen waren, hatten die Möglichkeit entdeckt und wahrgenommen, für einige besondere und ethnisch bezogene Bedürfnisse der wachsenden italienischen Präsenz an der Alster zu arbeiten. Es bildete sich offenbar mit der Zeit ein kleines

---

[152] Verzeichnis der Staatsgebäude, in denen sich Terrazzo-Fußböden befinden, StAHH, Bestand 241-1 I, Unterakte IV B b 6 Vol. 4a.

[153] Siehe Briefkopf der Firma. Ein Beispiel in: StAHH, Bestand 241-1 I, Unterakte IV B b 6 Vol. 4a.

[154] Interview mit H. Monti, FZH, WdE 703, Interview vom 20. November 2000, S. 6. Diese Angaben decken sich mit denen des 1905 in Kiel tätigen italienischen Konsuls. Siehe: Konsul R. Lehment, Rapporto su Kiel, in: MAE (Hg.), Emigrazione e Colonie (1905), S. 28-30, hier: S. 29.

[155] Hauschildt, Polnische Arbeitsmigranten (1986), S. 90-93.

[156] Italienischer Generalkonsul/Hamburg an Vittorio Frisoni/Verona, 20. Juni 1897, AitGkHH, Briefwechsel 1897.

[157] Interview mit H. Monti, FZH, WdE 703, Interview vom 20. November 2000, S. 6.

Netz von Läden heraus, die den italienischen Migranten Produkte anbieten sollten, die von der deutschen Umwelt nicht angeboten wurden wie beispielsweise typische italienische Gerichte oder Esswaren. Diese Läden spielten darüber hinaus eine nicht unbedeutende Rolle als Treffpunkte der Gemeinde. Dort konnten sich Italiener, die sich in der Fremde befanden, in einer vertrauten und geborgenen Umgebung bewegen, ihre Freizeit unter Landsleuten verbringen und gelegentliche Hilfe in der Arbeits- oder Wohnungssuche oder in sonstigen Angelegenheiten erhalten. Einige ehemalige Migranten, die durch frühere Tätigkeiten etwas Geld beiseite gelegt hatten, versuchten sich im Gaststättengewerbe und gründeten oder übernahmen bereits bestehende Lokale. Dort wurden in einem typisch italienischen Ambiente italienische Gerichte serviert und italienische Waren, Wein, Teigwaren sowie Spezialitäten verkauft. Alle Lokalinhaber in Hamburg kamen offenbar aus Ligurien. Die mit dieser Berufstätigkeit verbundene dauerhafte Niederlassung war vermutlich typisch für Italiener aus dieser Region, wie auch das Beispiel der italienischen Gemeinde in Berlin zeigt.[158]

Obwohl die Quellen sehr spärlich sind, konnte die Existenz von drei italienischen Gastwirtschaften und einem Gemüseladen in Hamburg festgestellt werden. Es gibt aber Hinweise, dass weitere existiert haben. Vor dem Krieg könnten es insgesamt etwa sechs oder sieben gewesen sein. Bis auf ein paar konzentrierten sich alle in St. Pauli-Süd, in vier aneinander grenzenden Straßen.[159] In diesem Teil St. Paulis kann man also das Zentrum des italienischen Gemeindelebens vor dem Ersten Weltkrieg vermuten. Sowohl ansässige Italiener als auch italienische Seeleute und Wanderarbeiter, die nur für kurze Zeit in Hamburg weilten, verkehrten dort. In dem Lokal von G.B. Bacigalupo waren beispielsweise „fast ausschließlich italie-

---

[158] Kinder & Jugend Museum im Prenzlauer Berg/Istituto Italiano di Cultura Berlino (Hg.), Italiener in Prenzlauer Berg (1997), S. 23.

[159] Um die Jahrhundertwende betrieb die ligurische Familie Cuneo einen Gemüseladen in Altona. 1905 gab sie den Gemüseladen auf und gründete in der Davidstraße die gleichnamige und noch heute dort bestehende Gastwirtschaft. In der angrenzenden Kastanienallee gab es das Lokal der Familie Tarquini. Siehe: StAHH, Bestand 361-2 I, Akte B 16 Nr. 1, Unterakte 5, Bl. 66. In der Wilhelminenstraße (heute Hein-Hoyer-Straße) gab es ab 1905 eine weitere italienische Wirtschaft. In der an der Kastanienallee angrenzenden Taubenstraße lässt sich die Existenz eines anderen Lokals vermuten, da sich 1905 ein G. Bacigalupo als „Schankwirt" für den Winterdom anmeldete und die Taubenstraße als Wohn- und Geschäftsadresse angab. Siehe: Kartei der beim Winterdom 1905 angemeldeten Personen, StAHH, Bestand 376-2, Akte SPEZ VIII C 68. Tatsächlich gab es laut hamburgischer Berufszählung vom Juni 1907 damals drei italienische Gastwirtschaften in der Stadt. Siehe: StatLHH, (Hg.), StatMHH, Heft 3 (1915), S. 58. Der heutige Betreiber des „Cuneo", Franco Cuneo, geht vor dem Ersten Weltkrieg in Hamburg von der Existenz von mindestens fünf bis sechs italienischen Gastwirtschaften („Cuneo" eingeschlossen) aus. Eine davon wurde am Steindamm (beim Hauptbahnhof) von einem Bruder des Gründers des „Cuneo" in der Davidstraße betrieben (Aussage von Franco Cuneo vom 19. November 2001).

nische Händler und Arbeiter" zu sehen, wie es in einem Polizeibericht aus dem Jahr 1905 hieß.[160]

Die Gaststätten wurden vermutlich aber aufgrund der Nähe zum Hafen nicht nur von Italienern, sondern auch von einer internationalen und sozial gemischten Kundschaft frequentiert.[161] Dies war möglicherweise der Grund dafür, warum für die Hamburger Polizeibehörde die italienische Gastwirtschaft der Familie Tarquini in der Kastanienallee einen „völlig begründeten" „üblen Ruf" hatte.[162] Der für die italienische Gemeinde in den letzten Jahren vor dem Ersten Weltkrieg bedeutendste Treffpunkt war wohl das von der Familie Rosasco in der Wilhelminenstraße geführte Restaurant „San Remo". Dort hatte der am 24.2.1910 gegründete Verein „Regina Elena" seinen Sitz, und dort wurde unter anderem am 8. Januar jeden Jahres der Geburtstag der italienischen Königin Elena gefeiert, nach deren Name der Klub benannt worden war.[163] Es wurden dort auch Tombolen und sonstige Festlichkeiten mit patriotischem Charakter veranstaltet.

Anders als die Gastwirte, die in einer „ethnischen Ergänzungsökonomie" auf eine vorwiegend italienische Kundschaft ausgerichtet waren, besetzten italienische Eisverkäufer eine Lücke im deutschen Markt. Die Eisherstellung sowie der Verkauf desselben waren eine typisch italienische Tradition, die in der zweiten Hälfte des 19. Jahrhunderts nach Deutschland exportiert wurde. Spezialisten in diesem Gewerbe waren Italiener aus dem bergigen Norden Venetiens bzw. aus dem Cadore Tal. Die norditalienischen Eiskonditoren wanderten nach Österreich und nach Deutschland aus, wo sie sich in zahlreichen Großstädten niederließen und dort begannen, das Eis herzustellen und von Karren aus auf öffentlichen Plätzen und Straßen feilzubieten. Der dafür notwendige Gewerbeanmeldungsschein wurde generell von der örtlichen Polizei problemlos ausgestellt.[164] Es handelte sich um ein saisonales Gewerbe, das lediglich in den Sommermonaten ausgeübt wurde. Während der warmen Jahreszeit ließen die meist ortsansässigen Firmeninhaber Saisonarbeiter aus dem Cadore Tal kommen, die die Eiskarren führen und das Eis

---

[160] Bericht der Hamburger Polizei über die Übernahme einer deutschen Wirtschaft seitens des Italieners G.B. Bacigalupo, 25. Juli 1905, StAHH, Bestand 331-3, Akte S 13476, Bl. 1.

[161] Dies war beispielsweise der Fall des „Cuneo". Aussage von Franco Cuneo vom 19. November 2001.

[162] Bericht der Hamburger Polizei vom 6. November 1916, StAHH, Bestand 361-2 I, Akte B 16 Nr. 1, Unterakte 5, Bl. 66.

[163] Satzung des Vereins „Regina Elena", StAHH, Bestand 331-3, Akte Sa 1560.

[164] Speisewirtschaften in gewerbepolizeilicher Hinsicht: „Das Gewerbe als Speisewirt kann [...] von jedermann frei betrieben werden, es bedarf [...] nur der Anzeige bei der nach den Landesgesetzen zuständigen Behörde [in Hamburg die Polizeibehörde – E.M.]". Siehe: StAHH, Bestand 376-2, Akte Gen VIII O 12, Bl. 82.

verkaufen sollten.[165] Einige Eiskonditoren blieben auch in den Wintermonaten und verkauften andere Speisewaren wie zum Beispiel geröstete Kastanien.

Abb. III.4: Eiskonditorfamilie mit Aushilfen in Harburg um 1900

Quelle: Privatbesitz G. Visconti.

Bei den Eiskonditoren wie bei allen Gruppen italienischer Gewerbetreibender spielten familiäre Beziehungen sowie gemeinsame Herkunft aus einer bestimmten Gegend oder einem Dorf eine wichtige Rolle.[166] So kamen ausnahmslos alle ca. acht um 1895 in Hamburg tätigen italienischen Eiskonditoren sowie ihre Aushilfen aus dem Dorf Valle di Cadore. Es handelte sich um vier Eiskonditorfamilien, und zwar die Familien Gei, Toscani, Dall'Asta und Olivo. Die Olivos waren zudem mit den Toscanis und vermutlich auch mit den Dall'Astas verwandt. Diese Familien handelten mit „Fruchteis", das von Karren aus feilgeboten wurde, besonders auf dem Großen Neumarkt und dem Spielbudenplatz. Das Eis für den Tagesbedarf wurde laut polizeilicher Ermittlungen morgens zwischen sechs und neun Uhr in Fruchteismaschinen hergestellt, die aus kupfernen Kesseln bestanden

---

[165] Interview mit G. Visconte [Name geändert]. FZH, WdE 664, Interview vom 1. November 2000, S. 3.

[166] Pichler, Migration, Community-Formierung und ethnische Ökonomie (1997), S. 150ff.

und sich in der Wohnung des Konditors befanden.[167] Die Eiskarren wurden per Hand gezogen und bestanden aus einem Kastenwagen, der von einer Art Baldachin überragt war. Im Kasten befanden sich in senkrechter Position die zylinderförmigen Metallbehälter, in denen das Eis gelagert wurde (siehe Abb.).

Nach der Jahrhundertwende begann sich die Verkaufsmethode zu verändern. Das Eis wurde nicht mehr nur von Karren aus auf den Straßen, sondern auch in eigens mit Stühlen und Tischen eingerichteten „Eissalons" geboten. Sogar Grammophone für die musikalische Unterhaltung der Gäste waren in den „Eissalons" zu finden.[168]

Hatte sich bis dahin der ambulante Fruchteishandel in St. Pauli und in der südlichen Neustadt konzentriert, waren nun die neuen „Eissalons" von Eimsbüttel bis Hammerbrook anzutreffen, und weitere italienische Eiskonditorfamilien hatten sich in diesem Gewerbe behaupten können. Im hamburgischen Staat gab es im Sommer 1907 sechs selbständige Fruchteisverkäufer, die 31 Personen beschäftigten.[169] Hinzu kam noch der italienische Eiskonditor C. Visconti, der in Harburg tätig war. Ob sich italienische Eiskonditoren auch in dem noch preußischen Altona niederließen, lässt sich anhand der vorliegenden Quellen nicht feststellen.

Wie es auch in anderen Branchen der Fall war, zum Beispiel bei den Kaminkehrern, hatten viele Einheimische bald das von den Migranten importierte Metier erlernt und traten alsbald in unmittelbare Konkurrenz zu den Italienern.[170] Gab es 1899 noch etwa 15 bis 20 Eisverkaufsstellen in Hamburg, acht italienische und drei deutsche Eiskonditoren mit mehreren Karren,[171] waren es im Sommer 1927 rund 374 geworden. Die meisten davon dürften Deutsche gewesen sein.[172] Aufgrund der großen Nachfrage konnten die italienischen Eiskonditoren trotz der Konkurrenz vermutlich einen gewissen Wohlstand erreichen. Die Einrichtung von „Eissalons" und der Ankauf von Kraftwagen deuten auf ein überdurchschnittli-

---

[167] Siehe: Bericht der Hamburger Gewerbepolizei über den Handel mit Fruchteis vom 6.4.1895. Polizeibehörde an Gewerbe-Büro für Handel zu Hamburg, 20.11.1896; Bericht der Hamburger Gewerbepolizei über den Handel mit Fruchteis vom 1.7.1899; Bericht der Hamburger Gewerbepolizei über den Handel mit Fruchteis vom 9.10.1900. Sämtlich in: StAHH, Bestand 376-2, Akte Gen VIII O 12.

[168] Bericht der Hamburger Polizei, 11. Juli 1915, StAHH, Bestand 376-2, Akte GEN VIII O 12, Dokument 48.

[169] StatLHH (Hg.), StatMHH, Heft 4 (1915), S. 67.

[170] Wennemann, Arbeit im Norden (1997), S. 35.

[171] „Der St. Georg Verein von 1874", in: Hamburger Fremdenblatt vom 29. November 1899.

[172] Bericht der Gewerbepolizei Hamburg vom 9. Februar 1928, StAHH, Bestand 376-2, Akte Gen VIII O 12, Bl. 48.

ches Einkommen, verglichen mit den gängigen Löhnen eines italienischen Arbeiters, hin.

3.2.5.   Drehorgelspieler, Straßenhändler, Sänger und Gelehrte

Nicht nur italienische Bauarbeiter, Eisverkäufer und Kaufleute kamen um die Jahrhundertwende in den Hamburger Raum, sondern auch Straßenhändler und –musiker, Künstler und Gelehrte. Die meisten davon verweilten dort nur kurz, um auf den Straßen ihre Ware zu verkaufen und ihre Künste zu zeigen. Andere versuchten sich als Italienisch- oder Gesangslehrer zu behaupten. Einige derjenigen, die in der Großstadt reichlich Arbeitsgelegenheit vorfanden, ließen sich allerdings im Hamburger Raum nieder.

Eine besondere Gruppe von italienischen Deutschlandwanderern, die auch inGroß-Hamburg anzutreffen war, war die der Drehorgelspieler. Sie kamen traditionell aus dem Osten Liguriens und zogen seit Anfang des 19. Jahrhunderts mit ihren Orgeln durch ganz Europa. Sie wurden von Kindern und Jugendlichen begleitet, die zur Musik tanzten und am Ende der Vorführung das Kleingeld einsammelten, das von den Zuschauern gespendet wurde.[173] Einige Drehorgelspieler scheinen sich während ihrer Wanderung durch Deutschland im Hamburger Raum für eine kürzere oder längere Zeit aufgehalten zu haben. Die Großstadt bot ihnen ausreichend Arbeitsgelegenheiten und stellte einen guten Standort für Besuche in anderen Städten im norddeutschen Raum dar. Innerhalb der hamburgischen Staatsgrenzen, berichtete der italienische Generalkonsul, seien sie aber „nicht willkommene Gäste" und würden nicht leicht einen Gewerbeschein erhalten. So ließen sie sich bevorzugt in Altona nieder, da sie offenbar auf preußischem Territorium keine derartigen Schwierigkeiten hatten.[174] Wie viele Drehorgelspieler in der zweiten Hälfte des 19. Jahrhunderts im Hamburger Raum ansässig waren, ist schwer zu schätzen. 1875 weilten dort mindestens sechs italienische Drehorgelspieler.[175] Vermutlich war die Zahl aber deutlich größer.[176] 1873 versuchte der italienische Generalkonsul, die Begleitkinder der Drehorgelspieler, die oft unter ärmsten Bedingungen lebten, zurück zu ihren Familien in Italien zu befördern. Einige wurden tatsächlich von der Hamburger Polizei aufgegriffen und dem Ge-

---

[173] Wennemann, Arbeit im Norden (1997), S. 36.

[174] Italienischer Generalkonsul/Hamburg an italienischen Botschafter/Berlin, 27. Mai 1874, Ait-GkHH, Briefwechsel 1873-1876.

[175] Italienischer Generalkonsul/Hamburg an italienischen Botschafter in Berlin und London, 8. Januar und 24. Februar 1875, AitGkHH, Briefwechsel 1873-1876.

[176] 1876 gab es in Hamburg nach Ansicht des italienischen Konsuls „unglücklicherweise nicht wenige Drehorgelspieler". Siehe: Brief des italienischen Generalkonsuls in Hamburg mit unbekanntem Adressaten, Februar 1876, AitGkHH, Briefwechsel 1873-1876. Eigene Übersetzung.

neralkonsulat übergeben. Aber viele andere entkamen, obwohl man davon ausging, dass sie sich noch in der Stadt befanden.[177]

Einigen der Drehorgelspieler bescherte offenbar ihre Tätigkeit eine einigermaßen gesicherte Existenz. Giovanni Battista G. ließ sich beispielsweise 1875 eine Drehorgel und ein (vermutlich elektrisches) Klavier von seinem Landsmann Frati in London anfertigen und nach Hamburg schicken. Da es Probleme mit der Spedition gab, ließ er den italienischen Generalkonsul wissen, dass er bereit sei alle möglichen Nebenkosten zu übernehmen.[178] Der Drehorgelspieler Giovanni Battista Bacigalupo weilte zeitweilig in Hamburg, bevor er nach Berlin zog und dort 1903, zusammen mit seinen Söhnen, das wohl größte italienische Unternehmen für die Herstellung von mechanisch-pneumatischen Musikwerken (Drehorgel, Orchestrion) in Deutschland gründete.[179] Ein Mitglied der Drehorgelspielerfamilie Bacigalupo übernahm 1905 in Hamburg von einem Deutschen das „Sächsische Café" in der Wilhelminenstraße.[180]

Eine andere, deutlich größere Gruppe von Italienern, die sich vor dem Ersten Weltkrieg in Groß-Hamburg niedergelassen hatte, setzte sich aus Straßenhändlern zusammen. Es handelte sich um vorwiegend aus Ligurien stammende ambulante Verkäufer, die mit einem Wandergewerbeschein ausgestattet von Hamburg aus mit ihren Bauchläden norddeutsche Märkte, Volks- und Schützenfeste aufsuchten.[181] Sie boten kleine Spielwaren und verschiedene Kurzwaren zum Verkauf an. Im Hamburger Raum waren viele auf dem Hamburger „Dom" anzutreffen, ein großes Volksfest, das sich um die Jahrhundertwende über den Dammtorwall, den Spielbudenplatz, den Pferdemarkt, die Kirchenallee, den Großen Neumarkt und den nahe liegenden Straßen erstreckte.[182] Lange Reihen von dicht gedrängten Holzbuden und einer Vielzahl von Menschen prägten das große Stadtfest. Die italienischen Bauchladenhändler stellten sich mit Vorliebe „in den Wegen, in den Eingängen zu den Karussells und an den Wegkreuzungen" auf, wo der regste

---

[177] Italienischer Generalkonsul/Hamburg an italienischen Botschafter/Berlin, 27. Mai 1874, Ait-GkHH, Briefwechsel 1873-1876.

[178] Italienischer Generalkonsul/Hamburg an italienischen Botschafter/London, 24. Februar 1875, AitGkHH, Briefwechsel 1873-1876.

[179] Kinder & Jugend Museum im Prenzlauer Berg/Istituto Italiano di Cultura Berlino (Hg.), Italiener in Prenzlauer Berg (1997), S. 23.

[180] Bericht der Hamburger Polizei, 25. Juli 1905, StAHH, Bestand 331-3, Akte S 13476, Dokument 1.

[181] Italienischer Generalkonsul/Hamburg an Oberpräsident der Provinz Schleswig-Holstein, 19. Juli 1927, LASH, Abt. 301, Akte 5468.

[182] Jürgen Reetz, Dom Vergangenheit, in: Arbeitsgemeinschaft 650 Jahre Hamburger Dom (Hg.), 650 Jahre Hamburger Dom. Das große Volksfest des Nordens, Hamburg 1979.

Personenverkehr herrschte.[183] Ab 1906 wurde aber das freie Umhertragen von Bauchläden verboten, und es wurden nur feste Verkaufsplätze vergeben.[184] Da a- ber nicht alle diese Plätze gut beleuchtet und günstig gelegen waren, gab es viele ambulante Straßenverkäufer, die sich nicht anmeldeten und trotzdem versuchten ihre Ware feilzubieten. Am 19. Dezember 1906 berichtete die Hamburger Polizei, dass rund 64 Strafverfahren wegen unerlaubten Handelns auf dem Winterdom eingeleitet worden seien. 34 davon richteten sich gegen Italiener. In Vorbereitung gäbe es noch weitere 19 Strafverfahren, davon 14 gegen Italiener. Und diese wür- den trotz Verweis bei der Umgehung polizeilicher Richtlinien immer „dreister" werden.[185] Allein etwa 50 Italiener wurden also wegen Vergehens gegen die Domordnung angeklagt. Wenn man bedenkt, dass sich einige wohl auch bei der Polizei angemeldet hatten, kann von einer noch größeren Anzahl italienischer Straßenhändler ausgegangen werden, die auf dem Dom ihre Ware feilboten.

Unter den Italienern, die vor dem Ersten Weltkrieg im Hamburger Raum anzutref- fen waren, gab es auch verschiedene Musiker, Gelehrte und Journalisten. Die Gelehrten waren vorwiegend als Italienischlehrer tätig. Die italienische Sprache wurde damals in ganz Deutschland als eine besonders musikalische betrachtet und gerne zum Vergnügen erlernt. Es gab allerdings auch einige Personen, die aus beruflichen Gründen Italienisch lernen wollten. Geschäftsleute und Sänger nahmen Italienischunterricht um den Kreis der Geschäftsbeziehungen zu erwei- tern bzw. sich in der Oper zu versuchen. Um diese Nachfrage zu befriedigen hatte 1896 ein Italiener eine Sprachschule gegründet. Zwei weitere Italiener erteilten Italienischunterricht.[186] 1910 würde man, so der Präsident der Hamburger Ober- schulbehörde, „vielfach in privaten Zirkeln" die italienische Sprache unterrich- ten.[187] Und nicht nur Italienischlehrer, sondern auch -lehrerinnen waren in Hamburg tätig. Im Jahre 1913 waren es fünf.[188]

Zu den italienischen Gelehrten, die sich im Hamburger Raum niederließen, gehör- te der Wissenschaftler Guido Panconcelli-Calzia, der ab 1910 das neue „Phoneti-

---

[183] Italienischer Generalkonsul/Hamburg an Senat/Hamburg, 1. Dezember 1906, StAHH, Bestand 376-2, Akte Gen XII B 16, Bl. 5.

[184] Bericht der Hamburger Polizei über den Handel auf dem Dom vom 3. Dezember 1906, StA- HH, Bestand 376-2, Akte Gen XII B 16, Bl. 7.

[185] Bericht der Hamburger Polizei über den Handel auf dem Dom vom 19. Dezember 1906, StA- HH, Bestand 376-2, Akte Gen XII B 16, Bl. 12.

[186] Italienischer Generalkonsul/Hamburg an italienisches Außenministerium/Rom, 12. Oktober 1896, AitGkHH, Briefwechsel 1893-1896. Ferner: De Bottazzi, Italiani in Germania (1895), S. 16.

[187] Präsident der Oberschulbehörde an italienischen Generalkonsul/Hamburg, StAHH, Bestand 361-2 V, Akte 564, Bl. 8.

[188] Giacchi, Amburgo (1913), S. 658.

sche Laboratorium" am Hamburger Kolonialinstitut leitete. Er wurde darüber hinaus zum Mitherausgeber der anerkannten Fachzeitschrift „Internationales Zentralblatt für experimentelle Phonetik", die in Hamburg erschien.[189] Italienische Journalisten arbeiteten dagegen für das in italienischer Sprache ab 1898 in Hamburg erscheinende Blatt *L'Operaio Italiano*. Es handelte sich um eine im Verlag der Generalkommission der Gewerkschaften Deutschlands herausgegebene Arbeiterzeitung, die für die italienischen Maurer und Bauarbeiter bestimmt war und diese der gewerkschaftlichen Bewegung näher bringen sollte.[190] Eine im Kaiserreich nicht ungefährliche Tätigkeit, da die konservativen Reichsregierungen den Gewerkschaften ablehnend gegenüber standen. Im August 1900 wurde der in der Schweiz geborene Italiener Giovanni Valär wegen seiner Tätigkeit als Gewerkschaftsredakteur aus Hamburg ausgewiesen.[191]

Die große hanseatische Metropole mit ihren Opern, Theatern, Cafés, Restaurants und Kneipen bot vielen italienischen Sängern und Musikern ein günstiges Arbeitsumfeld. Von den berühmten italienischen Künstlern, die auf Theater- und Opernbühnen Hamburgs gastierten, blieb jedoch kaum jemand dauerhaft in der Stadt. Es waren anscheinend eher einfache Orchester- und Kapellmusiker, die sich hier niederließen. Als der Erste Weltkrieg bereits lange ausgebrochen war, befanden sich noch neun italienische Musiker in Hamburg.[192] In der Kapelle des Biebercafés war Alfons Giordano tätig[193], ein Verwandter des Hamburger Schriftstellers Ralph Giordano, der u. a. mit seinem Bestseller über die Geschichte einer italienisch-deutsch-jüdischen Familie in Hamburg in der Ersten Hälfte des 20. Jahrhunderts zum berühmtesten Nachfahren der damals nach Hamburg gekommenen Italiener geworden ist.[194]

3.3 Ein italienischer Beitrag zur hamburgischen Esskultur: das Speiseeis

Als gegen Ende des 19. Jahrhunderts eine Zuwanderung von italienischen Eisverkäufern nach Hamburg stattfand, war der Speiseeisgenuss in der Stadt, zumindest was die Mehrheit der Bevölkerung betraf, völlig unbekannt. Obwohl anfänglich mit Misstrauen beobachtet, verankerte sich der neue kulinarische Genuss schnell in der Hamburger Esskultur.

---

[189] Kürschner-Pelkmann, Fremde bauen eine Stadt (1993), S. 35.

[190] „Zur Beachtung", in: Grundstein vom 11. Juni 1898.

[191] „Ausgewiesen", in: Altonaer Nachrichten vom 18. August 1900.

[192] Verzeichnis der im städtischen Polizeibezirk ermittelten Sänger, Künstler und Musiker, die feindlichen Nationen angehören, StAHH, Bestand 376-2, Akte Gen IX A 3 III 1 A.

[193] Ebenda.

[194] Ralph Giordano, Die Bertinis, Frankfurt am Main 1982.

Italienische Eisverkäufer stationierten mit bunten Karren auf St. Pauli und in der Neustadt bzw. auf den gut besuchten Plätzen Heiligengeistfeld, Spielbudenplatz und Großer Neumarkt.[195] 1896 wurde dort bereits von acht Italienern das „Fruchteis" feilgeboten.[196] 1899 meldete die Polizei, dass „der Fruchteishandel durch italienische Händler während der letzten Jahre einen immer größeren Umfang" angenommen habe. Hätten in den Jahren zuvor die italienischen Händler „nur auf öffentlichen Plätzen" gehandelt, würden sie nun mit ihren Karren „selbst auf privaten Boden" und „in den Vororten" stehen.[197]

Diese Eiskarren müssen eine recht stürmische Nachfrage erlebt haben. Gleichzeitig fragte man sich aber auch, ob es sich nicht um eine gesundheitlich bedenkliche Angelegenheit oder gar um eine sittliche Gefahr handle. Die Polizei verfolgte daher mit großer Aufmerksamkeit die Entwicklung des Eisverkaufs seitens der Italiener und stellte im Juli 1899 erste Ermittlungen über die Herstellung und die eventuelle gesundheitliche Schädlichkeit des Speiseeises an. Dabei wurde jedoch festgestellt, dass der Genuss von „Fruchteis" eigentlich „ohne weiteres" der Gesundheit „nicht schädlich" sei. Allerdings nur bei vollem Magen. Und deshalb seien besonders Schulkinder gefährdet, da sie auch bei leerem Magen bei Gelegenheit Eis in „größeren Mengen als einer Portion" an den Karren kaufen würden.[198] Vor allem Kinder scheinen sich also an dem Verzehr der neuen süßen Köstlichkeit erfreut zu haben. Eine Angelegenheit, die vielen zu denken gab, wie aus einem im Oktober 1899 im Hamburger Fremdenblatt erschienenen Artikel zu entnehmen ist:

Eine sehr eingehende Besprechung [im St. Georg Verein von 1874] ergab der Punkt der Tagesordnung: Eis-Handel auf der Strasse. Es wurde hierbei auf die dadurch an die Kinder herantretende Versuchung, sich diesen Genuss zu verschaffen, hingewiesen, und wie dies wohl oft die Veranlassung zu kleinen Unredlichkeiten sei, die sich Kinder zu Schulden kommen lassen. Auch zeige die Beobachtung der Eishändler, dass vielfach die nötige Reinlichkeit außer Acht gelassen werde. Es frage sich daher, ob es nicht angebracht sei, die Aufmerksamkeit der Polizeibehörde auf diese Sache zu lenken. Von mehreren Rednern wurde der Genuss des Eises, da man ja nicht wisse, woraus es hergestellt werde, als gesundheitsschädlich erachtet. Da Herr Gontard erklärte, dass er als Referent der Bürgerschaft beim Etat der Polizeibehörde und des Medicinal-Collegiums die Sache vorbringen werde, wurde dieser Weg als der richtige erachtet.[199]

---

[195] Bericht der Hamburger Gewerbepolizei vom 6. April 1895, StAHH, Bestand 376-2, Akte Gen VIII O 12, Bl. 1.

[196] Hamburger Polizeibehörde an das Gewerbebüro für Handel/Hamburg, 20. November 1896, StAHH, Bestand 376-2, Akte Gen VIII O 12, Bl. 3.

[197] Bericht der Hamburger Gewerbepolizei vom 1. Juli 1899, StAHH, Bestand 376-2, Akte Gen VIII O 12, Bl. 12.

[198] Ebenda.

[199] „Eine sehr eingehende Besprechung", in: Hamburger Fremdenblatt vom 18. Oktober 1899.

Die städtische Polizei und Medizinalbehörde wurden also von einem besorgten Teil der Öffentlichkeit mit einer weiteren Untersuchung der Bestandteile und der Herstellungsorte des auf den Straßen zum Verkauf angebotenen Speiseeises beauftragt. Auch diese Ermittlungen zeigten jedoch, dass „überall" die „größte Reinlichkeit" herrsche und auch die zur Herstellung des Speiseeises verwendeten Zutaten, „einschließlich des Wassers", eigentlich „tadellos" seien.[200] Das Speiseeis blieb dennoch noch lange von Misstrauen begleitet, besonders wegen seiner möglicherweise ungesunden Kälte. 1913 wurde durch eine Hamburger Polizeiverordnung bestimmt, dass auf Jahrmärkten „Speiseeis und kalte Getränke [...] an Kinder unter 14 Jahren auf öffentlichen Wegen, Strassen und Plätzen zum Genusse auf der Stelle nicht verkauft werden [durften]".[201] Zu dieser anhaltenden Angst, dass der Speiseeisgenuss besonders unter den Jugendlichen gesundheitliche Schäden verursachen konnte, kam nach der Jahrhundertwende noch verstärkt der Verdacht hinzu, dass dieses Gewerbe eine Gefahr für die Sittlichkeit darstellen könnte. Zu dem Zeitpunkt nämlich hatten sich die Eisverkaufsmethoden geändert. Anstatt das Eis nur von den herkömmlichen Eiskarren aus anzubieten, wurden auch eigens für den Eisverzehr an Ort und Stelle eingerichtete „Salons" eingeweiht. Viele dieser mit exotischen Firmennamen versehenen „Salons" existierten jedoch nur in den Sommermonaten. In der warmen Jahreszeit erlebte nämlich der Eisverkauf seinen Höhepunkt. Ein 1914 im Hamburger General-Anzeiger erschienener Artikel wurde bezeichnenderweise mit der Überschrift „Die Eis-Pest" betitelt. Dort hieß es:

Sie ist wieder auferstanden, wie immer im Sommer, nur heute noch schlimmer als sonst. Da gibt es keinen Laden, Keller oder Winkel wo nicht im schlechtesten Deutsch und beleidigender Schrift der „Wiener Fruchteis-Salon" sich aufgetan hätte. Das Geschäft muss gut, sehr gut gehen, denn sogar eigene Eis-Automobil-Transportwagen versorgen diese Höhlen mit immer neuer Speise, und elektrische Klaviere und Phonographen sind im Dienst genommen.[202] Man hat gelernt von den Wirtschaften in der Gegend am Altonaer Hafen und ehemals Niedernstrasse (jetzt leider in Hammerbrook) denen jede Art gerade recht ist, inneres Mahnen zu betäuben, um den letzten Groschen der Tasche zu entziehen. Auf der einen Seite im Staate „Hebung der Jugendfürsorge", anderseits Preisgabe derselben Jugend der Gewinnsucht lästiger Fruchteis-Italiener. Schon der Anblick so eines Betriebes erweckt Widerwillen. Warum werden solche Aufmachungen überhaupt geduldet, wo doch „Sitte und Gesundheit" hier gefährdet werden. [...] „Ja, wenn die Kinos und die Karren

---

[200] „Der St. Georger Verein" in: Hamburger Fremdenblatt vom 29. November 1899

[201] Auszug aus der Zeitschrift: Die Polizei vom 17. April 1913, S. 46, StAHH, Bestand 376-2, Akte Gen VIII O 12, Bl. 44.

[202] Die musikalische Unterhaltung der Gäste in den „Salons" scheint manchem deutschen Nachbarn nicht besonders gefallen zu haben. Tatsächlich musste Alfonso Fiorio, Bruder des Inhabers der Eisverkaufshalle in Borgfelde, Borgfelderstraße 84, bei der Polizei gestehen mit seinem Grammophon dort „ab und zu Musikaufführungen" gemacht zu haben. Er versicherte jedoch den Polizisten, dass er in Zukunft „keine Musik mehr aufführen" würde. Siehe: Bericht der Hamburger Polizei vom 11. Juli 1915, StAHH, Bestand 376-2, Akte Gen VIII O 12, Bl. 48.

nicht wären!" Wer Hammerbrook kennt, verstehet diese Worte noch besser, hier, wo allein 1.000 junge Menschenleben in einem Häuserblock in Höfen und Gängen zu Hause sind, da wütet die Eiskarre wirklich wie die Pest. [...] Fort damit!²⁰³

Der Bericht eines Jugendpflegers des Hamburger Jugendamtes aus dem Jahre 1925 gibt uns mehr Aufschlüsse über die Gründe der angeblichen sittlichen Gefahr, die von den Eissalons ausging. Er verwies auf die „neue Gefahr", die diese Wirtschaften für die Jugendlichen darstellen würden:

Die Wirtschaften werden meistens nur von dem männlichen Geschlecht aufgesucht. Diese neuen Lokale werden aber von beiden Geschlechtern frequentiert. Infolge ihrer durch nichts zu begründenden Offenhaltung ihrer Geschäfte bis 11 Uhr abends [...] bieten sie unlauteren Elementen einen willkommenen Aufenthalt. Teilweise ausgestattet mit „Kojen" und Vorhängen vor diesen, bilden sie auch eine sittliche Gefahr für unsere Jugendlichen, da auch in diesen Lokalen Zigarren und Zigaretten und vielleicht auch alkoholische Getränke verabfolgt werden.²⁰⁴

Obwohl der Berichterstatter hier über die zwanziger Jahre spricht, ist es nicht unwahrscheinlich, dass auch vor dem Ersten Weltkrieg die Eissalons bereits von einer gemischten Kundschaft aufgesucht wurden.

In der Wahrnehmung der italienischen Eisverkäufer und deren Eissalons scheinen sich die Hamburger gespalten zu haben. Die Hamburger Jugend stellte anscheinend damals das Groß der Kunden der italienischen Eiskonditoren und besuchte gerne diese Eishallen, die sie offenbar als eine Art „lockeres Jugendlokal" im Gegensatz zu den herkömmlichen und düsteren Arbeiterkneipen betrachtete. Viele ältere Hamburger dagegen standen dieser neuen und ungewöhnlichen Angelegenheit sehr misstrauisch gegenüber, ähnlich wie bei den ebenfalls bis dahin unbekannten „Kinos".²⁰⁵

Es ist schließlich bemerkenswert, dass die Wahrnehmung des Eisverkaufs als ein italienisches Phänomen nicht auf die Jahre nach dem Ersten Weltkrieg zu übertragen ist, da es, wie bereits dargestellt, zu dem Zeitpunkt bereits recht viele deutsche Eissalons gab. Kurioserweise sind aber heute wieder fast ausschließlich Italiener in diesem Gewerbe in Hamburg tätig, so dass Hamburger den Speiseeisverkauf erneut als „italienisch" wahrnehmen.

---

²⁰³ „Die Eis-Pest", in: Hamburger General-Anzeiger vom 23. Juli 1914.

²⁰⁴ Jugendamt an Polizeibehörde, 5.6.1925, StAHH, Bestand 376-2, Akte Gen VIII O 12, Bl. 75.

²⁰⁵ Das erste Hamburger „Kino" eröffnete seine Pforten im Februar 1901 auf dem Spielbudenplatz.

3.4.   Zuwanderer und deutsche und italienische Institutionen

Die staatlichen Institutionen schenkten sowohl temporär als auch langfristig im
Hamburger Raum lebenden Italienern offenbar wenig Aufmerksamkeit. In den
behördlichen Akten fanden italienische Migranten und deren Tätigkeiten selten
Berücksichtigung. Eine Tatsache, die in erster Linie am sehr bescheidenen
Umfang der italienischen Präsenz lag. Dennoch muss auf weitere Gründe verwie-
sen werden. Dass Italiener auf staatlich-administrativer Ebene im Kaiserreich
wenig wahrgenommen wurden, konnte Del Fabbro bereits für die süddeutschen
Einzugsgebiete feststellen, wo sich damals viel mehr Italiener aufhielten als im
Hamburger Raum. Del Fabbro glaubt, dass „die nur relativ sporadische Berücksichtigung der Italiener in den Akten" ein Hinweis darauf sei, dass sie, „etwa im
Gegensatz zu den misstrauisch beäugten ‚Ruhrpolen', eine Gruppe darstellten, die
relativ wenig Probleme bereiteten bzw. staatlicherseits auch kaum gemaßregelt
wurde".[206] Die Situation im Hamburger Raum scheint diese These zu bestätigen.
Die deutschen Behörden fürchteten sich dermaßen vor einem polnischem Nationalismus, dass sie alle polnischen Vereine in Wilhelmsburg schärfstens kontrollierten.[207] Die Gründung italienischer Vereine wurde dagegen kaum zur Kenntnis
genommen. Die Italiener tauchten in den Akten der lokalen Behörden wenn überhaupt nur vereinzelt auf und nie in Bezug auf nationalpolitische Fragen. Nie
wurden sie in dieser Hinsicht als „Problemgruppe" dargestellt und die italienische
Zuwanderung gemaßregelt. Lediglich die anarchistischen Tendenzen einiger Italiener fielen den Behörden negativ auf. Die Hamburger Polizei war anscheinend
auf diesem Gebiet besonders wachsam. Im Juni 1901 wurde ein Erdarbeiter aus
Parma ausgewiesen, weil er ein „bekannter Anarchist" war. Im Oktober desselben
Jahres wurde er in Hamburg wieder ertappt und wegen verbotener Rückkehr
erneut ausgewiesen.[208] Im Mai 1907 kontrollierte die Hamburger Polizei eine italienische Gastwirtschaft in St. Pauli, weil dort „nach einer streng vertraulichen
Mitteilung [...], im hinteren Zimmer, gewöhnlich Sonntags und Mittwochs nach 9
Uhr abends anarchistische Zusammenkünfte von sechs bis sieben Personen" stattfanden. Diese Personen würden sich „stets in italienischer Sprache" unterhalten
und seien „gegen anwesende Gäste sehr vorsichtig". „Häufig" würden auch
„fremde Italiener" dort eintreffen, an den „Zusammenkünften" teilnehmen und
„nach kurzer Zeit" wieder abfahren. Die Gastwirtschaft wurde von der Kriminalpolizei „wiederholt an verschiedenen Tagen und Abendzeiten [...] besucht, um

---

[206] Del Fabbro, Transalpini (1996), S. 22f.

[207] Hauschildt, Polnische Arbeitsmigranten (1986), S. 226f.

[208] „Verzeichnis derjenigen Personen, welche hier als Anarchisten bekannt und über welche dem
Polizeipräsidium in Berlin Mitteilungen zugegangen sind", StAHH, Bestand 331-3, Akte S
4550 Bd. I.

dort Vigilanz" auszuüben.[209] Gleichzeitig beschattete die Polizei auch einen italienischen Kunden. Allerdings scheinen die Ermittlungen ergebnislos geblieben zu sein.[210] Ebenfalls stets von der Polizei kontrolliert wurden italienische Redakteure des seit 1898 in Hamburg herausgegebenen und in italienischer Sprache verfassten gewerkschaftlichen Blattes für italienische Bauarbeiter, *L'Operaio Italiano*. Italiener wurden also auch kontrolliert, diese Aufmerksamkeit richtete sich aber wie bereits erwähnt nur gegen wenige Einzelpersonen oder bestimmte Personengruppen und hatte keine nationalpolitischen Hintergründe. Das Leben und Arbeiten von Italienern in der Stadt wurde ferner keineswegs von den staatlichen Stellen mit Misstrauen beobachtet oder gar verhindert.

Unter den nichtstaatlichen deutschen Institutionen reagierte offenbar nur die katholische Kirche auf die Präsenz von Italienern im Hamburger Raum. 1897 hatte die deutsche katholische Kirche mit der Gründung des „Caritasverbandes für das katholische Deutschland" durch Lorenz Werthmann begonnen sich der Betreuung der vielen im Reich arbeitenden katholischen Italiener anzunehmen. Der Gründer war der Überzeugung, dass – so der Historiker Luciano Trincia – „aus religiöser und pastoraler Sorge der Katholik im eigenen Apostolat eine Fürsorge- und Betreuungstätigkeit gegenüber den am meisten an den Rand gedrängten und bedürftigen Bevölkerungsgruppen entfalten müsse". Dabei war für Werthmann die Verbindung „zwischen Fürsorge und Seelsorge, zwischen dem Brot für den Körper und dem Brot für den Geist", besonders in protestantischen Gebieten, von größter Bedeutung.[211] Um diese Betreuungsvorhaben umzusetzen, wollte Werthmann in Deutschland unter dem Namen „Italienisches Arbeitersekretariat" Betreuungsstellen für Italiener gründen und dort neben dem Personal des Caritasverbandes italienische Missionare zum Einsatz bringen. Im Jahre 1900, mit der Gründung der italienischen katholischen Fürsorgeorganisation *Opera di Assistenza agli Operai Italiani in Europa e nel Levante*[212] seitens des Bischofs von Cremona, Geremia Bonomelli,[213] bekam Werthmann aus Italien tatkräftige Unterstützung. Der italienische Hilfsverein entsandte Missionare nach Deutschland, die zunächst in Freiburg im Breisgau am Sitz des Caritasverbandes geschult und dann den verschiedenen Arbeitersekretariaten zugeteilt wurden.[214] Da weder besondere deutsche noch italienische staatliche Fürsorgeeinrichtungen für die Migranten in

[209] Bericht der Hamburger Kriminalpolizei vom 6. Mai 1907, StAHH, Bestand 331-3, Akte S 15721.

[210] Bericht der Hamburger Kriminalpolizei vom 12. Juli 1907, StAHH, Bestand 331-3, Akte S 15721.

[211] Trincia, Migration und Diaspora (1998), S. 141.

[212] Deutsch: „Hilfsverein für die italienischen Arbeiter in Europa und im Levante".

[213] Trincia, Migration und Diaspora (1998), S. 179.

[214] Ebenda, S. 213.

Deutschland existierten, übernahmen die italienischen Missionare in Zusammenarbeit mit dem Deutschen Caritasverband Betreuungsaufgaben, die weit über die seelsorgerische Betreuung der Italiener hinaus gingen.[215] Wie in anderen Städten des Reiches kam es auch im Hamburger Raum (Frühjahr 1901) zur Gründung eines „Arbeitersekretariates" für die Betreuung italienischer Arbeiter, und zwar in der Michaelisstraße bei der St. Michaelis Kirche in der Hamburger Neustadt.[216] Hinweise auf die konkrete Tätigkeit dieses Hamburger Segretariato konnten allerdings nicht ermittelt werden.[217] Vermutlich existierte er nur kurze Zeit, da Hamburg nicht zu den Hauptzielen der italienischen Migration zählte. Wahrscheinlich wurden in Hamburg nur gelegentlich Gottesdienste auf italienisch von Missionaren der *Opera* abgehalten.[218] Am 1. Mai 1914, vermutlich in Zusammenhang mit der steigenden Zahl der Italiener im Hamburger Raum, kam es zur Gründung eines neuen *Segretariato*, wieder in der unmittelbaren Nähe der Michaeliskirche in der Hamburger Neustadt. Dieser wurde aber schon bald wieder aufgegeben. Nach dem Kriegsbeitritt Italiens am 24. Mai 1915, verschloss nach polizeilichen Angaben der Leiter das Büro und verschwand ohne Spuren zu hinterlassen.[219]

Im Hamburger Raum kamen italienische Migranten nicht nur mit dem deutschen Staat und der Kirche in Kontakt, sondern auch mit dem italienischen Staat. Im Jahre 1863 wurde ein Herr Galateri vom zwei Jahre zuvor proklamierten Königreich Italien zum italienischen Generalkonsul für die Hansestadt Hamburg ernannt und ließ sich im Hotel de l'Europe nieder.[220] Da es noch recht wenige Italiener im großen Generalkonsulatsbezirk (Hamburg, Bremen, Lübeck, Altona, das Königreich Hannover, das Großherzogtum Oldenburg und das Herzogtum Lauenburg)[221] zu betreuen gab, richtete sich vermutlich sein Interesse und das seiner unmittelbaren Nachfolger besonders auf einen Ausbau des Handels und der Schifffahrt zwischen Italien und Hamburg bzw. Norddeutschland.[222] Berichte der Generalkonsule zur lokalen und weltweiten Wirtschaftslage, deren Puls am Standort Hamburg deutlich zu spüren war, nahmen regelmäßig den Postweg nach Italien. Lange bevor die Handelsbeziehungen zwischen Norddeutschland und Ita-

---

[215] Die Missionare wurden allerdings von konkurrierenden Arbeiterorganisationen wie beispielsweise der deutschen Gewerkschaften beschuldigt, mit den Italienern eine Form unkritischen Paternalismus zu betreiben. Siehe ebenda, S. 234ff.

[216] Ebenda, S. 225.

[217] Es wird in keiner der in verschiedenen Archiven gesichteten Archivalien erwähnt und eine Anfrage beim Caritasverbandarchiv in Freiburg blieb erfolglos.

[218] Trincia, Migration und Diaspora (1998), S. 237.

[219] Bericht der Senatskommission für die Reichs- und Auswärtigen Angelegenheiten, 18. September 1916, StAHH, Bestand 132-1 I, Akte 3826.

[220] Italiaander, Vielvölkerstadt (1986), S. 88.

[221] De Bottazzi, Italiani in Germania (1895), S. 14.

[222] Italiaander, Vielvölkerstadt (1986), S. 88.

lien etwa um die Jahrhundertwende auch dank dieser Beobachtungen eine gewisse Bedeutung gewinnen konnten[223], begann jedoch die italienische Massenwanderung ins Kaiserreich, die, wenn auch in kleinerem Maße, auch den Hamburger Raum betraf. Die Generalkonsule begannen sich neben dem Ausbau hamburgisch-italienischer Handelsbeziehungen verstärkt auch mit der Präsenz von italienischen Migranten auseinanderzusetzen.

Der italienische Staat hatte keine „Migrationspolitik" entwickelt, d.h. keine besonderen Maßnahmen zur Unterstützung und Betreuung der Migranten bei ihrer Ausreise und bei ihrem Aufenthalt im Ausland oder zur Aufwertung ihrer Präsenz (beispielsweise im handelspolitischen Sinne) in den Aufnahmeländern getroffen. Bis nach dem Ersten Weltkrieg, als der Faschismus die im Ausland lebenden Italiener für politische Zwecke „entdeckte", betrachtete der italienische Staat die Migranten als „verloren". Im Jahr 1901 wurde zwar ein *Commissariato Generale dell'Emigrazione* (etwa „Auswanderungs-Generalkommissariat") gegründet.

Dieses sollte aber in erster Linie die Auswanderungsverhältnisse – vor allem die transozeanischen – überwachen. Einmal in der „Fremde" waren die Migranten auf sich selber gestellt. Lediglich drei Kommissare setzten sich im Ausland vor Ort mit den Belangen der Migranten auseinander, und ihr Erfolg war meistens von der Einsatzbereitschaft der lokalen italienischen Konsuln abhängig. Bis auf Ausnahmen würden Letztere aber, so damals ein italienischer Politiker, die Präsenz von Migranten quasi als eine „Plage" betrachten.[224]

Tatsächlich fanden auch in Hamburg italienische Migranten beim Generalkonsulat nicht immer eine entgegenkommende Haltung ihnen gegenüber vor. Besonders Arbeiter galten als potenziell gefährlicher und rebellischer Pöbel. Als im Frühjahr 1874 die erste große Gruppe italienischer Arbeiter nach Hamburg kam[225] um Bauarbeiten in Hafennähe zu verrichten, musste sie feststellen, dass die deutschen Kollegen besser entlohnt wurden. Daraufhin trat sie unmittelbar in einen Streik. Einige aus der Gruppe wurden ausgewiesen, da das Generalkonsulat sie wegen

---

[223] Ebenda.

[224] Maria Rosaria Ostuni, Leggi e politiche di governo nell'Italia liberale e fascista, in: Franzina u. a. (Hg.), Storia dell'emigrazione italiana (2001), S. 309-322, hier: S. 312-316. Zum Mangel einer „Migrationspolitik" seitens des italienischen Staates siehe auch: Gian Battista Sacchetti, Cento Anni di „Politica dell'emigrazione". L'incerta presenza dello Stato di fronte alla realtà migratoria italiana, in: Rosoli (Hg.), Un secolo di emigrazione italiana 1876 – 1976 (1978), S. 253-272.

[225] Italienischer Generalkonsul/Hamburg an italienischen Botschafter/Berlin, 30. April 1874, Ait-GkHH, Briefwechsel 1873-1876.

Unruhestiftung bei der Polizeibehörde angezeigt hatte.[226] Einige Monate später, noch vor Ablauf des Vertrages, verlangten einige Arbeiter beim Generalkonsul die Zurückzahlung einer Kaution, die sie Cajrola bei der Unterzeichnung des Arbeitsvertrages hatten zahlen müssen. Da der Generalkonsul sich weigerte das bei ihm deponierte Geld zurückzugeben, wurden Schilder mit anonymen Einschüchterungsparolen direkt vor dem Generalkonsulat ausgehängt. Der Generalkonsul sprach von „lächerlichen Aufforderungen".[227] Anfang November, als die Arbeiter erneut streiken wollten, meldete er sich bei der Hamburger Polizeibehörde, beklagte sich über das „unangemessene Benehmen vor der Kanzlei" und bat die Polizei sich für den nächsten Tag bereit zu halten, um im Falle einer Wiederholung der Demonstration die „lautesten" zu verhaften. Auch sollte die Polizei verhindern, dass eventuelle „gutgesinnte" Arbeiter wegen der Streikenden ihre Pflicht nicht tun könnten.[228] 1905 berichtete der Generalkonsul, dass viele Migranten *vagabondi* (deutsch: „Landstreicher", „Taugenichtse") seien, die das Generalkonsulat nur bedrängen würden um finanzielle Beihilfen herauszulocken.[229] Angesichts der gelegentlichen Meldungen der Hamburger Polizei über die Präsenz italienischer Anarchisten dürften dem Generalkonsulat italienische Migranten auch in politischer Hinsicht verdächtig erschienen sein. Dennoch, solange sie die bestehende Ordnung nicht in Frage stellten, bekamen die italienischen Migranten, die sich in Hamburg befanden, vom italienischen Staat offenbar wenn nicht Unterstützung beim (Ein-)Leben in der „Fremde", so doch genügend Hilfe in Notsituationen. Das Generalkonsulat unterstützte regelmäßig hilfsbedürftige Italiener mit Geldspenden oder Zugfahrkarten für die Heimreise.[230] Einige Diplomaten wirkten auch als Ansprechpartner für Informationen über die lokale Arbeitsmarktlage.[231] Mit einigen Migranten pflegten die Generalkonsule gute Beziehungen. Es handelte sich um die „Honoratioren" der italienischen Gemeinde, eine Emigrantenmittelschicht aus Kaufleuten, Kleinhändlern, Freiberuflern, selbstständigen Handwerkern und Gastwirten, die meistens monarchisch-konservativ oder -liberal gesinnt gewesen sein dürften[232] und mit denen, wie aus

---

[226] Brief des italienischen Generalkonsuls in Hamburg mit unbekanntem Adressaten, 21. Juli 1874, AitGkHH, Briefwechsel 1873-1876. Eigene Übersetzung.

[227] Italienischer Generalkonsul/Hamburg an Cajrola/Hamburg, 20. Oktober 1874, AitGkHH, Briefwechsel 1873-1876. Eigene Übersetzung.

[228] Italienischer Generalkonsul/Hamburg an italienisches Konsulat/Leipzig, 1. November 1874, AitGkHH, Briefwechsel 1873-1876. Eigene Übersetzung.

[229] Pinto, Rapporto su Amburgo (1905), S. 26.

[230] Italienischer Generalkonsul/Hamburg an Emilio Pancani/Hamburg, 16. April 1892, AitGkHH, Briefwechsel 1890-1892. Eigene Übersetzung.

[231] Dies wird von einer Vielzahl von Briefen belegt, die an italienische Arbeiter adressiert sind.

[232] Im Jahre 1910 wurde von in Hamburg lebenden italienischen Mittelständlern ein Verein „Regina Elena" („Königin Elena") gegründet, dessen Name allein schon seine monarchische Orientierung verrät. Siehe: Satzung des Sparklubs "Regina Elena" vom 24. Februar 1910,

dem Briefverkehr zu entnehmen ist, die Generalkonsule offenbar oft und gerne verkehrten.

Passend zu einer Politik, die die im Ausland lebenden Italiener als „verloren" betrachtete, unternahm der italienische Staat auch wenig gegen ihre Assimilierung in den Aufnahmeländern.[233] Zwar versuchten die italienischen Stellen im Ausland eine gewisse Bindung der Migranten zum Heimatland aufrecht zu halten, beispielsweise durch die Gründung von Freizeit- oder Hilfsvereinen oder durch die Förderung der italienischen Sprache und Kultur. Dies hing aber, wie die Betreuung der Migranten im Allgemeinen, sehr stark vom privaten Engagement des jeweiligen örtlichen offiziellen Vertreters des italienischen Staates ab.

In Hamburg scheinen die italienischen Diplomaten in dieser Hinsicht ziemlich aktiv gewesen zu sein. 1887 schlug der Generalkonsul den Honoratioren der italienischen Gruppe die Gründung einer italienischen Wohltätigkeitsgesellschaft vor, dem ersten italienischen Verein in der Stadt.[234] Die Gründung dieses Vereines – auf dessen Entstehung und Entwicklung noch einzugehen sein wird – sowie die Feier nationaler Festlichkeiten sollte die „Italianität" und den Zusammenhalt unter den Migranten stärken.

3.5.   Lebensverhältnisse

3.5.1.   Räumliche Verteilung und Wohnverhältnisse

Italienische Migranten waren im Hamburger Raum schwerpunktmäßig in Altona und in der Hansestadt anzutreffen. In Wandsbek und in Harburg war ihre Zahl sehr gering. Da entsprechende Statistiken für Altona nicht vorliegen, muss sich eine genaue Analyse der Verteilung der Italiener im Hamburger Raum bis zum Ersten Weltkrieg auf den alten hamburgischen Staat beschränken.

Aus der Hamburger Volkszählung aus dem Jahre 1895 ist zu entnehmen, dass sich die gebürtigen Italiener in der „Stadt" konzentrierten und zwar besonders in St. Pauli-Süd (58) und -Nord (23) und in St. Georg-Nord (28), in der Neustadt-Nord (16) sowie in der Altstadt-Nord (14).[235] Anlässlich der Hamburger Volkszählung vom 1. Dezember 1900 wurden die Erhebungsmethoden geändert. Nun wurden

---

StAHH, Bestand 331-3, Akte SA 1560. Dass die Emigrantenmittelschicht generell konservativ orientiert war, hat auch Peter Manz in Basel genau beobachten können. Siehe: Manz, Emigrazione italiana a Basilea (1988), S. 115ff.

[233]   Sacchetti, Cento Anni di „Politica dell'emigrazione" (1978), S. 262.

[234]   Italienischer Generalkonsul/Hamburg an italienischen Botschafter/Berlin, 11. Oktober 1890, AitGkHH, Briefwechsel 1890-1892. Eigene Übersetzung.

[235]   StatBHH (Hg.), StatHS, Heft XIX (1900), S. 67.

die Bewohner mit fremder Muttersprache (oder zweisprachig) in den einzelnen
Stadtteilen und Gebieten gezählt. Schwerpunkt der italienischen Präsenz war St.
Georg-Nord (64), gefolgt von der Altstadt-Nord (36), Neustadt-Nord (33), St.
Pauli-Nord (32) und -Süd (32) und Barmbek (16). Italiener konzentrierten sich
demnach vorwiegend in St. Georg (78), in St. Pauli (64), in der Neustadt (45) und
in der Altstadt (39).[236] Die letzten statistischen Angaben, die zur Verfügung stehen, stammen aus dem Winter 1905. Dabei wurde wieder das Geburtsland als
maßgebend genommen. Die meisten Italiener waren erneut in St. Georg-Nord (55)
anzutreffen, gefolgt von der Neustadt-Nord (42), Barmbeck (34), Uhlenhorst (30),
St. Pauli-Süd (25) und Eilbeck (22). Erstmals gab es aber eine nennenswerte Anzahl von Italienern auch im vornehmen Rotherbaum (21).[237]

Aus diesen Daten lassen sich einige, wegen der verschiedenen Erhebungsmethoden und der Tatsache, dass sie auf Winterzählungen basieren und also saisonale
Sommerpräsenz nicht berücksichtigten, zwangsläufig nur vorsichtige Schlüsse
ziehen. Die Italiener, die sich in den Wintermonaten innerhalb der alten hamburgischen Staatsgrenzen aufhielten, konzentrierten sich in der Altstadt, dort allerdings nicht in einem besonderen Stadtteil. Außerdem war ihre Zahl stark schwan-
kend, was auf eine temporäre Präsenz hindeutet. Dies wird mit einem Blick auf
die Geschlechterverhältnisse unter den italienischen Bewohnern bestätigt. 1900
wurden in St. Georg-Nord 58 italienischsprechende Männer und sechs Frauen
gezählt. In der Altstadt-Nord waren es jeweils 33 und drei. Obwohl in dieser Statistik eventuelle Ehefrauen mit deutscher Muttersprache nicht berücksichtigt wurden, dürfte es sich weniger um Familien gehandelt haben, sondern vielmehr um
temporäre Konzentrationen von Arbeitern. Besonders deutlich ist die zeitlich be-
grenzte Dauer der Ansiedlung in St. Pauli zu beobachten. Die Anzahl der Italiener, die 1895 in diesem Viertel angemeldet waren, reduzierte sich 1905 um mehr
als die Hälfte. Möglicherweise hatten viele italienische Arbeiter dort eine vorläufige Unterkunft gefunden und waren später wegen Arbeitsmangels von Hamburg
abgereist oder vielleicht nur innerhalb der Stadt umgezogen.

Zwar fehlen Statistiken über die Verteilung der Italiener in Altona, dessen Gebiet
sich seit 1889 auch auf Ottensen und Bahrenfeld erstreckte, nach Angaben des italienischen Generalkonsulats war es aber dort zur Bildung einer stabilen und räumlich konzentrierten Ansiedlung gekommen:

Ein Versuch, eine stabile Kolonie zu gründen, hat mit guten Vorzeichen in Altona begonnen; es
scheint, dass unsere Emigranten (vorwiegend Ligurier) dort angefangen haben eine Landesverbundenheit zu entwickeln; aus Altona kommen in der Tat die meisten Anträge auf Heiratsunterlagen.

---

[236] StatBHH (Hg.), StatHS, Heft XXI (1903), S. 82.
[237] StatBHH (Hg.), StatHS, Heft XXIV (1909), S. 52.

Die italienischen Familien wachsen zahlenmäßig ziemlich rasch an, haben ein kleines Stadtviertel für sich und genießen einen gewissen Wohlstand.[238]

Diese „Kolonie" könnte nahe der Elbe im südlichen Teil der Altonaer Altstadt in einem Straßenviereck zwischen der Reeperbahn und der Pallmaille bzw. in den Häuserblocks, die auf der heute nicht mehr existierenden Großen und Kleinen Mühlenstraße, Schmiedestraße, Kirchenstraße und Böhmkenstraße blickten, gelegen haben. Ein Areal, das sich etwa bei der heutigen S-Bahn-Haltestelle Königsstraße befindet. Dort war die Hälfte aller im Mai 1915 in Altona lebenden Italiener gemeldet.[239] Bemerkenswert ist, dass es sich vor allem um Ligurier handelte, was wohl auf die sukzessive Ansiedlung von Verwandten, Freunden und Leuten mit derselben regionalen Herkunft zurückzuführen war. Dies hing damit zusammen, dass die Nähe zu Verwandten und Bekannten Unterstützung im Alltagsleben sicherte und sich Italiener, wie bereits erwähnt, viel stärker über regionale als über nationale Bindungen identifizierten. In dieser „Enklave" lebten drei eng miteinander verwandte Familien (Basso). Eine weitere Familie, die Familie Giuffra, kam zudem aus der selben ligurischen Ortschaft Tribogna. Da Ligurier vornehmlich Drehorgelspieler und Straßenhändler waren (vgl. Kap. III.3.2.5.), lag ein weiterer Grund weshalb es zur Bildung einer italienischen „Enklave" gekommen war daran, dass italienische Gewerbetreibende „bevorzugt in Gruppen" wohnten.[240]

Italiener waren also im Hamburger Raum vor allem in Hamburg und Altona zu finden. Auffällig ist, dass sie sich dort vor allem in Altstadtvierteln konzentrierten. Dies lag vermutlich zum einen daran, dass dort die finanziell schwächsten einheimischen sozialen Schichten wohnten, für die die Untermiete eines Zimmers eine unerlässliche zusätzliche Einkommensquelle bedeutete[241] und somit Zuwanderern ausreichend Wohnraum oder Schlafgelegenheiten zur Verfügung standen; zum zweiten fanden die italienischen Migranten meist in der Altstadt Beschäftigung. Gewerbetreibende wie die Straßenhändler (Spielzeug, Gipsfiguren) und -musiker (Drehorgelspieler) oder die Eisverkäufer konzentrierten sich im Hamburg-Altonaer Stadtkern, da sie dort die besten Absatzmöglichkeiten für ihre Produkte bzw. ein großes Publikum fanden. Da damals ferner die Hamburger Altstadt

---

[238] Pinto, Rapporto su Amburgo (1905), S. 27. Eigene Übersetzung.

[239] Verzeichnis der im Altonaer Polizeibezirk wohnhaften Italiener am 25. Mai 1915, LASH, Abt. 309, Akte 8302. Die anderen Italiener wohnten nicht weit entfernt und immer in der Altonaer Altstadt.

[240] Wennemann, Arbeit im Norden (1997), S. 39.

[241] Clemens Wischermann, Wohnquartier und Lebensverhältnisse in der Urbanisierung, in: Arno Herzig/Dieter Langewiesche/Arnold Sywottek (Hg.), Arbeiter in Hamburg. Unterschichten, Arbeiter und Arbeiterbewegung seit dem ausgehenden 18. Jahrhundert, Hamburg 1983, S. 339-358, hier: S. 345. Über die Altonaer Altstadt siehe: Anthony P. McElligott, Das „Abruzzenviertel". Arbeiter in Altona 1918-1932, in: ebenda, S. 493-507, hier: S. 493.

gründlich saniert und mit neuen Verkehrswegen (U-Bahn, Elbtunnel) ausgestattet wurde, fanden dort auch zahlreiche Bauarbeiter Beschäftigung.[242]

Die Wohnverhältnisse der Migranten waren unterschiedlich und von vielen Variablen beeinflusst. Saisonarbeiter, die nach einigen Monaten nach Italien zurückkehrten, hatten zum Beispiel viel bescheidenere Bedürfnisse als ortsansässige Italiener. Sie legten keinen besonderen Wert auf ihre Unterkunft, da sie auf ein sehr sparsames Leben angewiesen waren. Aber auch unter den Italienern, die sich für längere Zeit in Hamburg niederließen, gab es Personen mit unterschiedlichen und vom Verdienst abhängigen Lebensverhältnissen. Einige italienische Migranten, denen ein erfolgreicher Sprung in die Selbstständigkeit geglückt war, erreichten sogar einen gewissen Wohlstand. Dies dürfte aber eher die Ausnahme gewesen sein. Viele italienische Arbeiter wohnten in recht ärmlichen Verhältnissen.

Die gängigste Unterbringung für Bauarbeiter waren Behelfsunterkünfte wie Scheunen oder Baracken auf den Baustellen, wo sie zusammen lebten.[243] Die Logis dürfte etwa eine oder eineinhalb Mark Miete pro Woche betragen haben. In diesen Unterkünften stand jedem Arbeiter ein Bett mit Matratze, Bettlaken und eine Wolldecke zur Verfügung. Die Arbeiter bereiteten sich die Mahlzeiten selber und auf eigene Kosten zu.[244] Eine weitere übliche Unterbringungsform unter einfachen Arbeitern war, wie bereits erwähnt, die Logis bei deutschen oder auch anderen italienischen Familien, die ihre Mietkosten zu senken versuchten, indem sie Räume zur Untermiete oder als Schlafstelle freigaben. In der Langestraße an der Grenze zwischen St. Pauli und Altona wohnten 1891 bei einem gewissen C. Castellani, der vermutlich der Hauptmieter war, ein Italiener namens Bonfanti[245] und 1894 einer namens Calcagni.[246] Es könnte sich um eine Art „Italiener-Quartier" gehandelt haben, mit einem Dauerhauptmieter und ständig wechselnden Untermietern. Die Interviewpartnerin L. Monti, die Tochter des Terrazzounternehmers Monti, erinnert sich, dass sämtliche Arbeiter, die ihr Vater beschäftigte, auf Logis bei deutschen Vermietern wohnten.[247] Die Miete dürfte etwa drei Mark pro Person pro Woche betragen haben.[248] Für Migranten, die langfristig in der

---

[242] Jochmann, Handelsmetropole (1986), S. 28.

[243] Del Fabbro, Transalpini (1996), S. 210.

[244] Da präzise Angaben über Hamburg nicht zur Verfügung stehen, beziehen sich diese Angaben auf die Wohnlage der italienischen Bauarbeiter in Kiel. Siehe: Konsul Lehment, Rapporto su Kiel (1905), S. 29.

[245] Italienischer Generalkonsul/Hamburg an Bürgermeister/Lugagnano, AitGkHH, 17. Januar 1891, Briefwechsel 1890-1892.

[246] Brief des italienischen Generalkonsuls in Hamburg mit unbekanntem Adressaten, 26. Januar 1894, AitGkHH, Briefwechsel 1893-1896.

[247] Interview mit L. Monti, FZH, WdE 686, Interview vom 24. November 2000, S. 5.

[248] Ebenda.

Stadt bleiben wollten, waren allerdings Schlafgelegenheiten bei anderen Familien
nur eine vorläufige Lösung. Die Eiskonditoren G. B. Olivo, G. Dall'Asta und G.
B. Toscani waren 1895 zunächst in St. Pauli in der Heinestraße 23 bei Frau Steck-
ling angemeldet. Ein anderes Mitglied der Familie Olivo wohnte bei der Familie
Kröger am Großen Neumarkt in der Hamburger Neustadt.[249] 1899 wohnten aber
die Olivos bereits in eigenen Wohnungen.

Wie aber sahen die Wohnungen aus? Die Olivos lebten, so ein Polizeibericht, in
kleinen „dumpfigen" Kellerwohnungen.[250] Auch andere Italiener wohnten vermutlich in ähnlich bescheidenen Verhältnissen. Meist dürften mehrere Personen
zusammengepfercht in einem Raum gelebt haben, wie die Familie Monti, als sie
in den achtziger Jahren des 19. Jahrhunderts in Hamburg ankam und in der Hamburger Altstadt in der Spitalerstraße einen Raum mietete. Die Interviewpartnerin
L. Monti spricht von einem engen Zimmer und von schlechten hygienischen Verhältnissen.[251] Generell dürften im Hamburger Raum niedergelassene italienische
Arbeiter das damals auch unter den deutschen Arbeitern übliche Wohnniveau erreicht haben: einfache Ein- Zweizimmer Wohnungen bei oft nur 20 bis 25 qm
Wohnfläche in großen Mehrparteienhäusern.[252] Nur einigen wenigen Italienern
bescherte der berufliche Erfolg eine wirklich bequeme Unterkunft. In Harburg
lebte zum Beispiel um die Jahrhundertwende die Eiskonditorfamilie Visconti in
einer großen Parterrewohnung und erwarb wenige Jahre später das ganze Haus.[253]
Auch andere selbstständige Italiener, besonders Terrazzo-Unternehmer, konnten
sich nach wenigen Jahren harter, aber erfolgreicher Arbeit diesen Luxus leisten.
Der bereits erwähnte Terrazzounternehmer Monti, der sich zunächst in einem bescheidenen Zimmer in der Spitalerstraße niedergelassen hatte, zog später in eine
größere Wohnung in St. Georg um und ließ sich schließlich nach der Jahrhundertwende ein Mehrparteienhaus in Eilbeck bauen.[254] Einige Kaufleute waren
vermutlich bereits als wohlhabende Personen nach Hamburg gekommen. So beispielsweise der Sizilianer G. La Rosa, der in Hamburg ein Südfruchtgeschäft betrieb und in der vornehmen Esplanade wohnte.[255]

---

[249] Bericht der Hamburger Polizei, 6. April 1895, StAHH, Bestand 376-2, Akte Gen VIII O 12.
Bl. 1. Ferner: Bericht der Hamburger Polizei, 1. Juli 1899, StAHH, Bestand 376-2, Akte Gen
VIII O 12, Bl. 12.

[250] Bericht der Hamburger Polizei, 1. Juli 1899, StAHH, Bestand 376-2, Akte Gen VIII O 12, Bl.
12.

[251] Interview mit L. Monti, FZH, WdE 686, Interview vom 24. November 2000, S. 24.

[252] Wischermann, Wohnquartier (1983), S. 352.

[253] Gespräch mit G. Visconti vom 30. Oktober 2001.

[254] Interview mit L. Monti, FZH, WdE 686, Interview vom 24. November 2000, S. 7f.

[255] Amtsgericht Hamburg an Senatskommission für die Justizverwaltung/Hamburg, 26. März
1918, StAHH, Bestand 241-1 I, Akte I E b 14 a 1 Vol. 5 b.

Festzuhalten ist also, dass, obwohl die geringe Anzahl der Italiener und ihre oft nur vorübergehende Präsenz in Hamburg exakte Angaben erschweren, die verfügbaren Daten darauf hindeuten, dass, wie schon in anderen Großstädten, die um die Jahrhundertwende italienische Zuwanderer aufnahmen, die Verfügbarkeit von Arbeit und Wohnraum und die Existenz von familiären und regionalen Netzwerken auch bei der Verteilung der Italiener im Hamburger Raum eine entscheidende Rolle spielte.[256] Während es bei den meisten Italienerkonzentrationen lediglich zu temporären Wanderarbeiter-Ansiedlungen gekommen war, war in Altona eine größere und stabilere Konzentration von italienischen Migranten entstanden. Die nach der Jahrhundertwende etwas steigende Zahl von Italienern außerhalb des Altstadtgebietes östlich der Alster ist wahrscheinlich auf die dortige Präsenz der größten italienischen Terrazzowerkstatt in der Stadt zurückzuführen. Die saisonalen italienischen Wanderarbeiter, die bis zum Ersten Weltkrieg in den Sommermonaten Hamburg aufsuchten, dürften in Hamburg als Untermieter in überfüllten Wohnungen oder Baracken in recht armen Verhältnissen gelebt haben. Hingegen unterschieden sich die Wohnverhältnisse von in Hamburg dauerhaft lebenden italienischen Facharbeitern, Kleinunternehmern und Kaufleuten vermutlich nicht von denen von Deutschen mit gleichartiger Tätigkeit.

3.5.2.   Freizeit, Treffpunkte und Kontakte mit den Deutschen

Die Freizeit verbrachten italienische Migranten bevorzugt unter Landsleuten, vor allem mit Personen aus derselben Region, die den selben Dialekt sprachen und die selben Sitten pflegten.[257] Die friaulischen Terrazzoarbeiter, die für die Firma Monti arbeiteten, trafen sich beispielsweise immer in einer kleinen Gaststätte im Haus der Familie Monti in Eilbeck, wo sie ihre Zeit meist beim *Mora*-spielen vertrieben:

Viele saßen da in dieser Gaststätte unter uns. Das war direkt unter unserer Wohnung, und ich hör noch dieses Geschrei, *cinque, sei, sette, uno, due*, da schrien sie, das konnte man in der dritten Etage hören. [...] ich sage jetzt *cinque*, aber nehme nur zwei Finger, und zufällig nimmt der andere drei Finger, dann ist das *Mora*. Und wenn *Mora* war, dann schrie die ganze Tischrunde.[258]

Während diese Gaststätte in Eilbeck nur als Treffpunkt für die Terrazzoarbeiter diente, die in der Nähe arbeiteten, gab es in den Altstadtvierteln Lokale, die von allen Italienern, die in der Stadt verkehrten, aufgesucht wurden. Es handelte sich um einige italienischen Gaststätten im Bereich St. Pauli-Süd. Dort konnten Italiener in einem vertrauten Ambiente heimische Gerichte speisen und mit Landsleu-

---

[256] Baily, Immigrants in the Lands of Promise (1999), S. 122–144.
[257] Del Fabbro, Transalpini (1996), S. 217.
[258] Interview mit L. Monti, FZH, WdE 686, Interview vom 24. November 2000, S. 21.

ten plaudern und Karten oder *Mora* spielen. Arbeiter, die in der Nähe tätig waren, besuchten diese Lokale offenbar tagtäglich. In der in der Wilhelminenstraße (heute Hein-Hoyer-Straße) gelegenen Gaststätte „Città di San Remo" nahm der am nicht weit entfernten Bismarkdenkmal arbeitende Bildhauer V. Bartoluzzi sein Mittagessen ein und verkehrte dort auch in den Abendstunden.[259] Im „Cuneo" in der Davidstraße sollen viele der am Bau des Elbtunnels beteiligten italienischen Arbeiter verkehrt haben.[260] Vor allem die „Città di San Remo" scheint vor 1914 zum Italienertreffpunkt schlechthin avanciert zu sein. Dort hatte ein italienischer Verein seinen Sitz, und dort wurden nationale Festlichkeiten gefeiert. 1913 hieß es im Hamburger General-Anzeiger, dass eine „große Anzahl an Gästen", darunter die Honoratioren der italienischen Gemeinde, an der Feier anlässlich des Geburtstages der Königin Elena im Vereinslokal teilgenommen habe und dass nach dem „Festbankett" die Teilnehmer „bei Gesang und Tanz noch bis zum frühen Morgen" zusammen geblieben seien.[261] Eine ähnliche Geselligkeit muss auch am 20. September jedes Jahres – am 20. September 1870 hatten italienische Soldaten die Stadt Rom eingenommen – geherrscht haben, als auch diese Festlichkeit im großen Kreise im Vereinslokal stolz gefeiert wurde.[262]

Italiener verkehrten aber nicht nur mit Landsleuten. Die italienische Präsenz in Deutschland setzte sich, wie bereits dargestellt, vor allem aus ledigen Männern zusammen. Viele von ihnen waren mit deutschen Frauen liiert. Die meisten Liaisons dauerten vermutlich nur eine Arbeitssaison,[263] aber nicht wenige mündeten in eine Heirat. Im Jahre 1900 wurden in Hamburg 34 Personen registriert, die die italienische Staatsangehörigkeit besaßen, ohne Italienisch als Muttersprache zu sprechen oder überhaupt zweisprachig aufgewachsen zu sein. Es handelte sich höchstwahrscheinlich um deutsche Frauen, die durch die Heirat mit einem Italiener seine Staatsbürgerschaft erworben hatten. Da 1900 insgesamt 84 weibliche (älter als 16) italienische Staatsangehörige gezählt wurden, könnten damals etwa die Hälfte der in Hamburg lebenden italienischen Familien aus deutsch-italienischen Ehepaaren bestanden haben.[264] 1913 berichtete der italienische Kon-

---

[259] Bericht der Hamburger Kriminalpolizei vom 12. Juli 1907, StAHH, Bestand 331-3, Akte S 15721.

[260] Gespräch mit Franco Cuneo vom 15. Juni 1999.

[261] „Der italienische Verein ‚Circolo Regina Elena'", in: Hamburger General-Anzeiger vom 12. Januar 1913.

[262] „Circolo Regina Elena", in: Hamburger Nachrichten vom 22. September 1914.

[263] Interview mit L. Monti, FZH, WdE 686, Interview vom 24. November 2000, S. 22.

[264] StatBHH (Hg.), StatHS, Heft XXI (1903), S. 60, 65, 80. Eigene Berechnungen.

sul, dass „die meisten italienischen Kinder" in Hamburg eine „deutsche Mutter" hätten.[265]

3.5.3.   Vereine

Das Vereinswesen der italienischen Migranten im Kaiserreich vor dem Ersten Weltkrieg war recht wenig ausgeprägt. 1914 gab es lediglich 24 offiziell eingetragene italienische Gesellschaften in ganz Deutschland. Der wesentliche Grund lag vermutlich darin, dass die italienische Deutschlandwanderung eher temporären Charakter hatte und dies nur selten zur Etablierung größerer, stabiler „Italienerkolonien" führte, in denen sich das Vereinswesen als ethnische Selbsthilfe oder als Mittel zur Erhaltung der Identität der im Ausland lebenden Italiener hätte entwickeln können.[266] Weitere Gründe, weshalb das Vereinswesen so schwach entwickelt war, könnten in einer besonders ausgeprägten „Anpassungsbereitschaft" der Italiener liegen, die sich in Deutschland niederließen.[267] Die einzigen italienischen Vereine, die im Kaiserreich entstanden, wurden in den Großstädten des Reichs gegründet, also dort, wo ansässige Italiener zwecks gegenseitiger Hilfe oder Pflege kultureller Traditionen einen dauerhaften Zusammenschluss mit Landsleuten anstrebten. Es handelte sich meistens um Vereine, die von den Konsuln und ansässigen Freiberuflern, Künstlern, Händlern, selbstständigen Handwerkern usw., also von einer finanziell vergleichsweise gut gestellten Emigrantenmittelschicht, ins Leben gerufen worden waren. Arbeiter-Freizeitvereine oder politisch orientierte Gesellschaften (Sozialisten, Anarchisten) existierten anscheinend nicht.[268] Das italienische Vereinswesen in Deutschland war also recht dürftig und beschränkte sich auf paternalistisch geführte und in enge Zusammenarbeit mit den Konsulaten agierende Hilfsvereine.

Im Hamburger Raum zeigten sich erste Bestrebungen eine italienische Gesellschaft zu gründen etwa Mitte der achtziger Jahre des 19. Jahrhunderts. Es handelte sich jedoch um eine vom Generalkonsulat ergriffene Initiative, die der Bildung einer nationalen und regierungstreuen Einstellung – das italienische Königreich existierte lediglich seit knapp 30 Jahren – unter den Emigranten dienen sollte, und nicht um eine spontane Initiative der hiesigen italienischen Gemeinde. Diese war zu dem Zeitpunkt noch ziemlich klein und hielt anscheinend weder besonders zusammen noch pflegte sie ein besonderes „nationales Italienischtum". Mit folgenden Worten erläuterte 1887 der italienische Generalkonsul zu Hamburg, Carcano, dem italienischen Außenminister die Lage in der Stadt:

[265] Giacchi, Amburgo (1913), S. 662.
[266] Pertile, Italiani in Germania (1914), S. 901.
[267] Del Fabbro, Transalpini (1996), S. 223.
[268] Pertile, Italiani in Germania (1914), S. 201f.

Ich habe das Glück gehabt in dieser Stadt unter den hier lebenden Landsleuten einen Wohltätigkeitsverein [„*Societa 'Italiana di Beneficenza*"] gründen zu können. Seit meiner Ankunft hier habe
ich mich überzeugen müssen, dass diese unsere Landsleute ziemlich weit von ihrer Nationalität
entfernt sind und dass sie sich auch untereinander wenig kannten und wenig miteinander zu tun
hatten. Deshalb schien es mir notwendig und sinnvoll ein Mittel zu finden, um sie der konsularischen Autorität näher und sie selber in engeren Kontakt zu bringen. Da die nationale Kolonie in
Hamburg weder besonders groß noch besonders reich ist, war es nicht möglich an wichtigere
Sachen zu denken als an Schule, Kindergarten oder derartiges, und deshalb habe ich mich auf den
Vorschlag, einen Wohltätigkeitsverein zu gründen, beschränkt.[269]

Das Fehlen von Verbindungen unter den Italienern Mitte der achtziger Jahre
könnte auf die unterschiedliche regionale Herkunft sowie auf die unterschiedlichen beruflichen Tätigkeiten der wenigen damals im Hamburger Raum lebenden
Italiener zurückzuführen sein. Gab es in den Industriegebieten des Reiches in
beruflicher Hinsicht und meistens auch hinsichtlich der Herkunft homogene
Gruppen italienischer Arbeiter, waren die Tätigkeiten der Italiener in den Großstädten doch um einiges vielfältiger und richteten sich vor allem an eine unterschiedliche deutsche Kundschaft. Friaulische Terrazzoarbeiter, ligurische Drehorgelspieler und Italienischlehrer dürften wegen der unterschiedlichen Herkunft und
Tätigkeit kaum in Kontakt gekommen sein.[270] Nur die italienischen Händler hatten wahrscheinlich durch den Import italienischer Waren die Möglichkeit, auch
andere Zuwanderergruppen aus der Halbinsel des Öfteren zu Gesicht zu bekommen. Der italienische Generalkonsul versuchte „vornationale" Differenzen aufzu-
heben und fehlende Verbindungen im Namen Italiens und der Monarchie unter
den Migranten herzustellen und eine herkunftstreue Gemeinde aufzubauen. Dabei
suchte er die Unterstützung und die Mitarbeit der Honoratioren der „Kolonie".
Vorsitzender der Wohltätigkeitsgesellschaft wurde somit Emilio Pancani, ein berühmter florentinischer Tenor, der sich in Hamburg zurückgezogen hatte und
Gesang unterrichtete.[271] Wenige Monate nach der Gründung der Gesellschaft, am
5 Juni 1888, organisierte der Generalkonsul mit der Mitarbeit Pancanis die erste
Festa dello Statuto (deutsch: Verfassungsfest) in Hamburg.

Auf meine Initiative hat diese nationale Kolonie erstmals in öffentlicher Form den Verfassungstag
festlich begangen [...] [und zwar – E.M.] in bescheidenem Ausmaße jedoch nicht wenig warmherzig und patriotisch. [...] es nahmen etwa 60 unserer Landsleute teil, größtenteils Arbeiter, kleine
industriali [wörtlich: Industrielle. Vermutlich sind aber hier selbstständige Handwerker wie die
Inhaber von Terrazzowerkstätten gemeint – E.M.] und fast alle Notabeln der Kolonie [...] Ich bin
auf den Vorteil und auf den Nutzen nationaler Zusammenschlüsse anlässlich der größten National-
feiertage eingegangen [...]. [Es] herrschte der positivste Brüderlichkeitsgeist und eine ehrliche

---

[269] Italienischer Generalkonsul/Hamburg an italienischen Außenminister/Rom, 17. November
1887, AitGkHH, Briefwechsel 1887-1889. Eigene Übersetzung.

[270] Nach Adolf Wennemann gab es gegenüber Landsleuten aus anderen Regionen „Indifferenz",
gelegentlich sogar „Feindschaft". Siehe Wennemann, Arbeit im Norden (1997), S. 74.

[271] De Bottazzi, Italiani in Germania (1895), S. 15.

Zuneigung zur Heimat, und ich habe die Freude hinzuzufügen, dass die von mir ergriffene Initiative auf große Freude und Dankbarkeit gestoßen ist. Die Kolonie ihrerseits wollte einen spontanen Beweis ihres patriotischen Geistes und ihrer Achtung für mich geben, indem sie die Nationalfahne (nach Usus dieser Stadt) am Vormittag des 5. dieses Monats mit einem musikalischen Konzert vor meinem Haus hisste.[272]

Tatsächlich scheinen die Initiativen des Generalkonsuls einen guten Nährboden vorgefunden zu haben. 1895 zählte der italienische Wohltätigkeitsverein 80 Mitglieder[273] und das bei etwa 420 registrierten italienischen Staatsangehörigen in Hamburg und seinen Nachbarstädten. Dieser Erfolg könnte auf die Zusammensetzung der ansässigen italienischen Gemeinde zurückzuführen sein. Es handelte sich vermutlich vorwiegend um dieselbe monarchisch gesinnte Emigrantenmittelschicht, die auch anderorts solche Vorhaben unterstützte. Eine 1907 für das Hamburger Vereinsregister eingereichte neue offizielle Satzung wurde bezeichnenderweise von einem Ingenieur, zwei Kaufleuten, einem Konsulatssekretär, einem Bildhauer, einem Restaurateur und einem Kommis unterzeichnet.[274]

Die Tätigkeit des italienischen Wohltätigkeitsvereins war anscheinend sehr rege. Er unterstützte vor allem mit „zahlreichen Geldbeihilfen" „hilfsbedürftige Landsleute".[275] Es ging aber nicht nur um Notbetreuung. In der Satzung aus dem Jahre 1907 hieß es, dass die „Ausübung der Wohltätigkeit zugunsten der italienischen Staatsangehörigen in Hamburg" „soweit möglich" auch durch die „Beschaffung von Arbeit für Arbeitslose" und der „Hebung der Bildung unter den in Hamburg lebenden, der arbeitenden Klasse angehörigen Italiener" erfolgen solle.[276] Da die Gesellschaft keinen eigenen Sitz hatte,[277] fanden die Mitgliederversammlungen (oder zumindest die Sonderversammlungen) sonntags in den Räumen des Hammonia-Gesellschaftshauses in der Neustadt statt, und um allen italienischen Mitgliedern im Hamburger Raum die Nachricht zukommen zu lassen, wurden eigens dafür auf italienisch verfasste Artikel in die Hamburger Tageszeitungen gesetzt.[278]

---

[272] Italienischer Generalkonsul/Hamburg an italienischen Außenminister/Rom, 5. Juni 1888, Ait-GkHH, Briefwechsel 1887-1889. Eigene Übersetzung.

[273] De Bottazzi, Italiani in Germania (1895), S. 15.

[274] Satzung der italienischen Wohltätigkeitsgesellschaft vom 25. Januar 1907, StAHH, Bestand 331-3, Akte SA 96.

[275] Italienischer Generalkonsul/Hamburg an italienische Botschaft/Berlin, 11. Oktober 1890, Ait-GkHH, Briefwechsel 1890-1892.

[276] Satzung der italienischen Wohltätigkeitsgesellschaft vom 25. Januar 1907, StAHH, Bestand 331-3, Akte SA 96.

[277] Italienischer Generalkonsul/Hamburg an Herrn Brandani/Berlin, 23. Mai 1897, AitGkHH, Briefwechsel 1897.

[278] "Società Italiana di Beneficenza", in: Hamburger Fremdenblatt vom 15. April 1899.

Die hohen Ausgaben durch die Vergabe von Beihilfen an „Landstreicher, Arbeiter oder Personen, die sich als solche ausgeben"[279], und die geringe Anzahl der wohlhabenden Italiener, die die Gesellschaft fördern konnten, brachten den Verein jedoch bereits 1890, drei Jahre nach seiner Gründung, in finanzielle Schwierigkeiten. Der Präsident, Emilio Pancani, organisierte deshalb eine öffentliche Lotterie, deren Einnahmen einer neuen Kapitalzuführung dienen sollten.[280] Dabei erhielt er sogar die Unterstützung der italienischen Königin, indem er von ihr ein silbernes Teeservice bekam, das als erster Preis der Lotterie ausgesetzt wurde.[281] Die Initiative zugunsten der Wohltätigkeitsgesellschaft rief in Hamburg große Sympathien hervor, die in zahlreichen weiteren Preisspenden und in einem großen Losankauf Ausdruck fanden:

[Es] sind inzwischen noch viele Kunst- und Wertsachen von vielfach hohem Werthe eingegangen: Tafelgegenstände aus Gold und Silber, Gemälde und Bildwerke [...]. Die Verlosung der heute schon auf die Zahl von 400 angewachsenen Gewinne findet gegen Ende des nächsten Monats statt [März 1892], die Zahl der Lohse, von denen jetzt schon 5.000 abgesetzt sind, beträgt nur 10.000 und der Preis eines Loses ist auf 1 M festgesetzt.[282]

Ende September 1895 bekam der Verein erneut finanzielle Hilfe, diesmal seitens des (deutschen) Vorstandes einer im Sommer desselben Jahres in Hamburg durchgeführten Ausstellung „Italien in Hamburg".[283] Die Einnahmen eines während der Ausstellung stattgefundenen Konzerts anlässlich des italienischen Nationalfeiertages des 20. Septembers sowie die Einnahmen eines „automatischen Puppentheaters" wurden „spontan" dem Verein übergeben.[284] Dennoch gelang es dem Verein nicht, die finanziellen Engpässe zu überwinden. Nicht mal die aufgelaufenen Zinsen, die die Gesellschaft ab Januar 1897 durch den Ankauf einiger Wertpapiere bei der Bank der Gebrüder Rothschild in Paris erhielt,[285] scheinen den Verein finanziell abgesichert zu haben. Im Mai 1897 sprach der Konsul von „derart begrenzten Mitteln", dass die Gesellschaft „eher vegetieren als leben" wür-

---

[279] Brief des italienischen Generalkonsuls in Hamburg mit unbekanntem Adressaten, 2. Juli 1896, AitGkHH, Briefwechsel 1893-1896. Eigene Übersetzung.

[280] Italienischer Generalkonsul/Hamburg an italienische Botschaft/Berlin, 11. Oktober 1890, Ait-GkHH, Briefwechsel 1890-1892.

[281] Italienischer Generalkonsul/Hamburg an italienische Botschaft/Berlin, 4. Dezember 1890, Ait-GkHH, Briefwechsel 1890-1892.

[282] „Die italienische Wohltätigkeitslotterie", in: Hamburger Fremdenblatt vom 13. Februar 1892.

[283] Mehr darüber hier, Kap. III.5.3.1.

[284] Brief des italienischen Generalkonsuls in Hamburg mit unbekanntem Adressaten, 23. September 1895, AitGkHH, Briefwechsel 1893-1896. Eigene Übersetzung.

[285] Italienischer Generalkonsul/Hamburg an italienische Wohltätigkeitsgesellschaft/Hamburg, 15. Januar 1897, AitGkHH, Briefwechsel 1897.

de.[286] Trotzdem konnte offenbar ihr Fortbestand gesichert werden. 1913 zählte sie noch etwa 50 Mitglieder, die monatlich je eine Mark in die Kasse einzahlten. Hinzu kamen Zinsen aus einem festen Kapital aus italienischen Schuldpapieren und eine jährliche finanzielle Unterstützung seitens des italienischen Staates. Die Einnahmen reichten allerdings weiterhin nur gerade aus um hilfsbedürftige Italiener, vor allem bei der Heimreise, zu unterstützen.[287] Handelte es sich im soeben dargestellten Fall um einen Wohltätigkeitsverein, der vor allem für die Unterstützung hilfsbedürftiger italienischer Migranten zuständig war, hatte hingegen der 1910 gegründete Verein „Regina Elena" ganz andere Funktionen. Als „Spar-Klub" sollte er in erster Linie den Migranten ermöglichen ihre finanzielle Lage ein wenig zu verbessern. Um dieses Ziel zu erreichen, beschlossen die Gründer, dass jedes Mitglied eine Mark pro Woche in die Klubkasse einzahlen musste, wobei die Einzahlungen „zu jeder Tagesstunde im Klublokal geleistet werden" konnten. Jeden Montag wurde dann das Geld in eine „gute Sparkasse" gebracht. Der Vorstand durfte darüber hinaus „Tombolen, Festlichkeiten etc. veranstalten", deren Gewinne dem Klub zugute kamen und am Ende des Jahres unter den Mitgliedern – bei der Gründung am 21. Juli 1910 waren es 24[288] – verteilt wurden. In der Satzung wurde schließlich festgelegt, dass „alles, was aus Zinsen, aus Strafen und weiterem Nutzen" zusammenkam, „zu einem Fest oder allgemeinen Mahlzeit" verwertet werden konnte, welche „am 8. Januar Geburtstag S.M. Königin Helena stattfinden würde". Auch dieser Verein, dessen „Sitz in dem Restaurant ‚Città di San Remo', geführt von G. Rosasco gelegen"[289] war, wurde ebenfalls von einer Emigrantenmittelschicht gegründet und war monarchistisch gesinnt, wie sein Name verrät. Der Vereinssitz avancierte bald durch die Initiativen des Klubs zu einem gesellschaftlichen Zentrum der italienischen Gemeinde.

Unklar ist, ob der Wohltätigkeitsverein und der Sparklub die einzigen italienischen Vereine in der Stadt waren. Nach dem damaligen italienischen Emigrationsattaché in Köln, Pertile, gab es 1914 im Hamburger Raum zwei Vereine, einen italienischen Wohltätigkeitsverein mit etwa 67 und einen Hilfsverein mit etwa 50 Mitgliedern.[290] Letzterer soll 1900 in Altona gegründet worden sein. War die Existenz des ersten Vereins belegbar, konnte über den zweiten nichts ermittelt werden. Möglicherweise handelte es sich um den Sparklub. Schließlich könnte Pertile

---

[286] Italienischer Generalkonsul/Hamburg an Herrn Brandani/Berlin, 23. Mai 1897, AitGkHH, Briefwechsel 1897. Eigene Übersetzung.

[287] Giacchi, Amburgo (1913), S. 661.

[288] Stellvertretender Vorsitzender des Vereins an Polizeibehörde/Hamburg, 21. Juli 1910, StAHH, Bestand 331-3, Akte SA 1560.

[289] Satzung des Sparklubs "Regina Elena" vom 24. Februar 1910, StAHH, Bestand 331-3, Akte SA 1560.

[290] Pertile, Italiani in Germania (1914), S. 902.

falsche Informationen erhalten haben. Es wurde aber bereits dargestellt, dass nach der Jahrhundertwende in Altona eine ligurische „Italienerkolonie" entstanden war.[291] Diese könnte den Verein gegründet haben. Die Lösung dieser Frage muss anhand der spärlichen Quellenlage dahingestellt bleiben.

Nicht ganz klar ist außerdem der Ursprung eines „Circolo Regina Elena", der ab November 1914 seinen Sitz in der Neustadt, Welckerstraße, hatte. Hier wurde „bedürftige[n] und stellungslose[n] Landsleute[n]" „Rat und Auskunft" erteilt, und zwar „werktäglich zwischen 5 bis 7 Uhr".[292] Hier stimmen weder der Vereinssitz noch seine Tätigkeit mit denen des Sparklubs überein, obwohl sie den gleichen Namen trugen. Vielleicht hatte sich der Sparklub wegen des Ausbruchs des Ersten Weltkrieges und der damit verbundenen Schwierigkeiten für die Italiener, die sich noch im Hamburger Raum aufhielten, in einen Hilfsverein umgewandelt und neue Räume bezogen. Vielleicht handelte es sich um einen neuen gleichnamigen Hilfsverein. Sicher bleibt nur, dass es um 1914 mindestens zwei italienische Vereine in Hamburg gab.

Bemerkenswert ist, dass nach Pertile 1914 in ganz Deutschland neben Berlin und Strassburg nur der Hamburger Raum zwei italienische Vereine aufweisen konnte. In allen anderen Städten, wo Italiener lebten, gab es maximal einen.[293] Dies verweist auf die Existenz eines einigermaßen entwickelten italienischen sozialen Gefüges im Hamburger Raum, was wiederum auf Niederlassungstendenzen auch sehr weit entfernt von den Ballungsräumen der italienischen Zuwanderung im Süden und Westen des Kaiserreichs hindeutet. In dieser Hinsicht ist besonders die Gründung des Vereins „Regina Elena" zu unterstreichen, weil sie nicht wie im Falle der Wohltätigkeitsgesellschaft einer Initiative von Außen zuzuschreiben war, sondern spontan innerhalb der italienischen Migrantengemeinde beschlossen und durchgeführt wurde.

---

[291] Pinto, Rapporto su Amburgo (1905), S. 27.

[292] „Italienischer Verein ‚Circolo Regina Elena'", in: Hamburger Nachrichten vom 10. November 1914.

[293] Pertile, Italiani in Germania (1914), S. 902.

4.   Zur gegenseitigen Wahrnehmung von Hamburgern und Italienern vor 1918

4.1.   Zur Bedeutung von Stereotypen und Vorurteilen in der Wahrnehmung des „Anderen"

Die Menschen sind auf die Bildung von „Wir-Gruppen" vorbereitet. Gruppen, die sich etwa in einer gemeinsamen Geschichte, Sprache und Gebräuchen wiedererkennen. Auf diese Art und Weise suchen die Gruppenmitglieder einem Bedürfnis nach Zusammengehörigkeit und nach Sicherheit zu entsprechen.[294] Die Gesellschaft gestaltet sich aufgrund der Präsenz zahlreicher Gruppen von Andersartigen als hoch komplex. Um diese gesellschaftliche Komplexität zu bewältigen entstehen Stereotype und ethnische Vorurteile. Diese vereinfachen um das vielfache die Perzeption des Anderen, ohne allerdings die Wahrheit gänzlich zu verfälschen, da sie nicht selten einen gewissen Wahrheitskern beinhalten.[295]

Stereotype sind nach dem Soziologen Friedrich Heckmann Bilder, die auf fehlerhafter, simplifizierender Verallgemeinerung beruhen.[296] Oft sind die stereotypen Merkmale, die einer fremden Gruppe zugeschrieben werden, um deren Anderssein zu unterstreichen, ausgerechnet diejenigen, die der eigenen sozialen Gruppe fehlen. Zur Bestätigung der simplifizierenden Wahrnehmung werden Erfahrungen, die vom stereotypen Bilde abweichen – etwa nach direkten Kontakten zu Angehörigen der anderen Gruppe – ignoriert oder durch passende Erklärungen wieder ins ursprüngliche Gesamtbild eingefügt.[297] Generell sind die stereotypen Merkmale, die anderen Gruppen und ihren Mitgliedern zugeschrieben werden, nicht nur „untypisch" für die eigene Gruppe, sondern auch nicht selten negativ aufgeladen. Diese negativ aufgeladenen Stereotype werden als ethnische Vorurteile bezeichnet. Positive Eigenschaften werden mit einer „Selbstbehauptungsfunktion" der eigenen, negativen Eigenschaften der fremden Gruppe zugeschrieben. Dies vollzieht sich z.B., wenn sich im Rahmen einer Zuwanderung die Mehrheitsgruppe durch die Eigenschaften der zugezogenen Fremden „bedroht" fühlt.[298]

Im Laufe jahrhundertlanger Kontakte zwischen Deutschen und Italienern sind zahlreiche Stereotype und ethnische Vorurteile in der gegenseitigen Wahrnehmung der zwei Völker entstanden. Manche sind verschwunden oder haben sich

---

[294] Elisabetta Mazza Moneta, Deutsche und Italiener. Der Einfluss von Stereotypen auf interkulturelle Kommunikation, Frankfurt am Main 2000, S. 30f.
[295] Ebenda, S. 36f.
[296] Heckmann, Ethnische Minderheiten (1992), S. 119f.
[297] Mazza Moneta, Deutsche und Italiener (2000), S. 37ff.
[298] Ebenda, S. 42f. Ferner: Heckmann, Ethnische Minderheiten (1992), S. 117ff.

modifiziert, manche haben sich lange Zeit hartnäckig gehalten. Am Anfang des 19. Jahrhunderts glaubten die Italiener, die Deutschen seien vor allem ordentlich, fleißig und diszipliniert, sie hielten sie aber auch für wenig lebensfroh und kalt.[299] Die Deutschen, obwohl sie Italien aufgrund seines Klimas und seiner großen Geschichte traditionell sehr bewunderten, schätzten die Italiener selbst sehr negativ ein. Sie seien vor allem faul, schmutzig, unordentlich, individualistisch, aggressiv und nicht sonderlich aufrichtig. Immerhin aber auch schön und lebhaft.[300] Die Massenwanderung von italienischen Arbeitern nach Deutschland, die in der zweiten Hälfte des 19. Jahrhunderts einsetzte, und der Alltagskontakt mit ihnen bestätigte oft dieses negative Bild, da italienische Arbeiter in vielerlei Hinsicht weniger anspruchsvoll als ihre deutschen Kollegen zu sein schienen. Schon bald wurden sie in Deutschland zu „Chinesen Europas" degradiert,[301] wobei der chinesische „Kuli" als Inbegriff des Arbeitssklaven galt.[302]

Wie im Folgenden zu sehen sein wird, fanden sich alle diese Stereotypen in den deutsch-italienischen Begegnungen in der Hansestadt während des Deutschen Kaiserreiches wieder.

4.2.   Die Hamburger im Bilde der italienischen Migranten

Der Kontakt der in Hamburg lebenden Italiener mit der deutschen Aufnahmegesellschaft schien das in Italien geläufige Bild des fleißigen, ordentlichen, aufrichtigen und disziplinierten Deutschen zu bestätigen. Im Jahre 1897 lobte voll Bewunderung der italienische Generalkonsul in Hamburg den Fleiß der Deutschen:

Die deutsche Handelsmarine schuldet ihre erstaunliche Entwicklung dem unternehmerischen und besonnenen Charakter dieses Volkes, dessen Neigungen sich in gigantischen individuellen und kollektiven Unternehmen umsetzen. Diese Unternehmen sind von einer großen Geschicktheit, einem scharfsinnigen Fleiß und einer unermüdlichen Arbeitsamkeit gekennzeichnet. In Deutschland ist es nicht wie in Italien, wo alles vom Staat erwartet wird wie ein Geschenk des Himmels [*come la manna dal cielo*]. Hier finden Produktion und Handel unter der intelligenten Aktion der privaten Kräfte statt. In Italien wird hingegen alles von den Ministerien, von den Botschaften und von den Konsulaten gefordert, erwartet und verlangt.[303]

---

[299] Mazza Moneta, Deutsche und Italiener (2000), S. 94–108.

[300] Ebenda, S. 133–154. Ferner: Petersen, Italia-Germania (1993), S. 201.

[301] „I Chinesi d'Europa", in: L'Operaio Italiano vom 13. August 1898.

[302] Amenda, Chinesen in Hamburg (2000), S. 18-20.

[303] Italienischer Generalkonsul/Hamburg an Handelsbeauftragten der italienischen Botschaft / Berlin, September 1897, AitGkHH, Briefwechsel 1897. Eigene Übersetzung.

Ähnlich grenzenlos lobend über die deutschen „Tugenden" äußerte sich auch der 1913 in Hamburg amtierende italienische Generalkonsul, der eine Analyse der Ursachen dieser positiven Eigenschaften wagte:

Borgese schreibt: „Die Deutschen von heute bleiben die Rasse von gesundesten und weisesten Menschen, die den europäischen Kontinent bevölkern. Im Geistesleben haben sie zwar an Genialität verloren, aber dafür die Methodik behalten. Im praktischen Leben haben sie noch nicht die Disziplin vergessen, die der Eckstein der Nationen ist". In der Tat ist die deutsche eine aufdringliche Rasse, sie hat Rückgrat, Beharrlichkeit und Zähigkeit [...]. Die Leute sind von Natur aus tatkräftig und arbeiten ständig um ihre Existenz zu sichern. Es ist deshalb klar, dass Leute, denen die notwendigen täglichen Beschäftigungen keine Rast erlauben, einen extremen Pflichtsinn entwickelt haben. Das Bewusstsein, die Arbeit sorgfältig erfüllen zu müssen, die Neigung alles ernst zu nehmen, die Gewohnheit beharrlich und unermüdlich zu arbeiten sind *die* notwendigen Eigenschaften, um erfolgreich ein großes Vorhaben durchzuführen. Deshalb sind die deutschen Unternehmen fast immer von Erfolg gekrönt. [...] Der Deutsche, der tatkräftig und hartnäckig und ein geduldiger und gehorsamer Arbeiter ist, ist in der Heimat und im Ausland von einer unwiderstehlichen Neigung getrieben, sich zu assoziieren: er ist immer bereit seine Individualität der Kollektivität eines Verbundes zu opfern. Es könnte behauptet werden, dass der Deutsche bereits als Mitglied eines Verbundes zur Welt kommt. Jedes große oder kleine Unternehmen ist eine wunderbare Gruppierung von Individuen, die von einem einzigen Kredo gelenkt werden, damit alle zusammen für die Erreichung des Enderfolges kooperieren.[304]

Besonders die Hamburger scheinen für den italienischen Generalkonsul der Prototyp des fleißigen Deutschen dargestellt zu haben:

Die Jungen [Hamburger – E.M.] der höheren Klasse haben Freude an der Arbeit, so dass gesagt werden kann, dass es keine wirklich faulen Leute gibt. Steinreiche Händler verbringen lange Stunden in ihren Büros, sind unermüdlich an der Börse und erlauben sich während des Tages wahrhaft wenig Ablenkungen. Die Villen, die sie um die Alster bewohnen, tragen den Stempel ihres Reichtums. Die Reichen zeigen sich aber nicht snobistisch mit den Fremden, die ihnen Besuch erstatten. Der Hamburger hat einen aufgeweckten Geist in den Geschäften, er wartet nicht, dass diese zu ihm kommen, sondern er sucht sie selber.[305]

Wie die Generalkonsule übten sich auch die italienischen Migranten in Lob für die „Tugenden" der Aufnahmegesellschaft. Nach Ausbruch des Ersten Weltkrieges teilten einige in Hamburg lebende Italiener der italienischen Presse mit, dass die Deutschen ein „wunderbares, großartiges und einzig dastehendes Schauspiel von Kraft, Ordnung und einheitlichem Vorgehen" böten. Die Italiener würden mit großer „Korrektheit" behandelt werden.[306]

---

[304] Giacchi, Amburgo (1913), S. 639f, 642.
[305] Ebenda, S. 641.
[306] „Der italienische Verein in Hamburg", in: Hamburgischer Correspondent vom 1. September 1914.

4.3.   Die italienischen Migranten im Bilde der Hamburger

Da keine Angaben über die Wahrnehmung italienischer *Migranten* in Hamburg
im Kaiserreich seitens der deutschen Aufnahmegesellschaft ermittelt werden
konnten, wird hier versucht, die damalige *allgemeine Perzeption der Italiener* zu
rekonstruieren. Diese ging ebenfalls und vielleicht noch stärker aus in Jahrhunderten entstandenen stereotypen Vorstellungen hervor. Während die italienischen
Migranten in Hamburg diese immerhin mit der Wirklichkeit messen konnten, hatte das Groß der Hamburger Bevölkerung angesichts des bescheidenen Umfanges
der italienischen Gruppe in der Stadt kaum Kontakt zu Italienern und das Zeitalter
des Massentourismus lag noch in der Zukunft. Die allgemeine Perzeption der Italiener seitens der Hamburger kann jedenfalls anhand zweier Ereignisse, in denen
Italiener ins Zentrum der Aufmerksamkeit der Hamburger rückten – die Ausstellung „Italien in Hamburg" von 1895 und der Hafenarbeiterstreik von 1986 –,
genau beobachtet werden.

4.3.1.   Der schöne und fröhliche Italiener: Die Ausstellung „Italien in
             Hamburg" von 1895

Die Ausstellung „Italien in Hamburg" sollte den Hamburgern das „Land der
Sehnsucht", „die Sitten und Gebräuche des italienischen Volkes sowie seine herrlichen landschaftlichen und architektonischen Reize" zeigen.[307] Der Organisator
der Ausstellung, der deutsche Ingenieur C.G. Rodeck, hatte im Sommer 1894 mit
Erfolg eine erste Italien-Ausstellung in Berlin-Charlottenburg organisiert. Diese
sollte 1896 nach Hamburg verlegt werden. Bereits am 25. August 1894 wurde
zwischen der Hamburger Finanzdeputation und Rodeck eine Vereinbarung für die
Vermietung von 40.000 qm des Heiligengeistfeldes auf St. Pauli getroffen.[308]
Rodeck und seine Mitarbeiter brauchten für die Planung und die aufwändige Vorbereitung des Ausstellungsgeländes den ganzen Winter.

Einige der berühmtesten italienischen Baudenkmäler wurden genau nachgebildet,
wie beispielsweise der Titusbogen, die Constantinsäule und ein ganzes veneziani-
sches Viertel samt Dogenpalast, Markusbasilika und Turm. Von den Häusern
waren die Räume des Erdgeschosses und zum Teil auch einige Balkone des ersten
Obergeschosses begehbar. Die darüber liegenden Geschosse wurden durch „Blen-
den der Architektur des unteren Geschosses entsprechend gemalt dargestellt". Es
gab ferner „zahlreiche, meistens sechs Meter breite Straßen und schiffbare Kanä-

---

[307] Generelle Beschreibung der Ausstellung Italien in Berlin, 18. Januar 1894, StAHH, Bestand
        111-1, Akte Cl. VII Lit. K a Nr. 12 Vol. 20, Anlage 4.
[308] Vereinbarung zwischen der Hamburger Finanzdeputation und Herrn C.G. Rodeck, 25. August
        1894, StAHH, Bestand 111-1, Akte Cl. VII Lit. K a Nr. 12 Vol. 20, Anlage 14.

le". Letztere hatten eine durchschnittliche Tiefe von einem Meter und wurden von
verschiedenen Booten und Gondeln befahren. Der für die Anlegung der Kanäle
ausgeschachtete Boden wurde für die Errichtung eines Hügels längs der Feldstra-
ße benutzt, wo eine Art neapolitanisches Viertel entstand. Über diese Viertel hinaus wurden noch einige andere besondere Bauten errichtet: ein „Matineehaus" für
Varieteevorstellungen, ein „Panoramagebäude zur Aufstellung eines Rundgemäl-
des von Neapel", ein italienisches Café, Verkaufshallen, eine Kantine, eine
Osteria (italienische Kneipe), ein Musik-Pavillon und ein Maschinenraum für die
elektrische Beleuchtung der gesamten Anlagen. „Künstlerisch gemalte Panorama-
gemälde von einer durchschnittlichen Höhe von zehn Metern" wurden um das
ganze Gelände herum aufgestellt.[309] Um diese Kulissen mit echten Szenen italienischen Volkslebens zu beleben, wurden etwa 480 Italiener und Italienerinnen angeworben, die sich einige Monate lang den Hamburgern zur Schau stellten.[310] Wie
in Berlin sollten auch in der Hansestadt verschiedene „nicht imitierte" italienische
Volkstypen vorgeführt werden wie:

Sänger, fahrende Spielleute und Mandolinisten, Straßengaukler, volkstümliche Zauberer und
Wahrsagerinnen, imitierte Soldaten der interessantesten Waffengattungen, Priester, unechte [!!]
sizilianische Banditen und Lazaroni [Gauner – E.M.], Fischer, Hirten, Straßentänzerinnen und
ambulante Händler und Verkäufer südländischer und speziell italienischer Produkte in ihren
charakteristischen Zügen.[311]

Damit sollte eine „generelle Anschauung von Italien und seinen Bewohnern" geschaffen werden.[312]

Am 11. Mai 1895 wurde die Ausstellung in Anwesenheit der Spitzen der Hamburger Behörden und der Stadtprominenz feierlich eröffnet. Das Resultat einer
monatelangen Arbeit scheint die Hamburger durchaus beeindruckt zu haben:

Nach der offiziellen Eröffnung machten die Anwesenden einen Gang durch die Ausstellung,
indem man zunächst di „Ponte di Carati" überschritt, an deren Ende, an welchem man den Platz
„Campo S. Vitalo" erreicht, die uniformierte Bersaglieri-Kappelle Aufstellung genommen hatte
und unter Leitung ihres Dirigenten Bebisario Caddi „Auf Hamburgs Wohlergehen" spielte. Vom
„Campo S. Vitalo" begaben sich die Gäste über den Stefano-Platz usw. nach dem St. Marcus
Platze mit seiner herrlichen Umgebung. Auf dem ganzen Wege und in den anliegenden Restaurants zeigten sich zahlreiche Italiener und Italienerinnen in ihren malerischen Trachten, welche
nach italienischem Brauche überall ihre Künste zeigen [...] es herrscht hier ein Lachen und Trei-

---

[309] Generelle Beschreibung der Ausstellung Italien in Berlin, 18. Januar 1894, StAHH, Bestand
111-1, Akte Cl. VII Lit. K a Nr. 12 Vol. 20, Anlage 4.
[310] Melhop, Historische Topographie (1850), S. 250.
[311] Generelle Beschreibung der Ausstellung Italien in Berlin, 18. Januar 1894, StAHH, Bestand
111-1, Akte Cl. VII Lit. K a Nr. 12 Vol. 20, Anlage 4.
[312] Ebenda.

ben, welches in dem Besucher der Ausstellung wohl die Illusion erwecken kann, er befinde sich in dem sonnigen Italien.[313]

Trotz kleiner „Bedenken gegen Dies oder Jenes, wie namentlich die greifbare Nähe der gemalten Fenster, Balkons usw." wurde die Leistung der Ausstellungsdirektion kräftig gelobt. Besonders bei Nacht, „wenn [...] unsere freundliche Trabantin Luna ihr magisches Licht über Dächer und Kuppeln und über die geheimnisvoll murmelnde Wasserfläche ergießt", sei der Anblick der Szenerie „wunderbar" gewesen.[314] Das zahlreiche Publikum – an einem „kühlen" Sonntag wurden 20.000 Eintrittskarten verkauft – äußerte sich „laut und lebhaft" über die „so geschickt arrangierte Ausstellung", die aus dem sonst so kahlen Heiligengeistfeld ein buntes und lautes Klein-Italien gemacht hatte.[315]

Hauptattraktionen der Ausstellung waren, neben den architektonischen Nachbildungen, die italienischen Musik-, Gesang- und Tanzgruppen, die auf den nachgebildeten Plätzen und in den zahlreichen Lokalen sowie in der eigens dafür gebauten Konzerthalle vom frühen Morgen bis zum späten Abend die Besucher mit musikalischen Aufführungen unterhielten. Die berühmteste italienische Musikkappelle, die auf der Ausstellung ihre Künste zeigte und stets den begeisterten Beifall der Gäste auslöste, war das Orchester der Mailänder Scala.[316] Die Hamburger konnten sich ferner an echten Gondelfahrten über die großen Wasserflächen der Ausstellung erfreuen. 30 venezianische Gondoliere führten ihre Boote auf dem von nachgebildeten Palästen flankierten *Canal Grande* sowie auf zahlreichen kleineren Kanälen des venezianischen Viertels.[317] Auf dem nach neapolitanischen Vorbild angelegte Areal luden italienische Maultiertreiber „schreiend und singend zum Besteigen der kleinen, flinken Tiere ein". Sie führten „im bequemen Schaukeltempo" die Besucher „an bunt durcheinander gebauten Häusern mit platten Dächern vorbei, auf denen die Wäsche lustig im Winde flattert".[318] In einer auf dem Hügel gelegenen *Osteria* konnten die Gäste der Ausstellung „echte italienische Weine und Speisen" bekommen, die von einem „eigens zu diesem Zwecke aus Neapel berufenen Koch" zubereitet wurden.[319]

---

[313] „Eröffnung der Ausstellung Italien in Hamburg 1895", in: Hamburger Fremdenblatt vom 12. Mai 1895.

[314] „Italien in Hamburg", in: Hamburger Fremdenblatt vom 12. Mai 1895.

[315] „Ausstellung Italien in Hamburg 1895", in: Hamburger Fremdenblatt vom 14. Mai 1895.

[316] „Italien in Hamburg", in: Hamburger Fremdenblatt vom18. Mai 1895.

[317] „Ausstellung Italien in Hamburg 1895", in: Hamburger Fremdenblatt vom 23. August 1895.

[318] „Italien in Hamburg", in: Hamburger Fremdenblatt vom 26. Mai 1895.

[319] Ebenda.

An besonderen Tagen wurde das bereits üppige Musik- und Tanzprogramm der Ausstellung erheblich erweitert. Anlässlich der Pfingsttage im Juni wurde u. a. ein Gondel-Festzug auf dem *Canal Grande* sowie durch sämtliche Kanäle des venezianischen Viertels organisiert. Die auf den Gondeln vorbeigleitenden Italiener präsentierten sich „in ihren verschiedenartigen Nationalkostümen" und boten dem „Publikum, das die Ufer der Kanäle und die zahlreichen Brücken dicht besetzt hielt" einen „entzückenden Anblick". Die Venezianer und die Venezianerinnen:

[...] sangen und musizierten während der Fahrt mit heimatfroher Begeisterung, die sich auch rasch auf die Neapolitaner übertrug, was letztere veranlasste, aus freiem Antriebe sich während der Fahrt in ihren so graziösen Figurentänzen zu produzieren.[320]

Hamburg stand im Sommer 1895 zweifellos ganz im Zeichen der Ausstellung „Italien in Hamburg", die überall besprochen wurde, und die Hamburger Umwelt offenbar in nicht unbedeutendem Maße beeinflusste. Im berühmten Ernst Drucker-Theater wurde beispielsweise das Stück „Italien in Hamburg, oder: Thetje Sagers als Rentier" gezeigt,[321] und das Fotoatelier Enrique Brandt & Piza brachte eine Reihe fotografischer Aufnahmen der „anmutigsten jungen Italienerinnen im Nationalkostüme", abwechselnd vereint mit „populären Vierländerinnen" und „Hamburger Kleinmädchen", heraus.[322] Ein Leser des Hamburger Fremdenblattes ersuchte die Polizeibehörde den Blumenverkauf auf den Straßen zuzulassen, indem er von der Ausstellung ausgehend an Italien und an seinen „hübschen und feschen Blumenverkäuferinnen, die eine angenehme Abwechslung in dem eintönigen modernen Straßenleben bilden", erinnerte.[323] Darüber hinaus waren offenbar viele Hamburger von der Ausstellung selbst begeistert. Gute Unterhaltung auf den Plätzen und in den Lokalen sowie ungewöhnliche Ansichten stellten eine beliebte Attraktion mitten in der Großstadt dar. Beim Hamburger Fremdenblatt meldeten sich einige Leser, die „als Abonnenten der Ausstellung" „beinahe täglich Besucher derselben" seien und „natürlich immer Bekannte dort einführen" würden.[324] Ein weiterer Leser erinnerte daran, dass sich „ein guter Teil der Hamburger Bevölkerung" an das „großartige Unternehmen so gewöhnt" habe, dass „ausnahmslos jeder Abend dort verbracht" werden würde. „Immermehr"

---

320 „Ausstellung Italien in Hamburg 1895", in: Hamburger Fremdenblatt vom 6. Juni 1895.
321 „Italien in Hamburg' im Ernst Drucker-Theater", in: Hamburger Fremdenblatt vom 6. Juni 1895.
322 „Italien in Hamburg", in: Hamburger Fremdenblatt vom 7. Juni 1895.
323 „Blumenverkäuferinnen", in: Hamburger Fremdenblatt vom 8. Juni 1895.
324 „Mehr Musik in der Ausstellung ,Italien in Hamburg'", in: Hamburger Fremdenblatt vom 7. Juni 1895.

würde ferner die Zahl dieser „Stammgäste" wachsen.[325] Am 14. Oktober wurden die Pforten der Ausstellung geschlossen.[326]

Abb. III.5: Gondeln auf dem Heiligengeistfeld. Die Ausstellung „Italien in Hamburg" von 1895

Quelle: StAHH, Bestand 111-1, Cl. VII Lit. K a Nr. 12 Vol. 20. Es handelt sich um ein Bild der Ausstellung „Italien in Berlin" von 1894. Die Hamburger Ausstellung war aber bis ins Detail eine Kopie der Berliner.

Dass die Hamburger mit Begeisterung auf die Ausstellung reagierten, lag offensichtlich daran, dass diese sämtliche spätestens seit Goethes Italienreise in Deutschland kursierenden positiven Stereotypen Italiens und der Italiener, wie fröhlich und müßig lebende Menschen und traumhafte, romantische Szenarien, bestätigte. Italien galt dank der Eindrücke, die in der literarischen Produktion sei-

---

[325] „Italienische Ausstellung", in: Hamburger Fremdenblatt vom 7. August 1895.

[326] „Die Ausstellung Italien in Hamburg 1895", in: Hamburger Fremdenblatt vom 15. Oktober 1895.

ner deutschen Besucher vermittelt wurden, als Land des milden Klimas und der Ur-Kultur Europas, wo sich noch überall die grandiosen Zeugnisse der vergangenen Größe dem Auge des Besuchers boten.[327] Diesem paradiesartigen Bild entsprechend wurde das italienische Volk als freundlich, heiter, fröhlich und müßig vor sich hin lebend vermutet, quasi als ständiger Schauspieler vor den magischen Kulissen der Vergangenheit. Die Italiener wurden aber damals auch anders als heiter und warmherzig wahrgenommen. Dies zeigte sich 1896, als Hamburger Unternehmer der streikenden lokalen Hafenarbeiterschaft mit der Heranziehung zahlreicher italienischer Streikbrecher drohten.[328]

4.3.2.   Die Italiener als rückständig: Der Hafenarbeiterstreik von 1896

Neben dem positiven Italiener-Stereotyp des fröhlichen und müßig lebenden Menschen, das mit dem Bild Italiens als romantischem und sonnigem Traumland des Südens eng verflochten war, waren während des Kaiserreiches die Italiener auch einer Fülle von negativen Stereotypen ausgesetzt. Sie seien unsauber, gefährlich und unzivilisiert. Als 1896 die Hamburger Unternehmer der lokalen Arbeiterschaft mit der Heranziehung von 1.000 italienischen Streikbrechern drohten, kamen auch in der Hansestadt alle in Deutschland bereits kursierenden negativen Vorurteile über Italiener zum Vorschein.

Am 21. November hatten wegen langer Arbeitszeiten, unzureichenden Löhnen und schlechter allgemeiner Arbeitsbedingungen die Schauerleute im Hamburger Hafen ihre Arbeit niedergelegt.[329] Bald darauf schlossen sich ihnen alle anderen Arbeitergruppen, die im Hafen beschäftigt waren, und auch die Seeleute an. Der Hafenbetrieb wurde dadurch praktisch lahmgelegt. Am 27. November, da die Arbeitgeber keinerlei Verhandlungswillen zeigten und sich eine Kraftprobe zwischen Arbeit und Kapital anbahnte, proklamierte das Hamburger Gewerkschaftskartell, das anfangs die Initiative nicht gebilligt hatte, den Generalstreik.[330] Zwei Wochen, nachdem die Arbeit niedergelegt worden war, befanden sich rund 12.000 Personen im Streik.[331] Trotz einer großen finanziellen und organisatorischen Anstrengung erreichten es aber die Arbeiter nicht, die Unternehmer zu Zugeständnissen zu zwingen. Diesen war es gelungen die Streikaktion zu unterlaufen, indem

[327] Wolfgang Pütz, Das Italienbild in der deutschen Presse. Eine Untersuchung ausgewählter Tageszeitungen, München 1993, S. 25.

[328] „Zum Streik der Schauerleute", in: Hamburgischer Correspondent vom 24. November 1896.

[329] Hans-Joachim Bieber, Der Hamburger Hafenarbeiterstreik 1896/97, in: Herzig/Langewiesche/ Sywottek (Hg.), Arbeiter in Hamburg (1983), S. 229-245, hier: S. 233. Zum Hafenarbeiterstreik von 1896 siehe auch: Michael Grüttner, Arbeitswelt an der Wasserkante. Sozialgeschichte der Hamburger Hafenarbeiter 1886 – 1914, Göttingen 1984, S. 165-175.

[330] Ebenda, S. 234.

[331] Ebenda, S. 233.

sie fremde Streikbrecher nach Hamburg kommen ließen. Im Kampf gegen die Hafenarbeiter fanden sie zudem die Unterstützung des Hamburger Senats, der am 14. Dezember jede Haussammlung von Streikenden verbot und zur Wiederaufnahme der Arbeit aufforderte.[332] Am 21. desselben Monats stellte der Senat sogar die im Hafen arbeitenden Streikbrecher unter Polizeischutz. Trotz dieser Maßnahmen ging der Streik noch weiter. Anfang Februar 1897 musste aber die Zentrale Streikkommission das Ende des inzwischen aussichtslos gewordenen Aufstandes erklären.[333]

Erste Gerüchte über das Eintreffen italienischer Streikbrecher kursierten bereits am 24. November 1896, also drei Tage nach der Niederlegung der Arbeit. Zu dem Zeitpunkt hatte nämlich der Steuerbaas der Hamburg-Amerika Linie, G. H. Blohm, durch große Inserate in mehreren Blättern seinen Leuten bekannt gegeben, dass sie sich bald wieder zur Arbeitsaufnahme melden sollten, ansonsten würde er 1.000 Italiener einstellen. Für diese Arbeiter habe er einen Jahresvertrag à 4,20 Mark pro Tag und freie Verpflegung auf den Schiffen vorbereitet. Auch für einen polizeilichen Schutz dieser Italiener sei gesorgt.[334] Das waren die ersten Anzeichen einer Konkretisierung des größten Albtraumes der sich im Aufstand befindenden Arbeiter: die Heranziehung von Streikbrechern. Diese Angst war nicht unberechtigt, da die Hamburger Unternehmer in den folgenden Wochen tatsächlich zahlreiche Streikbrecher nach Hamburg holten[335] und damit in der Lage waren den Aufstand erfolgreich zu bekämpfen. Einige Zeitungsartikel, die sich mit dem Thema der Anwerbung italienischer Streikbrecher befassen, lassen die bedeutendsten Züge der Wahrnehmung der Italiener innerhalb der Hamburger Öffentlichkeit erkennen. Dabei kann glücklicherweise auf Zeitungsartikel zurückgegriffen werden, die die Meinungen eines großen politischen Spektrums und somit verschiedener sozialer Schichten des Stadtstaates wiedergeben.

Im nationalliberalen Blatt Hamburgischer Correspondent wurde am 24. November, bald nach der Niederlegung der Arbeit, mit einer positiven Berichterstattung über die Lage im Hafen begonnen. Dabei äußerte sich die Redaktion wohlwollend über vereinzelte italienische Streikbrecher, die sich bereits in Arbeit befanden. Man würde auf vielen Schiffen fast normal arbeiten, und man habe auch von „auf den im Hafen liegenden italienischen Schiffen" „eine Anzahl Italiener" herange-

---

[332] Ebenda, S.236f.

[333] Ebenda, S. 239.

[334] „Zum Streik der Schauerleute", in: Hamburgischer Correspondent vom 24. November 1896.

[335] Es seien „Scharen" von nicht organisierten Arbeitern aus England, aber auch ostdeutsche Arbeitskräfte u. a. nach Hamburg geholt worden. Siehe: „Zum Streik der Hafenarbeiter", in Hamburgischer Correspondent vom 4. Dezember 1896. Ferner: Bieber, Der Hamburger Hafenarbeiterstreik 1896/97 (1983), S. 236.

zogen, „welche zu 3,60 Mark gern und willig arbeiten" würden.[336] Im linken politischen Lager (Streikkomitee und Sozialdemokratie) dagegen wurde mit allen Kräften der Aufstand unterstützt, und man erklärte sich gegen jegliche Anwerbung italienischer bzw. anderer fremder Arbeiter. Besonders interessant dabei ist aber die Verbreitung übelster Vorurteile über die Italiener und über alle anderen Ausländer als Argumente gegen ihrer Anwerbung. Das Hamburger Echo, das offizielle Organ der Hamburger Sozialdemokratie, äußerte sich am 25. November mit folgenden Worten:

Da die Arbeiter einen angemessenen Lohn fordern, damit sie menschenwürdig leben können, drohen Hamburger Firmen mit dem Import italienischer Kulis. Der auf einer niedrigeren Kulturstufe stehende Italiener kann billiger arbeiten, weil er nicht die Ansprüche wie ein Deutscher hat. Er ist zufrieden, wenn er in einem Massenquartier untergebracht würde. Auch die Reinlichkeit kann er entbehren und braucht, da er weniger für Miete und nichts für Reinlichkeit anwendet, nicht die Ausgaben zu machen, welche der hiesige Arbeiter für seine Familie aufbringt. Welche Folgen der Import der auf niedriger Kulturstufe stehenden Arbeiter für das Gemeinwohl hat, davon hat uns die Choleraepidemie eine grauenhafte Lehre gegeben. [...] Der Norddeutsche und speziell der Hamburger Arbeiter sieht mit Vorliebe auf eine gewisse Sauberkeit und Behaglichkeit, während diese Eigenschaften bei den fremden Arbeitern, Polen, Dänen, Schweden usw., namentlich aber bei den ersteren zu vermissen sind. [...] jetzt verkünden die Stauer, dass unter dem Schutze der Polizei der Übelstand verschlimmert werden soll. Wer die Italienerquartiere der Großstädte, z.B. in New York, kennt, der weiß, wie viel Elend, Schmutz und Verbrechen dort angehäuft ist. Die von allen europäischen Arbeitern auf der niedrigsten Kulturstufe Stehenden sollen massenhaft importiert werden, um die Lebenshaltung der hiesigen Arbeiter herabzudrücken.[337]

Dass die Italiener sowie andere Ausländer zum Streikbruch aus wirtschaftlicher Not gezwungen waren, wurde nicht angedeutet, das Hamburger Echo beharrte auf einer extrem rassistischen Haltung. Auch das linksliberale Hamburger Lager, obwohl nicht unbedingt in guten Beziehungen zu den Aufständischen stehend, schien von einer Anwerbung von Italienern, gleich ob Streikbrecher oder Einwanderer, nicht besonders begeistert zu sein und teilte dieselben rassistischen Vorurteile der Linken. Man machte sich ebenfalls ernsthafte Gedanken und zwar über die „sehr zweifelhaften Elemente", die sich unter den Italienern befinden konnten, und man wollte sich „angesichts der zur Landplage gewordenen polnischen Arbeiter auf der Veddel und Wilhelmsburg" vor einer „italienischen Kolonie an der Wasserkante bewahren". Man gab auch zu bedenken, dass „Exzesse", wie sie bereits in Zürich (die so genannten „Italienerkrawalle") stattgefunden hatten, in Hamburg „nicht ausgeschlossen" seien.[338]

---

[336] „Zum Streik der Schauerleute", in: Hamburgischer Correspondent vom 24. November 1896.

[337] „Der Streik der Hafenarbeiter", in: Hamburger Echo vom 25. November 1896.

[338] „Zum Streike der Hafenarbeiter", in: Hamburger Fremdenblatt vom 26. November 1896.

Kamen aber tatsächlich die von Blohm angekündigten 1.000 Italiener als Streikbrecher nach Hamburg? Sicher ist nur, dass am 26. November der italienische Generalkonsul in der Hansestadt, Pinto, und der Hamburger Senator Burchard eine Anfrage des italienischen Auswärtigen Amtes über den eventuellen Einsatz von italienischen Arbeitern im Hamburger Hafen diskutierten. Eine amerikanische Reederei wollte etwa 200 Arbeiter in Genua rekrutieren und sie per Sonderzug nach Hamburg befördern. Hieraus resultierte das Interesse des italienischen Außenministeriums über eine genaue Unterrichtung, ob die Polizei in der Hansestadt in der Lage sei die Sicherheit dieser Menschen zu gewährleisten.[339] Senator Burchard teilte Pinto mit, dass die Ruhe seit dem Anfang des Streikes „nicht gestört worden" sei, dass aber im Jahre 1890, als die Maurer und Zimmerleute im Aufstand waren, die Streikbrecher von den Streikenden „gelegentlich geprügelt" worden seien. Seiner Meinung nach würde der „Zuzug italienischer Hafenarbeiter die Situation wesentlich verschärfen", wenn auch die Zahl von 200 „nicht eben erheblich" sei. Wie Burchard dem Polizeisenator Hachmann berichtete, neigte nach diesem Gespräch der Generalkonsul dazu, die Abreise der Streikbrecher aus Genua zu unterbinden.[340] Noch am gleichen Abend erreichte ihn dann die Bitte des Senats die Abreise aus Sicherheitsgründen definitiv zu blockieren.[341] Darüber hinaus hatte der Schweizer Gewerkschaftsbund dem Hamburger Streikkomitee mitgeteilt, dass er „für rege Agitation und für Abwendung der Arbeiterzufuhr aus der Schweiz und Italien Sorge tragen" werde.[342] Tatsächlich versuchten offenbar Anfang Dezember „Hamburger Agenten" „ohne Erfolg" in Zürich Italiener für „Seemannsarbeiten" in Hamburg anzuwerben.[343]

Meldungen zufolge hatte jedoch eine Kohlenfirma 53 Italiener, die im Vorjahr am Kaiser-Wilhelm-Kanal tätig gewesen waren, für Arbeiten in Hamburg angeworben und würde mit ihnen „gut fertig" werden.[344] Und im Hafen hatte man, wie bereits erwähnt, eine „Anzahl" Italiener herangezogen. Obwohl es nicht unwahrscheinlich ist, dass vereinzelt italienische Streikbrecher tatsächlich nach Hamburg gekommen waren, müssen jedoch derartige Meldungen mit erheblicher Skepsis betrachtet werden. Das Gespenst der Anwerbung der Italiener wurde nämlich von allen Seiten ausgenutzt um die Gegner zu schwächen. Bereits einige Tage nach

---

[339] Memorandum des italienischen Generalkonsulats in Hamburg betreffend die Heranziehung von italienischen Streikbrechern, StAHH, Bestand 132-1 I, Akte 2959.

[340] Senator Burchard/Hamburg an Senator Hachmann/Hamburg, 26. November 1896, StAHH Bestand 132-1 I, Akte 2959.

[341] Senator Burchard/Hamburg an italienischen Generalkonsul/Hamburg, 26. November 1896, StAHH, Bestand 132-1 I, Akte 2959.

[342] „Zum Streik der Hafenarbeiter", in: Hamburgischer Correspondent Nr. 842 vom 30. November 1896.

[343] „Aus Zürich", in: Hamburger Fremdenblatt vom 6. Dezember 1896.

[344] „Zum Streik der Hafenarbeiter", in: Hamburgischer Correspondent vom 30. November 1896.

der Drohung von G.H. Blohm, 1.000 Italiener anzuwerben, wurde im linken Lager klar, dass dieses Vorhaben zwar nicht ganz aus der Luft gegriffen war, aber in erster Linie einer Einschüchterung der Hamburger Streikenden dienen sollte. Vermutlich hatte er die Ankunft ausgerechnet von Italienern verkündet, weil sie deutschlandweit einen üblen Ruf als mobile Streikbrecherkolonne hatten. Am 27. November meldete das Hamburger Echo, dass am vorigen Abend bei dem Streikkomitee ein Telegramm eingegangen sei, „nach welchem 500 von den 1.000 angekündigten Streikbrechern aus Italien auf der Bergedorfer Station bereits eingetroffen wären". Ermittlungen zufolge war aber die „Depesche eine Finte" und sollte nur dazu dienen, die Streikenden „einzuschüchtern".[345] Im rechten Lager beschuldigte man ebenfalls die Sozialdemokratie falsche Nachrichten in Umlauf zu setzen, um die Arbeiter noch mehr aufzuhetzen. Am 4. Dezember wurde im Hamburgischen Correspondent gemeldet, dass 25 Italiener für die Hamburg-Amerika-Linie „überhaupt nicht angekommen" seien und dass es sich um ein Manöver der Linken handle, da „von sozialdemokratischer Seite jetzt fort und fort unwahre und entstellte Nachrichten in Umlauf gesetzt" worden seien.[346] Das endgültige Schlusswort zur ganzen Italiener-Angelegenheit setzte das Hamburger Echo am 6. Dezember, als es behauptete, dass „die Geschichte mit den 1.000 Italienern" nicht mehr „ziehen" würde.[347]

Die Italiener, die nur ein Jahr zuvor anlässlich der Ausstellung „Italien in Hamburg" als Erben des großen und zivilisierten römischen Reiches und seiner Kultur gefeiert worden waren, wurden nun als „schmutzig" und als „Verbrecher" eingestuft. Schlimmer noch, es wurde behauptet, dass sie „auf einer niedrigeren Kulturstufe" stehen würden.[348] Auch die Heiterkeit und der Müßiggang, wie sie auf der Ausstellung „Italien in Hamburg" gezeigt und von allen Besuchern groß beneidet worden waren, wurden plötzlich als krankhafte Faulenzerei interpretiert, die im Gegensatz zum Arbeitselan der Hamburger Arbeiter stand. Der Vergleich zeigt, wie äußerst widersprüchlich die Wahrnehmung der Italiener war. Zum einen sollte es sich um heitere und sympathische und zum anderen um verdächtige, wenn nicht gar gefährliche und auf einer niedrigeren Kulturstufe stehende Individuen handeln.

---

[345] „Als Beweis", in: Hamburger Echo vom 27. November 1896.
[346] „Zum Streik der Hafenarbeiter", in: Hamburgischer Correspondent vom 4. Dezember 1896.
[347] „Internationale Lügen", in: Hamburger Echo vom 6. Dezember 1896.
[348] „Der Streik der Hafenarbeiter", in: Hamburger Echo vom 25. November 1896.

5.   Vom Italiener zum Hamburger? Stabilisierungs- und Integrationsmomente bis zum Ersten Weltkrieg

Nach Del Fabbro befanden sich die italienischen Deutschlandwanderer bereits kurze Zeit nach dem Beginn der Massenauswanderung ins Kaiserreich in verschiedenen „Reifestadien" der Immigration. Während sich der größte Teil der Auswanderer aus hochmobilen, jungen, unverheirateten und meist männlichen Individuen zusammensetzte, hatte es nach der Jahrhundertwende doch eine verstärkte Immigration von Frauen und Kindern aus dem Heimatland im Rahmen der Familienzusammenführung gegeben. Dies hatte für viele Auswanderer eine Reduzierung der Mobilität und eine Verstärkung der Niederlassungstendenzen bewirkt. Bei der Entscheidung die Familie nachzuholen und länger als ursprünglich geplant in Deutschland zu bleiben, spielten berufliche Umstrukturierungen sowie das für Italiener liberale Ausländerrecht im Aufnahmeland eine entscheidende Rolle. Besonders gut bezahlte und von den deutschen Kollegen geschätzte Fachkräfte neigten zur Ansässigkeit. Schließlich wurden viele Auswanderer auch durch Ehen mit einheimischen Frauen und in Deutschland geborenen Kindern zur Niederlassung bewogen. Die Integration in das deutsche Sozialgefüge verlief meistens ziemlich schnell wegen des Mangels an größeren geschlossenen italienischen Ansiedlungen, wo die Einwanderer ihre Gebräuche weiter hätten pflegen können, ohne sich zwangsweise auf die lokale Gesellschaft orientieren zu müssen. Sie unterlagen somit einem hohen Anpassungsdruck. Als der Erste Weltkrieg ausbrach, befanden sich nach Meinung Del Fabbros viele Migranten in einer Art „Umorientierungsphase", in der sie sich zwischen dem Wunsch nach Rückkehr und dem der endgültigen Niederlassung im Aufnahmeland bewegten.[349]

Hier soll geprüft werden, ob diese Beobachtungen auch auf die italienische Zuwanderung im Hamburger Raum übertragbar sind. Wie eingangs angedeutet, hatte der von den Auswanderern in Deutschland ausgeübte Beruf eine zentrale Bedeutung bei der Niederlassungsentscheidung. Hochmobile Bauhilfsarbeiter neigten entschieden weniger zur Ansässigkeit als fest angestellte Industriearbeiter, die nicht witterungsbedingt arbeiteten, oder als Gewerbetreibende, die das ganze Jahr über tätig sein konnten. Die italienische Zuwanderung im Hamburger Raum setzte sich zweifelsohne größtenteils aus hochmobilen Bauarbeitskräften zusammen, die nach der Beendigung außerordentlicher Bauvorhaben oder in Krisenzeiten entlassen wurden und aufgrund der starken Konkurrenz vermutlich ziemlich selten die Möglichkeit hatten, weiterhin im Hamburger Raum Beschäftigung zu finden. Zum Teil setzte sich die Zuwanderung jedoch auch aus Individuen zusammen, die in Branchen arbeiteten, wo sie keine besondere Konkurrenz seitens deutscher oder anderer ausländischer Arbeitskräfte befürchten mussten und somit interessante

---

[349] Del Fabbro, Transalpini (1996), S. 249-252.

Lebensperspektiven in Hamburg und seinen Nachbarstädten entwickeln konnten. Dies galt beispielsweise für Händler, Terrazzoleger, Eiskonditoren, Straßenhändler und –musiker. Aus diesen Gruppen, denen es gelang, sich erfolgreich in besonderen Arbeitsmarktnischen einzufügen, rekrutierte sich offenbar ein Einwandererkern mit ausgeprägten Niederlassungstendenzen. Bezeichnenderweise setzte sich eine um die Jahrhundertwende in Altona entstandene stabile Ansiedlung vorwiegend aus Liguriern zusammen, die im Hamburger Raum im Straßenhandel tätig waren. Diese Niederlassung kann auch an einer beruflichen Umstrukturierung erkannt werden. Einige Migrantenfamilien verließen ihre von Mobilität gekennzeichneten Eingangsberufe um „stabilere" Tätigkeiten anzusteuern. Ein Mitglied der ligurischen Drehorgelspielerfamilie Bacigalupo erwarb beispielsweise 1905 eine Gastwirtschaft. Auch ein anderer Ligurier, Ginocchio, war 1875 im Hamburger Raum als Drehorgelspieler tätig. Im Jahre 1913 besaß er schließlich einen Eisladen.

Die unter einigen italienischen Migranten offenbar besonders ausgeprägte Tendenz zur Ansässigkeit wird schließlich zum einen von ihrer Aktivität in der Entwicklung von Strukturen ethnischer Selbstorganisation (Vereine) untermauert und zum anderen von der Entwicklung einer ethnischen Ergänzungsökonomie. Nachweisbar sind im Bereich Altona-Altstadt/St. Pauli-Süd ein italienischer Gemüseladen sowie einige italienische Gastwirtschaften, wo viele Italiener verkehrten. Es kann also von der Existenz eines ethnischen sozialen Gefüges gesprochen werden, das als Antwort auf die Verunsicherungen und auf die neuen Bedürfnisse gedeutet werden kann, die mit der Niederlassung in der „Fremde" verbunden waren.[350] Wahrscheinlich befanden sich vor dem Ersten Weltkrieg auch im Hamburger Raum nicht wenige Migrantenfamilien in einem fortgeschrittenen „Reifestadion" der Immigration.

Diese These wird dadurch befestigt, dass viele in Hamburg lebende italienische Migrantenfamilien 1914/1915 offenbar nur wegen der untragbaren Arbeits- und Sozialverhältnisse heimgekehrt waren, die durch den Ausbruch des Ersten Weltkrieges verursacht wurden. Die Hamburger Polizei berichtete am 19. Mai 1915, dass sie „vielfach ihre Sachen zurückgelassen" hätten und „bestimmt mit ihrer Rückkehr [nach Hamburg – E.M.] rechnen" würden.[351]

---

[350] Über die Bedeutung ethnischer Organisationen, ethnischer Ökonomien und formeller und informeller innerethnischer Beziehungen für die Einwanderer im Zielland siehe: Heckmann, Ethnische Minderheiten (1992), S. 96ff.

[351] Bericht der Hamburger Polizei über die Lage der Italiener in Hamburg, 19. Mai 1915, StAHH, Bestand 111-2, Akte L z 9, Bl. 6.

Bemerkenswert ist, dass sich anscheinend das Rückgrat der italienischen Gemeinde aus einer bestimmten regionalen Gruppe zusammensetzte, nämlich aus Liguriern. Ligurier waren die meisten Bewohner der Altonaer „Enklave" und Ligurier waren auch die Gründer des Sparklubs und der meisten Gastwirtschaften. Von allen italienischen Migrantengruppen scheinen sie somit die höchste Niederlassungsbereitschaft mitgebracht zu haben.

Nicht unwichtig bei der Entscheidung, sich in Hamburg niederzulassen, war nicht nur die Möglichkeit, dort langfristig und erfolgreich einer Arbeit nachgehen zu können, sondern auch die Kontakte mit der deutschen Umwelt. In dieser Hinsicht deuten einige Indizien darauf hin, dass die italienischen Migranten eine relativ ausgeprägte Anpassungs- und Eingliederungsbereitschaft mitbrachten. Bereits 1905, nur drei Jahrzehnte nach dem Beginn der Massenauswanderung der Italiener nach Deutschland, konnte der italienische Generalkonsul in Hamburg behaupten, dass die in Altona lebenden Italiener angefangen hätten eine „Landesverbundenheit" (*attaccarsi al paese*) zu entwickeln.[352] Dabei spielten die Arbeitsmöglichkeiten und der Reichtum Hamburgs im Vergleich zu den armen Herkunftsorten gewiss eine bedeutende Rolle. Nicht unwichtig dürfte aber auch die offenbar durchaus positive Einschätzung der deutschen Umwelt gewesen sein. Bekräftigt wird die These einer ausgeprägten Hinwendung zu Deutschland durch eine vom Verein „Regina Elena" organisierte Veranstaltung am 3. Oktober 1914, auf der eine Sammlung von Spenden zugunsten der Hamburger Kriegshilfe durchgeführt wurde.[353] Weiteres Indiz für eine hohe Bereitschaft der Migranten sich in die deutsche Gesellschaft einzugliedern ist die Tatsache, dass sie nicht nur mit Landsleuten verkehrten. Viele der Migranten liierten sich mit deutschen Frauen.

Wie innerfamiliäre Verhältnisse suggerieren, verlief die Integration der zweiten Generation anscheinend ziemlich rasch. Die italienischen Kinder, die in Hamburg geboren wurden oder in Hamburg aufwuchsen, lernten zwar von den Eltern oder vom italienischen Elternteil meistens die italienische Sprache (besser: italienische Dialekte), mussten aber die deutsche Schule besuchen und integrierten sich somit sehr schnell in die deutsche Gesellschaft. Eine italienische Schule – vermutlich handelte es sich um einige Stunden Italienischunterricht – gab es offenbar erst ab Oktober 1913.[354] Obwohl genaue Angaben nicht vorliegen, dürfte sie bei Ausbruch des Ersten Weltkrieges geschlossen worden sein. So wuchsen italienische Kinder im Schulalter in einem deutschen Umfeld auf und kamen vorwiegend mit gleichaltrigen Deutschen in Kontakt. Die Interviewpartnerin L. Monti, die einer

---

[352] Pinto, Rapporto su Amburgo (1905), S. 27.

[353] „Beihilfe der Italiener zur Hamburger Kriegshilfe", in: Hamburger Echo vom 6. Oktober 1914.

[354] Giacchi, Amburgo (1913), S. 662.

friaulischen Familie entstammt, hatte zwar die friaulische Sprache erlernt, erinnert sich aber, wie auch unter Geschwistern „meistens Deutsch" gesprochen wurde.[355] Die Interviewpartnerin I. Rizzotti., deren Familie ebenfalls aus dem Friaul kam, unterhielt sich meistens auf Deutsch mit ihren Eltern, obwohl sie auch etwas Friaulisch sprechen konnte.[356] Beide Interviewpartnerinnen verneinen die Frage nach etwaigen Schwierigkeiten im Umgang mit deutschen Kindern. Sie wurden auch zu Hause nicht gezwungen italienisch zu sprechen.[357] In den Familien schließlich, wo lediglich der Vater Italiener war, besaßen zwar die Kinder die italienische Staatsangehörigkeit, konnten aber in vielen Fällen kaum Italienisch sprechen, waren nie in Italien gewesen und dürften sich erst recht als „Deutsche" gefühlt haben. Der Fall der Familie Mella ist hierzu exemplarisch. Als am 29. August 1916 die Italiener zu „feindlichen Ausländern" erklärt worden waren, wurden ihre Kinder aus den staatlichen Schulen entlassen. Eine sehr besorgte Frau Mella meldete sich daraufhin mit folgenden Worten bei der Hamburger Oberschulbehörde:

Dieser Beschluss trifft uns sehr hart. Zwar bin ich durch Heirat meines Mannes aus Rom Italienerin geworden, aber trotzdem eine gute Deutsche - aus Bremen gebürtig – geblieben. Ebenso sind unsere Kinder ganz deutsch erzogen, wie auch deutsche Sitten in unserem Hause hochgehalten werden; diesen letzteren hat sich mein Mann mit unserer Verheiratung ohne weiteres Bedenken angeschlossen und sie auch nie außer Acht gelassen [...] durch eine Unterbrechung [der Schule – E.M.] würden sie für ihr ganzes Leben geschädigt werden.[358]

Ähnliche Bitten, die Kinder in den deutschen Schulen zu belassen, kamen von verschiedenen anderen, meist deutsch-italienischen Elternpaaren.[359]

Über die Größe des italienischen Einwandererkerns im Hamburger Raum können anhand der spärlichen Quellenlage leider nur Vermutungen angestellt werden. In Altona wurden 1925 117[360] und in Hamburg 440[361] italienische Staatsangehörige gezählt. Da nach dem Ersten Weltkrieg die italienische Deutschlandwanderung praktisch zum Stillstand kam, kann die Größe der im Hamburger Raum fest ansässigen italienischen Einwandererkolonie unmittelbar vor dem Weltkrieg also auf etwa 550 Personen geschätzt werden. Die Annahme, dass sich die statistischen Angaben aus dem Jahr 1925 auf eine ansässige italienische Gruppe beziehen und

---

[355] Interview mit L. Monti, FZH, WdE 686, Interview vom 24. November 2000, S. 11.

[356] Interview mit I. Rizzotti., FZH, WdE 685, Interview vom 7. Dezember 2000, S. 6f.

[357] Siehe Anm. 355 und 356.

[358] Brief von Frau Mella an die Hamburger Oberschulbehörde, 13. November 1916, StAHH, Bestand 361-2 I, Akte B 16 Nr. 1, Unterakte 5, Bl. 71.

[359] Schulbesuch von Ausländern 1914-1918, StAHH, Bestand 361-2 I, Akte B 16 Nr. 1, Unterakte 5.

[360] StatAA (Hg.), WberASH, Heft 1 (1927), S. 31.

[361] StatLHH (Hg.), StatHS, Heft XXXII (1927), S. 96.

nicht auf eine temporäre Ansiedlung von Wanderarbeitern, wird von verschiedenen Indikatoren befestigt, auf die noch einzugehen sein wird. Hier sei nur
erwähnt, dass sich die Geschlechterproportion, die im Altonaer Bereich bereits relativ ausgeglichen war, auch in Hamburg langsam ausglich, was auf eine dortige
Präsenz von ortsansässigen Familien statt von mobilen Wanderarbeitern verweist.
Darüber hinaus sprachen nahezu die Hälfte der in Hamburg lebenden Italiener
Deutsch als Muttersprache, was auf die Existenz von zahlreichen deutsch-
italienischen Mischehen hindeutet.

Es lässt sich also festhalten, dass die italienischen Migranten eine ausgeprägte
Anpassung- und Eingliederungsbereitschaft zeigten. Eine nicht unbedeutende Rol-
le könnte dabei der Herkunft dieser Migranten zuzuschreiben sein. Im Hamburger
Raum lebten vorwiegend Norditaliener, die aus Regionen wie Venetien kamen,
die sich in unmittelbarer Nähe des deutschsprachigen Raums befinden. Diese
Nähe hatte über Jahrhunderte hinweg saisonale Wanderungsbewegungen und rege
Kultur- und Wirtschaftsbeziehungen mit den Ländern jenseits der Alpen bedeutet.
Für viele norditalienische Migranten dürfte die Auswanderung nach Deutschland
daher in kultureller Hinsicht keine ausgesprochen große Umstellung bedeutet
haben. Ein weiterer und gewiss nicht unbedeutender Grund für die gelungene
Eingliederung war die Tatsache, dass die Gruppe einem besonders hohen Anpassungsdruck ausgesetzt war, da sie klein war und die Gesamtheit der Italiener keine
sprachlich und sittlich homogene Gruppe darstellte.

Die relativ hohe Anpassungs- und Eingliederungsbereitschaft seitens der italienischen Zuwanderer schlug sich bereits vor dem Weltkrieg in einer Einbürgerungs-
welle nieder. Zwischen 1906 und 1915 hatten etwa 30 bis 35 Italiener versucht
hamburgische Staatsangehörige zu werden.[362] Eine Zahl, die noch höher angesetzt
werden muss, wenn man bedenkt, dass auch etliche Familienangehörige hinzu
kamen (wie viele ist aber nicht bekannt). Die meisten Antragsteller waren Personen, die Namen wie Ernst, Franz oder Michael trugen und wahrscheinlich aus
Mischehen hervorgegangen waren. Diese hatten vermutlich nie eine Beziehung zu
Italien gehabt und wollten deshalb auch in rechtlicher Hinsicht „Deutsch" werden.
Einige Antragsteller waren aber „rein" italienische Familien.[363] Es besteht allerdings die Möglichkeit, dass die Einbürgerungsanträge bei diesen italienischen
Familien vielmehr das Ergebnis eines Kosten-Nutzen-Kalküls waren, als des Wil-
lens „Deutsch" zu werden. Etwa elf Anträge wurden in der Tat abgewiesen,

---

[362] Da in den Einbürgerungsantragslisten die frühere Staatsangehörigkeit nicht angegeben ist,
wurden die italienisch klingenden Namen gezählt. Die Angaben können also nur eine Größenordnung vermitteln.

[363] Listen der Anträge auf Einbürgerung 1906-1915, StAHH, Bestand 332-7, Akten A III 9/10/11
und A III 12 Bände 1/2/3.

höchstwahrscheinlich, da vonseiten der Behörden befürchtet wurde, dass die Antragssteller der Armenhilfe zur Last fallen könnten, wie im Fall der Familie Piacentini.[364] Da im Kaiserreich aber die Beibehaltung der italienischen Staatsbürgerschaft eine Niederlassung nicht beeinträchtigte, ist die Zahl der Einbürgerungsanträge nicht unbedingt bezeichnend für die Niederlassungstendenzen der italienischen Migranten. Wie noch zu sehen sein wird, leben gegenwärtig in der Stadt „italienische" Familien, die sich seit der Jahrhundertwende dort befinden und völlig integriert sind, deren Mitglieder aber immer noch einen italienischen Pass besitzen.

Nur wenige Jahrzehnte nach dem Beginn der italienischen Massenwanderung nach Deutschland war also Hamburg, wo eine liberale Italienerbehandlung betrieben wurde, im Rahmen eines „Trend[s] weg vom rein saisonal-hochmobilen Muster der Wanderung"[365] zum Einwanderungsland geworden.

6.   **Zwischen Rückkehr und Verbleib: Italiener in Hamburg während des Ersten Weltkrieges**

Nachdem die Zahl der Italiener im Hamburger Raum durch den Zuzug von Arbeitern und Gewerbetreibenden seit den siebziger Jahren des 19. Jahrhunderts ungestört und konstant gestiegen war, kam es zu einer unerwarteten Wende. Am 28. Juni 1914 war der Erzherzog Franz Ferdinand von Österreich in Sarajewo einem Attentat zum Opfer gefallen, und in Europa verdichteten sich die Anzeichen eines Krieges, der aufgrund der bestehenden militärischen Bündnisse die größten europäischen Staaten, einschließlich Deutschlands, zu umfassen drohte. Am 28. Juli, als Österreich Serbien den Krieg erklärte, war es schließlich so weit. Das deutsche Kaiserreich, der engste Verbündete Österreichs, begann bereits am 30. Juli mit der Generalmobilmachung des Heeres. Dies führte zu Engpässen in der Wirtschaft, die sich rasch den Erfordernissen des Krieges anpassen musste. Als Folge dieser Umstrukturierung kam es zur Entlassung vieler italienischer Migranten, da sie meistens als unqualifizierte Arbeiter zur Randbelegschaft der Betriebe gehörten. Darüber hinaus wurden die Italiener aufgefordert die Grenzgebiete zu Frankreich in Richtung Osten zu verlassen, da diese zu „Sperrzonen" erklärt worden waren. Zu der Vertreibung, Arbeitslosigkeit und der schwierigen finanziellen Lage kam noch eine virulente Italienerfeindlichkeit hinzu, da Italien, der ehemalige Verbündete Deutschlands und Österreichs im Dreibund, entgegen der Erwartungen der Deutschen bei Ausbruch des Krieges seine Neutralität erklärt hatte. Zahlreiche

---

[364] Brief von Frau Piacentini an die Hamburger Oberschulbehörde, 30. August 1916, StAHH, Bestand 361-2 I, Akte B 16 Nr. 1, Unterakte 5, Bl. 38.
[365] Del Fabbro, Transalpini (1996), S. 286.

Italiener begannen im August 1914 die Konsulate zu bedrängen, in der Hoffnung Hilfeleistungen zu bekommen und rasch heimbefördert zu werden. Nachdem das gesamte Eisenbahnnetz in den ersten Augusttagen von dem Militär für den Truppentransport beansprucht wurde, wurden von den italienischen Konsulaten und den deutschen Behörden schließlich Sonderzüge für die Heimkehr der Migranten organisiert. Etliche von ihnen blieben allerdings in Deutschland, da Italiener nicht zwangsläufig ausgewiesen wurden, es sei denn, sie waren arbeitslos und nicht in der Lage ihren Lebensunterhalt zu verdienen. Auch die Tendenz Italiener durch deutsche Arbeitslose zu ersetzen, die sich in den ersten Kriegswochen verbreitet hatte, wurde nach Protesten der Konsulate von den Behörden schnell wieder unterdrückt.[366] Gab es im Sommer 1907 circa 150.000 Italiener in Deutschland[367], arbeiteten Ende 1914 immerhin noch mehr als 65.000 italienische Arbeiter in der Industrie[368], die wegen der Einziehung der deutschen Wehrpflichtigen in kurzer Zeit wieder unter Arbeitskräftemangel litt.

Eine starke Rückkehrwelle blieb auch aus, nachdem das italienische Königreich Österreich den Krieg erklärt hatte (24. Mai 1915). Die in Deutschland lebenden Italiener genossen dank einer besonderen deutsch-italienischen Vereinbarung („Maivereinbarung" vom 21. Mai 1915) weiterhin ihre Vorkriegsrechte, was Schutz der Person und des Eigentums sowie der Aufenthalts- und Bewegungsfreiheit und Sozialversicherungsansprüche betraf. Darüber hinaus waren die allgemeinen Bedingungen in Italien nicht viel attraktiver als in Deutschland, so dass viele es vorzogen, vorerst im Deutschen Kaiserreich zu bleiben und nicht eine riskante Heimkehr zu wagen. Als Italien schließlich auch Deutschland den Krieg erklärte (28. August 1916), verschlechterte sich jedoch die Lage der italienischen Migranten schlagartig. Internierungen der nunmehr zu den feindlichen Ausländern gehörenden Italiener wurden zwar nicht durchgeführt, aber sie verloren alle durch die Maivereinbarug gewährleisteten Rechte, da Italien diese Vereinbarung am 28. Juni gekündigt hatte[369], und mussten sich auf ein noch härteres Dasein bis zum Ende des Krieges einstellen.

Im Hamburger Raum hatte sich die Lage unmittelbar nach Ausbruch des Krieges Anfang August 1914 rasch zugespitzt. Wie aus einem Brief des italienischen Generalkonsuls vom 4. August an den Ersten Bürgermeister ersichtlich wird, wurde in den chaotischen ersten Tagen nach dem Beginn der Kampfhandlungen die Hansestadt zur Zufluchtsstätte zahlreicher mitteloser Italiener aus der Umgebung, die nach Italien zurückkehren wollten:

---

[366] Wennemann, Arbeit im Norden (1997), S. 177f.

[367] Britschgi-Schimmer, Die wirtschaftliche und soziale Lage (1916), S. 52.

[368] Wennemann, Arbeit im Norden (1997), S. 179.

[369] Ebenda, S. 181-186.

Euer Magnifizenz erlaube ich mir hiermit darauf aufmerksam zu machen, dass sich mit jedem Tag immer mehr und mehr italienische Arbeiter hier einfinden, welche durch den Krieg plötzlich von ihren Arbeitsstätten entlassen wurden und die sich jetzt gänzlich mittellos an das Generalkonsulat mit der Bitte um Beförderung in die Heimat gewandt haben. Es befinden sich auch unter denselben circa 50 aus Helgoland notgedrungen entfernte italienische Arbeiter, und viele aus dem Harz, Harburg etc.[370]

Wie schon aus den linksrheinischen Gebieten mussten also Italiener auch von der Insel Helgoland abreisen, die wegen ihrer militärischen Bedeutung ebenfalls zur Sperrzone erklärt worden war. Die fristlosen Kündigungen von zahlreichen italienischen Arbeitern waren vermutlich auch in Hamburg und Umgebung nicht nur auf die veränderte wirtschaftliche Lage, sondern auch auf die starke Italienerfeindlichkeit zurückzuführen, die aufgrund der Gerüchte über eine mögliche Neutralitätserklärung seitens des italienischen Königreiches entstanden war. Der italienische Generalkonsul meldete am 5. August nach Rom, dass „die Gärung dieses Volkes [die Deutschen – E.M.] wegen des ‚italienischen Verrats' (wie sie unsere passive Haltung ansehen) hier seinen Höhepunkt erreicht" habe und dass die Italiener, die sich in Hamburg befanden, sofortige Maßnahmen für die Gewährleistung ihrer Unversehrtheit verlangten. Am Tag darauf sprach er in einem weiteren Bericht an das italienische Außenministerium von „größter Unzufriedenheit" unter den Deutschen, die wegen der Neutralitätsangelegenheit gegen die Italiener „aufgehetzt" seien.[371] Die Interviewpartnerin L. Monti, die am 18. Juni 1906 in Hamburg geboren wurde und bei Beginn des Ersten Weltkrieges acht Jahre alt war, berichtet über diese antiitalienische Stimmung:

Alle, die uns kannten, waren nett, aber auf der Strasse, da wurde mir zum Beispiel, ich war acht Jahre alt, als der Krieg anfing, nachgerufen, du Verräterin, und was machst du hier in Deutschland, geh doch nach Italien, und so was alles. Denn kam ich nach Hause und hab gefragt, was ist eine Verräterin? Das wusste ich gar nicht. Na, so war's.[372]

Am 7. August hatte das Generalkonsulat von der italienischen Botschaft in Berlin erste außerordentliche Geldmittel erhalten[373] und begann, die Heimbeförderungen der Migranten zu intensivieren. Das Generalkonsulat und die italienische Wohltätigkeitsgesellschaft trugen die Kosten der Zugreise von mittellosen Migranten bis

---

[370] Italienischer Generalkonsul/Hamburg an Bürgermeister/Hamburg, 4. August 1914, StAHH, Bestand 111-2, Akte L z 31.

[371] Italienischer Generalkonsul/Hamburg an Außenministerium/Rom, 5. und 6. August 1914, ASDR, Inventario delle rappresentanze diplomatiche/Berlino 1867 – 1943, Busta 122, fascicolo 73. Eigene Übersetzung.

[372] Interview mit L. Monti, FZH, WdE 686, Interview vom 24. November 2000, S. 7.

[373] Italienischer Generalkonsul/Hamburg an italienische Botschaft/Berlin, 12. November 1914, ASDR, Inventario delle rappresentanze diplomatiche/Berlino 1867 – 1943, Busta 122, fascicolo 73.

Hannover und dann weiter bis München und schließlich Italien. Am 26. August berichtete der italienische Generalkonsul in einem Schreiben nach Berlin, dass auf diese Weise bereits mehr als 5.000 Italiener aus Hamburg in Richtung Italien abgereist seien. Der Exodus der italienischen Migranten gen Süden hatte Ende August zwar etwas nachgelassen, aber war noch lange nicht zu Ende. Viele im Hamburger Raum lebende Italiener, die anfangs geblieben, jetzt aber arbeitslos geworden waren und sich darüber hinaus immer mehr vor Hass und Racheakten fürchteten, wollten nun heimbefördert werden.[374] Noch Mitte November trafen zudem italienische Durchreisende aus Skandinavien und Russland in Hamburg ein, die ebenfalls vom Generalkonsulat eine Heimbeförderung verlangten.[375] Nur unregelmäßig kamen aber aus der italienischen Botschaft in Berlin Geldmittel,[376] so dass viele Migranten lange Zeit auf eine Ab- oder Weiterreise in der Hansestadt warten mussten.

Antiitalienische Ausschreitungen blieben offenbar aus. Der italienische Verein „Regina Elena" hielt es am 1. September für seine „Pflicht" die italienischen Tageszeitungen anzuschreiben und „Zeugnis davon abzulegen, mit welcher Korrektheit" die Italiener in Hamburg behandelt worden seien.[377] Es handelte sich jedoch um eine vielleicht zu positive Einschätzung der Lage, denn am 2. September teilte der italienische Generalkonsul der Botschaft in Berlin mit, dass die Italiener in Hamburg ständige Anspielungen auf die Haltung Italiens sowie zahlreiche Spötteleien hinnehmen müssten. Darüber hinaus hätten Hamburger Arbeitgeber schon lange begonnen, italienische Arbeiter zu entlassen, um deutschen Arbeitslosen und den Familienangehörigen deutscher Soldaten Arbeitsplätze freizumachen.[378] Die italienischen Familien, die in Hamburg ihren ständigen Wohnort hatten und nicht abreisen wollten oder konnten, waren somit auf öffentliche Unterstützung angewiesen. Wenn ihre Notlage „durch den Krieg verursacht worden" war, konnten sie „Miete und Lebensunterhalt" von der Hamburgischen Kriegshilfe beziehen, andernfalls bekamen sie diese Leistungen von der Allgemeinen

---

[374] Italienischer Generalkonsul/Hamburg an italienische Botschaft/Berlin, 26. August 1914, ASDR, Inventario delle rappresentanze diplomatiche/Berlino 1867 – 1943, Busta 122, fascicolo 73.

[375] Italienischer Generalkonsul/Hamburg an italienische Botschaft/Berlin, 12. November 1914, ASDR, Inventario delle rappresentanze diplomatiche/Berlino 1867 – 1943, Busta 122, fascicolo 73.

[376] Ebenda.

[377] „Der italienische Verein in Hamburg", in: Hamburgischer Correspondent, 1. September 1914.

[378] Italienischer Generalkonsul/Hamburg an italienische Botschaft/Berlin, 2. September 1914, ASDR, Inventario delle rappresentanze diplomatiche/Berlino 1867 – 1943, Busta 122, fascicolo 73.

Armenanstalt.[379] Mit 1253,20 an italienischen Familien im Dezember 1914 ausge-
zahlten Mark lagen die Italiener nach den Österreichern (etwa 7.300), Holländern
(3.200) und Dänen (2.100) an vierter Stelle unter den von der Kriegshilfe in Hamburg unterstützten neutralen oder verbündeten Ausländern.[380] Insgesamt wurden
bis Mitte Juni 1915 41 Parteien italienischer Staatsangehörigkeit unterstützt.[381]
Diese Geldbeihilfen reichten aber wahrscheinlich oft nicht aus, um die kriegsbe-
dingte Preissteigerung auszugleichen.[382] Bereits am 4. November mussten vom
italienischen Verein „Regina Elena" 18 italienische Familien unterstützt werden,
die „meistens über eine größere Anzahl von Kindern verfüg[t]en und welche vollständig verarmt" waren.[383] Eine weitere Unterstützung bekamen vermutlich hilfsbedürftige Italiener vom am 1. Mai 1914 in Hamburg gegründeten *Segretariato*
der Hilfsorganisation für italienische Europawanderer des Bischofs Bonomelli.

Die bereits schwierige Lage, in der sich die im Hamburger Raum lebenden Italiener befanden, spitzte sich im Frühjahr 1915 zu, als Gerüchte über einen Kriegseintritt Italiens zu kursieren begannen. Da sich die deutsche Regierung Sorgen um
Leben und Gut der in Italien lebenden Deutschen und um die „sehr erheblichen
dort festgelegten deutschen Werte" machte, beschloss sie aus Furcht vor Vergeltung im Kriegsfall die in Deutschland lebenden Italiener nicht zu internieren.[384]
Aufgrund der angespannten Lage hatte die Hamburger Polizeibehörde Maßnahmen zum Schutz der Person und des Eigentums der sich in der Stadt befindenden
Italiener getroffen. Die Polizeistreifen waren angewiesen worden den Italienern
„im Notfalle jeden erforderlichen Schutz zu gewähren". Nötigenfalls sollten die
Italiener „in polizeiliche Schutzhaft genommen und dem Hüttengefängnis über-
wiesen werden, von wo aus ihre Überführung nach Wetzlar gesammelt erfolgen"
konnte.[385] In Wetzlar wollte man sie entweder über die Grenze geschlossen ab-
transportieren oder, „wenn der Wunsch der Betreffenden bestehet", ihnen „die
Rückkehr an die alte Arbeitsstätte zu gegebener Zeit" genehmigen. Die Festnah-
me der Italiener sollte jedoch möglichst vermieden werden, da dies zu „Missdeu-

---

[379] Hamburgische Kriegshilfe an Allgemeine Krankenanstalt/Hamburg, 9. Oktober 1914, StAHH,
Bestand 351-2 II, Akte 275.

[380] Hamburger Polizeisenator an Senat/Hamburg, 16. Januar 1915, StAHH, Bestand 111-2, Akte
M z 7.

[381] Hamburgische Kriegshilfe an Senatskommission für Reichs- und auswärtige Angelegenheiten/
Hamburg, 18. Juni 1915, StAHH, Bestand 132-1 I, Akte 3849.

[382] Jochmann, Handelsmetropole (1986), S. 113.

[383] Circolo Regina Elena/Hamburg an die Hamburger Armenverwaltung, 4. November 1914,
StA-HH, Bestand 351-2 II, Akte 275.

[384] Kriegsministerium/Berlin an stellvertretendes Generalkommando/Altona, 17. Mai 1915, StA-
HH, Bestand 111-2, Akte L z 9.

[385] Bericht der Hamburger Polizei, 19. Mai 1915, StAHH, Bestand 111-2, Akte L z 9.

tungen" und somit zum Schaden der Deutschen in Italien führen konnte.[386] Es
kam aber nicht so weit. Auch diesmal fanden keine konkreten antiitalienischen
Ausschreitungen statt, und eine Schutzhaft wurde in Hamburg als „nicht erforderlich" betrachtet.[387] Dennoch folgte offenbar der ersten Rückkehrwelle nach Italien, die im August 1914 stattgefunden hatte, eine zweite. Ein Hamburger Polizei-
inspektor berichtete am 19. Mai 1915:

Die vor einigen Wochen in Erscheinung getretene Missstimmung ist wieder gewichen, da die
Haltung der besonnenen Kreise in Italien und vor allem die der italienischen Sozialisten, welche
sich als entschiedene Gegner gegen den Krieg zu erkennen geben, auf die Stimmung der hamburgischen Bevölkerungskreise beruhigend eingewirkt haben wird. In diesem Sinne behandelt auch
die hiesige, vor allem die sozialdemokratische Presse die italienische Frage. Es ist allerdings eine
größere Zahl Italiener von hier abgereist, jedoch ist ihre Abreise nicht auf den Druck der hiesigen
Bevölkerungskreise, sondern auf eigene, wohl auf Furcht zurückzuführende Entschließungen
zurückzuführen.[388]

Am 23. Mai 1915 konkretisierten sich aber die Gerüchte über einen Kriegseintritt
Italiens. Das bis dahin neutral gebliebene italienische Königreich erklärte Österreich, dem deutschen Verbündeten, den Krieg. Die zwei Tage zuvor eigens zwischen Italien und Deutschland für den Kriegsfall vereinbarten „Maivereinbarungen" gewährleisteten den in Deutschland lebenden Italienern Freiheit und die
Möglichkeit, ungehindert und unter Mitnahme ihres Eigentums heimzukehren.
Für die Deutschen hatte sich aber mit dem Kriegsbeitritt der Italiener ihr „Verrat"
endlich bewahrheitet, so dass sie trotz der Maivereinbarungen und dem Fehlen
eines direkten Kriegszustandes mit Italien bereits im Sommer 1915 die Italiener
inoffiziell als „feindliche Ausländer" betrachteten. Am 27. Mai traf bei den Poli-
zeistellen im Hamburger Raum die Anweisung ein, die Ausreise von „aktiven und
inaktiven italienischen Offizieren" zu verhindern,[389] und am 16. August wurden
die Postüberwachungsstellen darauf hingewiesen, dass die Italiener, die sich im
Bezirk des IX. Armeekorps[390] aufhielten, bezüglich ihrer Korrespondenz als Angehörige feindlicher Staaten zu behandeln seien. Die Überwachung der Korres-

---

[386] Kriegsministerium/Berlin an stellvertretendes Generalkommando/Altona, 17. Mai 1915, StA-
HH, Bestand 111-2, Akte L z 9.

[387] Geheimprotokoll der Militärkommission des Hamburger Senats, 19. Mai 1915, StAHH, Bestand 111-2, Akte L z 9.

[388] Bericht der Hamburger Polizei, 19. Mai 1915, StAHH, Bestand 111-2, Akte L z 9.

[389] Runderlass des Stellvertretenden Generalkommandos IX. Armeekorps/Altona, 27. Mai 1915,
StAHH, Bestand 111-2, Akte L z 9.

[390] Das Bezirk des IX. Armeekorps, das seinen Sitz in Altona hatte, umfasste die Großherzogtü-
mer Mecklenburg-Schwerin und Mecklenburg-Strelitz, das zum Großherzogtum Oldenburg
gehörende Fürstentum Lübeck, die preußische Provinz Schleswig-Holstein, das Unterelbege-
biet und die Hansestädte Bremen, Lübeck und Hamburg. Seit Verhängung des Belagerungs-
zustandes übte es in diesem Gebiet die vollziehende Gewalt aus.

pondenz sollte aber „möglichst unauffällig" erfolgen.[391] Die Zurückhaltung in der Behandlung der italienischen Staatsangehörigen seitens der deutschen Behörden endete Ende September. Das preußische Kriegsministerium informierte die stellvertretenden Generalkommandos, dass aufgrund der „Gefahr der Spionage" die sich im Kaiserreich befindlichen Italiener seit dem Eintritt Italiens in die Reihe der kriegsführenden Mächte „nicht mehr als neutrale Ausländer angesehen werden" könnten.[392] Daraufhin wurden ab dem 6. Oktober 1915 die für die Angehörigen feindlicher Staaten hinsichtlich Meldepflicht und Ortswechsel erlassenen Bestimmungen auch auf die Italiener angewendet.[393] Die Hamburgische Kriegshilfe, die bis zum Kriegsbeitritt Italiens viele italienische Familien unterstützt hatte, hatte bereits im Juni beschlossen, den mittellosen Italienern keine Unterstützungen mehr auszuzahlen[394], so dass viele von ihnen schlagartig gänzlich auf sich selbst gestellt waren. Die italienische Familie Seganti (Ehepaar mit zwei Kindern), dessen Familienoberhaupt durch einen Schlaganfall nicht mehr arbeitsfähig war, bekam beispielsweise keine Beihilfe mehr.

Aufgrund der Proteste des Konsulats der schweizerischen Eidgenossenschaft in Hamburg wurden die Italiener widerwillig wieder zur öffentlichen Unterstützung zugelassen.[395] Insgesamt verschlechterte sich die Lage der Italiener. Obwohl sie dank der Maivereinbarungen, im Gegensatz zu den „offiziellen" feindlichen Ausländern, noch heimreisen durften[396], war die Ausreise aus der Hansestadt fast unmöglich. Aus Sicherheitsgründen konnte die unmittelbare Ausreise nur Personen gestattet werden, die sich außerhalb eines „Sperrgebietes" befanden. Da aber Hamburg zu einem solchen erklärt worden war, durften die Italiener erst dann nach Italien zurückkehren, wenn sie sich vor ihrer Ausreise mindestens drei Monate außerhalb des hamburgischen Sperrgebietes aufgehalten hatten. Wie aus dem Ausreiseersuchen des Italieners A. Paladino hervorgeht, handelte es sich um eine schier unmögliche Aufgabe für fast mittellose Personen, da sie aus eigenen Mit-

---

[391] Runderlass des Stellvertretenden Generalkommandos IX. Armeekorps/Altona, 16. August 1915, StAHH, Bestand 111-2, Akte L z 9.

[392] Runderlass des Kriegsministeriums/Berlin, 29. September 1915, StAHH, Bestand 111-2, Akte L z 9.

[393] Verordnung des Stellvertretenden Generalkommandos IX. Armeekorps/Altona, 6. Oktober 1915, StAHH, Bestand 111-2, Akte L z 51.

[394] Hamburgische Kriegshilfe an Senatskommission für Reichs- und auswärtige Angelegenheiten/Hamburg, 18. Juni 1915, StAHH, Bestand 132-1 I, Akte 3849.

[395] Schweizerischer Konsul/Hamburg an Senat/Hamburg, 17. August 1915, StAHH, Bestand 132-1 I, Akte 3849. Die Schweiz hatte nach dem Kriegsbeitritt Italiens als Schutzmacht italienische Interessen im Deutschen Reich übernommen.

[396] Runderlass des Kriegsministeriums/Berlin, 29. September 1915, StAHH, Bestand 132-1 I, Akte 3849.

teln kaum in der Lage waren drei Monate lang für Verpflegung und Unterkunft
außerhalb Hamburgs zu sorgen, und eine Arbeit nicht einfach zu haben war.[397]

Als Italien zunächst am 28. Juni 1916 die Maivereinbarungen kündigte und am
28. August schließlich Deutschland den Krieg erklärte, entfiel jede Ausreisemög-
lichkeit. Die Lage der Italiener hatte sich entschieden verschlechtert. Sie verloren
als feindliche Ausländer jegliche finanzielle Unterstützung[398], die individuellen
Kontrollen der Polizei wurden schärfer[399], finanzielle Ressourcen wie Mietein-
nahmen und Bankkonten wurden beschlagnahmt[400], italienische Lehrer und Kinder durften nicht mehr die öffentlichen Hamburger Schuleinrichtungen betreten.[401] Darüber hinaus wurde im Januar 1917 für die „nichtmilitärischen Angehörigen feindlicher Staaten" eine Arbeitspflicht eingeführt. Ihnen wurde untersagt
„rechtlich obliegende Arbeitsleistungen ohne hinreichenden Grund zu verwei-
gern".[402]

Die Stimmung in der Bevölkerung wurde zudem immer feindseliger. Vermutlich
um Anfeindungen zu entgehen, nahm z.B. ein italienischer Musiker, der im Juli
1917 in der Musikkapelle des „Kaffeehaus Vaterland" am Alsterdamm spielte,
einen deutschklingenden Künstlernamen an. Anstatt Innocenzo Castello ließ er
sich Karl Schloss (ital.: *Castello*) nennen.[403] Eine Lehrerin, die durch ihre Heirat
mit einem Italiener die italienische Staatsangehörigkeit erworben hatte, musste auf
ihre Stelle in einer öffentlichen Volksschule verzichten und auf eine Privatschule
ausweichen.[404] Immerhin durften die italienischen Kinder weiterhin die Schule

---

[397] Polizeipräsident/Hamburg an Senatskommission für Reichs- und auswärtige Angelegenheiten/
Hamburg, 15. Mai 1916, StAHH, Bestand 132-1 I, Akte 3826.

[398] „Für die Verpflegung feindlicher Staatsangehöriger sind z. Zt. keine Kosten aufzuwenden".
Polizeisenator/Hamburg an Senat/Hamburg, 19. September 1916, StAHH, Bestand 111-2, Akte M z 7.

[399] Die italienischen Künstler beispielsweise, die noch in Hamburg tätig waren, wurden einzeln
kontrolliert. Siehe die Vorgänge in: StAHH, Bestand 376-2, Akte Gen IX A 3.

[400] Die erheblichen Ersparnisse sowie die Mieten, die die Familie Monti für ihr Mehrparteienhaus
in Eilbeck bezog, wurden beschlagnahmt. Siehe: Interview mit L. Monti, FZH, WdE 686, Interview vom 24. November 2000, S. 9.

[401] Hamburger Oberschulbehörde an Schulaufsichtsbeamte/Hamburg, 1. September 1916,
StAHH, Bestand 361-2 V, Akte 192 a.

[402] Bekanntmachung vom 25. Januar 1917 betreffend Arbeitsleistung nichtmilitärischer Angehö-
riger feindlicher Staaten, Amtsblatt der Freien und Hansestadt Hamburg, StAHH, Bestand
111-2, Akte L z 31.

[403] Direktion des Kaffeehauses Vaterland/Hamburg an Polizeibehörde/Hamburg, 5. Juli 1917,
StAHH, Bestand 376-2, Akte Gen A 3, III 28.

[404] Das Lehrverbot für feindliche Ausländer bezog sich nur auf öffentliche Schulen. Siehe: Frau
Bon an Oberschulbehörde/Hamburg, 3. Oktober 1916, StAHH, Bestand 361-2 I, Akte B 16
Nr. 1, Unterakte 6.

besuchen. Die Oberschulbehörde sowie verschiedene andere Schuldirektoren hatten ihren Verbleib in der Schule befürwortet und die Polizeibehörde hatte nicht opponiert. Allerdings unter der Voraussetzung, dass die Kinder sich nicht „etwa als Ausländerinnen missliebig" machten.[405] Die Interviewpartnerin L. Monti, die damals die Schule besuchte, berichtet über ihre persönliche Erfahrung im Umgang mit Italienerfeindlichkeit:

Ja, während des Krieges [...] ich bin dann drei Jahre in dieser evangelischen Schule gewesen, und wegen eines Lehrers, der sehr, äh, unangenehm wurde und mich vor den Kindern als Italienerin darstellte, und dass die Italiener sind unsere Feinde, es war jedenfalls sehr unangenehm. Da haben meine Eltern mich von der Schule weggenommen und ich kam dann auch in diese katholische Schule, wo alle meine Geschwister gewesen waren [...] So, und die Schwestern in dieser Schule, die waren angenehmer als dieser Lehrer, aber die Oberin, die war auch gegen mich eingenommen. Und weil wir so wenig zu essen hatten, wir haben in diesem Krieg sehr gehungert, das war grausam, da war ich völlig unterernährt, und diese unterernährten Kinder kamen an die holländische Grenze, ins Emsland [...] Und nun wurden wir in der Schule untersucht, es ging auf Stufe eins, zwei und drei. Eins, das waren die Gesunden, und dann zwei, die weniger Gesunden, und drei das waren die sehr Unterernährten. Und als ich an die Reihe kam, da sagte die Direktorin zu dem Arzt, das Kind wird nicht verschickt. Und der Arzt hat mich untersucht und hat zu seiner Sekretärin gesagt, L. Monti muss verschickt werden.[406]

Die Italiener, die sich nach der Kriegserklärung Italiens an Deutschland noch in Hamburg befanden, mussten somit nicht nur unter den im Krieg üblichen schwierigen Umständen, sondern auch unter einer latenten Italienerfeindlichkeit leiden. Noch gegen Ende des Ersten Weltkrieges drohte ihnen zudem die Gefahr einer Internierung. Die italienische Regierung hatte zu Beginn des Jahres 1918 eine Anordnung getroffen, wonach alle sich noch in Italien befindenden Angehörigen der Zentralmächte zwangsweise in einigen süditalienischen Provinzen unterzubringen seien. Die deutschen Behörden dachten an eine ähnliche Aktion als Vergeltung und begannen die Suche nach Italienern „höherer Lebensstellung, an denen Italien Interesse haben könnte". In Hamburg stellte sich nach einer sorgfältigen Überprüfung der anwesenden Italiener aber heraus, dass solche nicht vorhanden waren, so dass letztendlich nichts passierte.[407]

---

[405] Vorgänge ebenda. Siehe z.B. Frau Mella/Hamburg an Oberschulbehörde/Hamburg, 13. November 1916.

[406] Interview mit L. Monti, FZH, WdE 686, Interview vom 24. November 2000, S. 6f.

[407] Runderlass des Kriegsministeriums/Berlin, 18. März 1918 sowie Antwort des Hamburger Senats, 4. April 1918, StAHH, Bestand 111-2, Akte L z 9.

IV. ITALIENER IN HAMBURG 1918 – 1945. DIE KONSOLIDIE-RUNG DER ITALIENISCHEN PRÄSENZ

1. Italienische Emigration nach Deutschland 1918 – 1945

Massive Einberufungen zum italienischen Heer und die militärischen Geschehnisse des Ersten Weltkrieges hatten die italienische Emigration im Wesentlichen zum Stillstand gebracht.[1] Die Ursachen derselben blieben gleichwohl weiterhin bestehen und wurden in manchen Fällen durch den Krieg sogar verschärft, z. B. durch die Zerstörung von Produktionsanlagen oder die Verwüstung einiger Gebiete durch feindliche Kräfte.[2] Nach dem Krieg, als sich die internationale Lage wieder entspannte und etliche Soldaten aus dem italienischen Militär entlassen wurden, stellte sich demnach trotz erheblicher Kriegsverluste (ca. 1,5 Millionen) erneut die Frage der Beschäftigung für diese Menschen. Bereits im Juni 1920 gab es in Italien 105.000 und im Februar 1922 etwa 606.000 gemeldete Arbeitslose. Die Anzahl der ungemeldeten arbeitslosen Angehörigen war zudem mindestens dreimal so hoch.[3]

Wie schon früher versuchten viele Italiener die Halbinsel zu verlassen, um in fremden Ländern ihren Lebensunterhalt zu verdienen. Und die italienischen Nachkriegsregierungen steuerten dem nicht entgegen, um mögliche soziale Unruhen wegen Armut und Arbeitslosigkeit zu vermeiden. Auch das erste Kabinett Mussolini erklärte sich für eine uneingeschränkte Auswanderung. Mussolini behauptete, Italien sei schließlich zu klein und bergig, um alle 40 Millionen Italiener ernähren zu können. In Wirklichkeit wollte er, wie seine Vorgänger, nicht auf die Ersparnisse der Emigranten verzichten, die vor dem Krieg in großen Mengen nach Italien geflossen waren.[4] Erst 1927 änderte er seine Meinung, und er beschloss die „Ausblutung" der Halbinsel zu stoppen. Nur auf diese Weise sei der Aufbau eines italienischen *Impero* zu erreichen. Es wurde vorerst angeordnet, dass diejenigen, die in Arbeit waren, nicht emigrieren durften. Da aber die Expatriierungen nicht aufhörten, sah Mussolini sich 1930 gezwungen Gesetze gegen die heimliche Emigration zu erlassen. Doch waren all diese Maßnahmen bald nicht

---

[1] Die Auswanderung nach Frankreich, wenn auch in kleinem Umfang, hielt während des ganzen Krieges an. Siehe: Paoletti, L'unità d'Italia e l'emigrazione (1976), S. 177. Bis August 1916 hatte es auch nach Deutschland noch eine gewisse Auswanderung gegeben. Siehe: Wennemann, Arbeit im Norden (1997), S. 179f.

[2] Paoletti, L'unità d'Italia e l'emigrazione (1976), S. 181.

[3] Cesare Bermani, Odyssee in Deutschland. Die alltägliche Erfahrung der italienischen „Fremdarbeiter" im „Dritten Reich", in: Cesare Bermani/Sergio Bologna/Brunello Mantelli, Proletarier der „Achse" (1997), S. 37-252, hier: S. 38.

[4] Ebenda, S. 38f.

mehr notwendig, da aufgrund der Weltwirtschaftskrise (1929/1930) in allen Teilen der Welt beträchtliche Arbeiterreservearmeen vorhanden waren.[5] Der größte
Teil der italienischen Emigration nach dem Ersten Weltkrieg fand deshalb in den
zwanziger Jahren statt. 84 Prozent der zwischen dem Ersten und dem Zweiten
Weltkrieg ausgewanderten Italiener verließ Italien vor 1930.[6]

Wie Tabelle IV.1 (S. 145) zeigt, betrug das Gesamtvolumen der italienischen
Migration zwischen 1916 und 1942 nach den amtlichen Statistiken 4.355.240 Expatriierungen, davon 51,5 Prozent in Richtung der europäischen und 44 Prozent in
Richtung der amerikanischen Länder. Süditaliener begaben sich wie schon vor
dem Krieg vorwiegend nach Amerika, während Norditaliener eher nach Frankreich, Belgien und in die Schweiz auswanderten. Die italienische Europawanderung richtete sich besonders nach Frankreich, wo zwischen 1916 und 1942 mehr
als eineinhalb Millionen italienische Migranten einreisten (eine Million zwischen
1919 und 1926). Das entspricht etwa 36 Prozent des gesamten italienischen Wan-
derungsvolumens und etwa 70 Prozent der italienischen Europawanderer im gleichen Zeitabschnitt (vgl. Tab. IV.2 auf S. 146).[7]

Die Wirtschaftskrise, die am Ende der zwanziger Jahre die Weltmärkte erschütter-
te und die Arbeitslosenzahlen in die Höhe schnellen ließ, sowie die zunehmend
auswanderungsfeindliche Politik des italienischen faschistischen Regimes[8] redu-
zierten das Phänomen der Emigration erheblich. Von den zwischen 1916 und
1942 expatriierten vier Millionen Menschen kehrten etwa 2.268.000 auch wieder
zurück. Obwohl bis 1921 nur die Rückkehrer aus nicht-europäischen Staaten
erfasst wurden, ist die Anzahl der Rückkehrer aus dem europäischen Ausland
(1.159.210) etwas höher als die der Rückkehrer aus nicht-europäischen Ländern
(1.108.630). Negative Emigrationssalden sind in Bezug auf die afrikanischen
Kolonien ab 1933, auf die europäischen Länder ab 1939, auf Nordamerika zwischen 1925 und 1927 und am Anfang der dreißiger Jahre in Bezug auf die USA,
Argentinien und Australien zu konstatieren. Von den eine Million Rückwanderern
aus Amerika kamen 63,5 Prozent aus Nordamerika (fast nur aus den USA) und
36,5 Prozent aus Südamerika (vier Fünftel aus Argentinien). 72,5 Prozent der
Rückkehrer aus europäischen Ländern entfielen auf Frankreich, 14 Prozent auf die
Schweiz. Die meisten davon kehrten nach Piemont (13,5 Prozent), in die Lombardei (12 Prozent), nach Venetien (10 Prozent), Sizilien (10 Prozent) und Kampa-

---

[5]   Paoletti, L'unità d'Italia e l'emigrazione (1976), S. 195-200.
[6]   Favero/Tassello, Cent'anni di emigrazione italiana (1876 – 1976) (1978), S. 30.
[7]   Ebenda, S. 31.
[8]   Bermani, Odyssee in Deutschland (1997), S. 40.

nien (8,5 Prozent) zurück, was auch für die Zeit 1916 – 1942 eine etwas stärkere Temporarität der nord- als der süditalienischen Emigration belegt.[9]

Der wichtigste Emigrantenstrom der ersten Nachkriegsjahre richtete sich auf die USA. Dort reisten zwischen 1919 und 1921 ca. eine halbe Million Italiener ein, etwa die Hälfte der gesamten italienischen Emigration dieser drei Jahre.[10] Doch in den Vereinigten Staaten waren Entwicklungen im Gange, die diesen Zustrom binnen weniger Jahre stark verringern sollten. Bereits im Jahr 1917 wurde der sogenannte *Literacy Act* erlassen, der nur alphabetisierten Migranten die Einwanderung erlaubte. Im Jahr 1921 wurde durch den ersten *Quota Act* festgelegt, dass jährlich nur drei Prozent der Gesamtzahl derjenigen, die der gleichen Nationalität angehörten und 1910 bereits in den USA lebten, einwandern durften. Im zweiten *Quota Act* aus dem Jahre 1924 wurde schließlich die Zählung von 1890 als Grundlage gewählt und eine Quote von zwei Prozent festgelegt.[11] Da die italienische Emigration in die USA erst nach 1890 rasch an Bedeutung gewonnen hatte, bedeutete das eine Jahresquote von nur 5.790 Einwanderern, so dass das Hauptziel der italienischen transozeanischen Migration praktisch entfiel.[12] Da aufgrund der Arbeitslosigkeit auch in Kanada im Jahre 1919 ein *Literacy Act*-ähnliches Gesetz verabschiedet wurde, richteten sich die italienischen Amerikawanderer verstärkt wieder auf Lateinamerika, besonders Argentinien,[13] wo derartige Immigrationsbeschränkungen erst nach der Weltwirtschaftskrise in den dreißiger Jahren beschlossen wurden.[14]

Auch in den europäischen Ländern, die vor dem Krieg jährlich Hunderttausende von Italienern einreisen ließen, hatte sich die Lage stark geändert. In der Schweiz wurden aufgrund einer wirtschaftlichen Krise und der darauf folgenden hohen Arbeitslosigkeit die Bestimmungen über den Aufenthalt von Ausländern dermaßen verschärft, dass sich bis zum Zweiten Weltkrieg nicht mehr als durchschnittlich 11.000 italienische Migranten jährlich in das Alpenland begaben. Vor dem Krieg waren es etwa 90.000 gewesen.[15] In Deutschland hatte die Wirtschaftskrise, die Demobilisierung und der Zustrom von Massen von deutschen Flüchtlingen aus den vom Reich abgetrennten Gebieten und aus den Kolonien zu einer horrenden Steigerung der Arbeitslosigkeit geführt. Die Gewerkschaften hatten in dieser Situ-

---

[9]   Favero/Tassello, Cent'anni di emigrazione italiana (1876 – 1976) (1978), S. 32-37.
[10] Ebenda, S. 31.
[11] Baily, Immigrants in the Lands of Promise (1999), S. 84-88.
[12] Paoletti, L'unità d'Italia e l'emigrazione (1976), S. 176.
[13] Ercole Sori, L'emigrazione italiana dall'Unita' alla seconda guerra mondiale, Bologna 1979, S. 419f.
[14] Baily, Immigrants in the Lands of Promise (1999), S. 82f.
[15] Paoletti, L'unità d'Italia e l'emigrazione (1976), S. 170f.

ation dem Internationalismus den Rücken gekehrt und sich für ein striktes Inländerprimat erklärt, das 1922 schließlich gesetzlich verankert wurde. Für Ausländer wurde somit die Arbeitsaufnahme in der Weimarer Republik stark erschwert.[16] Da zudem ab Anfang der zwanziger Jahre dort auch noch die Inflation wütete, machte die Auswanderung nach Deutschland für sparwillige Italiener kaum noch Sinn. Bis 1937, als, wie noch zu sehen sein wird, im Rahmen eines zwischenstaatlichen Anwerbeabkommens eine neue starke Deutschlandwanderung begann, wanderten somit nur wenige qualifizierte italienische Arbeitskräfte nach Deutschland aus.[17]

In den zwanziger Jahren war nur noch Frankreich in der Lage italienische Arbeiter aufzunehmen. Dort vermisste man nicht nur Arbeitskräfte für den Wiederaufbau, sondern überhaupt Menschen, um die Millionen von Toten und Invaliden zu ersetzen, die der Erste Weltkrieg gefordert hatte. Ganze Landstriche waren aufgrund des Mangels an männlichen Arbeitskräften verlassen worden und mussten rasch wieder bevölkert werden.[18] Die Auswanderung nach Frankreich, die sich vor dem Krieg fast ausschließlich aus benachbarten Piemontesen zusammengesetzt hatte, wandelte sich in der ersten Hälfte der zwanziger Jahre in eine venetische Emigration. Während im industrialisierten italienischen Nordwesten der Krieg das ganze ökonomische Leben angekurbelt hatte, war die nordöstliche italienische Wirtschaft von den durchziehenden österreichischen Truppen durch Demontagen von Industrien, Verwüstung von Landstrichen usw. stark beschädigt worden. Zu diesem Wanderungsstrom aus dem italienischen Nordosten kam nach dem zweiten *Quota act* in den USA, der die Einreise in die Vereinigten Staaten, traditionelles Ziel der Süditaliener, fast unmöglich machte, noch eine Auswanderungswelle aus dem Süden.[19] In Süditalien hatte die Wirtschafts- und Gesellschaftspolitik des faschistischen Regimes statt zu Fortschritten zu einer allgemeinen Verschlechterung der Lage geführt. Die Konzentration der industriellen Anstrengungen im Norden, der Versuch die ländliche Bevölkerung stärker an das Land zu binden, die Forcierung des Getreideanbaus im Rahmen der Autarkie und ein starkes Bevölkerungswachstum hatten eine hohe Arbeitslosigkeit und Unterbeschäftigung verursacht.[20]

---

[16]   Siehe dazu Herbert, Geschichte der Ausländerpolitik (2001), S. 118-121. Ferner: Knuth Dohse, Ausländische Arbeiter und Bürgerlicher Staat. Genese und Funktion von staatlicher Ausländerpolitik und Ausländerrecht. Vom Kaiserreich bis zur Bundesrepublik Deutschland, Königstein/Ts. 1981, S. 88-112.

[17]   Wennemann, Arbeit im Norden (1997), S. 189f.

[18]   Paoletti, L'unità d'Italia e l'emigrazione (1976), S. 177-179.

[19]   Ebenda, S. 182-185.

[20]   Barbagallo, Lavoro ed esodo nel sud (1973), S. 141f.

Da die Emigration wegen der weltweiten wirtschaftlichen Engpässe in den dreißiger Jahren fast zum Stillstand gekommen war, bahnten sich in vielen Gebieten Italiens soziale Unruhen an. Um den Massen von italienischen Arbeitslosen eine Zukunft zu verschaffen, versuchte das faschistische Regime eine sogenannte „interne Kolonisierung". Dies sollte u. a. durch die Erschließung von bis dahin unproduktiven Gebieten erfolgen. Dieses Vorhaben entpuppte sich aber bald als ein Fehlschlag.[21] Auch der Versuch, die Besiedlung der Kolonien in Afrika im Rahmen des Aufbaus des *Impero* zu forcieren, scheiterte. Von den 470.000 Italienern, die sich 1936 in Afrika befanden, lebten 1939 nur noch 139.000 dort, die meisten davon Soldaten oder Staatsfunktionäre. Selbst der Krieg, den Italien gegen Äthiopien im Jahr 1935 führte, und die Teilnahme am spanischen Bürgerkrieg (1936-1939) durch die Entsendung von 100.000 „Freiwilligen" können als „Arbeitsbeschaffungsmaßnahmen" angesehen werden, wenn man bedenkt, dass die meisten Soldaten, die an die Front geschickt wurden, aus Süditalien und aus Venetien stammten.[22]

Tab. IV.1: Wanderungsbewegung zwischen Italien und europäischen und außereuropäischen Staaten 1916 – 1942
(ohne die Deutschlandw. im Rahmen des deutsch-italienischen Anwerbeabkommens von 1937)

	Auswanderungen	in % aller Ausw.	Rückwanderungen	in % aller Rück.	in % von Sp. 2
Frankreich	1.568.980	36,0	842.627	37,0	53,7
Deutschland	88.907	2,0	15.993	1,0	17,9
Schweiz	319.184	7,5	161.028	7,0	50,4
Europa	**2.245.660**	**51,5**	**1.159.210**	**51,0**	**51,6**
Nordamerika	*1.093.590*	*25,0*	*641.368*	*28,0*	*58,6*
Südamerika	*826.716*	*19,0*	*367.701*	*16,0*	*44,4*
Amerika insg.	*1.920.280*	*44,0*	*1.009.050*	*44,5*	*52,5*
Außereur.	**2.109.530**	**48,0**	**1.108.630**	**49,0**	**52,5**
Ges.	**4.355.240**	**100,0**	**2.267.810**	**100,0**	**52,0**

Quelle: Favero/Tassello, Cent'anni di emigrazione italiana (1876 – 1976) (1978), Tab. 10 und 12, S. 34f. Eigene Berechnungen.

Eine Lösung des Problems der Arbeitslosigkeit und der Unterbeschäftigung in Italien bahnte sich im Rahmen der Politik der „Achse Rom-Berlin" an. Als die deutsche Wirtschaft dank der Aufrüstung in der zweiten Hälfte der dreißiger Jahre

---

[21]　Paoletti, L'unità d'Italia e l'emigrazione (1976), S. 195-200.
[22]　Bermani, Odyssee in Deutschland (1997), S. 42.

stark expandierte, stieß das deutsche Arbeitskräftepotenzial an seine Grenzen. Die deutsche Regierung zog deshalb die Möglichkeit in Erwägung sich an den Bündnispartner Italien zu wenden, da dort in mehreren Landesteilen Arbeitslosigkeit und Unterbeschäftigung herrschten. Am 28. Juli 1937 verständigten sich Mussolini und Hitler auf die „Anwerbung, die Verteilung und den Einsatz von italienischen Saisonarbeitern für die Landwirtschaft" im „Dritten Reich". Mit diesem Abkommen war die italienische Emigration erstmals zeitlich befristet, da die Auswanderer auf der Basis von (in der Regel) halbjährlichen Arbeitsverträgen angeworben wurden. Alles wurde genau reglementiert. Die italienischen Arbeiter, die generell in Barackenlagern untergebracht waren, wurden hinsichtlich Bezahlung und sozialer Leistungen ihren deutschen Kollegen gleichgestellt. Betreut wurden sie von der Deutschen Arbeitsfront (DAF) und von deutschen Zweigstellen der italienischen faschistischen Arbeiterorganisationen sowie von anderen italienischen Vertretungen, wie Auslandsortsgruppen des *Partito Nazionale Fascista* und diplomatischen Missionen.

Tab. IV.2: Italienische Wanderung in europäische Staaten 1916 – 1942

	Europaw. insg.	Frankreich	in % von Sp. 2	Schweiz	%	Deutschland	%
1916-1921	.	383.952	.	84.278	.	5.988	.
1922-1927	.	778.726	.	74.660	.	6.815	.
1928-1933	.	410.937	.	106.681	.	4.748	.
1934-1939	.	69.342	.	33.229	.	13.885	.
1940-1942	.	(1.121)	.	5.165	.	57.451	.
1916-1942	**(2.245.660)**	**(1.568.980)**	**(69,8)**	**(319.184)**	**(14,2)**	**(88.907)**	**(3,9)**

Quelle: Paoletti, L'unità d'Italia e l'emigrazione (1976), S. 193-196. Eigene Berechnungen.

Von 1937 bis 1942 gab es etwa 500.000 Auswanderungen auf diesem Wege. Zunächst handelte es sich vorwiegend um Italiener aus dem Nordosten der Halbinsel (Venetien, Lombardei, Romagna), später aber auch aus Mittel- und Süditalien (Latium, Kampanien, Apulien, Abruzzen). Obwohl sich die Regierungen 1937 auf die Entsendung von Landarbeitern geeinigt hatten, wurden von deutscher Seite bald auch Industriearbeiter angefordert.[23] Zwar ist es sehr schwierig, die exakte Anzahl der italienischen Arbeiter im Reich von 1938 bis 1943 festzustellen, doch kann man wohl davon ausgehen, dass es im Jahr 1938 etwa 37.000, im Herbst 1941 271.000 und Ende 1942 etwa 198.000 waren.[24] Nach Angaben des faschistischen Landarbeiterverbandes konzentrierten sich im Jahr 1938 die ita-

---

[23] Ebenda, S. 43.
[24] Lang, Italienische „Fremdarbeiter" (1996), S. 77.

lienischen Landarbeiter in Mitteldeutschland (14.426), Niedersachsen (4.378), Südwestdeutschland (etwa 3.100), Bayern (3.104), Hessen (1.920), Pommern (1.348) und Brandenburg (1.177).[25] Zwischen 1938 und 1939 wurden auch etwa 16.000 italienische Bauarbeiter in Fallersleben und Salzgitter in Niedersachsen beim Bau der Herrmann-Göring-Werke beschäftigt.[26] Der Einsatz von italienischen Industriearbeitern im Reich verstärkte sich ab Ende 1940 beträchtlich. Italien sah sich nämlich nach ersten Schwierigkeiten in der Führung des „Parallelkrieges" gezwungen, dem deutschen Wunsch nach Industriekräften zu entsprechen. Industriearbeiter, darunter zahlreiche Bauarbeiter, wurden somit in den folgenden Monaten verstärkt angeworben und in ganz Deutschland in allen kriegswichtigen Bereichen eingesetzt.[27]

Diese organisierte Auswanderung endete Ende 1942. Anfang 1943 hatte nämlich die faschistische Regierung erste Versuche gemacht, möglichst schnell die italienischen Arbeiter, die sich noch in Deutschland befanden, zurück zu holen. Nach dem deutsch-italienischen Clearingabkommen (1934) sollten nur Warenströme zwischen Italien und Deutschland fließen. Die italienische Regierung sollte die Zahlung an die Familien der Emigranten übernehmen und dafür aus Deutschland den gleichen Wert in Rohstoffen und sonstigen Produkten erhalten. Bald wurde aber der italienischen Führung klar, dass der Wert dieser Warenströme bei weitem die italienischen Geldüberweisungen an die Familien nicht deckte, so dass sich langsam ein riesiges deutsches Defizit im Clearingverkehr aufbaute. Da die italienische Regierung aus gesellschafts- und außenpolitischen Gründen die Zahlungen nicht einfach einstellen konnte, sah sie sich gezwungen, mehr Geld in Umlauf zu bringen. Die Inflation ließ nicht lange auf sich warten. Daher die Versuche, die Arbeiterausfuhr zu stoppen und die noch in Deutschland beschäftigten Italiener zurückzuholen.[28] Gespräche in diese Richtung begannen Anfang 1943. Am 25. Juli 1943 wurde aber Mussolini von seinen eigenen Leuten gestürzt und die italienische Führung vom Marschall Badoglio übernommen. Am 3. September unterzeichnete dieser einen Waffenstillstand mit den Alliierten – der am 8. bekannt gegeben wurde – und begab sich damit für die Deutschen ins feindliche Lager. Die Rückkehrtransporte wurden sofort eingestellt. Zu diesem Zeitpunkt waren erst 40.000 Arbeiter aus Deutschland

---

[25] Brunello Mantelli, Zwischen Strukturwandel auf dem Arbeitsmarkt und Kriegswirtschaft. Die Anwerbung der italienischen Arbeiter für das „Dritte Reich" und die „Achse Berlin-Rom" 1938-1943, in: Bermani/Bologna/Mantelli, Proletarier der „Achse" (1997), S. 253-392, hier: S. 267.

[26] Ebenda, S. 255.

[27] Ebenda, S. 307.

[28] Ebenda, S. 375.

zurückgekehrt. Damit blieben etwa 120.000 italienische Arbeiter im „Dritten Reich" zurück.[29]

Die politische Wende in Italien kam für die nationalsozialistische Führung nicht ganz unerwartet. Es waren bereits Pläne für ein Eintreten dieses Falles geschmiedet worden. Den deutschen Truppen wurde der Befehl erteilt auf den verschiedensten Kriegsschauplätzen die italienischen Soldaten zu entwaffnen, gefangen zu nehmen und nach Deutschland zu schicken, wo man sie als Arbeitskräfte einzusetzen gedachte. Schon bald wurden etwa 725.000 italienische Soldaten – diesen war seitens der Badoglio-Regierung keine genauen Anweisungen erteilt worden, wie sie sich nach dem Waffenstillstand verhalten sollten – festgenommen. Einige davon wurden vor Ort eingesetzt und etwas mehr als 600.000 als Kriegsgefangene in Richtung Deutschland und ins Generalgouvernement deportiert. Als Kriegsgefangene hatten die Italiener eigentlich Anspruch auf eine Betreuung durch das Internationale Rote Kreuz und durften laut Genfer Konvention nicht in der Kriegswirtschaft eingesetzt werden. So wurden sie von der deutschen Führung, mit der Begründung, dass sich Deutschland nicht im Kriegszustand mit Italien befand – Mussolini hatte inzwischen mit deutscher Unterstützung die norditalienische faschistische *Repubblica Sociale Italiana*, die sogenannte Salò-Republik, gegründet –, in den Status der „Militärinternierten" (Italienische Militärinternierte, kurz IMI) überführt. Auf diese Weise wurden sie jeder internationalen Betreuung und Obhut entzogen und konnten ferner beliebig in der Industrie eingesetzt werden.[30] Dieser besondere Status kam auch dem Wunsch der gerade gegründeten faschistischen norditalienischen Salò-Republik entgegen, die sich den Skandal um eine halbe Million italienischer Kriegsgefangener in Deutschland innenpolitisch nicht hätte leisten können.[31] Die IMI wurden in Lagern untergebracht und in den verschiedensten Industriebranchen, wenn nötig auch in Kommandos zur Räumung von Trümmern, eingesetzt. Im Februar 1944 waren von den etwa 500.000 IMI, die sich im Reichsgebiet befanden, 56 Prozent im Bergbau, Metall- und chemischer Industrie, 35 Prozent in anderen Industriebranchen und sechs Prozent in der Landwirtschaft beschäftigt.[32] Doch die schwere und ungesunde Arbeit, die sie verrichten mussten, die Feindseligkeit der Bevölkerung, die schlechte Behandlung und mangelhafte Ernährung, das Fehlen der Betreuung durch das Rote Kreuz sowie die erst im Sommer 1944 eintreffenden Hilfsgüter der Republik von Salò machten das Leben der IMI in Deutschland unerträglich. Ihre psychischen und physischen Kräfte ließen rasch nach. Da die Arbeitsleistungen immer schlechter

---

[29] Ebenda, S. 385-391.

[30] Lang, Italienische „Fremdarbeiter" (1996), S. 86f.

[31] Cajani, Die italienischen Militär-Internierten (1991), S. 295-297.

[32] Luigi Cajani/Brunello Mantelli, In Deutschland arbeiten: Die Italiener – von der „Achse" bis zur Europäischen Gemeinschaft, in: AfS 32, 1992, S. 231-246, hier: 240.

wurden und die deutschen Stellen dahinter eine gewisse Faulheit vermuteten, wurden im Februar 1944 die Lebensmittelrationen der IMI gekürzt. Doch dadurch wurde lediglich eine weitere Verschlechterung der Leistungen erzielt, so dass man diese Maßnahmen aufgeben und sogar Italiener, wie vorher sowjetische Kriegsgefangene, aufs Land schicken musste, um sie dort „aufzupäppeln".[33]

Für das faschistische Salò-Regime war diese Lage auf Dauer nicht tragbar. Mussolini hatte sich schon lange eine Normalisierung der Situation der IMI gewünscht. Mitte 1944 erhielt er schließlich die Zustimmung der nationalsozialistischen Führung, die sich durch diese Maßnahme endlich eine Steigerung der Produktivität erhoffte. Im September 1944 wurden somit alle IMI in den Zivilarbeiterstatus überführt - bis auf die Offiziere, für die dies erst am 31. Januar 1945 galt. Infolgedessen wurden die Italiener mit sofortiger Wirkung der Überwachung der Wehrmacht entzogen und den Unternehmen unterstellt. Auch bekamen sie Konzessionen wie den freien Sonntag. Aber Verpflegung und Unterbringung wurden nicht viel besser.[34] Bis zum Ende des Krieges starben an Hunger, Kälte, unzureichender medizinischer Versorgung und Bombenangriffen etwa 40.000 bis 50.000 italienische Soldaten, die in Deutschland zur Arbeit gezwungen worden waren.[35]

Neben den kriegsgefangenen IMI arbeiteten weiterhin in Deutschland die etwa 120.000 italienischen Zivilarbeiter, die nach dem 8. September 1943 nicht mehr nach Italien zurückkehren durften. An deren Status hatte sich trotz allem nicht viel geändert. Auch sie waren wie die IMI der steigenden Feindseligkeit der Bevölkerung wegen des „Verrates" der Badoglio-Regierung ausgesetzt und mussten unter der allgemeinen Verschlechterung der Lebensverhältnisse leiden, aber sie konnten sich zumindest einigermaßen frei bewegen. Allerdings büßten sie ihre Sonderstellung unter den ausländischen Arbeitern ein. Wurden sie straffällig, dann sollten sie nicht mehr nach Italien ausgewiesen, sondern in Deutschland – sehr hart – bestraft werden. Die Bekundung von Sympathien der Badoglio-Regierung gegenüber gehörte als „staatsfeindliche Äußerung" zu diesen strafbaren Taten.[36]

Nach dem Austritt Italiens aus dem Krieg wollten die nationalsozialistischen Machthaber und insbesondere der Generalbevollmächtigte für den Arbeitseinsatz Sauckel auf die eine oder auf die andere Weise versuchen, noch etwa 1,5 Millionen Arbeiter aus Italien nach Deutschland zu holen. Anwerbekampagnen von freiwilligen italienischen Zivilisten, Razzien auf Arbeitskräfte, Auskämmungsaktionen, Deportationen von Häftlingen und der Versuch, von der Salò-Regierung

---

[33] Cajani, Die italienischen Militär-Internierten (1991), S. 299f.

[34] Ebenda, S. 304f.

[35] Ebenda, S. 308.

[36] Lang, Italienische „Fremdarbeiter" (1996), S. 101f.

einige Jahrgänge für den Arbeitseinsatz in Deutschland zu bekommen, verfehlten jedoch meistens ihr Ziel. Arbeiter, die sich in der unmittelbaren Gefahr einer Verschleppung nach Deutschland sahen, schlossen sich massenweise den Partisanen an. Freiwillige waren wegen der schlechten Behandlung in Deutschland für den Arbeitseinsatz ohnehin kaum zu bekommen. Im Oktober 1944 kam es somit zu den Vereinbarungen von Bellagio, in denen festgelegt wurde, dass von nun an auf Zwangsdeportationen verzichtet werden sollte und alle italienischen Arbeitskräfte, die nach dem 8. September 1943 nach Deutschland deportiert worden oder freiwillig gekommen waren, in allen Bereichen den deutschen Kollegen gleichgestellt werden sollten. Auch das reichte nicht, die Italiener zum Reichseinsatz zu bewegen, und die Razzien und Deportationen begannen erneut. Trotzdem konnten die Nationalsozialisten nur noch wenige Italiener zur Arbeit nach Deutschland holen.[37]

Tab. IV.3: Italienische Zivilarbeiter und Kriegsgefangene in der deutschen Kriegswirtschaft nach Wirtschaftszweigen im August 1944

		Landw.	Bergbau	Metall	Chemie	Bau	Verkehr	insgesamt
Italien	Insgesamt	45.288	50.325	221.304	35.276	80.814	35.319	*585.337*
	Zivilarbeiter	15.372	6.641	41.316	10.791	35.271	5.507	*158.099*
	Kriegsgefangene	29.916	43.684	179.988	24.485	45.543	29.812	*427.238*
	In % aller Italiener	7,7 %	8,6 %	37,8 %	6,0 %	13,8 %	6,0 %	*100 %*
Andere	Insgesamt	2.701.950	383.465	1.470.025	216.792	397.243	342.756	*7.030.633*
	Zivilarbeiter	2.045.694	190.141	1.356.604	195.950	313.808	272.072	*5.563.784*
	Kriegsgefangene	656.256	193.324	113.421	20.842	83.436	70.636	*1.502.849*
	In %	38,4 %	5,4 %	20,9 %	3,0 %	5,6 %	4,8 %	*100 %*
Insgesamt		2.747.238	433.790	1.691.329	252.068	478.057	378.027	*7.615.970*
	Zivilarbeiter	2.061.066	196.782	1.397.920	206.741	349.079	277.579	*5.721.883*
	Kriegsgefangene	686.172	237.008	293.409	45.327	128.979	100.448	*1.930.087*
	In %	36,1 %	5,7 %	22,2 %	3,3 %	6,3 %	5,0 %	*100 %*

Quelle: Herbert, Geschichte der Ausländerpolitik in Deutschland (2001), Tab. 15, S.148f. Eigene Berechnungen.

Neben italienischen Soldaten und Zivilisten wurden nach September 1943 auch verhaftete italienische Partisanen oder „Bandenverdächtige" nach Deutschland deportiert und zum Reichseinsatz gezwungen. Diese Häftlinge wurden in Konzentrationslager eingewiesen, wo sie der Willkür der SS-Aufsicht ausgesetzt

---

[37] Ebenda, S. 103-106.

waren[38] und damit eine noch dramatischere Behandlung als die anderen Deportierten erfuhren.

Als das nationalsozialistische Deutschland bedingungslos kapitulierte, wurden
etwa 700.000 bis 800.000 – die Zahlen sind umstritten – Italiener wie alle anderen
knapp acht Millionen Ausländer, die sich zu dem Zeitpunkt auf dem Territorium
des „Dritten Reiches" befanden, zu *Displaced Persons* erklärt. Von den Besat-
zungsmächten einige Wochen verpflegt und mit neuen Kleidungsstücken ausgerüstet, verließen sie bereits nach kurzer Zeit das Großdeutsche Reich, in dem sie
lange Zeit unter schwersten Arbeits- und Lebensbedingungen gelitten hatten.[39]
Doch nur wenige Jahre nach dem Krieg, begaben sich trotz aller schlechten Erfahrungen, erneut italienische Arbeiter nach Deutschland, um der Armut, der Arbeitslosigkeit und der Unterbeschäftigung zu entkommen, die in vielen Gebieten Italiens herrschten.

2.   Der Aufnahmeraum Hamburg

2.1.   Politische, wirtschaftliche und demographische Entwicklung

Am 4. November 1918 bildeten aufständische Marinesoldaten und Werftarbeiter
in Kiel einen Arbeiter- und Soldatenrat. Kurz darauf hatte die revolutionäre Bewegung auch den Hamburger Raum erfasst, wo sich ebenfalls Arbeiter- und Soldatenräte bildeten.[40] Nach wenigen Monaten war allerdings die Zeit der sozialistischen Revolution schon zu Ende. Im März 1919, als der Sozialdemokrat Ebert
bereits zum ersten republikanischen Präsidenten der deutschen Geschichte gewählt worden war[41], stellten die Arbeiter- und Soldatenräte ihre politische Tätigkeit ein.[42] Der Übergang zur Republik vollzog sich in Hamburg am 9. Januar

---

[38]   Schreiber, Die italienischen Militärinternierten (1990), S. 320ff.

[39]   Lang, Italienische „Fremdarbeiter" (1996), S. 109.

[40]   Ursula Büttner, Der Stadtstaat als demokratische Republik, in: Loose/Jochmann (Hg.), Ham-
       burg. Geschichte der Stadt und ihrer Bewohner (1986), Band II, S. 131-265, hier: 133f; Mi-
       chael Hartwig, Großvaters Harburg. Ein Lesebuch für „kleine Leute" über Harburg in der ers-
       ten Hälfte des zwanzigsten Jahrhunderts, Hamburg 1984, S. 9; Thomas Krause, Das „Bürger-
       liche Trauma". Revolution in Altona, in: Sywottek (Hg.), Das andere Altona (1984), S. 39-59,
       hier: S. 43.

[41]   William Carr, A History of Germany 1815 – 1990, London 1991.

[42]   Büttner, Der Stadtstaat als demokratische Republik (1986), S. 144; Günter Könke, Arbeiter-
       schaft und sozialdemokratische Arbeiterbewegung in Harburg 1918-1933, in: Ellermeyer u. a.
       (Hg.), Harburg. Von der Burg zur Industriestadt (1988), S. 403-416, hier: S. 406; Krause, Das
       „Bürgerliche Trauma" (1984), S. 43ff.

1921, als mit dem Inkrafttreten einer neuen Verfassung das republikanische System auch in der Hansestadt verankert wurde.[43]

Trotz politischer Instabilität und trotz ökonomischen Schwierigkeiten durch das Abtreten von Schiffen als Reparation an die Alliierten, trotz Rohstoffmangels, Verlust der Kolonien und des dortigen hamburgischen Vermögens konnte sich die Hamburger Wirtschaft schon kurze Zeit nach dem Krieg wieder erholen.[44] Eine nicht unbedeutende Rolle bei der Wiederbelebung des lokalen Wirtschaftslebens hatte die in den Kriegsjahren begonnene starke Inflation. Die Entwertung der Mark führte zu besonders billigen Herstellungskosten, so dass Hamburger Industrielle und Kaufleute fast konkurrenzlos ihre Produkte im Ausland verkaufen konnten. Dieser positive Aufwärtstrend der Hamburger Wirtschaft spiegelte sich bald in den Erwerbslosenzahlen. Im Juni 1922 wurde mit 8.000 Erwerbslosen der tiefste Stand in der Weimarer Republik erreicht. Die Inflation jedoch, die einerseits die Wiedereingliederung der Hamburger Wirtschaft in die Weltwirtschaft erheblich erleichtert hatte, machte andererseits die Stadtbewohner immer ärmer. Im Frühjahr 1923 beschleunigte sich die Inflation plötzlich extrem und verursachte das völlige Zusammenbrechen der Wirtschaft, was wiederum Massenarbeitslosigkeit, Krawalle und Plünderungen von Lebensmittelgeschäften nach sich zog. Erst durch die Einführung einer neuen Währung, der deutschen Reichsmark, konnte Deutschland Ende 1924 diese chaotische Phase überwinden.[45]

Die 1924 erreichte Währungsstabilisierung und internationale Anleihen brachten der Hamburger Wirtschaft wieder einen Aufschwung. Ihre unveränderte Abhängigkeit von der Schifffahrt und dem Außenhandel machte sie aber in Zeiten internationaler Krisen besonders anfällig. Die im Oktober 1929 mit dem Sturz der New Yorker Börsenkurse begonnene Weltwirtschaftskrise traf somit die Hansestadt besonders hart.[46] Von den im Jahre 1928 etwa 50.000 gemeldeten Arbeitslosen stieg die Zahl im Juni 1933 auf rund 176.400 Personen. Es handelte sich um 38 Prozent der Hamburger Arbeitnehmer. Die Notlage der Bevölkerung beschränkte sich aber nicht nur auf die Arbeitslosen. Trotz des depressionsbedingten Preisverfalls schrumpfte auch die Kaufkraft derjenigen, die noch Arbeit hatten.[47]

In dieser scheinbar aussichtslosen Lage begannen viele an der Funktionsfähigkeit des republikanischen Systems und des Kapitalismus zu zweifeln. Viele Angehörige der Arbeiterklasse verlagerten ihre Sympathie von der SPD auf die 1918

---

[43] Büttner, Der Stadtstaat als demokratische Republik (1986), S. 167-171.
[44] Ebenda, S. 163ff.
[45] Ebenda, S. 204-212.
[46] Ebenda, S. 237-241.
[47] Ebenda, S. 241-244.

gegründete KPD, die eine radikale Veränderung der Gesellschaft zugunsten der Arbeiterklasse versprach.[48] Unternehmer, Angestellte, Gewerbetreibende und sonstige Angehörige des Hamburger Bürgertums, die sich dagegen vor der „bolschewistischen" Revolution fürchteten, wandten sich immer mehr rechten „Ordnungsparteien" zu, die das Weiterbestehen der Marktwirtschaft garantierten und die mehr politische Effektivität durch ein autoritäres Regime versprachen. Paramilitärische rechte Freikorps und antisemitisch-nationalistische Organisationen wie der Deutschvölkische Schutz- und Trutzbund (1919 gegründet) hatten nach der Niederlage von 1918 das Terrain für viele rechtsextreme Parteien vorbereitet. Darunter befand sich auch die von Adolf Hitler geleitete NSDAP.[49] Nach dem gescheiterten Hitler-Putsch von 1923 hatte sich diese Partei auf eine „legale" Eroberung der Macht eingestellt. Die NSDAP betonte von nun an ihren „bürgerlichen" Charakter und distanzierte sich in der Öffentlichkeit von den zwischen SA- und SS-Männern und Kommunisten täglich vorkommenden Zwischenfällen. Diese Zuwendung zum Bürgertum zahlte sich aus. Anlässlich der Bürgerschaftswahlen im Jahre 1932 erreichte die NSDAP 31,2 Prozent der Stimmen und wurde damit zur stärksten Partei Hamburgs.[50] Eine rechte Regierungskoalition in der Stadt konnte aber nur durch den Druck der Ergebnisse der am 5. März 1933 stattgefundenen Reichstagswahl, die der NSDAP und ihren Koalitionspartnern die Mehrheit im Reichstag bescherte, gebildet werden. Am 8. März 1933 wählte das Hamburger Parlament einen neuen Senat. In dem neu gewählten Gremium besaßen die Nationalsozialisten die Mehrheit und stellten darüber hinaus den Ersten Bürgermeister, Carl Vincent Krogmann.[51] Obwohl Krogmann bis 1945 dieses Amt inne hatte, wurde in der kurz darauf neugeordneten Hamburger Verwaltung der „Reichsstatthalter" Karl Kaufmann zum eigentlichen Stadtherrn.[52]

Am 1. April 1937 vereinigte aus wirtschaftlichen Gründen die Reichsregierung durch das Groß-Hamburg-Gesetz die bis dahin preußischen Städte Altona, Wandsbek und Harburg-Wilhelmsburg (1927 wurde die zwischen der Hansestadt und Harburg gelegene Harburger Gemeinde Wilhelmsburg zur Stadt erhoben und mit Harburg vereinigt) mit Hamburg. Dieser Verwaltungsschritt änderte die traditionellen Struktur der Hansestadt schlagartig. Die Fläche des Stadtstaates wurde beinahe verdoppelt, und die Zahl der Einwohner stieg um rund 40 Prozent auf 1,7

---

[48] Ebenda, S. 248.

[49] Ebenda, S. 198.

[50] Ebenda, S. 250.

[51] Werner Johe, Im Dritten Reich 1933 – 1945, in: Loose/Jochmann (Hg.), Hamburg. Geschichte der Stadt und ihrer Bewohner (1986), Band II, S. 265 - 377, hier: S. 267. Zur Eroberung der Macht seitens der NSDAP in Hamburg siehe auch: Ursula Büttner, Errichtung und Zerstörung der Demokratie in Hamburg: Freie Gewerkschaften, Senatsparteien und NSDAP im Kampf um die Weimarer Republik, Hamburg 1998, S. 141-202.

[52] Johe, Im Dritten Reich (1986), S. 286f.

Millionen. Darüber hinaus gehörten nunmehr zur Hansestadt auch die Fischverar-
beitungsbetriebe und die Eisenwerke Altonas, die Nahrungs- und Genussmittelbe-
triebe Wandsbeks und die Gummi- und Ölfabriken Harburg-Wilhelmsburgs, die
die Wirtschaft Hamburgs aus ihrer Abhängigkeit von der Schifffahrt und vom
Außenhandel lösten und die Stadt zum großen Industriezentrum machten.[53] Allerdings hatten zunächst die Versuche der neuen deutschen Führung, durch gezielte
Arbeitsbeschaffungsprogramme die Zahl der Arbeitslosen zu senken, im Vergleich zu anderen Städten nur wenig Erfolg. Anfang 1934 waren noch rund 14
Prozent der lokalen Arbeiterschaft ohne Beschäftigung. Erst in den folgenden Jahren konnte dank eines allgemeinen wirtschaftlichen Aufwärtstrends auch in Hamburg die Zahl der Erwerbslosen stark reduziert werden. Eine nicht unbedeutende
Rolle spielten dabei die Aufrüstungsprojekte der NS-Führung, die die lokale
Schiffbauindustrie und ihre Zuliefererbetriebe voll auslasteten.[54] Die Aufrüstung
ließ zwar die Arbeitslosenzahlen sinken, konnte aber nur eines bedeuten: Krieg.

Bereits am 4. September 1939, also lediglich vier Tage nach dem Überfall auf
Polen, hörten die Hamburger die ersten bedrohlichen Fliegeralarmsirenen. Glücklicherweise für die Hamburger Bevölkerung blieb es vorerst auch dabei. Feindliche Bomber zeigten sich erst Monate später am Himmel über der Stadt. So mussten die Hamburger nur mit weniger bedrohlichen Erscheinungen des Krieges fertig werden wie Einschränkungen im Kraftfahrzeugverkehr, Rationierung von
Lebensmitteln und Bekleidung, Einstellung der Straßenbeleuchtung und Einführung der Verdunkelung. Die Kriegsschauplätze waren weit entfernt von der Stadt
und die Alliierten anscheinend nicht in der Lage, Luftangriffe auf Hamburg
durchzuführen. Dies sollte sich Mitte 1940 ändern. Am 18. Mai erreichten zum
ersten Mal feindliche Flieger den Hamburger Raum und ließen ihre Bomben auf
die Stadt fallen. Obwohl sie Zerstörungen und Brände in Altona und Harburg
verursachten und 29 Personen das Leben kosteten, gelang es den Angreifern nicht
ihr wahrscheinliches Ziel zu treffen, die großen Hamburger Schiffbaubetriebe, die
in zunehmendem Maße für die deutsche Kriegsmarine arbeiteten. Vor allem U-
Boote, aber auch Flugzeuge wurden am laufenden Band in Hamburg hergestellt,
besonders auf der Werft Blohm & Voss. So wie die Werften musste sich Ende
1939 die gesamte Hamburger Wirtschaft auf die Erfordernisse des Krieges einstellen, auf die zunehmende Herstellung von kriegswichtigen Gütern zum Nachteil
der „normalen" Produkte. Viele Konsumgüterfirmen wurden zudem im Laufe des
Krieges geschlossen, um angesichts des Arbeitskräftemangels, der auf die Einberufungen zur Wehrmacht zurückzuführen war, Arbeiter für die wichtigsten Betriebe freizumachen. Die Im- und Exportbranche, Rückgrat der lokalen Wirtschaft, wurde vom kompletten Erliegen der freien Schifffahrt stark beeinträchtigt

---

[53] Ebenda, S. 339-346
[54] Ebenda, S. 299-306.

und konnte nur durch eine Erweiterung der Inlandgeschäfte in den besetzten oder befreundeten Staaten des europäischen Kontinents überleben. Der bereits angedeutete Arbeitskräftemangel führte nicht nur zur Optimierung der Verteilung der lokalen Arbeiterschaft, sondern auch zum großangelegten Einsatz von Frauen und älteren Hamburgern, besonders in Verwaltungs- und Lehrberufen. Um die restlichen Lücken in der Arbeiterschaft zu schließen, wurden schließlich ausländische Arbeitskräfte angeworben und Kriegsgefangene als Zwangsarbeiter eingesetzt.[55]

Während die deutsche Wehrmacht bis Ende 1942 große Teile des europäischen Kontinents besetzte und nahezu unbesiegbar schien, gelang es der deutschen Luftwaffe weiterhin nicht, die alliierten Flugangriffe auf deutsche Städte, darunter auch Hamburg, zu verhindern. Zwischen Mai 1940 und Ende 1942 waren in Hamburg bei rund 127 Angriffen etwa 1200 Personen ums Leben gekommen. Hamburg war somit trotz der Entfernung von den feindlichen Linien im „totalen Krieg" schon lange zum Kriegsschauplatz geworden. Innerhalb der Bevölkerung hatte inzwischen auch die Belastung durch Hunger, Angst und den erhöhten Leistungsdruck der Rüstungsproduktion deutlich zugenommen.[56]

Noch war aber die Hansestadt hinsichtlich der Folgen der Bombenangriffe im Vergleich zu anderen deutschen Großstädten nicht wirklich hart getroffen worden. In der Nacht zum 25. Juli 1943 konkretisierten sich die schlimmsten Befürchtungen der Hamburger. Zehn Tage lang flogen alliierte Bombergeschwader Angriffe auf die Stadt und verursachten die totale Zerstörung etlicher Stadtteile, die Verletzung von etwa 37.000 und den Tod von etwa 35.000 Personen. Letztere kamen größtenteils im Feuersturm der Nacht zum 28. Juli ums Leben, als die Stadt beinahe einer riesigen Fackel glich. Als diese Apokalypse vorbei war, war mehr als 60 Prozent des Wohnraums der Stadt zerstört und etwa eine Million Hamburger ohne Unterkunft. Hunderttausende flohen mit letzten Kräften aus der verwüsteten Stadt. Als sich die Lage nach einiger Zeit wieder stabilisierte, wurde die Stadtbevölkerung auf etwa 800.000 Personen geschätzt.[57]

Überraschenderweise war von den apokalyptischen Zerstörungen, die diese Angriffe verursacht hatten, die hamburgische Rüstungsproduktion weitgehend verschont geblieben. Bereits Ende 1943 konnte wieder 80 Prozent der industriellen August-Leistung erreicht werden.[58] Dies allerdings nur dank der Heranziehung der restlichen Reserven an Frauen, Jugendlichen und Tausenden von Konzentrationslagerhäftlingen aus dem KZ Neuengamme im Süden Hamburgs und ausländi-

---

[55] Ebenda, S. 352ff.
[56] Ebenda, S. 354f.
[57] Ebenda, S. 366ff.
[58] Ebenda, S. 368.

schen Zwangsarbeitern, da nur etwa die Hälfte der 634.000 Arbeiter, die Anfang
August noch in Hamburg arbeiteten, sich nach den Angriffen zur Arbeit zurück
gemeldet hatte.[59]

Trotz der Endsiegparolen, die von der deutschen Propagandamaschinerie immer
noch verbreitet wurden, rückte das Ende des „Dritten Reiches" immer näher. Im
Oktober 1944 wurde in der Hansestadt der Volkssturm einberufen, um die letzte
Verteidigung der Stadt, die von Hitler zur „Festung" erklärt worden war, zu organisieren. Vielen, auch vielen städtischen Partei-, Militär- und Wirtschaftsspitzen,
war aber bewusst, dass unter den gegebenen Umständen eine solche Verteidigung
der Stadt bis zum letzten Mann gänzlich sinnlos gewesen wäre. Der Hamburger
Reichsstatthalter Karl Kaufmann verständigte sich somit mit den Briten über die
kampflose Kapitulation der Stadt, die er am 3. Mai 1945 dem britischen General
Spurling und seinen Truppen übergab. Eine Stadt, in der 1,1 Millionen hungernde
und verängstigte Menschen in einer einzigen Ruinenlandschaft vegetierten.
Anders als gut 100.000 Hamburger, die zwischen 1939 und 1945 ums Leben kamen, gelang es ihnen, das Ende des Krieges zu erleben.[60]

2.2.   Gründe und Entwicklung der Ausländerpräsenz in Hamburg

Die nach dem Ersten Weltkrieg in Deutschland eingetretene strenge Reglementie-
rung des Arbeitsmarktes („Inländerprimat"), die Inflations-erscheinungen der ersten Nachkriegsjahre bis zur Hyperinflation 1922/23 und schließlich die international bedingten wirtschaftlichen Engpässe nach 1929 hielten viele Arbeitsmigranten
davon ab, sich während der Weimarer Republik nach Hamburg zu begeben. Wegen der herrschenden Arbeitslosigkeit bekamen in den ersten Nachkriegsjahren
diejenigen Ausländer, die am 1. August 1914 ihren Wohnsitz nicht in der Hansestadt hatten, keine Arbeitsberechtigung für das hamburgische Staatsgebiet mehr.[61]
1922/23 bestimmte dann die Weimarer Regierung, dass diejenigen ausländischen
Arbeitnehmer, die seit 1913 – für Landarbeiter – und seit 1919 – für Industriearbeiter – ohne größere Unterbrechungen in Deutschland gearbeitet hatten, eine
unbefristete Arbeitsgenehmigung – einen sogenannten Befreiungsschein – bekommen sollten. Alle andere Ausländer, die fortan in Deutschland arbeiten wollten,   mussten   bei   den   örtlichen   Arbeitsämtern   eine   Arbeitsgenehmi-

---

[59]   Ebenda.

[60]   Ebenda, S. 370–373.

[61]   Hamburger Polizeibehörde über die Vorschläge des Reichskommissars für Zivilgefangene und
       Flüchtlinge über die fremdenpolizeiliche Behandlung der im deutschen Reiche aufhältlichen
       Ausländer, 30. Dezember 1920, StAHH, Bestand 111-2, Akte L z 51.

gung beantragen, die angesichts des „Inländerprimats" und der schwierigen Wirtschaftslage sehr schwer zu bekommen war.[62]

Tab. IV.4: Ortsanwesende Ausländer in Hamburg* nach ihrer Staatsangehörigkeit
1920 – 1939
(ausgewählte Nationalitäten)

Staat	30.12.1920	16.6.1925	16.6.1933	17.5.1939
Österreich	2.751	2.079	1.156	D. Reich
Holland	611	1.160	616	1.103
Dänemark	1.132	1.530	714	1.427
Sowjetunion	329	662	204	68
Schweiz	649	969	440	900
Belgien	201	186	-	159
Italien	206	440	259	647
Großbritannien	450	646	442	457
Schweden	680	964	410	684
USA	345	461	273	455
Norwegen	259	280	194	355
Frankreich	109	119	-	123
Spanien	81	154	-	126
Portugal	25	49	-	-
Türkei	67	134	-	74
Griechenland	82	206	-	179
China	30	111	-	132
Polen	738	1.713	1.191	1.387
Andere	2.351	6.039	4.554	8.295
Ges.	**11.031**	**17.902**	**10.453**	**16.571**

Quelle: Die Ausländer im hamburgischen Staat am 30. Dezember 1920, StAHH, Bestand 111-2, Akte L z 51. StatLHH (Hg.), StatHS, Heft XXXII (1927), S. 96; StatJbHH 1933/34 (1934), S. 9. StatR (Hg.), StatDR, Band 552 (1943), S. 28. *1939 mit Altona, Harburg-Wilhelmsburg und Wandsbek.

Bis zur Reichsvolkszählung von 1939, als nach dem Groß-Hamburg-Gesetz die ausländische Bevölkerung Altonas, Harburgs – ab 1927 Harburg-Wilhelmsburg – und Wandsbeks mit der Hamburger Bevölkerung mitgezählt wurde, liegen keine Angaben über die Entwicklung der Ausländerpräsenz in diesen Städten vor. Anhand der Hamburger Zahlen wird der Rückgang der Zahl der Ausländer jeden-

---

[62] Dohse, Ausländische Arbeiter und bürgerlicher Staat (1981), S. 88f.

falls deutlich. Wurden 1910 noch etwa 23.000 ausländische Staatsangehörige in Hamburg gezählt[63], waren es im Dezember 1920, als erstmals auch die Polen mitgezählt wurden – die Siegermächte hatten den polnischen Staat wiederhergestellt – nur noch etwas mehr als 11.000 (vgl. Tab. IV.4). Erst die Währungsstabilisierung am Jahresende 1923 und der darauf folgende Wirtschaftsaufschwung sorgten für eine gewisse Heranziehung auswärtiger Arbeitskräfte, in erster Linie Facharbeiter.[64] Die bessere Wirtschaftslage lockte auch ausländische Kaufleute und kaufmännische Angestellte erneut nach Hamburg. Aufgrund ihrer Tätigkeiten im Handelsgeschäft zwischen Hamburg und den Heimatländern traten sie normalerweise nicht in direkte Konkurrenz zu Deutschen. Da sie zudem zur Wiederbelebung der Wirtschaft beitrugen, wurde ihre Niederlassung in keiner Weise behindert.[65] 1925 gab es 17.902 Ausländer in Hamburg (vgl. Tab. IV.4).

Dieser kleine Zuwanderungsaufwärtstrend wurde aber offenbar von den dramatischen wirtschaftlichen Folgen der 1929 ausgebrochenen Depression gestoppt und rückgängig gemacht. 1931 waren nach Feststellung der Hamburger Polizeibehörde viele Kaufleute und Angestellte aus Ländern, „mit denen Hamburg in großem Geschäftsverkehr" stand, beispielsweise Amerika, Dänemark, England, Schweden, Norwegen etc., aus Hamburg abgereist.[66] Die Polizeibehörde wollte darüber hinaus nun „außerordentlich zurückhaltend mit der Zulassung von Ausländern in Hamburg vorgehen".[67] Im Juni 1933 galten in Hamburg nur noch knapp 10.500 Personen als Reichsausländer (vgl. Tab. IV.4). Im Oktober 1933 versuchte die Hamburger Regierung angesichts der trostlosen Erwerbslosenzahlen mit allen Mitteln den Zuzug von Auswärtigen in Hamburg einzudämmen[68], und noch 1937 warnten Arbeitsamt, Deutsche Arbeitsfront (DAF) und Fürsorgebehörde vor Lockerung oder gar Aufhebung der „Zuzugsperre" für die Hansestadt.[69] Ende

---

[63] Vgl. Tab. III.5b.

[64] Büttner, Der Stadtstaat als demokratische Republik (1986), S. 206.

[65] „Den Werte schaffenden Ausländern, insbesondere denjenigen, die zur Wiederbelebung des Außenhandels beitragen, darf aber der Aufenthalt in Deutschland unter keinen Umständen erschwert werden". Siehe: Hamburger Polizeibehörde über „Die Vorschläge des Reichskommissar für Zivilgefangene und Flüchtlinge über die fremdenpolizeiliche Behandlung der im deutschen Reiche aufhältlichen Ausländer", 20. Dezember 1920, StAHH, Bestand 111-2, Akte L z 51.

[66] Schreiben der Hamburger Polizeibehörde mit unbekanntem Adressaten, 16. November 1931, StAHH, Bestand 356-2 I, Akte 66.

[67] Auszug aus dem Sitzungsprotokoll der Hamburger Arbeitsbehörde vom 26. November 1931, StAHH, Bestand 356-2 I, Akte 66.

[68] Verwaltung für Wirtschaft, Technik und Arbeit/Hamburg an Innere Verwaltung/Hamburg, 14. Oktober 1933, StAHH, Bestand 311-2 IV, Akte V u O II c 15 t.

[69] Niederschrift über eine interne Behördenbesprechung betreffend die „Verwendung hiesiger Arbeitsloser außerhalb Hamburgs und Lockerung der Zuzugsperre für Hamburg", 23. April 1937, StAHH, Bestand 311-2 IV, Akte V u O II c 15 t.

1936 gab es in Hamburg im Jahresdurchschnitt noch rund 67.000 und 1938 etwa
29.000 Arbeitslose.[70] Als kurz vor dem Zweiten Weltkrieg die ausländische
Bevölkerung Hamburgs wieder statistisch erfasst wurde, war ihre Zahl seit 1933
deutlich angestiegen und betrug im Mai 1939 16.571 Personen.[71] Allerdings ist
zumindest ein Teil des Anstiegs auf die Tatsache zurückzuführen, dass 1939 erstmals auch die ausländischen Personen in Altona, Harburg-Wilhelmsburg und
Wandsbek mitgezählt wurden. Angesichts der hohen Arbeitslosenzahlen und der
darauf folgenden Maßnahmen der Polizei zur Fernhaltung von Auswärtigen, seien
es Deutsche oder Ausländer, dürfte allerdings nur vereinzelt ausländischen Facharbeitern die Niederlassung in der Stadt gelungen sein. Viel problemloser muss
dagegen, wie schon in den Zwanzigern, die Niederlassung von selbstständigen
ausländischen Kaufleuten und Gewerbetreibenden und sonstigen qualifizierten
kaufmännischen Angestellten erfolgt sein, da sie in speziell von Ausländern besetzten Arbeitsmarktnischen tätig waren und für die Deutschen keine Konkurrenz
auf dem Arbeitsmarkt darstellten.

Festzuhalten ist, dass in den zwanziger und dreißiger Jahren vermutlich kaum
noch Migranten im Sinne der Arbeitsmigration der Vorkriegsjahre in Hamburg
lebten. Diejenigen Ausländer, die sich bereits vor dem Krieg im Hamburger Raum
befanden, durften dort arbeiten und leben. Viele gehörten bereits zur zweiten oder
sogar dritten Migrantengeneration. Ein Blick auf die Ausländerstatistiken aus dem
Jahre 1933 verrät, dass fast zwei Drittel der damals in der Hansestadt gemeldeten
ausländischen Staatsangehörigen mit Deutsch als Muttersprache aufgewachsen
waren. Die wenigen neuen Zuwanderer, die zwischen 1918 und 1939 in Hamburg
eintrafen, waren vermutlich gut ausgebildete Facharbeiter, Freiberufler, Kaufleute, Angestellte und Gewerbetreibende. Sie kamen mit der Familie, und es handelte
sich anders als vor dem Ersten Weltkrieg vermutlich um eine Zuwanderung von
eher bürgerlichem Charakter, von Menschen, die nicht mittellos waren, die über
eine gewisse Bildung verfügten und sich eher unauffällig in der umgebenden
deutschen Gesellschaft bewegten. Die einzige Ausnahme stellte die chinesische
Gruppe dar, die vorwiegend aus Männern bestand und sich auf wenige Straßenzü-
ge St. Paulis konzentrierte, wo sie eine Art Hamburger „Chinatown" aus Gastwirtschaften, Wäschereien und „Opiumhöhlen" entstehen ließ und dadurch für eine besondere Aufmerksamkeit unter den Hamburgern sorgte.[72] In den Kriegsjahren änderte sich das Bild der Ausländerpräsenz in Hamburg deutlich. Schon wenige Monate nach Beginn des Zweiten Weltkrieges zeichneten sich in Hamburg Schwierigkeiten in der Rüstungsproduktion ab. Die kriegswichtigen Betriebe
konnten nur zum Teil durch die Verlängerung der Arbeitszeit und den verstärkten

---

[70]   Johe, Im Dritten Reich (1986), S. 304.
[71]   StatR (Hg.), StatDR, Band 552 (1943), S. 28.
[72]   Amenda, Chinesen in Hamburg (2000), S. 28ff.

Einsatz von Frauen die Einberufungen ausgleichen und mussten mit einem extremen Mangel sowohl an an- als auch an ungelernten Arbeitskräften kämpfen. Um diese Belegschaftsengpässe zu überwinden, forderten die Betriebe die Heranziehung von ausländischen Zivilarbeitern und Kriegsgefangenen, um die einberufenen deutschen Arbeitskräfte zu ersetzen.

Bereits Mitte 1940 arbeiteten 1.400 Kriegsgefangene und 4.500 ausländische Zivilarbeiter in der Hanse-stadt. Etwa ein Jahr später, am 1. März 1941, befanden sich 8.819 Ausländer in Arbeit in Hamburg, vorwiegend Dänen (4.340) und Belgier (1.071), aber auch Polen (930), Holländer (776), Italiener (531) und Angehörige anderer Nationalitäten. Diese ausländischen Arbeitskräfte, meist Zivilarbeiter, waren auf rund 1651 Hamburger Firmen verteilt und lebten teils in Sammel-, teils in Privatunterkünften.[73] Aufgrund sicherheitspolitischer Gedanken und um sie von der deutschen Bevölkerung getrennt zu halten und damit – so der Reichstatthalter Kaufmann – „Sittlichkeitsprobleme" zu vermeiden, sollten die neu zugekommenen Ausländer ab März 1941 sämtlich in Gemeinschaftsunterkünften untergebracht werden.[74] Anfang 1942 befanden sich nach Angaben der Deutschen Arbeitsfront etwa 39.000 Ausländer in Hamburg, darunter 8.000 Kriegsgefangene. Untergebracht waren sie in 65 DAF- und 200 betriebseigenen Lagern. Am Ende des Jahres waren schätzungsweise 53.000 Ausländer aus rund 21 Nationen in Hamburg, darunter 20.000 sowjetische „Ostarbeiter".[75] Die Behandlung, die diese Arbeiter erfuhren, war unterschiedlich. Zivilarbeiter waren oft in schlecht ausgerüsteten Gemeinschaftslagern untergebracht, wurden überwacht[76] und litten unter dem kriegsbedingten Mangel an Lebensmitteln sowie an physischen und psychischen Störungen, durften sich aber in der Freizeit immerhin als freie Menschen bewegen. Sowjetische Kriegsgefangene und KZ-Häftlinge, die von der SS des Hamburger KZs Neuengamme gestellt wurden, erlitten dagegen ein viel schlimmeres Schicksal. Sie wurden schärfsten überwacht, gepeinigt und noch mehr „ausgepresst" als ihre zivilen Landsleute. Besonders die Lebens- und Einsatzbedingungen der KZ-Häftlinge waren katastrophal. Sie wurden in Außenlagern untergebracht, die sich auf dem ganzen Stadtgebiet befanden, und als Arbeitssklaven

---

[73] Friederike Littmann, Ausländische Zwangsarbeiter in der Hamburger Kriegswirtschaft 1940 – 1945, in: Frank Bajohr/Joachim Szodrzinsky (Hg.), Hamburg in der NS-Zeit, Hamburg 1995, S. 175–202, hier: 184 und 200 (Anm. 42).

[74] Andreas Meyhoff, Blohm & Voss im „Dritten Reich", Hamburg 2001, S. 313f.

[75] Littmann, Ausländische Zwangsarbeiter in der Hamburger Kriegswirtschaft 1940 – 1945 (1995), S. 181–185. Über die Planung und die Bedingungen des Ausländereinsatzes in Hamburg siehe auch: Karl H. Roth, Ökonomie und politische Macht: Die "Firma Hamburg" 1930 – 1945, in: Kein abgeschlossenes Kapitel: Angelika Ebbinghaus/Karsten Linne (Hg.), Hamburg im 3. Reich, Hamburg 1997, S. 15–177, hier: S. 104f.

[76] Im Blohm & Voss-Barackenlager Jungiuswiese gab es im Oktober 1941 weder Heizung noch Duschgelegenheiten. Siehe: Meyhoff, Blohm & Voss im „Dritten Reich" (2001), S. 315.

in den verschiedensten Bereichen eingesetzt. Tausende starben an Quälereien, Hunger, Kälte, Seuchen und an Bombenangriffen.[77]

Bis kurz vor der Bombenkatastrophe von Ende Juli 1943 überlebten etwa 73.000 Ausländer in Hamburg, verteilt auf rund 560 Lager. Als die Bomben-Apokalypse vorbei war, waren 130 dieser Lager zerstört worden, und die Zahl der Ausländer hatte sich durch Flucht und Tod auf 27.000 reduziert. Diese noch in der Hansestadt präsenten Ausländer wurden unter unzumutbaren Bedingungen – sie erhielten kaum Nahrung, es fehlte ihnen an Ruhezeiten und die Unterkünfte waren völlig unzureichend – unmittelbar bei den Aufräumungsarbeiten eingesetzt. Durch neue Zuteilungen, darunter etwa 16.000 italienische „Militärinternierte" – auf deren Präsenz noch ausführlich eingegangen wird –, erreichte und überschritt Ende 1944 die Zahl der Ausländer in Hamburg mit 76.000 Personen, darunter 13.000 Kriegsgefangenen, den Stand von Mitte 1943. Wahrscheinlich geben aber diese Zahlen nicht den wahren Umfang der ausländischen Präsenz wieder, da große Gruppen von Ausländern oft nur einige Wochen oder Monate in der Stadt eingesetzt wurden. Nunmehr arbeiteten in vielen Hamburger Betrieben sogar mehr ausländische als deutsche Arbeitskräfte, so beispielsweise bei der Howaldt-Werft und bei der Harburger Gummiwarenfabrik Phoenix. Ihre Lebensbedingungen hatten sich nach den dramatischen Juli-Tagen von 1943 noch deutlich verschlimmert. Sie waren gekennzeichnet durch katastrophale Unterbringung, Ernährung und ärztliche Versorgung sowie unzureichende Bekleidung und die ständige psychische Belastung, die die Angst vor Strafmaßnahmen seitens der SS und der Polizei hervorrief. Diejenigen Ausländer, die dazu in der Lage waren, versuchten, da man von Hamburg aus kaum fliehen konnte, wie auch viele Hamburger sich mit kleinen Diebstählen und Schiebereien auf dem Schwarzmarkt bis zum Ende des Krieges durchzuschlagen.[78]

Tab. IV.5: Ausländische Zivil- und Zwangsarbeiter in Hamburg 1940 – 1944

	Sommer 1940	März 1941	April 1942	Juli 1943	August 1943	November 1944
Zivilarbeiter	4.500	.	31.000	.	.	63.000
Zwangsarbeiter	1.400	.	8.000	.	.	13.000
Ges.	**5.900**	**9.000**	**39.000**	**73.000**	**27.000**	**76.000**

Quelle: Littmann, Ausländische Zwangsarbeiter in der Hamburger Kriegswirtschaft 1940 – 1945 (1995), S. 182, 185, 191, 192.

---

[77] Johe, Im Dritten Reich (1986), S. 361.

[78] Littmann, Ausländische Zwangsarbeiter in der Hamburger Kriegswirtschaft 1940 – 1945 (1995), S. 191–194.

3.   Die zwanziger und dreißiger Jahre: Die Konsolidierung der italienischen Präsenz

3.1.   Zahlenmäßige Entwicklung und strukturelle Charakteristika

Am Ende des Ersten Weltkrieges befanden sich im hamburgischen Staat etwa 400 Italiener (vgl. Tab. IV.4 auf S. 157). Dies geht aus einer Erhebung von Ende 1916 hervor. Da Italiener seit Mitte 1916 als „feindliche Ausländer" galten und daraufhin kaum mehr nach Italien zurückkehren konnten (vgl. Kap. III.7), kann man davon ausgehen, dass diese Gruppe bis zum Ende des Krieges weitgehend unverändert blieb. Da vor dem Krieg nicht wenige Italiener auch in den Nachbarstädten Altona, Harburg und Wandsbek gemeldet waren (1910: jeweils 272, 64 und 4), war die Gesamtgruppe vermutlich etwas größer. Unmittelbar nach Kriegsende wurden viele im Hamburger Raum verbliebene Italiener angesichts der dramatischen wirtschaftlichen Lage in den ersten Nachkriegsmonaten und der Folgen der Demobilmachung arbeitslos. Ausländische Arbeiter sollten durch heimkehrende Soldaten, Arbeitskräfte aus der Kriegswirtschaft und deutsche Arbeitslose ersetzt werden.[79] Auch diejenigen Italiener, die in der Vergangenheit bei italienischen Kleinunternehmern gearbeitet hatten oder selber selbstständig waren, blieben ohne Arbeit. Von den zehn bis zwölf Terrazzowerkstätten, die vor 1914 im Hamburger Raum existiert hatten, überstanden nur etwa drei oder vier, und von den italienischen Gaststätten, so weit bekannt, nur eine (das „Cuneo") den Krieg. So scheinen viele Italiener ihr Glück im Heimatland oder in anderen Ländern versucht zu haben.[80] Die Präsenz von lediglich 206 italienischen Staatsangehörigen am 30. Dezember 1920 in Hamburg legt diese Abwanderungsbewegung nahe. Der wirtschaftliche Aufschwung nach der Währungsstabilisierung Ende 1923 scheint allerdings einige Italiener dazu ermutigt zu haben, sich wieder nach Hamburg zu begeben. Am 16. Juni 1925 wurden wieder rund 440 Italiener in der Stadt gezählt. Angesichts der im Allgemeinen noch unstabilen ökonomischen Lage dürfte es sich jedoch vorwiegend um Migranten gehandelt haben, die auf sichere soziökonomische Netzwerke zurückgreifen konnten[81] oder bereits vor dem Krieg in der Hansestadt gelebt hatten. Nur letztere konnten überhaupt in den Genuss des 1922/23 eingeführten sogenannten Befreiungsscheines kommen, der ihnen die Arbeit in Deutschland erlaubte.

---

[79] Dohse, Ausländische Arbeiter und bürgerlicher Staat (1981), S. 88f.

[80] Vier der sieben Brüder der Interviewpartnerin L. Monti sind auf Dauer nach Amerika ausgewandert. Drei sind in Hamburg geblieben. Siehe: Interview mit L. Monti, FZH, WdE 686, Interview vom 24. November 2000, S. 9f.

[81] Die 1923 nach Hamburg gekommene Dina B. arbeitete beispielsweise bis 1933 als Wirtschafterin beim ihrem Onkel, dem in Hamburg ansässigen Luigi G. Siehe: Luigi G. an Deutsche Verrechnungskasse/Berlin, 6. Dezember 1938, StAHH, Bestand 314-15 I, Akte Fvg 4697.

Die erneuten wirtschaftlichen Schwierigkeiten infolge des New Yorker Börsen-
sturzes von 1929, die sich auch in Hamburg verheerend auf den Arbeitsmarkt
auswirkten, ließen die Zahl der in der Hansestadt lebenden Italiener erneut zu-
rückgehen. 1933 wurden nur noch 259 italienische Staatsangehörige in der Hansestadt gezählt.[82] Viele von den wenigen in Hamburg verbliebenen Italienern scheinen aufgrund der schwierigen Arbeitsmarktlage auf öffentliche Unterstützung angewiesen gewesen zu sein. Im Juli 1933 berichtete die Hamburger Wohlfahrtsbehörde, dass sie eine „nicht unerhebliche Zahl Italiener" unterstütze.[83] Im August
präzisierte sie, dass es sich um etwa 70 italienische Staatsangehörige handle.[84] Die
Wirtschaftslage Hamburgs verbesserte sich in den folgenden Jahren allmählich, so
dass, als am 17. Mai 1939 zum letzten Mal vor dem Zweiten Weltkrieg die ausländische Bevölkerung Hamburgs statistisch erfasst wurde, wieder rund 647 italienische Staatsangehörige in der Hansestadt gemeldet waren. Diese Zahl gilt
allerdings erstmals für Hamburg, Altona, Harburg-Wilhelmsburg und Wandsbek
zusammen[85], so dass die Differenz zum Jahre 1933 auch durch Hinzunahme der in
den genannten Städten gemeldeten Italiener erklärt werden kann. Dennoch ist eine
Zunahme der italienischen Gruppe in Groß-Hamburg sehr wahrscheinlich. Wie
noch zu zeigen sein wird, begaben sich auch in den dreißiger Jahren und besonders nach der langsamen Stabilisierung der ökonomischen Lage nach 1933 einige
Italiener nach Hamburg. Darüber hinaus hatte der italienische Staat am 28. Juli
1937 mit Deutschland ein Abkommen „über die Anwerbung, die Verteilung und
den Einsatz von italienischen Saisonarbeitern für die Landwirtschaft" unterzeichnet, das die Entsendung von italienischen Landarbeitern in das Deutsche Reich
vorsah. Bald darauf wurden auch italienische Bau- und Industriearbeiter ent-
sandt.[86] Obwohl größere Kontingente von italienischen Arbeitern erst während

---

[82]   StatLHH (Hg.), StatJbHH 1933/34 (1934), S. 9.

[83]   Wohlfahrtsbehörde/Hamburg an Staatsamt für auswärtige Angelegenheiten/Hamburg, 29. Juli
       1933, StAHH, Bestand 351-10 I, Akte FR 51.23.

[84]   Liste der bis August 1933 von der Hamburger Wohlfahrtsbehörde unterstützten Italiener,
       StAHH, Bestand 351-10 I, Akte FR 51.23. Die italienischen Staatsangehörigen wurden nach
       Artikel 1 des zwischen Deutschland und Italien getroffenen Übereinkommens über wechsel-
       seitige Unterstützung von Hilfsbedürftigen vom 8. August 1873, das nach dem Ersten Welt-
       krieg am 8. Juli 1920 wieder in Kraft trat, ebenso wie Inländer fürsorgerisch betreut. Dieses
       Abkommen, das ursprünglich nur für körperlich oder geistig Kranke gedacht war, wurde An-
       fang 1923 auch auf hilfsbedürftige Gesunde ausgedehnt. Zwar waren ausländische Hilfsbe-
       dürftige grundsätzlich auszuweisen, dies galt aber nicht, wenn die Hilfsbedürftigkeit nur „vo-
       rübergehend" war oder wenn die Ausweisung sich als eine „besondere Härte" darstellte (u. a.
       im Falle deutschstämmiger Witwen, Kranker, einer Person, „die seit langen Jahren in Deutsch-
       land lebt und die Verbindung zum Heimatland verloren hat"). Siehe: Christian Koch, Der Aus-
       länder im Fürsorgerecht unter besonderer Berücksichtigung der hamburgischen Verhältnisse,
       Hamburg 1933, S. 10ff, 23f und 57ff.

[85]   Am 1. April 1937 war das Groß-Hamburg-Gesetz in Kraft getreten.

[86]   Bermani, Odyssee in Deutschland (1997), S. 43.

des Krieges – im April 1941 – nach Hamburg kamen[87], ist es möglich, dass vereinzelt italienische Facharbeiter auch vor 1939 in der Hansestadt eintrafen.

Trotz der spärlichen Quellenlage können einige strukturelle Charakteristika der italienischen Präsenz im Hamburger Raum zwischen 1918 und 1939 festgestellt werden. Im Gegensatz zu den Vorkriegsjahren waren die Geschlechterverhältnisse nicht nur in Altona, sondern auch im hamburgischen Staat weit ausgeglichener, was eher für die Präsenz von ansässigen Familien als von hochmobilen Migranten spricht, wenn man bedenkt, dass sich die italienische Deutschlandwanderung vor 1918 fast ausschließlich aus Männern zusammensetzte. Während 1910 noch rund 69 Prozent der im hamburgischen Staat gemeldeten italienischen Staatsangehörigen Männer waren[88], waren es 1925 lediglich 53 Prozent.[89] Obwohl im Verlauf der dreißiger Jahre der Männeranteil wieder tendenziell anstieg, blieb es jedoch deutlich unter den Vorkriegswerten (1933 etwa 55 Prozent und 1939 – in Groß-Hamburg – 57 Prozent).[90]

Die These einer ausgeprägten Ansässigkeit der Italiener zwischen den zwei Weltkriegen in der Hansestadt wird aber vor allem von den Statistiken über die Muttersprache der italienischen Staatsangehörigen unterstützt. Etwas mehr als die Hälfte (233 Personen, 52 Prozent) der im Juni 1925 im hamburgischen Staat – es fehlen Angaben über Italiener in den preußischen Nachbarstädten – lebenden italienischen Staatsangehörigen (440) gab Deutsch als Muttersprache an. Besonders Frauen hatten Deutsch als Muttersprache angegeben (152). Darüber hinaus waren alle anderen Italiener nach eigener Einschätzung des Deutschen kundig.[91] Ähnliches war auch 1933 zu beobachten, als 126 (75 Frauen und 51 Männer, zusammen 48 Prozent) von 259 italienischen Staatsangehörigen mit Deutsch als Muttersprache registriert wurden.[92] Dieser Trend bestätigte sich im Großen und Ganzen auch 1939, als die Italiener in Altona, Wandsbek und Harburg-Wilhelmsburg mitgezählt wurden. Damals gaben immerhin noch rund 42 Prozent aller italienischen Staatsangehörigen (647) an Deutsch als Muttersprache zu sprechen, darunter 140 deutschstämmige Frauen.[93] Die ausgesprochen hohen Zahlen von weiblichen italienischen Staatsangehörigen, die auch zwischen den zwei Weltkriegen Deutsch

---

[87] Mantelli, Zwischen Strukturwandel auf dem Arbeitsmarkt und Kriegswirtschaft (1997), S. 309.

[88] StatLHH (Hg.), StatHS, Heft XXVIII (1919), S. 66. Eigene Berechnungen.

[89] StatLHH (Hg.), StatJbHH 1926/27 (1927), S. 20. Eigene Berechnungen.

[90] StatLHH (Hg.), StatJbHH 1933/34 (1934), S. 9. StatR (Hg.), StatDR, Band 552 (1943), S. 28. Eigene Berechnungen.

[91] StatLHH (Hg.), StatHS, Heft XXXII (1927), S. 96 und 101. Eigene Berechnungen.

[92] StatLHH (Hg.), StatJbHH 1933/34 (1934), S. 9. Eigene Berechnungen.

[93] StatR (Hg.), StatDR, Band 552 (1943), S. 28.

als Muttersprache angaben, sind wieder zweifellos auf die zahlreichen deutsch-italienischen Mischehen zurückzuführen.

Diese Zahlen deuten darauf hin, dass die zwischen 1918 und 1939 in Hamburg lebende italienische Gruppe aus in der umgebenden deutschen Gesellschaft zunehmend integrierten Familien bestand. Als weiterer Beweis für diesen fortgeschrittenen Niederlassungsprozess dienen die Gründungen von verschiedenen Firmen, die gewerblichen Aktivitäten und die damit verbundenen sozialen Aufstiegsbestrebungen der Zuwandererfamilien. Als 1926 die deutschen Behörden die Ausgabe von Wandergewerbescheinen an Ausländer einstellten[94], gründeten beispielsweise die ligurischen Brüder Ginocchio. eine Spielwarengroßhandlung in Altona, statt nach Italien zurückzukehren. Sie gehörten alle drei bereits zur zweiten Generation einer italienischen Einwandererfamilie und waren sämtlich in Altona geboren. Der Vater war vor dem Ersten Weltkrieg im Hamburger Raum als ambulanter Spielwarenhändler tätig gewesen.[95] Einen identischen Weg schlug die ebenfalls aus Ligurien stammende und seit langem in Altona lebende Familie Gattorna ein, die in jenen Jahren mit der Gründung einer weiteren italienischen Spielwarengroßhandlung erfolgreich den Sprung in die Selbstständigkeit wagte.[96] Während sich die Gründer der Firmen Gattorna und Ginocchio aber immerhin noch auf eine lange Familientradition beriefen, wagten andere Einwanderer nun auch den Sprung in nicht traditionell von Italienern ausgeübte Tätigkeiten. Ein Italiener gründete beispielsweise eine Schiffsausrüstungsfirma[97], und ein weiterer machte sich mit einer Zimmerei selbstständig.[98] Alles lässt darauf schließen, dass aus den mobilen Migranten, die vor dem Ersten Weltkrieg nach Hamburg gekommen waren, regelrechte Einwanderer geworden waren. Wie im Folgenden zu sehen sein wird, ließen sich auch einige der neuen italienischen Migranten, die sich zwischen den Weltkriegen nach Hamburg begaben, dauerhaft in der Stadt nieder.

---

[94] Wennemann, Arbeit im Norden (1997), S. 190.

[95] Siehe: Unterlagen aus dem Handelsregister des Amtsgerichts Hamburg und Stammbaum der Familie Ginocchio., Privatbesitz F. Bassetti/Hamburg.

[96] Gattorna und Ginocchio. an italienischen Generalkonsul/Hamburg, Datum unbekannt (dreißiger Jahre), StAHH, Bestand 376-2, Akte Gen XII B 16. Nach Werner Steinberg („Das zugewandte Antlitz!", FZH, WdE 18, S. 26) unterhielt 1938 die Firma Gattorna auch eine Filiale in Bremen. Ferner: Luigi Gattorna/Hamburg an Deutsche Verrechnungskasse/Berlin, 6. Dezember 1938, StAHH, Bestand 314-15 I, Akte Fvg 4697.

[97] Gemeint ist der Neapolitaner Salvatore Cappiello. Siehe: Interview mit G. Visconte, FZH, WdE 664, Interview vom 29. September 2000, S. 8.

[98] Siehe Einbürgerungsantrag von H.J.A., StAHH, Bestand 131-6, Akte 34, Bd. 1.

3.2.   Neue Zuwanderer aus Italien

3.2.1.   Stoffhändler und Zitrusfruchtimporteure

Trotz der in den Nachkriegsjahren in Deutschland herrschenden Wirtschaftskrise
und der Tatsache, dass die Behörden durch die gesetzliche Verankerung des „Inländerprimats" den Zugang zum Arbeitsmarkt für Ausländer erschwerten, begann
zu jener Zeit ein neuer Zuzug von Italienern in den Hamburger Raum. Da in den
zwanziger und dreißiger Jahren der lokale Arbeitsmarkt für unqualifizierte Tätigkeiten nicht mehr so aufnahmefähig wie in den Vorkriegsjahren war, kam es zu
einer sowohl quantitativen als auch qualitativen Wende in der italienischen Zuwanderung. Es kamen nicht mehr vorwiegend Gruppen von mobilen (Bau)-
Arbeitern, sondern, auf den Spuren der italienischen Drehorgelspieler, Spielwarenhändler und Eisverkäufer, die um die Jahrhundertwende nach Hamburg gekommen waren, eher vereinzelt selbstständige Gewerbetreibende, die aufgrund
ihrer Unabhängigkeit von deutschen Arbeitgebern auch weitgehend von der Entwicklung des deutschen Arbeitsmarktes unabhängig waren. Es handelte sich vorwiegend um „fliegende Stoffhändler" und um Zitrusfrucht-Importeure.

Ein erster Hausierer mit Stoffen ist bereits 1921 in der Hansestadt nachweisbar.[99]
Offenbar aufgrund guter Geschäftsmöglichkeiten begaben sich in den folgenden
Jahren, trotz Einschränkung des Hausierhandels seitens der Behörden immer mehr
Stoffhändler nach Hamburg und ließen sich sämtlich im Stadtteil St. Georg
nieder.[100] Viele scheinen, wie es auch unter den italienischen Migranten vor 1914
üblich war, zur Untermiete bei deutschen Familien gewohnt zu haben.[101] Die
Wohlhabendsten (es gab auch offizielle Handelsvertreter italienischer Stofffir-
men) oder vielmehr diejenigen, die sich auf einen längeren Aufenthalt in der Stadt
eingestellt hatten, könnten dagegen, wie S. A., eigene Wohnungen bezogen
haben.[102] Die Hamburger Polizei beschäftigte sich intensiv mit diesen Händlern,
da ihre Geschäfte nicht besonders legal und transparent zu sein schienen. Im Juli
1931 berichtete der Hamburger Polizeipräsident dem Senat, dass es „zahlreiche

---

[99] Der Neapolitaner G. V. Siehe: StAHH, Bestand 131-4, Akte 1931 S I/128.

[100] Hierzu einige Beispiele aus den Akten: Bereits 1922 wohnte ein Neapolitaner in St. Georg
(Große Allee). Siehe: Devisenvergehen von E. S., StAHH, Bestand 314-15 IV, Akte Str 831.
Der Neapolitaner G. S. wohnte im Dezember 1942 im Pulverteich 18 in einer Pension über einem italienischen Lokal. Siehe: Strafsache gegen G. S., StAHH, Bestand 213-11, Akte
1896/45 I. Die Neapolitaner V. P. und G. B. wohnten im Januar 1940 jeweils am Mundsbur-
gerdamm und am Hansaplatz. Siehe: Strafsache gegen G. B., StAHH, Bestand 213-11, Akte
4202/40.

[101] Beispielsweise die Neapolitaner E. S. und V. P. Siehe jeweils: StAHH, Bestand 314-15 IV,
Akte Str 831 sowie Akte 4202/40.

[102] Beispielsweise der Neapolitaner S. A. Siehe: StAHH, Bestand 314-15 I, Akte Fvg 7459.

Italiener" in der Stadt gäbe, „die hier mit Stoffen unerlaubt handeln" würden. Die Polizei vermutete, dass ein gewisser G. M. sie hierher „ziehen" würde. Dieser M. – so der Polizeidirektor – „gab an bald Antiquitäten, bald Rohprodukte, dann wieder Altmetall für Italien zu kaufen. Tatsächlich wird er hier aber wohl unerlaubten Hausierhandel mit Stoffen betrieben haben". Die neapolitanischen Hausierer, die illegal in Hamburg handelten, wurden anscheinend alle ausgewiesen.[103] Auf legale oder illegale Weise ging jedoch das Geschäft der Neapolitaner in den folgenden Jahren in Hamburg weiter. 1931 hatte sich der Neapolitaner G. S. in Hamburg regulär als Kaufmann angemeldet und betrieb einen Großhandel mit Textilien.[104] Der ebenfalls aus Neapel stammende A. G. gründete in den dreißiger Jahren ein weiteres Großhandelsgeschäft mit Stoffen und Teppichen und belieferte offenbar vor allem illegale italienische Hausierer.[105]

Als der Zweite Weltkrieg ausbrach, wurde dieser Hausierhandel keineswegs eingestellt, da sich diesmal – anders als 1914/15 – die italienische Regierung deutlich auf die Seite Deutschlands gestellt hatte, so dass Italiener keiner italienerfeindlichen Stimmung oder Restriktionen bei der In- und Ausreise ausgesetzt waren. Ungeachtet der aufgrund der Kriegslage eingeführten Rationierung durch ein Markensystem[106] fuhren die Neapolitaner mit ihrem Handel fort. Im florierenden Schwarzmarkt der Hansestadt verkauften sie Stoffe, Anzüge, Strümpfe, Schuhe, Uhren und sonstige Kleidungsstücke. Einige Händler dürften auch einen regulären Wandergewerbeschein besessen und legale Geschäfte betrieben haben.[107] Vermutlich handelte es sich aber nur um eine Tarnung. Die Hamburger Polizei, die viele der italienischen Stoffhändler festnehmen konnte, vermutete, dass letztere „ihre Stoffe von einem Händler aus Berlin beziehen" würden, da „ein dauernder Pendelverkehr [von Italienern – E.M.] zwischen Hamburg und Berlin" beobachtet worden war.[108]

---

[103] Polizeipräsident/Hamburg an Senator Nöldeke/Hamburg, 24. Juli 1931, StAHH, Bestand 131-4, Akte 1931 S I/212.

[104] Handelsregisterakte G. S., StAHH, Bestand 376-3, Mikrofilm 3917.

[105] Eigentlich durfte er seine Ware laut Gewerbeanmeldeschein lediglich an Schneider und Schneiderinnen verkaufen. Siehe: Zollfahndungsstelle/Innsbruck an Zollfahndungsstelle/Hamburg, 19. Februar 1941, StAHH, Bestand 314-15 IV, Akte Str 832.

[106] Einkäufe konnten nur durch die Abgabe von besonderen „Marken" erfolgen. Jedes ohne Weitergabe von Marken erfolgte Geschäft war illegal und konnte hart bestraft werden.

[107] Die Hamburger Polizei stellte bei der Durchsuchung einer italienischen Wirtschaft am 15. April 1942 fest, dass sich „zwischen den [vorwiegend italienischen – E.M.] Gästen des Lokals auch einige Stoffhändler befinden, die einen Wandergewerbeschein haben". Siehe: Strafsache gegen R., StAHH, Bestand 213-11, Akte 2259/43.

[108] Bericht der Hamburger Polizei vom 17. April 1940, in: Strafsache gegen G. C. und N. B., StAHH, Bestand 213-11, Akte 4686/40.

Als Drehscheibe aller Geschäfte dienten einige von Italienern in St. Georg geführte „Speisewirtschaften", beispielsweise in den Straßen Pulverteich, Rautenbergstraße, Borgeschstraße und Danzigerstraße.[109] Ein weiterer beliebter Treffpunkt von italienischen Händlern scheint auch ein Café „Baur" Ecke Kreuzweg und Pulverteich gewesen zu sein.[110] Der Bericht eines Informanten der Polizei lässt ahnen, wie man in Kontakt mit dem italienischen Schleichhandel kommen konnte und welche Stimmung in diesen Lokalen herrschte:

[In Berlin – E.M.] wurde mir gelegentlich erzählt, dass in Hamburg in einem italienischen Lokal in der Nähe vom Hauptbahnhof größere Schiebungen mit allen möglichen Waren gemacht werden sollten. Das Lokal konnte mir der Kapellmeister M. der Sängerin R. S., der zur Zeit im Hotel ‚Atlantik' wohnt, näher bezeichnen [Es handelte sich um das – E.M.] Speiselokal Borgeschstrasse 41, Keller, Inhaber der Italiener P. D. Wir ließen uns dort Mittagessen, bestehend aus Suppe und Fleischspeisen, geben. Fett- und Fleischmarken wurden uns nicht abverlangt. [Ich sah – E.M.] dann wie verschiedentlich Italiener hereinkamen und Pakete bei sich führten. Sie gingen dann mit dem Inhaber P. nach einem hinter gelegenen Zimmer. Weiter beobachtete ich, dass die Gäste im Lokal, anscheinend alle Italiener, untereinander Schuhe, Stoffe, Uhren und sonstige Waren zeigten und verhandelten.[111]

Die auf diese Anzeige hin reagierende Polizei stürmte das Lokal und fand dabei u. a. 22 Paar neue braune und 31 Paar neue schwarze Herrenschuhe, 11 Paar neue schwarze Damenschuhe und weitere Schuhe „sämtlich aus gutem Laden (Berufsschuhe)".[112] Es handelte sich anscheinend um einen Glückstreffer. Im April 1942 hatte die Hamburger Polizei vergeblich eine Durchsuchung im Lokal „Sbarra" im Pulverteich durchgeführt – wo im Jahre 1940 „wiederholt Stoffhändler, die ohne Punkte verkauft hatten", festgenommen worden waren – in der Hoffnung, einen Neapolitaner Namens R. zu finden. Die befragten anwesenden italienischen Stoffhändler behaupteten, ihn nie gekannt zu haben. In seinem Bericht kommentierte jedoch der Polizeikommissar, der bei der Durchsuchung anwesend war, dass

---

[109] Der Italiener G. M. betrieb seit dem 1. Juni 1943 eine Speisewirtschaft in der Rautenbergerstraße. Siehe: Strafsache gegen G. M., StAHH, Bestand 213-11, Akte 3156/44; der Italiener P. führte seit Mitte 1941 ein Speiselokal in der Borgeschstraße. Siehe: Strafsache gegen G. S., StAHH, Bestand 213-11, Akte 1896/45 I; eine Neapolitanerin eröffnete Anfang 1942 eine Speisewirtschaft in Pulverteich Namens „Sbarra". Siehe: Strafsache gegen R., StAHH, Bestand 213-11, Akte 2259/43; Anfang 1943 betrieb ein Italiener eine weitere Wirtschaft namens „Dolomiti" in der Danzigerstraße. Siehe: Strafsache gegen G. C., StAHH, Bestand 213-11, Akte 6279/43.

[110] Der Neapolitaner G. B. wurde von der Polizei „im Kreise mehrerer Italiener in dem Kaffee Baur [...] angetroffen". Siehe: Strafsache gegen G. B., StAHH, Bestand 213-11, Akte 4202/40. Ob dieses Café trotz des deutschklingenden Namens von einem Italiener geführt wurde, ist nicht bekannt.

[111] Bericht des deutschen Fallschirmjägers L. vom 8. Dezember 1942, in: Strafsache gegen G. S., StAHH, Bestand 213-11, Akte 1896/45 I.

[112] Strafsache gegen G. S., StAHH, Bestand 213-11, Akte 1896/45 I.

„hierbei aber berechtigter Zweifel angeführt werden [muss – E.M.], denn erfah-
rungsgemäß kennen sich die Italiener nie, trotzdem sie täglich alle zusammenkommen".[113]

Zusammenfassend lässt sich festhalten, dass die nach dem Ersten Weltkrieg in
Hamburg eingetroffenen Stoffhändler fast ausschließlich aus Neapel und der unmittelbaren Umgebung kamen. Ebenso wie bei den Liguriern der Spielwarenhandel oder den Venetern der Eisverkauf scheint bei den Neapolitanern der Hausierhandel mit Stoffen ein in der Migration traditionell ausgeübtes Gewerbe gewesen
zu sein. Wie sich aus den Akten entnehmen lässt, bewegten sich diese Neapolitaner in einem Netzwerk von Landsleuten, die in derselben Sparte tätig waren und
in dem vermutlich Verwandtschaftsbeziehungen, Bekanntschaften und die gemeinsame Herkunft eine große Rolle spielten. Diese Hausierer scheinen in ganz
Deutschland tätig gewesen zu sein, mit Schwerpunkt in den größeren Städten des
Reiches, in denen aufgrund der großen potenziellen Kundschaft die Absatzmöglichkeiten am günstigsten waren. Die Ware, die von diesen „fliegenden Händlern"
feilgeboten wurde, wurde meistens bei einigen Landsleuten bezogen, die in
Deutschland einen stabilen Großhandel betrieben.

Es handelte sich allem Anschein nach um eine temporäre und vor allem um eine
rein männliche Zuwanderung.[114] Als Auswanderungsgrund dürften, wie bei vielen
anderen italienischen Migranten, Arbeitslosigkeit und Armut eine Rolle gespielt
haben.[115] Wie jedoch aus den Verzeichnissen des Umzuggutes derjenigen ersichtlich wird, die bei Ausbruch des Zweiten Weltkrieges nach Italien zurückkehrten,
hatten diese offenbar durch ihre Tätigkeit durchaus gute Verdienste erzielt. Bril-
lantringe, goldene Uhren und Armbänder („am Körper getragen") dürften nicht
für jeden erschwinglich gewesen sein, waren dennoch offenbar keine Selten-
heit.[116] Es kann deshalb auch vermutet werden, dass manche nicht aus Armuts-
gründen zur Migration aufbrachen, sondern dass ein – temporärer – Arbeitsaufenthalt im Ausland zu einer bestimmten „Geschäftsstrategie" gehörte.

Wie schon die Ligurier, die sich um die Jahrhundertwende in Altona angesiedelt
hatten, konzentrierten sich auch die neapolitanischen Stoffhändler in einem
bestimmten Hamburger Stadtteil. Aufgrund ihrer wahrscheinlich stark schwan-
kenden, aber tendenziell wohl bescheidenen Anzahl (ca. 20 bis 40) und aufgrund

---

[113] Ebenda.
[114] In sämtlichen Akten über neapolitanische Stoffhändler taucht nur eine Neapolitanerin auf.
[115] Der Neapolitaner F. schickte beispielsweise regelmäßig Geld nach Hause. Siehe: Strafsache
       gegen F., StAHH, Bestand 213-11, Akte 714/45.
[116] Beispielsweise die Akten von F. V. (Neapel) und B. C. (Gaeta). Siehe die Umzugsverzeichnis-
       se in: StAHH, Bestand 314-15 I, Akte Fvg 9415 und Akte Fvg 9414.

der Tatsache, dass sie zwar nahe beieinander, aber nicht extrem konzentriert wohnten, bildeten sie für die umgebende deutsche Gesellschaft vermutlich keine auffällige Präsenz. Nur die italienischen „Speisewirtschaften" dürften durch ihre vorwiegend südländische Klientel die Aufmerksamkeit der Stadtteilbewohner erregt haben. Anders zudem als bei den Genuesern oder den Venetern, die eine klare Neigung zur Niederlassung zeigten, indem sie Frauen nachkommen ließen und im Hamburger Raum Kinder großzogen, scheinen die Neapolitaner, bis auf wenige Ausnahmen, die auf Verhältnisse mit deutschen Frauen zurückzuführen waren[117], nie die Möglichkeit in Erwägung gezogen haben dort zu bleiben.

Eine zweite Gruppe von italienischen Zuwanderern, die zwischen den zwei Weltkriegen nach ins Hamburger Raum kam, setzte sich ebenfalls aus selbstständigen Händlern zusammen. Es handelte sich um sizilianische Kaufleute, die aus Landbaronenfamilien stammten. Sie begaben sich nach Hamburg, um dort in erster Linie für das Familiengeschäft, aber auch für andere sizilianischen Produzenten den Import von Zitrusfrüchten in Norddeutschland zu organisieren.[118]

Aufgrund der großen Nachfrage nach Südfrüchten in Norddeutschland hatten sich in Hamburg bereits vor dem Ersten Weltkrieg einige sizilianische Importeure angesiedelt, um direkt vor Ort sizilianische Landerzeugnisse zu vermarkten. In den unmittelbaren Nachkriegsjahren war jedoch die deutsche Kaufkraft aufgrund der Inflation dramatisch gesunken, und auch die vom Versailler Vertrag Deutschland auferlegten niedrigen Zolltarife konnten den Handel zwischen den zwei Staaten nicht so recht beleben.[119] Erst Mitte der zwanziger Jahre, nach der Stabilisierung der deutschen Wirtschaft, machte sich ein Aufschwung in dem deutsch-italienischen Güteraustausch wieder bemerkbar. Diese bereits regen Handelsbeziehungen zwischen Deutschland und Italien begannen sich ab Mitte der dreißiger Jahre, als Italien wegen des Abessinienfeldzuges von internationalen Sanktionsmaßnahmen betroffen war, entschieden zu intensivieren, da sich das nationalsozialistische Deutschland diesen Sanktionen nicht angeschlossen hatte.[120] Im Rahmen der später noch engeren politischen Annäherung wurden diese Beziehungen weiter ausgebaut, um eine weitgehende gegenseitige Ergänzung der beiden natio-

---

[117] Beispielsweise S. A. und G. M. Siehe: StAHH, Bestand 314-15 I, Akte Fvg 7459 und StAHH, Bestand 131-4, Akte 1931 S I/212.

[118] „Söhne und Verwandte der Inhaber der Exporteure – so der ehemalige Sekretär der 1928 in Hamburg gegründeten italienischen Handelskammer – kamen nach Hamburg [und] fungierten hier als Treuhänder für ihr Haus und guckten erst mal, ob die Ware anständig ist". Siehe: Interview mit V. Picchi, FZH, WdE 687, Interview vom 8. November 2000, S. 8.

[119] Ebenda, S. 84 und 93.

[120] Die Sanktionen wurden am 11. Oktober 1935 vom Völkerbund, dem Deutschland seit 1933 nicht mehr angehörte, verhängt. Siehe Brunello Mantelli, Kurze Geschichte des italienischen Faschismus, Berlin 1998, S. 109f.

nalen Wirtschaften zu erreichen. Die Ergänzungsbestrebungen erreichten ihren Höhepunkt während des Zweiten Weltkrieges, als für beide Staaten der Güteraustausch mit sämtlichen feindlichen Ländern gänzlich ausfiel. Im Rahmen dieser Entwicklung nahm der Verkehr über die Hansestädte Bremen und Hamburg erheblich zu, wobei sich Bremen vor allem als Exporthafen und Hamburg als Importhafen etablierte. Wie schon vor dem Ersten Weltkrieg bezog Italien vorwiegend Rohstoffe und Industrieprodukte und Deutschland hauptsächlich südländische Lebensmittel. [121]

Vor dem Hintergrund der allmählichen Steigerung der Ausfuhr von italienischen Agrarerzeugnissen nach Deutschland während der zwanziger und dreißiger Jahre begannen sich verstärkt süditalienische Kaufleute als Agenten oder als Importeure in Hamburg niederzulassen. Die erste nachweisbare Geschäftsgründung nach dem Ersten Weltkrieg stammt aus dem Jahre 1923, als der Palermitaner Salvatore C. eine Vermittlungsfirma für den Import von Apfelsinen, Zitronen und Säften in der Hansestadt eröffnete.[122] Allerdings scheinen sich die meisten sizilianischen Kaufleute erst ab Ende der zwanziger Jahre aufgrund des Aufwärtstrends des deutsch-italienischen Handels in Hamburg niedergelassen zu haben. Der Palermitaner Giovanni B. ließ seine Firma im Hamburger Handelsregister im Jahre 1929 registrieren.[123] Zwei Jahre später, 1931, kam Pietro A.[124] und 1935 kamen Pietro S.[125] und Giovanni M.[126] hinzu. 1938 ließ sich Santo P. in der Hansestadt nieder.[127] Zu der Gruppe der Sizilianer, die sich in jenen Jahren in der Hansestadt niederließen, gehörten noch u. a. vier weitere Personen.[128] Insgesamt waren mindestens 15 sizilianische Agenten oder Importeure in den dreißiger Jahren in Hamburg tätig.[129] All diese sizilianischen Kaufleute handelten mit Südfrüchten wie Apfelsinen und Zitronen, aber auch mit Gemüse und Trockenfrüchten. Das

---

[121] „Deutschlands Handelsbeziehungen zu Italien", in: Hamburger Nachrichten vom 21. Februar 1937; Vittorio Francescon, Die deutsch-italienischen Wirtschaftsbeziehungen im Jahre 1938, in: IWHH (Hg.), JaBerIWHH 1938 (1939), S. 111-124; ders., Die deutsch-italienische Kriegswirtschaft, in: IWHH (Hg.), JaBerIWHH 1941 (1942), S. 11f.

[122] Er dürfte vorwiegend als Vertreter der in Palermo ansässigen und von seinem Bruder Joseph C. geführten Zitrusfruchtexportfirma tätig gewesen sein. Siehe: Devisenprüfung der Firma Serafino C., 4. September 1937, StAHH, Bestand 314-15 IV, Akte Str 399.

[123] Handelsregisterakte Giovanni B., StAHH, Bestand 376-3, Mikrofilm 3827.

[124] Handelsregisterakte Pietro A., StAHH, Bestand 376-3, Mikrofilm 3883.

[125] Handelsregisterakte Pietro S., StAHH, Bestand 376-3, Mikrofilm 3917.

[126] Handelsregisterakte Giovanni M., StAHH, Bestand 376-3, Mikrofilm 3908.

[127] Handelsregisterakte Santo P., StAHH, Bestand 376-3, Mikrofilm 3918.

[128] Auswanderungsakte von A. S., März 1937, StAHH, Bestand 314-15 I, Akte F 2123; Siehe ferner die Werbungen in: IWHH (Hg.), JaBerIWHH 1938 (1939).

[129] Interview mit V. Picchi, FZH, WdE 687, Interview vom 8. November 2000, S. 8.

Import- und Verkaufssystem schildert der ehemalige Sekretär der 1928 in Hamburg gegründeten italienischen Handelskammer:

Die [Ware – E.M.] kam aus Sizilien per Schiff, Reederei war die Firma Sloman und eine italienische Gesellschaft, [die] Adriatica [...] Diese Reedereien brachten die Zitrusfrüchte hier nach Hamburg. Die Zitrusfrüchte wurden von den Exporteuren dort unten in Messina, Palermo, Catania, kommissionsweise nach Hamburg geschickt, das heißt nicht fest verkauft [...].[Der] Fruchthof[130] hatte im Freihafen Vereinbarungen mit der Hafenverwaltung getroffen, dass in einem Schuppen in der Nähe oder direkt am Anlegeplatz des Schiffes die Ware ausgestellt werden konnte. Das heißt, aus jeder Partie wurden ein, zwei oder drei Kisten rausgenommen, geöffnet, ausgestellt schön in der Reihe. Es wurden Kataloge gedruckt. Es waren vier, fünf Auktionsfirmen. Große Firmen waren Gustav Bey, weiter August Stier, die Internationale Fruchtimport, Lehmann & Söhne etc. Also es waren die Großen ! [...] Die [Sizilianer – E.M.] saßen oben im Saal, der Auktionator unten. Der durfte nur seinen Zuschlag geben, wenn die oben genickt haben. Wenn die oben nicht den Preis, den sie glaubten erzielen zu können, bekamen, dann haben sie „nein" gesagt, dann wurde gewartet bis zur nächsten Woche (einmal in der Woche waren diese große Auktionen) [...] oder man hat sie [die Ware – E.M.] nach Berlin oder sonst wo hingefahren.[131]

Das Importgeschäft von Südfrüchten florierte bis zum Zweiten Weltkrieg. Die seit dem Ausbruch des Krieges immer schlechter werdenden Transportverbindungen zwischen Italien und Deutschland verursachten eine allmähliche Schmälerung in der Einfuhr italienischer Ware. Etwa gegen Ende 1943 war fast keine Verbindung mehr möglich, so dass etliche Geschäfte eingestellt werden mussten.[132]

Die bereits vor 1914 registrierbare Präsenz von sizilianischen Migranten nahm also aufgrund wirtschaftlicher und politischer Entwicklungen zwischen den zwei Weltkriegen in Hamburg deutlich zu. Es handelte sich dabei sämtlich um Männer, die meist in jungen Jahren nach Hamburg kamen. Viele heirateten deutsche Frauen und stellten sich auf einen dauerhaften Verbleib ein. Anders als die meisten ihrer Landsleute führten sie weder Armut noch Arbeitslosigkeit ins Ausland, sondern eher interessante berufliche Perspektiven im Rahmen des Familiengeschäfts und eventuell auch Abenteuerlust. Sie kamen aus wohlhabenden und gebildeten Familien und dürften nicht die Niederlassungs- und Anpassungsprobleme ihrer ärmeren Landsleute gekannt haben. Da Italien damals fast der einzige Südfrüchtelieferant Deutschlands war (andere Mittelmeerländer waren noch nicht „entdeckt" worden), dürften sie durch die quasi „Kontrolle" des Südfruchtimports in der Hansestadt zwischen den zwei Weltkriegen[133] nicht unbedeutende Gewinne erzielt

---

[130] Der „Fruchthof" war und ist ein Gebäude in der unmittelbaren Nähe des Freihafens, in dem viele Importeure ihre Büros haben und sich auch die Auktionssäle befinden.

[131] Interview mit V. Picchi, FZH, WdE 687, Interview vom 8. November 2000, S. 7f.

[132] Ebenda, S. 14.

[133] Noch 1949 waren in der Obst- Gemüse- und Südfruchtimportbranche von den dreizehn in Hamburg offiziell gemeldeten Außenhandelsvertretern und Maklern acht Italiener. Siehe:

haben. Während für die anderen italienischen Migranten, die nach Hamburg kamen, eher der Großstadtcharakter zentral war, war für diese Importeure/Agenten die Präsenz des Hafens von außerordentlicher Bedeutung. Sie wählten somit gezielt den Standort Hamburg.

Anders als die neapolitanischen Stoffhändler, die sich in St. Georg konzentrierten, scheinen sich die sizilianischen Kaufleute auf das ganze Hamburger Stadtgebiet verstreut zu haben. Sie sind u. a. in Uhlenhorst[134], in Eilbeck[135], in der Altstadt[136] und in Rotherbaum[137] nachweisbar. Das Fehlen einer gewissen räumlichen Konzentration könnte auf die Tatsache zurückzuführen sein, dass sie nicht Verwandten oder Freunden nach Hamburg gefolgt, sondern unabhängig voneinander dort eingetroffen waren. Ihre vergleichsweise gehobene finanzielle Lage dürfte ihnen ferner erlaubt haben, größere und besser gelegene Wohnungen anzumieten und nicht die Nähe zu Verwandten und Freunden zu benötigen, die für ärmere Migranten einen wichtigen Unterstützungsfaktor in der „Ferne" darstellte. Wie bereits angedeutet, heirateten einige dieser Sizilianer deutsche Frauen und richteten ihre Lebensperspektive auf einen dauerhaften Verbleib in Hamburg aus. Dies hatte eine ausgeprägte Bereitschaft zur Folge Kontakte mit anderen in der Stadt ansässigen Italienern zu knüpfen. Dabei kam es, auch im Zuge der damals vom faschistischen Italien aus geförderten Intensivierung der sozialen Aktivitäten innerhalb der italienischen Migrantenkolonien, wie noch zu zeigen sein wird, zu einem starken Interesse für die Gestaltung eines „italienischen Gemeindelebens" in der Stadt.

3.2.2.   Italienische Antifaschisten in Hamburg

Unter den Italienern, die sich zwischen den zwei Weltkriegen in den Hamburger Raum begaben, sind nicht nur Arbeitsmigranten im weiteren Sinne, sondern auch einige wenige politische Flüchtlinge zu verzeichnen. Obwohl ihre „Zuwanderung" die italienische Präsenz im Hamburger Raum kaum beeinflusste (lediglich die Präsenz von zwei von ihnen ist belegbar), gilt es hier die Fragen zu beantworten, wer sie waren und weshalb sie nach Hamburg kamen, und schließlich die Hintergründe dieser für Hamburg ganz und gar neuartigen Zuwanderung zu erläutern.

Staatlicher Außenhandelskontor Hamburg (Hg.), Hamburg im Außenhandel. Export – Import Handbuch, Hamburg 1949, S. 101f.

[134]   Handelsregisterakte Pietro A., StAHH, Bestand 376-3, Mikrofilm 3883.
[135]   Handelsregisterakte Giovanni B., StAHH, Bestand 376-3, Mikrofilm 3827.
[136]   Handelsregisterakte Pietro S., StAHH, Bestand 376-3, Mikrofilm 3917.
[137]   Handelsregisterakte Santo P., StAHH, Bestand 376-3, Mikrofilm 3918.

Als am 11. November 1926 in Italien die Auflösung aller regimefeindlichen Parteien verfügt wurde, war der Aufbau des faschistischen Regimes vollzogen. Jeder Versuch, die Parteien wieder aufzubauen und jedes antifaschistische politische Bekenntnis wurde als antinationale Aktivität bewertet und hatte harte Strafmaßnahmen zur Folge (Mord, Hinrichtung, Gefängnis, Zwangsaufenthalt auf Inseln oder in verlassenen Dörfern). In dieser Situation blieb den aktiven Antifaschisten, die sich noch nach 1922 (Bildung des ersten Mussolini-Kabinetts) in Italien befanden, nur die Wahl das Land zu verlassen oder gefährliche Untergrundtätigkeiten zu betreiben.[138] Die antifaschistische Diaspora setzte sich vorwiegend aus normalen Bürgern zusammen, die wegen ihrer politischen Meinung in der neuen italienischen Ordnung auf Schwierigkeiten stießen und sich zur Auswanderung gezwungen sahen. Unter den Auswanderern gab es jedoch auch viele professionelle Politiker und militante Antifaschisten, die ihre Aktivitäten ins Ausland verlegten, um der *Opera Vigilanza Repressione Antifascista* (kurz, OVRA)[139], der politischen Polizei des italienischen Regimes, zu entkommen. Einige von ihnen beschränkten sich nicht auf den Versuch einen internationalen Druck auf das faschistische Regime zu erzeugen, sondern planten Anschläge auf Mussolini oder antifaschistische Propagandaaktionen in Italien. Die Antifaschisten begaben sich vorwiegend nach Frankreich und in die Schweiz, aber vor 1933 auch nach Deutschland, wo sich die italienischen Exilanten angesichts der dortigen demokratischen politischen Verhältnisse frei bewegen konnten. So tauchten Anfang der dreißiger Jahre einige militante italienische Antifaschisten, wenn auch nur vorübergehend, mehrmals in der Hansestadt auf, die bis zuletzt von einer Mitte-Links-Koalition regiert wurde, die trotz des Verlustes der Mehrheit im September 1931 noch bis Anfang März 1933 geschäftsführend im Amt blieb.[140]

Einer dieser Antifaschisten war der 1891 in Senigallia bei Ancona geborene Schriftsteller Vittorio Mungioli, der sich am 1. Juli 1932 in Hamburg anmeldete.[141] Mit einem von der Hamburger Polizeibehörde ausgestellten Fremdenpass (Mungioli galt als staatenlos) und mit dem Decknamen Wolfgang Dolenz trat er in Bayern auf öffentlichen Versammlungen der SPD, des Reichsbanners und der „Eisernen Front" auf und ließ sich dabei laut örtlicher Polizei „schwere Beschimpfungen des italienischen Ministerpräsidenten Mussolini zuschulden kommen".[142]

---

[138] Mantelli, Kurze Geschichte des italienischen Faschismus (1998), S. 56-74.
[139] Deutsch: „Behörde zur Aufsicht und Bekämpfung des Antifaschismus".
[140] Büttner, Der Stadtstaat als demokratische Republik (1986), S. 258ff.
[141] Polizeipräsident/Hamburg an Bürgermeister/Hamburg, 26. Oktober 1932, StAHH, Bestand 132-1 II, Akte 817.
[142] Runderlass des Reichsministers des Inneren an die Landesregierungen (außer Bayern), 27. Oktober 1932, StAHH, Bestand 132-1 II, Akte 817.

Ein weiterer militanter italienischer Antifaschist, der sich mehrmals in Hamburg aufhielt, war der Journalist Giovanni Luigi Bassanesi, geboren am 27. März 1905 in Aosta. Bassanesi war international bekannt wegen seiner Fliegertätigkeit im Dienste der italienischen antifaschistischen Bewegung. Im Jahre 1930 hatte er von Paris aus einen Flug nach Italien unternommen, um dort antifaschistische Flugblätter über Mailand abzuwerfen. Auf dem Rückweg stürzte Bassanesi mit seinem Junkers in den Schweizer Alpen ab.[143] Er überlebte den Absturz und begab sich später nach Baden. Dieses Land musste er aber am 7. Dezember 1931 auf Verfügung der Landesregierung mit seinem mutmaßlichen Komplizen Alberto Tarchiani, einem ehemaligen Redakteur der italienischen Tageszeitung *Corriere della Sera*, und Carlo Rosselli, einem der berühmtesten italienischen Exil-Politiker, „wegen Gefährdung der Sicherheit des Staates" verlassen. Während letztere zwei Personen sich nach Frankreich begaben, blieb Bassanesi in Deutschland. Die italienische Regierung drängte in der Zwischenzeit auf ein Einschreiten gegen diese Antifaschisten, da sie beabsichtigen würden nun auch „Bombenangriffe aus der Luft auf bestimmte Ziele, u. a. dem Wohnsitz Mussolinis in Rom" auszuführen. Diese Gerüchte wurden durch das in Konstanz vorgefundene Testament Bassanesis bestätigt, aus dem zu entnehmen war, dass er in seiner Wohnung in Brüssel „eine kleine Vorrichtung für Luftmaschinengewehre, ferner eine Vorrichtung zum Abwurf von Bomben, einen Handkoffer mit Leitungsdrähten und Röhren, Rauchbomben etc." versteckt hatte.[144] Obwohl das Reichsinnenministerium am 17. Dezember 1931 die Ausweisung von „italienischen antifaschistischen Emigranten" aus dem ganzen Reichsgebiet angeordnet hatte[145], wurde diese Anweisung offenbar ohne großen Eifer durchgeführt.

Nach einem langen Aufenthalt in Berlin, wo er angegeben hatte, Mitarbeiter der Tageszeitungen „Münchener Post", „Vorwärts" und „Hamburger Echo" zu sein, kam Bassanesi am 6. Oktober 1932 nach Hamburg, wo er sich in der abgelegenen Vierländerstraße (Rothenburgsort) anmeldete. Wieder zeigten sich die deutschen Behörden ziemlich gelassen in der Handhabung seiner Ausweisung. Bassanesi

---

[143] Pietro Secchia (Hg.), Enciclopedia dell'antifascismo e della resistenza, Bd. 1, Mailand 1968, S. 254f.

[144] Runderlass des Auswärtigen Amtes/Berlin an Reichsministerium des Inneren und an sämtliche Landesinnenministerien, 11. Dezember 1931, StAHH, Bestand 132-1 II, Akte 817.

[145] „Es muss unter allen Umständen verhindert werden, dass etwa Deutschland ein Zufluchtsort für die italienischen antifaschistischen Emigranten wird, und dass sich solche Unternehmen, wie sie Bassanesi und seine Genossen geplant haben, von Deutschland aus wiederholen. Es ist für die Außenpolitik der Reichsregierung im allgemeinen und besonders auch im Hinblick auf die engen freundschaftlichen Beziehungen des Reichs zu Italien unerträglich, dass Ausländern in Deutschland ein Gastrecht gewährt wird, das sie zu politischen Machenschaften gegen Italien oder eine andere Macht missbrauchen". Siehe: Runderlass des Reichswehrministers Groener („mit Wahrnehmung der Geschäfte beauftragt") an die Landesregierungen (außer Bayern), 17. Dezember 1931, StAHH, Bestand 132-1 II, Akte 817.

wurde lediglich darauf „hingewiesen", dass er das Land verlassen müsse. Nach einem möglichen Ausreiseziel wurde er nicht befragt. Die Behörden begnügten sich offenbar mit der Feststellung seiner Abreise. Am 30. Oktober sei er ausgezogen und habe sich „vermutlich nach Frankreich" begeben.[146] Anscheinend dauerte aber seine Abwesenheit, wenn er überhaupt abgereist war, nicht lange. Am 10. Februar 1933 meldete sich beim Hamburger Senat der italienische Generalkonsul Bertanzi mit der Bitte zu prüfen, ob sich Bassanesi nicht unter falschem Namen noch in Hamburg aufhielte und zwar in der Wohnung des bereits erwähnten Antifaschisten Vittorio Mungioli, der inzwischen auch wieder in der Hansestadt gesehen worden war.[147] Tatsächlich war Bassanesi am 7. Februar wegen verbotswidriger Rückkehr in Hamburg festgenommen worden und saß seitdem (fünf Tage sollte er insgesamt absitzen) in Haft.[148] Das italienische Generalkonsulat war über diesen heimlichen Verkehr italienischer Antifaschisten in Hamburg höchst besorgt und glaubte, dass der Kreis dieser Personen viel größer sei. Am 21. Februar meldete es sich beim Senat:

Das Königliche Italienische Generalkonsulat [hat] die Ehre die Aufmerksamkeit des Senats auf das Treiben einer Gruppe von 7 – 8 italienischen Staatsangehörigen zu lenken, die um den schon bekannten Vittorio Mungioli und den wegen Übertretung der gegen ihn getroffenen Ausweisung verhafteten Giovanni Bassanesi eine ungeklärte Tätigkeit entfalten. [...] [Die] heimliche Anwesenheit [von Bassanesi – E.M.] in Hamburg, sein Zusammentreffen mit verdächtigen Elementen deuten daraufhin, dass ein neuer Anschlag gegen die italienische Regierung vorbereitet wird.[149]

Ob sich wirklich eine größere militante italienische antifaschistische Gruppe im sozialdemokratischen Hamburg befand, wird aus den überlieferten Akten nicht ersichtlich, ist aber auch nicht unwahrscheinlich. Die Tatsache, dass sich Bassanesi als Mitarbeiter des „Hamburger Echo" ausgeben konnte und sich trotz Ausweisungsbefehl eine Zeit lang – so er selbst zum deutschen Gesandten in Kopenhagen – „unbehelligt" in Hamburg aufhalten durfte[150], deuten darauf hin, dass die Hamburger Linke den italienischen Antifaschisten eine gewisse Unterstützung zu gewähren versuchte. Andererseits wurde aber Bassanesi auch tatsächlich verhaftet und ausgewiesen. Die Gefängnisstrafe war allerdings sehr mild, und er wurde nicht der italienischen Regierung ausgeliefert. Die Verhaftung könnte auf die

---

[146] Staatsamt für Auswärtige Angelegenheiten/Hamburg an Reichsministerium des Inneren/ Berlin, 23. November 1932, StAHH, Bestand 132-1 II, Akte 817.

[147] Aktenvermerk, Autor unbekannt, 10. Februar 1933, StAHH, Bestand 132-1 II, Akte 817.

[148] Hamburger Polizeipräsident an Staatsamt für Auswärtige Angelegenheiten/ Hamburg, 1. März 1933, StAHH, Bestand 132-1 II, Akte 817.

[149] Italienischer Generalkonsul/Hamburg an Staatsamt für Auswärtige Angelegenheiten/ Hamburg, 21. Februar 1933, StAHH, Bestand 132-1 II, Akte 817.

[150] Deutsche Gesandtschaft/Kopenhagen an das Staatsamt für Auswärtige Angelegenheiten/ Hamburg, 1. März 1933, StAHH, Bestand 132-1 II, Akte 817.

politische Entwicklung der ersten Monate des Jahres 1933 in Hamburg zurückzuführen sein, die sowohl auf Reichsebene als auch in der Stadt einen immer stärke-
ren Einfluss des rechten Lagers mit sich brachte und die Handlungsfreiheit der
noch amtierenden sozialdemokratisch geprägten Regierung stark einschränkte.[151]
Als am 8. März der NSDAP-geprägte Senat sein Amt antrat, verlor die Stadt endgültig ihre Attraktivität als Zufluchtsort für italienische Antifaschisten

3.3.   Die italienische Gemeinde zwischen Assimilierung und
          Rückbesinnung zur „Italianität": Der italienische Faschismus
          dringt in Hamburg ein

3.3.1.   Die Bedeutung der im Ausland lebenden Italiener für den Faschismus

Bis zur Machtergreifung Mussolinis hatten sich die italienischen Stellen im Ausland vor allem auf die finanzielle Unterstützung hilfsbedürftiger Auswanderer und
auf den Versuch, eine gewisse Bindung dieser Emigranten zum Heimatland aufrecht zu halten, beschränkt. Beides hing aber, wie bereits dargestellt, sehr stark
vom privaten Engagement des jeweiligen örtlichen italienischen Diplomaten ab
oder aber von der Initiative der Emigranten selber. Die Pflege der *italianità*, der
„Italianität", unter den Emigranten, sei es durch die Gründung von Vereinen oder
durch die Unterrichtung der italienischen Sprache und Kultur, wurde zwar vom
italienischen Staat begrüßt und mancherorts gefördert, aber nicht forciert. Im Allgemeinen wurde eine „wurzelbewusste", aber reibungslose Assimilierung in den
Aufnahmeländern favorisiert. Der italienische Staat interessierte sich wenig für
seine Emigranten.

Mussolini sah dagegen in den italienischen Emigranten, die sich inzwischen in
vielen Ländern der Welt niedergelassen hatten, die Möglichkeit, die Position und
das Ansehen des faschistischen Italiens im Ausland zu stärken. Die Emigranten
sollten zu einer Fünften Kolonne Italiens werden, zu einem Hebel, um die neue
italienische Weltanschauung in der Welt bekannt und respektiert zu machen. Der
Assimilierung der Emigranten sollte entgegengewirkt werden. Aus den italienischen Kolonien sollten Inseln von einerseits gut integrierten, aber anderseits fa-
schismus- und heimattreuen Italienern werden, die nun bezeichnenderweise „Italiener im Ausland" genannt wurden.[152] Es wurde eine Art von „integriertem Nebeneinanderleben" zwischen den Italienern und den Einheimischen im Ausland
angestrebt. Als Ausgangspunkt dieser neuen Politik dienten die Auslandsortsgruppen des *Partito Nazionale Fascista* (Nationale Faschistische Partei, kurz
PNF), die *Fasci*, mit ihren Organisationen für Jung und Alt. Sämtliche inländi-

---

[151] Büttner, Der Stadtstaat als demokratische Republik (1986), S. 258ff.
[152] Ostuni, Leggi e politiche di governo nell'Italia liberale e fascista (2001), S. 318.

schen faschistischen Organisationen, wie das *Dopolavoro*[153] und die Jugendorganisationen (*Balilla* und *Avanguardisti*; *Piccole Italiane* und *Giovani Italiane*)[154],
wurden somit auf das Ausland ausgedehnt, Italienischkurse intensiviert und Italienreisen gefördert.[155] 1924 wurde dieses Programm durch das *Statuto dei Fasci
italiani all'estero* (das „Statut der italienischen *Fasci* im Ausland") endgültig
festgelegt. Die Organisierung der Betreuungs- und Propagandaaktivitäten entfielen auf die Auslands-*Fasci* und auf ihren jeweiligen Sekretär, der von einem in
Rom sitzenden Generalsekretär nominiert wurde. Jeder *Fascio*-Sekretär im Ausland war dem örtlichen offiziellen Vertreter des italienischen Staates (Generalkonsul oder ähnliches) unterstellt und sollte in Übereinstimmung mit ihm arbeiten.[156]

3.3.2.   Die italienischen Migranten und der Hamburger *Fascio*

Die vor 1914 von einigen Italienern im Hamburger Raum gegründeten italienischen Vereine, die Wohltätigkeitsgesellschaft und der „Sparklub Regina Elena",
waren im Laufe des Weltkrieges eingeschlafen und wurden in den ersten Nachkriegsjahren nicht wieder belebt. Auch die Gründung neuer italienischer Vereinigungen blieb damals aus. Vermutlich weil, wie bereits dargestellt, zwischen
Anfang des Ersten Weltkrieges und Anfang der zwanziger Jahre die Zahl der Italiener stark zurückgegangen war. Neue Migranten kamen nicht mehr oder nur
vereinzelt. Außerdem setzte sich die italienische „Kolonie" aus sehr wenigen, oft
zudem aus deutsch-italienischen Ehepaaren bestehenden, Familien sowie einer
heranwachsenden, vorwiegend Deutsch sprechenden und offenbar gut gesellschaftlich integrierten zweiten Generation zusammen. Der Erste Weltkrieg und
die darauf folgende Wirtschaftskrise hatten außerdem viele italienische gewerbli-
che Aktivitäten wie Terrazzowerkstätten und Gastwirtschaften im Hamburger
Raum in den Ruin getrieben und damit den Untergang der italienischen Emigrantenmittelschicht verursacht, die vor 1914 nationale Vereinigungen finanziell und
mit entsprechenden Motivationen unterstützt hatte. So befand sich die kleine italienische „Kolonie" Anfang der zwanziger Jahre wieder in einer Phase der regionalen Zersplitterung und nun immer mehr in einer Herkunftsentfremdung.

---

[153] Deutsch: „nach der Arbeit". Es handelte sich um eine Freizeitorganisation.

[154] Die *Balilla* waren die faschistischen Jungen und die *Avanguardisti* die älteren faschistischen
männlichen Jugendlichen. Die gleiche Aufteilung gab es auch in der weiblichen Organisation
der faschistischen Mädchen. Die *Piccole* waren die „kleinen" und die *Giovani* die „jungen" I-
talienerinnen.

[155] Piero Parini, Gli italiani nel mondo, Milano 1935, S. 54, 62 und 68.

[156] Statuto dei Fasci italiani all'estero, in: ebenda, S. 94ff.

Etwa Mitte der zwanziger Jahre kam es jedoch zu zwei Entwicklungen, die diese
voranschreitende Herkunftsentfremdung verlangsamten und zur Wiedergewin-
nung – in manchen Fällen vermutlich sogar zur erstmaligen Entstehung – eines
nationalen Bewusstseins unter den im Hamburger Raum lebenden Italienern beitrugen. Zum einen begann auch hier die faschistische Idee Fuß zu fassen, und zum
anderen fand eine neue Ansiedlung von italienischen Mittelständlern statt. Während der erste Faktor politische und ideologische Rahmenbedingungen der zukünftigen Entwicklung schuf, stellte die neue Zuwanderung von Kaufleuten aus
Italien die gesellschaftlichen und finanziellen Bedingungen für ihre tatsächliche
Verwirklichung her. Es handelte sich sowohl um gerade eingetroffene Personen,
die ihre ausgeprägten Beziehungen zum Heimatland nicht abbrechen wollten, als
auch um Personen, die in Hinsicht auf ihre soziale Zugehörigkeit und ihre finanziellen Möglichkeiten zweifelsohne eine neue Mittelschicht darstellten. Bei dieser
kaufmännischen Gruppe fiel die faschistische Rhetorik eines starken italienischen
Staates, der sich als wieder erstandenes römisches Imperium darstellte und sich
für die Wahrung seiner wirtschaftlichen Interessen in der ganzen Welt stark einsetzen wollte, auf besonders fruchtbaren Boden. Bezeichnenderweise wurde 1924
von dieser kaufmännischen Mittelschicht die Gründung einer faschistischen Aus-
landsortsgruppe in Hamburg entschieden mitgetragen und deren spätere Entwicklung maßgeblich geprägt.[157]

Diese faschistische Ortsgruppe übernahm in den folgenden Jahren in engster
Zusammenarbeit mit der örtlichen „gleichgeschalteten" italienischen diplomatischen Mission die „Führung" der italienischen „Kolonie", die sie für die faschistische Sache zu gewinnen versuchte. Da während der Weimarer Republik im Hamburger Raum keine anderen italienischen Vereinigungen entstanden, die eine
alternative Weltanschauung vertraten, und solche nach 1933 im nationalsozialistischen Deutschland auch kaum hätten existieren können, konnte sich in den zwanziger und dreißiger Jahren das im italienischen Generalkonsulat sitzende *Fascio*
als einzig wahre „Italianitätsquelle" ausgeben und avancierte rasch zum Zentrum
der italienischen Gemeinde im Hamburger Raum.

Der erste Sitz des 1924 gegründeten Hamburger *Fascio* und seiner Organisationen
zur Freizeitgestaltung (*Dopolavoro*) und zur Kulturpflege und Propaganda (italienisches Kulturinstitut) befand sich im italienischen Generalkonsulat in der Heim-
huder Straße im Stadtviertel Rotherbaum. Durch die steigenden kulturellen Aktivitäten in der zweiten Hälfte der dreißiger Jahre und den sich daraus ergebenden

---

[157] Aus verschiedenen Quellen lässt sich Folgendes rekonstruieren: Erster Ortsgruppenleiter dürfte ein gewisser T. gewesen sein. Zwischen 1933 und 1936 war es dann G. S., dann kamen
1936 bis 1943 P. S. und schließlich O. B. (bis Ende des Zweiten Weltkrieges). Alle waren als
Importeure tätig.

Platzmangel zogen sämtliche italienischen Stellen im Oktober 1939 in ein eigenes Gebäude in der Feldbrunnenstraße. Um die faschistische Übereinstimmung zwischen den verschiedenen italienischen Instanzen zu unterstreichen, wurde das Haus *Casa del Fascio* („Haus des *Fascio*") genannt. Es handelte sich nicht mehr um ein großes Appartement, sondern um ein ganzes Haus samt Gartenanlage. Neben den Amtsräumen des italienischen Generalkonsulats und des *Fascio* waren verschiedene Versammlungs- und Aufenthaltsräume, Räume für Sprach- und Kulturkurse und Veranstaltungen der „Deutsch-Italienischen Gesellschaft zu Hamburg"[158] und eine italienische Bibliothek vorhanden. Außerdem gab es *Dopolavoro*-Räume, darunter eine „*Cantina*, ein Gastraum im italienischen Stil, in dem man *maccheroni*, *Chianti* und alles andere an Speis und Trank erhalten [konnte], wie man es zwischen Mailand und Palermo gewohnt [war]".[159] Alles wurde durch einen Künstler, der eigens dafür aus Italien geholt worden war, mit einer ganzen Reihe von italienischen Majoliken und Wandmalereien ausgestattet. Diese verbildlichten die faschistische Rhetorik und nahmen damit ständig Einfluss auf die Hausbesucher. So die Beschreibung eines zeitgenössischen Journalisten:

Das Hamburger Fascio-Haus hat [...] eine sehr gediegene künstlerische Ausschmückung erfahren. Besonders eindrucksvoll sind die großen Fresko-Gemälde, die Reden des Duce versinnbildlichen und die den glanzvollen Aufstieg des Imperiums veranschaulichen. Grundsätzliche Stellen aus Reden Mussolinis sind vielfach als Wandsprüche angebracht.[160]

Fascio und Generalkonsulat blieben in der *Casa del Fascio* bis zum Ende des Zweiten Weltkrieges. Das *Dopolavoro* und das italienische Kulturinstitut wechselten dagegen während des Krieges ihren Sitz. Im Oktober 1942 bezog das *Dopolavoro* ein eigenes Haus in Altona, um den erweiterten Betreuungsaufgaben, die im Rahmen der neuen Zuwanderung von temporären italienischen Arbeitskräften in Hamburg entstanden waren, gerecht werden zu können.[161] Das italienische Kulturinstitut hatte dagegen seinen Sitz nicht weit von der *Casa del Fascio* in die St. Benedictstraße verlegt.[162]

---

[158] Mehr dazu hier, Kap. IV.6.

[159] "Casa del Fascio in Amburgo", in: Hamburger Fremdenblatt vom 19. Juli 1939.

[160] „Hamburger Fascio im eigenen Heim", in: Hamburger Anzeiger vom 28. Oktober 1939; zur Einweihung des *Fascio* siehe auch: „Casa del Fascio", in: Hamburger Neueste Zeitung vom 28. Oktober 1939; „Casa del Fascio in Hamburg", in: Hamburger Fremdenblatt vom 28. Oktober 1939.

[161] Siehe dazu: Zonenleiter des *Fascio* für die Hansestädte und Niedersachsen an Bürgermeister/Hamburg, Hamburg, 20. Oktober 1942, FZH, Krogmann Tagebücher, 11/K 10; „Übernahme des Dopolavoro-Heims in Altona", in: Norddeutsche Nachrichten vom 26. Oktober 1942; „Feiertag der italienischen Kolonie", in: Hamburger Anzeiger vom 26. Oktober 1942.

[162] „Botschafter Alfieri bei seinen Landsleuten", in: Hamburger Anzeiger vom 18. März 1942.

Bald erfreuten sich offenbar die Organisationen, die vom 1924 gegründeten Hamburger *Fascio* ausgingen, eines regen Zuspruchs von italienischen Einwanderern. In den dreißiger Jahren hatten italienische Männer im Rahmen des *Dopolavoro* Fußball- und Basketballmannschaften und eine Bootsmannschaft aufgestellt (1938 bekam die Hamburger Stelle ein Ruderboot aus der *Dopolavoro*-Zentrale in Italien). Dank der reichen Ausstattung der Organisation konnten sie Boccia, Billard und Tischtennis spielen, Wanderausflüge in der Umgebung Hamburgs machen und wöchentlich zu einer „Spaghetti-Mahlzeit" zusammenkommen. Die Jungen waren in Jugendorganisationen eingegliedert und wurden durch Turnen und Märsche körperlich „ertüchtigt". Die Mädchen waren dagegen in der Gruppe *Maternità e Infanzia* („Säuglings- und Mutterfürsorge") organisiert, wo sie von den Frauen des *Fascio femminile* (der Frauensektion des *Fascio*) „in häuslichen Arbeiten und in den Angelegenheiten des Haushalts" Unterricht bekamen.[163]

Der Versuch der Faschisten, die Auswanderer im Rahmen der „Familie- und Vaterland-Rhetorik" enger an Italien zu binden, beschränkte sich nicht auf ihre Eingliederung in faschistische Auslandsorganisationen, sondern erstreckte sich auch auf die Förderung des Italienischunterrichts, insbesondere für die im Ausland geborenen italienischen Kinder. Diese wurden außerdem alljährlich nach Italien versandt, um eine Weile unter Landsleuten zu leben. Auch in Hamburg gab es nun erstmals eine durch den *Fascio* vom Staat organisierte und getragene italienische Schule, die sich freilich auf regelmäßige Stunden Italienischunterricht für die Einwandererkinder beschränkte.[164] Die jungen Italiener wurden auf Kosten der Parteizentrale in Rom in Gruppen von zehn bis 15 Personen jährlich für vier Wochen nach Italien geschickt. Diese Aktivitäten zugunsten der „Italiener im Ausland" für die Aufrechterhaltung ihrer *italianità* wurden noch durch Hilfsleistungen für in Hamburg lebende hilfsbedürftige Italiener ergänzt, die zu besonderen Gelegenheiten Lebensmittelpakete und Kleidungsstücke bekamen.[165] Durch das gesellige Feiern von faschistischen Gedenktagen wie z.B. der Tag des „Marsches auf

---

[163] „Beim Fascio in Hamburg", in: Hamburger Fremdenblatt vom 7. Juli 1938.

[164] Fast alle älteren Interviewpartner hatten diese „Schule" besucht. Siehe beispielsweise: Interview mit I. Rizzotti, FZH, WdE 685, Interview vom 7. Dezember 2000, S. 9; „[Die italienische Kolonie betreibt – E.M.] unter Förderung und Mitarbeit des italienischen Generalkonsulats seit Jahren erfolgreiche und gut besuchte Sprachkurse [...] Im Rahmen dieser Lehrgänge erhalten die Kinder aus der italienischen Kolonie, die im Übrigen die öffentlichen hamburgischen Schulen besuchen, ein- oder zweimal in der Woche zusätzlich italienischen Sprachunterricht." Siehe: Senatsdirektor/Hamburg an Staatsverwaltung der Hansestadt Hamburg/Schul- und Hochschulabteilung, Hamburg, 3. Januar 1941, StAHH, Bestand 361-2 VI, Akte 367.

[165] Siehe dazu: „Beim Fascio in Hamburg", in: Hamburger Fremdenblatt vom 7. Juli 1938; „Wenn die Boccia-Kugel rollt... Dopolavoro betreut die Italiener in Hamburg", in: Norddeutsche Nachrichten vom Juli 1940.

Rom" (28. Oktober 1922)[166] oder der Tag der Gründung der faschistischen „Kampfverbände" (23. März 1919)[167] und das Feiern traditioneller italienischer Feste (z.b. des Kinderfestes *Befana*[168] kurz nach Neujahr, an dem eine reiche Bescherung stattfand) sollte zusätzlich die Heimatverbundenheit gefördert werden. 1938 entsandte das Hamburger *Fascio* eine Abordnung von 100 Mitgliedern nach Berlin um dem Staatsbesuch Mussolinis beizuwohnen.[169]

Diese vom *Fascio* ausgeübten und im Vergleich zu den Vorkriegsjahren und den italienischen Vorkriegsregierungen extrem vielfältigen Betreuungsaktivitäten muss dem Faschismus nicht wenig Sympathien seitens der in Hamburg lebenden Italiener eingebracht haben. Die faschistische Idee eines großen und starken italienischen Staates, der seine Emigranten in der Welt nicht ihrem Schicksal überlassen, sondern ihnen durch ständige Betreuung beistehen wollte, fand bei vielen italienischen Emigranten, die sich vom Heimatland verlassen fühlten, großen Anklang. Erstmals wurde nicht nur gesprochen, sondern auch gehandelt. Neue Schulen, Bibliotheken, Spiel- und Sportgeräte, Italienreisen und manches andere bürgten für eine konkrete Präsenz des italienischen Staates unter den Emigranten. In vielen italienischen Kolonien weltweit konnten somit die faschistischen Ortsgruppen große Erfolge verbuchen. Nach Angaben des damaligen Hamburger Ortsgruppenleiters gehörten 1938 „die meisten in Hamburg lebenden Italiener" der faschistischen Partei an.[170] Obwohl die Behauptung des Ortsgruppenleiters der Realität nicht wirklich zu entsprechen scheint – lag offenbar die Mitgliedschaft bei etwa 20 Prozent (130)[171] der in der Stadt lebenden Italiener (647 im Jahre 1939) – muss die Tatsache berücksichtigt werden, dass von den 647 registrierten italienischen Staatsangehörigen viele deutschstämmig waren (etwa 140 Frauen) und dass andere, die am Rande Hamburgs wohnten, vermutlich vom Geschehen in der Innenstadt etwas abgeschnitten waren. So gesehen dürfte der Zuspruch in der Tat nicht unbedeutend gewesen sein.

Generell war allerdings den *Fasci* im Ausland nie wirklich eine „Gleichschaltung" der Emigranten im politischen Sinne gelungen. Entscheidend für ihren Erfolg unter den Emigranten war eher die „Vermarktung" des Faschismus im Sinne eines „nostalgischen" italienischen Nationalismus – wobei Worte wie Vaterland und Familie besonders groß geschrieben wurden – und die greifbaren Leistungen in

---

[166] „Beim Fascio in Hamburg", in: Hamburger Fremdenblatt vom 7. Juli 1938.

[167] „Die Erinnerungsfeier des Hamburger Fascio", in: Hamburger Anzeiger vom 24. März 1939.

[168] Die *Befana* ist etwa die deutsche „Frau Holle".

[169] „Befana fascista", in: Hamburger Fremdenblatt vom 10. Januar 1937.

[170] „Beim Fascio in Hamburg", in: Hamburger Fremdenblatt vom 7. Juli 1938.

[171] Angeblich gab es insgesamt 130 Parteimitglieder. Darunter 20 Frauen und 70 Jungfaschisten. Siehe: ebenda. Eigene Berechnungen.

der Betreuung.[172] In Deutschland ist dies jedoch auf einen anderen Boden gefallen, als in anderen Ländern und dürfte somit andere Auswirkungen auf die Migranten gehabt haben.

Nach 1933 lebten die Italiener im „Dritten Reich" in einer autoritären Gesellschaft, die im Allgemeinen mit dem italienischen Faschismus sympathisierte. Noch lange nach Ausbruch des Zweiten Weltkrieges herrschte wahrscheinlich unter den Italienern das Bewusstsein am selben Strang mit den deutschen „Waffenbrüdern" zu ziehen, unter denen sie ja schließlich auch lebten. In anderen Ländern hatte dagegen der Kriegsbeitritt Italiens an der Seite des „Dritten Reiches" fast alle Emigranten vom Faschismus entfernt und sie den Aufnahmeländern näher gebracht.[173] Während zudem die faschistische Propaganda unter den Emigranten in demokratischen Ländern nur sehr vorsichtig agieren konnte (im kanadischen Toronto wurden beispielsweise die Schulbücher schärfsten kontrolliert)[174], konnte sie nach 1933 in Deutschland unbesorgt ihre ganze Kraft entfalten und für die faschistische Idee werben. Italiener, ob jung oder alt, waren darüber hinaus ständig in Kontakt mit Leuten, die in faschistenähnlichen Organisationen wie der Hitlerjugend agierten und Nachahmung forderten. So dürften bei den meisten italienischen Einwanderern in Deutschland die politischen Inhalte der faschistischen Propaganda auf mehr Rezeptionsbereitschaft gestoßen sein als in demokratischen Ländern. Als im September 1943 die italienische Badoglio-Regierung den Waffenstillstand mit den Alliierten bekannt gab und kurz darauf Mussolini die Salò-Republik gründete, schworen alle in Deutschland existierenden *Fasci* prompt ihre Treue zur neuen „republikanischen" faschistischen Regierung, während dagegen viele Diplomaten (die keine Emigranten waren) für den neuen faschistischen Staat sehr wenig Begeisterung zeigten.[175] Viele in Deutschland lebenden Italiener waren angeblich auch „bereit in Italien gegen den inneren und den äußeren Feind zu marschieren".[176] Was in Hamburg geschah, konnte nicht genau ermittelt werden.

---

[172] John E. Zucchi, Italians in Toronto (1988), S. 169–177. Ferner: Stephen Castles u. a., Australia's Italians (1992), S. 28. In USA unterhielt die in den zwanziger und dreißiger Jahren wohl berühmteste italienische Organisation, die *Order of the Sons of Italy*, enge Beziehungen zum Faschismus, der sich stark für die Italiener im Ausland einsetzte, arbeitete aber gleichzeitig dezidiert gegen Rassisten und Antisemiten. Siehe: Frank A. Salamone, Italians in Rochester (2000), S. 123.

[173] Zucchi, Italians in Toronto (1988), S. 192. Ferner: Castles u. a., Australia's Italians (1992), S. 27.

[174] Zucchi, Italians in Toronto (1988), S. 183.

[175] Vittorio Mussolini/Rom (seit 24. November 1943 Leiter der *Fasci* in Deutschland) an Leiter der Republikanischen Faschistischen Partei/München 9. Februar 1944, ASDR, Bestand RSI 1, Busta 31, fascicolo "miscellanea".

[176] Ebenda.

Sicher ist nur, dass der Hamburger *Fascio*, wie alle anderen *Fasci* in Deutschland, neugegründet wurde und dass er bald wieder seine alte Funktion übernahm.[177]

Festzuhalten ist schließlich vor allem, dass Italiener der älteren Generation ihre Beziehungen zum Heimatland wieder auffrischten oder verstärkten. In der sich auf dem Weg zur Assimilierung befindenden „zweiten Generation" wurden vermutlich nicht selten durch Italienischkurse, Italienaufenthalte und Mitgliedschaft in faschistischen Jugendorganisationen vor allem emotionale Verbindungen völlig neu aufgebaut. Dabei wurde mit großem Aufwand die Entstehung eines *nationalen* Bewusstseins gefördert. Erst damals kamen durch die faschistischen Aktivitäten und Organisationen viele im Hamburger Raum lebende Italiener jeden Alters regelmäßig in Kontakt miteinander und lernten – vor allem die „zweite Generation" – in national-italienischer Optik zu denken und sich als „Italiener" und nicht (oder nicht vor allem) als Ligurier oder als Veneter zu betrachten. Resultat der „Italianitätsspritze" war, obwohl es sich um eine schwer quantifizierbare Angelegenheit handelt, für manche wahrscheinlich eine Verlangsamung des Assimilierungsprozesses. Vielleicht liegt es auch daran, dass Interviewpartner, die in den zwanziger Jahren in Hamburg zur Welt kamen und an den vom *Fascio* organisierten Aktivitäten teilnahmen, sich heute noch als „Italiener" fühlen, obwohl sie immer unter Deutschen lebten und ihre Normen und Werten völlig aufnahmen.[178] Sie halten es sogar für selbstverständlich, dass sie sich beispielsweise als „Ausländer" in Deutschland nie am politischen Leben beteiligen durften.[179]

4.   Politpropaganda und Unterstützung der „deutschen faschistischen Mordbestien"? Italienische Faschisten in Hamburg in der Weimarer Republik

Die Auslandsfasci sollten nicht nur die „Italianität" unter den Migranten fördern, sondern gemeinsam mit italienischen diplomatischen Missionen, Handelskammern und Kultureinrichtungen auch Zentren der faschistischen Auslandspropaganda sein. Es sollte versucht werden den Faschismus in Europa als eine Art „Dritter Weg" zwischen Sozialismus und Kapitalismus salonfähig zu machen.[180]

---

[177]   „Herr C[...] ist Mitbegründer des hier neu organisierten Fascio". Siehe: Behördennotiz, Autor unbekannt, Hamburg, 23. September 1943, StAHH, Bestand 132-1, Akte 548.

[178]   So der Interviewpartner G. Visconte. Er kam zwar in Italien zur Welt, wurde aber sofort nach Harburg gebracht, wo er sein ganzes Leben verbrachte. Interview mit G. Visconte, FZH, WdE 664, Interview vom 1. November 2000, S. 10.

[179]   So der Interviewpartner V. Picchi (Aussage vom 17. Juni 2001).

[180]   Andrea Hoffend, Zwischen Kultur-Achse und Kulturkampf. Die Beziehungen zwischen „Drittem Reich" und faschistischem Italien in den Bereichen Medien, Kunst, Wissenschaft und Rassenfragen, Frankfurt am Main 1998, S. 55f.

In diesen Propagandarahmen fiel auch die wohlwollende Betrachtung, wenn nicht gar die inoffizielle Unterstützung von rechtsextremen politischen Bewegungen im Ausland und dies besonders nach 1930 mit der Propagierung der Doktrin des „*Fascismo Universale*".[181] In der Weimarer Republik stießen allerdings die Aktivitäten der in Deutschland lebenden Faschisten in politischen Kreisen und in breiten Bevölkerungsschichten auf Misstrauen oder gar auf offenen Widerstand. Erst nach 1933 genossen die italienischen Faschisten in der Öffentlichkeit, zunächst als Vertreter einer dem Nationalsozialismus sehr ähnlichen Weltanschauung und später als Schicksalsgenossen im „Kampf gegen den Bolschewismus", eine zuvor unbekannte Akzeptanz.[182]

Da sich die Aktivitäten der Faschisten nicht nur auf die Betreuung, sondern auch auf die Politisierung der „Italiener im Ausland" und auf eine Verbreitung der faschistischen Idee erstreckten, stießen sie auf unterschiedliche Reaktionen in den Aufnahmeländern der Emigranten. In den Ländern, in denen die Demokratie schon seit langem verankert war, löste das Treiben der italienischen Faschisten unter den Emigranten und in der Aufnahmegesellschaft keine besonderen Ängste aus. In der Weimarer Republik dagegen agierten die Faschisten in einem explosiven politischen Umfeld, das von starken links- und rechtsextremen antidemokratischen Bewegungen gekennzeichnet war. Ihre Etablierung im Hamburger Raum war deshalb in der lokalen Öffentlichkeit stark umstritten.

Im Frühjahr 1923, als Mussolini bereits an die Macht gekommen war und begonnen hatte die Auslandsaktivitäten seiner Partei zu verstärken, warnte die Hamburger KPD, eine Ausweitung des Faschismus in Deutschland befürchtete:

---

[181] Mussolini hatte durch einen Mittelsmann, Major Giuseppe Renzetti, der seit 1926 in Berlin eine italienische Handelskammer und ein *Fascio* leitete, schon während der zwanziger Jahre in Deutschland Verbindungen mit rechten Parteien aufgenommen, darunter besonders mit dem „Stahlhelm". Erst nach 1930, nachdem sie ihren ersten großen Wahlerfolg erreicht hatte, rückte die NSDAP mehr in das Blickfeld des italienischen Diktators. Von diesem Zeitpunkt an wurde sie von den Faschisten wohlwollend begleitet und unterstützt. Renzetti beteiligte sich beispielsweise aktiv an der Bildung der ultrarechten „Harzburger Front", die den Nationalsozialisten den Weg zur Macht frei ebnen sollte. Siehe ebenda, S. 20.

[182] Dennoch kam es zwischen Nazideutschland und Italien wiederholt zu Reibereien, besonders in der für die nationalsozialistische Weltanschauung zentralen Rassenfrage. Während die Nationalsozialisten auf ein „biologisches" Fundament der „Rasse" beharrten, vertraten die Faschisten die Meinung, dass die „Rasse" auf einer eher „geistigen" Basis beruhe. Darüber hinaus gab es auch Streitereien über die geistige Vorherrschaft innerhalb der „Achse". So versuchten die Nationalsozialisten die italienischen Einrichtungen in Deutschland, die italienische Kulturpropaganda machten, „gleichzuschalten" oder zumindest unter Kontrolle zu halten. Exemplarisch zu diesen Spannungsfeldern das Werk von Andrea Hoffend, Zwischen Kultur-Achse und Kulturkampf (1998).

In Berlin haben die italienischen Faschisten bereits ihre Versammlung abgehalten in engster Gemeinschaft mit den ‚völkischen' Arbeiterfeinden. Sollten die Kerle versuchen, demnächst Hamburg mit ihrem Besuch zu beehren, so werden die Hamburger Arbeiter sie zu empfangen wissen.[183]

Anlass zu dieser Drohung war eine von der Deutschnationalen Volkspartei angeblich im Curio-Haus geplanten Rede eines italienischen Faschisten, Giuseppe Guardo, „über Deutschlands Zukunft und was das deutsche Volk tun soll". Das konservative Hamburger Lager quittierte die Angelegenheit als ein kommunistisches Schwindelmanöver zur Aufhetzung der Arbeiterschaft.[184] Ebenso die in Hamburg regierenden Sozialdemokraten, die sich allerdings mit großer Vorsicht über die mögliche Präsenz von italienischen Faschisten äußerten:

Ob es ratsam ist, einen Anhänger Mussolinis hier in Hamburg sprechen zu lassen, ist eine Sache für sich, darüber hat die Polizei zu entscheiden, der es auch obliegt, das Treiben der deutschen Faschisten zu überwachen.[185]

Trotz der Drohungen der KPD und des Unbehagens der SPD fasste, wie bereits eingehend besprochen, Anfang der zwanziger Jahre mit der „Gleichschaltung" des Generalkonsulats und der Gründung des *Fascio* der italienische Faschismus unvermeidlich auch im Hamburger Raum Fuß. Die Hamburger faschistische Ortsgruppe scheint jedoch in den ersten Jahren ihres Bestehens in der lokalen Öffentlichkeit für keine besondere Aufmerksamkeit gesorgt zu haben. Auch das italienische Generalkonsulat bewegte sich offensichtlich im Rahmen üblicher diplomatischer Aktivitäten, ohne Anlass zur Debatte zu geben.

Erst Anfang 1927, als ein neuer italienischer Generalkonsul, Attilio Tamaro, für Hamburg bestellt wurde, scheint sich die Lage erneut zugespitzt zu haben. Die Hamburger Kommunisten zeigten sich wegen dieser Ernennung zutiefst empört. Tamaro sei nämlich ein überzeugter Faschist und „einer der größten Vertrauensmänner" Mussolinis und hätte in der Hansestadt die Aufgabe „die deutschen faschistischen Mordbestien zu unterstützen, zu organisieren und auf die Arbeiter zu hetzen". Und all dies, wohlgemerkt, „hier mitten im roten Hamburg".[186] In einer Anfrage an den Senat (19. April 1927) forderte die KPD-Fraktion die „sofortige Ausweisung des Herrn Tamaro" und begründete diese Forderung mit der Behauptung, dass angeblich „die erhöhte Aktivität der Nationalsozialisten in Hamburg u. a. auch auf ihn zurückzuführen" sei. Sollte der italienische Generalkonsul weiter-

---

[183] „Die Faschisten drücken sich!", in: Hamburger Volkszeitung vom 21. April 1923.

[184] „Kommunistische Schwindelmanöver zur Aufhetzung der Menge", in: Hamburger Nachrichten vom 21. April 1923.

[185] "Kommunistische Verhetzung", in: Hamburger Echo vom 21. April 1923.

[186] „Mussolinis Pionier in Hamburg", in: Hamburger Volkszeitung vom 5. April 1927.

hin in Hamburg bleiben dürfen, möchten die Kommunisten erfahren, welche Maßnahmen der Senat getroffen hätte, um „die faschistische Propaganda durch Herrn Tamaro zu unterbinden".[187] Das liberal-konservative Lager sah keinen Anlass zur Ausweisung und bezeichnete die KPD-Anklagen als „kommunistische Vorstöße in die internationale Politik".[188] Die SPD ihrerseits dürfte, wie schon 1923, auch diesmal einige Bedenken über Aktivitäten italienischer Faschisten in der Stadt gehabt haben. Ohne Beweise musste sie jedoch als Regierungspartei, die es mit dem offiziellen Vertreter eines befreundeten Staates zu tun hatte, die Ausweisung ablehnen und beendete schließlich die Angelegenheit mit der Behauptung, dass es für eine Ausweisung sowie zu Antipropagandamaßnahmen keine Veranlassung gäbe.[189]

Ob italienische Faschisten tatsächlich in irgendeiner Weise die Hamburger NSDAP unterstützten, konnte nicht ermittelt werden, allerdings zeigte sich, dass Tamaro durchaus faschistische Propaganda betrieb.

Seit Ende 1927 brachte der deutsche italophile Literat Werner von der Schulenburg in Hamburg die Monatszeitschrift „Italien" heraus, womit er für die faschistische Idee werben wollte. Es sollten nur harmlose kulturelle und wissenschaftliche Angelegenheiten angesprochen werden, um den Anschein einer politik- und ideologiefreien Zeitschrift zu vermitteln. Tatsächlich ging es aber in nicht wenigen Artikeln um „politische" Inhalte. Ob das Projekt der Zeitschrift auf von Schulenburgs oder auf italienische Initiative zurückzuführen war, ist nicht bekannt. Sicher ist jedoch, dass sie von der *Compagnia Italiana per il turismo* („Italienische Gesellschaft für den Tourismus") kräftig bezuschusst und kontrolliert wurde und dass man von Schulenburg aus dem italienischen Außenministerium mit Artikeln berühmter italienischer Autorinnen versorgte. Der damalige italienische Generalkonsul in Hamburg, Attilio Tamaro, scheint das Projekt von von Schulenberg genau unter Kontrolle gehabt zu haben. Im Frühjahr 1928 verhinderte er beispielsweise die Ablösung von Schulenburgs durch eine ihm ungeeignet erscheinende Person. Anfang 1930 wurde aufgrund finanzieller Schwierigkeiten, die auf die Weltwirtschaftskrise zurückzuführen waren, die Zeitschrift eingestellt.[190]

---

[187] Anfrage des Abgeordneten S., betreffend den italienischen Generalkonsul in Hamburg, Drucksache für die Senatssitzung Nr. 196, 19. April 1927, in: StAHH, Bestand 135-1 I-IV, Akte 4588.

[188] „Kommunistische Vorstöße in die internationale Politik", in: Hamburger Fremdenblatt vom 8. April 1927.

[189] Ebenda.

[190] Hoffend, Zwischen Kultur-Achse und Kulturkampf (1998), S. 80f.

Wie schon die Unterstützung der Zeitschrift „Italien" scheint auch die am 21. Januar 1928 durch Tamaro gegründete italienische Handelskammer in Hamburg („Italienische Wirtschaftskorporation für Handel und Schifffahrt in Hamburg und den Hansestädten e. V.") in erster Linie ein Propagandaprojekt gewesen zu sein. Der Generalkonsul betrachtete die Kammer „als ein Mittel, um die Beziehungen zwischen der Freien und Hansestadt Hamburg" und seinem Land „viel enger zusammenknüpfen zu können".[191] Rein wirtschaftliche Beziehungen spielten aber offenbar bei der Gründung 1928 keine große Rolle. Die Hamburger Handelskammer kommentierte bezeichnenderweise, dass angesichts der sehr beschränkten Anzahl der deutschen und italienischen Mitglieder „die [italienische – E.M.] Kammer in erster Linie wohl aus Prestigegründen ins Leben gerufen worden" sei und dass diese angeblich „einen wesentlichen Zuschuss von der italienischen Regierung" erhielt, „da sie sonst nicht lebensfähig" gewesen wäre.[192]

Obwohl es sich letztendlich um sehr vorsichtige Versuche handelte Propaganda für das italienische faschistische Regime und den Faschismus zu betreiben, ist dennoch seitens der italienischen Stellen in der Stadt eine gewisse Aktivität auf dieser Ebene zu registrieren. Wie die Proteste anlässlich der Ankunft des „faschistischen" Generalkonsul Tamaro 1927 zeigen, scheuten sich die Kommunisten nicht, ein aggressives Verhalten an den Tag zu legen. Die meisten Demokraten scheinen dagegen lediglich auf persönliche Distanz zu den Vertretern des faschistischen Italien gegangen zu sein. Laut Hamburger Fremdenblatt konnte der italienische Konsul Vivarelli, der seit 1926 sein Amt in Hamburg inne hatte und „Fascista di primo ordine" (etwa wie ein Nationalsozialist der „Alten Garde") war, bezeichnenderweise erst nach 1933 in der Öffentlichkeit „wirklich Boden gewinnen".[193] Nach der Machtergreifung der Nationalsozialisten behauptete ferner der damalige Anführer des Hamburger Fascio, dass die faschistische Ortsgruppe es „nicht immer leicht gehabt habe".[194] Die Machtergreifung der NSDAP, deren Führer ein Verehrer Mussolinis und seines Faschismus war, räumte den Faschisten schließlich den Weg frei und ermöglichte ihnen sogar engste Beziehungen zu den neuen Herrschern der Stadt.

---

[191] Italienischer Generalkonsul A. Tamaro/Hamburg an Senatskommission für die Reichs- und ausw. Angelegenheiten/Hamburg, 3. November 1927, StAHH, Bestand 371-8 II, Akte S XIII A 1.18.9.

[192] Hamburger Handelskammer an Deputation für Handel, Schifffahrt und Gewerbe/Hamburg, 19. November 1928, StAHH, Bestand 371-8 II, Akte S XIII A 1.18.9.

[193] „Konsul Vivarelli verlässt Hamburg", in: Hamburger Fremdenblatt vom 13. April 1934.

[194] „Die Schwarzhemden im Stadtpark. Empfang des Fascio und der italienischen Kolonie in Hamburg", in: Hamburger Fremdenblatt vom 5. August 1933.

5.   Der Zweite Weltkrieg: Italienische Zivilarbeiter, „Militärinternierte" und KZ-Häftlinge in Hamburg

5.1.   Zuzug, Arbeit und Leben von italienischen Zivil- und Zwangsarbeitern

5.1.1.   Die italienischen Zivilarbeiter

Obwohl ein sprunghafter Anstieg der Zahl der Italiener in Hamburg erst im April 1941 feststellbar ist, scheint die Zuwanderung im Rahmen des am 28. Juli 1937 unterzeichneten deutsch-italienischen Anwerbeabkommens bereits früher begonnen zu haben. Im Mai 1939 befanden sich insgesamt 647 italienische Staatsangehörige, darunter Kinder, Greise und Frauen, in Hamburg.[195] Von ihnen dürften etwa 300 bis 400 berufstätig gewesen sein. Am 1. März 1941 wurden 531 italienische Arbeiter in der Stadt gezählt.[196] Es liegt also eine Differenz von etwa 100 bis 200 italienischen Arbeitern vor, die zwischen Mai 1939 und März 1941 in der Stadt eingetroffen sein müssen. Es dürfte sich größtenteils um Bauarbeiter gehandelt haben, die im Januar oder Februar 1941 für Hamburg bestimmt waren.[197] Zwischen April und Mai 1941 begann dann mit dem Eintreffen von Industriearbeitern die Anzahl der italienischen Arbeiter in der Hansestadt deutlich anzusteigen. Die Hansa-Motorenfabrik Gustav Altmann und die Conz-Elektrizitäts GmbH waren anscheinend die ersten Hamburger Industriebetriebe, die Gruppen von an- und ungelernten italienischen Arbeitern erhielten.[198] Im April fanden etwa 150 Italiener in der Jutefabrik Billstedt Beschäftigung[199] und weitere 500[200] bei der Klöckner-Flug, bei dem Kurbelwellenwerk Glinde und in einem anderen Metallbetrieb.[201] Bis Juli war die Zahl der italienischen Arbeiter, die von der DAF in Hamburg betreut wurden, auf 1.984 angestiegen, darunter 109 Frauen. Die meisten von ihnen waren im Baugewerbe tätig, gefolgt von der Rüstungsindustrie und

---

[195] StatR (Hg.), StatDR, Band 552 (1943), S. 28.

[196] Meyhoff, Blohm & Voss im „Dritten Reich" (2001), S. 314.

[197] „Italienische Bauarbeiter als Gäste der DAF", in: Gaunachrichten, Kreis 2 des Gaues Hamburg der NSDAP, Hamburg, März 1941; vor April/Mai 1941 waren aber offenbar nicht nur Bauarbeiter nach Hamburg gekommen. So zum Beispiel ein Bahnunterhaltungsarbeiter, der bereits im Januar in der Stadt eingetroffen war. Siehe: Strafverfahren gegen italienische Arbeiter, Hamburg, April 1942, StAHH, Bestand 213-11, Akte 5323/42.

[198] Hier beziehe ich mich auf das Manuskript der noch nicht erschienenen Doktorarbeit von Friederike Littmann über ausländische Zwangsarbeiter in der Hamburger Kriegswirtschaft 1940 – 1945.

[199] Auszug aus dem Halbj. Bericht der Kreisdienststelle 5b, Hamburg, 1. April 1941, StAHH, Bestand 351-10 I, Akte FR 50.14; Gemeindeverwaltung der Hansestadt Hamburg, Besichtigungsprogramm für Bürgermeister Krogmann für den 14. November 1941, 10. November 1941, AFZH, Krogmann Tagebücher, II/K 9.

[200] Aufzeichnung Rüdiger Blohm, 24. April 1941, StAHH, Bestand 621-1/Blohm & Voss, 501.

[201] Aufzeichnung Emil Oberheide, 24. April 1941, StAHH, Bestand 621-1/Blohm & Voss, 501.

dem Verkehrswesen, insbesondere der Deutschen Reichsbahn. Die Anzahl der italienischen Arbeiter in der Stadt wuchs in den folgenden Monaten ständig an. Ein
Jahr später, im April 1942, stellten die Italiener mit etwa 6.200 Personen die
stärkste Gruppe (20 Prozent) unter den ausländischen Zivilarbeitern in Hamburg.[202]

Tab. IV.6: Italienische Zivilarbeiter in Hamburg 1941-1944

	1. März 1941	Juli 1941	Apr. 1942	31. Dez. 1943	31. März 1944	30. Juni 1944	30. Sept. 1944
Männer	-	1.875	-	509	867	885	17.283
Frauen	-	109	-	36	57	66	93
Ges.	**531**	**1.984**	**(6.200)**	**545**	**924**	**951**	**17.376**

Quelle: Meyhoff, Blohm & Voss (2001), Tab. 16, S. 314; Littmann (siehe hier, Anm. 198).

Die Anfang 1943 einsetzenden Versuche der italienischen Regierung die italienischen Arbeitskräfte zurückzuholen, weil sich ihr Einsatz in Deutschland ökonomisch nicht mehr rentierte, und die immer schlimmer werdenden Arbeits- und Lebensbedingungen unter den Bombenangriffen, die viele Italiener von einer Verlängerung des „Reichseinsatzes" abhielten[203], führten bis zur Wende vom 8. September 1943 zu einer erheblichen Reduzierung der Zahl der in Hamburg beschäftigten italienischen Arbeiter. Wenige Monate nach der Bekanntmachung des Waffenstillstandes zwischen Italien und den Alliierten arbeiteten nur noch 545 italienische Zivilarbeiter in der Stadt – darunter 36 Frauen (31. Dezember 1943). Neue
Anwerbungsversuche und Razzien der Deutschen nach Arbeitskräften im kontrollierten Italien oder Arbeiterversetzungen innerhalb des „Reichs" brachten dann offenbar in den folgenden Monaten noch einige Hundert italienische Zivilisten nach
Hamburg. Nach Angaben des „Generalbevollmächtigten für den Arbeitseinsatz"
wurden im März 1944 924 italienische Arbeitskräfte, unter ihnen 57 Frauen, und
drei Monate später 951, darunter 66 Frauen, in Hamburg beschäftigt. Die Zahl der
italienischen Zivilarbeiter in der Hansestadt schnellte dann im September desselben Jahres in die Höhe und erreichte einen Stand von 17.376 Personen, darunter
93 Frauen. Dieser rasche Anstieg ist auf die Überführung von mehr als 16.000 italienischen Soldaten in den Zivilarbeiterstatus zurückzuführen, die in den Monaten
nach dem Waffenstillstand der Italiener mit den Alliierten (3. September 1943)
nach Hamburg deportiert und bisher als Zwangsarbeiter eingesetzt worden

---

[202] Friederike Littmann, Ausländische Zwangsarbeiter in Hamburg während des Zweiten Weltkrieges, in: Herzig/Langewiesche/Sywottek (Hg.), Arbeiter in Hamburg (1983), S. 569-583,
hier: S. 576.

[203] Ebenda, S. 574.

waren.[204] Ob die Zahl der italienischen Zivilarbeiter in Hamburg bis Ende des Krieges noch stieg, ist unklar. Ende Mai 1945, also nach dem Einmarsch der Briten in Hamburg, befanden sich in der Stadt etwa 25.000 Italiener, verteilt auf 42 Lager. Es ist aber möglich, dass einige Tausend von ihnen nach dem Krieg von den Alliierten aus Schleswig-Holstein nach Hamburg gebracht worden waren. Von dort aus wurden nämlich die Italiener mit Sonderzügen in die Heimat befördert (bis zum 31. August 1945 wurden etwa 31.000 Personen heimbefördert).[205]

Die Anwerbung italienischer Arbeiter stieß am Anfang des Krieges unter den deutschen Unternehmern trotz des Mangels an Arbeitskräften und des Vorteils, die Italiener als Bündnispartner bei Produktionen einsetzen zu können, die der Geheimhaltung unterlagen, auf einen gewissen Widerstand. Der Kostenaufwand für Unterbringung, Betreuung und gesonderte Verpflegung galt angesichts der Tatsache, dass die Italiener Anspruch auf die gleiche Behandlung wie die deutschen Arbeiter hatten, deutlich als zu hoch. Auch hatten erste Erfahrungen gezeigt, dass durch die Einstellung von Italienern der innerbetriebliche Frieden beeinträchtigt werden konnte, da viele deutsche Arbeiter die italienischen Kollegen als Drückeberger betrachteten. Darüber hinaus schienen vielen Arbeitgebern die Italiener im Allgemeinen weder besonders anpassungsfähig noch besonders tüchtig zu sein.[206] Diesen Ruf genossen sie offenbar auch in Hamburg. Ende Februar 1941 befand sich die Werft Blohm & Voss auf verzweifelter Suche nach Arbeitskräften, lehnte aber ein Angebot von 1.287 Italienern gegenüber dem Oberkommando der Marine ab, mit der Begründung, dass angeblich „die Qualität der Leute nicht besonders gut" sei. Darüber hinaus würde die „Gefahr bestehen, dass bei einer so großen Zahl die Arbeit der übrigen Belegschaft beeinträchtigt wird und dass dadurch und durch die bevorzugte Verpflegung Unruhen im Betriebe entstehen (s. Kiel)".[207] Während Blohm & Voss den steigenden Arbeitskräftebedarf zunächst auch anderweitig decken konnte[208], wollten offenbar andere Firmen auf die

---

[204] Vgl. Anm. 198.

[205] Patrick Wagner, Displaced Persons in Hamburg. Stationen einer halbherzigen Integration 1945 bis 1958, Hamburg 1997, S. 19.

[206] Mantelli, Zwischen Strukturwandel auf dem Arbeitsmarkt und Kriegswirtschaft (1997), S. 349ff.

[207] Aufzeichnung Emil Oberheide, Hamburg, 24. April 1941, StAHH, Bestand 621-1/Blohm & Voss, 501.

[208] Blohm & Voss konnte beispielsweise als wichtiger Rüstungsbetrieb von den Auskämmaktionen in den Hamburger Betrieben profitieren. Siehe: Meyhoff, Blohm & Voss im „Dritten Reich" (2001), S. 310. Allerdings scheint die Werftführung, wahrscheinlich aufgrund des „Leutehungers", schon bald ihre Meinung über die Italiener geändert zu haben: „Es sind schon verschiedene Schübe Italiener in Hamburg angekommen [...] Warum hat Finkenwerder keine erhalten?" Siehe: Aufzeichnung Rüdiger Blohm, Hamburg, 24. April 1941, StAHH, Bestand 621-1 I/Blohm-Voss, 501.

zur Verfügung stehenden Italiener nicht verzichten. So trafen zwischen April und
Mai 1941 die ersten großen Gruppen von italienischen Arbeitern auch in Hamburg ein.

Die italienischen Arbeiter wurden in Barackenlagern für ausländische Arbeitskräfte untergebracht, die von der DAF oder direkt von den Firmen, bei denen die Arbeiter Beschäftigung fanden, unterhalten wurden. Solche Lager gab es überall in
Hamburg. Mitte Dezember 1941 befanden sich beispielsweise etwa 200 Italiener
im DAF-Gemeinschaftslager Hamburg-Waltershof (Rügenbergerdamm). Dort
schliefen sie „in großen Sälen", wo sie auf jegliche Privatsphäre verzichten mussten. Ihre wenigen Sachen konnten sie in Holzspinden unterbringen, die mit Vor-
hängeschlössern gesichert waren.[209] Die Unterbringung war in den anderen Lagern ebenfalls äußerst spartanisch und trostlos. Anders als die anderen ausländischen Lagerbewohner durften die Italiener aber zumindest hinsichtlich der Verpflegung von ihrer Sonderstellung als Angehörige einer verbündeten Nation profitieren. Die Lager-Kantinen hatten Anweisung bekommen, die italienischen Bewohner u. a. mit Teigwaren und Tomatenmark und mit monatlich bestimmten
Mengen an Wein und Tabak zu versorgen. All diese Produkte konnten über eine
italienische Großeinkaufstelle in Berlin bezogen werden.[210] Die Sonderstellung
bescherte den Italienern aber nicht nur eine etwas bessere Verpflegung als die der
anderen ausländischer Arbeiter. Ab Mai 1942 durften sie zudem nach den neues-
ten deutsch-italienischen Vereinbarungen über den „Reichseinsatz" die Arbeit an
ihren kirchlichen Feiertagen einstellen (allerdings unbezahlt). Sollten sie dennoch
arbeiten, waren die Unternehmer angewiesen worden ihnen einen „Sonntagslohn"
auszuzahlen. Auch durften nun, nach vorheriger Anmeldung, italienische Missionare in den Italiener-Lagern Messen lesen und Beichten abnehmen.[211]

Die Betreuungsarbeit der DAF zugunsten der Italiener beschränkte sich nicht auf
die Unterhaltung der Lager, sondern erstreckte sich offenbar auch auf den Versuch, durch die Organisierung von Sonderveranstaltungen mit heimatlichem Charakter eventuelle Anpassungsschwierigkeiten zu mildern. Auf einem „Kamerad-
schaftsabend" im Februar 1941 sollte beispielsweise durch einen „Variete-
Programm" den „blauäugigen Männern aus dem Norden bis hinunter zum Süden
Siziliens" die „Eingewöhnung" an „unser hartes Klima" erleichtert werden.[212] Re-
gelmäßigere Angebote zur Freizeitgestaltung fanden die Italiener in der *Casa del
Fascio* in der Feldbrunnenstraße vor, wo seit langem neben Parteisitz und Gene-

---

[209] Strafs. gegen Italiener, Hamburg, Dezember 1941, StAHH, Bestand 213-11, Akte 1698/42.

[210] Vgl. Anm. 198.

[211] Vgl. Anm. 198.

[212] „Italienische Bauarbeiter als Gäste der DAF", in: Gaunachrichten, Kreis 2 des Gaues Hamburg der NSDAP, Hamburg, März 1941.

ralkonsulat die faschistische Freizeitorganisation *Dopolavoro* existierte. Diese genoss offenbar durch den Zuzug von Hunderten von italienischen Zivilarbeitern ab 1941 einen regen Zuspruch, so dass sie schon bald auf räumliche Grenzen stieß. Dank der Anstrengungen der italienischen Stellen und der DAF, die ein Gebäude zur Verfügung stellte, konnte das *Dopolavoro* im Oktober 1942 ein eigenes Heim in Altona beziehen.[213] Neben der im Rahmen des *Dopolavoro* gegebenen Möglichkeit, die Freizeit unter Landsleuten zu verbringen, konnten die italienischen Vertragsarbeiter an eigens für sie vom *Fascio* organisierten Feierstunden teilnehmen.[214] Darüber hinaus wurden sie zu jedem feierlichen Anlass in die *Casa del Fascio* eingeladen, sei es anlässlich der „Tage der Italiener in der Welt"[215] oder des Besuches berühmter Persönlichkeiten.[216] Diese umfassende Freizeitbetreuung der Arbeiter seitens des *Fascio* diente freilich nicht nur zur Linderung ihrer Sehnsucht nach der Heimat, sondern eindeutig auch zur Kontrolle sowie zur Aufrechterhaltung und Stärkung des faschistischen Kredos. In rechtlichen und arbeits- und unterkunftstechnischen Fragen wurden die Arbeiter von einer Hamburger Zweigstelle der *Confederazione Fascista dei Lavoratori dell'Industria* („Faschistische Konföderation der Industriearbeiter") betreut.[217]

Trotz aller Aufmerksamkeiten seitens der Faschisten und der DAF war das Leben der italienischen Arbeiter alles andere als einfach. In den Betrieben und auf den Baustellen wurde hart und unter der ständigen Bedrohung durch Bombenangriffe gearbeitet. Außerdem behandelten trotz Propagandaparolen über die deutsch-italienische „Arbeitskameradschaft" die deutschen Kollegen die Italiener gerne als Drückeberger. Darüber hinaus war die Unterbringung oft schlecht und das Essen zunehmend unzureichend. Das verdiente Geld reichte nicht selten keinesfalls aus für die Unterhaltung verarmter Familien in der Heimat und für das Überleben in Hamburg. So versuchten die Italiener wie viele andere, sich auf verschiedenste Art und Weise durch kleine Diebstähle, Schiebereien usw. in der Hansestadt über Wasser zu halten.[218] Meistens verkauften sie Tabak oder Wein, den sie in den Lagern von der DAF bekamen, oder Kleidungsstücke und kleine Gegenstände, die sie aus Italien nach Deutschland gebracht hatten. Es handelte sich dabei um illega-

---

213 „Feiertag der italienischen Kolonie", in: Hamburger Anzeiger vom 26. Oktober 1942; „Übernahme des Dopolavoro-Heims in Altona", in: Norddeutsche Nachrichten vom 26. Oktober 1942.
214 „Empfang im Fascio", in: Hamburger Fremdenblatt vom 10. Mai 1942; „Generalkonsul Odenigo vor seinen Landsleuten", in: Hamburger Fremdenblatt vom 7. Dezember 1942.
215 „Tag der Italiener", in: Hamburger Fremdenblatt vom 9. Juni 1941.
216 „Botschafter Alfieri bei seinen Landsleuten", in: Hamburger Anzeiger vom 18. März 1942.
217 Die Zweigstelle der CFLI saß im DAF-Haus im Besenbinderhof 68. Siehe: Strafsache gegen Italiener, Hamburg, März 1943, StAHH, Bestand 213-11, Akte 3225/43.
218 Littmann, Ausländische Zwangsarbeiter in der Hamburger Kriegswirtschaft 1940 – 1945 (1995), S. 194ff.

le Geschäfte, da diese Waren sämtlich unverzollt nach Deutschland gekommen waren und ihr Verkauf an nicht italienische Personen als Zollvergehen galt. Anzüge, Mäntel, Koffer, Pullover, Weinflaschen, Zigaretten, Rasiermesser usw. wurden an Deutsche oder an andere Ausländer verkauft. Wenn die Polizei diese illegalen Geschäfte entdeckte, redeten sich die Italiener damit heraus, dass die Ware von italienischen Kameraden erworben worden sei. Da die italienischen Vertragsarbeiter keine Devisen-Inländer waren, war dies erlaubt. Es handelte sich aber immer um Personen, die bereits nach Italien zurückgekehrt waren, so dass eine Überprüfung der Aussagen unmöglich war.[219] Bei diesen Geschäften kam es offenbar zum Teil zu üppigen Gewinnen, wenn man bedenkt, dass ein Bauarbeiter etwa 50 Reichsmark die Woche verdiente und beispielsweise eine Flasche Wein für 17 Reichsmark verkauft wurde.[220] Diese „Geschäfte" fanden vermutlich besonders auf St. Pauli statt, in dessen Kneipen und Lokalen während des Krieges der Schwarzmarkt florierte.[221] Auch in den „Italienerlokalen" in St. Georg, wo sich damals die neapolitanischen Schieber konzentrierten, konnten italienische Vertragsarbeiter Waren aller Art an- und verkaufen.[222] In diesen Lokalen konnten sie auch ihre immer magerer werdenden Mahlzeiten ergänzen, da sie dort ohne Abgabe von Lebensmittelmarken essen konnten.[223] Die unzureichende Ernährung wurde auch durch kleine Diebstähle, besonders aus Güterwaggons[224], und durch die Jagd auf Hasen, Kaninchen und Kleinvieh aufgebessert.[225] Manche Arbeiter schafften es, dank des Mitleides einiger Hamburger Ladeninhaber Lebensmittel zu erwerben, obwohl sie nicht im Besitz einer Bezugsberechtigung waren.[226] Am besten ging es den Italienern, die auf dem Land in der Umgebung Hamburgs arbeiteten, weil sich auf den Bauernhöfen offenbar immer ein paar Kartoffeln „organisieren" ließen.[227]

---

[219] Ermittlungsverfahren der Zollfahndungsstelle/Hamburg gegen Italiener, Hamburg, Dezember 1942, StAHH, Bestand 314-15 IV, Akte Str 1005.

[220] Strafsache gegen Italiener, Hamburg, Oktober 1942, StAHH, Bestand 213-11, Akte 6074/43.

[221] Littmann, Ausländische Zwangsarbeiter in der Hamburger Kriegswirtschaft 1940 – 1945 (1995), S. 196.

[222] Ein italienischer Arbeiter bezog deutsche Zigaretten, um sie dann weiter zu verkaufen, vom italienischen Inhaber eines Lokals in St. Georg, wo „nur italienische Arbeiter" verkehrten. Strafsache gegen Italiener, Hamburg, März 1943, StAHH, Bestand 213-11, Akte 6279/43.

[223] Strafsache gegen Italiener, Hamburg, Dezember 1942, StAHH, Bestand 213-11, Akte 1896/45.

[224] Strafsache gegen Italiener, Hamburg, April 1942, StAHH, Bestand 213-11, Akte 5323/42.

[225] Littmann, Ausländische Zwangsarbeiter in der Hamburger Kriegswirtschaft 1940 – 1945 (1995), S. 195. Ferner: Strafsache gegen Italiener, Hamburg, April 1944, StAHH, Bestand 213-11, Akte 3216/44.

[226] Strafsache gegen Italiener, Hamburg, März 1942, StAHH, Bestand 213-11, Akte 4007/42.

[227] „Madonna, wie hat sich alles verändert", in: Hamburger Anzeigen und Nachrichten vom 18. August 1984.

Aufgrund der Wende vom 8. September 1943 verloren die italienischen Vertragsarbeiter ihren Sonderstatus als Achsenpartner. Dies brachte eine deutliche Verschlechterung in den Beziehungen zu den Deutschen mit sich, von denen sie
nunmehr nicht nur als „Drückeberger", sondern auch als „Verräter" beschimpft
wurden. Dennoch änderte sich letztendlich nicht viel im täglichen Überlebenskampf der italienischen Zivilarbeiter, die in Hamburg zurückgeblieben waren, und
derjenigen, die in den folgenden Monaten mehr oder minder „freiwillig" noch
hinzukamen. Keiner von ihnen durfte zurückkehren, aber sie genossen bis auf einige Einschränkungen – so durften sie wie alle anderen ausländischen Arbeiter
auch ab 20.00 Uhr ihre Unterkünfte nicht mehr verlassen und bestimmte Luft-
schutzbunker nicht mehr betreten – ihre früheren Rechte. Darüber hinaus konnten
sie weiterhin auf die Betreuung der Hamburger Gewerkschaftsstelle der *Confede-
razione Fascista dei Lavoratori dell'Industria* zählen.[228] Der Zivilarbeiterstatus
bedeutete ab August/September 1944 auch für die in Hamburg eingesetzten italienischen Militärinternierten etwas bessere Arbeits- und Lebensbedingungen als
während der Zwangsarbeit, obwohl, wie noch zu sehen sein wird, ihre Situation
hinsichtlich Bekleidung und medizinische Versorgung im Vergleich zu ihren zivilen Landsleuten kritisch blieb.[229]

Wer unter den italienischen Arbeitern Misshandlungen und Entbehrungen bis
Frühjahr 1945 überlebt hatte und sich schon nach der mit den alliierten Armeen
herbeirollenden Freiheit sehnte, musste trotzdem noch bis zuletzt wachsam bleiben. Bereits im Sommer 1943, nach der Bombenkatastrophe, hatte der Hamburger
Polizeichef und SS-Führer befohlen, dass Ausländer, die beim Plündern ertappt
wurden, ohne Gerichtsurteil auf der Stelle zu exekutieren seien (der sogenannte
Katastrophenerlass). Diesem Befehl, der nachträglich von Himmler gebilligt und
auf ganz Deutschland ausgedehnt wurde[230], fielen am Vorabend des Einmarsches
der Engländer in die Hansestadt vermutlich noch verschiedene Italiener zum
Opfer. Ein ausgehungerter italienischer Arbeiter, der in der Nacht zum 26. April
1945 in einem Vorratsmagazin im Lager Falkenberg beim Plündern gefasst wurde, wurde beispielsweise vom Wachmann auf der Stelle erschossen.[231]

---

[228] Strafsache gegen Italiener, Hamburg, StAHH, Bestand 213-11, Akte 4863/44.

[229] Niederschrift einer Sitzung der italienischen Konsule in Deutschland in der italienischen Bot-
schaft/Berlin am 12./13. Januar 1945, ASDR, Bestand RSI 1, Busta 31, Fascicolo 4/1.

[230] Schreiber, Die italienischen Militärinternierten (1990), S. 543f.

[231] Ermittlungen einer Mordkommission, Hamburg, 25. August 1950, StAHH, Bestand 213-11,
Akte 18810/64.

5.1.2.   Die italienischen „Militärinternierten"

Nachdem die Operation „Gomorrha" zwischen dem 24. Juli und dem 3. August
1943 weite Teile Hamburgs in Schutt und Asche gelegt hatte, wurden in der
Stadt dringend Arbeitskräfte gebraucht um Trümmer zu beseitigen, beschädigte
Häuser wieder herzurichten und nicht zuletzt die Industrieproduktion wieder in
Gang zu setzen. Der Ausstieg der Badoglio-Regierung aus dem Krieg (8. September 1943) und die darauf folgende Entwaffnung und Deportation nach Deutschland von etwa 600.000 bis 750.000 italienischen Soldaten[232] kamen in dieser ver-
heerenden Lage für Hamburg gerade gelegen. Bereits Ende September wurden
vom Rüstungsminister Speer zahlreiche italienische Militärinternierte, kurz IMI,
der Stadt zugewiesen. Im November befanden sich nach Angaben der Hamburger
Gauwirtschaftskammer bereits etwa 12.500 IMI in Hamburg, und ihre Zahl wuchs
in den folgenden Monaten noch steil an. Kurz vor ihrer bereits geschilderten
Überführung in den Zivilarbeiterstatus im September 1944 waren es schätzungsweise 16.500 bis 17.000, vielleicht sogar mehr.[233]

Nach ihrem Eintreffen in Hamburg wurden die IMI in Barackenlagern und, angesichts des nach der Bombenkatastrophe herrschenden Mangels an Quartieren,
auch in konfiszierten Räumlichkeiten untergebracht. Dort lebten sie manchmal
zwar streng getrennt von, aber doch unter einem Dach mit Deutschen, was zu gro-
tesken Situationen führen konnte. So mussten sie beispielsweise in der Schule
Langenfort das Gebäude mit dem Wirtschaftsamt und sogar mit einer NSDAP-
Ortsgruppe teilen.[234] Die etwa 500 IMI lebten über den Köpfen der Parteifunktionäre, da sie den 2. Stock neben den Büros der HJ und den 3. Stock sowie das
Dachgeschoss belegten. Dieser Zustand dauerte allerdings nicht lange, da – so die
Bauverwaltung – „das Nebeneinander der Parteidienststelle, des Wirtschaftsamtes
und der Italiener auf die Dauer nicht tragbar" sei. So zogen NSDAP-Leute und
Wirtschaftsamt schon bald aus der Schule aus.[235] Die IMI wurden überall dort einquartiert, wo Platz geschafft werden konnte. Meistens in Großraumgebäuden. Oft
handelte es sich dabei um Schulen.[236] Sehr viele italienische Militärinternierte

---

[232] Schreiber, Die Italienischen Militärinternierten (1990), S. 231f.
[233] Diese Zahlen ergeben sich aus der Differenz zwischen den 951 am 30. Juni und den 17.376
       am 30. September 1944 – also nach der Überführung in den Zivilarbeiterstatus – in Hamburg
       registrierten italienischen Zivilarbeiter. Es ist aber möglich, dass bis zu diesem Zeitpunkt noch
       nicht alle IMI in den Zivilarbeiterstatus überführt worden waren.
[234] Brief über IMI-Lager Schule Langenfort, Autor unbekannt, Hamburg, 16. November 1943,
       StAHH, Bestand 353-2 II, Akte 228.
[235] Vermerk der Bauverwaltung/Hamburg über die Verlegung der Dienststellen der NSDAP, 18.
       November 1943, StAHH, Bestand 353-2 II, Akte 228.
[236] Beispielsweise in den Schulen Boehmkerstraße, Lerchenfeld, Langenfort, Schaudinsweg, Eri-
       kastraße und Kampstraße. Siehe: StAHH, Bestand 353-2 II, Akte 231 (Schule Lerchenfeld);

(etwa 800) wurden allerdings auch in den Verwaltungs- und Besucherräumen der Trabrennbahn in Hamburg-Farmsen einquartiert.[237] Die vorhandenen Unterbringungsmöglichkeiten befanden sich meistens im Randgebiet der Stadt und waren damit oft nicht günstig zur Arbeitsstelle gelegen. Dies galt besonders für Aufräumungskräfte, die täglich im Zentrum eingesetzt wurden. So ging die Bauverwaltung des Amtes für kriegswichtigen Einsatz später dazu über, eigens für die IMI nahe am Einsatzort neue Lager zu errichten, um so Zeit bei den An- und Abmärschen zu ersparen und die bereits mehrmals eingetretene „Überfüllung der Verkehrsmittel" zu vermeiden. Im Februar 1944 ordnete sie an aus einer Ruine im Zentrum ein Lager für italienische Militärinternierte zu machen.[238] Im Mai 1944 wurde bei der Elbgaustraße, wo eine neue Wohnsiedlung (die „Siedlung Lurup") entstehen sollte, ein IMI-Lager errichtet, um die Anmarschwege der italienischen Soldaten zu reduzieren und damit den geplanten Bau zügiger vorantreiben zu können.[239] Die Lebensbedingungen der IMI in den Lagern waren, dem Hass für ihren vermeintlichen „Verrat" entsprechend, äußerst schwer. Darüber hinaus waren ohnehin die Quartiere meistens nicht für die Unterbringung von großen Menschengruppen errichtet worden. Am 25. Oktober 1943 klagte beispielsweise der Trabrenn-Verein Farmsen, dass wenige Tage nach der Einquartierung von 800 IMI im Gebäude auf der Rennbahn „eine restlose Verstopfung sämtlicher Toiletten eingetreten" sei.[240] Eine „Küchenbaracke mit Küchenherd und acht Kochkesseln" wurde erst im Februar 1944 fertiggestellt.[241]

Die Nationalsozialisten, die freie Hand bei der Behandlung und dem Einsatz der gefangenen Italiener behalten wollten, verweigerten dem Internationalen Roten Kreuz (IRK) jeden Kontakt zu den IMI. Dennoch wurde ihnen eine gewisse Betreuung von außen zugestanden. Da es seit Ende September 1944 einen neuen faschistischen italienischen Staat gab, der offiziell den Krieg auf der Seite des „Dritten Reiches" weiterführte, musste die NS-Führung auch eine gewisse Rücksicht auf den Verbündeten nehmen. So erlaubte sie am 4. November 1943 die Bildung eines *Servizio Assistenza Internati* („Interniertenfürsorge"), kurz SAI. Diese

---

Akte 228 (Langenfort, Erikastraße und Schaudinsweg); Akte 220 (Kampstraße und Boehmkerstraße).

[237] Trabrenn-Verein Hamburg-Farmsen an die Bauverwaltung des Amtes für kriegswichtigen Einsatz/Hamburg, Hamburg, 25. Oktober 1943, StAHH, Bestand 353-2 II, Akte 173.

[238] Bauverwaltung des Amtes für kriegswichtigen Einsatz/Hamburg an Sonderbeauftragten für die Raumbewirtschaftung/Hamburg, 24. Februar 1944, StAHH, Bestand 353-2 II, Akte 180.

[239] Rundschreiben des Leiters des Industrieblocks IV, Claus Möller, Hamburg, 16. Mai 1944, AFZH, Bestand 223-17.

[240] Trabrenn-Verein Hamburg-Farmsen an die Bauverwaltung des Amtes für kriegswichtigen Einsatz/Hamburg, Hamburg, 25. Oktober 1943, StAHH, Bestand 353-2 II, Akte 173.

[241] Brief der Gemeindeverwaltung des Amtes für Raumbewirtschaftung/Hamburg mit unbekanntem Adressaten, Hamburg, 6. Januar 1945, StAHH, Bestand 353-2 II, Akte 173.

Institution, die *de facto* ein Ableger des Italienischen Roten Kreuzes war, denn der Chef des SAI war gleichzeitig Chef des Italienischen Roten Kreuzes[242], begann Ende Januar 1944 mittels Dienststellen in Berlin und anderen deutschen Städten, darunter Hamburg, Verbindungen zwischen den internierten Italienern und ihren Familien in Italien herzustellen (Zustellung von Briefen, Paketen usw.). SAI-Vertrauensleute durften die IMI-Lager besuchen, Hilfsgüter verteilen und dort mit den IMI sprechen. Sie halfen bei der Repatriierung von Kranken und konnten angeklagten IMI rechtliche Beihilfe leisten. Eventuell konnten sie sich auch über Missstände (z.B. Misshandlungen) schriftlich beim Oberkommando der Wehrmacht beschweren. Darüber hinaus durften sie Propaganda für den Beitritt in die neue faschistische Armee machen.[243] In Hamburg wurde die Rolle des SAI-Vertrauensmannes von Giuseppe F., Zonenleiter der faschistischen Partei in Norddeutschland, Präsident der italienischen Handelskammer in Hamburg und früherer Mitbegründer des Hamburger *Fascio*, übernommen. Regelmäßig besuchte er die IMI-Lager in und um Hamburg, um – so sein damaliger Assistent – den Italienern „Trost und Hilfe" zu bringen (meistens handelte es sich um Post und Lebensmittel).[244] Trotz der italienischen Anstrengungen den IMI in ihrem trostlosen Dasein beizustehen, blieben aufgrund von Verzögerungen bei der Lieferung der Hilfsgüter und aufgrund zahlreicher anderer Hürden die Ergebnisse der Betreuung weit hinter den Erwartungen zurück.[245]

Jeden Morgen wurden die IMI in der Frühe von den Firmen, bei denen sie beschäftigt waren, unter militärischer Bewachung von den Lagern zu ihren Einsatzorten gebracht und abends um 20.00 Uhr wieder zurück begleitet.[246] In den ersten Wochen wurden sie sämtlich als Bau-, Aufräumungs- und Bergungsarbeiter eingesetzt (u. a. beim Wohnungsbau, beim Gesamthafenbetrieb, bei der Reichsbahn, der Hochbahn, der Reichspost und den Wasserwerken). Nach Meinung der Hamburger Gauwirtschaftskammer war aber ihr Einsatz noch lange nicht optimiert

---

[242] A. Foppiani (Delegato Generale della Croce Rossa Italiana in Germania) a Consigliere di Stato C. Pagnozzi (Commissario della CRI), Berlino, 25 Novembre 1944, ASDR, RSI 5, Busta 142, Fascicolo I/3/7.

[243] Schreiber, Die italienischen Militärinternierten (1990), S. 513–518.

[244] V. Picchi, bis dato Sekretär der italienischen Handelskammer in Hamburg, war sein Assistent. Vgl. Interview mit V. Picchi, FZH, WdE 687, Interview vom 8. November 2000, S. 14f; eine Liste der italienischen Delegierten des Italienischen Roten Kreuzes im „Dritten Reich", in: Telespresso dell'Ambasciata d'Italia a Berlino. Oggetto: Delegazioni della Croce Rossa Italiana all'estero, Berlino, 18. April 1944, ASDR, RSI 5, Busta 142, Fascicolo I/3/18.

[245] Schreiber, Die italienischen Militärinternierten (1990), S. 520ff.

[246] Aufzeichnung, Autor unbekannt, Hamburg, 7. Juli 1944, StAHH, Bestand 621-1/Blohm & Voss, 501; siehe auch die Erinnerungen eines ehemaligen IMI, der in Hamburg-Harburg arbeitete, in: „Madonna, wie hat sich alles verändert", in: Hamburger Anzeigen und Nachrichten vom 18. August 1984.

worden. So ging man, auch unter dem Druck des Rüstungsministers Speer, bald
dazu über, die IMI in Hamburg für die Rüstungsindustrie freizumachen.[247] Ab
Ende 1943 erhielten zahlreiche Hamburger Betriebe italienische Militärinternierte
zugewiesen, unter anderem auch die Werft Blohm & Voss[248], die am Anfang des
Krieges keine Italiener einstellen wollte, nun aber aufgrund des allgegenwärtigen
Arbeitskräftemangels nicht mehr in der Lage war ihre Arbeiter auszuwählen.

Kurz nach Eintreffen der IMI in Hamburg beklagten sich allerdings viele Betriebe
über deren sehr geringe Arbeitsleistung. Es wurde darüber hinaus beobachtet, dass
viele italienische Bau- und Aufräumungskolonnen „auf den Strassen rumbummeln
und Zigarettenstummel auflesen" würden.[249] In der Frage, wie man mit dem Problem des schlechten „Arbeitswillens" der italienischen Gefangenen umgehen solle,
zog die Hamburger Gauwirtschaftskammer bereits im Dezember 1943 die Möglichkeit in Erwägung die IMI in den Zivilarbeiterstatus zu überführen. Die Kammer meinte, dass sich die „hiermit verbundenen Vergünstigungen, in erster Linie
eine größere persönliche Freiheit, [...] auch bei den Italienern [wie bei französischen Kriegsgefangenen – E.M.] in günstiger Weise auf ihre Leistung" auswirken
könnten.[250] Die IMI bekamen, anders als ihre zivilen Landsleute und die anderen
Westarbeiter, die „Russen-Standard-Verpflegung"[251], die aus täglich nicht mehr
als einer dünnen Kohlsuppe (3/4 Liter „Warmessen") und wenig Brot (300
Gramm) bestand.[252] Bis auf zwei erwiderten alle von der Kammer angeschriebe-
nen Hamburger Firmen, dass eine Überführung in den Zivilarbeiterstatus nicht
sinnvoll sei. Ohne „straffe militärische Führung" könne man die IMI nicht zur
Arbeit bewegen. Dennoch war man sich darüber einig, dass man die Militärinter-
nierten unbedingt besser verpflegen müsse, ansonsten könne auch eine strenge
Überwachung nichts bewirken. Die wichtigsten Partei- und Staatsfunktionäre
Hamburgs teilten offenbar diese Meinung nicht. Der Industrieblockleiter des Industrieblocks 2 und Speers Bezirksobmann für den Gau Hamburg, A. Vogler, der
Hamburger Gauleiter K. Kaufmann, der DAF-Bevollmächtigte Henke sowie der
Generalkommissar für die Wirtschaft, O. Wolff, waren davon überzeugt, dass man
gegen die IMI nur strenger vorgehen müsse. Lediglich für „ein[en] Teil der Männer" sei eine Aufpäppelungsaktion wirklich notwendig. Die meisten Militärinternierten könne man ruhig „schuften" lassen, um erhöhte Wirtschaftsleistungen zu

---

[247] Vgl. Anm. 198.

[248] Vgl. Anm. 198.

[249] Zit. nach: vgl. Anm. 198.

[250] Zit. nach: vgl. Anm. 198.

[251] Vgl. Anm. 198.

[252] Das war die Verpflegung der IMI bei der Hamburger Firma Blumenthal im Januar 1944. Siehe: Schreiber, Die italienischen Militärinternierten (1990), S. 484. Ferner: „Madonna, wie hat
sich alles verändert", Hamburger Anzeigen und Nachrichten vom 18. August 1984.

erzielen. So wurden die Betriebe darauf hingewiesen, den IMI weder Zusatzratio-
nen zu geben, noch eine bessere Verpflegung zu gestatten. Nur nach einer guten
Arbeitsleistung könne man ihnen eine extra Lebensmittelration geben.[253] Eine
kaum realistische Position freilich, da unterernährte Menschen kaum in der Lage
sein konnten, die für eine extra Lebensmittelportion erwünschten Leistungen zu
bringen. Manche Hamburger Firmen weigerten sich deshalb diese Befehle umzusetzen und verbesserten aus eigener Initiative die Verpflegung ihrer IMI. Einige
Betriebe, etwa die Altonaer Fa. Theodor Zeise, wurden sogar angezeigt, weil sie
den Militärinternierten heimlich zusätzliche Essensrationen hatten zukommen lassen. So nahm „der Kampf um die Verpflegung mitunter bizarre Formen an".[254]
DAF und Parteifunktionäre waren davon überzeugt, durch Leistungsernährung die
IMI zur Arbeit bewegen zu können, während die Unternehmer erkannt hatten,
dass diese Maßnahme nur kontraproduktiv war.

So versuchte Rudolf Blohm als Leiter der Abteilung Industrie der Gauwirtschaftskammer und als Arbeitgeber von IMI im Januar 1944 persönlich die Reichsgruppe
Industrie auf dieses Problem aufmerksam zu machen. Seiner Meinung nach sollte,
um die Arbeitsleistung der IMI zu steigern, ihnen die Standardverpflegung für
ausländische Westarbeiter mit allen Sonderzulagen gestattet werden.[255] Während
er noch auf eine Antwort wartete, wurde aber Ende Februar 1944 von Hitler befohlen die Verpflegung der IMI streng nach Leistung abzustufen.[256] Anfang April
wurde auch von der Hamburger DAF, die für die Verpflegung der IMI in der
Stadt zuständig war, noch einmal betont, dass nur diejenigen, die gut arbeiteten,
eine volle Kost bekommen sollten.[257] Die Leistung der IMI brach in Hamburg
sowie in ganz Deutschland definitiv zusammen. Zwischen Frühjahr und Sommer
sah sich somit die deutsche Führung gezwungen, die leistungsunfähigsten Militärinternierten aufs Land zu schicken, um sie auf Bauernhöfen durch eine men-
schenwürdigere Behandlung „aufzupäppeln". Darüber hinaus wurden allen IMI
(sowie sowjetischen Kriegsgefangenen und Ostarbeitern) vom 26. Juni bis zum
20. August besondere Verpflegungszulagen bewilligt.[258] Währenddessen wurde in
Hamburg, um die Leistungsfähigkeit und –bereitschaft der IMI langfristig zu er-
höhen, die Idee wieder aufgenommen, sie zu Zivilarbeitern zu erklären. Im Juli
wurde beschlossen zunächst 250 Militärinternierte aus dem Bausektor „versuchs-
weise" in den Zivilarbeiterstatus zu überführen.[259] Dieser „Versuch" wurde kurz

---

[253] Vgl. Anm. 198.

[254] Schreiber, Die italienischen Militärinternierten (1990), S. 484, Anm. 109.

[255] Vgl. Anm. 198.

[256] Schreiber, Die italienischen Militärinternierten (1990), S. 479.

[257] Ebenda, S. 485.

[258] Ebenda, S. 486f.

[259] Vgl. Anm. 198.

darauf von einem Befehl Hitlers überholt. Am 3. August wurde nämlich angeordnet allen IMI in Deutschland die Überführung in den Zivilarbeiterstatus anzubieten. Da sich etwa 30 Prozent der Militärinternierten aus politischen und praktischen Gründen weigerten ihre Bereitwilligkeitserklärung zu unterschreiben[260],
wurden sie am 4. September – bis auf die Offiziere, die aus Sicherheitsgründen
zunächst in Gefangenschaft blieben – sämtlich automatisch in den Zivilarbeiterstatus überführt.[261] In Hamburg hielten verschiedene Instanzen schon bald die
ganze Aktion für einen Fehlschlag. Die ehemaligen IMI seien – so die Gauwirtschaftskammer am 18. September 1944 – „durchschnittlich weiterhin faul". Darüber hinaus klagte der Leiter der Hamburger Wirtschaftsgruppe Elektroindustrie,
R. Seifert, dass sie nicht nur eine uneingeschränkte Bewegungsfreiheit erhalten
hätten, sondern besser gekleidet seien als die Deutschen und sich sogar als „Sie-
ger" aufführten.[262] Tatsächlich verbesserten sich mit dem Statuswechsel die Ar-
beits- und Lebensverhältnisse der italienischen Soldaten, die sich nun außerhalb
der Arbeitszeiten frei bewegen, Kino und Gottesdienste besuchen, vom Schwarzmarkt profitieren und am Wochenende aufs Land gehen konnten, wo sie bei Bauern arbeiteten und dafür Lebensmittel bekamen.[263] Das *Servizio Assistenza Internati*, das gemeinsam mit dem Italienischen Roten Kreuz die ehemaligen IMI auch
nach ihrer „Befreiung" betreute, versuchte weiterhin, ihnen Hilfsgüter zukommen
zu lassen.[264] Ihre Lage blieb aber prekär. Der italienische Generalkonsul in Hamburg berichtete in einer Lagebesprechung am 12./13. Januar 1945 in der Botschaft
in Berlin, dass im ganzen Konsularbereich nur zehn Prozent der ehemaligen IMI

---

[260] Die Gründe der Verweigerung die Bereitwilligkeitserklärung zu unterzeichnen, liegen laut
    Gerhard Schreiber darin, dass die IMI zum einen, einen gewissen „politischen" Widerstand
    leisten wollten, und zum anderen, dass sie befürchteten als Zivilisten wieder zum faschisti-
    schen Heer einbezogen zu werden. Siehe Schreiber, Die italienischen Militärinternierten
    (1990), S. 425–431.

[261] Hartnäckig weigerten sich auch die etwa 20.000 gefangenen italienischen Offiziere, die bisher
    nicht zur Arbeit gezwungen worden waren, sich in den Zivilarbeiterstatus überführen zu las-
    sen. Nach Angaben des italienischen Generalkonsulats in Hamburg hatten sich in seinem
    Amtsbereich nur etwa 50 – 60 Prozent der Offiziere zur Überführung bereit erklärt. Siehe:
    Niederschrift einer Sitzung der italienischen Konsule in Deutschland in der italienischen Bot-
    schaft/Berlin am 12./13. Januar 1945, ASDR, RSI 1, Busta 31, Fascicolo 4/1. Auch die Offi-
    ziere (bis auf Generäle, Admirale und Arbeitsunfähige) wurden nun automatisch in den Zivil-
    arbeiterstatus überführt (Befehl vom 31. Januar 1945). Eine Gruppe von 500 italienischen Of-
    fizieren wurde aus einem norddeutschen Offizierslager in der Nähe von Hamburg (Sandbostel)
    zum „freiwilligen" Arbeitseinsatz in die Stadt gebracht. Siehe Schreiber, Italienische Militär-
    internierte (1990), S. 433ff und S. 447, Anm. 7.

[262] Vgl. Anm. 198.

[263] Hammermann, Zwangsarbeit für den „Verbündeten" (2002), S. 511f.

[264] Schreiber, Die italienischen Militärinternierten (1990), S. 529.

angemessen gekleidet seien und dass sie im Allgemeinen medizinisch ungenü-
gend versorgt würden.[265]

5.1.3.   Italiener im KZ Neuengamme

Die am 8. September 1943 im Rundfunk verbreitete Bekanntmachung über den
Waffenstillstand zwischen den Alliierten und der italienischen Badoglio-
Regierung bewirkte nicht nur die Deportation von weit mehr als einer halben Million italienischer Soldaten ins „Dritte Reich", sondern auch den Beginn der Deportation von mehreren Tausenden von ihnen und von italienischen Juden, die bis
zu diesem Zeitpunkt im faschistischen Italien vergleichsweise unbehelligt die ersten Kriegsjahre überstanden hatten, in deutsche Konzentrationslager. Die Ende
September 1943 mit deutscher Unterstützung in Norditalien gegründete faschistische Salò-Republik war als Vasallenstaat Deutschlands nicht in der Lage sich dieser Entwicklung zu widersetzen. Italienische Soldaten, die sich nach dem 8. September Partisanenverbänden angeschlossen hatten und später in die Hände der
Wehrmacht gefallen waren, sowie Personen, die einfach nur „bandenverdächtig"
erschienen, weil sie in Partisanengebieten lebten und sich nicht einwandfrei ausweisen konnten, wurden sämtlich nach Deutschland deportiert und in KZ-Lager
eingewiesen, in denen sie der Willkür der SS ausgeliefert waren. Dasselbe
Schicksal erlitten auch flüchtige kriegsgefangene Offiziere und Unteroffiziere,
wenn sie wieder ergriffen wurden („Kugel-Erlaß" vom 4. März 1944).[266] Auch für
italienische Juden begannen sich die Tore der deutschen KZs weit zu öffnen, da
zum einen der norditalienische Staat der Deportation keinen Widerstand leisten
konnte und zum anderen sich die neugegründete faschistische Partei viel mehr als
in der Vergangenheit der NS-Doktrin, einschließlich ihres Antisemitismus, näher-
te. So rollten Transporte mit etwa 9.000 italienischen Juden in Richtung der deutschen KZs. Darüber hinaus wurden noch weitere 30.000 Personen, sämtlich Gegner des Salò-Regimes, dorthin deportiert.[267]

Eines der Ziele der Todestransporte war das KZ Neuengamme in der gleichnamigen Ortschaft bei Hamburg. Dieses Lager entstand Ende 1938, als die SS-Führung
dort ein Klinkerwerk aufkaufte, um mit Häftlingen aus dem KZ Sachsenhausen
die Produktion von Baumaterial zu beginnen.[268] Waren die ersten Insassen vor-

[265] Niederschrift einer Sitzung der italienischen Konsule in Deutschland in der italienischen Bot-
       schaft/Berlin am 12./13. Januar 1945, ASDR, RSI 1, Busta 31, Fascicolo 4/1.
[266] Nur Briten und Amerikaner waren von diesem Erlass nicht betroffen. Siehe: ebenda, S. 320-
       323.
[267] Mantelli, Kurze Geschichte des italienischen Faschismus (1998), S. 178.
[268] Ludwig Eiber, Arbeitssklaven für SS und Kriegswirtschaft. Häftlingsarbeit im KZ Neuen-
       gamme 1940-1945, in: Herzig/Langewiesche/ Sywottek (Hg.), Arbeiter in Hamburg (1983), S.
       559-567, hier: S. 559.

wiegend deutsche Oppositionelle, trafen im Laufe der ersten Kriegsjahre auch Ausländer im Lager ein, zunächst Franzosen, Belgier und Holländer, dann Osteuropäer wie Russen und Polen. Als sich 1942 in den Hamburger Unternehmen der Arbeitermangel besonders zuzuspitzen begann, wurden die Häftlinge als billige Arbeitskräfte zur Verfügung gestellt. So kam es in und um Hamburg zur Errichtung von zahlreichen so genannten „Außenlagern", die sich in der Nähe oder direkt auf den Gelände der Firmen befanden, in denen die Häftlinge arbeiteten. In Hamburg gab es auf das ganze Stadtgebiet verstreut mehr als 20 solcher, von SS-Leuten strengstens bewachten Außenlager.[269] Obwohl es sich um ein „Arbeitslager" und nicht um ein „Vernichtungslager" wie Auschwitz-Birkenau oder Treblinka handelte, wurden auch dort bestimmte Personengruppen getötet und Menschen als Versuchskaninchen für ärztliche Experimente benutzt. Von mehr als 100.000 Personen, die das Tor von Neuengamme oder eines seiner Außenlager passierten, starben etwa 55.000.[270] Viele, die nicht an Hunger, Kälte und Quälereien zugrunde gingen, kamen kurz vor Kriegsende in der Lübecker Bucht ums Leben, als am 3. Mai 1945 britische Flieger zwei Schiffe versenkten, die „Cap Arcona" und die „Thielbeck", mit denen die SS, einem Befehl Hitler folgend, die aus dem Lager evakuierten Häftlinge abzutransportieren versuchte.[271]

Ende September 1943 trafen, zusammen mit Jugoslawen und Kroaten, erstmals auch mehrere Italiener in Neuengamme ein. Weitere Ankünfte von Transporten mit größeren Italienergruppen erfolgten im Oktober 1943 (400 Italiener), im Juli (160 Italiener und Jugoslawen) und im September 1944 (100 Italiener).[272] Es handelte sich sämtlich um Männer. Zu den italienischen Gefangenen, die im September 1943 ankamen, gehörte auch A.A. Nachdem er kurz vor dem 8. September desertiert war, wurde er von den Faschisten erneut ergriffen und eingesperrt. Nach der Wende wurde er den Deutschen übergeben, die ihn ins „Dritte Reich" deportierten. Meistens wurden aber eher „Bandenverdächtige" und aktive Partisanen nach Deutschland bzw. nach Neuengamme „verfrachtet". Nach ihrer Ankunft im Hamburger Lager wurden die Italiener wie alle anderen Gefangenen mit eiskaltem Wasser gewaschen und daraufhin geschoren. Jeder Gefangenengruppe wurde laut A.A. eine besondere Tonsur verpasst, um sie für die Wächter unmittelbar erkennbar zu machen. Die Italiener bekamen eine zwei Finger breite und ganz kurz geschorene „Autobahn" in der Mitte des Kopfes. Nach der Erledigung dieser demütigenden KZ-Formalia wurden sie meist in der Stadt in der Trümmerbeseitigung

[269] Johe, Im Dritten Reich (1986), S. 359-361.

[270] Eiber, Arbeitssklaven für SS und Kriegswirtschaft (1983), S. 559.

[271] Johe, Im Dritten Reich (1986), S. 359-362.

[272] Zusammenstellung der bis 30. November 1959 festgestellten Transporte aus verschiedenen Konzentrationslagern und Gestapoleitstellen nach Neuengamme, Hamburg, AFZH, Bestand 353-20.

und in der äußerst gefährlichen Suche nach Blindgängern sowie in der Bombenentschärfung eingesetzt. Viele wurden nach einem kurzem Aufenthalt in Neuengamme zu Außenlagern transportiert, wie beispielsweise Bremen-Farge und Salzgitter-Drütte. Dort fanden zahlreiche von ihnen, nicht zuletzt wegen der Behandlung, die sie durch die SS erfuhren, die fast noch schlimmer war als die der verhassten Sowjet-Russen, den Tod. Als „Verräter", „Badoglioschweine" und „Banditen"[273] wurden die Italiener beschimpft und körperlich misshandelt. Darüber hinaus mussten sie generell als ehemalige Verbündete auch unter der Feindseligkeit oder dem Argwohn vieler anderer Häftlinge leiden. Nur durch Gruppenzusammenhalt gelang es einigen von ihnen den täglichen harten Überlebenskampf zu bestehen.[274]

Manche, die trotz aller Schikanen bis zum Frühjahr 1945 überlebt hatten und nun auf den totalen Zusammenbruch des NS-Systems und auf den Einmarsch der Alliierten warteten, wurden noch Opfer des untergehenden Regimes. Am 23. April wurden Italiener zusammen mit Häftlingen zahlreicher Nationalitäten aus Neuengamme und seinen Außenlagern evakuiert und auf die drei Schiffe verladen, die auf offener See in der Lübecker Bucht vor Anker gingen und am 3. Mai von britischen Bomben getroffen wurden.[275] Ein Italiener gehörte auch zu einer Gruppe von Kindern, die aus dem KZ Auschwitz kommend, im Dezember 1944 in Neuengamme eintrafen und dort den ganzen Winter über für Tbc-Versuche missbraucht wurden. Es handelte sich um den siebenjährigen neapolitanischen Juden de Simone, der mit seinen Eltern über ein Sammel-Lager in Triest nach Auschwitz deportiert und dort von der Familie getrennt wurde.[276] Kurz vor dem Ende des Krieges beschloss die SS-Führung jede Spur der Gräueltaten zu verwischen. So traf in Neuengamme am 20. April 1945 ein SS-Befehl ein, nach dem die Kinder, ihre Pfleger und die behandelnden Ärzte beseitigt werden mussten. Kurz darauf wurden sie von einem SS-Trupp ins Außenlager Bullenhuser Damm, einer Schule, gebracht und dort im Heizungskeller erhängt.[277]

---

[273] Die meisten italienischen Häftlinge, die im Laufe des Jahres 1944 nach Neuengamme deportiert worden waren, waren Partisanen. Siehe Marion Koch, Italiener im KZ Neuengamme, in: KZ-Gedenkstätte Neuengamme (Hg.), Häftlinge im KZ Neuengamme. Verfolgungserfahrungen, Häftlingssolidarität und nationale Bindung, S. 67–73, hier: 72.

[274] Ebenda, S. 67–73.

[275] „‚Cap Arcona' in Flammen", in: Die Zeit vom 28. April 1995.

[276] Günther Schwarberg, Der SS-Arzt und die Kinder. Bericht über den Mord vom Bullenhuser Damm, Hamburg 1979, S. 26.

[277] Kindermord in der Schule am Bullenhuser Damm am 20./21. April 1945. Vorgänge nach Gerichtsverfahren gegen zwei Beschuldigte, AFZH, Bestand 353-20. Ferner: Jörgen Bracker (Hg.), Die Kinder vom Bullenhuser Damm, Broschüre zu einer Ausstellung des Museums für Hamburgische Geschichte, Hamburg 1996.

5.2.   Kontakte zwischen den „alteingesessenen" Italienern und den italienischen Zivil- und Zwangsarbeitern

Festzuhalten ist also, dass im Verlauf des Zweiten Weltkrieges mehr oder minder
„freiwillig" erstmals viele Tausend Italiener nach Hamburg kamen, was die italienische Präsenz in der Hansestadt zumindest zahlenmäßig revolutionierte. Die vor
dem Krieg in Hamburg lebende italienische Gruppe war klein und setzte sich
meist aus Menschen zusammen, für die Hamburg im Laufe der ersten drei Jahrzehnte des 20. Jahrhunderts zur Heimat geworden war. Viele hatten dort eine Familie gegründet oder ihre Verwandten aus Italien nachkommen lassen. Allem Anschein nach handelte es sich zu einem großen Teil um Selbstständige, die im Im-
und Exportgewerbe (Sizilianer), im Hausierhandel (Ligurier, Neapolitaner), im
Baugewerbe und im Eishandel (Veneter) tätig waren. Im Verlauf des Zweiten
Weltkrieges kamen nun aufgrund der forcierten Aufrüstung und des dramatischen
Mangels an Arbeitskräften in der Hamburger Wirtschaft weitere zahlreiche Italiener nach Hamburg. Dieser Zuzug ereignete sich allerdings nicht im Rahmen einer
sich frei entfaltenden Zuwanderung, sondern zunächst eines erstmals zwischenstaatlich sorgfältig organisierten und gelenkten *temporären* Einsatzes von Arbeitskräften (Familiennachzug war nicht vorgesehen) und nach dem 8. September
1943 fast ausschließlich im Rahmen von Deportationen.

Die italienischen Zivilarbeiter wurden Teil eines „kompensatorischen zweiten Ar-
beitsmarktes", der von der Hamburger Wirtschaft als Überbrückungsmaßnahme
für den kriegsbedingten Arbeitskräftebedarf aufgebaut wurde.[278] Sie sollten am
Ende des Krieges wieder heimkehren. Sicherheitspolizeiliche und politische
Bedenken in der NS-Führung gegenüber der Beschäftigung von Tausenden von
Ausländern wurden dadurch entschärft, dass man auf eine strikte Trennung zwischen ihnen und der deutschen Gesellschaft hinzielte, beispielsweise durch die
Einquartierung in Sammelunterkünften.[279] So kam es allem Anschein nach trotz
der steigenden Zahl der Italiener zu keiner „Verschmelzung" der neuen mit den
alten Zuwanderergruppen, d.h. es existierten vielmehr zwei separate Italienerkrei-
se in der Stadt. Auf der einen Seite die „alteingesessenen" und weitgehend „integrierten" Italiener, die seit Jahren in Hamburg frei lebten und arbeiteten, und auf
der anderen die italienischen Neuankömmlingen, deren Präsenz nur temporär war
und temporär bleiben sollte. So standen sich eine kleine, atomisierte und nunmehr
in Hamburg verwurzelte und akzeptierte italienische, oder besser italienisch-
deutsche Gruppe[280], und eine mobile und kasernierte italienische Arbeitergruppe

---

[278] Roth, Ökonomie und politische Macht (1997), S. 105.
[279] Ebenda.
[280] Einige „alteingesessene" Italiener, die Betriebe in Hamburg besaßen, bekamen sogar italienische IMI als Aufräumungsarbeiter zugewiesen, die Terrazzofirma Monti beispielsweise 20 Ita-

gegenüber. Kontakte zwischen den „Alteingesessenen" und den zivilen italienischen Arbeitern fehlten zwar nicht, blieben aber meist im Rahmen der politisch-
sozialen Aktivitäten des *Fascio*, dessen Anführer die „Alteingesessenen" waren.

Handelte es sich bereits vor der September-Wende um einen nur bedingt „freiwilligen" und an bestimmte Regeln gebundenen Zuzug von Arbeitern, nahm dieser
später durch Deportationen von Soldaten und Zivilisten definitiv die Gestalt einer
„Zwangs-Migration" an. Bis auf Sonderfälle[281] kamen italienische Kriegsgefangene, die nach dem 8. September nach Hamburg deportiert wurden, zumindest bis
zu ihrer Befreiung vom Gefangenenstatus, überhaupt nicht in Kontakt mit den italienischen Alteingesessenen.

Fälle von Niederlassungen von Italienern in Hamburg während des zweiten Weltkrieges sind nicht bekannt, und sollte es solche doch gegeben haben, scheinen sie
in der späteren Entwicklung der italienischen Präsenz, wie aus den Nachkriegssta-
tistiken zu entnehmen ist, nicht ins Gewicht gefallen zu sein.[282] Sämtliche Italiener, die zwischen 1939 und 1945 nach Hamburg gekommen waren bzw. deportiert wurden, kehrten unmittelbar nach Ende des Krieges nach Italien zurück.

6.   Deutsch-italienische Beziehungen und die Wahrnehmung der Ita-
liener in Hamburg im Nationalsozialismus

Die Machtergreifung der Faschisten in Italien brachte den „Italienern im Ausland"
(vgl. Kap. IV.3.3.1) eine ungewohnte Aufmerksamkeit seitens der Aufnahmege-
sellschaften ein. Die Emigranten wurden Objekt einer bis dahin unbekannten
Betreuung und Politisierung seitens des Heimatlandes, die sich in gut ausgestatte-
ten Kulturzentren und Freizeitorganisationen zeigte. Jenseits des persönlichen politischen Bekenntnisses der vereinzelten Emigranten wurden zudem alle Italiener
im Ausland pauschal als Vertreter einer neuen Staatsphilosophie betrachtet, die
scheinbar Ordnung in ein sonst als so chaotisch angesehenem Land gebracht hatte

---

liener. „[Meine Brüder – E.M.] haben 20 italienische Gefangene gehabt, die haben mit aufge-
räumt. Die holte mein Bruder jeden Morgen vom Lager [...], die haben dann am Tage bei uns
gearbeitet, und dann brachte er sie abends zum Lager zurück. Und diese Gefangenen, ich hab
sie mal gesehen [...], das waren verhungerte Kreaturen [...], wir waren gut zu ihnen, aber wir
konnten ihnen ja nichts zu essen geben, weil wir doch selber gar nichts hatten". Siehe: Interview mit L. Monti, FZH, WdE 686, Interview vom 24. November 2000, S. 15.

[281] Vgl. ebenda.

[282] Bei der Volkszählung am 17. Mai 1939 wurden 647, bei der am 29. Oktober 1946 nur noch
439 italienische Staatsangehörige in Hamburg gezählt. Siehe: Tab. IV.4 und StatLHH (Hg.),
StatHS, Heft XXXV (1950), S. 13.

und die bis zur Abessinienkrise Mitte der dreißiger Jahre viele Verehrer in der Welt fand.[283]

Inwiefern die Machtergreifung des Faschismus in Italien eine Rolle in der Wahrnehmung der Italiener in der Weimarer Republik in Hamburg spielte, konnte mangels Quellen nicht genau festgestellt werden. Anscheinend erfuhren sie aber auch in der Hansestadt jenseits des *politischen* Widerstandes linksorientierter Hamburger eine gewisse Aufwertung.[284]

In der Zeit des Nationalsozialismus scheint man dann den Italienern, ob militante Faschisten oder nicht, pauschal eine ganz und gar ungewohnte Sympathie entgegengebracht zu haben. Die dem Nationalsozialismus ähnliche Weltanschauung ihres Heimatstaates brachte ihnen Akzeptanz und Ansehen in einer nunmehr rechtsradikal geprägten Hamburger Gesellschaft. Bereits im August 1933 durfte eine Gruppe von jungen *Avanguardisti* (junge Mitglieder der faschistischen Partei) zu Besuch aus Italien kommen und wurde von einer Reihe Hamburger Prominenter sowie von zahlreichen Bürgern feierlich empfangen. Die Faschisten wurden als politisches Beispiel dargestellt. Ein Hamburger Senator betonte anlässlich dieses Besuches, dass „in den langen Jahren nach dem Krieg, in denen wir hier in Deutschland den Kampf gegen den Marxismus führten, wir voll Bewunderung über die Grenzen nach Italien gesehen, und [Mussolini – E.M.] bewundert [haben]".[285] Auf dieser Bewunderung beruhte offenbar auch die verbreitete Meinung, dass die Machtergreifung der Faschisten in Italien greifbare positive Veränderungen in der zuvor als rückständig eingestuften italienischen Gesellschaft herbeigeführt habe. In einem Artikel des Hamburger Fremdenblattes vom 3. Juni 1940 ist ein Echo dieser Sympathien für die „neuen" Italiener zu spüren:

Vor etwa zehn Jahren sah der Berichterstatter zum erstenmal ein dem Kenner Italiens aus der Zeit vor dem Weltkriege ungeläufiges Bild: In einem säulengeschmückten Klosterhof Neapels war die Schuljugend in ihrer schmucken Balillatracht zu Turnübungen angetreten und – ein neues Italien stand im Rahmen des uralten Landes, das an seinen künstlerischen und kulturellen Überlieferungen zu ersticken drohte. Dieses selbe Bild einer Zeit- und Volkswende bot sich am Sonntagmorgen im baumumrauschten Garten des Fascio-Hauses in Hamburg dar.[286]

---

[283] In Kanada genossen beispielsweise die dort lebenden Italiener nach der Machtergreifung der Faschisten in Italien einen deutlich besseren Ruf als je zuvor. Für manche Kanadier hatte Mussolini den Italienern Disziplin eingeflößt. Siehe: Zucchi, Italians in Toronto (1988), S. 169ff.

[284] Italiaander, Vielvölkerstadt (1986), S. 82.

[285] „Die Schwarzhemden im Stadtpark", in: Hamburger Fremdenblatt vom 5. August 1933.

[286] „Fest der italienischen Jugend", in: Hamburger Fremdenblatt vom 3. Juni 1940.

Als Folge dieser offiziellen Sympathie für die politischen und gesellschaftlichen Errungenschaften des italienischen Faschismus erfreuten sich die Italiener und die italienischen Stellen in der Stadt einer zunehmend positiven Aufmerksamkeit.[287] Darüber hinaus wurden sämtliche Vertreter Italiens, seien es Künstler, Politiker oder Intellektuelle, stets mit größter Begeisterung in Hamburg begrüßt.[288] Ferner entwickelte sich in Hamburg auch ein wachsendes Interesse für die italienische Kultur und die neue faschistische Weltanschauung. Im Oktober 1934 wurde vom Generalkonsul Giulio Ricciardi ein „Institut für italienische Sprache und Kultur in Hamburg" gegründet, wo „nicht nur die italienische Sprache und Literatur" verbreitet, „sondern auch das italienische neue Leben in seinen verschiedenen geistigen, künstlerischen Kundgebungen" geschildert und so das „neue italienische Volk in seinem Wesen" dargestellt werden sollte.[289] Das Institut wurde in der Presse als eine „Organisation von bedeutendem kulturellen Wert" begrüßt[290] und erfreute sich offenbar schon bald einer „zahlreiche[n] Teilnehmerzahl" und fand angeblich „Sympathie und Wohlwollen [bei] der Hamburger Bevölkerung".[291] Ende 1935 mussten tatsächlich neue Lehrkräfte herangezogen werden.[292] Im Jahr 1938 nahmen 500 bis 600 Hamburger an den verschiedenen im Institut veranstalteten Kursen teil.[293]

Im Zuge der Intensivierung der deutsch-italienischen Wirtschaftsbeziehungen ab Mitte der dreißiger Jahre entwickelte sich die 1928 gegründete italienische Handelskammer von einem „Prestigeobjekt" zu einer gut funktionierenden und bedeu-

---

[287] Siehe beispielsweise: „Befana Fascista", in: Hamburger Fremdenblatt vom 10. Januar 1937; „Beim Fascio in Hamburg", in: Hamburger Fremdenblatt vom 7. Juli 1938; „Die Erinnerungsfeier des Hamburger Fascio", in: Hamburger Anzeiger vom 24. März 1939; "Casa del Fascio in Amburgo", in: Hamburger Fremdenblatt vom 19. Juli 1939; „Hamburger Fascio im eigenem Heim", in: Hamburger Anzeiger vom 28. Oktober 1939.

[288] Siehe beispielsweise: „Konzert der Banda Fascista", in: Hamburger Fremdenblatt vom 10. März 1934; „Deutsch-Italienische Freundschaft. Ein Ehrenabend des Senats für Exzellenz Bottai", in: Hamburgischer Correspondent vom 9. September 1933; „Der Besuch des italienischen Jugendführers", in: Hamburger Nachrichten vom 27. April 1937; „Italiens Pressevertreter in Hamburg", in: Hamburger General-Anzeiger vom 29. April 1937.

[289] Broschüre des *Istituto di Cultura Italiana* in Hamburg, 5. Oktober 1935, in: StAHH, Bestand 361-2 VI, Akte 2676.

[290] Institut für italienische Sprache und Kultur in Hamburg, Hamburger Anzeiger vom 13. September 1934.

[291] Broschüre des *Istituto di Cultura Italiana* in Hamburg, 5. Oktober 1935, in: StAHH, Bestand 361-2 VI, Akte 2676.

[292] „Das italienische Kulturinstitut unter neuer Leitung", in: Hamburger Fremdenblatt vom 3. Oktober 1935.

[293] „Beim Fascio in Hamburg", in: Hamburger Fremdenblatt vom 7. Juli 1938.

tenden Kammer, die 1938 etwa 100 deutsche und italienische Mitglieder zählte.[294]
1938 wurde ihr zehnjähriges Bestehen im Uhlenhorster Fährhaus – ein bekanntes
Lokal an der Alster – in Anwesenheit des Präsidenten der hamburgischen Staatsverwaltung, Senator Ahrens, des Reichspolizeikommissars für Hamburg, Senator
Richter, und einer „Reihe von Gästen aus dem Reich" groß gefeiert.[295] Die
deutsch-italienische Freundschaft und Zusammenarbeit, die 1936 zur Verkündung
der „Achse Berlin-Rom" geführt hatte, wurde 1938 in der Hansestadt durch die
Gründung einer „deutsch-italienischen Gesellschaft zu Hamburg" unterstrichen.
Diese hatte sich als Aufgabe gesetzt, „die Freundschaft der beiden weltanschau-
lich verwandten Völker durch einen regen Kulturaustausch und die Herstellung
wechselseitiger Beziehungen sowie durch Veranstaltungen, Vorträge und in sonstiger Form zu fördern und das gegenseitige Verstehen zu vertiefen."[296] Zum
Ehrenvorsitzenden wurde Reichsstatthalter Kaufmann und zum geschäftsführen-
den Vorsitzenden der bereits erwähnte Senator Richter ernannt. Diese arbeiteten
eng mit den italienischen Stellen in Hamburg zusammen. Einer der drei stellvertretenden Vorsitzenden war der Präsident der italienischen Handelskammer und
Mitbegründer des Hamburger *Fascio*, Giuseppe S., und im Präsidium der Gesellschaft saßen u. a. der Sekretär der Hamburger Faschisten, Pietro S., und der italienische Generalkonsul, Silenzi.[297] Die Gesellschaft hatte offenbar bereits ein Jahr
nach ihrer Gründung „zahllose italienische Gäste in Hamburg empfangen und ihnen einen Einblick in deutsches Leben verschaffen", Vorträge über Italien organisiert und einen Fond für die Entsendung von Hamburger Schülern und Studenten
nach Italien geschaffen.[298]

Diese Zusammenarbeit wurde mit Beginn des Zweiten Weltkrieges im Zeichen
der deutsch-italienischen „Waffenbrüderschaft" weiter intensiviert. Verstärkt
wurde in der Hamburger Öffentlichkeit auf die „engen Freundschaftsbeziehun-
gen" zwischen den beiden „Großmächte[n] Deutschland und Italien" hingewiesen.[299] Ob Theateraufführungen, Konversationsabende im italienischen Kulturinstitut[300] oder faschistische Gedenkfeiern[301], jede Gelegenheit wurde ausgeschöpft,

---

[294] Verzeichnis der ausländischen Organisationen in Hamburg, Datum unbekannt (um 1938),
StAHH, Bestand 132-1 II, Akte II B 1, Unterakte 48.

[295] „Italienische Wirtschaftskorporation", in: Hamburger Fremdenblatt vom 27. April 1938.

[296] Aufzeichnung des Reichspropagandaamtes, Hamburg, 30. März 1938, StAHH, Bestand 135-1
I-IV, Akte 4588

[297] Ebenda.

[298] „Altano kommt nach Hamburg", in: Hamburger Tageblatt vom 1. März 1939.

[299] „Italienischer Jugendführer kommt", in: Hamburger Tageblatt vom 27. Februar 1940.

[300] „Gemeinschaftsabend mit Italienern", in: Hamburger Tageblatt vom 25. April 1940.

[301] „Gedenkfeier der Faschisten in Hamburg", in: Hamburger Tageblatt vom 1. April 1940.

um die „deutsch-italienische Kameradschaft"[302] auf die eine oder andere Weise in Hamburg zu unterstreichen. Besonders auf die „ideelle Verbundenheit" zwischen der italienischen und der deutschen Jugend wurde großen Wert gelegt. So kamen nun regelmäßig Abordnungen der Hitler-Jugend und des Bund Deutscher Mädels mit den italienischen Jungfaschisten in Hamburg zusammen.[303]

Nach dem Kriegsbeitritt Italiens im Juni 1940, der von vielen Hamburgern vor dem Haus des *Fascio* jubelnd begrüßt wurde[304], wurde die deutsch-italienische Freundschaft in der Hansestadt wie auch in anderen deutschen Städten durch Kulturaustauschinitiativen noch mehr gefördert.[305] Hierbei spielte die Deutsch-Italienische Gesellschaft zu Hamburg die wohl entscheidendste Rolle. Sie organisierte italienische Filmabende[306] sowie zahlreiche Vorträge über Themen, die von der italienischen Kunstgeschichte[307] bis zur Rassenpolitik reichten.[308] Sämtliche Veranstaltungen sollten im Zeichen der „Waffenbrüderschaft" die kulturellen Beziehungen zwischen Deutschland und Italien und die Gemeinsamkeiten der deutschen und der italienischen Weltanschauung hervorheben. Zu den Gästen zählte auch der italienische Rassenfrageexperten, Julius Evola, der von dem „Arisch-Römischen und Nordisch-Germanischen" als „Sonderformen eines gemeinsamen Urtyps" sprach. Schon seit der Antike würde der „germanischen Sehnsucht nach dem Süden" eine „südliche[n] Sehnsucht nach der vom Chronos beherrschten äußersten Thule" entsprechen.[309] Die aber wohl bedeutendste Tat der „Deutsch-Italienischen Gesellschaft" war gemeinsam mit den Hamburger Theatern und der Kunsthalle die Veranstaltung von drei „Deutsch-Italienischen Kunstwochen" in der Hansestadt. Diese sollten durch Ausstellungen und Theateraufführungen die „Kulturgemeinschaft der Achse" darstellen. Es würde, so die Veranstalter, „der Stärke und der inneren Kraft der durch den gleichen Willen zusammengeschweißten Nationen [entsprechen – E.M.], dass während des hart und entschlossen ge-

---

[302] „Ein Abend deutsch-italienischer Kameradschaft", in: Bergedorfer Zeitung vom 8/9. Juni 1940. Die Praxis, die HJ anlässlich besonderer Feierstunden ins *Fascio* einzuladen, hatte allerdings bereits Anfang 1939 begonnen. Siehe: „Befana Fascista", in: Hamburger Nachrichten vom 9. Januar 1939.

[303] „Fest der italienischen Jugend", in: Hamburger Fremdenblatt vom 3. Juni 1940; „Festliche Stunden beim Hamburger *Fascio*", in: Hamburger Anzeiger vom 9. Juni 1941.

[304] Der Bürgermeister Krogmann sprach in seinen Tagebüchern von „großem Aufmarsch" vor dem Hamburger *Fascio*. Siehe: AFZH, Krogmann Tagebücher, K 8. Ähnlich: „Begeisterte Massen vor dem Haus des Fascio in Hamburg", in: Hamburger Tageblatt vom 11. Juni 1940.

[305] Hoffend, Zwischen Kultur-Achse und Kulturkampf (1998), S. 349.

[306] „Unter dem Kreuz des Südens", in: Hamburger Fremdenblatt vom 18. Mai 1942.

[307] „Italienische Gegenwartskunst", in: Hamburger Fremdenblatt vom 19. Juni 1941.

[308] „Geistiger Brückenschlag zwischen Nord und Süd", in: Hamburger Anzeiger vom 11. April 1942.

[309] Ebenda.

führten Waffenganges auch die seelischen Kräfte ihre vollste Auswirkung finden, die vor allen Dingen im lebendigen Kunstschaffen sichtbar werden."[310] Die Geschichte der Beziehungen zwischen der Hansestadt und Italien wurde anlässlich des Starts der ersten Kunstwoche durch die Anspielung auf Hamburgs Ruf als „Venedig des Nordens" bewusst aufgebläht, um der kulturellen Veranstaltung das Terrain zu bereiten.[311] Die erste Kunstwoche wurde von der gesamten Hamburger Prominenz, von den Vertretern des *Fascio* und vom Kulturattache der italienischen Botschaft am 16. Februar 1941 feierlich eröffnet.[312] Ein Jahr später fand im „Dienst [des] kulturellen Brückenschlages zwischen den Achsenpartnern" in Hamburg erneut eine – in ihrem Angebot erweiterte – deutsch-italienische Kunstwoche statt. Wahrscheinlich um die wachsende Bedeutung dieser Aktion zu unterstreichen, wohnte diesmal auch der italienische Botschafter, Alfieri, persönlich der Veranstaltung bei.[313] Filme, Ausstellungen, Lesungen aus italienischen Werken und Konzerte sollten die italienische Kultur den deutschen „Waffenbrüdern" näher bringen. Die „tiefen", „schicksalhaften" Beziehungen zwischen Deutschland und Italien auf dem Gebiet der Kunst wurden durch eine Ausstellung über „Deutsche Maler und Bildhauer in Italien" unterstrichen, die die Suche der deutschen Künstler nach Inspiration in Italien veranschaulichen sollte.[314] Im März 1943 wurde im Namen – so der italienische Botschafter – der „Verteidigung der abendländischen Kultur" eine weitere Deutsch-Italienische Kunstwoche in Hamburg veranstaltet.[315] Auch im italienischen Kulturinstitut in der Hansestadt wurde eifrig an der kulturellen Untermauerung der deutsch-italienischen Brüderschaft gearbeitet. Im Wintersemester 1941/1942 hielt beispielsweise der Leiter des Instituts, Prof. F. Romano, als Ergänzung zu den üblichen Veranstaltungen über Italien einen Vortrag über die „Einheit der Latinität und des Germanismus in der europäischen Kultur".[316]

War aber wirklich bis dato die deutsch-italienische Beziehung auf Staats-, Partei- und Gesellschaftsebene im Nationalsozialisnus von einer solchen ganz und gar neuartigen Freundschaft geprägt? Oder handelte es sich nicht eher um ein politisch kalkuliertes Konstrukt, um ein „von oben" propagiertes Bild Italiens und der

---

[310] „Die Kulturgemeinschaft der Achse", in: Hamburger Anzeiger vom 17. Februar 1941.

[311] „Hansestädte – Mittelmeerstädte", in: Deutsche Allgemeine Zeitung vom 15. Februar 1941.

[312] „Die Kulturgemeinschaft der Achse", in: Hamburger Anzeiger vom 17. Februar 1941.

[313] „Die zweite ‚Deutsch-Italienische Kunstwoche' in Hamburg", in: Bergedorfer Zeitung vom 18. Februar 1942.

[314] „Film - Bildende Kunst - Kunsthandwerk", in: Völkischer Beobachter vom 22. März 1942.

[315] Programmheft des Thalia Theaters zu den Deutsch-Italienischen Kulturtagen der Hansestadt Hamburg, 21.-30. März 1943, in: StAHH, Bibliothek, Sign.: A 505/1, Kapsel 1.

[316] Siehe: Programm der Veranstaltungen der italienischen Sprach- und Kulturkurse, „Fascio Natalino Calvi", Hamburg, 15. Semester, Winter – Halbjahr 1941/42 – XIX/XX, in: StAHH, Bestand 135-1 I-IV, Akte 4588.

Italiener, das zur Rechtfertigung und Untermauerung der Allianz mit dem faschistischen Italien im Kampf gegen den Bolschewismus dienen sollte? Das zweite scheint eher der Fall gewesen zu sein.

Viele NS-Parteifunktionäre glaubten offenbar, wie Rassentheoretiker verkündeten, dass das italienische Volk zwar edle Vorfahren habe (die Römer), nun aber besonders „durchrasst" sei. Diese Ansicht sorgte bis zum Ende der deutsch-italienischen Allianz für Spannungen.[317] Selbst Hitler, obwohl ein Verehrer von Mussolini, betrachtete die „arisch-nordischen" Engländer als die idealen Verbündeten für einen Feldzug gegen den Bolschewismus und die „minderwertigen" slawischen Rassen.[318] Nur weil sich diese „arische" Allianz nicht verwirklichen ließ, bot sich aus strategischen Gründen ein Bündnis mit dem faschistischen Italien an. Das NS-Regime setzte somit auf die deutsch-italienische Freundschaft, die in einem Crescendo, das der zunehmenden Annährung an Italien entsprach, gefördert wurde. So wurden die meisten Deutsch-Italienischen Gesellschaften im „Dritten Reich" nach der Verkündung der „Achse" gegründet und gingen aus deutscher Initiative hervor.[319] Als der Zweite Weltkrieg begann, wurden diese Anstrengungen unter anderem mit der Veranstaltung von „Deutsch-Italienischen Kunstwochen" noch konsequenter vorangetrieben. Die Italiener, die noch wenige Jahrzehnte zuvor als kulturell rückständig gegolten hatten, wurden dabei in der Öffentlichkeit zwar zu einem nicht „germanischen", immerhin aber gleichberechtigten Volk stilisiert.

Dennoch, wie die Behandlung der italienischen Vertragsarbeiter verdeutlicht, die nach 1938 und verstärkt während des Krieges nach Hamburg kamen, entsprach das so aufwändig propagierte „neue" Bild Italiens und des italienischen Volkes nicht der eigentlichen Anschauung. Als im Rahmen der verzweifelten Suche der Hamburger Wirtschaft nach Arbeitskräften zahlreiche ausländische Arbeiter, darunter auch Italiener, in der Stadt eintrafen, wurden letztere trotz aller Freundschafts- und Volksverwandtschaftsparolen wie alle anderen Fremdarbeiter als potenzielle gesellschaftliche Gefahr in Gemeinschaftslagern einquartiert. Die Errichtung von solchen Fremdarbeiterlagern entsprach nicht nur sicherheitspolizeiliche Fragen, sondern auch andere Bedenken. Auf diese Weise und durch die Errichtung von Bordellen mit ausländischen Frauen sollten „Sittlichkeitsprobleme", was rassisch gefährliche Kontakte zwischen männlichen Fremdarbeitern und deutschen Frauen bedeutete, möglichst verhindert werden.[320] Verbindungen zwischen Italienern und Deutschen wurden im Reich zwar zugelassen, aber aus rassisti-

---

[317] Hoffend, Zwischen Kultur-Achse und Kulturkampf (1998), S. 357ff.

[318] Ebenda, S. 25.

[319] Ebenda, S. 139.

[320] Meyhoff, Blohm & Voss im „Dritten Reich" (2001), S. 313.

schen Gründen stark stigmatisiert.[321] Die italienischen Vertragsarbeiter bekamen zwar als Verbündete, anders als andere Fremdarbeiter, eine bessere allgemeine Behandlung, die propagierte völkische „Brüderschaft" scheint aber dennoch eine Farce gewesen zu sein. Nur das deutsche Volk und nicht die italienischen „Waffenbrüder" und „Arbeitskameraden" zählte. Im März 1942 wurde bezeichnenderweise in Hamburg „die Abgabe von Lebensmitteln [...] ohne Bezugsberechtigung" an einen Italiener als „falsche[s] Mitgefühl" bewertet, weil es „die deutschen Volksgenossen" schädige.[322]

Dieser rassistische Umgang mit den Italienern war in der Bevölkerung offenbar nicht viel weniger ausgeprägt als in der NS-Führung[323], obwohl es hier eher auf tief verwurzelte Italienervorurteile und Chauvinismus und nicht auf die offizielle rassische Unterteilung der NS-Theoretiker zurückzuführen gewesen zu sein scheint.[324] Die Neutralität Italiens in den ersten Kriegsmonaten verschlimmerte diese Lage noch mehr. Die italienischen Arbeiter wurden beschuldigt, wie schon im Ersten Weltkrieg den Deutschen in den Rücken gefallen zu sein.[325] Darüber hinaus „genossen" die Italiener den Ruf des Drückebergers, des Feiglings, der sich in Deutschland versteckt hält, während die deutschen Soldaten auch für ihn kämpften und das Leben riskierten.[326] All dies führte zu alltäglichen Schikanen in der Behandlung der italienischen „Waffenbrüder". Diese negative Stimmung wurde sicher von den Debakeln der italienischen Armeen weiter angereizt. Es fanden sich allerdings immer Leute, die bereit waren die Italiener und andere Ausländer zu unterstützen.[327]

Der Sturz Mussolinis im Juli 1943 und die Unterzeichnung eines Waffenstillstandes mit den Alliierten am 3. September desselben Jahres seitens der neuen italienischen Regierung ließen die auf der Propagandaoberfläche glänzenden, aber im

---

[321] Hoffend, Zwischen Kultur-Achse und Kulturkampf (1998), S. 360. Ferner: Bermani, Odyssee in Deutschland (1997), S. 124ff; Ulrich Herbert, Fremdarbeiter. Politik und Praxis des „Ausländer-Einsatzes" in der Kriegswirtschaft des Dritten Reiches, Bonn 1999, S. 120.

[322] Strafsache gegen Italiener, Hamburg, März 1942, StAHH, Bestand 213-11, Akte 4007/42.

[323] Bermani, Odyssee in Deutschland (1997), S. 128-138.

[324] Ulrich Herbert, Fremdarbeiter (1999), S. 116-119.

[325] Bermani, Odyssee in Deutschland (1997), S. 130.

[326] 1943 schrieb ein Hamburger Richter in seinem Urteil über einen angeklagten, in Hamburg arbeitenden italienischen Zivilisten, dass dieser „gefahrlos und geruhsam als Zivilist in Deutschland arbeitete, obwohl der eigentliche Platz auch für ihn die Front" sei. Siehe: Strafsache gegen Italiener, Hamburg, März 1943, StAHH, Bestand 213-11, Akte 3478/43.

[327] Wie in einigen Prozessakten zu erfahren ist, war dieses Verhalten nicht nur auf die italienischen Verbündeten beschränkt: „Die Abgabe von Lebensmitteln an Ausländer ohne Bezugsberechtigung ist in letzter Zeit leider häufig geschehen". Siehe: Strafsache gegen Italiener, Hamburg, März 1942, StAHH, Bestand 213-11, Akte 4007/42.

Kern auf jeder Ebene eher angespannten deutsch-italienischen Beziehungen rasch zerfallen.[328] Der Bruch des Bündnisses beseitigte in der NS-Führung jede Rücksicht in der Behandlung der Italiener. Aus den ehemaligen, nie wirklich geliebten faschistischen Verbündeten waren „Verräter" geworden. Auch die Errichtung eines neuen von Mussolini geleiteten faschistischen Staates – die *Repubblica di Salò* – mit deutscher Hilfe Ende September 1943 in Norditalien, der sich für die Weiterführung des Krieges an der Seite Deutschlands erklärte[329], konnte die Wut über den italienischen „Verrat" offenbar nicht ausgleichen. Die regen Anstrengungen der deutschen und der italienischen Stellen in Hamburg, die Völker im Zeichen des gemeinsamen Krieges näher zu bringen, die ihren Höhepunkt in der Veranstaltung der „Kunstwochen" erreicht hatten, wurden durch die Geschehnisse von Juli-September 1943 abrupt beendet. Die später von der NS-Regierung verkündete Freundschaft zur neuen faschistischen Regierung und zu ihren Partei-Auslandsstellen – auch in Hamburg existierte weiterhin ein italienischer *Fascio* – hatte nunmehr einen unübersehbaren Zweckmäßigkeitscharakter. Wie die unmenschliche Behandlung der nach Deutschland deportierten italienischen Kriegsgefangene und die verschärften Bestimmungen gegen sexuelle Kontakte zwischen Deutschen und Italienern zeigt[330], kam nun die rassistische Einstellung gegenüber den ehemaligen Verbündeten nahezu ungehindert zum Vorschein.

Trotz allem gab es allerdings auch in dieser Phase viele Deutsche, die bereit waren, den Italienern bei ihrem Überlebenskampf zu helfen[331], und es gab weiterhin zahlreiche Kontakte zwischen deutschen Frauen und italienischen Männern – auch den Kriegsgefangenen.[332] Auch die Versuche der Firmen, die IMI beschäftigten, ihre italienischen Arbeiter entgegen den Anweisungen der NS-Funktionäre besser zu verpflegen, lassen – über den Wunsch hinaus, die Arbeitsleistungen zu steigern – eine nicht immer rassistische Einstellung gegenüber den Italienern vermuten.

---

[328] Herbert, Fremdarbeiter (1999), S. 302.

[329] Mantelli, Kurze Geschichte des italienischen Faschismus (1998), S. 162ff.

[330] Der SS-Obergruppenführer und Leiter der Parteikanzlei Bormann sah im Oktober 1944 in den bis dato zahlreichen Fällen einer sexuellen Beziehung zwischen deutschen Frauen und italienischen Zivilarbeitern eine „verstärkte Gefahr für die Reinerhaltung deutschen Blutes". So ordnete er an, diese Verbindungen in der Zukunft stärker zu „verhüten". Bekanntmachung der Parteileitung der NSDAP über die „Reinerhaltung des deutschen Blutes" vom 11. Oktober 1944, zit. nach: Schreiber, Die italienischen Militärinternierten (1990), S. 394.

[331] Ein ehemaliger italienischer Kriegsgefangener berichtete beispielsweise, dass er morgens beim Vorbeigehen an einer Haustür immer Esswaren gefunden habe und dass ihm manchmal Brotreste zugesteckt worden seien. Siehe: „Madonna, wie hat sich alles verändert", in: Hamburger Anzeigen und Nachrichten vom 18. August 1984.

[332] Siehe beispielsweise die Fälle im Kriegsgefangenenlager Schule Langenfort und in der Zigarettenfabrik „Hans Neuerburg" in Wandsbek, nach den Prozessakten, StAHH, Bestand 213-11, Akten 4034/44 und 486/45.

V.   ITALIENER IN HAMBURG 1945 – 2000. DIE ZUWANDERUNG UND NIEDERLASSUNG DER „GASTARBEITER"

1.   Italienische Emigration nach Deutschland nach dem Zweiten Weltkrieg

Als am 29. April 1945 die Wehrmacht in Caserta die bedingungslose Kapitulation für den italienischen Kriegsschauplatz unterzeichnete, war zumindest für Italien der Zweite Weltkrieg vorüber. Soldaten der geschlagenen Salò-Republik, sowie Soldaten der seit Oktober 1943 in den von den Alliierten kontrollierten Gebieten weiter bestehenden italienischen Monarchie, und Partisanen aller politischen Couleur kehrten nach Hause zurück mit dem einzigen Gedanken sich bald wieder in das Zivilleben einzufügen. Doch auf viele wartete die Enttäuschung. Arbeitsstellen waren rar. Die italienische Wirtschaft lag aufgrund der während des Krieges erlittenen Schäden am Boden, und die Kommunikationswege waren größtenteils beschädigt. Zudem war das politische Klima, das von der ideologischen Spaltung zwischen einer starken kommunistischen Bewegung und westlich orientierten Gruppen gekennzeichnet war, alles andere als entspannt.[1] Den Italienern blieb somit nichts anderes übrig, als der Versuch sich über Wasser zu halten. Die neuen Führungsschichten des Landes legten schließlich in den kommenden Jahren den Grundstein für eine imposante sozioökonomische Entwicklung, aber auch für die Emigrationsströme, die diese Entwicklung begleiteten.

In den Nachkriegsjahren setzte sich im politisch-ökonomischen Bereich die Freihandelspolitik von Luigi Einaudi durch, der lange Zeit Gouverneur der *Banca d'Italia* gewesen war (1945-1947) und später auch als Finanzminister wirkte (1947-1948).[2] Da die neuen Regierungen die Ökonomie so schnell wie möglich von Kontrollen, Protektionismus und Autarkie befreien wollten, versuchten sie mit den beträchtlichen Mitteln, die durch die Programme UNRRA und ERP[3] von den Amerikanern für den Wiederaufbau Europas bestimmt worden waren, die technologischen Defizite, die Italien im Vergleich zu stärker entwickelten Ländern hatte, auszugleichen. Es sollten auf diese Art und Weise die Kosten gesenkt, die Exporte gesteigert und die Handelsbilanz ausgeglichen werden, um der Kon-

---

[1]   Paoletti, L'unità d'Italia e l'emigrazione (1976), S. 234f.

[2]   Augusto Graziani, Introduzione, in: ders. (Hg.), L'economia italiana dal 1945 a oggi, Bologna 1989, S. 24.

[3]   Die *United Nations Relief and Rehabilitation Administration* (UNRRA) war eine internationale Organisation, die 1943 ins Leben gerufen wurde, um durch die Verteilung von Gütern und Geldunterstützungen den von den Alliierten befreiten Völker zu helfen. Im Jahre 1947 beschlossen die USA - die wichtigsten Geldgeber der UNRRA - diese Politik im Rahmen des *European Recovery Program* (ERP) – auch „Marshall Plan" genannt – fortzusetzen.

kurrenz auf den internationalen Märkten Stand halten zu können. Diese Wirt-
schaftspolitik erwies sich als recht erfolgreich, da Italien bald zu den industrialisiertesten Ländern der Welt zählte. Sie war jedoch nicht ohne Nebenwirkungen,
besonders in Italien, wo alle Entwicklungsvorhaben immer noch mit der süditalienischen Frage rechnen mussten. Große Geldmengen wurden in die Modernisierung von Branchen investiert, die weltweit konkurrenzfähig werden und somit das
gesamte italienische Wirtschaftsleben ankurbeln sollten. Diese technologische
Entwicklung führte zwar zum Aufschwung dieser Branchen (Chemie, Bekleidung,
Schuhwaren, Maschinenbau u. a.), war aber – zumindest kurzfristig – nicht in der
Lage die hohe Arbeitslosigkeit und Unterbeschäftigung zu reduzieren, die teilweise von diesen Modernisierungsprozessen noch verschärft wurden.[4] Die Investitionen konzentrierten sich zudem auf jene Gebiete Italiens, wo sich ohnehin schon
seit langem die wichtigsten Industrien des Landes angesiedelt hatten, im sogenannten „Industriedreieck" Mailand-Turin-Genua.[5] Diese Entwicklung bescherte
dem Gebiet zahlreiche Arbeitsplätze und verursachte eine schnelle Reduzierung
der Emigration aus dem italienischen Nordwesten. Regionen, die lange Zeit als
Auswanderungsgebiet gegolten hatten, wurden nun zum Einwanderungsgebiet
und zwar besonders für Menschen aus dem Süden des Landes.[6]

Dort, weit entfernt von diesen traditionellen Industriezentren, war Arbeit immer
noch Mangelware und Emigration die einzige Lösung des Problems der Arbeitslosigkeit und der Unterbeschäftigung. Dies galt insbesondere für Zentral- und Süditalien, wo seit der Vereinigung der Halbinsel kaum eine industrielle Entwicklung
stattgefunden hatte. Dort hatten zudem die Bauern unmittelbar nach dem Krieg
die traditionellen, aber meistens archaischen Landarbeitsmethoden wieder zur
Anwendung gebracht. Eine im Jahr 1950 durchgeführte, lang ersehnte Agrarreform versetzte zwar dem dortigen Großgrundbesitzertum den Gnadenstoß und
steigerte die Investitionen in der Landwirtschaft, parzellierte aber übermäßig die
enteigneten Grundstücke. Da die meisten Nutznießer dieser Reform zudem oft
über keine spezifischen Kenntnisse verfügten, waren sie nicht in der Lage ihren
Besitz in moderne landwirtschaftliche Betriebe umzuwandeln.[7] Arbeitslosigkeit,
Unterbeschäftigung und die äußerst einfachen Lebensbedingungen hatten eine
Flucht verursacht, die vom Land in die süd- und später norditalienischen Städte
führte, wo regelmäßige und besser bezahlte Arbeit, als es die Landwirtschaft bieten konnte einen großen Anreiz darstellten.

---

4   Vera Zamagni, Dalla periferia al centro. La seconda rinascita economica dell'Italia 1861 –
    1981, Bologna 1990, S. 415.
5   Graziani, Introduzione (1989), S. 66.
6   Paoletti, L'unità d'Italia e l'emigrazione (1976), S. 256.
7   Barbagallo, Lavoro ed esodo nel Sud (1973), S. 203. Siehe dazu auch Salvatore Cafiero, Le
    migrazioni meridionali, Rom 1964, S. 37.

Die italienischen Nachkriegsregierungen waren sich der Untragbarkeit der süditalienischen Verhältnisse bewusst und versuchten durch Sondermaßnahmen den sozioökonomischen Rückstand in den Notstandsgebieten zu bekämpfen. Die Gründung der *Cassa per il Mezzogiorno* – ein Investitionsfond für Süditalien – im Jahre 1950 sollte die wichtigste Grundlage für die Entwicklung des Südens darstellen. Die *Cassa* finanzierte eine Reihe von staatlichen und privaten Initiativen wie Trockenlegungen von Sümpfen, Bau von Wasserleitungen, Kanalisationen, Straßen, Fernbahnlinien usw., die den Aufschwung der lokalen Ökonomie ermöglichen sollten.[8] Dabei dachten die Regierungen besonders an die Entwicklung von modernen, aber kleinen familiären Landwirtschaftsbetrieben. Eine Entscheidung, die bald anachronistisch wurde, da sich die am 25. März 1957 gegründete Europäische Wirtschaftsgemeinschaft (EWG), der Deutschland und Italien als Gründungsmitglieder angehörten[9], für die Förderung von großen und auf wenige Agrarprodukte spezialisierte Landwirtschaftsbetriebe entschieden hatte.[10] Da die Konzentration der Anstrengungen in der Landwirtschaft zu keinem nennenswerten Ergebnis geführt hatte, wurde Mitte der sechziger Jahre eine Verstärkung der Förderung der süditalienischen Industrie seitens der *Cassa* beschlossen. Es wurde von diesem Zeitpunkt an versucht die Industrialisierung des Südens durch die Ansiedlung von großen petrochemischen und eisenverarbeitenden Industrien – z.B. in den apulischen Orten Taranto und Brindisi und im kalabrischen Crotone – anzukurbeln. Doch diese brandneuen, hochmodernen und sehr teuren Anlagen schufen letztendlich nur wenige Arbeitsplätze und waren nicht Ergebnis einer lokalen wirtschaftlichen Entwicklung. Sie lebten zudem, zugespitzt formuliert, vor sich hin, ohne wirklich das sozioökonomische Leben der Umgebung erfolgreich zu beeinflussen.[11] Die finanziellen Anstrengungen blieben zwar nicht ganz ohne Erfolg, verfehlten aber letztendlich ihr Ziel. Die süditalienische Wirtschaft blieb in den folgenden Jahren trotz quantitativer Erfolge im Vergleich zu Norditalien weiterhin rückständig und war nicht in der Lage der Vielzahl von Landflüchtigen Beschäftigung zu bieten.[12]

Ein großer Teil dieser Menschen emigrierte in den Nordwesten Italiens, wo das „Industriedreieck" nach der Gründung der EWG einen wahren Boom erfuhr, oder ins europäische oder nichteuropäische Ausland. Dabei entstand wieder eine impo-

---

[8] Graziani, Introduzione (1989), S. 49f.

[9] Die Europäische Wirtschaftsgemeinschaft (EWG) wurde am 25. März 1957 (Unterzeichnung der Gründungsverträge in Rom) gegründet. Es handelte sich um einen Zusammenschluss auf unbegrenzte Zeit zum Zweck der wirtschaftlichen Integration. Die Gründungsmitglieder: Belgien, die Bundesrepublik Deutschland, Frankreich, Italien, Luxemburg und die Niederlande.

[10] Barbagallo, Lavoro ed esodo nel Sud (1973), S. 208-210.

[11] Ebenda, S. 218-220

[12] Ebenda, S. 182.

sante Auswanderungsbewegung, die Italiener in viele Länder der Welt führte. Diese Auswanderung wurde, wie schon in der Vergangenheit[13], von den jeweiligen italienischen Regierungen keineswegs verhindert, sondern eher gefördert, denn sie erhofften sich dadurch eine Reduzierung der Arbeitslosigkeit und der damit verbundenen sozialen Spannungen sowie die Finanzierung der industriellen Entwicklung durch die Geldüberweisungen der Migranten. Bereits Ende März 1949 wurde von der *Direzione Generale dell'Emigrazione* – eine Zentraldirektion der Auswanderung – eine Studie über die mögliche Platzierung von italienischen Arbeitern im Ausland vorgelegt. Sie ging nämlich davon aus, dass es in Italien in den kommenden Jahren etwa vier Millionen überschüssige Arbeitskräfte geben würde. Die italienischen Regierungen hofften, dass möglichst viele Italiener das Land verlassen würden. Die Auswanderung wurde also weiterhin nicht als ein gefährlicher Verlust von menschlichen Ressourcen[14], sondern eher als ein „Sicherheitsventil" und sogar als eine wichtige Voraussetzung angesehen, um in Italien entscheidende wirtschaftliche Entwicklungen voran bringen zu können.[15]

Wie die Tabelle V.1 (S. 219) zeigt, wanderten zwischen dem Ende des Zweiten Weltkrieges und 1976 insgesamt etwa siebeneinhalb Millionen Italiener aus, mehr als fünf Millionen davon in europäische Länder. Davon kehrten etwas mehr als 4.300.000 im gleichen Zeitabschnitt zurück, darunter etwa drei Millionen aus europäischen Ländern. Besonders hervorzuheben ist, dass die Migrationssalden seit Anfang der siebziger Jahre (1973) negativ wurden und die Expatriierungen immer geringer (387.000 im Jahre 1961 und 93.000 im Jahre 1975), was auf zunehmende Rückkehrerströme und auf eine Reduzierung des Phänomens der modernen italienischen Massenmigration hindeutet, die tatsächlich in jenen Jahren versiegte.

Außerhalb des europäischen Kontinents wanderten Italiener immer noch hauptsächlich in die USA (etwa 488.000 eingereiste Italiener) und nach Argentinien (500.000) aus, aber auch die Bedeutung Kanadas (440.000), Venezuelas (250.000) und Australiens (360.000) als Ziel italienischer Migranten wuchs nach dem Krieg deutlich.[16] Die Hauptauswanderungsströme der Nachkriegszeit richteten sich allerdings erstmals besonders auf die Länder Europas. Wie aus der Tab. V.2 (S. 219) zu entnehmen ist, positionierte sich mit etwa 2.300.000 Einreisen von Italienern (etwa 45% der italienischen Europawanderung) die Schweiz auf dem ersten

---

[13] Bermani, Odyssee in Deutschland (1997), S. 40.

[14] Zamagni, Dalla periferia al centro (1990), S. 448.

[15] MAE (Hg.), Direzione Generale dell'Emigrazione, Emigrazione Italiana (Situazione-Prospettive-Problemi). 31 marzo 1949, Rom 1949. Auch der Historiker Salvatore Cafiero vertritt die Meinung, dass die Auswanderung eine unerlässliche Voraussetzung der Entwicklung sei. Siehe Cafiero, Le migrazioni meridionali (1964), S. 25.

[16] Favero/Tassello, Cent'anni di emigrazione italiana (1876 – 1976) (1978), S. 37f.

Tab. V.1: Wanderungsbewegung zwischen Italien und europäischen und außereuropäischen Staaten 1946 – 1976

	Auswanderungen	in % aller Auswanderungen	Rückwanderungen	in % aller Rückwanderungen	in % von Sp. 2
Benelux	381.692	5,0	179.298	4,0	46,9
Frankreich	1.032.730	14,0	548.483	12,5	53,1
Deutschland	1.137.810	15,0	868.255	20,0	76,3
Schweiz	2.330.230	31,0	1.935.240	45,0	83,0
Europa	**5.109.860**	**68,5**	**3.628.430**	**84,0**	**71,0**
Nordamerika	929.279	12,5	140.113	3,0	15,0
Südamerika	944.518	12,5	311.882	7,0	33,0
Amerika insgesamt	1.873.690	25,0	451.995	10,5	24,1
Außereur.	**2.337.220**	**31,5**	**691.156**	**16,0**	**29,5**
Tot. Auswanderungen	**7.447.080**	**100,0**	**4.319.580**	**100,0**	**58,0**

Quelle: Favero/Tassello, Cent'anni di emigrazione italiana (1876 – 1976) (1978), Tab. 14 und 15, S. 39. Eigene Berechnungen.

Tab. V.2: Italienische Wanderung in europäische Staaten 1946 – 1975

	Europawanderer insgesamt	Benelux	in % der Europawanderer	Schweiz	%	Frankreich	%	Deutschland	%
1946-51	787.698	146.698	18,6	379.071	48,1	227.138	28,8	505	0,0
1952-57	957.391	101.068	10,5	410.749	42,9	362.041	37,8	20.633	2,1
1958-63	1.541.045	59.797	3,8	675.429	43,8	299.715	19,4	452.157	29,3
1964-70	1.247.649	47.705	3,8	613.901	49,2	102.324	8,2	433.148	34,7
1971-75	(503.317)	.	.	(221.000)	(43,9)	.	.	(200.000)	(39,7)
1946-75	**(5.037.100)**	.	.	**(2.300.150)**	**(45,6)**	**(1.032.730)***	**(20,5)**	**(1.106.443)**	**(21,9)**

Quelle: Giuseppe Lucrezio/Luigi Favero, Un quarto di secolo di emigrazione italiana, in: L'emigrazione italiana negli anni '70. Antologia di studi sull'emigrazione, Rom 1975, S. 3-92, hier: S. 78-81; Monferrini, L'emigrazione italiana (1987), S. 58; Favero/Tassello, Cent'anni di emigrazione italiana (1876 – 1976) (1978), S. 39. *In dem Zeitraum 1946 – 1976.

Abb. V.1: Die italienischen Regionen

Quelle: Der Große Brockhaus, Bd. 5, Wiesbaden 1979 (achtzehnte Auflage), S. 635.

Platz unter den Zielländern der italienischen Emigration in Europa. Es folgten insbesondere die Bundesrepublik Deutschland (1.106.443/etwa 22 Prozent) und Frankreich (etwa eine Million/ etwa 20 Prozent).

Die ersten europäischen Migrantenströme der Nachkriegszeit richteten sich nach Frankreich und in die Benelux-Staaten. In den Sechzigern wuchs dann die Bedeutung der Schweiz und der BRD. Zwischen 1961 und 1975 nahmen diese beiden Länder etwa 80-85 Prozent der italienischen Europawanderer auf.[17] Während sich die Wanderungsströme nach Amerika und Ozeanien als relativ stabil präsentierten – es kehrten z. B. nur 15 Prozent der nach Australien und 10 Prozent der nach Kanada ausgewanderten Italiener in die Heimat zurück –, etablierte sich auf dem europäischen Kontinent eine starke „Rotation" der Migranten. Rund 71 Prozent der italienischen Europawanderer blieben nicht im Ausland. Am stärksten zeigte sich diese Tendenz bei den Schweizwanderern. 83 Prozent von ihnen kehrten zurück nach Italien. Aber auch die Emigranten, die zwischen 1946 und 1976 in der BRD oder in Frankreich gearbeitet hatten, kehrten meistens zurück in die Heimat (BRD 76 Prozent und Frankreich 53 Prozent).[18]

Bemerkenswert ist, dass nach dem Zweiten Weltkrieg und der wirtschaftlichen Entwicklung Norditaliens das Phänomen der italienischen Emigration fast ausschließlich ein süditalienisches Phänomen wurde. Die meisten Migranten, die sich zwischen 1946 und 1976 in Bewegung setzten, stammten aus Kampanien (12,5 Prozent), Apulien (11,5 Prozent), Sizilien (10,5 Prozent) und Kalabrien (10 Prozent). Venetien stellte allerdings noch etwa 11,5 Prozent der Auswanderer, die meisten davon gingen allerdings in den fünfziger Jahren, als sich der Wirtschaftsboom im Nordosten noch in seiner Anfangsphase befand.[19]

Wie bereits erwähnt entwickelte sich einer der zwei ersten wichtigen italienischen Emigrantenströme in der unmittelbaren Nachkriegszeit auf dem europäischen Festland in Richtung Frankreich, wo die bereits in den zwanziger und dreißiger Jahren existierenden demographischen Engpässe durch den Krieg verschärft worden waren. 1946 reisten die ersten 28.135 Italiener, meist Bauarbeiter, nach Frankreich. Es wanderten in den kommenden Jahren zwar mehrere Tausend Arbeiter aus der Halbinsel aus, aber diese Wanderungsströme waren von vorwiegend temporärem Charakter. Zwischen den fünfziger und sechziger Jahren sank schließlich die Anzahl der italienischen Auswanderer, die nach Frankreich emigrierten, immer mehr, da das Ende des Algerien-Krieges und der darauf folgende Strom von nordafrikanischen Einwanderern den Arbeitskräftemangel im transal-

17 Monferrini, L'emigrazione italiana (1987), S. 58.
18 Favero/Tassello, Cent'anni di emigrazione italiana (1876 – 1976) (1978), S. 38.
19 Ebenda, S. 40 und 51.

pinen Staat stark minimierte. Nicht unbedeutend für diese Wende war außerdem die am Anfang der sechziger Jahre in Italien florierende Wirtschaft, die zahlreichen Italienern eine Beschäftigung in der Heimat bescherte.[20]

Der zweitgrößte europäische Auswanderungsstrom in den ersten Nachkriegsjahren, der sich in Richtung Belgien entwickelte, war ein Novum in der italienischen Emigrationsgeschichte. In Belgien konzentrierte sich seit langem die nationale Industrie auf die Energieproduktion, die auf der Verbrennung der lokalen Kohle basierte. Die Zechen waren aber unmittelbar nach dem Krieg dermaßen veraltet und die Arbeitsbedingungen dermaßen gefährlich, dass sich die meisten belgischen Arbeiter weigerten noch unter Tage zu arbeiten. Die belgische Regierung, die sich eine Stilllegung der Gruben auf keinen Fall leisten konnte, setzte bereits 1946 auf die Rekrutierung von arbeitslosen italienischen Arbeitskräften. Mit Erfolg. Die vielen belgischen Zechen, auf denen die Italiener meistens unter unmenschlichen Bedingungen und ohne jegliche Fürsorge arbeiteten und lebten, erreichten bald wieder eine ansehnliche Produktivität. Die Tragödie von Marcinelle im Jahre 1956 (136 Italiener starben unter Tage), die die italienische Öffentlichkeit auf die katastrophalen Arbeitsbedingungen in den belgischen Zechen aufmerksam machte, und die sinkende Bedeutung der Kohle als Energieerzeuger beendeten schließlich in den siebziger Jahren die Auswanderung nach Belgien.[21]

Neben der italienischen Auswanderung nach Frankreich und Belgien hatten sich unmittelbar nach dem Krieg auch die Emigrationsströme reaktiviert, die in die Schweiz führten. Auch in diesem Fall wurden erste Kontakte zwischen italienischen und schweizerischen Behörden bereits 1946 aufgenommen. Wirklich große Bedeutung erreichte aber diese Emigration erst in den Sechzigern. Schweizerische Handelsgesellschaften eröffneten 1946 Rekrutierungsbüros in der Provinz Trient. 1947 wurden in der Schweiz schon etwa 105.000 Einreisen von Italienern registriert. In den Fünfzigern sank die Anzahl der Auswanderer allerdings beträchtlich (etwa 62.000 im Jahre 1952 und etwa 75.000 im Jahre 1956) und nahm erst am Anfang der sechziger Jahre zur Zeit des Wirtschaftsbooms im Alpenland wieder kräftig Aufschwung (etwa 128.000 1960 und etwa 105.000 1966). Die hohe Ausländerquote in der Schweiz am Anfang der Sechziger (1960 lag sie bei etwa 10,8 Prozent) entfesselte ausländerfeindliche Reaktionen, die in der Ausländerfrage bald zu einer Kompromiss-Gesetzgebung führten, die die wenig reglementierte Einwanderung der ersten Jahrhunderthälfte definitiv beendete. Einerseits wurde der Wirtschaft der ungehinderte Zugriff auf ausländische Arbeitskräfte gewährleistet, indem die Einwanderung nicht gestoppt wurde; andererseits wurde versucht eine dauerhafte Niederlassung der Ausländer in der Schweiz zu verhindern,

---

[20]   Paoletti, L'unità d'Italia e l'emigrazione (1976), S. 237-239.

[21]   Ebenda, S. 239-244.

indem eine Vielzahl bürokratischer Hürden errichtet wurden. Mit Erfolg. Zwischen 1946 und 1976 kehrten, wie bereits gesehen, gut 83 Prozent der Schweizwanderer nach Italien zurück.

Der letzte große europäische Wanderungsstrom der Italiener richtete sich nach Deutschland, wo binnen weniger Jahre nach dem Krieg die Wirtschaft wieder florierte und zahlreiche ausländische Arbeitskräfte gebraucht wurden. Als Anfang Mai 1945 die NS-Führung bedingungslos kapituliert hatte, lag allerdings das ehemalige „Dritte Reich" zunächst definitiv am Boden. Viele Städte (u. a. Hamburg) waren fast dem Erdboden gleichgemacht worden und es herrschten Hunger und Wohnungsnot. Die Alliierten hatten ferner Deutschland entschieden verkleinert und das verbliebene Territorium in vier Zonen unterteilt. Die Russen kontrollierten den Osten und die Amerikaner, die Briten und die Franzosen den Westen des Landes. Auch die Hauptstadt Berlin wurde Opfer einer ähnlichen Teilung. Die ideologische Verschiedenheit zwischen den westlichen und den östlichen Machthabern im geteilten Deutschland brachte nach Jahren der Spannung die endgültige Teilung des Landes mit sich, die im Jahre 1949 erfolgte. Als am 13. Mai 1949 die Bundesrepublik Deutschland (die drei ehemaligen Westzonen) und am 7. Oktober desselben Jahres die Deutsche Demokratische Republik (die ehemalige Ostzone) gegründet wurden, waren die Unterschiede zwischen den zwei Ländern, besonders in wirtschaftlicher Hinsicht, beträchtlich. Während unter den westlichen Mächten im Westen des Landes das kapitalistische System beibehalten wurde, wurde das sozioökonomische System Ostdeutschlands sozialistisch umstrukturiert. Entsprechend wurde die BRD in die Gemeinschaft der kapitalistischen Länder aufgenommen, die DDR wurde dagegen Teil des sogenannten sozialistischen Ostblocks.[22] Die vielen Italiener, die nach dem Zweiten Weltkrieg auf Arbeitssuche nach Deutschland kamen, begaben sich deshalb nur in den politisch befreundeten Westen Deutschlands, in die Bundesrepublik.

Die deutsche Kriegswirtschaft, die auf die Beschäftigung der deutschen Arbeiter und Angestellten, die an die Front geschickt worden waren, verzichten musste, war im August 1944 auf die Arbeitskraft von etwa 7,6 Millionen ausländischen Zivilarbeitern und Kriegsgefangenen angewiesen.[23] In dieser Phase, die größtenteils von der systematischen Ausbeutung der ausländischen Arbeitskräfte gekennzeichnet war, wurden in Deutschland die Produktionskapazitäten geschaffen, die einer der konstitutiven Faktoren des wirtschaftlichen Aufschwungs der Nach-

---

22 Carr, A history of Germany (1991), S. 366-371.
23 Herbert, Geschichte der Ausländerpolitik (2001), S. 148f.

kriegsjahre darstellen sollten.[24] Trotz allen Bombardements war nämlich nur etwa
15 bis 20 Prozent der Produktionskapazität von 1944 verloren gegangen. Die Tatsache ferner, dass sich das größte industrielle Potenzial in Westdeutschland befand und dass dort die Alliierten, anders als die Sowjetunion in ihrer Zone, schon
bald ihre Demontagen einstellten, bescherte der BRD eine gute industrielle Start-
position.[25] Die Währungsreform, die in den westlichen Sektoren Deutschlands
(der zukünftigen BRD) am 20. Juni 1948 durchgeführt wurde, gewährleistete der
Wirtschaft die für einen soliden Aufschwung unerlässliche Währungsstabilität.
Deutschland konnte sich letztendlich nach der Gründung der Bundesrepublik auf
kräftige amerikanische Investitionen, große und moderne Industrieanlagen, eine
größtenteils hochqualifizierte Arbeiterschaft und auf eine Entschärfung der inner-
betrieblichen Spannungen durch eine gewisse Mitbestimmung der Arbeiter stützen (für die Montanindustrie im Mai 1951 und für die übrigen Industriezweige
Oktober 1952). Ferner konnte Deutschland vom Exportboom profitieren, der im
Rahmen des vom Koreakrieg (1950 – 1953) ausgelösten internationalen Aufschwungs stattfand. Die deutschen Produkte, Resultate eines hochentwickelten
Produktionsprozesses, überfluteten die internationalen Märkte und verursachten
dadurch in der BRD einen ansehnlichen Wirtschaftsboom, der Millionen von neu-
en Arbeitsplätzen (insbesondere im Maschinenbau, der Chemie-, Elektrotechnik-
und Automobilindustrie) schaffte und bis in die siebziger Jahre hinein andauerte.[26]

Bereits im September 1955 lag der Anteil der Arbeitssuchenden in Deutschland
bei durchschnittlichen 2,7 Prozent. Trotz einiger starker regionaler (Baden-
Württemberg ein Prozent und Schleswig-Holstein über sechs Prozent) und bran-
chenspezifischer (besonders die Landwirtschaft litt unter Arbeitskräftemangel)
Differenzen bedeutete das schließlich fast Vollbeschäftigung.[27] Nur noch die verstärkte Rekrutierung von ausländischen Arbeitskräften schien die Fortsetzung des
wirtschaftlichen Aufschwungs gewährleisten zu können. Politiker und Geschäftsleute befürchteten, dass sich Deutschland ohne den Einsatz von neuen Arbeitskräften (u. a. wegen der Lohnsteigerung) trotz einer Rationalisierung der Produk-
tionsprozesse vom Wirtschaftsboom hätte verabschieden müssen. Auch die ungünstige Altersstruktur vieler deutscher Belegschaften, die Wiedereinführung der
Wehrpflicht, die Verlängerung der schulischen Pflicht und schließlich auch der

---

24 Monferrini, L'emigrazione italiana (1987), S. 115. Ferner: Peter Kammerer, Sviluppo del ca-
    pitale ed emigrazione in Europa: la Germania Federale, Mailand 1976, S. 13. Ferner: Herbert,
    Geschichte der Ausländerpolitik (2001), S. 192f.

25 Bruno Gebhardt, Handbuch der deutschen Geschichte, Bd. IV., 2. Teilband, Stuttgart 1976, S.
    683-686.

26 Werner Bürer, Wirtschaft in beiden deutschen Staaten. Ökonomische Entwicklung der Bun-
    desrepublik 1945 bis 1961, in: Bundeszentrale für politische Bildung (Hg.), Deutschland in
    den fünfziger Jahren, Information zur politischen Bildung 256, Bonn 1997, S. 32-37.

27 „Im Frühjahr kommen Arbeitskräfte aus Italien", in: Handelsblatt vom 4. November 1955.

weit verbreitete Wunsch, die schwersten und schlecht angesehenen Beschäftigungen zu verlassen, trugen dazu bei, die Zahl der verfügbaren Arbeiter in der BRD
zu verringern.[28]

In dieser Lage kamen die Gespräche zwischen dem damaligen deutschen Bun-
deswirtschaftsminister Erhard und dem italienischen Außenhandelsminister Mar-
tinelli im November 1954 über die mögliche Entsendung von italienischen Arbeitern (insbesondere Landarbeitern) nach Deutschland gerade zum richtigen Zeitpunkt.[29] Als aber die Sache in der Öffentlichkeit bekannt wurde, gingen die Meinungen darüber in Deutschland weit auseinander. Die SPD, die Gewerkschaften,
sogar das Bundesarbeitsministerium, die Bundesanstalt für Arbeit und viele CDU-
Abgeordnete warnten davor, dass es doch immer noch eine beträchtliche Anzahl
deutscher Arbeitsloser gäbe, denen man eine Arbeit vermitteln könne. Das Bun-
deswirtschaftsministerium, das u. a. einer übertriebenen und gefährlichen Lohnsteigerung durch eine Erweiterung des Arbeitskräfteangebotes entgegensteuern
wollte, ließ sich aber von diesen Protesten nicht beeindrucken. Auch der DGB,
der zunächst eine lohndrückende Konkurrenz der Ausländer befürchtete, aber
dann eine arbeits-, tarif- und sozialrechtliche Gleichstellung der ausländischen
Arbeiter von der Bundesregierung zugesichert bekam, stimmte schließlich dem
Vorhaben zu. Die Bundesregierung dachte allerdings nicht an eine regelrechte
Einwanderung, sondern nur an einen zeitlich begrenzten Aufenthalt zur Saison-
spitze. Deutschland war und sollte auf keinen Fall ein „Einwanderungsland" werden.

Am 20.12.1955 wurde in Rom ein deutsch-italienisches Anwerbeabkommen
verabschiedet, das als Muster für spätere ähnliche Anwerbeabkommen mit anderen Staaten diente.[30] Wie schon im Jahr 1937 wurde die Anwerbung minuziös geregelt. Das Abkommen sah eine Kooperation zwischen der Bundesanstalt für Arbeitslosenversicherung und Arbeitsvermittlung und dem italienischen Arbeitsministerium vor. Die Bundesanstalt sollte dem italienischen Arbeitsministerium den

---

[28] Bundesvereinigung der DAV (Hg.), Magnet Bundesrepublik, Informationstagung der Bundes-
      vereinigung der Deutschen Arbeitgeberverbände am 30. und 31. März 1966 in Bad Godes-
      berg, Schriftenreihe der Bundesvereinigung der DAV, Heft 42, Bonn 1966, S. 159f.
[29] Obwohl sich die deutsche Regierung schon Gedanken über die zunehmende Arbeitskräfte-
      knappheit gemacht hatte, ging die Initiative von der italienischen Regierung aus. Wie schon in
      den Dreißigern, war letztere durch die Beschäftigung italienischer Arbeiter in der BRD u. a. an
      einer Entlastung der Zahlungsbilanz mit Deutschland interessiert. Mehr über die deutsch-
      italienischen Verhandlungen in: Johannes D. Steinert, Migration und Politik. Westdeutschland
      - Europa - Übersee 1945-1961, Osnabrück 1995, S. 220-238.
[30] 1960 unterzeichnete die BRD Anwerbeabkommen mit Griechenland und Spanien, 1961 mit
      der Türkei, 1963 mit Marokko, 1964 mit Portugal, 1965 mit Tunesien und 1968 mit Jugosla-
      wien. Siehe: Geiselberger, Schwarzbuch (1972), S. 15.

Bedarf an Arbeitskräften mitteilen und dieses sollte durch seine Provinzialnieder-
lassungen einer von der Bundesanstalt unterhaltenen deutschen Kommission in
Italien[31] Auswanderungskandidaten vorstellen. Diese sollten schließlich von der
Kommission auf Gesundheit und Qualifikation geprüft werden. Nur Kandidaten,
die die Prüfung erfolgreich bestanden, durften einen Mustervertrag unterschreiben
und sich sofort nach Deutschland begeben, um ihre neue Tätigkeit aufzunehmen.
Im Mustervertrag wurden die Bezahlung und die Vertragsdauer festgelegt, es
wurde eine „angemessene Unterkunft" zugesichert und die Möglichkeit gewährleistet Geld nach Italien zu überweisen. Auch die Möglichkeit eines Familiennachzuges wurde vorgesehen, allerdings nur bei Nachweis einer „angemessenen
Unterkunft".[32] Eine auf ein Jahr befristete „Legitimationskarte" ersetzte die seit
1952 in Deutschland für Ausländer erforderliche Arbeitserlaubnis und den ebenfalls erforderlichen speziellen Einreisesichtvermerk zur Arbeitsaufnahme.[33] Die
Aufenthaltserlaubnis wurde dem Legitimationskarteinhaber vor Ort ausgehändigt.
Die auf die Vertragsdauer befristete Aufenthaltserlaubnis sollte eine gewisse „Rotation" der Arbeiter garantieren und die Gefahr einer langfristigen Niederlassung
der Ausländer in Deutschland minimieren. Sie sollten lediglich als eine Art „Konjunkturpuffer" dienen, indem ihr Zu- und Fortzug nach Bedarf des deutschen
Arbeitsmarktes erfolgen sollte. Nicht umsonst wurden sie im Volksmund als
„Gast-Arbeiter" bezeichnet.

Obwohl die deutschen Behörden die offizielle Anwerbung – der „Erste Weg"
genannt –, die eine bessere Kontrolle der Einwanderungsströme ermöglichte,
deutlich bevorzugten, gab es für Italiener auch andere Wege nach Deutschland zu
gelangen. Nach der Gründung der BRD hatten zwar die deutschen Regierungen

---

[31] Die erste deutsche Kommission in Italien wurde in Mailand gegründet (6.2.1956) und bestand
aus einem Arbeitsamtfunktionär und etwa 20 Mitarbeitern (Ärzte, Sekretärinnen usw.). Kurz
darauf (11.5.1956) wurde die Kommission nach Verona verlegt. Dort wurde von der italienischen Regierung auch ein Emigrationszentrum gegründet (17.5.1958), das die Arbeit der
Kommission unterstützen sollte (Unterkunftsmöglichkeiten, Bank- und Postniederlassung,
Seelsorger und Sozialarbeiter). Siehe: „Werbung in Italien hat begonnen", in: Industriekurier
vom 9. Februar 1956; Informationsblatt über die Tätigkeit des italienischen Emigrationszentrum in Verona, eigene Sammlung. Um die Arbeit der ersten zu entlasten, wurde 1960 in Neapel eine zweite Kommission gegründet.

[32] Herbert, Geschichte der Ausländerpolitik (2001), S. 203f.

[33] Am 1. März 1952 wurde die Verordnung über ausländische Arbeitnehmer vom 23. Januar
1933 zum Bundesrecht erklärt und wieder angewendet. Diese sah vor, dass ausländische
Staatsangehörige für die Aufnahme oder Fortsetzung einer unselbständigen Beschäftigung
im Bundesgebiet eine „Arbeitserlaubnis" – oder „Arbeitskarte" – und die Arbeitgeber eine
„Beschäftigungsgenehmigung" brauchten. Die Einreise war zudem nur mit einem konsularischen Sichtvermerk möglich, der die Arbeitsaufnahme nicht untersagte und nur dann erteilt
wurde, wenn ein Bedarf tatsächlich vorhanden war. Eine sichtvermerkfreie Einreise als Tou-
rist gestattete nur in Ausnahmefällen Ausländern die Arbeitsaufnahme in Deutschland. Siehe:
Dohse, Ausländische Arbeiter und bürgerlicher Staat (1981), S. 140ff.

schon bald ein neues Regelungsinstrumentarium aufgebaut, dass, wie schon in der Weimarer Republik und im Nationalsozialismus, der Einwanderung zur Arbeitsaufnahme in die Bundesrepublik zahlreiche Hürden in den Weg stellte.[34] Ein Beschluss des Rates der *Organisation for European Economic Cooperation* (OEEC)[35] vom 30. Oktober 1953 zur „Regelung der Beschäftigung von Angehörigen der Mitgliedsstaaten" legte allerdings fest, dass OEEC- Bürgern, darunter die Italiener, eine Arbeitserlaubnis zu erteilen war, wenn eine Stelle einen Monat lang vom Arbeitsamt nicht mit geeigneten deutschen Bewerbern besetzt werden konnte.[36] In diesem rechtlichen Rahmen, der nach der Unterzeichnung der deutsch-italienischen Anwerbeverträge weiterhin Gültigkeit hatte, durften beispielsweise Italiener mit einem Touristenvisum in Deutschland einreisen und dort eine Arbeit aufnehmen. Nicht wenige nutzten diese Möglichkeit, da das Anwerbeverfahren als besonders riskant eingeschätzt wurde, weil es den Bewerbern auferlegte sich in gesundheitlicher und fachlicher Hinsicht gründlich prüfen zu lassen. Außerdem zogen es nicht wenige deutsche Firmen vor die ausländischen Arbeiter „privat" anzuwerben, da das Anwerbeverfahren zwar den Aufwand für die Rekrutierung sowie ihre Dauer verringerte, dafür aber auch Vermittlungsgebühren kostete. Zudem mussten die Unternehmer teure „angemessene Unterkünfte" bereitstellen und unterlagen der Behördenkontrolle hinsichtlich der Arbeitsbedingungen und Entlohnung der ausländischen Arbeitnehmer.[37]

Die „Einschaltungsquote" der Deutschen Kommission, die 1956 bei 65 Prozent, 1958 bei 50 Prozent, 1959 bei 59 Prozent und 1960 bei 66 Prozent lag[38], nahm dann Anfang der sechziger Jahre stark ab, da für Italiener mit der schrittweisen Einführung der Freizügigkeit der Arbeitskräfte im Bereich der 1957 gegründeten EWG nahezu jede Einschränkung hinsichtlich der Arbeitsaufnahme und des Aufenthaltsrechts entfiel. 1962 war die Einschaltungsquote schon auf 46,4 Prozent, 1966 auf 8,1 Prozent und 1972 sogar auf 1,4 Prozent abgesunken.[39]

Obwohl nach dem Krieg Italiener schon bald wieder in Deutschland arbeiten durften, hielt sich die Auswanderung in Richtung BRD bis Anfang der sechziger Jahre

---

[34] Vgl. Anm. 33.

[35] Die OEEC wurde am 16. April 1948 gegründet und hatte ihren Sitz in Paris. Gründungsmitglieder waren: Belgien, die drei westlichen Besatzungszonen Deutschlands, Dänemark, Frankreich, Griechenland, Irland, Island, Italien, Luxemburg, die Niederlande, Norwegen, Österreich, Portugal, Schweden, die Schweiz, die Türkei, Großbritannien und Nordirland. Hauptaufgaben der OEEC waren die Erstellung von Wiederaufbauplänen im Rahmen des Marshallplanes und der Abbau von Handelshemmnissen.

[36] Steinert, Migration und Politik (1995), S. 208.

[37] Dohse, Ausländische Arbeiter und bürgerlicher Staat (1981), S. 191f.

[38] Ebenda, S. 175, Anm. 1.

[39] Ebenda, S. 196.

in Grenzen. Viele der in Deutschland neu geschaffenen Arbeitsplätze wurden damals von Flüchtlingen aus der DDR besetzt.[40] Bis 1950 wurden somit lediglich 74
und 1954 ganze 361 Expatriierungen in Richtung Deutschland registriert. Auch
nach der Unterzeichnung des deutsch-italienischen Abkommens blieb die Auswanderung eher bescheiden: 1956 wanderten 10.907 und 1959 28.394 Personen
nach Deutschland aus, die vorwiegend in der süddeutschen Landwirtschaft untergebracht wurden. Anfang der sechziger Jahre und verstärkt nach dem Bau der
Berliner Mauer (13. August 1961), der die Flüchtlingsströme aus der DDR stoppte, stieg allerdings in der Bundesrepublik die Nachfrage nach ausländischen
Arbeitern. 1960 wurden bereits 100.544 und 1961 114.012 italienische Deutschlandwanderer gezählt.[41]

Es handelte sich um eine vorwiegend männliche und nichtqualifizierte Arbeitermigration, da 1964 etwa 85 Prozent und 1973 noch 71 Prozent der zugezogenen
Italiener Männer[42] und von den im Jahre 1975 in der BRD arbeitenden Italienern
71,6 Prozent ungelernt waren.[43] Wie die folgende Tabelle zeigt, stammten sie, im
Einklang mit dem allgemeinen Trend, größtenteils aus dem Süden Italiens.

Tab. V.3: Italienische Wanderung nach Deutschland/national und regional
1960 – 1968

	Italien	Norditalien*	in % der Deutschlandw.	Mittelitalien	%	Süditalien	%
1960	28.394	6.366	22,4	4.618	16,2	17.410	61,3
1965	90.853	15.558	17,1	5.669	6,2	69.626	76,6
1968	51.152	9.888	19,3	1.767	3,4	39.497	77,2

Quelle: ISTAT (Hg.), AstatLE (1961); AstatLE (1966); AstatLE (1969). Eigene Berechnungen.
*Norditalien: Piemont, Aosta-Tal, Lombardei, Ligurien, Venetien, Jülisch-Friaul, Südtirol, Emilien; Mittelitalien: Toskana, Marken, Umbrien, Latium; Süditalien: Abruzzen, Molise, Kampanien,
Apulien, Basilicata, Kalabrien, Sizilien, Sardinien.

---

[40] Bis zur Errichtung der Berliner Mauer waren etwa 3,3 Millionen Menschen aus der DDR nach
      Westdeutschland geflüchtet. Siehe Herbert, Geschichte der Ausländerpolitik (2001), S. 194f.

[41] Paoletti, L'unità d'Italia e l'emigrazione (1976), S. 248f. Diese Zahlen beruhen auf italienischen Auswanderungsstatistiken.

[42] Sonia Haug, Soziales Kapital und Kettenmigration: Italienische Migranten in Deutschland,
      Wiesbaden 2000, S. 304. Die von Sonia Haug aufgeführten Zahlen, die sich auf deutsche Zuzugsstatistiken stützen und ab 1964 existieren, sind deutlich höher als die, die aus den italienischen Auswanderungsstatistiken zu entnehmen sind. Wie sich aus einer Veröffentlichung des
      italienischen Außenministeriums ergibt, stammen diese Differenzen aus Unterschieden in der
      Erhebung der Daten. Worin diese Differenzen liegen, wird nicht erwähnt. Siehe: MAE (Hg.),
      Problemi del lavoro italiano all'estero. Relazione per il 1967, Rom 1968, S. 112a und S. 128,
      Anm. 1.

[43] Monferrini, L'emigrazione italiana (1987), S. 124.

Da die sogenannten ausländischen Gastarbeiter hauptsächlich in der deutschen Industrie beschäftigt wurden, konzentrierten sie sich in den großen Industriegebieten des Landes. Wir finden folglich auch die meisten Italiener in Nordrhein-Westfalen, in Bayern, in Hessen und in Baden-Württemberg, wo die nach dem Krieg boomenden Branchen ihre Hauptzentren hatten.[44]

Obwohl die italienische „Gastarbeiter"-Migration stark von Temporarität geprägt war – zwischen 1946 und 1976 lag die Rückkehrquote bei etwa 76 Prozent der eingereisten Italiener –, stieg die italienische Wohnbevölkerung in Deutschland rasch an. Wurden 1955 lediglich 25.800 italienische Staatsangehörige in der BRD gezählt, waren es 1961 schon 196.700 und 1973 etwa 630.600.[45] Der Zuzug von Italienern sank bis Anfang der siebziger Jahre erst langsam, dann aber immer deutlicher. Die Abnahme der Einwanderung aus Italien sowie das Erscheinen negativer Migrationssalden am Anfang der Siebziger deuten auf ein Ende der sogenannten italienischen Gastarbeitermigration hin.[46] In jenen Jahren zeigte sich der deutsche Arbeitsmarkt wegen der Energiekrise nicht mehr so aufnahmefähig wie in den Zeiten des Wirtschaftswunders und die Konkurrenz von Arbeitern aus anderen Anwerbeländern, hauptsächlich aus der Türkei und Jugoslawien, hatte sich deutlich verstärkt.[47] Ein 1973 von der Bundesregierung verhängter sogenannter „Anwerbestopp" um den weiteren Zuzug von Ausländern zu verhindern, spielte bei der Abnahme der italienischen Zuwanderung keine Rolle, da sich die Italiener schon lange innerhalb des EWG-Freizügigkeitsrahmens bewegen durften. Es kamen nicht nur weniger Italiener, sondern es verließen viele auch Deutschland. Die italienische Wohnbevölkerung, die 1973 mit 630.000 gezählten Personen ihren Höchststand erreicht hatte, reduzierte sich tendenziell in den folgenden Jahren bis zu einem Tiefstand, der 1988 erreicht wurde (508.656 Italiener).[48]

Es ging somit zwischen Mitte der siebziger und Mitte/Ende der achtziger Jahren eine bestimmte Migrationsphase zu Ende. Die stark temporäre und meist männliche italienische Deutschlandwanderung, die in den sechziger Jahren stattgefunden hatte, reduzierte sich in den siebziger Jahren deutlich. Einerseits verringerten sich die Zuzüge aus Italien und anderseits stellten sich etliche Italiener aus vielerlei Gründen auf einen längeren Aufenthalt in der BRD ein. Viele wollten in Deutschland den Ruhestand erreichen, um erst dann nach Italien zurückzukehren. Einige wollten warten, bis die Kinder, die in Deutschland geboren wurden oder sich schon seit langem dort befanden, die deutsche Schule und eine Ausbildung abge-

---

[44] Kammerer, Sviluppo del capitale ed emigrazione (1976), S. 97f.
[45] Haug, Soziales Kapital und Kettenmigration (2000), S. 302.
[46] Ebenda, S. 304.
[47] Monferrini, L'emigrazione italiana (1987), S. 126f.
[48] Haug, Soziales Kapital und Kettenmigration (2000), S. 302.

schlossen hatten. Wieder andere wollten definitiv in Deutschland bleiben, weil sie hier geheiratet hatten oder weil sie keinen Kontakt mehr zu italienischen Freunden oder Verwandten hatten. Aus einer temporär in Deutschland arbeitenden italienischen Gruppe wurde somit zunehmend eine ansässige italienische Gemeinde in Deutschland. Der Anteil der sozialversicherungspflichtig Beschäftigten unter der italienischen Wohnbevölkerung, der 1967 bei 66,44 Prozent und 1973 noch bei 71,35 Prozent lag, reduzierte sich auf „normale" 45 Prozent im Jahr 1988.[49] Auch der Frauenanteil, den man als Indiz für Familienzusammenführungen und für eine „Normalisierung" der Familienlage interpretiert, der 1973 noch bei 33,56 Prozent lag, stieg ständig an und lag 1988 bei etwa 40 Prozent.[50]

Tab. V.4: Italiener und italienische sozialversicherungspflichtig Beschäftigte in Deutschland 1955 – 1996

	Anzahl	Männlich	%	Weiblich	%	Beschäftigte	in % der Italiener
1955	25.802	.	.	.	.	7.500	29,1
1961	196.672*	.	.	.	.	207.128*	
1967	412.777	.	.	.	.	274.249	66,4
1973	630.735	410.300	65,0	211.700	33,6	450.000	71,3
1976	567.984	356.600	62,8	211.400	37,2	276.367	48,6
1979	594.424	370.600	62,3	223.800	37,6	300.442	50,5
1982	601.621	369.500	61,4	232.100	38,6	258.697	43,0
1985	531.338	326.000	61,3	205.400	38,6	202.392	38,1
1988	508.656	305.900	60,1	202.800	40,0	178.035	35,0
1991	560.090	339.380	60,5	220.710	39,4	171.809	30,7
1994	571.900	344.598	60,2	227.302	40,0	202.492	35,4
1996	599.429	360.875	60,2	238.554	40,0	.	.

Quelle: Haug, Soziales Kapital und Kettenmigration (2000), Tab. A-5, S. 302. *Die Tatsache, dass es mehr beschäftigte Italiener gab als Italiener überhaupt kann natürlich nicht stimmen. Der Fehler liegt bei der Erhebung. Siehe ebenda, S. 303.

Obwohl die italienische „Gastarbeiter"-Migration in den siebziger und achtziger Jahren langsam zu Ende ging, gab es noch bis zum Ende der Neunziger eine gewisse italienische Deutschlandwanderung. Von 1982 und bis 1996 belief sich die Zahl der zugezogenen Italiener zwischen etwa 30.000 und 50.000 (46.249 im Jahre 1996). Zwischen 1986 und 1996 sind zudem bis auf zwei Jahre die Migrationssalden wieder positiv. Dabei ist allerdings die Temporarität noch sehr ausgeprägt,

---

[49] Zum Vergleich: 1993 lag der Anteil der Arbeitnehmer an der Gesamtbevölkerung Deutschlands bei 35,2 Prozent. Siehe: StatB (Hg.), StatJbBRD 1995 (1995), S. 46 und 114. Eigene Berechnungen.

[50] Haug, Soziales Kapital und Kettenmigration (2000), S. 302.

da innerhalb dieser zehn Jahre der Durchschnittssaldo bei etwa 5.320 Personen
liegt. Wie der noch 1996 deutlich unterdurchschnittliche Frauenanteil innerhalb
der italienischen Gruppe nahe legt (etwa 40 Prozent), dürfte es sich bei dieser
Wanderungsbewegung immer noch um Menschen handeln, die, wie die „Gastarbeiter" in den sechziger und siebziger Jahren, temporär und ohne Familienanhang
nach Deutschland wandern. Gegenwärtig dürfte es sich vor allem um Saisonarbeiter im Gastronomiebereich (Restaurants, Eisdielen usw.), Wissenschaftler, Studenten, hochqualifizierte Arbeitskräfte und schließlich einige Bauarbeiter handeln.[51]

Wie die Tabelle V.4. verdeutlicht, haben seit Anfang der neunziger Jahre Neugeburten und die bereits erwähnten positiven Migrationssalden einen erneuten Anstieg der Zahl der Italiener verursacht. 1996 lebten wieder etwa 600.00 Personen
italienischer Staatsangehörigkeit in Deutschland.

2.   Der Aufnahmeraum Hamburg

2.1.   Politische, wirtschaftliche und demographische Entwicklung

Am 3. Mai 1945 war mit dem Einmarsch der britischen Truppen der Zweite Weltkrieg in Hamburg vorbei. Doch obwohl keine alliierten Flieger mehr ihre zerstöre-
rische und mörderische Ladung über der Stadt abwarfen, war die Erleichterung für
viele Hamburger von kurzer Dauer. In der zum großen Teil zerstörten Stadt, wo
sich überall immense Trümmerhaufen türmten, mangelte es schlicht an Allem.
Etwa 80 Prozent der Wohnungen waren unmittelbar nach Kriegsende entweder
vollständig zerstört oder auf unterschiedliche Weise beschädigt. Die Versorgung
der Stadtbevölkerung – die im Laufe des Krieges von etwa 1,7 auf 1,1 Millionen
geschrumpft war – mit Lebensmitteln und Heizmaterial war absolut unzureichend.
Ein Blick über den verwüsteten Hamburger Hafen, der in den vergangenen Jahren
das Wirtschaftsleben der Stadt bestimmt hatte, dürfte bei den Betrachtern blankes
Entsetzen ausgelöst haben. Zwei Drittel aller Kaischuppen, Kräne und Speicher,
mehr als die Hälfte aller Hafenbahngleise und Landungsanlagen lagen in Trümmern. Zahlreiche Brücken waren nicht mehr passierbar, und die Schifffahrt auf
den Fleeten und der Elbe war von den Wracks von etwa 2.300 versenkten Schiffe
und Boote behindert oder völlig blockiert. Hinzu kamen Demontagen einiger der
übrig gebliebenen Werftanlagen seitens der Alliierten und ein Schiffsbauverbot.

---

[51]   Die Präsenz von italienischen Bauarbeitern in Deutschland noch in den letzten Jahren wird
       z.B. von Skandalen belegt, die vor einiger Zeit aufgedeckt wurden. Siehe "L'amara odissea di
       25 operai. In Germania per lavorare fanno la fame e vengono sfruttati", in: La Repubblica vom
       1. November 1996.

Die Bevölkerung hungerte, die Wirtschaft lag am Boden und die Zukunft der Stadt und Deutschlands befand sich in den Händen der Alliierten. Dennoch, trotz aller Verwüstung und Ungewissheit, konnte Hamburg in den folgenden Jahren seine alte Bevölkerungsdimension und Bedeutung als wichtiges norddeutsches und europäisches Handelszentrum zurückerlangen.

Die Briten, deren Besatzungszone West- und Norddeutschland umfasste und die damit auch Hamburg kontrollierten, ernannten bereits am 15. Mai 1945 einen neuen Bürgermeister in der Person von Rudolf Petersen, um ihm die zivile Verwaltung der Stadt zu übertragen. Im Februar 1946 wurde ihm von der Militärregierung eine Bürgerschaft von 81 von der Besatzungsmacht ernannten Mitgliedern zur Seite gestellt. Diese nichtgewählte erste Nachkriegsbürgerschaft erarbeitete eine Verfassung, auf deren Basis bereits im Oktober 1946 die ersten freien Wahlen nach dem Krieg stattfanden. Aus den Wahlergebnissen ging ein von der inzwischen neugegründeten SPD stark geprägter Senat hervor. Neuer Erster Bürgermeister der Stadt wurde der aus den USA zurückgekehrte, frühere Altonaer Bürgermeister Max Brauer, der mit Ausnahme einer Wahlperiode (1953-1957) elf Jahre lang die Stadt regierte und maßgeblich ihre Nachkriegsentwicklung beeinflusste. Mitte 1952 gab sich unter seiner Führung die Stadt Hamburg, die seit 1949 als Stadtstaat der Bundesrepublik angehörte, ihre endgültige Verfassung (6. Juni 1952).[52]

Unter den ersten Nachkriegsregierungen gelang es der Hamburger Wirtschaft sich erfolgreich zu erholen. Die Hafenfleete wurden von den Wracks freigeräumt und der gesamte Hafenbereich durch neue Umschlags- und Lagereinrichtungen umfassend modernisiert und durch ständige Investitionen immer wieder den neuen Anforderungen des Weltgüterverkehrs angepasst. Als sich beispielsweise Mitte der sechziger Jahre das Containersystem etablierte, wurden im Hafen zwei große Container-Terminals gebaut, die die Umschlagoperationen wesentlich erleichterten und beschleunigten. Um die Verkehrsverbindungen zwischen der Stadt, Übersee und dem deutschen Hinterland zu verbessern, wurde die Unterelbe vertieft und einer der größten Güterbahnhöfe Europas im Hafenbereich angelegt. Der Vorkriegsumschlag war zu jenem Zeitpunkt schon längst erreicht und überflügelt worden.[53] Ab 1951, als das Schiffsbauverbot weitgehend aufgelockert wurde, durften zudem die zahlreichen Hamburger Werften ihre Arbeit wieder aufnehmen. Obwohl Großwerften wie Blohm & Voss und die Deutsche Werft anfangs von Demontagen beeinträchtigt worden waren, konnten sie sich nach einigen Jahren wieder behaupten, was zwischen 1950 und 1960 zur Verdopplung der Zahl der Beschäftigten in diesem Sektor führte. Eine wesentliche Rolle im Wiederaufstieg

---

52   Kleßmann, Geschichte der Stadt Hamburg (1981), S. 583–594.
53   Ernst Heyer, Hamburg. Wirtschaft zwischen Übersee und Binnenland, Essen 1966, S. 24.

der Werftindustrie nach dem Krieg spielten die Suez-Krise von 1956, die das internationale Interesse für Supertanker weckte, eine Unterbewertung der Deutschen Mark im Vergleich zum Dollar, die die Hamburger Werften stark konkurrenzfähig machte, und schließlich eine robuste interne Nachfrage.[54] Die wachsende internationale Konkurrenz und die Sättigung des inneren Marktes beendeten allerdings diese kurze Blütephase der Hamburger Hafenindustrie. Viele Großwerften mussten in den sechziger Jahren schließen (Deutsche Werft, Stülcken-Werft, Howaldt Werft) und ihre Belegschaften entlassen. Lediglich der Werft Blohm & Voss, die rechtzeitig ihr Angebot zu diversifizieren wusste, indem sie neben Neubau u. a. auch Reparaturen und Maschinenbau betrieb, gelang es diese Krise zu überwinden.[55] Trotz der Hafenindustrie und der Präsenz weiterer Industriebranchen wie des Maschinenbaus, der Elektrotechnik, der Tabak-, Gummi- und Metallverarbeitung sowie der Chemie blieb das lokale Wirtschaftsleben, wie in der Vergangenheit, maßgeblich von den Bereichen Handel und Verkehr geprägt. Wichtigster Arbeitgeber der Stadt war deshalb der tertiäre Sektor, der 1960 etwa 57,3 Prozent und 1970 62,9 Prozent der Hamburger Arbeitnehmer beschäftigte.[56]

Trotz der durch die Errichtung des „Eisernen Vorhanges" starken Verringerung der traditionellen Handelsbeziehungen mit dem unmittelbaren ostdeutschen Hinterland und mit den Ländern Mittel-Osteuropas sowie der geographisch bedingten Behauptung der Häfen von Amsterdam und Rotterdam als wichtigste Umschlagplätze in Westeuropa war es einer dynamischen Hamburger Kaufmannschaft und den Stadtregierungen gelungen, Hamburg wieder zu einer wirtschaftlichen Spitzenreiterposition in Deutschland und in Europa zu verhelfen. Dennoch, die wachsende Bedeutung des Schienen-, Strassen- und Lufttransports sowie die verlorene geographische Zentralität im internationalen Warenverkehr unterminierten immer mehr die alte, noch stark hafen- und handelsabhängige Struktur der Hamburger Wirtschaft. Es wurde somit in den siebziger und achtziger Jahren versucht die traditionelle Ökonomie durch die Förderung neuer Sparten wie der Technologie- und Telekommunikationsbranche zu ergänzen.[57] In dieser Phase der Neuorganisierung der lokalen Wirtschaft bescherte der Fall des „Eisernen Vorhanges" der Stadt unerwartet erneut eine zentrale Rolle als europäischer Verkehrsknotenpunkt und damit auch neue ökonomische Impulse.

---

[54] Arnold Sywottek, Hamburg seit 1945, in: Loose/Jochmann (Hg.), Hamburg. Geschichte der Stadt und ihrer Bewohner (1986), Band II, S. 377-468, hier: S. 406ff.

[55] Hans-Hermann Hartwich, Freie und Hansestadt Hamburg. Die Zukunft des Stadtstaates, Hamburg 1987, S. 21-23.

[56] Ebenda, S. 34, 38.

[57] Ebenda, S. 37.

Der Schauplatz dieser Entwicklungen war eine Stadt, deren Antlitz der Zweite
Weltkrieg weitgehend verändert hatte. Einige Fleete und Kanäle existierten nicht
mehr, Stadtplaner hatten aus der durch den Krieg vollständig zerstörten alten
Innenstadt ein anonymes Büro- und Geschäfteviertel gemacht und die traditionelle
Koexistenz von Wohnhäusern und Industrien, die manchen Hamburger Straßen-
zug geprägt hatte, war im Abbau begriffen. Aus alten Industriestadtteilen wie beispielsweise Barmbek und Ottensen wurden ruhige Arbeiterwohnviertel. Da die
Innenstadt ihren Wohncharakter verlor, wuchs die Wohndichte in den benachbarten Stadtteilen wie Eimsbüttel, Eppendorf und Winterhude, aber auch in verschiedenen ländlichen Vororten Hamburgs, die dank der zunehmenden individuellen
Motorisierung immer mehr an Attraktivität gewannen. Lebten bei Kriegsende nur
noch etwa eine Million Menschen in Hamburg, war bereits Mitte der fünfziger
Jahre der Vorkriegsstand von etwa 1,7 Millionen erreicht worden. Eine Zahl, die
bis Mitte der Sechziger nach oben stieg, um später wieder auf die 1,7 Millionen
zurückzufallen und sich in dieser Größenordnung zu stabilisieren.[58]

2.2.   Gründe und Entwicklung der Ausländerpräsenz in Hamburg

Mit dem Ende der kriegerischen Auseinandersetzungen und der Befreiung durch
die Engländer wurden alle Ausländer, die während des Krieges nach Hamburg
gekommen bzw. deportiert worden waren, zu *Displaced Persons* (DP) erklärt. Sie
bekamen von der britischen Militärregierung zunächst ärztliche Versorgung, Verpflegung und Kleidung und wurden dann innerhalb weniger Monate mit Repatri-
ierungstransporten in ihre Heimatländer zurückbefördert. Einige Tausend Personen meist polnischer und lettischer Herkunft wollten aus politischen Gründen
nicht repatriiert werden und blieben in Hamburg.[59] Anlässlich der ersten Nach-
kriegsvolkszählung in Hamburg im Oktober 1946 war von den etwa 100.000 Ausländern[60], die bis vor wenigen Monaten in der Stadt gearbeitet und Hunderte von
Lagern bewohnt hatten, praktisch keine Spur mehr vorhanden. Die Statistiker registrierten die Präsenz von lediglich 7.335 ausländischen Staatsangehörigen, von
2.827 Staatenlosen und schließlich von 156 Personen, deren Herkunft nicht ge-
klärt werden konnte. Hinzu kamen noch etwa 6.000 DPs.[61] Zusammen waren es
weniger Ausländer als Mitte 1939, als noch etwa 16.000 ausländische Staatsangehörige in der von den Nationalsozialisten beherrschten Stadt lebten.[62] Der in den
folgenden Jahren einsetzende deutsche Wirtschaftsboom verursachte dann jedoch

---

[58] Sywottek, Hamburg seit 1945 (1986), S. 379ff.
[59] Wagner, Displaced Persons in Hamburg (1997), S. 57ff.
[60] „Hälfte der Fremdarbeiter abtransportiert", in: Neue Hamburger Presse vom 9. Juni 1945.
[61] StatLHH (Hg.), StatHS, Heft XXXV (1950), S. 13 und 18.
[62] StatR (Hg.), StatDR, Band 552 (1943), S. 28.

einen erneuten starken Zustrom von Ausländern, der die Zusammensetzung der Stadtbevölkerung und das äußere Antlitz der Stadt entscheidend verändert hat.

Wie Tab.V.5 zeigt, war bereits 1956 die Anzahl der Ausländer in der Stadt auf etwa 21.000 Personen angestiegen. Dieser Anstieg ist vor allem auf den erneuten Zuzug von ausländischen Kaufleuten und kaufmännischen Angestellten im Rahmen des damaligen Wiederaufblühens des Hamburger Handels zurückzuführen.[63] In den fünfziger Jahren hatten aber, trotz einer noch relativ hohen lokalen Arbeitslosenquote (1955 über sechs Prozent),[64] einige Hamburger Firmen bereits angefangen ausländische Arbeitskräfte anzuwerben, um Stellen zu besetzen, die aus verschiedenen Gründen (z.B. besondere körperliche Belastung, Schmutz und geringe soziale Anerkennung) von den Einheimischen gemieden wurden.[65] Bis Mitte der fünfziger Jahre handelte es sich jedoch lediglich um vereinzelte Personen, die nach Hamburg kamen.

Tab. V.5: Hamburger Bevölkerung 1946 – 1999

	Bevölkerung insgesamt	Deutsche	Ausländer	Ausländeranteil in %
		Bevölkerung		
29.10.1946	1.406.158	1.395.840	7.335	0,5
31.12.1956	1.760.098	1.739.479	20.619	1,1
31.12.1966	1.847.267	1.773.997	73.270	3,9
31.12.1976	1.698.615	1.581.292	117.323	6,9
31.12.1986	1.571.267	1.406.699	164.568	10,5
31.12.1996	1.707.986	1.448.514	259.472	15,2
31.12.1999	1.704.735	1.431.649	273.086	16,0

Quelle: StatLHH (Hg.), StatHS, Heft XXXV (1950), S. 13; StatJbHH 1957 (1957), S. 12; StatJbHH 1966/1967 (1967), S. 12; HZe 1970-1997, Heft 10 (1999), S. 10; Ausländer in Hamburg 1999 (2000), S.1. Eigene Berechnungen.

Zwischen Ende der fünfziger und Anfang der sechziger Jahre nahm dann der anhaltende Zuzug von Ausländern einen ausgeprägteren Arbeitercharakter an. Auch der Hamburger Arbeitsmarkt hatte, wie es schon in anderen Bundesländern der Fall war, die Vollbeschäftigung nahezu erreicht. Um den wirtschaftlichen Aufwärtstrend nicht durch teure Rationalisierungsmaßnahmen und eine extreme Erhöhung der Lohnkosten zu bremsen, sahen sich auch die Hamburger Firmen veranlasst eine erhebliche Zahl ausländischer Arbeitskräfte einzusetzen. Die meisten von ihnen kamen aus Italien, Griechenland, der Türkei, Jugoslawien, Portugal und

---

[63] StatLHH (Hg.), HZa 1971 (1972), S. 241.

[64] „Im Frühjahr kommen Arbeitskräfte aus Italien", in: Handelsblatt vom 4. November 1955.

[65] Kleßmann, Ausländer in Hamburg (1993), S. 33.

Abb.V.2: Der Hamburger Raum heute

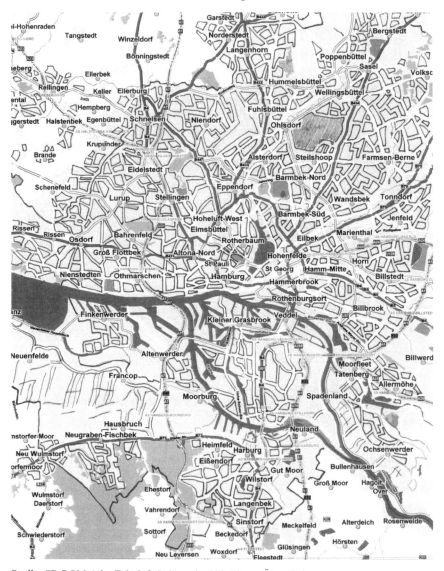

Quelle: CD-ROM-Atlas Tele-Info Italia s.r.l, 1998. Eigene Überarbeitung.

Spanien (vgl. Tab. V.6). Es handelte sich um Länder, in denen anders als in
Deutschland der wirtschaftliche Aufschwung gar nicht oder nur in einigen Gebieten stattgefunden hatte. Mit diesen Staaten hatte die Bundesrepublik Abkommen
über die Anwerbung und Vermittlung von Arbeitern nach Deutschland abge-
schlossen, die die Einreise und den Aufenthalt der angeworbenen Arbeitskräfte
regelten. Ihren Bedarf hatten die deutschen Firmen bei den örtlichen Arbeitsämtern zu melden, die ihnen Arbeiter aus diesen Ländern (den „Anwerbeländern")
vermittelten. Wie bereits dargestellt war der erste Staat, mit dem die Bundesrepublik ein Abkommen unterzeichnete, 1955 Italien, und Italiener waren auch die ersten nach dem neuen Verfahren angeworbenen Arbeitskräfte, die in Hamburg eintrafen.[66]

Tab. V.6: Ausländer in Hamburg nach ihrer Staatsangehörigkeit 1946 – 1999
(ausgewählte Nationalitäten)

Hauptanwerbest.	29.Okt. 1946	31.Dez. 1956	31.Dez. 1966	20.Sept. 1976	20.Sept. 1986	31.Dez. 1996	31.Dez. 1999
Italien	439	791	7.842	6.332	6.228	6.959	7.073
Spanien	83	324	6.100	4.536	(3.700)	3.846	3.671
Portugal	.	48	2.398	8.119	5.986	9.886	10.272
Türkei	25	205	7.520	34.129	53.117	71.661	67.387
Griechenland	159	374	5.684	7.217	6.758	8.681	8.345
Jugosl. ('99 ehem. Ju.)	84	770	3.935	18.653	19.838	40.932	35.729
Andere							
Österreich	1.361	2.358	5.021	4.125	(4.400)	4.269	4.068
Holland	1.084	1.391	2.432	2.014	(2.200)	2.530	2.274
Dänemark	719	920	1.798	1.409	.	2.335	2.047
Schweiz	383	633	1.776	.	.	1.262	1.326
Belgien	235	237	429	.	.	.	.
Polen	259	2.603	2.398	1.126	10.939	18.874	19.072
Großbritannien	183	1.221	2.966	3.893	.	.	5.177
Schweden	176	452	860	.	.	1.526	1.383
USA	307	612	2.395	.	.	3.958	4.115
Frankreich	245	357	1.402	1.820	.	4.353	4.381
Afghanistan	.	.	138	344	3.261	12.464	16.471
Iran	.	794	1.878	2.525	7.661	13.651	13.800
Ges.	7.335	20.619	73.270	122.624	174.704	259.472	273.086

Quelle: StatLHH (Hg.), StatHS, Heft XXXV (1950), S. 13; StatJbHH 1957 (1957), S. 12;
StatJbHH 1966/67 (1967), S. 12; StatTbHH 1997 (1998), S. 38; HZe 1970-1997, Heft 10 (1999),
S. 10. StatB (Hg.), StatJbBRD 1987 (1987), S. 68. AHH (Hg.), Ausländer in Hamburg 1999
(2000), S. 1.

---

[66] Unveröffentlichte Statistiken über die Vermittlung italienischer Arbeitskräfte nach Hamburg
durch die DK, AAHH.

Wurden 1956 etwa 21.000 Ausländer in Hamburg gezählt, hatte sich infolge der
Zuwanderung aus den Anwerbestaaten diese Zahl in nur zehn Jahren mehr als
verdreifacht (etwa 73.000 Personen). Allerdings stellten einen großen Teil davon
Ausländer, die nicht aus den Hauptanwerbestaaten kamen und deshalb nicht dem
Umfeld der Arbeitermigration im engsten Sinne zuzurechnen waren. 1960, am
Anfang der „Gastarbeiter"-Migration, waren es etwa 83 Prozent und 1970 etwa 42
Prozent der Ausländer in der Stadt. Wahrscheinlich handelte es sich dabei, wie in
den Nachkriegsjahren, um Kaufleute und Beschäftigte der Handelsbranche, die
sich aufgrund der Bedeutung Hamburgs als Handelsstandort in der Stadt nieder
gelassen hatten.

Die angeworbenen Arbeiter, die zwischen den fünfziger und siebziger Jahren nach
Deutschland kamen, um meistens wenig qualifizierte Tätigkeiten zu verrichten,
waren in vielerlei Hinsicht, z.B. bei der Entlohnung und der gesundheitlichen
Versorgung, ihren deutschen Kollegen gleichgestellt, aber sie wurden durch zahlreiche rechtliche Hürden an einer eventuellen Niederlassung in der BRD gehindert. In Zeiten der Vollbeschäftigung wurden allerdings die rechtlichen Möglichkeiten zur Arbeits- und Aufenthaltsbeschränkung der Ausländer von den Behörden kaum angewendet und die „Gastarbeiter" brachten Kinder und Ehefrauen
nach Deutschland oder gründeten dort eine Familie und schlugen damit Wurzeln
in einem Land, das de facto seitdem zum Einwanderungsland wurde. Um diese
wirtschafts- und sozialpolitisch ungewollte Tendenz zu stoppen, verhängte, wie
bereits dargestellt, die Bundesregierung 1973 einen sogenannten Anwerbestopp.[67]
Die Rechnung ging jedoch nicht auf, da die Ausländerzahl weiter in die Höhe
schnellte. Die Italiener und die Griechen durften sich beispielsweise als EWG-
Angehörige ohne Einschränkungen weiterhin auf Arbeitssuche nach Deutschland
begeben, und viele Türken kamen im Rahmen der Familienzusammenführung
weiterhin ins Land. Dank einer entgegenkommenden Gesetzgebung kamen ferner
zahlreiche Asylbewerber nach Deutschland, die vor rassistischer oder politischer
Verfolgung oder vor Bürgerkriegen flohen und in der BRD aufgenommen wurden, beispielsweise die Afghanen und die Iraner.[68]

Nach der Lockerung der Grenzen nach Osten in der zweiten Hälfte der achtziger
Jahre und nach dem Ende des Kalten Krieges verstärkte sich außerdem auch die
Einwanderung von asylsuchenden Osteuropäern, die ebenfalls zahlreich aufgenommen wurden[69] – die Zahl der Polen etwa stieg von etwa 1.100 im Jahre 1976
auf etwa 18.800 im Jahre 1996. Schließlich stieg in den neunziger Jahren aufgrund der Kriege auf dem Balkan die Zahl der Personen aus dem ehemaligen

---

[67] Herbert, Geschichte der Ausländerpolitik (2001), S. 227ff.
[68] Ebenda, S. 263ff.
[69] Ebenda, S. 274ff.

Jugoslawien. Im Jahre 1999 war die Zahl der Ausländer in der Stadt damit auf rund 273.000 Personen angestiegen. Zu jenem Zeitpunkt war Hamburg nunmehr zum Einwanderungsland geworden, da die Zahl der beschäftigten Ausländer mit etwa 63.000 Personen der von 1972 glich.[70] Anstatt hochmobiler ausländischer Arbeiter wie in den sechziger Jahren kamen also vorwiegend ausländische Familien in die Stadt und ließen sich dort nieder. Die stärkste Ausländergruppe stellen seit Ende der sechziger Jahre die Türken, gefolgt von den Zuwanderern aus dem ehemaligen Jugoslawien. Die Zahl der Spanier und Griechen, vor allem aber der Italiener, die als erste „Gastarbeiter" nach Hamburg gekommen waren, hat sich dagegen seit den sechziger Jahren in absoluten Zahlen nicht oder nur wenig erhöht, da die wirtschaftliche Entwicklung ihrer Heimatländer den früheren Emigrationsstrom weitgehend gestoppt hat. Eine Ausnahme stellen die Portugiesen dar, deren Zahl in den letzten Jahren etwas im Steigen begriffen ist.

Trotz der in absoluten Zahlen ab Anfang der sechziger Jahre beachtlichen Präsenz von Ausländern war der Ausländeranteil an der gesamten Stadtbevölkerung der Millionenstadt Hamburg lange Zeit eher bescheiden im Vergleich zu anderen deutschen Städten. Während beispielsweise Stuttgart bereits 1970 einen Ausländeranteil von etwa 12,2 Prozent hatte[71], wurde diese Größenordnung in Hamburg erst Anfang der neunziger Jahre erreicht. Heute liegt sie bei etwa 16 Prozent.

3.   Die italienische Präsenz vor dem deutsch-italienischen Anwerbeabkommen von 1955

3.1.   Die „alteingesessene" italienische Bevölkerung unmittelbar nach dem Krieg

Ende Mai 1945 befanden sich in der weitgehend zerstörten Stadt Hamburg mehr als 25.000 Italiener. Der größte Teil davon setzte sich aus ehemaligen italienischen Militärinternierten und aus einigen Hundert italienischen Zivilisten zusammen, die im Laufe des Krieges zu einem mehr oder weniger freiwilligen „Reichseinsatz" in Hamburg verpflichtet worden waren. Diese beiden Gruppen lebten auf 42 Lager verteilt, in denen sie nach Jahren der Entbehrung von den Briten mit Nahrungsmitteln, Kleiderstücken und Arzneimitteln versorgt wurden und ungeduldig auf ihre Repatriierung warteten. Während die britische Militärregierung diese aber verzögerte, weil angeblich entsprechende Vereinbarungen mit Italien noch fehlten[72], ereigneten sich im Juli 1945 einige gewalttätige Zwi-

---

[70] AHH (Hg.), Ausländer in Hamburg 1999, Hamburg 2000, S. 1 und 6.
[71] Gentileschi, La collettività italiana di Stoccarda (1977), S. 250.
[72] „Hälfte der Fremdarbeiter abtransportiert", in: Neue Hamburger Presse vom 9. Juni 1945.

schenfälle zwischen Italienern und Deutschen, die möglicherweise auf die seit
September 1943 (dem Zeitpunkt des vermeintlichen „Verrates") gespannten Beziehungen zwischen ihnen zurückzuführen waren. Diese Auseinandersetzungen
waren zwar nicht von großem Ausmaß, bewogen jedoch die Briten zu einer zügi-
gen Repatriierung der Italiener, die tatsächlich am 25. Juli in Gang gesetzt wurde.
Am 15. August hatten durch sieben nächtliche Transporte, die jeweils 2.000 Mann
repatriierten, bereits 14.000 Italiener die Stadt verlassen. Weitere, auch aus
Schleswig-Holstein, wurden in den folgenden Wochen zurückbefördert. Anfang
September befand sich von den mehreren Tausend Italienern, die während des
Krieges nach Hamburg gekommen waren, keiner mehr in der Stadt.[73]

In der Stadt zurückgeblieben war lediglich die Gruppe der Italiener, die bereits
seit langer Zeit in Hamburg lebten – manche sogar seit vor dem Ersten Weltkrieg – und für die die Stadt zur Heimat geworden war. Diese Personen waren
trotz des Krieges, des italienischen „Verrates" im September 1943 und der damit
verbundenen antiitalienischen Stimmung in Hamburg geblieben, wo sie bereits
zuvor tiefe Wurzeln geschlagen hatten und als „integriert" galten (vgl. hier, Kapitel IV.5.2). Die engagierte Mitarbeit einiger dieser in Hamburg ansässiger Italiener in örtlichen italienischen faschistischen Organisationen zog offenbar keine besonderen Konsequenzen nach sich.[74] Alle in der Stadt lebenden Italiener nahmen
nach dem Krieg ihre gewohnten Tätigkeiten wieder auf. Ligurische Familien wie
die Gattorna, die Ginocchio. und die Basso widmeten sich wieder dem Spielzeughandel, so dass Wochen- und Jahrmärkte in und um Hamburg bald erneut von Italienern besucht wurden, die ihre Scherzartikel feilboten. 1947 waren 23 von den
288 für den Sommerdom in Hamburg angemeldeten Verkäufer Italiener, darunter
19 Spielwarenhändler.[75] Die friaulischen Familien Monti und Rizzotti setzten wieder den Terrazzobau in Gang.[76] Wie der Interviewpartner H. Monti berichtet, der
die gleichnamige Firma mitleitete, erlebte nach dem Krieg der *Terrazzo* eine
regelrechte Boomphase:

Nach dem Krieg wurde ja sehr sehr einfach gearbeitet [...] damals wurde ja der Begriff der modernen Sachlichkeit geprägt [...] im Grunde als logische Folge der Bauhaus- Architektur. Die Bau-
haus-Architektur war ja formal sehr streng ausgeprägt und das passte natürlich auch so in das einfache Denken der Nachkriegszeit hinein. [...] man wollte es gerade und sachlich haben. Und in der

---

[73] Wagner, Displaced Persons in Hamburg (1997), S. 19.

[74] Lediglich der letzte Leiter der italienischen Faschisten in Hamburg, O. Palazzi [Name geän-
dert], wurde von den Briten in Neuengamme anderthalb Jahre lang eingesperrt. Siehe Interview mit A. Palazzi [Name geändert], FZH, WdE 684, Interview vom 5. Dezember 2000, S. 7.

[75] Liste der für den Hamburger Sommerdom 1947 angemeldeten Personen (Buch), StAHH, Bestand 376-17, Akte 483.

[76] Interviews mit H. Monti, FZH, WdE 703, Interview vom 20. November 2000, S. 3. Interview
mit I. Rizzotti, FZH, WdE 685, Interview vom 7. Dezember 2000, S. 14.

Zeit war der *Terrazzo* ja auch der einfache Boden für den Wiederaufbau [...] da haben wir Bäder, Küchen, Treppenhäuser gemacht [...] sehr sehr viel. In allen sozialen Wohnungsbauten, die hier gemacht wurden, [wurden] Küchen [und] Treppenhäuser in *Terrazzo* gemacht. Das war billig damals.[77]

Wie die friaulischen Terrazzobauer nahmen auch venetische Eishändler, wie die Filippi, ihre Tätigkeit wieder auf. Ebenso die Sizilianer, die sich erneut ihrem vor dem Krieg so erfolgreichen Geschäft mit Zitrusfrüchten widmeten. Insgesamt dürfte dieser Einwandererkern etwa vier- bis fünfhundert italienische Staatsangehörige gezählt haben, da im Oktober 1946 439 Italiener in der Stadt gezählt wurden.[78]

3.2.   Neue Zuwanderer: Norditalienische Saisonarbeiter und neapolitanische Stoffhändler

Die italienische Präsenz in der Stadt wuchs bald über die bescheidenen Dimensionen der unmittelbaren Nachkriegszeit hinaus. Das Wiederbeleben traditioneller italienischer Tätigkeitsfelder wie das Terrazzoverlegen oder der Eishandel brachte erneut eine gewisse saisonale und permanente Arbeitswanderung von friaulischen Terrazzoarbeitern und venetischen Eiskonditoren mit sich.[79] Es handelte sich zum Teil auch um Arbeiter, die bereits in früheren Jahren nach Hamburg gekommen waren. Manche von ihnen gehörten offenbar zu Arbeiterfamilien, die im Ausland traditionell immer für denselben Betrieb arbeiteten. Bei der Terrazzofirma Monti wurden beispielsweise nach 1945 saisonale Arbeitskräfte aus dem Friaul beschäftigt, die bereits zwischen den Kriegen dort tätig waren und deren Väter sogar bereits im Kaiserreich in Hamburg für diese Firma gearbeitet hatten.[80]

Die trotz aller Zerstörungen wieder aufblühende Metropole wurde außerdem schnell wieder zum Anziehungspunkt für mehrere neapolitanische fliegende Stoffhändler. Wie bereits vor 1945 konzentrierten sich letztere in St. Georg, wo sie wohnten und Lagerhallen unterhielten. Am Anfang der fünfziger Jahre handelte es sich nach dem neapolitanischen Interviewpartner und ehemaligen fliegenden Stoffhändler S. Gennari[81] um etwa 150 Personen, meistens junge Leute, die teilweise betrügerischen Stoffhandel betrieben. Ihre Zahl stieg anscheinend bis Ende des Jahrzehnts bis auf etwa 200 an. Aufgrund ihrer dunklen Geschäfte wurde die

---

[77] Interview mit H. Monti, FZH, WdE 703, Interview vom 20. November 2000, S. 4.

[78] StatLHH (Hg.), StatHS, Heft XXXV (1950), S. 13.

[79] JaBerMCI 1954, BAO, Bestand 06-11-20, Akte 1/Italienerseelsorge/Allgemeines 1945 – 1984. Ferner: Interview mit H. Monti, FZH, WdE 703, Interview vom 20. November 2000, S. 3.

[80] Interview mit H. Monti, FZH, WdE 703, Interview vom 20. November 2000, S. 3.

[81] Interview mit S. Gennari [Name geändert] vom 17. Juni 1999.

Hamburger Kriminalpolizei auf sie aufmerksam. Im April 1956 hatte sie höchstwahrscheinlich einen dieser Händler aufgestöbert:

Am 21. April 1956 wurde ein 34jähriger Staatenloser, der erst kürzlich von Stuttgart nach Hamburg gekommen war, festgenommen. Zusammen mit einem noch unbekannten Italiener trat er als
betrügerischer Teppichhändler auf, indem er Jute-Teppiche als echte ‚Perser' verkaufte. Die Tep-
pichwaren waren mit Plomben und Etiketten versehen und trugen das orientalische Halbmondzei-
chen. Die Täter, die im übrigen einen PKW benutzten, zeigten zur weiteren Täuschung der Käufer
eine Zollbescheinigung und erzielten für einen Teppich, der regulär 160 DM kostete, bis zu 600
DM.[82]

Auch im Juni wurde in Hamburg ein italienischer Stoffhändler festgenommen,
weil er sich – so die Kripo – „in Uffenheim als betrügerischer Wolldeckenverkäu-
fer betätigt hatte".[83] Vermutlich sind also die zwölf im Jahre 1956 angeordneten
Ausweisungen von Italienern aus Hamburg[84] diesen illegalen Geschäften mit
Stoffen zuzuschreiben.

Dem Interviewpartner nach, hatten diese fliegende Händler durch ihre Tätigkeit
durchaus gute Verdienste erzielen können. Sie führten in Hamburg offenbar ein
sorgenloses Leben, trugen teure Anzüge und besuchten alltäglich das Hamburger
Vergnügungsviertel St. Pauli, wo sie in Kneipen und Tanzlokalen die Abende
verbrachten. Diese Heiterkeit wurde allerdings des öfteren durch Streitereien mit
anderen Gruppen durchbrochen, die anscheinend in gewalttätige Aggressionen
mündeten.[85] Zwischen Ende der fünfziger und Anfang der sechziger Jahre verließen jedoch die meisten von ihnen die Stadt.[86] Nur wenige Stoffhändler, meist die,

---

[82] Kriminalpolizei Hamburg, Allgemeiner Monatsbericht des Kriminalamtes (April), 4. März
1956, StAHH, Bestand 331-1 II, Akte 560 Band 8.

[83] Kriminalpolizei Hamburg, Allgemeiner Monatsbericht des Kriminalamtes (Juni), 4. Juli 1956,
StAHH, Bestand 331-1 II, Akte 560 Band 8.

[84] Monatsberichte der Kriminalpolizei Hamburg, in: StAHH, Bestand 331-1 II, Akte 560 Band 8.
Eigene Berechnung.

[85] So die Erinnerungen von Orsola Procopio, Assistentin des damaligen italienischen katholischen Missionars in Hamburg: „Es gab damals in Hamburg ein Areal, das ‚das kleine Italien'
(um den Hauptbahnhof) genannt wurde, wo viele Italiener lebten: größtenteils ‚magliari' [die
neapolitanischen Stoffhändler – E.M.], gut ‚bekannt' aufgrund ihres ungenierten Umgangs mit
dem Messer und aufgrund der Tatsache, dass sie ihre Lupara [Jagdgewähr mit abgesägtem
Lauf – E.M.] immer parat hatten... Es fehlten sogar nicht häufig Gewalttat- und Blutepisoden".
Siehe: Fondazione Migrantes der CEI (Hg.), Germania, 1938 – 1990. Assistenza pastorale agli
internati e agli emigranti italiani. Una vita fatta storia. Mons. Alfredo Prioni. Missionario degli
italiani in Germania, Quaderno di „Servizio Migranti" 30, Rom 2000, S. 29. Eigene Übersetzung.

[86] JaBerMCI 1954, BAO, Bestand 06-11-20, Akte 1/Italiener Seelsorge-Allgemeines 1945 –
1984.

die in Hamburg Beziehungen mit deutschen Frauen eingegangen waren, ließen sich in Hamburg nieder.[87]

Nach dem Zweiten Weltkrieg erschien in Hamburg eine weitere Gruppe von Italienern. Diese Präsenz war durchaus ansehnlich, allerdings nicht dem Umfeld der Arbeitsmigration nach Deutschland zuzuschreiben. Es handelte sich um Seeleute, die auf italienischen Schiffen den Hamburger Hafen anliefen. Meist waren es italienische Frachtschiffe, „die im Kohlentransport von den USA nach Hamburg eingesetzt waren und etwa zwei Jahre ihrer italienischen Heimat fernblieben".[88] Die Umschlagsarbeiten erforderten damals einige Tage, so dass diese Schiffsbesatzungen eine ganze Weile in Hamburg blieben, wo sie meistens auf St. Pauli die Zeit totschlugen. Die Zahl dieser Italiener, die Monat für Monat in Hamburg eintrafen, war erheblich. Im ganzen Jahr 1953 hatten 60 italienische Mannschaften die Hansestadt erreicht.[89] 1954 liefen 105 italienische Schiffe den Hamburger Hafen an. Hinzu kamen noch einige weitere Einheiten, die unter anderen Flaggen fuhren, deren Mannschaften aber oft nur aus Italienern bestanden. Die Zahl der italienischen Seeleute, die so 1954 einige Tage in Hamburg verbrachten, belief sich auf etwa 4.000.[90] Gegen Ende der fünfziger Jahre ging aber die Zahl der italienischen Schiffe, die den Hamburger Hafen anliefen, stark zurück[91], vermutlich weil ihre Hauptaufgabe, der Kohlentransport, endete.

3.3.   Ein neues italienisches Zentrum: Die italienische katholische Mission

Die Wege der unterschiedlichen Gruppen von Italienern, die nach dem Krieg kurz- oder langfristig nach Hamburg kamen, kreuzten sich nach dem Untergang des Faschismus und seiner mit großem Aufwand propagierten Idee einer starken nationalen italienischen Identität nur gelegentlich. Mal besuchten die Stoffhändler und die Seeleute die um die Jahrhundertwende gegründete italienische Kneipe

---

[87]   Die wahrhaft bewegte Geschichte dieser neapolitanischen fliegenden Händler in Hamburg wurde 1959 von einem berühmten italienischen Regisseur, Francesco Rosi, als Hintergrund für eine Darstellung der schwierigen Beziehung zwischen italienischen Migranten und moderneren, dafür aber weniger humanen Gastländergesellschaften gewählt. Siehe: Centro di studi italiani in Svizzera (Hg.), Cinema e emigrazione. Materiali della rassegna cinematografica organizzata al Kunstgewerbemuseum di Zurigo dal 3 al 14 febbraio 1981, Zürich 1981, S. 8 und 44. Der Film (deutscher Titel: „Auf St. Pauli ist der Teufel los") spielt vorwiegend auf St. Georg und auf St. Pauli. Eine Szene spielt sich auch in der 1905 in Hamburg gegründeten italienischen Gastwirtschaft „Cuneo" ab.

[88]   Seemannspastor/Hamburg an Bischof von Osnabrück, 15. Juli 1960, BAO, Bestand 06-11-20, Akte 5/Italienerseelsorge/Regionen/Einzelne Orte/Hamburg 1958 – 1980.

[89]   JaBerMCI 1953, BAO, Bestand 06-11-20, Akte 1/Italienerseelsorge/Allgemeines 1945 – 84.

[90]   JaBerMCI 1954, BAO, Bestand 06-11-20, Akte 1/Italienerseelsorge/Allgemeines 1945 – 84.

[91]   Seemannspastor/Hamburg an Bischof von Osnabrück, 15. Juli 1960, BAO, Bestand 06-11-20, Akte 5/Italienerseelsorge/Regionen/Einzelne Orte/Hamburg 1958 – 1980.

„Cuneo" auf St. Pauli, mal wurden die italienischen Schiffe von einer seit langem in der Stadt bestehenden italienischen Schiffsausrüstungsfirma mit Proviant, Ersatzteilen und Dienstleistungen versorgt.[92] Dennoch fehlte eine starke Verbindung zwischen „Alteingesessenen" und anderen in Hamburg weilenden Italienern. Nach dem Krieg wurde zwar ein „Konsularkomitee für Italienerbetreuung" (*Comitato Assistenza Italiani*, kurz COASIT) gegründet, dem der Generalkonsul und die von ihm berufenen, gut situierten, „alteingesessenen" Italiener aus den früheren Zuwanderergenerationen angehörten.[93] Dieses Komitee veranstaltete gelegentlich Festlichkeiten[94], war aber im Übrigen anscheinend nicht sehr aktiv. Die italienische Republik favorisierte, wie die italienischen Regierungen vor 1914, im besten Fall eine „wurzelbewusste" Integration der Emigranten in den Aufnahmeländern und setzte sich somit, was die Förderung eines starken nationalen Bewusstseins und starken Bindungen zu Italien betraf, nicht sonderlich ein.[95] So wurde, anders als während des Faschismus, keinen großen Wert auf den Aufbau eines nationalen „Zentrums", wo eine nationale Identität und ein Zusammenhalt unter all den in Hamburg lebenden oder nur vorübergehend in der Stadt weilenden Italienern gepflegt werden konnten, gelegt. Das große Haus in der Feldbrunnenstrasse, die ehemalige *Casa del Fascio,* war zwar noch Sitz des italienischen Generalkonsulates, verlor aber seine Bedeutung als Treffpunkt für die Italiener.

Anfang der fünfziger Jahre fand jedoch eine Entwicklung statt, die mit ähnlichen Mitteln, aber mit gänzlich anderen Zielen als die der Faschisten, die zersplitterte italienische Bevölkerung in Hamburg wieder etwas zusammenbrachte und für neuen Zusammenhalt sorgte. Schon bald nach dem Krieg begann die katholische Kirche wie schon in der Vergangenheit eine seelische und soziale Betreuung zugunsten katholischer Migranten zu entfalten. Wieder sollten sprachkundige Missionare die örtlichen Geistlichen in der Betreuung der Migranten unterstützen.[96] Es entstanden somit Missionen in Berlin, Frankfurt am Main und München. Ende 1951 teilte der apostolische Nuntius in Deutschland dem Erzbischof in Osnabrück, der die geistliche Gerichtsbarkeit über Hamburg inne hatte, mit, dass die Konsistorialkongregation beschlossen habe, erstmals nun auch in der Hansestadt eine italienische Mission entstehen zu lassen, die sich der Seelsorge der dortigen und der in Bremen, in Schleswig-Holstein und in Niedersachsen lebenden

---

[92] Interview mit G. Visconte, FZH, WdE 664, Interview vom 29. September 2000, S. 6.

[93] Das war beispielsweise der Fall beim Italiener V. Picchi. Er wurde 1912 in Hamburg geboren und war damals Sekretär der italienischen Handelskammer. Interview mit V. Picchi, FZH, WdE 687, Interview vom 8. November 2000, S.1.

[94] Interview mit Emanuele Padula vom 22. Mai 1999.

[95] Sacchetti, Cento anni di „politica dell'emigrazione" (1978), S. 264, 269.

[96] Paolo Borruso, Le organizzazioni per l'assistenza sociale e religiosa agli emigranti italiani in Germania negli anni cinquanta e sessanta, in: Petersen (Hg.), L'emigrazione tra Italia e Germania (1993), S. 169-184, hier. S. 175.

Italiener annehmen sollte.[97] 1952 nahm somit ein italienischer katholischer Missionar eine ständige Betreuungsarbeit zugunsten der Italiener in Hamburg auf. Er bemühte sich, mit regelmäßigen Rundschreiben und Mitteilungen seine Landsleute an sich zu binden und bot neben der seelsorgerischen auch eine soziale Betreuung und eine gewisse Pflege heimatlicher Traditionen an. So schlüpfte er gewissermaßen in die alte Rolle der faschistischen Organisationen hinein, da er im Namen einer Doktrin, diesmal der katholischen Religion, alle Italiener zu erreichen und miteinander in Kontakt zu bringen versuchte. Obwohl dabei der Missionar an eine nationale italienische Identität appellierte, hatte dies nichts mit dem faschistischen Ziel gemeinsam, dadurch eine Assimilierung zu verhindern oder gar eine italienische „Fünfte Kolonne" im Ausland zu schaffen. Vielmehr sollte die Aktion des Missionars im Interesse der katholischen Kirche bei den Emigranten in nicht katholischen Ländern die Effekte der italienischen „Diaspora" – „gemischte Ehen, protestantisch getaufte Kinder und eine große Leichtfertigkeit, jede Religion als gut anzusehen"[98] – eindämmen.[99] Im Übrigen sollte „das Werk des Missionars einzig und allein als außerordentliche Assistenz und Koordinierung zur Einordnung des Einwanderers in das normale Leben des Staates, der ihn beherbergt," anzusehen sein.[100]

Ausgewählt für diese Arbeit im katholischen Niemandsland – 1950 waren lediglich 5,9 Prozent der Stadtbewohner römisch-katholisch[101] – und dazu in einer sich erst langsam vom Krieg erholenden Stadt wurde der aus dem Comer Bistum kommende – und des Deutschen kundige – Priester Alfredo Prioni. Eine Person, wie sich bald herausstellte, von besonders starkem Charakter, die sich mit Leib und Seele ihrer Aufgabe widmete und in kurzer Zeit zu einer Art Leitfigur aller Italiener in der Stadt wurde. Erster, dürftiger Sitz des Missionars war das St. Elisabeth-Kinderheim in Bergedorf. Von dort aus begann er am 9. Januar 1952 seine Tätigkeit, die besonders der Betreuung der vielen italienischen Seeleute und einiger hilfsbedürftiger italienischer Zuwanderer galt. Für diese Arbeit gelang es ihm, die tatkräftige Unterstützung des Generalkonsulates und der meist gut integrierten und ökonomisch gesicherten „alteingesessenen" Italiener[102] zu gewinnen, die er

---

[97] Apostolischer Nuntius/Bad Godesberg an Erzbischof von Osnabrück, 15. Dezember 1951, BAO, Bestand 06-11-20, Akte 1/Italienerseelsorge/Allgemeines 1945 – 1984.

[98] JaBerMCI 1954, BAO, Bestand 06-11-20, Akte 1/Italienerseelsorge/Allgemeines 1945 – 84.

[99] "Die Landsleute wissen nunmehr, dass die Kirche sie nicht in Stich gelassen und vergessen hat, und trauen nunmehr dem italienischen Missionar und seiner Arbeit". Siehe: JaBerMCI 1953, BAO, Bestand 06-11-20, Akte 1/Italienerseelsorge/Allgemeines 1945 – 1984. Eigene Übersetzung.

[100] JaBerMCI 1954, BAO, Bestand 06-11-20, Akte 1/Italienerseelsorge-Allgemeines 1945 – 84.

[101] StatLHH (Hg.), StatJbHH 1962 (1962), S. 14.

[102] Ligurier (Spielzeughandel) und Friauler (Terrazzobau) genossen laut Prioni die „ökonomische Situation einer normalen Familie", Veneter (Eishandel) und Sizilianer (Fruchtimport) eine

somit ihren neu zugewanderten Landsleuten näher brachte. Für die Seeleute organisierte er in Zusammenarbeit mit der Leitung des „Apostolates des Meeres" in
Hamburg Messen auf Italienisch auf den Schiffen sowie Musikabende und Feiern
im katholischen Seemannsheim. Hilfsbedürftigen Italienern kam er mit Rat sowie
Geld-, Lebensmittel- und Kleidungsspenden zur Hilfe.[103] Um den Zusammenhalt
unter den Italienern zu fördern, organisierte er darüber hinaus ab 1952 Weih-
nachtsfeiern, einige Stunden Italienischunterricht und sommerliche Aufenthalte in
italienischen Meeres- und Bergorten für die Kinder der „Kolonie" – so wurden
1953 etwa 33 Kinder nach Italien verschickt.[104]

Obwohl Prioni großen Wert auf die Schaffung eines ständigen Treffpunktes für
Italiener in Hamburg legte, konnte er lange Zeit dieses Vorhaben nicht verwirklichen. Dieser lang ersehnte Traum wurde erst 1954 wahr, als es ihm in Zusammenarbeit mit einer „Gruppe von Landsleuten" – wohl wieder einige „alteingesessene" Italiener – im Gebäude des im gerade neugegründeten Italienischen Kulturinstituts im Stadtviertel Harvestehude (Hansastraße)[105] gelang einige Räume zu
bekommen:

[Es handelt sich um – E.M.] zwei kleine Säle [...], in denen sich wöchentlich, jeden Mittwoch, die
hier ansässigen und auch die nur zeitweilig oder zu Besuch hier weilenden Italiener für ein paar
Stunden geselligen Beisammenseins treffen [können], oder aber auch über Dinge beraten und sie
zur Ausführung bringen, die die ganze italienische Kolonie in Hamburg betreffen.[106]

Zum bedeutenden Italienertreff entwickelte sich jedoch das Institut nicht. Vor allem „alteingesessene" Italiener verkehrten dort, wo sie mit ihren – meist deutschen – Frauen zum Plaudern und Kartenspielen zusammenkamen. Erst die 1955
in eigene Räumlichkeiten im Gebäude des „Apostolates des Meeres" am Baumwall eingezogene Mission wurde dank der ausgeprägten Persönlichkeit, der unkomplizierten Umgangsformen und der Zuverlässigkeit und Hilfsbereitschaft
Prionis schon bald auch zur Anlaufstelle vieler italienischer Neuzuwanderer.

Bis in die zweite Hälfte der fünfziger Jahre hinein hatte sich also vor allem dank
Prionis Arbeit unter den Italienern in der Stadt wieder ein gewisser Zusammenhalt
entwickelt, obwohl die italienische Bevölkerung zwischen gut integrierten „alteingesessenen" Italienern und italienischen Neuzuwanderern, darunter erste
„Gastarbeiter", deutlich gespalten war. Die Mission, die für Erstere eine eher nos-

---

„gute ökonomische Situation". JaBerMCI 1955, BAO, Bestand 06-11-20, Akte 1/ Italiener-
seelsorge/ Allgemeines 1945 – 1984.

[103] JaBerMCI 1953, BAO, Bestand 06-11-20, Akte 1/Italienerseelsorge/Allgemeines 1945 – 84.

[104] Ebenda.

[105] „Istituto Italiano", in: Handelsblatt vom 20. Januar 1954.

[106] JaBerMCI 1954, BAO, Bestand 06-11-20, Akte 1/Italienerseelsorge/Allgemeines 1945 – 84.

talgische Verbindung zur Heimat war, stellte für Letztere ein Ort des Rates und der Hilfe und schließlich eine Art „Schleuse" zwischen dem alten und dem neuen Leben dar:[107]

Die Mission muss [...] alles nur mögliche in die Wege leiten, damit sich der Emigrant, der die Sitten und Gebräuche des Landes noch nicht kennt, hier nicht vereinsamt und verloren fühlt, sondern im Missionar ein Stück seines Vaterlandes und seines Glaubens in der Art findet, wie er es von Kind an von seiner Mutter und seinem Pfarrer erworben hat.[108]

Noch ging es aber um vereinzelte Zuwanderer. Der Missionar konnte die Arbeit kaum ahnen, die mit der verstärkten Zuwanderung italienischer Arbeiter, die gegen Ende der fünfziger Jahre begann, auf ihn zukam.

4.   Die italienische Präsenz nach dem deutsch-italienischen Anwerbeabkommen

4.1.   Die neuen Zuwanderer

4.1.1.   Zahlenmäßige Entwicklung der italienischen Wohnbevölkerung

Da sich in der zweiten Hälfte der fünfziger Jahre der Hamburger Arbeitsmarkt schnell auf die Vollbeschäftigung zubewegte, boten sich immer mehr Arbeitsmöglichkeiten für italienische Arbeitsmigranten in der Stadt. Die italienische Wohnbevölkerung, die nach den Meldestatistiken Ende 1956 etwa 790 Personen zählte (vgl. Tab. V.7 auf S. 248), stieg bis zur Jahrzehntwende um etwa zweihundert Personen jährlich. Zwischen Ende der fünfziger und Anfang der sechziger Jahre schnellte dann die Zahl der Italiener in Hamburg in die Höhe. Ende 1961 waren etwa 5.000 italienische Staatsangehörige in Hamburg anwesend. Die Zunahme der italienischen Wohnbevölkerung ging bis zur Jahreswende 1966/67 tendenziell weiter und erreichte damals mit 7.842 Italienern ihren absoluten Gipfel. Dann brach eine wirtschaftliche Rezession aus und mehrere Hundert von ihnen kehrten zurück. Im Dezember 1967 befanden sich nur noch 5.464 Italiener in Hamburg. Die wirtschaftlichen Engpässe waren aber nur von kurzer Dauer. Bereits ein Jahr später begann die italienische Wohnbevölkerung erneut zu wachsen und erreichte Ende 1969 etwa 7.000 registrierte Personen. In den folgenden Jahren, mit dem Abnehmen des deutschen Wirtschaftswachstums, der steigenden Konkurrenz von Arbeitern aus anderen Staaten (Jugoslawen, Türken usw.) auf dem deutschen Ar-

---

[107]   Zum Konzept der „Schleuse" zwischen Herkunfts- und Aufnahmegesellschaft siehe: Klaus J. Bade, Einheimische Ausländer: „Gastarbeiter" – Dauergäste – Einwanderer, in: ders. (Hg.), Deutsche im Ausland - Fremde in Deutschland (1992), S. 393-400, hier: S. 397.

[108]   JaBerMCI 1955, BAO, Bestand 06-11-20, Akte 1/Italienerseelsorge/Allgemeines 1945 – 84.

beitsmarkt und schließlich mit der wirtschaftlichen Entwicklung im Heimatland nahm die Zuwanderungsbewegung ab.

Tab. V.7: Italienische Staatsangehörige in Hamburg 1946 – 1999

	Gesamt		Gesamt		Gesamt		Gesamt		Gesamt
29.10.1946	**439**	1964	**7.568**	1973	**6.762**	1982	**6.729**	1991	**6.471**
31.12.1956	**791**	1965	**5.889**	1974	**6.783**	1983	**6.433**	1992	**6.455**
1957	**999**	1966	**7.842**	1975	**6.738**	1984	**6.101**	1993	**6.566**
1958	**1.193**	1967	**5.464**	1976	**6.332**	1985	**6.103**	1994	**6.564**
1959	**1.727**	1968	**5.703**	1977	**6.494**	1986	**6.228**	1995	**6.727**
1960	**3.779**	20.9.1969	**6.969**	1978	**6.462**	31.12.1987	**6.433**	1996	**6.959**
1961	**5.054**	1970	**6.447**	1979	**6.642**	1988	**6.477**	1997	**6.070**
1962	**5.643**	1971	**6.665**	1980	**6.859**	1989	**6.255**	1998	**6.908**
1963	**6.979**	1972	**6.607**	1981	**6.946**	1990	**6.334**	1999	**7.073**

Quelle: StatLHH (Hg.), StatHS, Heft XXXV (1950), S. 13; StatJbHH, jeweilige Jahrgänge (bis 1969); HZe 1970-1997, Heft 10 (1999), S. 10 (bis 1997). AHH (Hg.), Ausl. in HH 1999 (2000), S.1.

Tab. V.8: Italienische Staatsangehörige in deutschen Städten 1974 – 1994

1974		1980		1994	
Stadt	Italiener	Stadt	Italiener	Stadt	Italiener
München	(30.000)	München	(24.300)	München	(22.300)
Köln	(19.200)	Köln	(23.300)	Köln	(21.100)
Stuttgart	(18.800)	Stuttgart	(18.700)	Frankfurt/M.	(16.600)
Frankfurt/M.	(15.300)	Frankfurt/M.	(18.700)	Stuttgart	(15.700)
Wolfsburg	(9.300)	Düsseldorf	(9.200)	Berlin	(9.300)
Düsseldorf	(8.900)	Wuppertal	(8.800)	Mannheim	(8.800)
Mannheim	(8.700)	Wolfsburg	(8.700)	Saarbrücken	(7.600)
Nürnberg	(8.500)	Nürnberg	(8.300)	Düsseldorf	(7.300)
Wuppertal	(8.200)	Mannheim	(7.900)	Nürnberg	(7.100)
Saarbrücken	(8.100)	Saarbrücken	(7.400)	Wuppertal	(6.900)
Solingen	(7.000)	Solingen	(7.200)	**Hamburg**	**6.564**
Hamburg	**6.783**	**Hamburg**	**6.859**	Wolfsburg	(6.300)

Quelle: StatB (Hg.), Fachserie A, Reihe 1 VI (1975), S. 16; Fachserie 1, Reihe 1.4 (1981), S. 24; Fachserie 1, Reihe 2 (1995), S. 22.

Aufgrund der Niederlassung vieler italienischer Migranten bildete sich im Laufe der sechziger und siebziger Jahre ein Einwandererkern in Hamburg heraus, der heute, „Alteingesessene" und neue Zuwanderer zusammengerechnet, wahrscheinlich aus etwa 5.000 bis 6.000 Personen besteht. Seit jenen Jahren schwankt die Zahl der Italiener in der Stadt - bei einer jährlichren Zu- und Abwanderungsbewegung von einigen Hundert Personen – zwischen einer Mindestzahl von 6.101 (Ende 1984) und einer maximalen Zahl von 7.073 Personen (Ende 1999).

Die Italiener stellten von 1961 bis 1967 die größte ausländische Gruppe in Hamburg dar, gefolgt, der Reihe nach, von der spanischen und der griechischen. In den folgenden Jahren nahm die türkische Gruppe stark zu und am Ende des Jahrzehnts die der Jugoslawen. Als Anfang der siebziger Jahre (1970) die Italiener knapp 6.500 Personen zählten, war die Zahl der Türken bereits auf 14.508 und die der Jugoslawen auf 11.658 angestiegen. In jenen Jahren belief sich die Zahl der Spanier und der Portugiesen auf etwa 4.500 Personen, während sich die Zahl der Griechen dagegen der der Italiener annäherte. 1999 stellten die Italiener mit 7.073 Personen die achtgrößte ausländische Gruppe in der Hansestadt. Bis auf die erste Hälfte der sechziger Jahre war die italienische Gruppe in Hamburg also im Vergleich zum Bundesdurchschnitt stark unterrepräsentiert. Bis Ende der sechziger Jahre stellten nämlich die Italiener bundesweit die stärkste und seitdem die drittstärkste ausländische Gruppe dar.[109] Wie die Tab. V.8 zeigt, war und ist im Vergleich zu anderen deutschen Städten die Größe der italienischen Gruppe in Hamburg recht bescheiden. Italiener konzentrierten sich vor allem in München, Köln, Stuttgart und Frankfurt. Wie schon im Kaiserreich hing der Grund für den geringen Umfang der italienischen Präsenz in Hamburg in erster Linie damit zusammen, dass italienische Arbeitskräfte dort weniger Arbeitsmöglichkeiten als im Süden und Westen Deutschlands fanden. Ebenfalls wie damals spielten dabei, wie im Kapitel V.4.2.1 noch näher dargestellt wird, die berufliche Zusammensetzung der italienischen Migration und die wirtschaftliche Struktur des Hamburger Raumes eine entscheidende Rolle.

4.1.2.   Der Weg nach Hamburg. Staatliche Vermittlung und „freie Einwanderung"

Wie im Kapitel V.1 bereits geschildert, wurde das 1955 von der deutschen und der italienischen Regierung unterzeichnete Abkommen über die Vermittlung italienischer Arbeitskräfte nach Deutschland vonseiten italienischer Migranten nie besonders stark in Anspruch genommen. In einer ersten Phase konnten sie als OEEC-Bürger relativ leicht auch „privat" eine Arbeit in Deutschland suchen und antreten, und mit der Einführung der Freizügigkeit der Arbeitskräfte innerhalb des EWG-Raumes Anfang der sechziger Jahre fiel nahezu jede Schranke hinsichtlich der Arbeitsaufnahme und des Aufenthaltrechts. So nahm die „Einschaltungsquo-

---

[109] Herbert, Geschichte der Ausländerpolitik (2001), S. 198f, 290.

te" der Kommission, die in der zweiten Hälfte der fünfziger Jahre 50 bis 66 Prozent der in Deutschland arbeitenden Italiener vermittelt hatte[110], in den folgenden
Jahren stark ab. 1962 war sie schon auf 46,4 Prozent, 1966 auf 8,1 Prozent und
1972 sogar auf 1,4 Prozent abgesunken.[111]

Ein ähnlicher Prozess ist auch in Hamburg zu beobachten, wo bereits im Frühjahr
1956 die ersten von der Deutschen Kommission vermittelten italienischen Arbeiter eingetroffen waren. Die Einschaltungsquote der Kommission blieb anscheinend zunächst sehr niedrig. Im Juli 1958 waren in Hamburg lediglich 17 italienische Arbeiter Inhaber einer Legitimationskarte – das Papier der Kommission, das
für ein Jahr Arbeitserlaubnis und Einreisesichtvermerk ersetzte. Da im Jahr davor
aber rund 85 italienische Arbeitskräfte mehr gezählt wurden, kann vermutet werden, dass lediglich 20 Prozent von ihnen von der Deutschen Kommission vermittelt worden waren.[112] Wie Tabelle V.9 zeigt, stieg dann die Einschaltungsquote
offenbar an, um nach der Verkündung der EWG-Verordnungen deutlich zu
schrumpfen. Im Jahre 1962 waren 40 Prozent der in Hamburg neu eingereisten i-
talienischen Arbeiter von der Deutschen Kommission vermittelt worden, ein Jahr
später 22 Prozent und 1969 nur noch 6,1 Prozent.

Tab. V.9: Vom Arbeitsamt Hamburg erteilte Arbeitserlaubnisse und von der
Deutschen Kommission ausgestellten Legitimationskarten (LK) an Italienern
1962 – 1969

	Arbeitserlaubnisse insgesamt	Darunter LK	in % von Sp. 2
1962	1.146	447	39,0
1963	1.213	263	21,6
1964	1.359	270	19,8
1965	1.941	241	12,4
1966	1.427	101	7,0
1967	687	50	7,2
1968	2.102	140	6,6
1969	2.551	158	6,1

Quelle: Mitteilungen des Senats an die Bürgerschaft Hamburgs, Bericht über die wirtschaftliche
und soziale Lage der ausländischen Arbeitnehmer in Hamburg, Bürgerschaftsdrucksache 7/1186,
Hamburg 1970, Anlage 6, S. 32. Eigene Berechnungen.

---

[110] Dohse, Ausländische Arbeiter und bürgerlicher Staat (1981), S. 175, Anm. 1.

[111] Ebenda, S. 196.

[112] Statistische Meldungen. Statistiken über die sozialversicherungspflichtig beschäftigten ausländischen Arbeitnehmer in der Hansestadt 1957 bis 1972 (hj. fortlaufend). Jahrgänge 1957
und 1958, AAHH.

Der Grund des steilen Falls des Einschaltungsgrades der Kommission lag allerdings nicht nur darin, dass durch die EWG-Verordnungen die Arbeits- und Auf-
enthaltsrechtslage für die Italiener günstiger geworden war, sondern auch darin,
dass sich seit der Einwanderung der ersten Migranten immer mehr soziale Netze
von Freunden und Verwandten gebildet hatten, auf die die neuen Zuwanderer in
Deutschland zurückgreifen konnten. Viele Interviewpartner berichteten, dass sie
einem Bekannten nach Hamburg gefolgt waren und dass sie, als sie sich dann in
der Stadt etabliert hatten, Brüder, Schwestern, die Eltern und sonstige Verwandte
oder auch Freunde nachkommen ließen. Dieser bereits aus früheren Migrationsphasen bekannte Kettenmigration-Mechanismus wurde von den Arbeitgebern
gern gesehen, da sie auf diesem Wege „vertraute" Arbeitnehmer – weil deren
„Treue" zur Firma von der Präsenz von Verwandten oder Freunden einigermaßen
garantiert wurde – „gebührenfrei" vermittelt bekamen.[113] Ab Mitte der sechziger
Jahre stellte beispielsweise die Deutsche Bahn in Hamburg fast nur Verwandte
und Freunde der ersten Italiener ein, die sie zwischen 1960 und 1962 von der
Deutschen Kommission in Verona vermittelt bekommen hatte.[114]

Neben diesen „privaten" Netzwerken spielten auch die weltweiten Netzwerke der
katholischen Kirche eine nicht unbedeutende Rolle bei der Unterstützung vieler
Migranten auf ihrem Weg nach Deutschland bzw. nach Hamburg. Zwischen den
italienischen Diözesen und den italienischen Missionaren im Ausland, besonders
dort wo sich italienische Migranten hinbegaben, existierten äußerst rege Kontakte,
die auf eine ständige Betreuung der Auswanderer hinausliefen. Italienischen Ar-
beitsuchenden konnte von ihren Pfarrern dank der Verbindungen mit den Missionaren eine Beschäftigung im Ausland vermittelt werden. Darüber hinaus wurden
die Migranten gegebenenfalls mit Sprach- und Kulturkursen auf die Auswanderung vorbereitet und während ihres gesamten Auslandsaufenthaltes von den Missionaren in seelischer und vor allem sozialer Hinsicht betreut. Die Migranten-
Betreuung der Kirche erstreckte sich in gewisser Hinsicht auch auf die Betreuung
der Migrantenkinder, da viele auswandernde Paare für die Dauer der Migration
ihre Kinder oft katholischen Internaten anvertrauten. In Deutschland ergänzte die

---

[113] „Immer wieder melden sich ausländische Betriebsangehörige, die irgendeinen Onkel, Bruder
oder Schwager aus Süddeutschland oder Westdeutschland nach Hamburg ziehen wollten. Diese Form der Anwerbung sei überhaupt die einfachste und billigste". Siehe: Bericht über das
Gespräch mit einem Vertreter der Firma N.A., in: Vermerk S., Abteilung Industrie der Han-
delskammer/Hamburg, Hamburg, 22. Februar 1966, AHHH, Bestand R 304/2 b, Bd. 1.

[114] So der damalige Personalchef des Rangierbahnhofs Hamburg-Wilhelmsburg: „Wir haben später eigentlich vornehmlich eingestellt Mitarbeiter oder, sagen wir mal, Freunde und Familienangehörige wiederum, also aufgrund der Eigenwerbung, Mund-zu-Mund-Werbung. Und es
haben viele italienische Arbeiter dann irgendwelche Verwandte oder Cousins oder Geschwister und so weiter nachkommen lassen, haben gesagt, dann komm' mal zu mir". Siehe: Interview mit M. Weger, FZH, WdE 720, Interview vom 17. August 2001, S. 25.

Tätigkeit der italienischen Geistlichen die Arbeit des katholischen Caritasverbandes, der traditionell Stellen zur Betreuung der Italiener unterhielt. Diese arbeiteten auch meistens in engster Zusammenarbeit mit den italienischen Missionaren.[115] Es gab also eine Art nebenstaatliches und sehr effizientes „kirchliches Emigrationsnetzwerk", dass die seit 1955 im Rahmen des deutsch-italienischen Abkommens existierenden staatlichen Einrichtungen für die Vermittlung und die Betreuung der italienischen Migranten ergänzte.

Abb. V.3: „Qualitätskontrolle" der Unterkünfte für italienische „Gastarbeiter" seitens des italienischen katholischen Missionars in Hamburg

Quelle: Fondazione Migrantes della CEI (Hg.), Germania, 1938 – 1990 (2000), S. 14.

1960 hatte der italienische Missionar in Hamburg, Don Prioni, auf Anfrage eines apulischen Kollegen aus Andria, ein großes Landarbeiterdorf in der Nähe von Bari, nach erfolgreichen Kontakten mit einigen Hamburger Firmen, darunter der Wollkämmerei in Hamburg-Wilhelmsburg und der Werft Blohm & Voss, 400

---

[115] Es handelte sich um die Wiederaufnahme einer Tradition der seelischen und materiellen Betreuung der italienischen Auswanderer, wie es sie bereits vor dem Ersten Weltkrieg gegeben hatte. Vgl. hier, Kap. III.3.3.

Andriesen eine Arbeit vermitteln können. Die Ausreise erfolgte dann zwar im Rahmen des staatlichen Anwerbeverfahrens, die Auswanderer wurden aber in Andria von der Kirche durch einen kurzen Kurs über die Verhältnisse in Deutschland auf ihre Auswanderung vorbereitet. Zudem wurden sie von ihrem Pfarrer – und ihrem Bürgermeister – nach Hamburg begleitet. Dort angelangt, wurden sie dann dem Missionar anvertraut, der sich bereits vor ihrer Ankunft über die Vertrauenswürdigkeit ihrer zukünftigen Arbeits- und Lebensverhältnisse in den Firmen vergewissert hatte und für alle Fragen ansprechbar blieb.[116] Eine Rundum-Betreuung, die in den fünfziger und bis Mitte der siebziger Jahre weder vom italienischen noch vom deutschen Staat geleistet wurde und auf die noch näher einzugehen sein wird.

Wie einige Briefe an die Hamburger Mission bezeugen[117], wurde nicht nur von kirchlichen Kreisen auf ihre vermittelnde Tätigkeit zurückgegriffen. Auch Unbekannte schrieben den Missionar mit der Bitte nach allgemeinen Informationen über den Hamburger Arbeitsmarkt oder direkt nach einer Arbeitsstelle an. Die Missionare wurden so aufgrund ihrer exzellenten Verbindungen vor Ort und ihrer eher unkomplizierten Art zu „vertrauten" Ansprechpartnern für viele Italiener, besonders für diejenigen, die auf die staatliche Vermittlung nicht zurückgreifen konnten oder wollten, beispielsweise weil sie nicht über eine ausreichende Qualifikation verfügten und/oder in Deutschland keine persönlichen Kontakte zu Verwandten, Freunden oder Landsleuten hatten.[118]

Bemerkenswert ist schließlich, dass Hamburg offenbar eher zufällig Ziel italienischer Migranten wurde. Als beispielsweise dem Interviewpartner M. Tenco bei der Deutschen Kommission in Verona verschiedene Arbeitsmöglichkeiten an unterschiedlichen Orten vorgestellt wurden, beschloss er ein Arbeitsverhältnis mit einem Harburger Betrieb einzugehen, weil er dort einen besseren Lohn als an anderer Stelle bekommen konnte.[119] Außerdem führte der Weg der Migranten oft nicht direkt in die Hansestadt. Besonders in der ersten Hälfte der sechziger Jahre, als sich die deutschen Arbeitgeber aufgrund des absoluten Arbeitskräftemangels förmlich die Arbeiter aus den Händen rissen, wechselten viele italienische Arbei-

---

[116] Fondazione Migrantes della CEI (Hg.), Una memoria che obbliga all'impegno, Quaderno di "Servizio Migranti" 23, Rom 1988, S. 35.

[117] Es handelt sich um den - nicht komplett überlieferten - Briefwechsel aus den Jahren 1966/67 zwischen der Italienischen Katholischen Mission in Hamburg und italienischen sowie Hamburger Bürgern und italienischen Institutionen und Firmen. Privatbesitz des ehemaligen Sozialbetreuers des Caritasverbandes für die Italiener in Hamburg, Luigi Giorgio.

[118] Diese Kontakte stellen für Soziologen das sogenannte „soziale Kapital" der Migranten im Ausland dar, auf das im Rahmen der „Kettenmigration" zurückgegriffen wird. Siehe: Haug, Soziales Kapital und Kettenmigration (2000), S. 40.

[119] Interview mit M. Tenco [Name geändert], FZH, WdE 720, Inter. vom 17. August 2001, S. 2.

ter auf der Suche nach der besten Entlohnung häufig die Arbeitsstelle. Dies
konnte sie durch ganz Deutschland – und auch andere Länder – führen, bevor sie
zufällig in Hamburg eintrafen und dort „hängen" blieben. Bei der Deutschen
Kommission in Verona nahm beispielsweise der Interviewpartner G. Caino ein
Arbeitsangebot in der Nähe von Hannover an. Er wechselte dann mehrmals die
Arbeitsstelle im hannoverschen Raum, um sich später nach Hamburg zu begeben,
wo er sich schließlich niederließ.[120] Viele übersprangen die Deutsche Kommission
und wanderten im Rahmen der EWG-Freizügigkeit „direkt" nach Deutschland
aus. Auch blieb die Auswanderung nicht unbedingt innerhalb oder außerhalb des
Rahmens des Anwerbeverfahrens. Viele nutzten das Anwerbeverfahren, um
schnell und relativ unkompliziert nach Deutschland zu gelangen, begaben sich a-
ber später „privat" zu ihren neuen Zielen. So kam es oft zu einem „gemischten"
Auswanderungsmodus. Gerade aufgrund solcher Bewegungsfreiheit gab es jedoch
auch Migranten, die lange auf der Suche nach Arbeit durch Deutschland umherirr-
ten und arbeitslos und völlig verarmt in der Hansestadt eintrafen.[121]

4.1.3.   Die regionale Herkunft: Vom Nord- zum Süditaliener

Anders als vor dem Ersten Weltkrieg, als ein großer Teil der Deutschlandwanderer aus Norditalien stammte (vgl. Tab. III.3 auf S. 52), handelte es sich bei den
Migrationen nach 1945 nun zunehmend um Migrationsbewegungen, die ihren Ursprung in Mittelitalien und im Süden des Landes hatten (vgl. Tab. V.3 auf S. 228).
Infolge dieser Entwicklung stammten von den im Jahr 1975 in der Bundesrepublik registrierten etwa 600.000 Italienern lediglich 11,4 Prozent aus dem Norden
des Landes, die anderen vorwiegend aus dem *Mezzogiorno* (75,6 Prozent) und aus
Mittelitalien (13,0 Prozent).[122] Aus einer norditalienischen wurde somit nach 1945
rasch eine süditalienischen Deutschlandwanderung. Ein entscheidender Wandel
im Charakter der italienischen Präsenz in Deutschland hatte damit stattgefunden.

Die Stadt Hamburg hatte zwar in der Vergangenheit aufgrund ihres Großstadtcharakters und der Präsenz des Hafens, anders als sonst in Deutschland, ganz besondere Gruppen von Italienern, darunter auch Süditaliener wie die sizilianischen
Zitrusfruchthändler und die kampanischen Stoffhändler, angezogen. Dennoch
setzte sich die Hamburger italienische „Kolonie" vor dem Zweiten Weltkrieg
vorwiegend aus Norditalienern zusammen. Doch mit dem Beginn der neuen

---

[120] Interview mit G. Caino [Name geändert] vom 17. Juni 1999.

[121] MCI in Hamburg (Hg.), La Missione Cattolica Italiana. Da 25 anni in Alfredstraße 38. 3.12.60
– 3.12.85. Cenni di storia e di lavoro svolto, Heft der MCI in Hamburg zu ihrem 25. Jubiläum,
Hamburg 1985, S. 4.

[122] Monferrini, L'emigrazione italiana (1987), S. 125.

Zuwanderung Mitte der fünfziger Jahre kam es auch in Hamburg zu einer radikalen Veränderung in der Herkunft der in der Stadt lebenden Italiener.

Leider ist es aufgrund der sehr spärlichen Quellenlage nicht möglich, die Entwicklung der italienischen Präsenz in Hamburg zwischen den fünfziger und den siebziger Jahren – den Jahren der stärksten Zunahme der italienischen Präsenz – in Bezug auf die Herkunftsregionen und -orte der italienischen Migranten genau zu verfolgen und zu analysieren. Anhand der vorhandenen Materialien können lediglich einige Tendenzen aufgezeigt werden.

Neben der im Mai 1956 in Verona gegründeten Deutschen Kommission existierte ein italienisches Emigrationszentrum. Dieses Zentrum unterstützte die Arbeit der Kommission und stellte darüber hinaus genaue Listen mit den Namen der Ausreisenden auf. Allerdings wanderten, wie bereits angedeutet, auch vor den EWG-Freizügigkeitsverordnungen nicht alle Italiener im Rahmen des Anwerbeverfahrens nach Deutschland aus. Darüber hinaus stellte häufig Hamburg nur die letzte Etappe eines mehrmonatigen oder mehrjährigen Aufenthaltes in der Bundesrepublik dar, da sich viele nicht direkt nach Hamburg begaben. Schließlich wurden nur berufstätige Personen vermittelt, so dass nur letztere registriert wurden. Dennoch, zwischen Juli 1959 und Juli 1960 registrierten die *Liste di trasporto* (Transportlisten) des italienischen Emigrationszentrums rund 607 für Hamburg bestimmte Auswanderer.[123] Da in derselben Zeitspanne das Hamburger Arbeitsamt einen Anstieg von etwa 785 italienischen Arbeitern registrierte[124], dürften diese Listen einige vorsichtige Aufschlüsse über die regionale Zusammensetzung der in jenem Jahr zugewanderten Italienergruppe erlauben. Diesen Listen zufolge stammten etwa 200 der vermittelten Arbeiter aus Apulien, gefolgt von Sardinien (etwa 80), den Marken (eine Küstenregion in Mittelitalien), Venetien (jeweils etwa 70) und schließlich aus dem Latium und Kampanien (jeweils etwa 30). 1959/60 kamen also vorwiegend Süditaliener nach Hamburg. Die Präsenz einer nicht unbedeutenden Gruppe aus Venetien auf diesen Listen ist auf die erst Ende der fünfziger Jahre beginnende Industrialisierung des italienischen Nordostens zurückzuführen.

Spätere Transportlisten bis 1963, obwohl sie nicht die gesamte Migration nach Hamburg widerspiegeln, weisen darauf hin, dass sich diese Gruppen nun ausschließlich aus Süditalienern zusammensetzten. In dieser Zeitspanne entließ die Deutsche Kommission in Verona gen Hamburg vorwiegend Migranten aus Apulien, gefolgt von Migranten aus dem Latium, Sardinien, den Abruzzen und den Marken. Dass Sizilianer und Kalabresen, obwohl ihre starke Präsenz in Hamburg

---

[123] Siehe: Liste di Trasporto, AAVr, verschiedene Ordner Juli 1959–Juli 1960.

[124] Mitteilungen des Senats an die Bürgerschaft Hamburgs, Bericht über die wirtschaftliche und soziale Lage (1970), S. 29.

von mehreren Interviewpartnern unterstrichen wird, auf diesen Listen wenig in Erscheinung treten, könnte damit erklärt werden, dass sie nicht von der veronesischen Kommission vermittelt und deshalb vom dortigen Emigrationszentrum nicht erfasst wurden.

Anhand dieser knappen Daten konnte nicht festgestellt werden, welche Region oder Regionen in den sechziger Jahren in Hamburg am meisten vertreten waren. Die regionale Zusammensetzung der italienischen Gruppe dürfte jedenfalls in jenen Jahren stark variiert haben, da gleichzeitig in einigen italienischen Gebieten, die lange Zeit als Auswanderungsgebiete galten, eine gewisse Industrialisierung begonnen hatte, was immer mehr Auswanderer zur Heimkehr veranlasste. Zum Beispiel gibt es heute keine bedeutende Spur mehr der Migranten aus dem Latium, die Anfang der sechziger Jahre zahlreich von der Deutschen Kommission nach Hamburg vermittelt wurden.[125] So dürften in Hamburg besonders diejenigen geblieben sein, die aus Regionen kamen, in denen bis in die siebziger Jahre hinein keine nennenswerte wirtschaftliche Entwicklung stattgefunden hatte, nämlich *Mezzogiorno*-Regionen wie Sizilien, Kalabrien, Sardinien und Apulien. Statistiken zeigen, dass zwischen 1946 und 1969 und besonders in den sechziger Jahren das Migrationssaldo der süditalienischen Regionen deutlich negativer ausfiel als im Norden, wo sich – bei sinkenden absoluten Auswandererzahlen – das Verhältnis Aus/Rückwanderung langsam ausglich.[126] Im *Mezzogiorno* war noch Ende der sechziger Jahre trotz der starken Schwankungen der damaligen italienischen Migration die Zahl der Auswanderer viel höher als die Zahl der Rückkehrer, was für längere Auslandsaufenthalte seitens der süditalienischen Migranten spricht. Eine Momentaufnahme der italienischen Präsenz im Hamburger Generalkonsulatsbezirk (Hamburg, Bremen und Schleswig-Holstein) Mitte der achtziger Jahre, als es bereits zur Formierung ansässiger Einwandererkerne gekommen war, bestätigt die oben gemachte Annahme. 1985 stammten nach Daten des Generalkonsulats gut 88 Prozent der in diesem Bezirk lebenden Italiener aus dem *Mezzogiorno*, darunter 59 Prozent aus den Regionen Apulien, Kalabrien und Sizilien.[127] Die Veneter, die Jahrzehnte lang die italienische Präsenz in Deutschland geprägt hatten, waren in dieser neuen Zuwanderungswelle aus dem Süden definitiv untergegangen. Auch hier zeigt sich: die italienische Präsenz wurde zu einer süditalienischen Präsenz.

---

[125] Der Migrationssaldo dieser Region war um einige Tausend Personen negativ bis 1962. 1963 übertraf dagegen erstmals die Zahl der Rückwanderer die der Auswanderer. Bis 1966 wurde der Migrationssaldo wieder negativ, allerdings nur um wenige Personen. Siehe: MAE (Hg.), Problemi del lavoro italiano all'estero. Relazione per il 1967, Rom 1968, S. 119.

[126] Lucrezio/Favero, Un quarto di secolo di emigrazione italiana (1975), S. 53.

[127] Matthias Felsmann, Italiener in Hamburg (1988), S. 51f.

Wie schon vor 1914 kam es durch Kettenmigrationsprozesse auch nach 1945 in der Stadt zur Bildung von regionalen Gruppen und Subgruppen (Familien, Freundeskreise, Leute aus derselben Ortschaft). Laut Don Clara – italienischer Missionar in Hamburg von 1963 bis 1971 – fand sich beispielsweise eine überdurchschnittliche Präsenz von Sizilianern aus den Dörfern am Fuße des Ätnas wie Bronte, Adrano, Paterno', Acireale und aus der Stadt Catania.[128] Ein „altitalienischer" Terrazzobetrieb beschäftigte mehrere Familien aus einer sizilianischen Ortschaft.[129] Darüber hinaus gab es in Hamburg, wie bereits erwähnt, seit 1960 eine außergewöhnliche Präsenz von einer besonders großen Gruppe von Italienern aus dem apulischen Andria.

4.1.4.   Sozialer Hintergrund und Migrationsmotive

Die meisten Migranten, die sich in den sechziger Jahren ins Ausland begaben, stammten aus ländlichen Gebieten Italiens. Die Resultate einer Analyse der in den *Liste di trasporto* genannten Geburtsorte der Migranten zeigen, dass die von der Deutschen Kommission in Verona vermittelten Arbeiter fast ausschließlich aus kleineren Ortschaften in landwirtschaftlich geprägten Gebieten stammten.[130] Gebiete, in denen eine arbeitsschaffende Industrialisierung noch nicht die aussterbenden traditionellen Berufszweige ersetzt oder erfolgreich ergänzt hatte und die deshalb keine realistische Perspektive eines sozialen und beruflichen Aufstiegs bieten konnten, wurden zuerst verlassen.[131] Viele Migranten – wie die meisten Interviewpartner auch – wurden in kinderreichen Bauernfamilien groß, die vorwiegend von Landwirtschaft und Tierzucht lebten und sich dadurch im Allgemeinen mehr schlecht als recht über Wasser halten konnten. Die meisten waren kurz vor der Auswanderung jung oder sehr jung und lebten mit den Eltern in wirtschaftlich unterentwickelten Landstrichen, in denen sie eventuell nur innerhalb der Familie oder außerhalb dieser als Gelegenheitsarbeiter in der Landwirtschaft oder im Baugewerbe arbeiten konnten. Nur wenige schafften es, als Lehrlinge in den Heimat-

---

[128] Interview mit Don Giuseppe Clara vom 19. Oktober 1999.

[129] „Ja. Ich habe auch mehrere [Italiener – E.M.] beschäftigt. Sogar von Sizilien sind sie hierher gekommen, und haben dann ihre Verwandtschaft alle nachgeholt [...] da waren ja mindestens drei, vier Familien, hauptsächlich aus dem Raum, äh, in der Mitte des Landes, jetzt habe ich den Namen, die Ortschaft vergessen. Da waren dann mehrere Familien hier". Siehe: Interview mit I. Rizzotti, FZH, WdE 685, Interview vom 7. Dezember 2000, S. 15.

[130] Dies wird vom ehemaligen Personalchef des Rangierbahnhofs Hamburg-Wilhelmsburg bestätigt: „Es war ja auch im Grunde eigentlich ausnahmslos Landbevölkerung, die wir gekriegt haben. Wir haben ja keine Stadtmenschen bekommen, vielleicht das eine oder andere Mal, aber das war überwiegend Landbevölkerung". Siehe: Interview mit M. Weger, FZH, WdE 720, Interview vom 17. August 2001, S. 12.

[131] Im gesamten *Mezzogiorno* (nur die Umgebung von Neapel stellte eine Ausnahme dar) verloren zwischen 1951 und 1971 die kleineren Städte beständig an werktätiger Bevölkerung. Siehe: Barbagallo, Lavoro ed esodo nel Sud (1973), S. 195ff.

gebieten in die Welt des Handwerks einzusteigen, mit der Hoffnung eines Tages einen eigenen Kleinbetrieb gründen zu können.[132] Manche Familien, die in kleinen urbanen Zentren und nicht auf Bauernhöfen lebten, konnten in den schlimmsten Fällen nicht einmal auf eine schlecht bezahlte, aber sichere Landarbeit zurückgreifen. Bestenfalls konnten ihre Mitglieder eine Tätigkeit als un- oder angelernte Arbeiter auf Baustellen, in Handwerksbetrieben oder in kleinen lokalen Firmen aufnehmen.

In solchen Familien hatten Kinder und Jugendliche kaum eine Chance sich zu bilden. Sobald sie – bestenfalls – die Grundschule absolviert hatten, mussten sie, sei es aus finanziellen oder auch kulturellen Gründen, denn manche Eltern waren sich der Bedeutung des Schulbesuchs nicht bewusst, mit ihrer Arbeit zur Aufbesserung des meist mageren Familieneinkommens beitragen. Der Bildungsgrad der Migranten, die in den sechziger Jahren Italien verließen, um sich ins industrialisierte Ausland zu begeben, war dementsprechend generell sehr niedrig. Einigen Statistiken zufolge waren 1965 von 446.000 Italienern, die sich temporär im Ausland befanden – deren erster Wohnsitz also noch in Italien war –, 13.000 Analphabeten, 101.000 konnten keinen Schulabschluss vorweisen und 299.000 hatten lediglich die Grundschule besucht.[133] Freilich war damals der gesamte Bildungsgrad niedrig. Im Jahre 1961 besaßen in Italien rund 76,5 Prozent der über sechs Jahre alten Personen nur ein Grundschuldiplom. Gut 8,3 Prozent aller Italiener waren Analphabeten. Die meisten von ihnen lebten im Süden des Landes. Dort erreichte dieser Wert satte 16,3 Prozent.[134] Eine Hamburger Studie aus der zweiten Hälfte der neunziger Jahre setzte sich mit der Lebenssituation von über 55 Jahre alten Ausländern in der Hansestadt auseinander und erfasste u. a. 120 Italiener. Auf der Basis einer Befragung von 1996 stellte sich heraus, dass 11,6 Prozent von ihnen keinen Abschluss und 48,3 Prozent einen Grundschulabschluss hatten. Weitere 32,4 Prozent hatten entweder einen Mittelschul- (24,1 Prozent) oder einen Berufsschulabschluss (8,3 Prozent). Lediglich 7,5 Prozent der befragten Italiener hatten ein Gymnasium oder eine Fachhochschule besucht.[135] Auch die meisten italienischen „Gastarbeiter", die nach Hamburg kamen, hatten also eine geringe

---

[132] Cafiero, Le migrazioni meridionali (1964), S. 83.

[133] ISTAT (Hg.), AstatLE 1965 (1966), S. 72.

[134] Paul Ginsborg, Storia d'Italia dal dopoguerra ad oggi, Turin 1989, S. 592.

[135] Erich-Marcel Kauth-Kokshoorn, Älter werden in der Fremde. Wohn- und Lebenssituation älterer ausländischer Hamburgerinnen und Hamburger, Hamburg 1998, S. 66f. Die Untersuchung basiert auf 1.037 Interviews von Ausländern in einem Alter von 55 Jahren und älter. Da die ausländischen Kolonien in Hamburg meist Wurzeln in der Zeit vor dem Zweiten Weltkrieg haben, könnten auch Personen befragt worden sein, die nicht dem Umfeld der „Gastarbeitermigration" zuzurechnen sind. Dennoch dürfte ihre Zahl wenig ins Gewicht fallen und der Sample die italienische „Gastarbeiter"-Generation relativ gut repräsentieren.

Schulbildung vorzuweisen.[136] Wie die folgende Tabelle, die auch die Werte anderer ehemaliger „Gastarbeiter"-Gruppen beinhaltet, zeigt, war dies eine Charakteristika der „Gastarbeiter"-Zuwanderung.

Tab. V.10: Höchster erreichter Schulabschluss von über 55 Jahre alten in
Hamburg lebenden ausländischen Staatsangehörigen 1996
(ausgewählte Nationalitäten)

Schulabschluss	Italien		Portugal		Ehem. Jugoslawien		Türkei	
	abs.	%	Abs.	%	abs.	%	abs.	%
Kein Abschluss	14	11,6	18	16,5	34	22,5	214	44,9
Grundschule	58	48,3	72	66,0	52	34,4	199	41,8
Haupt/Mittelschule	29	24,1	9	8,2	29	19,2	23	4,8
Gymnasium	3	2,5	3	2,7	2	1,3	17	3,5
(Fach)Hochschule	6	5	1	0,9	9	5,9	8	1,6
Berufsbild. Schule	10	8,3	5	4,5	24	15,8	15	3,1
Anderer Abschluss	-	-	1	0,9	1	0,6	-	-
Ges.	120	100,0	109	100,0	151	100,0	476	100,0

Quelle: Kauth-Kokshoorn, Älter werden in der Fremde (1998), Tab. 28, S. 68.

Manche Jugendliche ergänzten die wenigen Schuljahre durch das Erlernen eines Berufes in einem Handwerksbetrieb. So der Interviewpartner M. Lepre, der Schuster wurde.[137] Andere wurden Schreiner, Glasarbeiter, Schneider, Fußbodenleger, Maurer, Anstreicher usw. Oft handelte es sich aber um nicht bescheinigte und nur oberflächliche Ausbildungen, so dass diejenigen, die auswanderten, oft als unqualifiziert eingestuft wurden und einfache – und fremde – Tätigkeiten annehmen mussten. Von den etwa 322.600 italienischen Arbeitern, die 1975 in

---

[136] Der Personalchef des Rangierbahnhofs Hamburg-Wilhelmsburg über die italienischen „Gastarbeiter", die in den sechziger Jahren dort ankamen: "Was natürlich auch die Sache dann noch schwieriger machte, war manchmal auch die Feststellung, dann kamen zwar die Leute zu uns, waren gesund aber Analphabeten. Es war nicht die Regel, die Regel war eigentlich zwei bis vier Jahre *Scuola Elementare* [die italienische Grundschule, die eine Dauer von fünf Jahren hat – E.M.]. Vier Jahre hatten die meisten, einige hatten auch nur zwei Jahre besucht, das merkte man auch. Aber zwei bis vier Jahre war die Regel [Damals konnte man die *Scuola E-lementare* nach drei Jahren mit einem Alphabetisierungszertifikat verlassen – E.M.] [...] Es war also die Ausnahme, dass jemand acht Jahre die *Scuola Media* [die italienische Mittelschule, die nach der *Scuola Elementare* kommt und drei Jahre dauert – E.M.] besucht hat, das war die Ausnahme." Siehe: Interview mit M. Weger Durchgeführt am 17. August 2001.

[137] Interview mit M. Lepre [Name geändert] vom 8. Mai 1999.

Deutschland beschäftigt waren, arbeiteten rund 232.000 als ungelernte Arbeitskräfte.[138]

Einige der Interviewpartner kamen aus nicht allzu mittellosen Familien und durften somit Gewerbeschulkurse besuchen, in denen sie einen gewissen Qualifikationsgrad erlangten. So der Interviewpartner R. Allori, der nach einem Jahr Mittelschule eine Gewerbeschule besuchte und dort nach einer einjährigen Ausbildung
ein Mechanikerdiplom erhielt, das ihm später von der Werft Blohm & Voss anerkannt wurde und ihm eine Anstellung als qualifizierter Arbeiter bescherte.[139] Eine
weitere Möglichkeit für Italiener aus ärmeren Verhältnissen, sich berufsmäßig zu
qualifizieren, war der Besuch von berufsbildenden Kursen beim Militär oder bei
staatlichen und privaten Instituten. Bei letzteren handelte es sich etwa um das
INAPLI[140], das *Don Bosco*, das *San Antonio* und das ANAP[141]. Besonders Letzteres, Ende der fünfziger Jahre von Monsignore Benatti gegründet, wurde gerne von
jungen Italienern besucht. Obwohl von einem Geistlichen gegründet, wurde schon
bald das ANAP vom italienischen Arbeitsministerium kontrolliert und finanziert -
Zuschüsse kamen aber auch von der EWG.[142] Das ANAP eröffnete technische
Schulen in ganz Italien und die Jungen, die hier ausgebildet wurden, wurden oft
direkt vor Ort von italienischen oder ausländischen Firmen angeworben. 1962 begannen Kontakte zwischen dem ANAP und deutschen Firmen. Diese beschwerten
sich des öfteren über die unzureichende Qualifizierung der in Italien angeworbenen Arbeitskräfte und waren deshalb an gut ausgebildeten Arbeitern sehr interessiert. Es bildete sich eine Arbeitsgruppe aus Vertretern deutscher Firmen, die jeweils die Lernprogramme und die Zahl der auszubildenden Arbeiter bestimmten.
Der Interviewpartner A. Fiore berichtet, dass er einen Extrakurs als Flugzeug-
rumpfschweißer belegen musste, da er von der Hamburger Lufthansa-Basis verpflichtet worden war.[143]

Die ANAP-Schule im toskanischen Calambrone, wo auch ein großes Internat für
mehr als 700 Kursbesucher errichtet worden war, war ein Sprungbrett nach
Deutschland. Die Kurse dauerten generell ein Jahr und boten die verschiedensten
technischen Ausbildungen an – Schlosser, Fräser, Dreher, Schweißer, Elektriker
usw. Die Ausbildungen wurden von deutschen Lehrern begleitet, die auch an

---

[138] Monferrini, L'emigrazione italiana (1987), S. 124.

[139] Interview mit R. Allori [Name geändert] vom 2. Juni 1999.

[140] Deutsch: „Nationales Institut für die Ausbildung von Industriearbeitern".

[141] Deutsch: „Nationale Gesellschaft für die berufliche Ausbildung".

[142] Text der Rede, die von Monsignor Benatti am 30. März 1964 auf der Informationstagung der
Bundesvereinigung der Deutschen Arbeitgeberverbände in Bad Godesberg gehalten wurde,
Privatbesitz Luigi Giorgio.

[143] Interview mit A. Fiore [Name geändert] vom 5. Juni 1999.

Zwischen- und Endprüfungen teilnahmen. Einige große deutsche Betriebe organisierten einmal im Jahr einen Fortbildungskurs für die ANAP-Lehrer, andere entsandten eigene Ausbilder, um den Schülern zentrale deutsche Fachbegriffe zu vermitteln. Schließlich gab es auch intensive Deutschkurse. Die Ausbildungsresultate der ANAP-Kurse waren in Deutschland derart geschätzt, dass die Schule schon bald von deutschen Betrieben bezuschusst wurde.[144] Am Ende der Kurse wurden dann die Arbeiter über die Deutsche Kommission in Verona nach Deutschland geholt. Der Interviewpartner P. Cossu beispielsweise verließ 1963 sein sardisches Heimatdorf nahe Sassari und begab sich auf dem Festland nach Calambrone. Dort besuchte er einen Mechanikerkurs. Daraufhin wurde er von Blohm & Voss über die Kommission angeworben und erreichte 1964 Hamburg.[145]

Die Migration vieler junger Leute im Italien der fünfziger und sechziger Jahre resultierte nicht nur aus strukturellen Faktoren ökonomischer Natur, sondern auch aus ihren sehr persönlichen Wünschen und Erwartungen. Das Problem in den vom Wirtschaftsboom nicht erfassten Gebieten war nicht so sehr die absolute Arbeitslosigkeit, sondern vielmehr die chronische Unterbeschäftigung, die unzureichenden Löhne, das Fehlen an modernen Sicherheitsstandards auf der Arbeit, das Fehlen jeglicher Arbeitsreglementierung. So gingen vor der Auswanderung rund 86,6 Prozent (89,4 Prozent bei den Männern) der 1998 in Hamburg befragten Italiener in ihrem Heimatland einer Arbeit nach.[146] Der Interviewpartner V. Cerra aus dem sizilianischen Agrigento berichtet, dass die Arbeit auf dem Lande eigentlich nie fehlte. Nur habe es sich um eine schwere, mit archaischen Methoden durchgeführte Arbeit gehandelt, die weder ausreichend entlohnt worden sei noch einen sozialen Aufstieg erlaubte. So zog Cerra nach Rom und später nach Deutschland.[147] Wie für ihn war für viele andere junge Italiener die Anziehungskraft der von Radio und Fernseher propagierten internationalen modernen Lebensstandards stärker als die Bindung an die traditionelle soziale Umgebung.[148] Auch die Abenteuerlust spielte offenbar bei vielen jungen Italienern eine nicht unbedeutende Rolle für die Migrationsentscheidung. 1963 stellte der italienische Missionar in Hamburg fest, dass „durchaus nicht die Arbeitslosigkeit der einzige Grund [war], der sie [die Italiener – E.M.] in die Fremde" trieb.[149] 1966 meldete sich beispielsweise eine

---

[144] „Die Schüler des Monsignore Benatti", in: Die Welt vom 20. August 1966.

[145] Interview mit P. Cossu [Name geändert] vom 26. Mai 1999.

[146] Kauth-Kokshoorn, Älter werden in der Fremde (1998), S. 71.

[147] Interview mit V. Cerra [Name geändert] vom 13. Mai 1999.

[148] Goffredo Fofi, L'immigrazione meridionale a Torino, Milano 1964, S. 78.

[149] Seelsorgerische Betreuung der italienischen Gastarbeiter in Hamburg, Bericht des italienischen Missionars, Hamburg, Juni 1963, BAO, Bestand 06-11-20, Akte 2/ Italienerseelsorge/ Personalia 1962 – 1968.

venezianische Mutter bei ihm, mit der Bitte ihren abenteuerlustigen achtzehnjäh-
rigen Sohn zur Rückkehr zu überzeugen:

> Trotz unsere Ratschläge und unserem Verbot wollte er unbedingt seine Familie verlassen [...], um
> von den Freunden schlecht beraten Arbeit im Ausland zu suchen [...]. Ich weiß, dass er hier in Ita-
> lien nicht kommen möchte, so dass wenn ich ihn zwingen würde, dann würde er mich beschuldi-
> gen, ihm die ‚Zukunft' behindert zu haben [...]. Ich bitte Sie deshalb Pater, meinen Sohn auf den
> rechten Weg zu verhelfen.[150]

Die Emigration war eine Chance, die allen offen stand und leicht ergreifbar war.
Es reichte ein Besuch beim örtlichen Arbeitsamt, bei dem täglich aus der modernen Industrienation Deutschland die Anforderungen nach neuen Arbeitskräften
eintrafen. Nun konnten junge Leute hoffnungslose sardische und sizilianische
Landstriche verlassen und selbst für nur wenige Monate eine verhältnismäßig
außerordentlich gut bezahlte Arbeit in Hamburg, Wolfsburg oder Sindelfingen
übernehmen. Als der Interviewpartner G. Caino in jungen Jahren sein Heimatdorf
auf Sardinien verließ, tat er es nicht, um seine Familie zu unterstützen. Gefragt
nach den Motiven seiner Auswanderung, antwortete er lapidar, dass er zwar in der
Heimat Arbeit habe und dadurch seinen Hunger stillen könne. Aber es gäbe nichts
anderes.[151] Ähnlich erging es dem ebenfalls aus Sardinien stammenden L. Porro,
der als Kind eines Bauern und Hirten auszuwandern beschlossen hatte, weil ihm
bewusst war, dass er als Aushilfe seines Vaters nie über das Existenzminimum
hinaus kommen würde.[152] Meistens waren es die älteren Auswanderer, die sich
aus rein materiellen Gründen, wie dem Unterhalt der Familie, ins Ausland begaben. Was für Jüngere ein Abenteuer sein konnte, war für die Älteren und deren
engste Verwandte meist nur einen Kreuzweg:

> Ich liebe meinen Mann mehr als mein Leben, und diese Sache, dass wir der Arbeits wegen ge-
> trennt sein müssen, ich weiß nicht was ich machen soll. Aber was wollen Sie, Gott, Gott ist so
> groß, dass er uns die Stärke zum durchhalten gibt, und auch mein Mann möchte mich nicht allein
> lassen, aber da es in Catania keine Arbeit gibt, muss er sehr weit weg gehen, um die Kleinen und
> mich ernähren zu können.[153]

---

[150] Italienerin/Venedig an italienischen katholischen Missionar/Hamburg, Datum unbekannt
(1966), in: Briefwechsel der MCI in Hamburg 1966/67, Privatbesitz Luigi Giorgio. Eigene
Übersetzung.

[151] Interview mit G. Caino vom 11. Juni 1999.

[152] Interview mit L. Porro [Name geändert] vom 29. Mai 1999.

[153] Italienerin/Catania an italienischen katholischen Missionar/Hamburg, 20. Oktober 1966, in:
Briefwechsel der MCI in Hamburg 1966/67, Privatbesitz Luigi Giorgio. Eigene Übersetzung.

4.1.5.   Struktur und Charakteristika der italienischen Präsenz

Die Ausländerpräsenz in den sechziger Jahren umfasste vor allem junge, ledige
Personen. Darüber hinaus handelte es sich vornehmlich um Männer. Dies lag daran, dass diese in südländischen Gesellschaften mobiler als Frauen waren und sich
meist allein nach Deutschland begaben, wo sie in möglichst kurzer Zeit viel Geld
beiseite legen und dann mit dem Ersparten wieder in die Heimat zurückkehren
wollten.[154]

Wie die Tab. V.11 auf der nächsten Seite verdeutlicht, setzte sich auch in Hamburg die neue ausländische Zuwanderung vor allem aus ledigen männlichen Personen im „besten Arbeitsalter" zusammen. Italiener stellten dabei keine Ausnahme dar: Anfang der sechziger Jahre war die Altersstruktur der italienischen Gruppe in Hamburg von einem im Vergleich zur Hamburger Bevölkerung insgesamt
weit überdurchschnittlichen Anteil an Personen zwischen 20 und 45 Jahre und an
einem überdurchschnittlichen Anteil an Ledigen gekennzeichnet. Während am 6.
Juni 1961, nachdem die ersten großen Gruppen von italienischen „Gastarbeitern"
Hamburg bereits erreicht hatten, rund 55,5 Prozent der Italiener ledig und 72,4
Prozent zwischen 20 und 45 Jahre alt waren, waren es bei der Hamburger Bevölkerung insgesamt etwa 40,9 und 33,9 Prozent. Der Frauenanteil war dagegen weit
unterdurchschnittlich. Im Sommer des Jahres 1961 lag dieser Wert bei knappen 17
Prozent.

Die Tabelle V.11 zeigt auch, dass sich die demographische Struktur der ausländischen Gruppen langsam „normalisierte". Viele Migranten orientierten sich im
Laufe der Zeit auf einen langfristigen Aufenthalt im Aufnahmeland. Durch
Ehen mit deutschen Partnern, Familienzusammenführungen und die Geburt von
Kindern in Deutschland nahm die Zahl der Verheirateten, der Frauen, der Jungen
und der Greise ständig zu. Während sich allerdings die demographischen Werte
der gesamten Gruppe der Ausländer aus den ehemaligen Hauptanwerbestaaten
immer mehr den Werten der hamburgischen Gesamtbevölkerung annährten,
haben sich die Werte der Italiener seit den achtziger Jahren wenig geändert. Die
italienische Bevölkerung in der Stadt ist seit jenen Jahren von einem relativen
konstantem und deutlich überdurchschnittlichen Anteil von Männern und von
ledigen Personen gekennzeichnet. Ebenso konstant und deutlich überdurchschnittlich ist der Anteil der Altersgruppe 18 bis 45 (sowie 18 bis 65).

---

[154] Herbert, Geschichte der Ausländerpolitik (2001), S. 212.

Tab. V.11: Bevölkerungsstruktur von Italienern, Ausländern aus den
Hauptanwerbestaaten insgesamt und der Wohnbevölkerung insgesamt in
Hamburg 1961 – 1998. Prozentwerte

		Geschlecht		Familienstand		Altersgruppe			
		Männer	Frauen	ledig	verh.	0-18	18-45	45-65	65 u. m.
6. Juni 1961	Italiener	83,2	16,8	55,5	40,1	12,6*	72,4	13,0	2,0
	Hauptan. insg.	80,0	20,0	56,6	39,5	12,3*	76,2	9,8	1,7
	Bev. insg.	*46,1*	*53,9*	*40,9*	*53,0*	*20,1**	*33,9*	*32,4*	*13,6*
20. Sept. 1972	Italiener	70,6	29,4	54,2	43,3	25,5	60,9	12,0	1,6
	Hauptan. insg	64,5	35,5	37,3	60,3	20,6	70,7	8,0	0,7
	Bev. insg.	*46,1*	*53,9*	*34,5*	*51,3*	*20,7*	*36,8*	*24,1*	*18,4*
1985	Italiener	66,3	33,7	49,9	44,7	18,7	57,5	20,7	3,1
	Hauptan. insg.	57,9	42,1	45,3	51,5	30,1	50,6	18,2	1,1
	Bev. insg.	*53,2*	*46,8*	*39,6*	*43,4*	*15,6*	*40,2*	*16,2*	*18,0*
30. Juni 1990	Italiener	65,2	34,8	50,3	43,3	16,3	56,5	23,1	4,1
	Hauptan. insg.	56,6	43,4	45,8	50,0	28,2	48,5	21,8	1,5
	Bev. insg.	*47,4*	*52,6*	*39,7*	*43,1*	*15,2*	*40,7*	*26,6*	*17,5*
30. Juni 1993	Italiener	64,5	35,5	49,9	42,8	14,9	55,1	25,2	4,8
	Hauptan. insg.	55,5	44,5	46,7	48,9	28,3	48,0	21,7	2,0
	Bev. insg.	*48,0*	*52,0*	*42,2*	*41,4*	*16,0*	*41,2*	*25,8*	*17,0*
31. Dez. 1997	Italiener	65,1	35,9	.	.	13,1	55,9	21,5	5,5
	Hauptan. insg.	55,1	44,9	.	.	26,4	47,2	23,0	3,4
	Bev. insg.	*48,3*	*51,7*	*44,2*	*39,3*	*16,1*	*41,0*	*26,3*	*16,6*

Quelle: StatLHH (Hg.), StatHS, Heft 71 (1965), S. 94-103; StatJbHH 1999/2000 (1999), S. 7-12.
Felsmann, Italiener in Hamburg (1988), Tab. 6, S. 87. StatLHH (Hg.), StatBerHH, Reihe A 1 IV
(1990); StatBerHH, Reihe A 1 IV (1994); StatBerHH, Reihe A 1 IV (1998). Statistisches Material
zur Situation der Ausländer in Hamburg am 20.9.1972, StAHH, Bestand 136-1, Akte 1424. Eigene
Berechnungen. *0 bis 20 Jahre.

Wie die in der Tabelle V.12 (S. 266) wiedergegebenen Daten über die Zu- und Abwanderungsbewegung zwischen Hamburg und den Hauptanwerbestaaten verdeutlichen, war die Zuwanderung der italienischen sowie der anderen „Gastarbeiter" in den sechziger Jahren von starken Schwankungen gekennzeichnet und ihre Präsenz sehr instabil. Dies erklärt auch die für mobile Arbeiteransiedlungen typischen demographischen Merkmale, die damals die Gastarbeitergruppen aufzuweisen hatten. Trotz des 1973 von der Bundesregierung verhängten Anwerbestopps blieb auch in den folgenden Jahren die Wanderungsbewegung relativ rege. Angesichts der allgemein zunehmenden „Normalisierung" der demographischen Werte der „Gastarbeiter"-Gruppen handelte es sich dabei vermutlich vor allem um eine Wanderung von Familienmitgliedern. Die Tatsache, dass seit Anfang der achtziger Jahre die italienische Gruppe in Hamburg im Vergleich zu den anderen Gruppen aus den ehemaligen Hauptanwerbestaaten von einem überdurchschnittlichen Männeranteil und von einem ebenfalls überdurchschnittlichen Anteil der Altersgruppe 18 bis 45 gekennzeichnet ist, legt nahe, dass hingegen bei den Italienern die Zu- und Abwanderung von Arbeitssuchenden stets bedeutend blieb.[155] Dies dürfte daran liegen, dass sich italienische Arbeitsuchende als EWG-Angehörige nach dem Anwerbestopp weiterhin ohne Einschränkungen zwischen Italien und der BRD bewegen durften. Griechen, Spanier und Portugiesen, die seit den achtziger Jahre aufgrund ihres Beitritts in die Europäische Gemeinschaft (die Griechen 1981, die Portugiesen 1985 und die Spanier 1986) ebenfalls europäisches Freizügigkeitsrecht genießen, wandern offenbar mehr mit Familienanhang als die Italiener.

4.2.   Ausmaß und Charakteristika der italienischen Arbeit in Hamburg

4.2.1.   Entwicklung und besondere Merkmale der Erwerbszahlen

Was die Erwerbstätigkeit der Italiener in Hamburg betrifft, stehen leider lediglich Statistiken über sozialversicherungspflichtig beschäftigte Italiener zur Verfügung. Obwohl Selbstständige darin keine Berücksichtigung fanden, dürften diese Statistiken, vor allem für die Frühphase der Migration, als sich noch sehr wenige italienische „Gastarbeiter" selbstständig gemacht hatten, die Entwicklung der Zahl der italienischen Erwerbstätigen ziemlich genau widerspiegeln. Wie die Tabelle V.13 (S. 273f) zeigt, wurden im Juli 1956, als die Gastarbeitermigration noch in den Anfängen war, in Hamburg lediglich 227 sozialversicherungspflichtige

---

[155] Nach Angaben des Generalkonsulats dürfte es sich heute allerdings nicht mehr um Fabrikarbeiter wie in der Vergangenheit handeln, sondern vor allem um Saisonarbeiter im Gastronomiebereich (Kellner und Köche) und einige Wissenschaftler, Freiberufler und junge Leute mit einem guten Bildungsniveau, die in Deutschland neue Erfahrungen oder bessere Arbeitschancen suchen. Statistische Belege konnten nicht ermittelt werden.

Tab. V.12: Die Wanderung von Ausländern aus den Hauptanwerbestaaten von und nach Hamburg 1961 – 1998

	1963	1965	1966	1967	1968	1969	1973	1974	1975	1976	1991	1995	1998
Zuzüge													
Italien	**1.373**	**2.060**	**1.760**	**833**	**1.268**	**1.620**	**1.114**	**789**	**630**	**607**	**456**	**537**	**527**
Griechenland	862	1.046	933	530	895	1.500	584	515	303	333	548	407	334
Jugoslawien	219	463	1.864	670	2.226	5.067	2.773	1.674	1.094	1.104	5.450	1.365	1.467
Spanien	683	911	853	337	531	746	724	266	224	183	162	242	237
Türkei	1.043	1.271	1.163	679	1.883	3.104	4.902	3.338	2.546	2.897	3.160	2.735	1.534
Portugal	306	.	1.024	.	495	1.116	1.845	666	607	410	538	906	786
Fortzüge													
Italien	**757**	**869**	**1.663**	**1.755**	**1.328**	**1.191**	**463**	**823**	**829**	**811**	**301**	**357**	**645**
Griechenland	220	567	889	1.239	586	429	509	720	966	968	211	396	674
Jugoslawien	102	147	470	697	561	1.209	686	1.752	1.964	1.912	892	1.418	1.982
Spanien	485	492	1.262	1.122	559	426	364	774	695	509	152	183	381
Türkei	325	318	950	1.407	866	922	1.614	2.582	3.565	3.613	1.585	1.744	1.633
Portugal	61	.	283	.	360	222	346	795	890	847	139	483	981
Saldo													
Italien	**+616**	**+1.191**	**+97**	**-922**	**-60**	**+429**	**+651**	**-34**	**-199**	**-204**	**+155**	**+180**	**-118**
Griechenland	+642	+479	+44	-709	+309	+1.071	+75	-205	-663	-635	+337	+11	-340
Jugoslawien	+117	+316	+1.394	-27	+1.665	+3.858	+2.087	-78	-870	-808	+4.558	-53	-515
Spanien	+198	+419	-409	-785	-28	+320	+360	-508	-471	-326	+10	+59	-144
Türkei	+718	+953	-213	-728	+1.017	+2.182	+3.288	-227	-1.019	-716	+1.575	+991	-99
Portugal	+245	.	+741	.	+135	+894	+1.499	-129	-283	-437	+399	+423	-195

Quelle: StatLHH (Hg.), HZa 1970 (1970), Tab. 2, S. 380 (bis 1969); StatJbHH, jeweilige Jahrgänge. (1973 bis 1979). StatLHH, unveröffentlichte Statistiken über die Zu- und Fortzüge von Ausländern (1991 bis 1998). Eigene Sammlung.

italienische Arbeitnehmer registriert. Diese Zahl wuchs eher langsam bis zur Jahrzehntwende (581 Personen im Juli 1959) und stieg dann zwischen Sommer 1960 und Sommer 1961 sprunghaft an (1.366 im Juli 1960 und 2.169 im Juni 1961). Ende 1966, kurz vor der Wirtschaftskrise von 1967, wurden vom Arbeitsamt rund 3.863 italienische Arbeitnehmer erfasst. Die Krise trieb diese Zahl bis Mitte 1968 stark nach unten (2.820). Mit der Verbesserung der wirtschaftlichen Lage ab Ende 1968 zog jedoch der Hamburger Arbeitsmarkt wieder Jahr für Jahr viele italienische Arbeiter an. 1973, als die sogenannte Ölkrise den ersten ernsthaften wirtschaftlichen Konjunkturrückgang in der Geschichte der Bundesrepublik brachte, hatte die Zahl der italienischen Arbeitnehmer in Hamburg etwa 5.600 erreicht. Aufgrund der krisenbedingten Arbeitsmarktengpässe verließen jedoch viele Italiener zu jenem Zeitpunkt Deutschland. Von 1973 bis 1981 konsolidierte sich dann die Zahl der italienischen Arbeitnehmer auf etwa 3.000 Personen. Während der achtziger und neunziger Jahre sackte sie dann langsam, aber stetig bis auf die heutigen etwa 2.100 (2.125 im Juni 1999) ab. Da sich in den letzten zwei Jahrzehnten und vor allem in den neunziger Jahren mehrere Italiener in Hamburg selbstständig machten – im Jahre 2000 besaßen etwa 300 Italiener eine Schankkonzession und mehr als Hundert waren in der Handwerksrolle eingetragen[156] –, dürfte allerdings die Zahl der italienischen Erwerbstätigen in diesem Zeitraum etwas größer einzuschätzen sein.

Bemerkenswert ist, dass die Veränderung der Zahl der italienischen Arbeitnehmer in Hamburg in den sechziger und siebziger Jahren die Höhe- und Tiefpunkte der deutschen Wirtschaftsentwicklung widerspiegelte. Ihre Zahl stieg in Hochkonjunkturzeiten und sank in Rezessionszeiten. Eine Entwicklung, die allen Gastarbeitergruppen gemeinsam war, da sie als mobile, wenig qualifizierte „industrielle Reservearmeen" ins Land gerufen worden waren und ihr Aufenthalt von den Schwankungen der Konjunktur abhängig war. Allerdings gibt es eine Besonderheit im Vergleich zu den Gruppen aus anderen Anwerbestaaten. Die Zahl der Italiener sank nach den Krisen von 1967 und 1973 deutlich stärker ab. Zwischen September 1966 und Juni 1968 fiel die Zahl der italienischen sozialversicherungspflichtig Beschäftigten um etwa 26 Prozent, bei den Türken betrug der Rückgang lediglich etwa sechs Prozent und bei den Portugiesen etwa neun Prozent.[157] Eine Erklärung könnte darin liegen, dass die Italiener, weil sie als EWG-Angehörige ohne Einschränkungen ein- und ausreisen durften, es weniger problematisch fanden in der Heimat auf einen Konjunkturaufschwung zu warten.[158] Eine weitere Erklärung könnte sich aus dem Qualifikationsgrad der italienischen Arbeiter

---

[156] LGHH (Hg.), JaBerLGHH 2000 (2001); Gespräch mit Herrn Klaus Fischer der Handwerkskammer vom 2. Mai 2001. Eigene Berechnungen.

[157] Eigene Berechnungen auf der Basis der Daten in Tab. V.13 (S. 270/271)

[158] Felsmann, Italiener in Hamburg (1988), S. 74.

ergeben. Wie noch weiter unten zu sehen sein wird, war der Hamburger Arbeitsmarkt besonders auf qualifizierte ausländische Arbeitskräfte angewiesen, und diese scheinen unter den Italienern im Vergleich zu anderen Gastarbeitergruppen
deutlich weniger vertreten gewesen zu sein. So ist es möglich, dass die Italiener in
Hamburg stärker von den Rezessionen betroffen waren, weil viele von ihnen als
ungelernte Arbeiter als erste entlassen wurden.

Wie Tabelle V.13 zeigt, setzte sich die Gruppe der sozialversicherungspflichtig
beschäftigten Italiener vorwiegend aus Männern zusammen. Im Jahre 1962, nach
dem sprunghaften Anstieg der Zuwanderung, lag der Frauenanteil bei nur 7,7 Prozent (196 Arbeiterinnen). Im Laufe der sechziger Jahre wuchs er allerdings langsam, aber stetig an und erreichte im März 1970 15,9 Prozent (740 Arbeiterinnen).
Bemerkenswert ist, dass einzig die italienische unter den ausländischen Gruppen
aus den Hauptanwerbestaaten einen derart niedrigen Frauenanteil bei den Beschäftigten aufwies. Die griechischen Frauen stellten bereits 1962 etwa 26,7 Prozent und die spanischen Frauen etwa 21,8 Prozent der jeweils vom Arbeitsamt
erfassten sozialversicherungspflichtig beschäftigten Landsleute dar. Ende 1969
war fast jede zweite griechische (46,7 Prozent) und jede dritte spanische Arbeitskraft (33,3 Prozent) eine Frau. Ähnliche Verhältnisse herrschten bei Türkinnen
und Jugoslawinnen. Da wie bereits dargestellt der Frauenanteil an der gesamten
italienischen Bevölkerung ebenfalls unterdurchschnittlich war (vgl. Kapitel
V.4.1.5.), war der Grund für den vergleichsweise geringen Frauenanteil unter den
sozialversicherungspflichtig beschäftigten Italienern nicht auf eine geringere Erwerbstätigkeit unter den Italienerinnen zurückzuführen, sondern tatsächlich auf
ihre bescheidene Zahl innerhalb der italienischen Gruppe. Die Motive für die
spärliche Zuwanderung italienischer Arbeiterinnen lagen offenbar vor allem bei
der extrem geringen weiblichen Mobilität in Italien. Bei einem Treffen der
gemischten deutsch-italienischen Kommission für die Verbesserung des Anwerbeverfahrens im April 1960 in Bonn machten italienische Staatsfunktionäre die
deutschen darauf aufmerksam, dass starke familiäre Bindungen die Vermitt-
lungsmöglichkeit für weibliche Kräfte erschweren würden.[159] Damit waren vor allem die familiären Bindungen in Süditalien gemeint, woher die meisten Emigranten stammten. Im Dezember desselben Jahres lagen bei der Deutschen Kommission in Verona rund 10.000 Anforderungen für Frauen vor, von denen nur etwa
zwei Prozent erfolgreich bearbeitet werden konnten.[160] Vonseiten der italienischen Regierung wurde allerdings auch noch darauf hingewiesen, dass die Anwerbung der Frauen aussichtsreicher sein könne, wenn sie in größeren Gruppen
und möglichst aus der gleichen Gemeinde erfolge.[161] Vermutlich war dies auch

---

[159] „Die Anwerbung von Italienern wurde vereinfacht", in: FAZ vom 22. April 1960.
[160] Nachrichten für Außenhandel vom 16. Dezember 1960.
[161] „Die Anwerbung von Italienern wurde vereinfacht", in: FAZ vom 22. April 1960.

der Grund, weshalb 1960 in Hamburg die Anwerbung von etwa 50 Frauen aus Apulien reibungslos vonstatten ging. Diese Frauen kamen sämtlich und *en Block* aus der Ortschaft Andria, wo sie von dem örtlichen Pfarrer an den italienischen Missionar in Hamburg „weitergeleitet" wurden.[162] Solche Gruppenanwerbungen waren aber nicht üblich.

Der Frauenanteil an den italienischen sozialversicherungspflichtig Beschäftigten ist, wie bei den anderen Gruppen aus den ehemaligen Anwerbestaaten, seit den sechziger Jahren im Steigen begriffen. Dies ist allerdings bei den Italienern nicht auf einen Anstieg der Anzahl der Arbeiterinnen zurückzuführen, sondern eher auf einen Absinken der Zahl der Beschäftigten insgesamt. Der Anteil der italienischen Arbeiterinnen an den italienischen sozialversicherungspflichtig Beschäftigten ist trotz gegenwärtig prozentualer Steigerung (1998: 27,6 Prozent) im Vergleich zu den anderen Gruppen aus den ehemaligen Hauptanwerbestaaten (1998: durchschnittlich 40,6 Prozent[163]) und zur Gesamtbevölkerung Hamburgs (1999: 44,8 Prozent[164]) weit unterdurchschnittlich geblieben, was sich wieder in erster Linie mit dem niedrigen Frauenanteil an der italienischen Bevölkerung insgesamt erklären lassen dürfte.

Geht man davon aus, dass zumindest bis in die achtziger Jahre hinein die Zahl der sozialversicherungspflichtig beschäftigten Italiener etwa die Zahl der italienischen Erwerbspersonen widerspiegelte, lag 1960 nach der Ankunft der ersten größeren Gruppen von italienischen „Gastarbeitern" die Erwerbsquote der Italiener in Hamburg bei etwa 79 Prozent, was den Arbeitscharakter der italienischen Migration deutlich werden lässt, wenn man bedenkt, dass die damalige Erwerbsquote in Hamburg insgesamt bei etwa 48 Prozent lag.[165] Diese weit überdurchschnittliche Erwerbsquote innerhalb der italienischen Gruppe lässt sich damit erklären, dass die Zuwanderer fast ausschließlich Arbeiter waren und zunächst meist ohne Familienanhang nach Hamburg kamen.

Ende 1962 war jedoch der Anteil der Beschäftigten an der gesamten italienischen Wohnbevölkerung auf etwa 50 Prozent gesunken. Dies war vermutlich in erster Linie auf den Nachzug von nicht erwerbstätigen Personen zurückzuführen. Bis Anfang der siebziger Jahre blieb es trotz Schwankungen bei diesem Wert. Anfang der siebziger Jahre schnellte dann die Erwerbsquote der Italiener wieder stark nach oben und erreichte etwa 82 Prozent im Jahr 1973. Eine Steigerung, die bei anderen Ausländergruppen aus den Hauptanwerbestaaten zwar auch festzustellen

---

[162] Interview mit Luigi Giorgio vom 12. Mai 1999.

[163] Eigene Berechnung auf der Basis der Daten in Tabelle V.13.

[164] StatLHH (Hg.), StatBerHH, Reihe A VI 5 (2002), S. 3. Eigene Berechnungen.

[165] StatLHH (Hg.), StatJbHH 1962 (1962), S. 100. Eigene Berechnungen.

und auf die Hochkonjunkturphase zwischen Ende der sechziger und Anfang der siebziger Jahre zurückzuführen ist, aber nicht die gleichen Ausmaße erreichte. Dies lag vermutlich daran, dass Italiener im Rahmen der EWG-Freizügigkeit in Hochkonjunkturzeiten stärker ohne Familienanhang wanderten.[166]

In den folgenden Jahren ging vor allem aufgrund von Familienzusammenführungen und -gründungen sowie Neugeburten die Erwerbsquote der Italiener trotz Schwankungen konstant zurück. Rechnet man die sozialversicherungspflichtig beschäftigten (2.125), die arbeitslosen (491[167]) und die selbstständigen (400 bis 450) Italiener zusammen, lag 1999 die Quote der italienischen Erwerbspersonen sogar etwas niedriger als bei der gesamten Hamburger Bevölkerung, d.h. bei etwa 43 Prozent (Hamburger Bevölkerung: 46 Prozent[168]). Was eher überrascht, da die demographische Struktur der italienischen Gruppe eine überdurchschnittliche Präsenz von Erwerbspersonen nahe legt (vgl. Kap. V.4.1.5). Da aber die Daten über die italienischen Selbstständigen nicht genau und die Zahl der mithelfenden Familienangehörigen wohl nicht unbedeutend, leider aber nicht bekannt ist, dürfte, angesichts des geringen Umfangs der italienischen Gruppe, dieser Wert deutlich höher liegen.

Ein weiterer bemerkenswerter Punkt ist die deutlich geringere Zahl der italienischen Arbeiter in Hamburg im Vergleich zu anderen Industriezentren der Bundesrepublik. Im September 1970 wurden 4.657 sozialversicherungspflichtig beschäftigte Italiener in Hamburg registriert. In Stuttgart waren es dagegen 27.867, in München 19.760 und in Frankfurt 22.425. Allerdings war die gesamte Zahl der sozialversicherungspflichtig beschäftigten Ausländer aus den Hauptanwerbestaaten in Hamburg ausgesprochen gering. Während im September 1970 im Hamburger Arbeitsamtbezirk etwa 36.700 gezählt wurden, waren es in Stuttgart rund 94.400, in München 91.000 und in Frankfurt am Main 77.483.[169] Dies lag nicht an der Präsenz der vielen Ausländer aus Drittländern. Selbst wenn die Arbeitnehmer aus Drittländern mitgezählt werden, bleibt die Gesamtzahl der ausländischen Arbeitnehmer in Hamburg vergleichsweise gering. Im September 1970 arbeiteten in Hamburg insgesamt etwa 50.400 Personen mit ausländischem Pass gegenüber den 104.000 in Stuttgart, den 118.000 in München und den 94.893 in Frankfurt.[170] Wo lagen also die Gründe für derartige Unterschiede zwischen Hamburg und anderen deutschen Industriezentren? Mitte der sechziger Jahre versuchte die Hamburger Handelskammer in Gesprächen mit Arbeitsamtfunktionären und Arbeitgebern

---

[166] Felsmann, Italiener in Hamburg (1988), S. 75.

[167] Ausländer in Hamburg 1999 (2000), S. 5.

[168] StatB (Hg.), StatJbBRD 2001 (2001), S. 102. Eigene Berechnungen.

[169] Geiselberger, Schwarzbuch (1972), S. 65.

[170] Ebenda.

dieses Geheimnis zu lüften. Die Abteilung Industrie der Handelskammer hielt im Januar 1966 nach einem Gespräch mit dem Leiter des Hamburger Arbeitsamtes in einer internen Aufzeichnung u. a. folgendes fest:

Während in anderen Bezirken in größerem Umfange der Einsatz ungelernter Arbeitskräfte möglich ist, bezieht sich der Hamburger Arbeitskräftebedarf bei Männern mehr auf Facharbeiter. Die Anwerbung von Facharbeitern im Ausland stößt jedoch auf große Schwierigkeiten. Abgesehen davon entspricht die Qualifikation ausländischer Facharbeiter – mit Ausnahme von Jugoslawen und Türken – im Allgemeinen nicht der hier üblichen Vorstellung. Mit der Verstärkung der Reparaturtätigkeit der Werften ist ein rückläufiger Bedarf an ungelernten Arbeitskräften verbunden. Infolge der Hamburger Wirtschaftsstruktur, in der die Wirtschaftszweige Handel, Dienstleistungs-Gewerbe, Verkehr ein weit größeres Gewicht haben als an Industrieschwerpunkten, ist die Einsatzmöglichkeit von Ausländern in Hamburg geringer.[171]

In weiteren Gesprächen der Kammer mit Führungspersonal von Hamburger Betrieben bestätigte sich, dass der Hamburger Arbeitsmarkt einen überdurchschnittlichen Bedarf an qualifizierten Arbeitskräften hatte und gerade deshalb weniger „Gastarbeiter" beschäftigen konnte, da diese meist ungelernt waren. Ein Funktionär der Handelskammer notierte sich die Meinung eines Gesprächspartners:

In Hamburg gebe es weniger Betriebe, in denen man an einem Fliessband stehe und dort einen leicht erlernbaren und stupiden Handgriff ausführe. Wenn die großen Automobilfabriken wie Ford in Köln teilweise bis zu 40 Prozent Ausländer beschäftigten, so sei dass ein Erfolg ihrer Fliessbandproduktion. In Hamburg dagegen müsse man auch von dem ausländischen Arbeiter eine gewisse Intelligenz erwarten. Gerade der geschulte Ausländer sei aber nicht mehr zu bekommen.[172]

Da ferner auch im Hafen Mitte der sechziger Jahre aufgrund der rasch fortschreitenden Modernisierung der Umschlagsmethoden immer weniger Hilfsarbeiter für das Be- und Entladen der Schiffe benötigt wurden[173], erklärt sich, weshalb die Stadt vergleichsweise wenig „Gastarbeiter" anzog. Ein ebenso wichtiger Grund für die geringe Zahl von „Gastarbeitern" in Hamburg war außerdem offenbar der in der Stadt besonders ausgeprägte Mangel an Unterbringungsmöglichkeiten:

Die Bearbeitung eines vom Betrieb an das Arbeitsamt zu richtenden Anwerbersuchens hat zur Voraussetzung, dass eine den Bestimmungen entsprechende Unterkunft für den zu beschäftigten Ausländer nachgewiesen wird. Die Unterbringungsfrage dürfte für die meisten Betriebe das schwerste Hindernis sein. Sie ist nicht nur eine Kostenfrage, sondern auch von den Schwierigkeiten beeinflusst, die sich aus der Grundstückbeschaffung oder Gebäudeanmietung ergeben. Besonders in der Unterbringungsfrage dürften in anderen Bezirken des Bundesgebietes leichtere Bedin-

---

[171] Vermerk K., Abteilung Industrie der Handelskammer/Hamburg, Hamburg, 12. Januar 1966, AHHH, Bestand R 304/2 b, Bd. 1.

[172] Vermerk S., Abteilung Industrie der Handelskammer/Hamburg, Hamburg, 22. Februar 1966, AHHH, Bestand R 304/2 b, Bd. 1.

[173] Vermerk K., Abteilung Industrie der Handelskammer/Hamburg, Hamburg, 24. Februar 1966, AHHH, Bestand R 304/2 b, Bd. 1.

gungen vorzufinden sein. Besonders in der ersten Zeit des Ausländereinsatzes konnten in anderen Bezirken leerstehende öffentliche Gebäude usw. für die Ausländer-Unterbringung in Benutzung genommen werden. Ferner ergaben sich dort sicherlich nicht Erschwerungen in der Zurverfügungstellung bebaubarer Grundstücke mit der Unterstützung der öffentlichen Hand. Die vorgesehenen bundesseitigen Finanzierungserleichterungen für die Schaffung von Ausländer-Wohnungen haben offensichtlich in Hamburg nicht die Wirkung eines Anreizes.[174]

Ein letzter Grund für den geringen Umfang der Gastarbeiterpräsenz waren für einige Hamburger Arbeitgeber die norddeutschen klimatischen Verhältnisse. Südländische Arbeitnehmer würden sich an diese nicht leicht anpassen.[175] Alles in allem dürften aber in erster Linie die Struktur des Hamburger Arbeitmarktes, Finanzierungsmängel sowie die Tatsache, dass Hamburg ein Stadtstaat war und über weniger bebaubare Grundstücke und leerstehende Unterkünfte verfügte als ein Flächenland, für die niedrige Zahl der „Gastarbeiter" verantwortlich gewesen sein.

Das Bedürfnis des Hamburger Arbeitsmarktes nach qualifizierten Arbeitskräften hemmte vor allem die Italienerzuwanderung. Ihr Anteil an den sozialversicherungspflichtig beschäftigten Ausländern aus den Hauptanwerbestaaten war im Vergleich zu anderen deutschen Industriezentren stark unterdurchschnittlich. Im September 1970 stellten die Italiener etwa 12,6 Prozent der Arbeitnehmer aus den Hauptanwerbestaaten, die in der Stadt registriert wurden. In Stuttgart waren es hingegen gut 29,6 Prozent, in München 21,7 Prozent und in Frankfurt 28,9 Prozent.[176] „Gastarbeiter" aus anderen Nationen konnten offenbar eine vergleichsweise höhere Qualifikation vorweisen als die Italiener und sich daher in den lokalen Arbeitsprozess besser einfügen, weil sie vermutlich anders als die Italiener, die seit Anfang der sechziger Jahre im Rahmen der EWG-Freizügigkeit „frei" nach Deutschland strömen konnten, noch größtenteils von Deutschen Kommissionen vermittelt und dabei einer gewissen beruflichen Auslese unterzogen wurden. Tatsächlich betrug im September 1970 in Hamburg der Anteil der Jugoslawen an den Beschäftigten aus den Anwerbestaaten etwa 28,0 Prozent, nicht viel weniger als in Stuttgart (34,0 Prozent), in München (36,0 Prozent) oder in Frankfurt (31,7 Prozent). Der Anteil der Türken lag in Hamburg mit ebenfalls 28,0 Prozent sogar deutlich höher als in anderen deutschen Städten (Stuttgart 10,3 Prozent, München 19,8 Prozent und Frankfurt 12,6 Prozent).[177] Schließlich spielte beim geringen Umfang der Italienerpräsenz in der Hansestadt vermutlich auch die Entfernung

---

[174] Vermerk K., Abteilung Industrie der Handelskammer/Hamburg, Hamburg, 12. Januar 1966, AHHH, Bestand R 304/2 b, Bd. 1.

[175] Auszug aus der Niederschrift über die Sitzung des Industrie-Ausschusses am Freitag, dem 25. März 1966 im Plenarsaal der Handelskammer Hamburg, AHHH, Bestand R 304/2 b, Bd. 1.

[176] Geiselberger, Schwarzbuch (1972), S. 65. Eigene Berechnungen.

[177] Ebenda. Eigene Berechnungen.

Tab. V.13: Sozialversicherungspflichtig Beschäftigte ausländische Arbeiter aus den Hauptanwerbestaaten in Hamburg 1954 – 1999

Jahr	insg.	Ital.	% Frauen	Griech.	% Fra.	Jugosl.*	% Fra.	Portug.	% Fra.	Span.	% Fra.	Türk.	% Fra.	Hauptanw. Zusammen	Übrige Länder
31.07.1956	3.377	227		77	.	50	.	.	.	50	.	.	.	(404)	(2.973)
1959	5.795	581	15,7	274	11,3	124	28,2	.	.	216	24,5	.	.	(1.195)	(4.600)
1960	8.891	1.366	9,8	514	9,3	150	21,3	82	17,1	823	9,2	246	3,3	3.181	5.710
31.06.1961	11.137	2.169	7,6	833	15,5	142	25,4	118	10,2	1.687	10,2	575	3,0	5.504	5.633
30.09.1962	15.089	2.549	7,7	1.302	26,7	.	.	.	.	2.110	21,8	1.880	3,3	(7.841)	(7.248)
1963	16.773	2.640	9,4	1.909	39,7	.	.	.	.	2.194	28,5	1.813	6,2	(8.556)	(8.217)
1964	18.726	2.789	9,5	2.238	39,4	.	.	522	12,6	2.424	29,2	2.601	6,5	(10.574)	(8.152)
1965	22.993	3.617	10,2	2.724	37,2	.	.	1.151	12,9	2.774	29,6	3.567	8,2	(13.833)	(9.160)
1966	27.428	3.863	11,6	3.090	41,8	.	.	1.722	17,9	3.100	31,5	4.831	12,7	(16.606)	(10.822)
1967	24.638	2.979	14,3	2.586	42,5	2.070	29,0	1.577	22,1	2.469	33,4	4.567	15,1	16.248	8.390
1968	26.387	3.226	14,7	2.649	43,2	2.653	32,7	1.789	27,4	2.241	34,3	5.224	18,0	17.782	8.605
1969	39.460	3.948	16,2	3.650	46,7	7.789	29,1	2.514	33,3	2.702	33,3	7.420	19,0	28.023	11.437
1970	50.394	4.657	15,9	4.255	44,5	10.755	26,5	3.748	28,4	3.033	31,5	10.326	19,0	36.774	13.620
1971	65.928	5.134	.	5.105	.	13.166	.	4.931	.	3.801	.	14.705	.	46.842	19.086
1972	63.879	5.528	.	4.407	.	13.695	.	5.285	.	3.513	.	15.306	.	47.734	16.145
31.01.1973	69.456	5.577	.	4.808	.	14.054	.	6.010	.	4.101	.	15.812	.	50.362	19.094
30.09.1974	65.469	3.481	.	3.972	.	11.710	.	5.103	.	3.986	.	18.640	.	46.892	18.604
1975	61.720	3.253	.	3.517	.	11.141	.	4.626	.	3.502	.	17.777	.	43.816	17.904
1976	59.624	3.018	.	3.061	.	10.972	.	4.317	.	3.144	.	17.210	.	41.722	17.902
1977	60.622	3.184	.	2.834	.	10.862	.	4.217	.	3.041	.	17.489	.	41.627	18.995

Fortsetzung nächste Seite.

Jahr	Insg.	Ital.	% Frauen	Griech.	% Fra.	Jugosl.	% Fra.	Portug.	% Fra.	Span.	% Fra.	Türk.	% Fra.	Hauptanw. Zusammen	Übrige Länder
1978	61.364	3.250	20,9	2.652	39,5	10.676	34,8	4.128	31,1	2.912	24,3	17.825	27,3	41.443	19.921
1979	63.577	3.378	21,0	2.622	39,4	10.476	35,7	4.240	32,1	2.791	25,4	18.538	27,0	42.045	21.532
1980	65.884	3.303	22,0	2.595	39,3	10.094	36,1	4.328	32,9	2.641	25,8	20.097	27,1	43.058	22.826
30.06.1981	64665	3.204	21,8	2.488	38,5	9.937	36,6	4.189	33,1	2.616	25,7	20.648	27,5	43.082	21.583
1982	61.820	2.829	22,1	2.289	38,7	9.336	37,6	3.937	34,5	2.464	25,3	20.503	27,9	41.358	20.462
1983	58.053	2.685	22,3	2.085	39,0	8.799	38,1	3.565	35,3	2.248	25,9	19.430	28,7	38.812	19.241
1984	53.455	2.440	21,9	2.007	38,3	8.174	39,1	3.069	36,3	2.116	25,5	17.824	30,1	35.630	17.825
1985	50.781	2.233	21,5	1.854	38,6	7.782	39,3	2.679	37,1	2.044	25,6	17.166	30,4	33.758	17.023
1986	51.112	2.100	20,9	1.789	39,4	7.802	38,6	2.594	37,5	1.968	26,0	17.312	30,6	33.565	17.547
1987	50.977	1.952	21,3	1.786	38,9	7.606	38,2	2.582	38,8	1.839	28,6	17.228	32,0	33.263	17.714
1988	52.658	1.930	22,0	1.709	37,2	7.764	40,0	2.651	38,1	1.831	30,4	17.925	34,2	33.810	18.848
1989	53.734	1.909	21,5	1.730	35,3	7.784	40,2	2.720	38,7	1.715	30,2	18.110	33,2	33.968	19.766
1990	58.086	1.798	21,0	1.741	37,1	8.155	40,3	2.830	39,6	1.684	31,4	19.019	34,0	35.227	22.859
1991	62.165	1.789	21,4	1.702	36,3	8.600	40,8	3.018	39,6	1.606	32,4	20.352	35,2	37.067	25.098
1992	65.826	1.735	21,9	1.724	36,2	9.329	40,8	2.976	38,9	1.419	33,7	20.965	35,5	38.148	27.678
1993	71.234	2.129	24,6	2.204	37,3	10.822	41,8	3.388	40,5	1.495	37,1	20.985	36,6	41.023	30.211
1994	69.258	2.293	26,0	2.264	37,8	11.244	42,8	3.528	40,7	1.446	38,0	20.284	37,7	41.059	28.199
1995	67.691	2.259	25,7	2.185	38,0	11.038	43,0	3.616	38,9	1.366	39,0	19.462	37,4	39.926	27.765
1996	66.002	2.183	25,8	2.087	37,7	10.858	43,7	3.600	39,4	1.301	39,5	18.617	37,3	38.646	27.356
1997	63.709	2.123	26,3	1.982	37,7	9.786	44,5	3.570	39,6	1.216	42,3	17.767	38,0	36.444	27.265
1998	63.497	2.125	27,6	1.938	39,3	8.881	44,5	3.543	39,4	1.170	43,4	17.482	37,8	35.139	28.358
1999	63.170	2.125	28,6	2.008	.	8.155	.	3.457	.	1.169	.	17.332	.	34.246	28.924

Quelle: Mitteilungen des Senats an die Bürgerschaft Hamburgs, Die wirtschaftliche und soziale Lage (1970), S. 29 und 30 (1954 bis 1970); Biehl, Volkswirtschaftliche Bedeutung, Tab. 10, S. 81 (bis 1978); StatLHH (Hg.), StatBerHH, Reihe A VI 5, jeweilige Jahrgänge (1978 bis 1999). Eigene Berechnungen. *Ab 1992 ehemalige Gebiete Jugoslawiens.

Hamburgs von Italien eine Rolle. Die meisten von ihnen blieben auf der Suche nach Arbeit zunächst in Süd- und später in Westdeutschland „hängen", wo sich die größten Industriezentren des Landes befanden und wo sie aufgrund der dort stärker angewandten Produktionsmethode der Fließbandarbeit zahlreich gebraucht wurden.

4.2.2.   Die italienischen Arbeitnehmer in den einzelnen Berufszweigen

Wie sich die Zahl der italienischen sozialversicherungspflichtig Beschäftigten entwickelte und weshalb sie in Hamburg im Vergleich zu anderen Industriestandorten in Deutschland niedrig blieb, wurde bereits dargestellt. Wo aber arbeiteten die Italiener, die in Hamburg Anstellung fanden? Konzentrierten sie sich in bestimmten Sektoren? Gab es Differenzen mit den bundesweiten Tendenzen? Um diese und andere Fragen zu beantworten, können relativ detaillierte Statistiken herangezogen werden. Bis heute stellt das Hamburger Arbeitsamt Statistiken mit den Eckdaten der ausländischen Beschäftigung in der Stadt auf. Bis 1959 wurden diese Daten nach „Berufsgruppen" und danach nach „Wirtschaftsabteilungen" geordnet. In jeder Wirtschaftsabteilung waren etliche Sparten zusammengefasst. Über die genaue Ausländerbeschäftigung in jeder einzelnen Sparte stehen aber leider nur selten Angaben zur Verfügung.[178] Insgesamt gewähren diese Statistiken dennoch einen relativ genauen Einblick in die Verteilung der Italiener auf die verschiedenen Hamburger Wirtschaftsabteilungen (Land- und Forstwirtschaft, Baugewerbe usw.) von Mitte der fünfziger Jahre bis 1972. Es konnten ferner solche Daten auch für den Zeitraum 1978 – 2000 ermittelt werden.[179] Während allerdings bis 1972 und nach 1997 zwischen Beschäftigten in der verarbeitenden Industrie *mit* und Beschäftigten in der verarbeitenden Industrie *ohne Metallverarbeitung* unterschieden wurde, wurde in der Zwischenzeit lediglich die Zahl der Italiener im gesamten verarbeitenden Gewerbe registriert, so dass die zwei Beschäftigtenkurven nicht durchgängig rekonstruiert werden können. Im Folgenden wird auf die Entwicklung der Italienerzahl in den einzelnen Wirtschaftsabteilungen und, wo möglich, in den einzelnen Sparten eingegangen. Ein grafischer Überblick befindet sich auf S. 281 (Abb. V.4).

Von 1956 bis 1972 arbeiteten in der ersten Wirtschaftsabteilung (Landwirtschaft u. Tierzucht, Forst- und Jagdwirtschaft, Gärtnerei und Fischfang) jährlich durchschnittlich zwanzig meist männliche italienische Arbeitskräfte. Die höchste

---

[178] September-Erhebungen der Jahre: 1961, 1962, 1963, 1970 und 1971.

[179] Die folgenden Zahlenangaben stammen aus: AHH, unveröffentlichte Statistiken über die Ausländerbeschäftigung in der Hansestadt Juli 1957 bis Juni 1972, AAHH; StatLHH (Hg.), StatBerHH, Reihe A VI 5, (1979 bis 2000); AHH, unveröffentlichte Statistiken über die Italienerbeschäftigung 1997 bis 2000 nach Berufen und Wirtschaftszweigen in der Hansestadt. Eigene Sammlung.

Frauenanzahl wurde 1966 erreicht, als vier Italienerinnen beschäftigt wurden. Die maximale italienische Beschäftigung gab es im Juni 1962, als 30 Italiener in diesem Sektor arbeiteten. Die einzigen vorhandenen detaillierten Statistiken belegen, dass Italiener besonders im Gärtnereibereich Anstellung fanden. In der ersten Wirtschaftsabteilung handelte es sich also um eine über die ganzen sechziger Jahre hinweg eher irrelevante Präsenz. Dies änderte sich auch später nicht. 1977 arbeiteten in dieser Wirtschaftsabteilung neun, 1981 sechs und 2000 fünf Italiener.

In der zweiten Wirtschaftsabteilung (Bergbau, Gewinn und Verarbeitung von Steinen und Erden, Energiewirtschaft) kam es bereits im Juni 1962, als 128 italienische Arbeitskräfte dort arbeiteten, zum Höchststand der Italienerbeschäftigung. Trotz starker saisonaler Schwankungen, wobei die höchsten Italienerzahlen immer im Sommer registriert wurden, blieb bis 1966 die Zahl der italienischen Arbeitskräfte konsistent (94 Personen im Juni). Das wirtschaftliche Tief, das 1966/67 Deutschland erfasste, trieb diese Zahl stark nach unten (31 Italiener im Juni 1968). Die Italienerbeschäftigung blieb dann trotz des 1968 einsetzenden Aufschwungs relativ niedrig (durchschnittlich etwa 30 Personen). Die Zahl der italienischen Arbeiterinnen war nie von Bedeutung. Die italienischen Arbeitskräfte konzentrierten sich anscheinend in der Baustoffindustrie, genauer gesagt fast ausschließlich in der „Brannt- und Formsteinherstellung". Die bereits Ende der sechziger Jahre geringe Italienerbeschäftigung in diesem Sektor blieb in der Folgezeit relativ konstant. Im Juni 2000 arbeiteten in dieser Wirtschaftsabteilung 15 Italiener.

Die dritte Wirtschaftsabteilung (Eisen- und Metallerzeugung und –verarbeitung) war – gemeinsam mit der vierten (Verarbeitende Gewerbe - ohne Eisen- und Metallverarbeitung) – die Abteilung, in der sich die italienischen Arbeitskräfte am stärksten konzentrierten. Von etwa 100 Arbeitern im Juli 1959 schnellte die Zahl der italienischen Beschäftigten auf 545 Personen im Juli 1960 empor. Sie stieg dann bis Juni 1962 weiter an (858 Personen), um dann aufgrund einer Branchenkrise ziemlich stark zu sinken (607). Unmittelbar danach nahm sie aber wieder zu und erreichte kurz vor dem wirtschaftlichen Tief von 1966/67 etwa 1.080 Personen (Juni 1966). Aufgrund der schlechten Konjunkturlage ging die Zahl der italienischen Beschäftigten zurück auf 717 Personen (Januar 1968). Der wirtschaftliche Aufschwung, der Ende der sechziger Jahre einsetzte, erfasste auch die Metallbranche, und im Juni 1971 wurde mit rund 1.357 italienischen Arbeitskräften der Gipfel der Italienerpräsenz in diesem Sektor erreicht. Die Frauenbeschäftigung stieg im Laufe der sechziger Jahre beständig an (vier Personen im Juli 1959 und 140 im Januar 1970). Die 1966/67-Krise, die gut 250 männlichen Italienern die Arbeit gekostet hatte, scheint auf die weiblichen italienischen Arbeitskräfte kaum Auswirkungen gehabt zu haben, da die italienischen Arbeiterinnen vermutlich Tätigkeiten verrichteten, die von einer kurzen Krise nicht unmittelbar gefährdet wurden. Die meisten italienischen Arbeitskräfte, die in der Metallbranche arbeiteten, waren bis Anfang der siebziger Jahre vor allem im „Schiffbau" und im „Maschinen-, Apparate- und Armaturenbau" tätig. Die meisten italienischen Arbeiterinnen konzentrierten sich in der „Elektrotechnik". Die Zahl der italienischen Arbeitskräfte in der Metallbranche ging in der Folgezeit stark zurück. Zwar unterscheiden die vorhandenen Statistiken für den Zeitabschnitt 1978-1997 nicht mehr zwischen metallverarbeitenden und sonstigen verarbeitenden Gewerbe, aber die späteren Daten lassen daran keinen Zweifel. Waren im Juni 1972 1.258 italienische Beschäftigte in diesem Sektor, so sank ihre Zahl im Juni 2000 auf 163. Die meisten konzentrierten sich in den letzten Jahren im „Straßen- und Luftfahrzeugbau".

In der vierten Wirtschaftsabteilung (Verarbeitende Gewerbe – ohne Eisen- und Metallverarbeitung) ging die Italienerbeschäftigung zwischen Juli 1959 und Juli 1960 rasch in die Höhe (von 48 auf 174 Italiener). Sie stieg bis Juni 1966 weiter an (602), um dann aufgrund der 1966/67-Krise bis Juni 1968 abzusinken (479). Danach schnellte die Zahl der italienischen Beschäftigten wieder nach oben und erreichte im Juni 1972 die Zahl von 935 Personen. Damit beschäftigte dieser Wirtschaftszweig bis in die siebziger Jahre hinein die meisten italienischen Arbeitskräfte nach der Metallbranche. Die Zahl der Italienerinnen war anfangs nicht besonders hoch (elf Personen im Juli 1959), erreichte aber im Juni 1972 die beachtliche Zahl von 275 Personen. Bemerkenswert ist, dass auch in diesem Fall, obwohl die Zahl der italienischen Arbeiterinnen nicht unerheblich war, ihre Beschäftigungskurve vom Ausbruch der 1966/67-Krise kaum beeinflusst wurde. Die Textilindustrie beschäftigte bis zur 1966/67-Krise die meisten italienischen Arbeitskräfte, gefolgt von der Nahrungs- und Genussmittelindustrie, der Holzverarbeitungsindustrie, der Kautschukindustrie, der chemischen Industrie usw. Um die Jahrzehntwende zwischen den sechziger und siebziger Jahren konzentrierten sich die italienischen Beschäftigten dann besonders in der Nahrungs- und Genussmittelindustrie, gefolgt von der chemischen Industrie, der Textilindustrie und der Holzindustrie. Die Textilindustrie beschäftigte die größten Gruppen von Italienerinnen. Obwohl laufende Zahlen fehlen, deuten einige Daten darauf hin, dass viele Italienerinnen auch in der Nahrungs- und Genussmittelindustrie arbeiteten. Wie schon in der Metallbranche ging auch in dieser Wirtschaftsabteilung die Zahl der italienischen Beschäftigten in den folgenden Jahren stark zurück (935 im Juni 1972 und 145 im Juni 2000). Die chemische Industrie beschäftigte Ende der neunziger Jahre weiterhin die meisten italienischen Arbeitskräfte, gefolgt von der Nahrungs- und Genussmittelindustrie. Relativ gut vertreten waren italienische Arbeitskräfte auch noch in der Holzverarbeitungsindustrie. In der Textilverarbeitung gab es hingegen kaum mehr Italiener.

Auch in der fünften Wirtschaftsabteilung (Bau-, Ausbau- und Bauhilfsgewerbe) stieg die Zahl der italienischen Beschäftigten Ende 1959 steil an. Waren es im Juli

1959 etwa 77, wurden es ein Jahr später rund 208. Ihre Zahl wuchs trotz saisonaler Schwankungen – der Höchststand wurde immer in den Sommermonaten erreicht – weiter an und kletterte im Juni 1966 bis auf 574 Personen. Danach fiel sie im Juni 1968 aufgrund der 1966/67-Krise bis auf 365 Beschäftigte ab. Der Konjunkturaufschwung kurbelte dann auch den Bausektor an, und die Italienerbeschäftigung begann wieder zu steigen, diesmal offenbar auch ohne saisonale Schwankungen. Im Juni 1972 arbeiteten in diesem Sektor in Hamburg rund 775 italienische Arbeitskräfte. Die detaillierten Statistiken zeigen, dass es sich vor allem um Maurer handelte. In den siebziger Jahren ging die Zahl der italienischen Arbeitskräfte auch in der Baubranche stark zurück. 1977 handelte es sich um nur noch etwa 254 Personen. Im Juni 2000 war ihre Zahl auf 84 zurückgegangen. Die Zahl weiblicher italienischer Beschäftigte war nie nennenswert.

In der sechsten Wirtschaftsabteilung, d.h. im „Handel, Geld- und Versicherungswesen", verhielt es sich wie in den anderen Sektoren. Die Italienerbeschäftigung stieg vom Ende der fünfziger bis Anfang der siebziger Jahre tendenziell kontinuierlich an (etwa 50 Italiener im Juli 1959 und 823 im Juni 1972). Bemerkenswert ist aber, dass hier die 1966/67-Krise nicht zu Massenentlassungen wie etwa in der Metallbranche oder im Baugewerbe führte. Die Zahl der italienischen Beschäftigten ging nur leicht zurück und erst ein Jahr später als in den oben genannten Sektoren, die offensichtlich schneller und intensiver von einer schlechten Konjunkturlage getroffen wurden. Die Zahl der italienischen Arbeiterinnen blieb von der Krise gänzlich unberührt. Sie belief sich ohne nennenswerte Schwankungen bis Ende der sechziger Jahre auf durchschnittlich 50 Personen und schnellte dann nach oben (202 Personen im Juni 1972). Der mit Abstand größte Teil der italienischen Arbeitskräfte – sowohl der Männer als auch der Frauen – war im „Handel und Handelshilfsgewerbe" beschäftigt. Die siebziger Jahre brachten dann auch in dieser Wirtschaftsabteilung einen starken Rückgang der Italienerbeschäftigung. 1978 wurden 466 italienische Beschäftigte registriert. Später ging zunächst ihre Zahl nur langsam zurück, dann aber stärker. 1981 waren es noch 432, 1990 aber bereits 241. In den letzten Jahren ist sie allerdings wieder etwas im Steigen begriffen. 2000 waren es 288.

Wie schon im Handelssektor zeigte die 1966/67-Krise auch in der siebten Wirtschaftsabteilung (sämtliche anderen privaten Dienstleistungen) keine großen Auswirkungen auf die Italienerbeschäftigung. Dort stieg die Zahl der italienischen Arbeitskräfte vom Ende der fünfziger bis Anfang der siebziger Jahre sogar kontinuierlich an: von 214 im Juli 1960 bis 675 im Juni 1972. Die Zahl der italienischen Arbeiterinnen erhöhte sich bis Anfang der siebziger Jahre und war mit durchschnittlich 83 Personen die höchste aller Wirtschaftsabteilungen. Allem Anschein nach waren die Italiener vor allem im Gaststättengewerbe tätig. Dort konzentrierten sich auch die meisten italienischen Arbeiterinnen. Anders als in allen anderen Wirtschaftsabteilungen stieg die Zahl der in diesem Sektor tätigen italienischen Arbeitskräfte noch weiter an. 1978 handelte es sich um etwa 890 und 1981 um 922 Personen. Später sank ihre Zahl bis auf 635 im Jahr 1987, um dann wieder nach oben zu schnellen. 2000 waren es 1.154. Das Gaststättengewerbe blieb bis zur Gegenwart die Sparte, in der sich die meisten italienischen Arbeitnehmer, sowohl Männer als auch Frauen, konzentrieren.

Die achte Wirtschaftsabteilung (Verkehrswesen) erlebte anders als die bisher untersuchten Sektoren die stärkste Italienerbeschäftigung unmittelbar vor der 1966/67-Krise, als die Zahl der Italiener im Januar 1966 etwa 770 Personen betrug. Die Krise verursachte auch hier wie in der Metall- und in der Baubranche massenhafte Entlassungen. Im Juni 1968 wurden nur noch 522 italienische Beschäftigte registriert. Danach nahm die Italienerbeschäftigung wieder zu, allerdings nur bis Mitte 1971 (694 Personen im Juni). Nach diesem Zeitpunkt ging die Zahl der italienischen Arbeitskräfte wieder zurück (642 im Juni 1972). Da im Fall des Verkehrswesens Bundesbahn und Bundespost praktisch monopolartig arbeiteten, wurden sie in den detaillierten Statistiken namentlich aufgeführt. Die meisten italienischen Arbeitskräfte, die in diesem Sektor tätig waren, arbeiteten bei der Deutschen Bundesbahn. Allerdings scheinen sich die Italiener im Laufe der sechziger Jahre etwas mehr auf die anderen Sparten des Verkehrswesens verteilt zu haben. Die Frauenbeschäftigung stieg zwar stetig an, blieb aber immer sehr niedrig (drei im Juni 1961 und 41 im Juni 1971). Auch die Italienerinnen scheinen vor allem bei der Bahn tätig gewesen zu sein. Bereits zwischen Mitte 1971 und Mitte 1972 war ein Rückgang der Italienerbeschäftigung im Verkehrswesen festzustellen. Die Zahl der italienischen Arbeitskräfte in diesem Sektor ging im Laufe der siebziger Jahre bis auf einen „harten Sockel" zurück und blieb dann einige Zeit konstant, um später vermutlich aufgrund von Pensionierungen oder Frühpensionierungen weiter abzusinken (541 Personen 1978, 517 1981, 406 1984 und 180 2000). Während in den sechziger Jahren der größte Teil der Italiener in diesem Sektor bei der Bahn arbeitete, findet man sie gegenwärtig gleichmäßig auf Bahn, Post, Straßenverkehr, Schiff- und Luftfahrt sowie Spedition verteilt.

Wie schon in der sechsten und siebten, wurde auch in der neunten Wirtschaftsabteilung (Öff. Dienst und Dienstleistungen im öffentlichen Interesse) die Italienerbeschäftigung von der 1966/67-Krise kaum beeinflusst, vermutlich weil es sich um Dienste im öffentlichen Interesse handelte, die eher von demographischen und sozialen als von wirtschaftlichen Faktoren beeinflusst werden. Die Zahl der italienischen Beschäftigten blieb bis Anfang 1962 sehr niedrig (20 Personen im Dezember 1960 und sechs im Januar 1962), begann dann aber ohne nennenswerte Unterbrechungen zu steigen und erreichte im Juni 1972 die Zahl von 146 Personen. Besonders bemerkenswert ist, dass die Zahl der italienischen Arbeiterinnen bis auf ein Jahr (1965) stets die der italienischen Arbeiter übertraf. Die italienischen Arbeitskräfte konzentrierten sich allem Anschein nach im Wesentlichen in der „Krankenpflege", gefolgt vom „Bildungswesen/Kirche". Im September 1963 waren von 26 italienischen Beschäftigten 14 in der Krankenpflege und fünf im Bildungswesen registriert. Im September 1971 waren es von 133 jeweils 77 und 23. Andere italienische Beschäftigte waren stark zerstreut auf Sparten wie „Verwaltung", „Wirtschaft- und Sozialorganisation" usw. anzutreffen. Später verlor diese Wirtschaftsabteilung etwas an Bedeutung. Die Zahl der Italiener ging langsam bis auf 54 Personen im Jahr 1988 zurück, um dann etwa auf diesem Niveau zu rangieren. 2000 wurden 65 Italiener registriert.

4.2.2.1.   Vergleiche und Schlussfolgerungen

Zieht man die Entwicklung der Italienerbeschäftigung in allen neun Wirtschaftsabteilungen zwischen Ende der fünfziger und Anfang der siebziger Jahre in Betracht, wird ersichtlich, dass in diesem Zeitabschnitt die dritte Wirtschaftsabteilung (Eisen- und Metallerzeugung und -verarbeitung) in Hamburg die meisten italienischen Arbeitskräfte beschäftigte. Es handelte sich um 33 Prozent der sozialversicherungspflichtig beschäftigten italienischen Arbeitnehmer im Juni 1962, um 28 Prozent im Juni 1966 und noch 28 Prozent im Juni 1970. Bis Mitte der sechziger Jahre fanden sich weitere hohe Konzentrationen von italienischen Arbeitskräften im Verkehrswesen (16 Prozent im Juni 1962 und 19 Prozent im Juni 1966), im Baugewerbe (jeweils 16 Prozent und 15 Prozent) und im Verarbeitenden Gewerbe – ohne Metallverarbeitung – (jeweils zehn Prozent und 16 Prozent). Dann folgten, der Reihe nach, die privaten Dienstleistungen (Gaststätten usw.), der Handel, die Industrie der Steine und Erden, der öffentliche Dienst und, Schlusslicht, die Landwirtschaft. Nach der 1966/67-Krise änderten sich diese Kräfteverhältnisse. Das Verarbeitende Gewerbe, das in der ersten Jahrzehnthälfte keine besonders wichtige Rolle gespielt hatte, beschäftigte 1970 die zweitgrößte Italienerzahl (17 Prozent) nach der Metallbranche, die weiterhin an der Spitze blieb (28 Prozent). Es folgten nun das Verkehrswesen (14,5 Prozent), das Baugewerbe (14 Prozent), die privaten Dienstleistungen, der Handel und der öffentliche Dienst. Schließlich kamen die Industrie der Steine und Erden und die Landwirtschaft.

Die Charakteristika der Verteilung der italienischen Arbeitnehmer auf die verschiedenen Wirtschaftsabteilungen Hamburgs in den sechziger Jahren entsprachen im großen und ganzen der bundesweiten Verteilung der Italiener und der anderen Gastarbeitergruppen. Die ausländischen Arbeiter konzentrierten sich in der Industrie[180] und dort vor allem in der Metall- und in der Baubranche. In diesen

---

[180] Im Jahre 1961 waren 71,8 Prozent der ausländischen und nur 47,8 Prozent der deutschen Arbeiter im sekundären Sektor tätig. Siehe: Herbert, Geschichte der Ausländerpolitik (2001), S. 213.

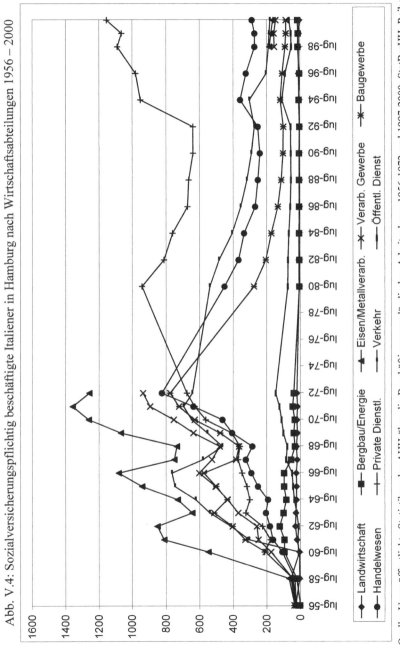

Abb. V.4: Sozialversicherungspflichtig beschäftigte Italiener in Hamburg nach Wirtschaftsabteilungen 1956 – 2000

Quelle: Unveröffentlichte Statistiken des AHH über die Beschäftigung ausländischer Arbeitnehmer 1956-1972 und 1997-2000; StatBerHH, Reihe A VI 5 (1979-1998). Eigene Zeichnung.

Sektoren gab es ein besonders großes Angebot an Arbeitsplätzen, die auch mit an- oder ungelernten sowie nicht deutschsprachigem Personal leicht besetzt werden konnten.[181] Da diese Sektoren auch besonders konjunkturanfällig waren, dienten die unqualifizierten ausländischen Arbeitskräfte als „Konjunkturpuffer", indem sie bei Bedarf schnell verpflichtet und bei den ersten Krisenerscheinungen wieder entlassen werden konnten.[182] Die Zahl der italienischen Arbeiter ging in der Tat anlässlich der 1966/67-Krise in Hamburg in diesen Sektoren stark zurück. Dabei ist allerdings zu registrieren, dass die Italienerbeschäftigung in der Metallbranche sogar stärker sank (um 33,6 Prozent zwischen Juni 1966 und Januar 1968) als die der Türken (12,1 Prozent) oder der Griechen (19,2 Prozent), ganz zu schweigen von der der Jugoslawen, deren Anteil sogar deutlich anstieg (50,1 Prozent mehr). Dies würde die bereits aufgestellte These bekräftigen, dass die Italiener unter den in Hamburg beschäftigten „Gastarbeitern" die am niedrigsten Qualifizierten waren und deshalb in Krisenzeiten als erste entlassen wurden.

Bemerkenswert ist, dass in Hamburg eine überdurchschnittliche Präsenz von Italienern im tertiären Sektor vorhanden war. Schon in den sechziger Jahren waren in der Hansestadt durchschnittlich 38 Prozent der italienischen Arbeiter im Dienstleistungsbereich tätig, Tendenz steigend (43 Prozent im Jahre 1972). Bundesweit waren es in der zweiten Hälfte des Jahrzehnts dagegen durchschnittlich nur etwa 9,5 Prozent.[183] Bei einer ab 1974 langsam sinkenden absoluten Zahl der in Hamburg sozialversicherungspflichtig beschäftigten Italiener nahm die Bedeutung des sekundären Sektors stetig ab. Bereits Mitte der siebziger Jahre war das Verhältnis zwischen sekundärem und tertiärem Sektor umgekippt. 1977 konzentrierten sich nunmehr die meisten Italiener im Dienstleistungsbereich (58,7 Prozent). Diese Tendenz verfestigte sich in den kommenden Jahren. Im September 1981 lag der Beschäftigtenanteil im tertiären Sektor bei 61,2 Prozent und im Juni 2000 sogar bei 77,3 Prozent. Es handelt sich um einen weit höheren Anteil als bei der italienischen Gruppe bundesweit: im März 1997 arbeiteten in Deutschland nur 47,8 Prozent der italienischen Arbeitnehmer im tertiären Sektor.[184]

In den sechziger Jahren beruhte die Bedeutung des tertiären Sektors zum großen Teil auf der hohen Zahl von italienischen Arbeitskräften bei der Deutschen Bundesbahn. Dort hatte sich gegen Ende der fünfziger Jahre im Zusammenhang mit der wachsenden Umschlagstätigkeit des Hamburger Hafens ein großer Bedarf

---

[181] Ebenda.

[182] Geiselberger, Schwarzbuch (1972), S. 64-68.

[183] MAE (Hg.), Problemi del lavoro italiano all'estero. Relazione per il 1969, Rom 1970, S. 218. Eigene Berechnungen.

[184] BfA (Hg.), ANBfA Nr. 12, Nürnberg 1997, S. 1842. Eigene Berechnungen.

nach Arbeitskräften ergeben, der aus Anpassungsgründen[185] am Anfang fast ausschließlich mit Italienern gedeckt wurde.[186] Weitere Gründe für die überdurchschnittliche Präsenz von italienischen Arbeitskräften im tertiären Sektor ergaben sich vermutlich aus der mangelnden beruflichen Qualifikation vieler Italiener, die ihnen einen Einstieg als un- oder angelernte Arbeitskräfte in die Hamburger Industriebetriebe erschwerte, sowie aus der Tatsache, dass mehrere „alteingesessene" Italiener im Handelsbereich (Spielwarenhandel u. a.) tätig waren. Ab den siebziger Jahren war dann die wachsende Bedeutung des tertiären Sektors vor allem auf die große Zahl von Italienern im Gaststättenwesen (Restaurants, Eisdielen) zurückzuführen. Diese Sparte ist in den letzten Jahren zum bedeutendsten Arbeitsbereich der Italiener in Hamburg avanciert. Im Juni 2000 waren allein dort etwa 25 Prozent aller sozialversicherungspflichtig beschäftigten Italiener tätig.

Die heutige außerordentliche Konzentration von Italienern im tertiären Sektor in Hamburg darf allerdings nicht überbewertet werden. Bei etwas mehr als zweitausend Beschäftigten fallen nämlich beispielsweise einige Hunderte Italiener, die bei der Bahn oder im Gaststättenwesen arbeiten, viel mehr ins Gewicht als in einer anderen Großstadt wie München, wo mehrere Tausend Italiener leben und arbeiten.

4.2.3.   Die italienischen Selbstständigen

Leider sind Angaben über die Entwicklung der Zahl der italienischen Selbstständigen und über die Art ihres Gewerbes ausgesprochen spärlich. Sicher ist lediglich, dass es mit der Ankunft der „Gastarbeiter" in Hamburg schon bald nicht nur italienische Terrazzofirmen, Importagenturen und Spielwarenhandelsgeschäfte gab. Im Laufe der Zeit wurden Gaststätten, kleine Esswarengeschäfte und Eisdielen eröffnet und einige Migranten machten sich im handwerklichen Bereich selbstständig. Wie schon die italienischen Terrazzoleger um die Jahrhundertwende entdeckten in den sechziger Jahren viele italienische „Gastarbeiter" eine Marktlücke, in der sie sich aufgrund der fehlenden deutschen Konkurrenz leicht etablieren und langsam entwickeln konnten. Damals begannen mit dem steigenden Wohlstand die deutschen Mittelschichten mehr ins Ausland zu reisen, sich

---

[185] Zum einen mussten sich die deutschen Mitarbeiter nur mit einer fremden Sprache und Kultur auseinandersetzen und zum anderen konnten durch die Konzentration von Landsleuten auch gleich die Anpassungsschwierigkeiten der ausländischen Arbeiter gemildert und die Eingliederung in die neue Arbeitswelt gefördert werden. Siehe: Interview mit M. Weger, FZH, WdE 720, Interview vom 17. August 2001, S. 12.

[186] „Die Bundesbahn [...] plant [...] weitere Italiener einzustellen [...] Vermehrter Stück-, Sackgut und Getreideumschlag sowie beträchtliche Südfruchtanlandungen erforderten [in Hamburg – E.M.] zusätzlich zahlreiche Arbeitskräfte". Siehe: „Bundesbahn will mehr Italiener einstellen", in: Handelsblatt vom 3. Februar 1960.

stärker für fremde Kulturen zu interessieren und daraufhin u. a. auch ihre Essge-
wohnheiten langsam zu „internationalisieren". Es entstand somit eine wachsende
Nachfrage nach „exotischen" kulinarischen Genüssen.[187] Dem Selbstständig-
keitswillen der Italiener und der anderen Ausländer in diesem Bereich wurde aufgrund der großen Nachfrage offenbar von den zuständigen deutschen Behörden,
der Polizeibehörde und dem Wirtschafts- und Ordnungsamt keine Schwierigkeiten
bereitet. Um eine Schankkonzession zu erhalten, mussten sie nur nachweisen,
dass sie älter als 21 Jahre und „nicht erheblich vorbestraft" waren.[188] Bescheini-
gungen über Fachkenntnisse waren nicht erforderlich, so dass sich selbst viele
Ausländer, die lange Zeit in der Metall- oder in der Baubranche gearbeitet hatten,
ohne jegliche Qualifikation in diesem Bereich selbstständig machen konnten. Bestenfalls hatten einige von ihnen in der Heimat oder in Hamburger Lokalen, die
von Landsleuten geführt wurden (beispielsweise im 1905 gegründeten „Cuneo"),
als Kellner gearbeitet und dabei ein Minimum an Erfahrung gesammelt.

Obwohl das boomende Gaststättenwesen die meisten italienischen Migranten anzog, die nach Selbstständigkeit strebten, gab es auch einige, die sich im handwerklichen Bereich selbstständig machten wie Friseure, Änderungsschneider und
Automechaniker. Hier wurden sogar die Italiener als EWG-Ausländer im Vergleich zu den Einheimischen deutlich bevorzugt. Sie mussten zwar einige Jahre
Berufserfahrung als Selbstständige in der Heimat nachweisen, brauchten aber keine deutsche Meisterprüfung abzulegen und konnten damit viel einfacher ins Geschäft „einsteigen" als deutsche Kollegen.[189] Im April 2001 waren 144 Italiener in
der Handwerksrolle eingetragen.[190]

Viele andere Italiener eröffneten in Hamburg eine Eisdiele. Bemerkenswert ist,
dass, während die meisten neuen Selbstständigen aus den Reihen der „Gastarbeiter" kamen, die Eisdielenbetreiber nicht dem Umfeld der „klassischen" Gastarbeitermigration angehörten. Sie kamen, wie schon in der Vergangenheit, sämtlich aus
dem italienischen Nordosten – vor allem aus der Gegend um Belluno in Venetien
– und eigens, um in der Eisbranche zu arbeiten. Anders als die ehemaligen „Gastarbeiter", die die finanziellen Grundlagen für die Selbstständigkeit meist erst im
Ausland schafften, brachten sie die Kapitalien direkt aus Italien mit.[191]

---

[187] Noch 1994 stellte der Hamburger Landesverband des Gaststättengewerbes fest, dass „die Zunahme ausländischer Gaststätten auch durch das Konsumverhalten der deutschen Gäste [ge-
fördert wird – E.M.]. Animiert durch Urlaub im Ausland sucht man die Verlängerung ‚der
schönsten Zeit des Jahres' durch den Besuch ausländischer Gaststätten." Siehe: LGHH (Hg.),
JaBerLGHH 1993/94 (1995), S. 120.

[188] „Die Gastarbeiter sollen Gäste bleiben", in: Die Welt vom 1. Oktober 1965.

[189] Ebenda.

[190] Gespräch mit Herrn Hans Fischer der Handwerkskammer vom 2. Mai 2001.

[191] Felsmann, Italiener in Hamburg (1988), S. 82.

Wie viele italienische Gaststätten und Eisdielen es in Hamburg gab bzw. gibt, ist nicht rekonstruierbar. Der Landesverband des Gaststätten- und Hotelgewerbes der Freien und Hansestadt Hamburg stellt seit Ende der Siebziger Statistiken über die Zahl der ausländischen Gaststätten, ohne allerdings dabei detaillierte Angaben ü- ber die Art der Schankkonzession zu geben. Bereits zu diesem Zeitpunkt belief sich in Hamburg die Zahl der Italiener, die im Besitz einer Schankkonzession wa- ren, auf etwa 100 Personen, Tendenz steigend. Im Jahre 2000 waren es etwa 300.[192] Da 1998 die Zahl der italienischen Restaurants und Imbisse auf etwa 200 geschätzt wurde,[193] könnte die Differenz die Zahl der italienischen Eisdielen darstellen.

4.2.4.   Berufliche und soziale Mobilität

Die meisten italienischen Migranten, die nach dem Zweiten Weltkrieg nach Deutschland kamen, brachten, wie bereits erwähnt, eine schlechte oder gar keine berufliche Qualifikation mit. So konzentrierten sich viele Italiener in der Bundes- republik zunächst auf der untersten Sprosse der Arbeits- und Sozialskala. Damit stellt sich die Frage, ob es im Verlauf des Auslandsaufenthaltes durch die Erlan- gung eines höheren Qualifikationsgrades bzw. dem Sprung in die Selbstständig- keit zu einer vertikalen Mobilität gekommen ist.

Statistische Angaben, die Aufschluss über die soziale Mobilität der Migranten geben, sind nicht vorhanden. Anfang der achtziger Jahre stellte jedoch der Ham- burger Sozialarbeiter der Caritas für die Italiener fest, dass „der größte Teil" von ihnen „zur unteren Unterschicht" gehöre.[194] Die Gründe dafür lagen aller Wahr- scheinlichkeit nach in dem niedrigen Bildungsniveau, der schlechten beruflichen Ausgangsposition und vor allem der Häufigkeit des Arbeitsplatzwechsels und den mangelnden Sprachkenntnissen. Es handelt sich sämtlich um Faktoren, die für die Soziologen einen entscheidenden Einfluss auf die soziale Mobilität nehmen.[195] Dank der EWG-Freizügigkeit pendelten die Italiener viel stärker als andere Aus- länder zwischen ihrem Heimatland und Deutschland, was zu häufigen Aufent- haltsunterbrechungen und Arbeitsplatzwechseln führen konnte. Auch viele derje- nigen, die ohne größere Unterbrechungen in der Bundesrepublik blieben, wechsel- ten auf der Suche nach einer besseren Entlohnung sehr oft die Arbeitsstelle. Der Interviewpartner G. Caino wechselte beispielsweise viermal den Arbeitgeber, be- vor er schließlich einige Jahre lang bei der Stülken-Werft in Hamburg arbeitete.[196]

[192] LGHH (Hg.), JaBerLGHH, jeweilige Jahrgänge 1979 – 2000 (1980 – 2001).

[193] StatLHH (Hg.), Amburgo e i suoi partners. L'Italia, Broschüre, Hamburg 1999.

[194] Felsmann, Italiener in Hamburg (1988), S. 83.

[195] Ebenda, S. 83–85.

[196] Interview mit G. Caino vom 11. Juni 1999.

So konnten nur die wenigsten Migranten eventuell vorhandene innerbetriebliche
Aus- oder Weiterbildungschancen wahrnehmen. Beim Wechsel des Arbeitsplatzes
konnte es zudem vorkommen, dass, wenn der Arbeiter eine völlig neue Tätigkeit
verrichten musste, die bisher errungenen Fertigkeiten nutzlos wurden.

Wenn auch die meisten italienischen Migranten unter einer schlechten allgemeinen Ausgangsposition litten, war dennoch eine gewisse vertikale Mobilität zu verzeichnen. Die Möglichkeiten, auch für ungelernte italienische Arbeitskräfte, sich
innerhalb eines Betriebes bis zu einem bestimmten Niveau „hochzuarbeiten",
scheinen in Hamburg nicht gefehlt zu haben. Besonders die größeren Betriebe wie
die Werften oder die Bundesbahn gewährten ihren ausländischen Mitarbeitern
innerbetriebliche Aus- und Weiterbildungsmöglichkeiten und damit gewisse Aufstiegschancen. Der Interviewpartner L. Barba beispielsweise begann 1960 bei
Blohm & Voss als ungelernte Arbeitskraft und brachte es innerhalb von vier Jahren zum Abteilungsleiter.[197] Ein weiterer Interviewpartner, L. Porro, schaffte es
ebenfalls auf der Blohm & Voss-Werft in drei Jahren immerhin Vorarbeiter zu
werden.[198] Auf dem Rangierbahnhof Hamburg-Wilhelmsburg, wo im Laufe der
sechziger Jahre zahlreiche italienische Migranten eingestellt wurden, von denen
kein einziger Bahnarbeitskenntnisse aus Italien mitgebracht hatte, waren bereits
Anfang der siebziger Jahre viele von ihnen für den bedeutenden Posten des „Ran-
gierleiters" intern ausgebildet worden. Mitte der achtziger Jahre hatten es zwei
von ihnen zum „Rangiermeister" gebracht. Die Stellung des „Rangiermeisters"
war die höchste überhaupt unter den Arbeiterstellen und wurde auch dementsprechend gut entlohnt.[199] Bezeichnenderweise hatten allerdings alle Italiener, die es
bei der Deutschen Bahn oder bei anderen Firmen bis zu leitenden Posten in der
Arbeiterschaft gebracht hatten, ihren Lebensmittelpunkt längerfristig nach Deutschland verlegt und waren lange Zeit ihrer Arbeitsstelle treu geblieben.

Auch die Gründung von zahlreichen italienischen Gaststätten und nicht wenigen
Handwerksbetrieben, also der Übergang vieler Italiener von der Arbeiterschicht in
die soziale Schicht der Kleinunternehmer, spricht für eine gewisse vertikale Mobilität unter den italienischen Nachkriegsmigranten. Es muss allerdings bemerkt
werden, dass nicht jeder von ihnen wirklich erfolgreich den Sprung in die Selbstständigkeit schaffte. Die Bewirtschaftung dieser Aktivitäten erfolgte fast ausschließlich im Familienverband, um die Personal und Personalnebenkosten niedrig zu halten. Dabei kam es des öfteren zu einer extremen „Selbstausbeutung" der
Familienmitglieder und manchmal auch zu Pleiten. Dennoch bedeutete die Selbstständigkeit an sich für die ehemaligen „Gastarbeiter" in sozialer Hinsicht inner-

---

[197] Interview mit L. Barba [Name geändert] vom 5. Mai 1999.
[198] Interview mit L. Porro vom 29. Mai 1999.
[199] Interview mit M. Weger, FZH, WdE 720, Interview vom 17. August 2001, S. 15.

halb der Aufnahmegesellschaft und noch deutlicher innerhalb der Zuwanderergruppe eine sehr wichtige Errungenschaft.

Es lässt sich also festhalten, dass sich, wie bereits in der Vergangenheit, nicht wenige Migranten auch mit bescheidenem Startkapital und wenig Erfahrung selbstständig machen und damit von der Arbeiterschicht zum „Mikrounternehmertum" wechseln konnten. Darüber hinaus gab es manche Migranten, denen es gelang sich innerbetrieblich bis zu einem gewissen Niveau „hochzuarbeiten". Allerdings blieben für die große Mehrheit von ihnen die bereits angedeuteten Mobilitätsvariabeln – Bildungsniveau, berufliche Startqualifikation, Kontinuität des Aufenthaltes und Grad der „Arbeitsplatztreue" – unüberwindbare Hürden auf dem Weg zum beruflichen und sozialen Aufstieg. Aufgrund des Mangels an Quellen kann hier nicht festgestellt werden, ob sich diese Lage inzwischen für die zweite und dritte Generation in Hamburg geändert hat. Fest steht allerdings, dass auf Bundesebene die meisten jungen Ausländer auf dem beruflichen Niveau der Eltern rangieren. Die Kontinuität des Aufenthaltes und der Grad der „Arbeitsplatztreue" spielen dabei anscheinend keine besondere Rolle mehr. Entscheidend scheint dagegen – bei gestiegenen Anforderungen im beruflichen Bereich –, wie noch zu sehen sein wird, das niedrige Bildungsniveau zu sein.[200]

4.3. Zuwanderer und deutsche und italienische Institutionen

4.3.1. Deutscher Staat

Zu Beginn der „Gastarbeiter"-Zuwanderung wurde von der Bundesregierung die Meinung vertreten, Deutschland sei kein „Einwanderungsland".[201] Die ausländischen Arbeiter wurden nicht umsonst im Volksmund schon bald als „GastArbeiter" bezeichnet. Sie sollten eben „Gäste" bleiben. Die Bundesrepublik erhoffte sich eine temporäre Zuwanderung von ausländischen Arbeitskräften, die bei konjunkturellen Aufschwüngen angeworben und bei Krisenerscheinungen in ihre Heimatländer wieder zurückgeschickt werden konnten. So versuchte sie, durch einreise-, aufenthalts- und arbeitsrechtliche Mittel zum einen die Zuwanderung auf berufsfähige Personen zu beschränken und zum anderen ihren Aufenthalt vom Nachweis eines Arbeitsverhältnisses abhängig zu machen. Die Zuwanderer wurden ohne große Rücksicht auf ihre psychologischen und materiellen Belange etwa als hochmobile „Kraftpakete" betrachtet, die sich nur temporär in Deutsch-

---

[200] Mona Granato, Italienische Jugendliche in der Bundesrepublik. Leben in der Migration zwischen Integration und Ausgrenzung, in: Alborino/Pölzl (Hg.), Italiener in Deutschland (1998), S. 110-126, hier: S: 120-124.

[201] Dies wurde in dem Ausländergesetz von 1965, das den Aufenthalt der Ausländer in der BRD regelte, festgehalten. Siehe: Ausländergesetz vom 28. April 1965, Bundesgesetzblatt I, S. 353.

land befanden. Deshalb wurde damals kein Integrationskonzept entwickelt und die sozialen Infrastrukturen des Landes nicht auf die Anforderungen vorbereitet, die sich aus einer dauerhaften Ansiedlung von zahlreichen Ausländern ergeben konnten.

Die Betreuung dieser „Gäste" wurde, entsprechend dem geplanten temporären Arbeitscharakter der Migration, der Bundesanstalt für Arbeit anvertraut. Diese hatte allerdings über die Organisierung der Anwerbung und Einreise der Migranten im Rahmen der Anwerbeverträge hinaus lediglich die Funktion Betreuungsmaßnahmen anzuregen, zu koordinieren und nur „im Bedarfsfall einzelne Maßnahmen im Rahmen der verfügbaren Mittel finanziell zu fördern". Die „Freizeit der ausländischen Arbeiter zu organisieren oder den einzelnen laufend zu betreuen", wurde nicht als eine direkte Aufgabe der Bundesanstalt und des Staates betrachtet.[202] Die Betreuung der Ausländer blieb somit quasi als karitative Aufgabe Arbeitgeber- und Arbeitnehmerverbänden, Kirchen, freien Wohlfahrtsverbänden und diplomatischen Missionen überlassen. Diese Ausländerpolitik schien sich zunächst zu bewähren, weil die meisten Migranten tatsächlich dazu neigten, nach einem kurzen Aufenthalt in Deutschland in ihre Heimat zurückzukehren, zeigte aber schon bald mit dem Anstieg der Familienzusammenführungen und der Zahl der Ausländerkinder erste Risse. In den siebziger Jahren konnte angesichts der *de facto* Niederlassung vieler Ausländer in Deutschland der Frage ihrer gesellschaftlichen „Integration" nicht mehr ausgewichen werden. Dies führte erstmals zum Versuch staatliche Konzepte zu entwickeln. Die Bundesregierungen hielten zwar an der Devise fest, Deutschland sei „kein Einwanderungsland" und müsse deshalb auch eine neue Zuwanderung möglichst verhindern und die Rückkehr der Migranten fördern, aber es wurde auch festgelegt, dass diejenigen Ausländer, die sich seit langer Zeit in der Bundesrepublik befanden und dort bleiben wollten, durch staatliche Sondermaßnahmen „integriert" werden sollten.[203]

Der Umgang mit den Ausländern in Hamburg folgt im Wesentlichen dieser bundesweiten Entwicklung. Auch in Hamburg beschränkte sich in den ersten Jahren der „Gastarbeiter"-Zuwanderung der Staat lediglich auf die Koordinierung und eventuell auf die Förderung von Betreuungsmaßnahmen. Angesichts der wachsenden Zahl der ausländischen Arbeitnehmer in der Stadt lud Ende Juni 1960 die Hamburger Arbeitsbehörde die diplomatischen Missionen der Länder, aus denen die Migranten kamen, zu ersten Gesprächen über die Betreuung der Arbeiter

---

[202] Mitteilung des Präsidenten der Bundesanstalt für Arbeit/Nürnberg an die Landesarbeitsämter, 10. Mai 1960, StAHH, Bestand 356-7, Akte Abl.6.6.1990, 5770 A.

[203] Siehe dazu besonders: Herbert, Geschichte der Ausländerpolitik in Deutschland (2001), S. 244ff.

ein.[204] 1963 wurden angesichts der steigenden Zahl der Migranten in der Stadt und der Zunahme der unerwarteten Schwierigkeiten, die mit ihrem Deutschlandsaufenthalt verbunden waren (Wohnraummangel, Betreuungsdefizite usw.), die Einzelgespräche mit den Konsulaten durch größere Informationsrunden abgelöst, an denen alle mit der Betreuung der „Gastarbeiter" beschäftigten Stellen teilnahmen (Konsulate, Wohlfahrtsverbände, DGB usw.). Diese Gespräche sollten für eine bessere Koordinierung sorgen, „Doppelarbeit" vermeiden und „etwa vorhandene Lücken" in der Betreuungstätigkeit ausgleichen.[205] Da sich diese Form des Informationsaustausches angeblich bewährt hatte, wurden solche Gespräche in den folgenden Jahren fortgeführt. Allerdings nur einmal jährlich, was die geringe Aufmerksamkeit der städtischen Behörden für die Probleme der Zuwanderer ahnen lässt. Trotz der damals sich schon anbahnenden Tendenz vieler Migranten sich für längere Zeit in Deutschland niederzulassen, gingen noch 1965 die Hamburger Behörden davon aus, dass der größte Teil von ihnen Deutschland wieder verlassen würde und eine Anpassung der sozialen Infrastrukturen an die neuen Bedürfnissen also nicht notwendig sei. So sahen sich die Behörden in ihrem Beschluss, die Betreuung der Migranten den Verbänden der freien Wohlfahrtspflege und dem DGB zu überlassen und nur eine Koordinierungs- und eventuell eine Förderungsfunktion zu übernehmen, bestätigt.[206]

Die Mittel, die von Bund und Land für die Förderung der Betreuung der „Gastarbeiter" aufgebracht wurden, waren im Vergleich zur Arbeitsleistung und zu den Steuerabgaben der ausländischen Arbeiter extrem bescheiden[207] und wurden oft mit großer Verspätung bereitgestellt. Erste finanzielle Mittel für die Finanzierung

---

[204] Direktor des Arbeitsamtes/Hamburg an Präsident des Landesarbeitsamtes/Hamburg, 6. Juli 1960, StAHH, Bestand 356-7, Akte Abl.6.6.1990, 5770 A.

[205] Arbeits- und Sozialbehörde/Hamburg, Niederschrift über eine interne Behördenbesprechung, 14. Mai 1963, StAHH, Bestand 356-7, Akte Abl.6.6.1990, 5770 A.

[206] So drückte sich laut Protokoll eines Informationsgespräches ein Vertreter der Arbeits- und Sozialbehörde aus: „Dauernd hier zu bleiben beabsichtigen nur wenige [Migranten – E.M.]. Ihr Wunsch, sich bei uns einzuleben, wird deshalb in aller Regel nur so weit gehen, ihre Freizeit sinnvoll zu verbringen und neben einem guten Verhältnis zu den Arbeitskollegen den notwendigen Kontakt zu ihrer Umgebung zu erhalten sowie mit ihren Landsleuten in Verbindung zu bleiben. Die Betreuungsaufgaben liegen also in einer vernünftigen und gedeihlichen Gestaltung aller Fragen, die damit zusammenhängen. Die außerbetriebliche Betreuung im kulturellen und persönlichen Bereich liegt in Hamburg bei den Verbänden der freien Wohlfahrtspflege und darüber hinaus in arbeits- und sozialrechtlichen Fragen beim Deutschen Gewerkschaftsbund. Die Aufgabe der Arbeits- und Sozialbehörde liegt in der Förderung und Koordinierung der Betreuungsmaßnahmen und der Hilfe bei der Lösung besonderer Probleme". Siehe: Arbeits- und Sozialbehörde/Hamburg, Niederschrift eines Informationsgespräches über Probleme ausländischer Arbeitnehmer in Hamburg, 10. März 1965, AFZH, Bestand 556-8.

[207] Nach einer Untersuchung aus dem Jahre 1970 entfielen an staatlichen Betreuungsausgaben im Durchschnitt auf jeden Ausländer kaum mehr als zwischen ein und zwei DM pro Jahr. Siehe: Geiselberger, Schwarzbuch (1972), S. 152.

von Wohnraum für „Gastarbeiter" wurden zwar schon 1960 zur Verfügung gestellt, blieben aber ein Jahrzehnt lang trotz steigender Baukosten unverändert. Sie
waren darüber hinaus an ungünstige Konditionen geknüpft, so dass sie letztendlich kaum Auswirkungen auf das Leben der ausländischen Arbeiter hatten.[208] Unter den nichtstaatlichen Organisationen, die sich in Hamburg um die direkte
Betreuung der Migranten kümmerten, bekam als erstes ein italienisches Hilfsko-
mitee – bescheidene – Finanzspritzen. Italiener waren nämlich die ersten angeworbenen „Gastarbeiter", die nach Hamburg kamen. Insgesamt finanzierte das
Landesarbeitsamt bis Ende 1962 „allgemeine Veranstaltungen kultureller und un-
terhaltender Natur, Sportgeräte, Benutzung von Veranstaltungsräumen und Sport-
plätzen, Zeitungen und Zeitschriften und Mobiliar" für Italiener in Höhe von
5.800,-- DM.[209] Die Italiener profitierten auch von der finanziellen Hilfe, die ab
1962 vom Landesarbeitsamt dem örtlichen DGB-Ortsausschuss gewährt wurde.[210]
Die freien Wohlfahrtsverbände, die zweifelsohne die größte Arbeitslast im Rahmen der Betreuung der „Gastarbeiter" trugen, bekamen dagegen finanzielle Unterstützung erst ab 1966.[211] Bei dem Hamburger Caritasverband, der die in der
Stadt lebenden Italiener - sowie die Spanier und Portugiesen und Kroaten[212] - betreute, deckten diese Mittel (25.000 DM) noch im Jahre 1968 nicht mal die Hälfte
der damaligen Jahresausgaben (51.900 DM).[213] 1970 gab es in Hamburg bei den
Gewerkschaften und in den Betreuungsverbänden aufgrund der minimalen staatlichen Finanzierung lediglich zwölf hauptberufliche und zehn nebenberufliche Betreuer für die nunmehr rund 83.000 Ausländer, darunter 48.000 aus den Anwerbeländern, die in der Stadt lebten. Sogar eine Senatskommission, die Anfang der
siebziger Jahre die Lage der Ausländer in Hamburg untersucht hatte, musste einräumen, dass die Zahl der Betreuer im Verhältnis zur Zahl der ausländischen Arbeitnehmer in Hamburg „zu gering" sei, um eine „befriedigende Betreuung zu
gewährleisten".[214] Die Ausländer durften zwar auf dem Papier die Leistungen des

---

[208] Mitteilungen des Senats an die Bürgerschaft Hamburgs, Bericht über die wirtschaftliche und
soziale Lage (1970), S. 17.

[209] „Übersicht über die für die Betreuung ausländischer Arbeitnehmer im Rechnungsjahr 1961
und 1962 ausgegebenen Mittel" vom Landesarbeitsamt/Hamburg, StAHH, Bestand 356-7,
Akte Abl.6.6.1990, 5700 A.

[210] Es handelte sich lediglich um etwa 1.403,90 der 9.600,-- DM, die 1962 vom DGB für Betreuungsmaßnahmen ausgegeben wurden. DGB-Ortsausschuss/Hamburg an DGB-Landesbezirk
Nordmark/Hamburg, 12. Dezember 1962, AFZH, Bestand 556-8.

[211] Vermerk von Herrn K., Abteilung Industrie der Hamburger Handelskammer, Hamburg, 25.
Februar 1966, AHHH, Bestand R 304/2b, Bd. 1.

[212] Michael Joho (Hg.), Not sehen und Handeln. 75 Jahre Caritasverband für Hamburg, Hamburg
2000, S. 82.

[213] Mitteilungen des Senats an die Bürgerschaft Hamburgs, Bericht über die wirtschaftliche und
soziale Lage (1970), S. 19.

[214] Ebenda.

deutschen Sozialstaates in Anspruch nehmen, aber die staatlichen Infrastrukturen waren weder, was ihre Aufnahmekapazität noch was die Vorbereitung ihrer Mitarbeiter – man denke an die sprachlichen und kulturellen Barrieren – anging, für die Aufnahme der Ausländer gewappnet.

Die in den siebziger Jahren begonnene Wende in der Ausländerpolitik des Bundes wirkte sich auch auf die Hamburger Verhältnisse aus. Die Anerkennung der *de facto* Niederlassung vieler Ausländer in Deutschland führte auch in Hamburg zum Übergang von einer eher karitativen Betreuungsform, die im Wesentlichen nichtstaatlichen Organisationen überlassen worden war, zum Versuch die Immigranten, die nicht zurückkehren wollten, und besonders die nunmehr heranwachsende „zweite Generation" durch staatliche Sondermaßnahmen in die deutsche Gesellschaft einzugliedern. In Hamburg hatten sich Bestrebungen, die Eingliederung der Ausländer zu erleichtern, relativ früh gezeigt. Bereits 1971 wurde durch die Errichtung des Verwaltungsausschusses „Ausländische Arbeitnehmer", dem u. a. sechs Vertreter der Ausländer aus den Hauptanwerbestaaten angehörten, beim Amt für Arbeit und Sozialordnung erstmals den Migranten eine Möglichkeit zur offiziellen Meinungsäußerung gewährleistet. 1976 war in „Leitlinien für die hamburgische Ausländerpolitik" erstmals von „Eingliederung" und von staatlichen Unterstützungsmaßnahmen die Rede.

Noch ging es aber im Wesentlichen um eine „Integration auf Zeit". Eine definitive Anerkennung der dauerhaften Ansiedlung vieler Migranten sowie der Notwendigkeit, ihnen mit staatlichen Maßnahmen entgegenzukommen, fand sich erst in den „Grundsatzentscheidungen des Senats und Sofortmaßnahmen zur Verbesserung der Lage ausländischer Arbeitnehmer und ihrer Familien in Hamburg" von 1980.[215] Im Jahr 1980 wurde sogar die Einräumung eines kommunalen Wahlrechts für Ausländer geplant. Dieses Vorhaben scheiterte aber am Bundesverfassungsgericht. Zu den Maßnahmen für die Eingliederung der Migranten zählte 1981 die Bildung eines Referates „Weiterbildung ausländischer ArbeitnehmerInnen" beim Amt für Berufs- und Weiterbildung[216], das u. a. ein Modellversuch zur beruflichen Nachqualifikation von ausländischen Arbeitern startete. Dieser ermöglichte den Teilnehmern nach einem anderthalbjährigen Kurs die Erlangung

---

[215] Bernhard Perchinig, Migrantenpolitik europäischer Städte: Strategien gegen soziale Exklusion und Fremdenfeindlichkeit im Vergleich: Amsterdam, Birmingham, Hamburg, Wien. Endbericht für das Österreichische Bundesministerium für Bildung, Wissenschaft und Kultur, Wien 2001, S. 91-118.

[216] Landeszentrale für politische Bildung/Der Ausländerbeauftragte des Senats der Freien und Hansestadt Hamburg (Hg.), Als Fremde zu Hause in Hamburg. Ein Handbuch für Zuwanderer und Zuwanderinnen, Hamburg 1992, S. 232.

eines bundesweit anerkannten Facharbeiterbriefs.[217] 1990 wurde in Hamburg vom
Senat die Stelle eines „Ausländerbeauftragten" errichtet, um „die Integration und
Gleichstellung vor allem der hier auf Dauer oder langfristig lebenden ausländischen Bevölkerung Hamburgs verstärkt zu fördern". Um diese Aufgabe zu erfüllen, bekam der Ausländerbeauftragte Mitbestimmungsrecht in allen ausländerpoli-
tischen Fragen in der Stadt und auf bundespolitischer Ebene im Kreis der Konferenzen der Ausländerbeauftragten des Bundes und der Länder. Schließlich war der
Ausländerbeauftragte für Sozialberatung zugunsten bedürftiger Migranten und für
eine die Publikation von Broschüren, Büchern und die Förderung von Ausstellungen etc. umfassende Öffentlichkeitsarbeit unter den Deutschen und den Einwanderern zuständig.[218]

4.3.2.   Katholische Kirche und Caritasverband

Wie bereits im Kapitel V.3.3 dargestellt, reagierte die katholische Kirche schon
bald auf die neue Migration von Italienern nach Deutschland. Die römische Kurie
entsandte sehr früh nach dem Zweiten Weltkrieg erste italienische Missionare in
die Bundesrepublik, um die dort lebenden oder sich vorübergehend aufhaltenden
Italiener in ihrer Muttersprache zu betreuen. Diese Missionare waren den deutschen Bischöfen unterstellt, die sie tatkräftig in ihrer Arbeit unterstützten. 1952
waren vier italienische Missionen in der BRD aktiv. Ihre Aufgabe war die Hilfe
der örtlichen Geistlichen bei der Pflege der religiösen Identität unter den katholischen Italienern. Um die Italiener anzusprechen, wurde in den Missionen nicht
selten neben einer seelsorgerischen auch eine aktive soziale Betreuung angeboten.
Da die Zahl der Italiener in Deutschland gering war und die meisten von ihnen
seit langem in Deutschland lebten und gut integriert waren, war die Arbeitslast der
Missionare relativ gering. Als die italienische Migration nach Deutschland zwischen Mitte der fünfziger und Anfang der sechziger Jahre stark zunahm und damit
die Betreuungsaufgaben neue Dimensionen gewannen, intensivierte die deutsche
Kirche durch den Caritasverband die Unterstützung der Missionare und stellte ihnen zahlreiche haupt- und ehrenamtliche Mitarbeiter zur Seite.

Die seit 1952 in Hamburg tätige Mission betreute vor allem italienische Seeleute
und einige wenige integrierte italienische Familien, die seit Generationen in der
Stadt lebten. Bereits Mitte der fünfziger Jahre trafen allerdings die ersten größeren

---

[217] Doris Gunkel-Henning/Udo Mayer, Tendenzen der Ausländerpolitik in der BRD und in Hamburg, in: Hochschule für Wirtschaft und Politik Hamburg (Hg.), Jahrbuch für Sozialökonomie
und Gesellschaftstheorie – Hamburg Studien, Opladen 1983, S. 289–305, hier: S. 296ff.

[218] Der Ausländerbeauftragte des Senats der Freien und Hansestadt Hamburg (Hg.), Erster Bericht an den Senat über die Arbeit des Ausländerbeauftragten und Vorschläge zur Verbesserung der Integration und Gleichstellung der nichtdeutschen Bevölkerung Hamburg, Hamburg
1992, S. 2ff.

Gruppen von italienischen Arbeitern in Hamburg ein. Ihre Ankunft revolutionierte die Arbeit des Missionars, der sich mit bis dahin ungewohnten Problemfeldern auseinandersetzen musste:

Ab 1956 begann die wirkliche Migration in die Werften, die in die [Woll- – E.M.]Kämmereien von Bremen und Harburg, zur Bahn etc. Es handelte sich um eine Empfangsarbeit: Dolmetschen bei der Erledigung von Papierkram für die neu Eingereisten, Unterkunftssuche, elementare Sozialbetreuung etc.[219]

Der Missionar versuchte, offenbar mit Erfolg, den neuen Ansprüchen gerecht zu werden. Im Laufe der zweiten Hälfte der fünfziger Jahre wurde die italienische Mission, die sich ab 1955 in der „Stella Maris" am Baumwall befand, zur Anlaufstelle vieler italienischer „Gastarbeiter", die in einem vertrauten und unkomplizierten Ambiente ihre Freizeit verbringen oder die Hilfe des Missionars in Anspruch nehmen wollten. Die Mission wurde schon bald zum bedeutendsten italienischen Treffpunkt in der Stadt:

Wir besuchen unsere Mission seit den ersten Tagen unserer Ankunft und wir müssen sagen, dass wir, obwohl es ein italienisches Konsulat gibt, nicht ohne unsere Mission auskommen könnten, da wir hier angekommene Emigranten, auch weil wir des Deutschen nicht kundig sind, uns mit einer Fülle von Problemen konfrontiert sehen. Jederzeit, bei Tag oder Nacht, Werk- oder Feiertagen, sind wir von unserem Missionar immer gut empfangen worden. Es gibt keine Besuchszeiten für uns in der Mission, selbst bei den Mahlzeiten sind wir willkommen. [...] Damit haben wir gezeigt, wie viel wir Italiener unseren Missionar brauchen.[220]

Die Klientel und die Aufgaben der italienischen Mission hatten sich somit innerhalb weniger Jahre rapide verändert. Im Frühjahr 1960 kam es deshalb zu einem Streit zwischen Pastor Felsmann, Direktor des Seemannsheim, wo die italienische Mission ihren Sitz hatte, und dem italienischen Missionar, Don Alfredo Prioni. Felsmann war gekränkt, weil nach seiner Auffassung die Seemannsmission durch den intensiven Besuch der italienischen „Gastarbeiter" ihre Arbeit nicht mehr verrichten konnte.[221] Prioni protestierte bei dem Bischof in Osnabrück, indem er

[219] Fondazione Migrantes della CEI (Hg.), Germania, 1938 – 1990 (2000), S. 29. Eigene Übersetzung.
[220] G. A./Hamburg an Bischof von Osnabrück, 26. April 1960, BAO, Bestand 06-11-20, Akte 5/Italienerseelsorge/Regionen/Einzelne Orte/Hamburg 1958 – 1980. Eigene Übersetzung.
[221] „Bis zum 30. Juni 1960 nahmen die italienischen Arbeiter an den Veranstaltungen des Seemannsheimes teil. Solange diese Männer nur kurze Zeit in Hamburg waren und in geringer Zahl erschienen, konnte ich als Seemannspastor die Teilnahme dieser Nicht-Seeleute verantworten. Als jedoch die Zahl der italienischen Arbeiter bei unseren geselligen Veranstaltungen am Sonntag 150 in den für 200 Personen berechneten Räumen erreichte, musste ich in Hamburg die gleiche Anweisung treffen, [...] die geselligen Nachmittage und Abende ausschließlich für Seeleute zu veranstalten." Siehe: Seemannspastor Felsmann/Hamburg an Bischof von

behauptete, dass Voraussetzung einer erfolgreichen pastoralen Aktion unter den Migranten eine gute Betreuung sei.[222] Damit traf er bei seinen Vorgesetzten ins Schwarze. Prioni musste zwar die „Stella Maris" räumen, durfte aber im Dezember 1960, dank der finanziellen Unterstützung des Caritasverbandes, in Borgfelde (Alfredstraße 38) endlich ein eigenes Heim für die Mission beziehen. Der Caritasverband schaltete sich also damit in die Betreuung der Italiener ein. Er kam von dem Zeitpunkt an für die Mietkosten der Mission auf (1963 wurden die Räume erworben) und stellte Prioni schon bald auch einen Sozialarbeiter zur Seite, der seinen Sitz ebenfalls in der Mission hatte.

Abb. V.5: Don Prioni* und italienische Gäste in der „Stella Maris" um 1957

Quelle: Fondazione Migrantes della CEI (Hg.), Germania, 1938 – 1990 (2000), S. 14. *Im Hintergrund mit weisem Kragen.

Obwohl, wie noch zu sehen sein wird, auch das italienische Generalkonsulat eine nicht unbedeutende Rolle in der Fürsorge der neu zugewanderten Italiener spielte, bestätigte sich auch im Verlauf der sechziger Jahre die Rolle der italienischen

---

Osnabrück, 15. Juli 1960, BAO, Bestand 06-11-20, Akte 5/Italienerseelsorge/ Regionen/ Einzelne Orte/ Hamburg 1958 – 1980.

[222] „Exzellenz, wollen wir diese Männer alle auf die Reeperbahn werfen?? Was können wir diesen Menschen predigen und von ihnen erwarten, wenn wir ihnen nichts zu bieten haben??" Siehe: Don Giuseppe Prioni/Hamburg an Bischof von Osnabrück, 10. Mai 1960, BAO, Bestand 06-11-20, Akte 5/Italienerseelsorge/Regionen/Einzelne Orte/Hamburg 1958 – 1980.

Mission als einzigem Zufluchtsort für viele italienische Migranten in der Hamburger „Fremde". Im großen Haus in Borgfelde gelang es Don Prioni, zusammen mit dem Sozialarbeiter der Caritas, endlich den Migranten das „Brot für den Körper" zu bieten, das er als Voraussetzung für die Vermittlung des „Brotes für den Geist" hielt. Wie schon bei der „Stella Maris" waren die Italiener in der Mission, wo ihnen nun zahlreiche Räume, eine Bibliothek, eine Kantine usw. zur Verfügung standen, jederzeit willkommene Gäste. Missionar und Sozialarbeiter besuchten zudem die Wohnlager der „Gastarbeiter" und auch einzelne Familien. Außerdem fungierten sie als Informationsvermittler für Personen, die sich aus Italien meldeten um sich nach Arbeitsmöglichkeiten zu erkundigen. Darüber hinaus kümmerten sie sich um die Betreuung italienischer Kranke und ferner um Inhaftierte, die im Bereich der Mission ihre Strafe absaßen. Damit nicht genug. Als 1962 die große Sturmflut vielen in Wilhelmsburg lebenden Italienern jedes Hab und Gut wegspülte, fällte Don Prioni einige Bäume im Garten der Mission, um ein Feuer für eine große Feldküche zu improvisieren. Darüber hinaus verteilte er Kleidungsstücke und Esswaren, die ihm vom Roten Kreuz überlassen worden waren.[223]

Die Anziehungskraft der Mission unter den Italienern war vermutlich sehr bedeutend. Dieser Erfolg lag allerdings in erster Linie an der Fähigkeit des Missionars das Vertrauen seiner Landsleute zu gewinnen. Als 1962 Don Prioni durch einen anderen Missionar, Don Pio Cuomo, abgelöst wurde, der offensichtlich nicht über dieselbe Ausstrahlung verfügte, musste der Caritasverband feststellen, dass „der frühere starke Zulauf der Italiener zu ihrer Mission stark abgenommen" hatte. Ein „herzlicher Kontakt zwischen Priester und der Mehrzahl der italienischen Arbeiter" sei im Hause „nicht mehr zu finden".[224] Diese Tatsache beunruhigte den Caritasverband, da er der Auffassung war, die Italiener würden „bei dem Sog des Hamburger Raumes nach unten, [...] in religiöser Hinsicht bald nicht mehr ansprechbar sein".[225] Deshalb kam es zu einem neuen Wechsel an der Spitze der

---

[223] Fondazione Migrantes della CEI (Hg.), Germania, 1938 – 1990 (2000), S. 22–31.

[224] Caritasverband/Hamburg an Bischof von Osnabrück, 25. Oktober 1962, BAO, Bestand 06-11-20, Akte 1/Italienerseelsorge/Allgemeines 1945 – 1984.

[225] Caritasverband/Hamburg an Bischof von Osnabrück, 25. Oktober 1962, BAO, Bestand 06-11-20, Akte 1/Italienerseelsorge/Allgemeines 1945 – 1984. Was der „Sog des Hamburger Raumes nach unten" bedeutete, verdeutlichte der Bischof von Osnabrück: „Den italienischen Arbeitern drohen besondere Gefahren, da sie oft in einer materialistisch gesinnten Umwelt mit ihren sittlichen Versuchungen leben. Das Vergnügungsviertel von Hamburg (Reeperbahn) hat in der ganzen Welt einen schlechten Ruf und übt auf viele, die in Glaube und Sitte nicht gefestigt sind, eine große Anziehungskraft aus. Die Gefahr ist umso größer, wenn die Menschen Geld und viel freie Zeit haben und aus den Bindungen der Familie und der katholischen Umgebung herausgerissen sind". Siehe: Merkzettel des Bischofs von Osnabrück für die Besprechung mit Kardinal C. im November 1962, BAO, Bestand 06-11-20, Akte 1/ Italienerseelsorge/ Allgemeines 1945 – 1984.

Mission. Im Frühjahr 1963 traf Don Giuseppe Clara in Hamburg ein. Er erwies sich sofort als sehr kompetent und kontaktfreudig, so dass die Mission bald ihre alte Anziehungskraft zurückgewann.

Obwohl immer noch gut besucht und stark in Anspruch genommen, verlor in den siebziger Jahren die Mission zunehmend an Bedeutung für die Italiener. Es handelte sich um einen langsamen Prozess, der parallel zur Abnahme der Zuwanderungen aus Italien und zur Anpassung der seit langem in Hamburg lebenden Italiener an die sie umgebende deutsche Gesellschaft verlief. Die Lage vieler Migranten hatte sich durch Familienzusammenführung und das Erlernen der deutschen Sprache etwas verbessert, und das italienische Generalkonsulat hatte außerdem seine Fürsorgeeinrichtungen ausgebaut. Vor allem aber hatten sich viele Migranten auf einen langfristigen Aufenthalt in Hamburg eingerichtet und dabei - auch aufgrund einer gewissen Politisierung in der politisch bewegten Zeit zwischen Ende der sechziger und Anfang der siebziger – den Wunsch nach eigenen unabhängigen Einrichtungen entwickelt. Heute beschränkt sich die Arbeit des Missionars vor allem auf die Haltung von Messen und die Visite von Kranken und Inhaftierten. „Problemfälle" sind selten geworden. Die große Mission ist gepflegt und gut ausgestattet, wirkt aber relativ leer.

4.3.3. Das italienische Generalkonsulat

Vor der Ankunft der „Gastarbeiter" hatte sich das italienische Generalkonsulat auf die Unterstützung des italienischen Missionars zur Pflege einer gewissen „Italianität" unter den seit langem in der Stadt lebenden Italiener beschränkt. Mit dem massiven Zuzug zwischen Ende der fünfziger und Anfang der sechziger Jahre und angesichts der schwierigen Wohn- und Lebenslage der meisten Migranten ergaben sich allerdings neue und viel aufwändigere Aufgaben, vor allem im Bereich der materiellen Betreuung.

Als die Zahl der italienischen Arbeiter in der Stadt 1960 erstmals nennenswert anstieg, erklärte der italienische Generalkonsul den städtischen Behörden seine Bereitschaft, die Federführung für Betreuungsmaßnahmen zugunsten seiner Landesleute zu übernehmen. Er teilte ferner mit, dass er in diesem Rahmen bereits die Anmietung eines Sportplatzes und die Errichtung von Baracken oder die Anmietung eines Massivgebäudes für Freizeitgestaltung plane.[226] Der Generalkonsul war nämlich der Auffassung, dass „neben der Betreuung durch Geistliche der katholischen Kirche – die ja bereits durch den Hamburger italienischen Missionar erfolgte – die sportliche Betätigung eine erhebliche Rolle" im Rahmen der außerberufli-

---

[226] Vermerk des Präsidenten des Landesarbeitsamtes/Hamburg, 4. Juli 1960, StAHH, Bestand 356-7, Akte Abl.6.6.1990, 5700 A.

chen Betreuung der italienischen Arbeiter spiele. Bei dieser Koordinierungs- und Förderungsarbeit wurde er vom bereits existierenden „Konsularkomitee für Italienerbetreuung" unterstützt, das sich aus Mitgliedern der italienischen „Kolonie" in Hamburg zusammensetzte.[227] Es handelte sich dabei um den italienischen Missionar, den Direktor des 1954 neugegründeten Hamburger italienischen Kulturinstituts[228] und schließlich um einige „alteingesessene" Italiener aus den früheren Zuwanderergenerationen,[229] die bereits seit Anfang der fünfziger Jahre den Generalkonsul und den italienischen Missionar in der Betreuung hilfsbedürftiger Landsleute unterstützten.

Bereits vor dem Zusammentreffen zwischen dem Generalkonsul und den Funktionären des Landesarbeitsamtes hatte das italienische Komitee seine Betreuungstätigkeit entfaltet. Zwei italienische Fußballmannschaften waren von ihm bereits ausgerüstet und einem deutschen Verein angeschlossen worden.[230] Im September 1960 stellte endlich die Stadt auch das gewünschte Gelände für eine bessere Freizeitgestaltung der italienischen Arbeiter zur Verfügung. Es handelte sich um einen für die damals vor allem im Hafenbereich arbeitenden Italiener zentralen und leicht erreichbaren Platz in Rothenburgsort.[231]

Das italienische Generalkonsulat und das italienische Komitee arbeiteten in den folgenden Jahren weiterhin in enger Zusammenarbeit mit dem Arbeitsamt und anderen Organisationen an der Durchführung von allgemeinen Betreuungsmaßnahmen für Italiener und boten auch eine persönliche allgemeine Fürsorge in den Räumlichkeiten des Generalkonsulats an. Dennoch, vermutlich aufgrund der dort herrschenden eher formellen Behörden-Atmosphäre, scheinen die italienischen Migranten damals ungern die Dienste des Generalkonsulates in Anspruch genommen zu haben. Zu dieser Missstimmung trug sicher die Tatsache bei, dass, während in der italienischen katholischen Mission – damals die einzige andere ständige Betreuungsstelle für Italiener – bei Tag und Nacht und sieben Tage die Woche die Migranten immer willkommen waren, sie dagegen im Generalkonsulat rigide Öffnungszeiten zu beachten hatten. Für ganztägig und oft auch am Samstag

---

[227] Direktor des Arbeitsamtes/Hamburg an Präsidenten des Landesarbeitsamtes/Hamburg, 6. Juli 1960, StAHH, Bestand 356-7, Akte Abl.6.6.1990, 5770 A.

[228] „Istituto Italiano", in: Handelsblatt vom 20. Januar 1954.

[229] Das war beispielsweise der Fall des bereits mehrmals erwähnten Italieners G. Visconte, der in Hamburg aufgewachsen und damals Besitzer einer Schiffsausrüstungsfirma war.

[230] Direktor des Arbeitsamtes/Hamburg an Präsidenten des Landesarbeitsamtes/Hamburg, 6. Juli 1960, StAHH, Bestand 356-7, Akte Abl.6.6.1990, 5770 A.

[231] Direktor des Arbeitsamtes/Hamburg an Präsidenten des Landesarbeitsamtes/Hamburg, 2. September 1960, StAHH, Bestand 356-7, Akte Abl.6.6.1990, 5700 A.

arbeitende Menschen gewiss ein teurer Zeitverlust.[232] Hinzu kam noch, dass aus
Personalmangel die soziale Betreuung der Migranten bis in die siebziger Jahre
hinein offenbar nicht ausreichend war.[233] Da allerdings gewisse Angelegenheiten
wie etwa die Verschiebung des Wehrdienstes oder die Erneuerung des Reisepas-
ses nur im Generalkonsulat zu erledigen waren, war der Andrang des öfteren groß
und nicht selten bildeten sich lange Schlangen.[234]

Wenn auch viele Migranten die italienische katholische Mission als Anlaufstelle
für die Lösung ihrer Probleme bevorzugten, scheint dennoch die Betreuungsarbeit
des Generalkonsulates nicht unbedeutend gewesen zu sein. Wie bei der Mission
wurden auch im Generalkonsulat gelegentlich hilfsbedürftige Italiener unterstützt,
etwa bei der Arbeits- oder Wohnraumvermittlung.[235] Hauptsächlich aber operierte
das Generalkonsulat als erster Ansprechpartner der Stadtregierungen auf einer für
die Migranten eher „unsichtbaren" Ebene, nämlich bei der Übermittlung von
Wünschen an die zuständigen Hamburger Behörden und bei der Koordinierung,
Organisierung oder Unterstützung von besonderen Maßnahmen zugunsten der Italiener. So etwa bei der Bereitstellung von Italienischlehrern im Rahmen der in den
sechziger Jahren von der Schulbehörde organisierten Italienischstunden für italienische Gastarbeiterkinder. Ende der sechziger Jahre (1969) organisierte in Hamburg das Generalkonsulat in Zusammenarbeit mit dem italienischen Ausbil-
dungswerk *Ente Nazionale Acli Istruzione Professionale* Kurse für die Aus- und
Weiterbildung von italienischen Arbeitern in der Schweißtechnik, Mechanik und
Kunststoffverarbeitung.[236] Diese Kurse wurden auf Italienisch abgehalten, bein-
halteten aber auch Deutschunterricht und führten zur Erlangung eines sowohl in
der Bundesrepublik als auch in Italien anerkannten Zeugnisses.[237] Manche Betreuungsmaßnahmen wurden zudem vom Generalkonsulat mitorganisiert und mitfi-
nanziert, von der Mission allerdings durchgeführt, wie etwa Italienischkurse für
junge, in Hamburg aufgewachsene Italiener.

---

[232] „Wenn wir uns an unser Konsulat wenden müssen, müssen wir Bürozeiten beachten und dies
     bedeutet Arbeitsstunden zu verlieren, ganz zu schweigen von der Tatsache, dass alles, was un-
     ser lieber Don Alfredo Prioni und seine Sekretärin für uns machen, das macht das Konsulat
     mit Sicherheit nicht!" Siehe: G. A./Hamburg an Bischof von Osnabrück, 26. April 1960,
     BAO, Bestand 06-11-20, Akte 5/Italienerseelsorge/Regionen/Einzelne Orte/Hamburg 1958 –
     1980.

[233] MCI in Hamburg (Hg.), La Missione Cattolica Italiana (1985).

[234] „Es kam nicht selten vor, dass nicht alle Vorgänge bearbeitet werden konnten und dass man-
     che Personen am nächsten Tag wieder erscheinen mussten, was für zusätzliche Unzufrieden-
     heit sorgte". Interview mit Don Giuseppe Clara vom 19. Oktober 1999.

[235] Ebenda.

[236] Fortbildungskurse für italienische Gastarbeiter, Mitteilung der Hamburger Handelskammer
     vom 10. Oktober 1969.

[237] CHH (Hg.), JaBerCHH 1969 (1970), Italienerbetreuung, S. 3.

Die italienische Republik verfolgte, wie schon die italienischen Regierungen vor dem Ersten Weltkrieg und anders als das faschistische Regime, keine besonderen Pläne für die im Ausland lebenden Italiener. Sie wurden vielmehr ihrem Schicksal überlassen. Die Durchführung eventueller außerordentlicher Betreuungsmaßnahmen, die nicht direkt mit der üblichen Arbeit einer diplomatischen Vertretung zu tun hatten, wurde mit Wohlwollen betrachtet und gefördert, prinzipiell aber der Initiative der jeweiligen Diplomaten überlassen. Vorgeschrieben war nichts. So engagierten sich die Generalkonsule und ihre Funktionäre sehr unterschiedlich für die Verbesserung der Situation der italienischen „Gastarbeiter". Insbesondere die Generalkonsule E. Guidotti (1959 bis 1964 im Amt) und G. Pini (1964 bis 1968) sowie der Vizekonsul Moschetti setzten sich für ihre Landsleute ein. Letzterer war, anders als die Generalkonsule, die nur wenige Jahre in Hamburg blieben, auf Dauer in der Stadt ansässig und sehr in der materiellen Betreuung der italienischen Zuwanderer involviert. Er hielt darüber hinaus zahllose Vorträge im italienischen Kulturinstitut in Hamburg und anderorts über Italien, die italienische Kultur und die Italiener, die sicher dazu beigetragen haben, das Ansehen der italienischen Migranten in Deutschland zu verbessern.[238] Er war ferner ein guter Freund der Missionare Don Prioni und Don Clara, die er tatkräftig und des öfteren durch persönlichen Einsatz unterstützte.

Die Zusammenarbeit zwischen der italienischen Mission und dem Generalkonsulat war allerdings nicht immer gut. Der erste Missionar, Don Prioni, wurde während seiner ersten Jahre in Hamburg vom Generalkonsulat mit Rat und Tat unterstützt,[239] musste aber 1962 offenbar aufgrund eines nicht ganz zu klärenden Konflikts mit Diplomaten und kirchlichen Vorgesetzten die Stadt verlassen. Sein Nachfolger Don Clara kam wieder gut mit den italienischen Diplomaten aus. 1966 berichtete er, dass der Generalkonsul G. Pini regelmäßig am monatlichen offiziellen Treffen (mit Messe und „freundlichem Beisammensein") für Italiener in der Mission teilnehme.[240] Auch der Nachfolger von Pini, G. Coccon, stehe der Tätigkeit der Mission „freundlich gegenüber", und die Zusammenarbeit sei „gut".[241] Gegen Ende der siebziger Jahre, als Don Quintino Lugnan Missionsleiter wurde, begannen allerdings die Beziehungen zwischen Mission und Generalkonsulat wieder zu kriseln. 1981 verließ Don Lugnan das „Konsularkomitee für Italienerbetreuung". Die Divergenzen mündeten schließlich 1987 in eine öffentliche Aus-

---

[238] Interview mit Don Giuseppe Clara vom 19. Oktober 1999.

[239] Siehe beispielsweise: JaBerMCI 1953, BAO, Bestand 06-11-20, Akte 1/ Italienerseelsorge/ Allgemeines 1945 – 1984.

[240] JaBerMCI 1965, BAO, Bestand 06-11-20, Akte 5/Italienerseelsorge/ Regionen/ Einzelnen Orte/ Kiel 1965 – 1966.

[241] JaBerMCI 1968, BAO, Bestand 06-11-20, Akte 5/Italienerseelsorge/ Regionen/ Einzelnen Orte/ Raum Osnabrück 1964 – 1976.

einandersetzung über die Leistungen des Generalkonsulats. Der Missionar unter-
stellte dem Chefdiplomat eine schlechte Arbeit. Die Bürozeiten seien zu rigide,
und die Einwanderer müssten allzu oft lange Wartezeiten (Wochen oder sogar
Monate) hinnehmen. Das Generalkonsulat bestritt alles. [242]

Italienische Staatsangehörige, die im Ausland lebten, durften nicht an den italienischen Parlamentswahlen teilnehmen – es sei denn sie würden sich eigens nach Italien begeben, um dort ihre Stimme abzugeben. Somit hatten sie keinen offiziellen
Einfluss auf die italienische Auslandspolitik und indirekt auf die Leistungen der
Generalkonsulate. Das „Konsularkomitee für Italienerbetreuung" war trotz der
Teilnahme von Präsidenten italienischer Vereinigungen usw. schließlich nur ein
vom Generalkonsulat nominierter Beratungszirkel. Um diese Repräsentanzdefizite
zu mildern und die Leistungen der Konsulate effektiver zu machen, wurden Mitte
der achtziger Jahre vom italienischen Staat die *Comitati degli Italiani all'Estero*
(COMITES)[243] geschaffen. In jedem Konsularbezirk durften die Italiener ein
Gremium wählen, das erstmals rechtlich abgesichert an der Gestaltung der Aus-
landsbetreuung der Italiener teilnahm.[244]

4.3.4.   Deutsche und italienische Arbeitnehmerverbände

Neben dem deutschen Staat, der katholischen Kirche und den italienischen diplomatischen Missionen setzten sich auch deutsche Arbeitnehmerverbände, insbesondere der DGB, mit der neuen Präsenz von Italienern in Deutschland auseinander. Zunächst ging es für die deutschen Gewerkschaften, auch angesichts der
bescheidenen Zuwandererzahlen, vor allem um die Überwachung der stillschwei-
genden Übereinkunft mit dem Staat über die tarifliche Gleichstellung der ausländischen Arbeitnehmer, um Lohndruck zu vermeiden.[245] Zwischen Ende der fünfziger und Anfang der sechziger Jahre, als die Zahl der „Gastarbeiter" in die Höhe
schnellte, ergaben sich allerdings auch für die Arbeitnehmerverbände, wie schon
für Staat, Kirche und Konsulate, unerwartete Aufgaben. Die einzelnen Gewerkschaften und der DGB wurden zwar von einer solchen verstärkten Arbeiterzuwanderung überrascht. Diese traf sie aber nicht ganz unvorbereitet. Bereits kurz
nach der Unterzeichnung des deutsch-italienischen Anwerbevertrags 1955 hatte
der DGB Kontakte zu italienischen Gewerkschaftsverbänden geknüpft, um Sondermaßnahmen für die Betreuung der italienischen Arbeitskräfte zu vereinbaren.

---

[242] Interview mit Don Quintino Lugnan vom 5. Oktober 2000.

[243] Deutsch: „Komitee für die Italiener im Ausland".

[244] Interview mit Emanuele Padula vom 22. Mai 1999.

[245] Über die Debatte zwischen Staat und DGB über die Anwerbung von ausländischen Arbeitnehmern und die Bedingungen dieser Anwerbung siehe: Dohse, Ausländische Arbeiter und
bürgerlicher Staat (1981), S. 159–168.

Der DGB hatte sich an die *Unione Italiana del Lavoro*[246] (UIL) und die *Confede-razione Italiana Sindacati Lavoratori*[247] (CISL) gewandt. Die Kontakte mit der CISL führten bereits 1956 zur Einrichtung einer Betreuungsstelle für italienische Arbeiter in der DGB-Zentrale in Düsseldorf, die einzelne Arbeiter betreuen, aber auch Aktionen zugunsten aller italienischen Beschäftigten koordinieren sollte.[248] Auch die UIL gründete einige Jahre später in Zusammenarbeit mit dem DGB ei-gene Büros in verschiedenen Städten der Bundesrepublik.[249] Die Betreuungstätig-keit des DGB erstreckte sich allerdings nicht nur auf die Unterstützung von CISL- und UIL-Stellen in Deutschland, sondern auch auf die Organisierung von Veran-staltungen, Deutschkursen und allgemeinen Beratungsstunden. Der Bedarf an ge-eignetem Personal, um die Gewerkschaften den italienischen Arbeitern näher zu bringen und diese zu betreuen, wurde durch die Einstellung von „Vertrauensleu-ten" gedeckt. Diese wurden unter den italienischen Arbeitnehmern rekrutiert und in Wochenendseminaren über das „Wesen der gewerkschaftlichen Arbeit" sowie „über ihre besonderen Aufgaben als Vertrauensleute" unterrichtet.[250] Das Interes-se des DGB für die Betreuung italienischer sowie anderer ausländischer Arbeit-nehmer war allerdings nicht nur aus fürsorgerischen Gründen besonders ausge-prägt:

Die Sicherung der demokratischen, politischen Rechte und Verhältnisse in der Bundesrepublik, die Organisierung der Gastarbeiter in den DGB-Gewerkschaften, sowie die vorausschauende Ver-pflichtung auch der Gewerkschaften, durch kulturelle und soziale Informations-, Betreuungs- und Bildungsmaßnahmen dafür zu sorgen, dass in allen für uns erreichbaren Ländern der Welt, beson-ders aber in den Herkunftsländern der bei uns arbeitenden Gastarbeiter, freiheitliche und demokra-tische Entwicklungen eingesetzt oder gefördert werden, sind Hauptaufgaben und Ziele unserer Ar-beit für die Gastarbeiter.[251]

Nicht umsonst hatte der DGB jeden Kontakt zum stärksten italienischen Gewerk-schaftsbund, der *Confederazione Generale Italiana del Lavoro* (CGIL),[252] gemie-den. Der Grund lag darin, dass die CGIL kommunistisch orientiert war.[253] So

---

[246] Deutsch: „Italienische Arbeitsunion".

[247] Deutsch: „Italienischer Arbeitergewerkschaftsbund".

[248] "Selbstverständlich ist die soziale Betreuung der italienischen Kollegen Sache der deutschen und italienischen Gewerkschaften, die sich in einer Vereinbarung verpflichtet haben, diese Betreuung gemeinsam durchzuführen". Siehe: Mitteilungen des Bundesvorstandes des DGB 23, Düsseldorf, 19. Oktober 1956, S. 3. in: AFZH, Bestand 552-3-1.

[249] Geiselberger, Schwarzbuch (1972), S. 90.

[250] Rundschreiben des DGB-Bundesvorstandes, Düsseldorf, 2. April 1962, AFZH, Bestand 556-8.

[251] „Die Betreuung der Gastarbeiter in Hamburg als gewerkschaftspolitische Aufgabe", Autor un-bekannt, Hamburg 1964, AFZH, Bestand 556-8.

[252] Deutsch: „Allgemeiner italienischer Gewerkschaftsbund".

[253] Rundschreiben des DGB-Bundesvorstandes, Düsseldorf, 22. April 1963, AFZH, Bestand 556-8.

wurde die CGIL vom DGB dezidiert boykottiert, obwohl sie von den Mitglieder-
zahlen her eigentlich viel mehr die italienische Arbeiterschaft vertrat, als die CISL
oder die UIL. Dennoch schaffte es die CGIL 1961 aus eigener Initiative eine eige-
ne erste Betreuungsstelle in Heidelberg zu errichten.[254] Ihre Tätigkeit zugunsten
der italienischen Migranten wurde mit wachsender Besorgnis vom DGB und der
Bundesanstalt für Arbeit beobachtet, die darin eine klare Propagandaaktion der
Kommunisten unter den Italienern in Deutschland sahen. Im August 1963 bat die
Bundesanstalt für Arbeit die Landesarbeitsämter, „im Falle der Vorsprache eines
Beauftragten der INCA[255]" „äußerste Zurückhaltung zu üben" und diese auch den
Arbeitsämtern „zu empfehlen", da es sich um eine Organisation handle, die „ein-
deutig kommunistisch orientiert" sei.[256] Bereits im April desselben Jahres war in
einem Rundschreiben des DGB-Bundesvorstandes von „Gegenmaßnahmen" die
Rede, die die Arbeit des Arbeiterfürsorgewerks der CGIL in Deutschland ein-
schränken sollten.[257] Freilich ging besonders in den siebziger und achtziger Jahren
diese Ächtung immer mehr zurück, als Staat und DGB feststellten, dass keine
wirkliche kommunistische Gefahr aus der Arbeit der Fürsorgewerke der CGIL in
Deutschland hervorging.[258] In den achtziger Jahren kam es schließlich zu einer
Zusammenarbeit zwischen der INCA und dem DGB bei der Betreuung der italienischen Migranten.

In Hamburg wurden auch während der starken Zuwanderungsphase der sechziger
Jahre keine italienischen Betreuungsstellen seitens der CISL oder der UIL gegründet, vermutlich weil die italienische Präsenz in der Stadt zu bescheiden war,
um den Kostenaufwand zu rechtfertigen. So übernahm der Hamburger DGB-
Ortsausschuss die Betreuung der italienischen Arbeiter im Hamburger Raum. Die
erste Aktion zugunsten dieser Arbeiter in der Stadt fand im März 1961 statt - also
nicht sonderlich früh. Der Hamburger DGB beantragte beim Vorstand in Düsseldorf die Zusendung von 1.000 Exemplaren eines im Februar fertiggestellten
„Sprachführers" mit den gängigsten Redewendungen in italienischer und deutscher Sprache für die gewerkschaftliche Betreuung,[259] da die Sachbearbeiter der
verschiedenen Gewerkschaften große Schwierigkeiten beim Ansprechen der ita-

---

[254] Giorgio Piva, La difficile costruzione dell'INCA in Germania, in: INCA/CGIL, 1945/1985,
Questi 40 anni. La storia, le immagini, le testimonianze, Rom 1985, S. 194-197, hier: S. 195.

[255] Deutsch: "Nationalinstitut zur Fürsorge". Es handelte sich um das Fürsorgewerk der CGIL.

[256] Der Präsident der Bundesanstalt für Arbeitsvermittlung und Arbeitslosenversicherung/ Nürnberg an die Präsidenten der Landesarbeitsämter, 19. August 1963, StAHH, Bestand 356-7, Akte Abl.6.6.1990, 5770 A.

[257] Rundschreiben des DGB-Bundesvorstandes, Düsseldorf, 22. April 1963, AFZH, Bestand
556-8.

[258] Piva, La difficile costruzione dell'INCA in Germania (1985), S. 196.

[259] Rundschreiben des DGB-Bundesvorstandes, Düsseldorf, 15. Februar 1961, AFZH, Bestand
556-8.

lienischen Arbeiter hätten.[260] Um ihr Vertrauen zu gewinnen, wurden 250 Exemplare eines seit Oktober 1961 erscheinenden DGB-Nachrichtenblatts („Ecco"[261]) in italienischer Sprache bestellt[262], und ferner überlegt eine Veranstaltung für die Italiener zu organisieren.[263] Zunächst wurden aber besondere Veranstaltungen lediglich für Spanier und Griechen organisiert. Ein- bis zweimal wöchentlich gab es Beratungsabende sowie Sprachkurse, „bunte Abende" und Filmvorführungen.[264] Erst 1963 wurden solche Maßnahmen auch auf Italiener und Türken ausgeweitet.[265] Die Suche des DGB nach italienischen Vertrauensleuten brachte die Gewerkschaftsfunktionäre auf L. Barba. Barba der 1960 als ungelernter Arbeiter bei Blohm & Voss angefangen und es 1964 bereits zum Vorarbeiter gebracht hatte, war zweimal wöchentlich für einige Stunden in einer Anfang der siebziger Jahre im DGB-Haus eingerichteten „Zentralstelle für ausländische Arbeitnehmer"[266] für seine Landsleute ansprechbar.[267] Ende der siebziger Jahre kam es schließlich in Hamburg zu einer Zusammenarbeit zwischen INCA und DGB. Im Jahre 1979 begann Gualberto Galetti, ein Mitbegründer der Hamburger Ortsstelle der Kommunistischen Partei Italiens[268], ehrenamtlich im DGB-Haus als INCA-Vertreter die italienischen Arbeiter zu betreuen.[269] Die Beratungsstelle besteht noch heute und berät vor allem in Fragen der Rentenversicherungen.

Bemerkenswert ist, dass die ersten Sonderveranstaltungen des Hamburger DGB-Ortsausschusses der Betreuung von griechischen und spanischen und nicht von

---

[260]   „Da wir in Hamburg unter den 12.000 ausländischen Arbeitskräften sehr viele Italiener haben und die Gewerkschaften sich unter Schwierigkeiten ständig um einen engen Kontakt mit den italienischen Arbeitnehmern bzw. unseren Kollegen in den Betrieben bemühen, bitten wir [...]". Siehe: DGB-Ortsausschuss/Hamburg an DGB-Bundesvorstand/Düsseldorf, 2. März 1961, AFZH, Bestand 556-8.

[261]   „Die Blätter sollen die ausländischen Arbeiter über wichtige arbeitsrechtliche und gewerkschaftspolitische Fragen unterrichten, sie für unsere Gewerkschaften werben, ihnen wichtige Nachrichten aus ihrer Heimat vermitteln und ihnen Anregungen für Arbeit und Freizeit geben". Siehe: Rundschreiben des DGB-Bundesvorstandes, Düsseldorf, 13. September 1961, AFZH, Bestand 556-8.

[262]   DGB-Ortsausschuss/Hamburg an DGB-Bundesvorstand/Düsseldorf, 18. Dezember 1961, AFZH, Bestand 556-8.

[263]   Aktennotiz, Autor unbekannt, DGB-Hamburg, Hamburg, 9. November 1961, AFZH, Bestand 556-8.

[264]   Aktennotiz, Autor unbekannt, DGB-Hamburg, Hamburg, 1962, AFZH, Bestand 556-8.

[265]   DGB-Ortsausschuss/Hamburg an DGB-Landesbezirk Nordmark/Hamburg, 12. Dezember 1962, AFZH, Bestand 556-8.

[266]   Rundschreiben des DGB-Ortsausschusses/Hamburg, 27. August 1970, AFZH, Bestand 556-8. Ferner: „Hilfe für ausländische Arbeiter", in: Die Welt vom 24. Januar 1970.

[267]   Interview mit P. B. vom 5. Mai 1999.

[268]   Mehr dazu hier, Kap. V.4.4.4.

[269]   Interview mit Gualberto Galetti, FZH, WdE 667, Interview vom 11. Oktober 2000, S. 13.

italienischen Arbeitnehmern galten, obwohl diese am Anfang der „Gastarbeiter"-
Zuwanderung in Hamburg deutlich stärker vertreten waren.[270] Noch 1965 wurden
in den Gewerkschaftshäusern im Besenbinderhof und in Harburg zwar regelmäßige Sprechstunden zur Klärung von arbeitsrechtlichen Fragen wie Unterbringung,
Lohn, Kündigung und Kindergeld für griechische und spanische, nicht aber für
italienische Arbeiter organisiert.[271] Eines der Motive könnte darin liegen, dass der
DGB aus politischen Gründen die Betreuung der Spanier und der Griechen für
vorrangig hielt, weil sie aus Ländern kamen, in denen starke kommunistische
Bewegungen oder Militärdiktaturen existierten.[272] Die Betreuung diente also dazu,
die „Gastarbeiter" aus diesen Ländern zu „demokratisieren" und „bei der Abwehr
radikaler Einflüsse" mitzuhelfen.[273] Die Betreuung der Italiener, die aus einem im
Vergleich zu den griechischen und spanischen Verhältnissen weniger „problema-
tischen" Staat kamen, war wohl deshalb für den DGB nicht so dringend. Anfang
der sechziger Jahre verfügten zudem die Italiener – anders als die Griechen und
die Spanier – bereits über ein eigenes, durchgehend geöffnetes Betreuungszent-
rum, die katholische Mission, wo sie bei der Klärung von Fragen allgemeiner
Natur unterstützt wurden. Ein weiterer Grund, weshalb die Italiener in den ersten
Ausländerbetreuungsmaßnahmen des DGB nicht sonderlich viel Berücksichtigung
fanden, könnte auch darin liegen, dass sie sehr schwer zu interessieren waren.
Nach Auffassung des ehemaligen italienischen Vertrauensmannes des DGB in
Hamburg, waren viele von ihnen traditionell „revolutionärer" eingestimmt gewesen als die Arbeitnehmerverbände, die sich im DGB zusammengeschlossen hatten.[274] Die Tatsache, dass die CGIL vom DGB boykottiert wurde, half zudem den
deutschen Gewerkschaftern gewiss nicht die Italiener anzusprechen. Hinzu kam,
dass in den sechziger Jahren einzig die Italiener im Rahmen der EWG-
Freizügigkeit der Arbeitskräfte zwischen Italien und Deutschland kurzfristig hin
und her pendeln konnten und ihnen deshalb ein Gewerkschaftsbeitritt nicht

---

[270] 1965 arbeiteten in Hamburg rund 3.617 Italiener, 2.774 Spanier und 2.724 Griechen. Vgl. Tab.
V.13.

[271] „Betreute Gastarbeiter", in: Die Welt vom 30. Juli 1965.

[272] Die Nachkriegspolitik Griechenlands war von der Existenz einer starken kommunistischen
Bewegung gekennzeichnet. Diese wurde nach einem rechten Staatsstreich 1967 zerschlagen.
Eine rechte Diktatur regierte das Land von 1967 bis 1974. In Spanien hielt sich der faschistische Diktator Francisco Franco, der bereits vor dem Zweiten Weltkrieg an die Macht gekommen war, bis zu seinem Tode im Jahre 1975 an der Spitze des spanischen Staates.

[273] „Da selbst die hiesigen Botschaften und Vertretungen der ausländischen Arbeitnehmer der zunehmenden Einflussnahme kommunistisch gelenkter Hintermänner und ihre Landsleute recht
hilflos gegenüberstehen und wir von griechischen Arbeitnehmern und hier studierenden Gastarbeitern laufend diesbezüglich angesprochen werden, etwas zu unternehmen, halten wir es für
unsere Pflicht [...] auch mitzuhelfen bei der Abwehr radikaler Einflüsse auf die ausländischen
Gastarbeiter in Hamburg. Beweise liegen bereits vor". Siehe: DGB-Ortsausschuss/Hamburg
an Landesarbeitsamt/Hamburg, 14. Februar 1962, AFZH, Bestand 556-8.

[274] Interview mit L. Barba vom 5. Mai 1999.

erforderlich erschienen sein mag. Die Folge war offenbar, dass vergleichsweise wenige Italiener den Gewerkschaften beitraten. Daten über die Zahl italienischer Gewerkschaftsmitglieder in Hamburg liegen leider nicht vor, sicher ist aber, dass sie in der Bundesrepublik weniger als Griechen, Spanier und Türken gewerkschaftlich organisiert waren.[275]

4.4.   Lebensverhältnisse

4.4.1.   Wohnen

4.4.1.1.   Werksunterkünfte

Die italienischen Arbeitsmigranten, die ab Mitte der fünfziger Jahre in Hamburg eintrafen und von der Deutschen Kommission in Verona vermittelt worden waren, mussten in der vom Bombenkrieg schwer getroffenen Stadt Hamburg, in der noch akute Wohnungsnot herrschte, nicht um eine Unterkunft bangen. Nach den Bestimmungen des deutsch-italienischen Anwerbeabkommens, das zu einem Zeitpunkt vereinbart wurde, als es in vielen deutschen Städten an Wohnraum mangelte, hatten nämlich die anwerbenden Arbeitgeber ihre „Gastarbeiter" für die Dauer der Beschäftigung in Werksunterkünften unterzubringen.

Dem Anwerbevertrag gemäß sollte es sich dabei um „angemessene"[276] Quartiere handeln – ein eher schwammiger Begriff. Zunächst hielt die Bundesrepublik an der bereits existierenden Regelung für die Unterbringung von Arbeitskräften bei Bauten fest, die aus dem Krieg stammende „Lagerverordnung" von 1943. Nach ihr sollten die Arbeiterlager geschlossene Einheiten sein, zu denen Unbefugten der Zutritt nicht erlaubt war. Im Februar 1959 wurde die Verordnung in der Form etwas modifiziert, aber nicht in der Substanz. Die Lager wurden in „Wohnlager" umgetauft, und es wurde angeordnet die Bettwäsche zumindest einmal jede drei Monate zu wechseln. Allerdings war auch die Benutzung von Zelten, Wohnwagen und Booten als Unterkünfte erlaubt. Die Qualitätsmesslatte für die Unterbringung von ausländischen Arbeitskräften war somit sehr niedrig, was den Arbeitgebern viel Spielraum bei der Bereitstellung der Quartiere bot. Nach Protesten der italienischen Republik wurden 1964 erstmals gemeinsame „Richtlinien" über die Unterbringung der Arbeitskräfte vereinbart. Die Bewohner der Werksunterkünfte

---

[275] 1972 waren 31,7 Prozent der deutschen, 34,4 Prozent der türkischen, 30,2 Prozent der spanischen, 25,2 Prozent der griechischen und 20,6 Prozent der italienischen Arbeitnehmer gewerkschaftlich organisiert. Siehe: Monferrini, L'emigrazione italiana (1987), S. 170.

[276] Vereinbarung zwischen der Regierung der BRD und der Regierung der italienischen Republik über die Anwerbung und Vermittlung von italienischen Arbeitskräften nach der BRD, Bekanntmachung vom 11. Januar 1956, Anlage 4, Musterarbeitsvertrag, in: Bundes-Anzeiger, 17. Januar 1956.

hatten nun Anrecht auf mehr Platz, die Zahl der Bettplätze pro Raum wurde reduziert, die Zahl der sanitären Anlagen erhöht. Noch waren aber keineswegs optima-
le Wohnbedingungen erreicht. Das Vorhandensein von Duschanlagen und Wasch-
stellen mit Warmwasser wurde z.b. nicht verbindlich vorgeschrieben. Dieser
unzumutbare Zustand wurde erst sehr spät durch die „Richtlinien für die Unterkünfte ausländischer Arbeitnehmer in der BRD" 1971 überwunden.[277] 1973 wurde
dann mit der Verabschiedung der „Mindestanforderungen an Unterkünfte für
Arbeitnehmer" die ursprüngliche Ausstattungsdifferenz zwischen Unterkünften
für deutsche und ausländische Arbeiter vollständig aufgehoben.[278]

Die sogenannten „Sammelunterkünfte" oder „Wohnlager" für ausländische Arbeitskräfte sollten nach den Wünschen der Bundesregierung, die durch die Bundesanstalt für Arbeitsvermittlung und Arbeitslosenversicherung ab 1960 auch
finanzielle Mittel zur Verfügung stellte, so konzipiert werden, dass sie mit geringem Aufwand später in Normalwohnungen umgewandelt werden konnten. In der
Hansestadt führten jedoch nach Angaben der Hamburger Handelskammer „baupo-
lizeiliche Bestimmungen, Grundstücksknappheit und bauwirtschaftliche Überle-
gungen" dazu, dass sich „feste Unterkünfte für Ausländer [...] nicht kurzfristig in
ausreichender Anzahl errichten ließen und die Schaffung von vorläufigen Unterkünften unvermeidlich" war.[279] Maßgeblich war aber vermutlich, dass letztere viel
billiger waren und auch in Industriegebieten geschaffen werden konnten[280], was
für reguläre Arbeiterunterkünfte strikt untersagt war. So kam es schon bald in
unmittelbarer Nähe der Firmen zur Errichtung von Behelfsunterkünften für Ausländer, die von der Holzbaracke bis zur umgebauten Lagerhalle reichten. Obwohl
Bund und Stadt den Bau von regulären Unterkünften für ausländische Arbeitnehmer zu fördern versuchten, änderte sich diese Lage nur sehr langsam im Laufe der
sechziger Jahre. Viele Firmen bevorzugten weiterhin die Errichtung von „vorläufigen Unterkünften" und die Anmietung von bereits existierendem Wohnraum
oder die Umgestaltung von alten Kinosälen, alten Villen und betriebseigenen
Gebäuden. Dabei mussten sie zwar allein für die entstehenden Kosten aufkom-
men, aber die teuren und komplizierten Bauvoraussetzungen der Baubehörde
nicht erfüllen.[281] 1970 existierten in Hamburg 586 Sammelunterkünfte (Unterkünfte mit mehr als zehn Personen) mit 17.482 Bettplätzen. Von diesen Bettplät-

---

[277] Biehl, Die volkswirtschaftliche Bedeutung (1985), S. 203ff.

[278] Dunkel/Stramaglia-Faggion, Zur Geschichte der Gastarbeiter in München (2000), S. 158f.

[279] Notiz für den Jahresbericht 1961 der Handelskammer Hamburg, AHHH, Akte R 304/2 b,
Bd. 1.

[280] Hamburger Baubehörde, Fachliche Weisung BOA 3/61 über die Aufstellung von vorläufigen
Unterkünften für ausländische Arbeitnehmer, Hamburg 20. März 1961, AHHH, Akte R 304/2
b, Bd. 1.

[281] Vermerk der Abteilung Industrie der Handelskammer Hamburg, Hamburg, 13. Dezember
1968, AHHH, Bestand R 304/2 b, Bd. 1.

zen war nur ein Bruchteil, nämlich 1.815, mit öffentlichen Mitteln finanziert worden. In 24 Prozent der Unterkünfte war der „Zustand noch tragbar", 11,8 Prozent brauchten hingegen eine sofortige Renovierung, und 3,6 Prozent wurden als unbewohnbar eingestuft („völlig ungeeignet"). Darüber hinaus waren noch rund 162 der gezählten Sammelunterkünfte weder Festbauten noch Mietwohnungen, sondern „sonstige Unterkünfte", also Barackenlager und weitere Behelfsquartiere.[282] Als Anfang 1971 eine weitere Untersuchung belegte, dass etwa 20.000 Ausländer in unzumutbaren Wohnverhältnissen lebten, war in der Stadtöffentlichkeit von „Slums",[283] „katastrophale[r] Lage"[284] und „menschenunwürdigen Leben"[285] die Rede. Sozialsenator Weiß musste einräumen, dass die Stadtregierung nicht in der Lage war, die „unzulänglichen Unterkünfte räumen lassen zu können", weil es schlicht „keine Ausweichquartiere" gab.[286]

Die unzumutbaren Wohnzustände, die in vielen Unterkünften festgestellt wurden, waren größtenteils Ergebnis der mangelnden Kontrolle der Ausländerquartiere seitens der zuständigen Behörden. Oft erfolgte nur eine einzige Überprüfung zu dem Zeitpunkt, an dem die Firmen dem Arbeitsamt mitteilten, dass sie ausländische Arbeiter einstellen wollten. Bevor die Vermittlungsaufträge an die Deutschen Kommissionen weitergeleitet wurden, musste nämlich die „Angemessenheit" der Unterkünfte kontrolliert werden. Es kam allerdings auch vor, dass nur die Vorlage von Plänen für den Bau oder Umbau einer Unterkunft für die Bescheinigung ihrer „Angemessenheit" genügte.[287] Nach dieser ersten Überprüfung blieben zumeist weitere Kontrollen aus, so dass die Wohnbedingungen der zukünftigen Unterkunftsbewohner aufgrund von nicht durchgeführten Verbesserungen, Überfüllung und/oder neu aufgetretenen baulichen Mängeln selten den Vorschriften entsprachen.[288] Im August 1962 wurden in Altona fünf Sammelunterkünfte für Ausländer, in denen u. a. Arbeiter der Firmen Blohm & Voss und Ford Motor-Comp.

---

[282] Mitteilungen des Senats an die Bürgerschaft Hamburgs, Bericht über die wirtschaftliche und soziale Lage (1970), S. 14ff.

[283] „Tausende in Slums", in: Hamburger Abendblatt vom 1. Februar 1971.

[284] „Katastrophale Lage", in: Die Welt vom 1. Februar 1971.

[285] „Viele Ausländer leben menschenunwürdig", in: Hamburger Anzeigen und Nachrichten vom 1. Februar 1971.

[286] „Tausende in Slums", Hamburger Abendblatt vom 1. Februar 1971.

[287] Der Präsident des Arbeitsamtes/Hamburg an den Präsidenten des Landesarbeitsamtes/ Hamburg, Hamburg, 16. November 1961, StAHH, Bestand 356-7, Akte Abl. 6.6.1990, 5700 A – 5750 A.

[288] „[Es wurde festgestellt, dass – E.M.] Unterkünfte, die bei der Überprüfung vor der Anwerbung bzw. Erteilung der Arbeitserlaubnis in Ordnung befunden wurden, infolge Überbelegung immer wieder zu Beanstandungen und Beschwerden Veranlassung geben. Mitunter sollen auch die Betriebe Zusagen nicht einhalten, die sie bei der Überprüfung über künftige Verbesserungen von Unterkünften gemacht haben". Siehe: Vermerk des Landesarbeitsamtes Hamburg, Hamburg, 20. November 1961, StAHH, Bestand 356-7, Akte Abl. 6.6.1990, 5700 A – 5750 A.

untergebracht waren und die von einer einzigen Gesellschaft verwaltet wurden, vom Bezirksgesundheitsamt überprüft. Es wurde festgestellt, dass alle „stark überbelegt" seien. Eine dieser Unterkünfte – ein Doppelhaus in der Bahrenfelderstrasse – mache sogar einen „gesundheitsgefährdenden Eindruck".[289] Nach Angaben des Caritasverbandes handelte es sich bei manchen Firmenquartieren um „überaus notdürftige" Unterkünfte, die „kein fließendes Wasser" und nur „unzureichende sanitäre Anlagen" hatten.[290] Italiener waren wie alle anderen Ausländer, die in Sammelunterkünften in Hamburg lebten, von diesen Zuständen gleichermaßen betroffen.

Bereits im März 1961 lebten in Hamburg Italiener in rund 26 von diesen mehr oder weniger spartanischen Ausländerwohnheimen.[291] Die meisten bestanden aus Baracken, die die Firmen schnell aus dem Boden gestampft hatten, um die begehrten neuen Arbeitskräfte aus dem Süden beherbergen zu können. Viele Italiener wurden allerdings auch in angemieteten Wohnhäusern oder Appartements einquartiert.[292] Viele Barackenheime befanden sich in unmittelbarer Nähe der Firmen auf betriebseigenem Gelände, wie im Falle der Hamburger Wollkämmerei in Hamburg-Wilhelmsburg und der Werft Blohm & Voss auf Steinwerder. In manchen Fällen befanden sich die Unterkünfte allerdings weit von den Firmen entfernt, so dass die Arbeiter morgens früh mit Bussen abgeholt und zur Arbeitsstelle gebracht werden mussten. So erging es dem Interviewpartner R. Primo, der eine Zeit lang für die Hamburger Filiale der MAN gearbeitet und in einem etwa drei km vom Werk entfernten Firmenquartier in Altenwerder gewohnt hat. Dort wurde er jeden Morgen um punkt 6.40 Uhr mit seinen Kollegen abgeholt.[293] Noch früher, um 4.30 Uhr, mussten die etwa 40 Italiener aufbruchbereit sein, die Anfang der sechziger Jahre von der Schliecker- Werft weit außerhalb Hamburgs in einem Feriendorf bei Klecken (westlich von Harburg) untergebracht wurden.[294] Unter

---

[289] Vermerk des Arbeitsamtes Hamburg, Hamburg, 27. August 1962, StAHH, Bestand 356-7, Akte Abl. 6.6.1990, 5700 A – 5750 A.

[290] Vermerk der Abteilung Industrie der Hamburger Handelskammer, Hamburg, 25. Februar 1966, AHHH, Bestand R 304/2b, Bd. 1.

[291] Liste der Unterkünfte für ausländische Arbeitnehmer, Landesarbeitsamt Hamburg, Hamburg, 20. März 1961, StAHH, Bestand 356-7, Akte Abl. 6.6.1990, 5700 A – 5750 A.

[292] „In Hamburg und Umgebung wohnen viele [Italiener – E.M.] in Baracken: bei der Bundesbahn arbeiten gegen 600 Italiener, die zum Teil gemeinsam in Häusern wie in Altona, andere in Baracken wie in Wilhelmsburg untergebracht sind; andere wieder wohnen in Waggons, die bald da bald dort sich befinden. Ebenso haben größere Firmen, wie z.B. MAN, Blohm & Voss, Siemens, Rheinstahl, Montagebau Thiele, Dyckerhoff und andere in Finkenwerder und anderswo, große Baracken, wo viele beisammen sind". Siehe: Italienischer Missionar/ Hamburg an Erzbischof/Osnabrück, Hamburg, Juni 1963, BAO, Bestand 06-11-20, Akte 2/ Italienerseelsorge/ Personalia 1962 – 1968.

[293] Interview mit R. Primo vom 3. Juli 1999.

[294] Interview mit L. Seppia vom 23. Juni 1999.

den vielen Firmen, die Sammelunterkünfte für italienische Mitarbeiter unterhiel-
ten, gab es auch die Deutsche Bahn Hamburg. 1960 wurde der Interviewpartner S.
Cerami nach seiner Ankunft mit zahlreichen anderen Italienern in einem Wohn-
heim in Bahrenfeld (Heim Theodorstraße) einquartiert. Andere Italiener kamen in
Holzbaracken der Bahn in Wilhelmsburg oder auf mobilen Bauzügen unter.[295]
Mitte der sechziger Jahre ließ die Bahndirektion in Wilhelmsburg ein modernes
großes Wohnhaus für ausländische Arbeitnehmer in unmittelbarer Nähe des
Bahnhofs (Korallusstraße) errichten, das angesichts der starken italienischen Be-
legung schon bald als „Casa Italia" („Haus Italien") bekannt wurde.[296]

Die Lebensverhältnisse in diesen Ausländerunterkünften waren sehr unterschiedlich. Manche Unterkünfte konnten alt, stark überbelegt und renovierungsbedürftig
sein, manche andere dagegen spartanisch, aber sauber und in einem guten Zustand. Als der sardische Interviewpartner M. Tenco 1960 in Buchholz bei Harburg
eintraf, war er von seiner zukünftigen Unterkunft positiv überrascht: „Es war ein
Holz-, keine Baracke! Baracke ist nicht der richtige Ausdruck, ein Holzhaus! Ein
gutes Holzhaus! Da haben wir gewohnt in einem Raum, da waren drei Räume,
zwei Zimmer und eine Gemeinschaftsküche."[297] Den Berichten eines ehemaligen
Bewohners nach handelte es sich hingegen bei der „Casa Italia" um ein vierstö-
ckiges Gebäude mit reichlich Wohnraum, Küchen und sanitären Anlagen. Es fehlte auch nicht ein mit Unterhaltungsgeräten reichlich bestückter Gemeinschafts-
raum.[298] Auch in Klecken scheint die Wohnqualität überdurchschnittlich gewesen
zu sein. Dabei handelte es sich um eine wahrhaft kuriose Unterbringung. Mitten
auf dem Land befand sich dort eine Wochenend-Siedlung für wohlhabende Hamburger, die aus etwa zwanzig kleinen Holzhäusern, einem Restaurant und einer
Kirche bestand. Diese Kleinhäuser, die von der Schliecker-Werft gemietet und als
Sammelunterkünfte benutzt wurden, waren im Vergleich zu anderen Gastarbeiter-
unterkünften nahezu luxuriöse Quartiere.[299] Generell sahen allerdings die Auslän-
derunterkünfte nicht so bewohnerfreundlich aus. Meistens kamen sie den „Gastarbeitern" wie Kasernen vor, waren oft überbelegt und nur sehr spärlich mit Küchen
und sanitären Anlagen ausgestattet. Im Bahn-Wohnheim in Bahrenfeld mussten
beispielsweise über hundert italienische Bewohner mit nur wenigen Kochplatten –
etwa zehn – auskommen.[300] Das Leben in den Sammelunterkünften war nicht nur
materiell, sondern auch psychisch sehr hart. In allen Quartieren mangelte es an
Möglichkeiten für die Bewohner eine Privatsphäre zu entwickeln, da ihnen

---

[295] Siehe Anm. 292.

[296] Interview mit S. Cerami vom 22. Mai 1999.

[297] Interview mit M. Tenco FZH, WdE 720, Interview vom 17. August 2001, S. 2.

[298] Interview mit S. Cerami vom 22. Mai 1999.

[299] Interview mit L. Seppia vom 23. Juni 1999.

[300] Interview mit S. Cerami vom 22. Mai 1999.

verboten war die Zimmer umzugestalten oder nach eigenem Wunsch zu schmü-
cken. Die Räume blieben somit stets anonym und erinnerten die Arbeiter tagtäglich an dem provisorischen Charakter ihres Aufenthaltes in Deutschland.[301] Darüber hinaus war es schwierig in diesen Unterkünften ein Gemeinschaftsleben zu
gestalten. Jüngere und ältere, ledige und verheiratete Menschen aus verschiedenen
Nationen und mit unterschiedlichen kulturellen Hintergründen mussten auf engs-
tem Raum zusammenleben und gut miteinander auskommen. Schließlich handelte
es sich bis auf wenige Ausnahmen – einige Firmen hatten Appartements oder Behelfsunterkünfte für Familien[302] – um reine Männer- oder Frauenlager.

Abb. V.6: Die Familie Lagona vor einer Thyssen-Baracke 1968

Quelle: Hamburger Abendblatt vom 5. Juli 1999, S. 3.

Die positive Seite der Firmenunterkünfte war, dass sie im Vergleich zu einer privaten Unterbringung deutlich billiger waren und sich dort die Zeit in der „Fremde" einigermaßen überbrücken ließ, da es nicht selten zu Konzentrationen von

---

[301] Dunkel/Stramaglia-Faggion, Zur Geschichte der Gastarbeiter in München (2000), S. 166. Ferner: Gentileschi u.a., Sardi a Stoccarda (1979), S. 154ff.

[302] Die Firma Thyssen-Schulte hatte Familienbaracken auf den Betriebsgelände errichten lassen.
Dort wohnte in den sechziger Jahren die sizilianische Familie Lagona (Eltern und vier Kinder). Siehe: „Die Familie als Heimat", in: Hamburger Abendblatt vom 5. Juli 1999. Besonders
begehrt waren die Familienunterkünfte der Deutschen Bahn, da es sich um normale Wohnungen in betriebseigenen Gebäuden in der Stadt handelte.

Landsleuten kam, darunter Verwandten und alten Freunden. Es wurde geplaudert, gespielt und gemeinsam gekocht. Besonders letztere Aktivität wurde sehr ernst genommen, da den Italienern das deutsche Essen nicht besonders bekam. Viel Kummer bereitete aber die Suche nach gewohnten Zutaten wie frischen Tomaten, Olivenöl oder Nudeln, die bis in die siebziger Jahre, als die ersten italienischen Läden eröffneten und die deutschen Supermärkte ihr Angebot internationalisierten, in Hamburg kaum zu finden waren.[303] Manchmal zog es die italienischen Lagerbewohner sogar auf Taubenjagd, um die Vögel, in Italien ein Leckerbissen, dann zu verspeisen, was auf deutscher Seite für große Aufregung sorgte.[304] Da die Wohnheime keine Kühlschränke hatten, wurden die Esswaren in Tüten gelagert, die aus den Fenstern hingen. Damit wurden sie aber in diesen Wohnkasernen auch zu einer leichten Beute für andere Bewohner.

Viele Italiener verließen im Laufe der sechziger Jahre diese Quartiere. Zu den treuesten Bewohnern der Firmenquartiere zählten ältere Migranten und vor allem diejenigen, die in Italien Ehegatte und Kinder zurückgelassen hatten. Sie hielten einen strengen Sparkurs und waren generell nicht bereit die Miete teurer Privatunterkünfte zu zahlen.[305] Junge Leute, für die die Arbeit in Deutschland oft auch eine Art Abenteuer darstellte, zeigten hingegen eine große Bereitschaft ihren Lebensmittelpunkt auch nur kurzfristig nach Hamburg zu verlegen und somit die Wohnkasernen der Firmen zu verlassen.[306] Viele lernten beispielsweise eine Partnerin bzw. einen Partner kennen und beschlossen zusammen eine private Unterkunft zu beziehen. Italienische Migranten, die in Deutschland die Familie zusammenführen wollten, waren meistens ohnehin gezwungen die Firmenheime zu verlassen, da sie eine Aufenthaltserlaubnis für den Ehegatten nur mit dem Nachweis von „ausreichendem Wohnraum", also bei der Anmietung einer privaten Wohnung, erhalten konnten.[307] Nur wenige Firmen unterhielten familien- oder paargerechte Unterkünfte. Die Suche eines privaten Appartements wurde ebenfalls in

---

[303] Interview mit M. Tenco FZH, WdE 720, Interview vom 17. August 2001, S. 34.

[304] Der Spiegel Nr. 43, Hamburg, 21. Oktober 1964, S. 74.

[305] Dies wurde beispielsweise unter den Italienern in Stuttgart beobachtet. Siehe: Gentileschi u. a., Sardi a Stoccarda (1979), S. 144.

[306] G. Caino und P. Cossu, beide um die dreißig, als sie nach Hamburg kamen, zogen beispielsweise nach drei bzw. vier Jahren aus ihrem Blohm & Voss-Wohnheim aus und bezogen zusammen eine Privatwohnung auf St. Pauli. Beide heirateten später deutsche Frauen und ließen sich in Hamburg nieder. Siehe: Interviews mit G. Caino (11. Juni 1999) und P. Cossu (26. Mai 1999).

[307] Dank der letzten EWG-Freizügigkeitsverordnung von 1968 hatten zwar die Ehegatten und die Kinder (bis 21 Jahre) der EWG-Arbeiter *Anspruch* auf Erteilung der Aufenthaltserlaubnis, sie durften aber nur bei Nachweis von ausreichendem Wohnraum nachgeholt werden. Siehe: Angelika Schildmeier, Integration und Wohnen. Analyse der Wohnsituation und Empfehlungen zu einer integrationsgerechten Wohnungspolitik für ausländische Arbeitnehmer und ihre Familien, Hamburg 1975, S. 18.

Erwägung gezogen, wenn beispielsweise die Ehegatten zwar beide in Hamburg, aber bei verschiedenen Firmen arbeiteten und wohnten.[308] Schließlich verließen viele andere Migranten die Sammelunterkünfte, weil sie gekündigt hatten oder gekündigt wurden, da das Wohnrecht immer mit dem Ende der Beschäftigung entfiel.

Viele Migranten zog es also aus den verschiedensten Gründen früher oder später auf den Wohnungsmarkt, um eine private Unterkunft zu suchen - eine Suche, die allerdings, wie im Folgenden zu sehen sein wird, vielen Italienern als Ausländern nicht wenige Probleme bereitete.

4.4.1.2.   Privatunterkünfte

Die Suche der Migranten nach einer privaten Wohnung gestaltete sich nicht einfach. Als erstes stießen sie, insbesondere diejenigen, die die Familie zusammenführen wollten und über „ausreichenden" Wohnraum verfügen mussten, auf „technische" Probleme, wie den akuten Mangel an Wohnraum in der Stadt. Im Mai 1963 wurde im Rahmen der ersten organisationen- und institutionenübergreifenden Besprechung über die „Betreuung ausländischer Arbeiter" in Hamburg, die bei der Arbeits- und Sozialbehörde stattfand, von vielen Seiten besorgt zum Ausdruck gebracht, dass „Wohnungen für die Familien ausländischer Arbeiter" fehlten. Bei dieser und bei anderen Fragen – so das Fazit der Diskussion – handle es sich jedoch um „Probleme, die besonders schwer zu lösen" seien, „weil sie auch für die einheimische Bevölkerung noch nicht befriedigend gelöst werden konnten".[309] Im März 1964 hatte sich das Wohnungsamt gegen „besondere Maßnahmen für die Wohnraumbeschaffung ausländischer Arbeitskräfte" ausgesprochen. Diese seien in der Öffentlichkeit, besonders bei 15.000 deutschen Familien, die „höchste Dringlichkeit" im Wohnungsanspruch besaßen, „nicht vertretbar". Es wurde jedoch darauf hingewiesen, dass „ausländische Arbeitskräfte den inländischen Wohnungssuchenden gleichgestellt" seien und sich bei den örtlichen Wohnungsämtern als Wohnungssuchende vormerken lassen konnten.[310] Die Arbeits-

---

[308] Dies war der Fall der Familie Lago. Er arbeitete und wohnte bei Blohm & Voss auf Steinwerder und sie bei der Hamburger Wollkämmerei in Hamburg-Wilhelmsburg. Ein Schicksal, das sie mit vielen anderen Familien teilten, die wie sie der 1960 nach Hamburg gekommenen Gruppe aus Andria angehörten. Die Männer mussten nachts heimlich ihre Frauen besuchen, die fast alle bei der Wollkämmerei beschäftigt und einquartiert waren. Siehe: Interview mit Frau und Herrn Lago vom 18. Mai 1999.

[309] Arbeits- und Sozialbehörde/Hamburg, Niederschrift über eine Behördenbesprechung am 14. Mai 1963, StAHH, Bestand 356-7, Akte Abl. 6.6.1990, 5770 A, Unterakte Betreuungsmittel.

[310] Baubehörde/Hamburg an Behörde für Inneres/Hamburg, Schreiben betr.: Betreuung und Eingliederung ausländischer Arbeitskräfte (Stellungnahme zu einer Anfrage des Deutschen Städtetages vom 13. Januar 1964), Hamburg, 3. März 1964, AFZH, Bestand 556-8.

und Sozialbehörde sowie die Jugendbehörde forderten dagegen Sondermaßnahmen in der Wohnraumbeschaffung für Ausländer in der Hoffnung, dass die Familienzusammenführungen die „Gefährdung deutscher Mädchen" [!] seitens alleinlebender Migranten verringern würden.[311] Am Ende setzte sich aber anscheinend die Meinung des Wohnungsamtes durch. Sozialsenator Weiß teilte 1965 anlässlich einer neuen Informationsrunde über den Stand der Gastarbeiterlage in der Arbeits- und Sozialbehörde mit, dass eine Lösung des Problems der Versorgung der ausländischen Arbeitnehmer mit Wohnungen schwierig sei, weil rund 65.000 Wohnungen in ganz Hamburg fehlten und die „allgemeine Wohnungsnot [...] noch immer nicht beseitigt" sei. Er fügte jedoch hinzu, dass „eine Familientrennung auf Jahre hinaus menschlich nicht vertretbar" sei und versucht werden müsse „diese Frage im Rahmen des Möglichen schrittweise zu lösen". Hierbei handle es sich um die Finanzierung des Baus von Wohnungen für Ausländer durch die Bundesanstalt für Arbeit. Es müssten sich allerdings erst „natürlich Bauträger finden, die bereit seien, Wohnungen für ausländische Arbeitnehmer zu bauen".[312] In den folgenden Jahren fanden sich aber kaum solche privaten Träger, auch weil die staatliche Finanzierung schon bald weit hinter den Marktkosten zurückblieb. Der normale soziale Wohnungsbau der Stadt kam außerdem nur sehr langsam voran, weil es an finanziellen Mitteln mangelte.[313]

Vermutlich spielte in den sechziger Jahren bei der staatlichen Zurückhaltung in der Förderung von privaten Bauträgern und im sozialen Wohnungsbau der Gedanke eine nicht unbedeutende Rolle, eine endgültige Niederlassung der „Gastarbeiter" zu verhindern oder zu erschweren. Zwar wurden in Hamburg anscheinend nur „verhältnismäßig geringe Anforderungen an Qualität und Größe des [für eine Familienzusammenführung gesetzlich – E.M.] benötigten Wohnraumes" gestellt.[314] Dies konnte jedoch den Ausländern nicht zugute kommen, wenn kein Wohnraum vorhanden war. 1963 meldete die Italienische Katholische Mission, dass die „Beschaffung der erforderlichen Zimmer und Wohnungen für die italienischen Gastarbeiter" eine „große Schwierigkeit" darstelle. „Oft genug" würden Italiener „seit Jahren im Hamburger Raum [arbeiten] und keine Möglichkeit [haben], ihre Familien nachzuholen".[315] Erst im Laufe der siebziger Jahre wurde der dauerhafte oder langfristige Aufenthalt von zahlreichen ausländischen Familien

---

[311] Arbeits- und Sozialbehörde/Hamburg sowie Jugendbehörde/Hamburg an Landesgeschäftsstelle Hamburg des Deutschen Städtetages (Stellungnahme zu einer Anfrage des Deutschen Städtetages vom 13. Januar 1964), Hamburg, 3. März 1964, AFZH, Bestand 556-8.

[312] Arbeits- und Sozialbehörde/Hamburg, Niederschrift eines Informationsgesprächs über Probleme ausländischer Arbeitnehmer in Hamburg, Hamburg, 10. März 1965, AFZH, Best. 556-8.

[313] Mitteilungen des Senats an die Bürgerschaft Hamburgs, Bericht über die wirtschaftliche und soziale Lage (1970), S. 16.

[314] Ebenda, S. 14.

[315] CHH (Hg.), JaBerCHH 1963 (1964), Italienerbetreuung, S. 2.

akzeptiert, und es erschienen erstmals besondere Wohnungsbauförderungspro-
gramme der Länder für Ausländer.[316]

Die Suche der Migranten nach einer privaten Unterkunft wurde nicht nur von der
tatsächlichen Wohnraumknappheit, sondern auch von der geringen Bereitschaft
der meisten von ihnen, viel Geld für eine Wohnung auszugeben, eingeengt. Alle
Migranten lebten mit dem Willen, bald wieder mit ihren Ersparnissen in die Heimat zurückzukehren, und sparten deshalb viel mehr als Deutsche, deren Lebensmittelpunkt in Hamburg lag. Schließlich wurde die Wohnungssuche vom schlechten Ruf, den die südländischen Migranten oft bei deutschen Vermietern genossen
(laut, schmutzig, unzuverlässig usw.), und von Sprachschwierigkeiten noch zusätzlich deutlich erschwert. „Ausländer nimmt man nicht gern auf. Diese Diskriminierung ist nicht zu leugnen", fasste der Caritasverband in seinem Jahresbericht
für das Jahr 1969 die Situation zusammen.[317]

Als Resultat dieser Faktorenkombination bezogen die Migranten meistens Unterkünfte in schlechtem Zustand, die sich in alten, sanierungsbedürftigen Häusern
befanden und für die keine deutschen Mieter mehr zu finden waren. Dunkle und
feuchte Zimmer, Dachstuben und Kellergeschosse wurden von deutschen Besit-
zern oft zu Wucherpreisen ausländischen Familien oder Ausländergruppen ver-
mietet.[318] Meistens konnten die hohen Mieten nur durch eine starke Überbelegung
der Räume verkraftet werden. Die Lebensverhältnisse in diesen privaten Unterkünften waren zum Teil katastrophal.[319] 1965 vermietete eine ältere Dame an 58
bei der Norddeutschen Affinerie beschäftigte Ausländer, darunter auch Italiener,
die Erdgeschossräume ihres Einfamilienhauses in Wilhelmsburg. Die Räume, für
die die Mieterin horrende Summen kassierte – das größte Zimmer war für 500
Mark monatlich zu haben, wobei 1965 ein Chemiearbeiter etwa 700 Mark im
Monat verdiente[320] –, waren hoffnungslos überfüllt. Alle Bewohner mussten mit
vier Gasherden und einer Badewanne auskommen. Gas und Warmwasser funktio-
nierten nur mit Münzautomaten.[321] 1970 lebte ein Italiener zusammen mit anderen
64 Personen in einem ehemaligen Stall, in dem der Bauer Betten aufgestellt hatte,

---

[316] Schildmeier, Integration und Wohnen (1975), S. 70.

[317] CHH (Hg.), JaBerCHH 1969 (1970), Italienerbetreuung, S. 2.

[318] „Bei erschwinglichen Preisen bleiben ihnen meist nur schlechte, teils unwürdige Wohnungen
und oft mit Wuchermieten übrig". Siehe: Ebenda.

[319] „Mit dem Zuwachs der [italienischen – E.M.] Familien und Kinder wird die Unterbringung
immer problematischer. Die Wohnungen, die sie beziehen, sind oft menschenunwürdig". Siehe: CHH (Hg.), JaBerCHH 1964 (1965), Italienerbetreuung, S. 2.

[320] StatLHH (Hg.), StatJbHH 1966/67 (1967), S. 310.

[321] „Skandal!", in: Hamburger Morgenpost vom 1. November 1965.

die ihm jeweils 118 Mark im Monat einbrachten.[322] Wenn man bedenkt, dass zu dem Zeitpunkt der Interviewpartner G. Argento etwa 20 Mark monatlich „warm" für einen Bettplatz in einem Drei- Personen-Zimmer in einer Firmenbaracke in Altona ausgab[323], wird ersichtlich, wie die Lage in Privathäusern schlimmer als in Betriebsheimen sein konnte. Letztere wurden nämlich, wenn auch nicht regelmäßig, immerhin von den Behörden kontrolliert und mussten gewisse Wohnstandards aufweisen. Private Unterbringungen lagen dagegen außerhalb jeglicher Kontrolle seitens der Behörden, die nur auf Anzeigen reagieren konnten. Zwei italienische Familien, die im Sommer 1970 eine Zweieinhalbzimmer-Wohnung gemietet hatten, mussten im Winter feststellen, dass die Feuchtigkeit in einem solchen Maße die Wände durchdrungen hatte, dass sich die Tapeten zu lösen begannen. Nachdem die Lage bekannt worden war, sah sich das Wohnungsamt gezwungen die Wohnung für unbewohnbar zu erklären.[324]

Wie bereits angedeutet bezogen Ausländer oft schlechte Wohnungen nicht aus finanziellen Gründen, sondern weil sie von deutschen Vermietern abgelehnt wurden. Das Misstrauen, mit dem südländische Migranten bei der Wohnungssuche konfrontiert wurden, spielte allerdings bei denjenigen, die eine deutsche Freundin bzw. Freund hatten, offenbar eine weniger bedeutende, wenn nicht gar unbedeutende Rolle. Die Interviewpartner, die deutsche Frauen geheiratet haben oder mit deutschen Frauen leben, berichten, dass sie auf dem Wohnungsmarkt nicht benachteiligt wurden. Dennoch gestaltete sich bei den meisten Migranten die Suche nach einer privaten Unterkunft aufgrund einer Mischung aus geringer Ausgabebereitschaft, Unsicherheit über die Aufenthaltsdauer, Fremdenangst in der einheimischen Bevölkerung und tatsächlichem Wohnungsmangel eher frustrierend.[325] Erst zwischen den siebziger und den achtziger Jahren verbesserte sich dank einer gesteigerten Akzeptanz der Ausländerpräsenz als Bestandteil der Gesellschaft, eines größeren Wohnraumangebotes und schließlich einer de facto Verlagerung des Lebensmittelpunktes vieler Migranten nach Hamburg – was das Entfallen eines Teiles der Sparmotive bedeutete – die Wohnsituation der Italiener und der anderen Ausländer.

---

[322] „Ausländer fühlen sich ausgenutzt und alleingelassen", in: Hamburger Abendblatt vom 22. April 1970.

[323] Interview mit G. Argento vom 3. Juli 1999.

[324] „Gastarbeiter in Hamburg. Jeder braucht sie - keiner will sie", in: Hamburg Heute, Hamburg, Februar 1971.

[325] Angelika Schildmeier u. a., Ausländische Arbeitnehmer in Hamburg. Wohnsituation und Integration in ausgewählten Wohngebieten, Hamburg 1975, S. 43. Ferner: Ders., Integration und Wohnen (1975), S. 26ff.

316 V. Italiener in Hamburg 1945 – 2000

4.4.1.3. Zur räumlichen Verteilung der Gruppe

Obwohl entsprechende Statistiken nicht vorhanden sind, dürften die Italiener, die vor dem Beginn der Zuwanderung der italienischen „Gastarbeiter" in der ersten Hälfte der fünfziger Jahre in Hamburg lebten, über das ganze Stadtgebiet verstreut gelebt haben. Bereits vor dem Ersten Weltkrieg war dieses Phänomen zu beobachten. Allerdings existierte damals in Altona-Altstadt auch eine relative Konzentration italienischer Ansiedler. Die Zerstörung vieler Hamburger Straßen im Zweiten Weltkrieg durch die Bombenangriffe führte aber zur Auflösung dieser einzigen italienischen „Enklave". Als die Briten in Hamburg einmarschierten, waren die an der Grenze zwischen der Altonaer Altstadt und St. Pauli einander nahe gelegenen Große und Kleine Mühlenstraße und Große und Kleine Schmiedestraße, wo einst mehrere Italienerfamilien gelebt hatten, nicht mehr existent. War bei der Niederlassung der Väter und Großväter, die aus Italien nach Altona gekommen waren, die räumliche Konzentration für die materielle und psychologische Unterstützung in der „Fremde" innerhalb der Gruppe wichtig, hatte sie nach dem Zweiten Weltkrieg für die in die Aufnahmegesellschaft integrierte zweite, dritte und sogar vierte Generation an Bedeutung verloren. Die Mitglieder der großen Spielwarenhändlerfamilie Basso beispielsweise, die seit der Jahrhundertwende in Altona in der Kleinen Mühlenstraße und Kleinen Schmiedestraße lebten, blieben zwar Altona treu, verteilten sich aber nach 1945 über den gesamten Stadtteil.[326] Die einzige relative Konzentration von Italienern in Hamburg nach dem Krieg dürfte es in St. Georg bzw. in der unmittelbaren Umgebung des Hauptbahnhofes gegeben haben, wo zwischen Ende der vierziger und Anfang der sechziger Jahre neapolitanische Stoffhändler ihre Geschäfte abwickelten.

Kam es später mit dem Zuzug der neuen italienischen Migranten zur Bildung einer neuen oder mehrerer neuen räumlich begrenzten Ansiedlungen von Italienern in der Stadt? Welche Charakteristika wies die neue italienische Präsenz im Hinblick auf ihre räumliche Verteilung auf? Die ersten statistischen Erhebungen über die räumliche Verteilung der Ausländer in Hamburg stammen aus dem Jahr 1976, als es bereits eine Verschiebung in den Wohnschwerpunkten der ausländischen Bevölkerung gegeben haben könnte. Sie zeigen aber eindeutig, dass es in der Vergangenheit in Hamburg zur Ansiedlung von Ausländern besonders in Altstadtvierteln wie St. Pauli, Ottensen und Altona-Altstadt und in Industrievierteln wie Wilhelmsburg und Harburg gekommen war. Der bereits dargestellte Usus vieler Hamburger Firmen Unterkünfte für ausländische Mitarbeiter möglichst in

---

[326] Adressenvergleich nach dem Verzeichnis der im Mai 1915 in Altona lebenden Italiener mit den aus den Domlisten für die Jahre 1937 und 1947 stammenden Angaben. Die Domlisten befinden sich in: StAHH, Bestand 376-17, jeweils Akten 289 und 483. Das Verzeichnis in: LASH, Abt. 309, Akte Nr. 8302.

unmittelbarer Nähe der Betriebe zu errichten oder zu mieten, verursachte in der Frühphase der Gastarbeiterzuwanderung die Konzentration von Ausländern meistens in Gewerbegebieten und angrenzenden Arealen. Von den 40 im März 1961 offiziell gemeldeten Ausländerwohnheimen – darunter 26 Wohnheime, in denen nur Italiener untergebracht waren –, die mehr als die Hälfte der damals in Hamburg angemeldeten Ausländer aus der Türkei, Italien, Spanien, Griechenland und Portugal beherbergten, befand sich der größte Teil in den Industrie- und Gewerbegebieten südlich der Norderelbe und der Bille (25).[327] Diese bereits hohe Konzentration von Ausländern in Industriegebieten wurde dadurch verstärkt, dass letztere aufgrund der schlechten Wohnqualität (Lärm, Schmutz, mangelnde Grünflächen) von vielen deutschen Familien allmählich verlassen wurden und dort somit das Angebot an freiem privaten Wohnraum stieg, so dass immer mehr Ausländer nachrückten. Ein ähnlicher Substitutionsprozess vollzog sich auch in manchen von einer alten Bausubstanz gekennzeichneten Innenstadtvierteln, wie beispielsweise Ottensen, wo nach einer Untersuchung 1973 rund 40 Prozent der Wohnblocks „schwere und schwerste" bauliche Mängel aufwiesen.[328] Viele deutsche Familien, die sich in den Jahren des Wirtschaftsbooms und des steigenden Wohlstandes nach moderneren Wohnbedingungen sehnten, verließen die innerstädtischen Gebiete, in denen sanierungsbedürftige Gebäudeblocks die Stadtlandschaft prägten, und zogen in grünere und gepflegtere Stadtviertel am Rande der Innenstadt. Auch in den Altbauvierteln der Altstadt, wie schon in den Industriegebieten, ließen sich somit immer mehr Ausländer nieder, die besonders in der ersten Phase ihres Deutschlandaufenthaltes, als der Traum einer baldigen Rückkehr mit dem Ersparten in die Heimat noch alles überschattete, gerne zentrale und billige Unterkünfte bezogen und aufgrund von Diskriminierungen ohnehin große Schwierigkeiten hatten in den Genuss besserer Wohnungen zu kommen.

Die räumliche Verteilung der Italiener entsprach im Großen und Ganzen die der anderen Gruppen aus den Hauptanwerbestaaten, zumal sich 1976 die größte Italienerkonzentration (15,2 Prozent der in Hamburg lebenden Italiener) in Wilhelmsburg befand, gefolgt von Eimsbüttel (5,7 Prozent), St. Pauli (5,4 Prozent) und Ottensen (3,3 Prozent).[329] Im Vergleich allerdings zu den anderen größeren Gastarbeitergruppen verteilten sich damals die Italiener gleichmäßiger auf das ganze hamburgische Stadtgebiet. Während sich in allen städtischen Bezirken[330]

---

[327] Liste der Unterkünfte für ausländische Arbeitnehmer, Hamburg, 20. März 1961, StAHH, Bestand 356-7, Akte Abl. 6.6.1990, 5700 A – 5750 A.

[328] Schildmeier u. a., Ausländische Arbeitnehmer in Hamburg (1975), S. 32f.

[329] StatLHH (Hg.), StatBerHH, Reihe A I 4 (1977). Eigene Berechnungen.

[330] Der Stadtstaat Hamburg ist seit 1951 in sieben Verwaltungsbezirke eingeteilt, die ihrerseits aus Stadt- und Ortsteilen bestehen. Die sieben Bezirke sind: Hamburg-Mitte, -Altona, -Eimsbüttel, -Nord, -Wandsbek, -Bergedorf und -Harburg.

Abb. V.7: Die Hamburger Bezirke und Stadtteile

Quelle: StatLHH (Hg.), StatJbHH 1962 (1962), S. 4.

bis auf den Bezirk Hamburg-Bergedorf, in dem aber alle Gruppen stark unterrepräsentiert waren, zwischen 11,7 Prozent (Hamburg-Wandsbek) und 21,3 Prozent
(Hamburg-Harburg) aller Italiener befanden, waren beispielsweise die Portugiesen
und die Türken sehr stark in den Bezirken Hamburg-Mitte (31,4 und 26,3 Prozent)
und Hamburg-Harburg (24,1 und 21,3 Prozent) vertreten, entschieden weniger
dagegen im Bezirk Hamburg-Wandsbek (6,1 und 5,8 Prozent).[331] 1986 stellte eine
Studie, die Daten aus 179 Hamburger Ortsteilen ausgewertet hat, fest, dass im
Vergleich zu Ausländern aus anderen Hauptanwerbestaaten unter den Italienern
„der mit Abstand geringste Grad residentieller Segregation zu finden" sei.[332] Die
Tatsache, dass über das gesamte Stadtgebiet bereits einige alteingesessene Italiener verteilt waren, dürfte das Gesamtbild nicht beeinflusst haben, da es sich letztendlich um eine kleine Gruppe handelte (etwa acht Prozent der italienischen
Wohnbevölkerung 1976). 1998 scheint sich der Segregationsgrad der Italiener
noch erheblich reduziert zu haben, da sich die italienische Gruppe inzwischen
noch gleichmäßiger in Hamburg verteilt hatte. Nun variierten die Anteile der in
den Bezirken lebenden Italiener an der gesamten italienischen Wohnbevölkerung
lediglich zwischen 13,6 Prozent (Hamburg-Harburg) und 17,9 Prozent (Hamburg-
Mitte). Bei den anderen Gruppen aus den Anwerbestaaten waren dagegen weiterhin besondere Niederlassungsschwerpunkte zu verzeichnen. Mehr als die Hälfte
aller Türken und Portugiesen lebten beispielsweise immer noch in den Bezirken
Hamburg-Mitte (31 und 32,1 Prozent) und Hamburg-Harburg (22,4 und 21 Prozent).[333]

4.4.2.   Freizeit und Treffpunkte

Die italienischen Arbeitsmigranten, die in den sechziger Jahren in Hamburg arbeiteten, versuchten, um dem für sie in vielerlei Hinsicht fremden und schwierigen
hamburgischen Ambiente zu entfliehen, an gewissen Orten in der Stadt eine
Atmosphäre herzustellen, die das Gefühl vermittelte sich für ein paar Stunden in
der Heimat zu befinden. Solche Orte, an denen sich die Zuwanderer zeigten, spielten und unterhielten, sollten die lauten Bars, die bunten Plätze und die chaotischen
historischen Zentren der italienischen Heimatstädte ersetzten, die so fern von den
schönen und sauberen, aber vergleichsweise kühlen und stillen hamburgischen
Einkaufsmeilen und Parks waren.

Einer dieser Treffpunkte war der Hamburger Hauptbahnhof. Dort, in der großen
Halle mit ihren Kiosken mit ausländischen Zeitungen und Zigaretten und ihrem
interessanten Kommen und Gehen von vielen Menschen, darunter auch manchen,

---

[331] Siehe Anm. 329. Eigene Berechnungen.
[332] Bonacker/Häufele, Großstädtische Wohn- und Lebensverhältnisse (1986), S. 60.
[333] Kauth-Kokshoorn, Älter werden in der Fremde (1998), S. 33ff.

die neu aus der Heimat eintrafen und vielleicht aus derselben Region oder gar Ortschaft stammten, kamen viele Ausländergruppen verschiedener Herkunft zusammen. Es formierten sich hier und da Ansammlungen von Landsleuten, man zeigte sich, man plauderte, man kaufte italienische Tageszeitungen – die es Anfang der sechziger Jahre allerdings nur einmal in der Woche gab – und man beobachtete mit Heimweh die Züge, als seien sie quasi lauter Nabelschnüre zwischen Hamburg und der fernen Heimat.

Als weitere Treffpunkte behaupteten sich schon bald in den sechziger Jahren eine Anzahl an italienischen Bars und Gaststätten, die meist zwischen Altona, St. Pauli und Eimsbüttel entstanden, kleine Kneipen oder Restaurants, in denen in einem heimatlichen Ambiente mit Ausschank *a l'italienne* und meist unter Landsleuten Karten, Tischfußball und Billard gespielt, einfache italienische Gerichte gespeist und *Espresso* und *Grappa* getrunken wurde.

Zu diesen Lokalen gehörte unter anderen die älteste der italienischen Lokalitäten in Hamburg, das 1905 in der Davidstraße auf St. Pauli gegründete „Cuneo". In dieser kleinen Gaststätte, deren Betreiber sämtlich in Hamburg geborene Italiener waren, fanden die neuen italienischen Migranten nicht nur italienische Musik und Espressomaschinen, sondern auch großes Entgegenkommen und Hilfsbereitschaft. Es wurde verpflegt, gedolmetscht und beraten.[334] Manche Metallarbeiter wie der Interviewpartner P. Cossu, die sich im Gaststättengewerbe selbstständig machen wollten, arbeiteten dort als Kellner, um die nötige Erfahrung zu sammeln.[335] Die wohl am interessantesten gelegene italienische Bar befand sich in der alten Schiller-Oper in Altona. Neben einigen größeren Räumen, die in den fünfziger Jahren von einem Unternehmen als Gastarbeiterunterkunft hergerichtet und von der Werft Blohm & Voss gemietet wurden, existierte, vorne im Foyer, eine italienische Kneipe.[336] Dort gelang es den Besuchern einige Stunden lang dem regnerischen norddeutschen Alltag und den Schwierigkeiten im Umgang mit den Einheimischen zu entfliehen.

Das Lokal, in dem sich auch die Hamburgerin Anneli [die Freundin eines jungen Italieners – E.M.] wohl fühlt, ist zu einem Treffpunkt der Italiener geworden. Manchmal sind auch ein paar Marokkaner da. Man spielt Karten, Flipper, Poker, und meistens wird gelacht. „Hier keine Diskussion, hier nix Ärger – hier nur glücklich" strahlt Stammgast Gianno.[337]

---

[334] Interview mit Franco Cuneo vom 15. Juni 1999.

[335] Interview mit P. Cossu vom 26. Mai 1999.

[336] Horst Königstein, Die Schiller-Oper in Altona. Eine Archäologie der Unterhaltung, Frankfurt am Main 1983, S. 171.

[337] „Gastarbeiter in Hamburg. Jeder braucht sie – keiner will sie": in Hamburg Heute vom Februar 1971.

Abb. V.8: Innenansicht eines italienischen Lokals auf St. Pauli
in den siebziger Jahren

Quelle: Italienisches Kulturinstitut Hamburg.

Ein weiterer Ort, vielleicht *der* Ort schlechthin, an dem sich in den sechziger Jahren die Italiener trafen und wo es in einer heimischen Atmosphäre ähnlich gelassen herging, war die italienische katholische Mission. Wie bereits eingehend
besprochen, hatte die Kirche, um die italienischen „Gastarbeiter" in religiöser
Hinsicht erfolgreich ansprechen zu können, die italienische Mission in Hamburg
zum Betreuungs-, Kultur- und Freizeitzentrum ausgebaut. 1964 fanden die Italiener dort „an Unterhaltungsmöglichkeiten [...] verschiedene Spiele, sonnabends
und sonntags italienische Filme, italienische Schallplatten, Fernsehen, Bibliothek".[338] Es wurden dort auch „Deutsch-Kurse, italienische Nachhilfeschule für
italienische Kinder, soziale und religiöse Konferenzen" organisiert, und es gab
„katholische Zeitschriften, Bar und Küche".[339] Später wurden auch ein Orchester
und ein Chor zusammengestellt. Eine Kantine versorgte die Italiener mit italienischen Gerichten und es wurden Stadtbesichtigungen und Ausflüge organisiert,

---

[338] Don Giuseppe Clara/Hamburg an Bischof von Osnabrück, Hamburg, 30. Januar 1964, BAO,
Bestand 06-11-20, Akte 2/Italienerseelsorge/Personalia 1962 – 1968.
[339] Ebenda.

beispielsweise nach Berlin und Kopenhagen. Der Aufwand zahlte sich aus. Wenn
sich auch die Italiener gelegentlich an verschiedenen anderen Orten trafen, war in
den sechziger Jahren aufgrund des Angebots zweifellos die Mission der eigentliche Mittelpunkt der italienischen Gemeinde. 1968 berichtete der italienische Missionar, dass die Mission „immer noch das einzige ‚Centro' für die Italiener in
Hamburg" sei. Dort würden sie sich „gemütlich treffen und aufhalten [...] ihre
Probleme besprechen und so manch heitere Stunden beisammen verbringen". Am
Wochenende herrsche im Hause „Hochbetrieb".[340]

In den siebziger und achtziger Jahren verloren viele italienische Kneipen und
Gaststätten als Treffpunkte der Italiener an Bedeutung. Aufgrund des steigenden
Interesses der Einheimischen für die italienische Küche wurden die italienischen
Lokale immer mehr von einer deutschen Kundschaft besucht und mancher italie-
nische Wirt siedelte sich auf einem gehobeneren Preisfeld an. Als Treffpunkte für
die in der Stadt lebenden Italiener diente weiterhin die Mission und zunehmend
italienische Vereine, die im Laufe der siebziger Jahre gegründet worden waren.
Diese Vereine sind heute noch, vor allem von der älteren Generation, gut besucht.

4.4.3.   Vereine

Wie bereits dargestellt, begann in den siebziger Jahren aus verschiedenen Gründen die Bedeutung der Mission für die in Hamburg lebenden Italiener allmählich
zu schrumpfen. Die „Rotation" der italienischen Migranten ging zurück und
es bildete sich in der Stadt ein Einwandererkern aus Familien, die beschlossen
hatten längerfristig in Deutschland zu bleiben und deshalb ihren Lebensmittelpunkt nach Hamburg verlagerten. Dies bedeutete aber auch die Entstehung
von neuen Bedürfnissen innerhalb der italienischen Gemeinde. Ihre Mitglieder
begnügten sich nicht mehr oder nicht nur mit der allgemeinen Unterhaltung, die
von einer Struktur angeboten wurde, die von ihnen nicht gegründet worden war
und wo sie deshalb auch kein offizielles Mitspracherecht hatten. Neue Orientie-
rungs- und Existenzsicherungsbedürfnisse bahnten sich zudem vor dem Hintergrund der vielen Verunsicherungen an, die mit der Niederlassung in der „Fremde"
verbunden waren. Dies führte in den siebziger Jahren erstmals nach dem Zweiten
Weltkrieg zu Vereinsgründungen „von unten", die also von den Zuwanderern selber ihren Bedürfnissen gemäß geplant und durchgeführt wurden. Die Satzung des
1973 gegründeten Vereins „Italienisches Zentrum in Hamburg e.V." gibt Aufschluss über manche der neuen Bedürfnisse und Ziele der Zuwanderer. Zweck des
Vereins war die Schaffung eines Ortes, „in welchem die vielseitigen Probleme
und Anregungen der Italienischen Kolonie bei ihrem Zusammenleben mit der

---

[340] CHH (Hg.), JaBerMCI 1968, BAO, Bestand 06-11-20, Akte 5/ Italienerseelsorge/ Regionen/
Einzelne Orte/ Raum Osnabrück 1964 – 1976.

deutschen Umgebung aufgegriffen und entwickelt werden können." Darüber hinaus beabsichtigte der Verein „die Begegnung zwischen der italienischen Kolonie und der gastgebenden Gesellschaft auszubauen". Um dies zu erreichen, plante er u. a. „die Aufmerksamkeit der Mitglieder auf die sozialen Fragen der deutschen und der italienischen Gesellschaft zu lenken, um bei ihnen gegenseitig die Fähigkeit zur Anpassung und zur verantwortlichen Mitarbeit mit den entsprechenden deutschen und italienischen Stellen zu wecken". Wichtig sei es ferner „Bildungskräfte moralischer und geistlicher Art zu wecken, um die Kenntnis des eigenen Ich und der eigenen Verantwortung zu vertiefen"[341], also die kulturellen Wurzeln zu pflegen, um die eigene Identität in der Begegnung mit dem Neuen zu sichern. Ähnliche Ziele verfolgten auch die anderen italienischen Vereine, die in den siebziger Jahren in Hamburg gegründet wurden, obwohl sie mal ihren Schwerpunkt auf eine allgemeine Freizeitgestaltung wie etwa der *Club Castello*[342] in Wilhelmsburg (1974) und mal auf die Pflege kultureller Wurzeln durch folkloristische Abende und dergleichen wie der *Club Sardo „Su Nuraghe"*[343] in Altona (1974) hatten.[344] Wie einige Sarden hatten sich auch Veneter (*Famiglia Emigranti Bellunesi*[345]) und Sizilianer (*La Famiglia Siciliana*[346]) in Vereinigungen zusammengeschlossen, um zusammenzuhalten, ihre Kultur zu pflegen und eine Interessenvertretung im Immigrationskontext zu bilden. Letztere beiden Gruppen trafen sich in einer *Casa d'Italia* („Haus Italien"), die 1972 mit der Unterstützung des DGB-Hamburg in der Repsoldstraße gegründet worden war. Dort waren auch ein *Centro Ricreativo Italiano „Italia '72"*[347] und ein *Circolo Italia* angesiedelt.[348] Die Zahl der Mitglieder und der gelegentlichen Besucher dieser Vereine scheint nicht unbedeutend gewesen zu sein. Allein das „Italienische Zentrum in Hamburg e.V." zählte 1976 etwa 470 eingetragene Mitglieder.[349] Allerdings hatte dieser Verein seinen Sitz in der italienischen Mission, die durch diese Beteiligung ihren Zentralitätsverlust einzudämmen versuchte, so dass er wohl von ihrer damals noch großen Bedeutung unter den Italienern profitierte. Bemerkenswert ist, dass, wie die Entstehung mehrerer regionaler Vereine zeigt, nach dem Untergang des

---

[341] Satzung des „Italienischen Zentrums in Hamburg e.V.", Hamburg, März 1973, BAO, Bestand 06-11-20, Akte 6/ Italienerseelsorge/ Treffs/ Italienisches Zentrum Hamburg 1972 – 1973.

[342] Deutsch: „Schloss Club".

[343] Deutsch: „Sardischer Club 'Su Nuraghe'".

[344] Interview mit G. Caino vom 11. Juni 1999.

[345] Deutsch: "Belluneser Emigranten-Familie".

[346] Deutsch: "Die Sizilianische Familie".

[347] Deutsch: "Italienisches Freizeitzentrum Italien '72".

[348] Liste der italienischen Institutionen in Hamburg, Stand: Februar 1981, StAHH, Bestand 131-1 II Band 1, Akte 5237.

[349] Der Bischofsvikar für Hamburg an Bischof von Osnabrück, Hamburg, 25. Oktober 1976, BAO, Bestand 06-11-20, Akte 9/ Italienerseelsorge/ Diversa/ "Rote Pfarrer" 1975 – 1977.

Faschismus und seiner Versuche eine starke nationale Identität aufzubauen, der *campanilismo*, der Lokalpatriotismus, erneut stark das Leben der Migranten bestimmte.

Während diese Vereine in der Situation der Auswanderergruppen in Deutschland ihren spezifischen Ursprung hatten und in erster Linie auf den Immigrationskontext bezogen waren, wurden auch Vereinigungen gegründet, die auf Einflüsse aus dem Heimatland zurückzuführen und stark herkunftsbezogen waren. Es handelte sich um politische Vereine, die die italienischen Parteien unter den Emigranten vertreten und ihre Stimme für die Wahlen in Italien gewinnen sollten. Um dieses Ziel zu erreichen, warben sie nicht nur für die Vorhaben der Partei im Heimatland, sondern versuchten vor Ort die Migranten zu betreuen, um ihnen zu zeigen, dass sie tatsächlich an ihrem Schicksal interessiert waren. Auf die Ziele und die Bedeutung dieser politischen Vereinigungen für die in Hamburg lebenden Italiener wird noch gesondert eingegangen werden. Hier sei nur gesagt, dass bereits 1975 von einigen linksorientierten Emigranten in Hamburg eine Ortsstelle des *Partito Comunista Italiano*[350] (PCI) gegründet worden war. Kurze Zeit danach wurde von den italienischen Kommunisten auch eine Niederlassung der *Federazione Italiana Lavoratori Emigrati e Famiglie*[351], ein Ablager des italienischen PCI, in der Stadt gegründet (Zirkel „Carlo Levi"). Etwa gleichzeitig wurden auch die italienischen Neufaschisten unter den Migranten in Hamburg tätig. 1973 entstand in der Stadt ein *Comitato Tricolore Italiani nel Mondo*.[352]

In den achtziger und neunziger Jahren verloren einige der italienischen Vereine, besonders die politischen Vereine, in Hamburg ihre Bedeutung oder wurden geschlossen und einige neue kamen hinzu wie die *Associazione Basilicata e.V.*[353] und der „Contrasto – Deutsch-Italienischer Kultur- und Bildungsverein e.V." Während sich die in den achtziger Jahren gegründete *Associazione Basilicata* vom Angebot her von einem herkömmlichen Regionalverein kaum unterschied, begann mit dem Anfang der neunziger Jahre gegründeten *Contrasto* eine neue Entwicklung im italienischen Vereinswesen. Während die *Associazione Basilicata* und die anderen „alten" Vereine noch ethnische Zentren waren und sind, wo sich vor allem ältere ehemalige „Gastarbeiter" zum Plaudern und Spielen treffen und wo gelegentlich kulturelle Veranstaltungen mit heimatlichem Charakter organisiert werden, scheint der *Contrasto* mit seinem Angebot mehr auf die Bedürfnisse eines

---

[350] Deutsch: "Kommunistische Partei Italiens".

[351] Deutsch: "Italienischer Bund der emigrierten Arbeiter und ihrer Familien".

[352] Flugblatt des CTIM-Hamburg, Hamburg, 15. Januar 1973, StAHH, Bestand 136-3, Akte 376. „Comitato Tricolore Italiani nel Mondo" – deutsch: „Trikolore-Komitee Italiener in der Welt".

[353] Deutsch: "Verein Basilikata".

deutsch-italienischen Publikums einzugehen, das nicht dem Umfeld der Gastarbeitermigration zuzurechnen ist. Es handelt sich oft um italienische Studenten oder Freiberufler, die in den achtziger und neunziger Jahren in Hamburg „hängen geblieben" sind, deren deutsche Freunde oder Lebenspartner und andere meist deutsche Interessenten. Die Mitglieder und die Besucher des *Contrasto* treffen sich in einem „Kulturladen" in St. Georg, wo auch Menschen anderer fremder Herkunft sowie Deutsche verkehren. In diesem „multi-kulti" Ambiente werden neue italienische Filme gezeigt und diskutiert, Veranstaltungen und Ausstellungen organisiert und alle vier Monate eine deutsch-italienische Zeitung namens *Contrasto* herausgebracht, in der aktuelle politische und kulturelle Themen kommentiert werden.

Aufgrund der Tatsache, dass seit langem in Hamburg keine Zuwanderung wie in den sechziger Jahren stattfand, könnte die Zukunft solchen Vereinigungsmodellen gehören, Vereinen also, die immer weniger ethnische Zufluchtstätte vor der „fremden" Umgebung sind und immer mehr zu „offenen" Orten der kulturellen Begegnung werden.

4.4.4.   Italienische Migranten und Politik

Bei einer Analyse des Verhaltens der Italiener in Deutschland ist eine Unterscheidung zwischen Partizipationsmöglichkeiten am deutschen und am italienischen politischen Geschehen notwendig. Im ersten Fall sind die Rechte der Italiener in diesem Bereich zu erforschen und anschließend festzustellen in welchem Maße sich die Italiener politisch engagierten. Im zweiten Fall ist der Grad des Interesses der italienischen Migranten für das politische Geschehen in Italien Untersuchungsgegenstand.

Die „Ausländerpolizeiverordnung" von 1938 stellte bis zum April 1965, als neue Gesetze (das „Ausländergesetz") für die Behandlung der Ausländer in Deutschland verabschiedet wurden, den rechtlichen Rahmen dar, in dem sich die Ausländer nach dem Zweiten Weltkrieg bewegten. Weder die alte Verordnung noch das neue Regelungsinstrumentarium von 1965 räumten den Ausländern eine Beteiligung an der politischen Willensbildung in der BRD durch Wahlen ein. Die Staatsgewalt ging laut Verfassung vom Volk aus, womit das Staatsvolk gemeint war, d.h. die deutschen Staatsangehörigen.[354] Die Ausländer durften zwar deutschen Parteien beitreten und so versuchen die Parteipolitik zu ihren Gunsten zu beeinflussen, durften aber nicht für öffentliche Posten kandidieren. In Hamburg war zwar der DGB-Vertrauensmann für die Italiener, L. Barba, der SPD beigetre-

---

[354] Helmut Quaritsch, Die Rechtsstellung des Gastarbeiters in der Bundesrepublik Deutschland, in: Reimann (Hg.), Gastarbeiter (1987), S. 95-115, hier: S 111.

ten, aber es handelte sich eher um einen Sonderfall. Er interessierte sich besonders für Politik und beschloss, wenn auch ohne Karriereaussichten, sich auch in Deutschland im Parteileben zu engagieren.[355] Die deutschen Parteien versuchten kaum die Ausländer zu einem Beitritt zu bewegen, da diese ohne Wahlrecht politisch letztendlich nichts zählten.[356]

Abb. V.9: 1974 in Hamburg ausgestellter Parteiausweis des PCI

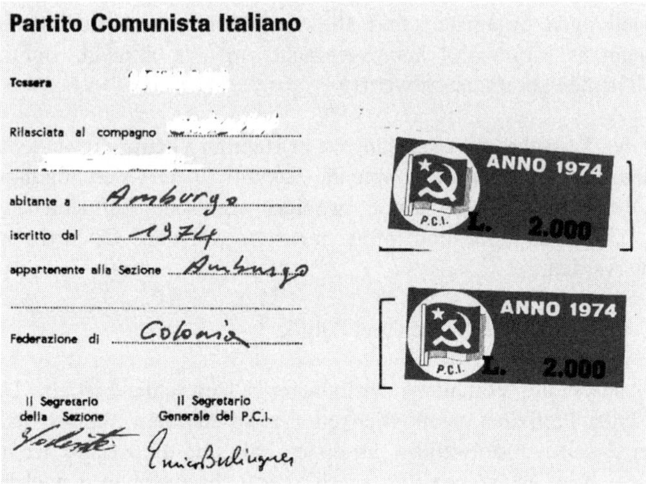
Partito Comunista Italiano

Tessera

Rilasciata al compagno

abitante a Amburgo

iscritto dal 1974

appartenente alla Sezione Amburgo

Federazione di Colonia

Il Segretario della Sezione

Il Segretario Generale del P.C.I.

Enrico Berlinguer

P.C.I. ANNO 1974 L. 2.000

P.C.I. ANNO 1974 L. 2.000

Quelle: Eigene Sammlung.

So blieb den Ausländern nichts anderes als sich für das politische Geschehen im Heimatland zu interessieren. Dies war in der Frühphase der Gastarbeiterzuwanderung für die meisten von ihnen freilich auch eine Selbstverständlichkeit, da sie ohnehin beabsichtigten bald wieder nach Italien zurückzukehren. Die italienischen Parteien interessierten sich hingegen zunächst nicht für dieses Wahlpotential. Sie hielten es durch die Auswanderung für definitiv verloren – in den diplomatischen Vertretungen durfte nicht gewählt werden – bzw. fest an die früheren Parteipräferenzen gebunden, wenn nicht gar „gefährlich“ für die Stabilität des italienischen politischen Systems.[357] Die Kommunistische Partei Italiens war die erste Partei, die ernsthafte Versuche startete um die in Deutschland arbeitenden Italiener für ihre Sache zu mobilisieren. Zwischen 1963 und 1964 hielten bekannte Parteifunktionäre Vorträge in verschiedenen deutschen Städten, und es wurde Propaganda-

355 Interview mit L. Barba vom 5. Mai 1999.
356 Zancan, L'altro volto della Germania (1979), S. 53.
357 Ebenda.

material verteilt, darunter Schallplatten mit einem Wahlaufruf des Sekretärs des PCI, Palmiro Togliatti, in Sammelunterkünften.[358] Diese Entwicklung wurde mit großer Sorge von deutschen Behörden, Arbeitnehmerverbänden und Politikern beobachtet, da sie einen Import von antidemokratischen kommunistischen Einflüssen in die BRD durch die italienischen „Gastarbeiter" fürchteten.[359] Auch die katholische Kirche, die durch die Missionen und die Caritas-Stellen die italienischen Migranten betreute und stark antikommunistisch eingestellt war, blickte besorgt auf die linksradikale Propagandatätigkeit unter den Italienern.[360] Im politisch bewegten Jahr 1968 registrierte der italienische Missionar in Hamburg, dass „besonders in den Gemeinschaftsunterkünften [...] auch eine kommunistische Aktion wühlt, die Misstrauen und heftige Kritik gegen Kirche und Staat hervorruft".[361] Die Aktion des PCI in Deutschland blieb jedoch sporadisch und wurde von außen geplant und durchgeführt. Erst Anfang der siebziger Jahre begannen alle italienischen Parteien aufgrund der bevorstehenden Europawahlen, für die auch die Migranten in den diplomatischen Vertretungen ihre Stimme abgeben durften, und aufgrund der Forderungen einiger politisch engagierter Migranten ihre Aktivitäten unter den im Ausland residierenden Italienern zu verstärken.[362]

Im Jahre 1974 beschlossen einige politisch aktive Auswanderer in Hamburg eine Parteistelle („Palmiro Togliatti") des PCI zu gründen. Vom Senat wurde dieser Schritt toleriert. Alle ausländischen Staatsangehörigen genossen nach dem „Ausländergesetz" dieselben Grundrechte wie die Deutschen in Sachen Koalitions-, Meinungs-, Informations-, Presse-, Vereins-, Versammlungs- und Demonstrationsfreiheit. Ihre politische Aktivität konnte zwar in bestimmten Fällen einge-

---

[358] „Kommunistische Arbeit unter den Gastarbeitern", in: Anlage zu Pressespiegel Nr. 161 vom 23. August 1965, AFZH, Bestand 556-8.

[359] Wie Arbeitsministerium und DGB auf diese „Gefahr" reagierten, wurde bereits dargestellt. Zum Thema im Allgemeinen siehe besonders: Rieker, Südländer, Ostagenten oder Westeuropäer? (2000), S. 238f. Die Presse beschäftigte sich oft mit diesem Thema. Siehe u. a.: „Gefährliche Signorinas", in: Industriekurier vom 29. Juli 1965; „Pankow umwirbt Gastarbeiter", in: Der Flüchtling vom Juni/Juli 1965; „SED ,betreut' Gastarbeiter", in: Hamburger Echo vom 13. Mai 1963; „Gefährliche ,Urlaubsbetreuung'", in: Industriekurier vom 28. Mai 1966.

[360] Nicht alle italienischen Pfarrer, die in Deutschland tätig waren, teilten jedoch diese Besorgnis. Im April 1972 beschloss beispielsweise der damalige Kaplan der italienischen Mission in Hamburg aus der Kirche auszutreten, weil er der Auffassung war, dass er sich nur als einfacher Arbeiter als wahrer Mensch und Christ verwirklichen könne. Die Kirche würde die Arbeiter nicht aus ihrer menschlichen Not heraushelfen, sondern alles in allem für den Erhalt des status quo arbeiten. Siehe: Kaplan der MCI in Hamburg an italienischen katholischen Missionar in Hamburg, Hamburg, 11. April 1972, BAO, Bestand 06-11-20, Akte 1/ Italienerseelsorge/ Allgemeines 1945 – 1984.

[361] JaBerMCI 1968, BAO, Bestand 06-11-20, Akte 5/Regionen/Einzelne Orte/Raum Osnabrück 1964 – 1976.

[362] Zancan, L'altro volto della Germania (1979), S. 54.

schränkt oder untersagt werden[363], dies traf aber im Falle des PCI-Hamburg nicht zu. Sie war immerhin der Ableger einer im italienischen Parlament vertretenen demokratischen Partei.[364] Auch andere große italienische Parteien wie die Neofaschisten, die Sozialisten und die Christdemokraten ließen sich in den siebziger Jahren in Hamburg nieder. Offenbar gelang es aber nur der PCI in einem nennenswerten Maße die Migranten zu organisieren und zu beeinflussen. Innerhalb weniger Jahre zählte die sehr aktive hanseatische Parteistelle um die 150 Mitglieder.

In erster Linie war der Erfolg des PCI wohl auf die traditionelle Sympathie der italienischen arbeitenden Klasse für diese Partei zurückzuführen. Eine nicht unbedeutende Rolle dürften aber auch die Ressourcen der Partei und die Effizienz ihres Netzwerkes gespielt haben. Der Hamburger PCI organisierte dank der großzügigen Unterstützung der italienischen Parteizentrale zahlreiche Veranstaltungen wie die jährlich wiederkehrenden traditionellen *Festa de l'Unita'* und *Festa della Liberazione*, bei denen politische Debatten stattfanden, gegessen, musiziert und getanzt wurde. Darüber hinaus lud sie verschiedene bedeutende italienische Politiker nach Hamburg ein, etwa den Leiter der Emigrationsabteilung des PCI, G. Pajetta, und den Vizepräsidenten der kommunistischen Senatsfraktion, N. Colajanni.[365] Durch diese engen Verbindungen mit hochrangigen Politikern in Rom gelang es anscheinend dem PCI-Hamburg sogar indirekt die Lage der Italiener in Hamburg zu beeinflussen. Sie konnte beispielsweise in gewissem Maße das italienische Generalkonsulat in Hamburg von Italien aus unter Druck setzen lassen, wenn es nicht den Forderungen der Migranten entgegenkam. Dieses Engagement für Hamburger Probleme brachte ihr offenbar eine gewisse Zustimmung seitens der vielen, mittlerweile in der Stadt fest ansässigen Italiener ein.[366]

Ob den Anstrengungen der italienischen Parteien auch tatsächlich eine konkrete Teilnahme der in Hamburg lebenden Italiener an den italienischen Wahlen folgte,

---

[363] Ausländervereine (Vereine, bei denen mehr als die Hälfte oder alle Mitglieder Ausländer waren) und ausländische Vereine (Vereine, deren Sitz im Ausland war, die aber auch in der BRD tätig waren) waren in drei Fällen grundsätzlich verboten: Wenn ihre Tätigkeiten mit dem Völkerrecht nicht vereinbar waren, wenn sie die freiheitliche demokratische Ordnung der BRD gefährdeten und schließlich, wenn sie vom Bundesgebiet aus in anderen Ländern eine Rechts- und Verfassungsordnung fördern sollten, die derjenigen der BRD in grundlegenden Punkten widersprach. Siehe: Quaritsch, Die Rechtsstellung des Gastarbeiters (1987), S. 109-112.

[364] Allerdings wurde die Tätigkeit der Parteistelle in ihren ersten Jahren aufmerksam von der Polizei überwacht. Siehe: Interview mit Gualberto Galetti. FZH, WdE 667, Interview vom 11. Oktober 2000, S. 8.

[365] Vgl. Materialien (Flugblätter etc.) des PCI-Hamburg. Eigene Sammlung.

[366] Interview mit Gualberto Galetti. FZH, WdE 667, Interview vom 11. Oktober 2000, S. 6.

konnte mangels Quellen nicht ermittelt werden. Im Allgemeinen war jedoch die Partizipation der in europäischen Ländern lebenden Italiener an den Wahlen sehr gering. 1972 hatten beispielsweise weniger als 20 Prozent von ihnen ihre Stimme abgegeben,[367] denn es standen viele materielle Schwierigkeiten dieser Partizipation im Wege. Da eine Stimmabgabe in den diplomatischen Vertretungen nicht gestattet war, mussten die Italiener eigens für die Wahl nach Italien zurückreisen, was erhebliche Schwierigkeiten verursachte, da die meisten „Gastarbeiter" aus süditalienischen Provinzen stammten, die Zugreise Tage dauern konnte und zudem sehr teuer war. Hinzu kam noch, dass die für die Wahl in Italien benötigte Zeit von manchen Arbeitgebern als Urlaub berechnet wurde. Meistens wurde deshalb nur dann gewählt, wenn die Wahl zufällig mit einem Urlaubsaufenthalt in Italien zusammenfiel. Der wesentliche Grund für dieses mangelnde Interesse für die Teilhabe an der Willensbildung durch Wahlen lag aber wohl, wie von einigen Soziologen vermutet wird, in der niedrigen sozialen Stellung der Migranten. Auf den untersten Sprossen der sozialen Leiter, die von ökonomischer Not und geringem Bildungsniveau gekennzeichnet sind, würden die Individuen das Gefühl haben nichts ändern zu können und deshalb kein Partizipationsinteresse entwickeln.[368] Diese Gleichgültigkeit ist nach dem Politologen Stefano Passigli bereits in den Herkunftsregionen der Migranten zu registrieren und sei im Ausland noch dadurch verstärkt worden, dass die Auswanderer einen eher individuellen und nicht einen kollektiven sozialen Aufstieg anstrebten.[369]

Tatsächlich waren auch die Italiener in Hamburg nach Angaben eines der Mitbegründer der PCI-Stelle sehr schwer für politische Themen zu begeistern. Dies wird von den wenigen vorhandenen Quellen bestätigt. 1984 kletterte in Hamburg die Partizipationsquote der Italiener an den europäischen Parlamentswahlen, für die im Generalkonsulat abgestimmt werden konnte, auf nur etwa 25 Prozent der Wahlberechtigten.[370] Dabei spielte allerdings auch die Tatsache eine Rolle, dass die Europawahl als eine Wahl zweiten Grades empfunden wurde, da diese nur indirekt mit Italien zu tun hatte, von der spezifischen Lage der Migranten in den Aufnahmeländern ganz zu schweigen. Selbst die Wahlen zum COMITES – einem Mitspracheorgan auf konsularischer Ebene – aber, die erstmals 1991 stattfanden, verbuchten eine extrem niedrige Wahlbeteiligung. Anlässlich der ersten Wahlen gaben im Bezirk des Hamburger Generalkonsulats lediglich elf Prozent der Wahl-

---

[367] Monferrini, L'emigrazione italiana (1987), S. 166.

[368] Stefano Passigli, Emigrazione e comportamento politico, Bologna 1969, S. 74. Ferner: Paul von Kodolitsch/Ulla-Kristina Schuleri-Hartje, Teilnahme von Ausländern an der Kommunalpolitik, Ausländische Arbeitnehmer und ihre Familien, Teil 4, Berlin 1986, S. 46.

[369] Passigli, Emigrazione e comportamento politico (1969), S. 142ff.

[370] Eigene Berechnungen auf der Basis der Daten in: Ergebnisse der Europawahlen von 1984 in Hamburg (Stimmen) sowie italienische Wohnbevölkerung in Hamburg älter als 18 Jahre 1985 in: Felsmann, Italiener in Hamburg (1988), S. 87.

berechtigten ihre Stimme ab. Im Jahr 1997 war die Partizipation noch weiter zurückgegangen, auf 10,6 Prozent.[371]

Schließlich scheinen auch die deutschen Kommunalwahlen, für die die Italiener
als EG-Bürger seit 1994 mitwählen dürfen[372], kein besonderes Interesse geweckt
zu haben. Detaillierte Angaben über die Wahlbeteiligung der Italiener in Hamburg
gibt es zwar nicht, aber 1997 und 2001 lag sie unter EG-Bürgern in der Stadt bei
etwa 20 Prozent. Dass die Italiener von dieser Wahlmöglichkeit keinen Gebrauch
machten, wurde auch von Luisa Fiedler bestätigt, einer Italienerin deutscher
Staatsangehörigkeit, die gegenwärtig für die SPD in der Hamburger Bürgerschaft
sitzt – und bezeichnenderweise nicht dem „klassischen" Umfeld der Arbeiterzuwanderung zuzurechnen ist. Die niedrige Wahlpartizipation liegt vor allem daran,
dass sie sich von den deutschen Parteien nicht repräsentiert und angesprochen
fühlen. In Hamburg kommt noch hinzu, dass es sich um einen Stadtstaat handelt
und die kommunale Mitbestimmung lediglich auf Bezirksebene stattfinden kann
und deshalb an Bedeutung verliert, da wirklich maßgeblich nur die Bürger-
schaftswahl ist. Ob die vom italienischen Staat kürzlich den im Ausland residierenden Italienern eingeräumte Möglichkeit, in den diplomatischen Vertretungen
für die italienischen politischen Wahlen ihre Stimme abzugeben,[373] sie tatsächlich
zu mehr politischer Begeisterung bewegen wird, bleibt abzuwarten. Ebenfalls
abzuwarten ist der Interessensgrad der „zweiten Generation" für eine Wahl, die
die politischen Verhältnisse in Italien und nicht in ihrem „Lebensland" mit-
bestimmen wird.

Bemerkenswert ist schließlich die Entwicklung der politischen Präferenzen der
Italiener. In der Vergangenheit scheinen in Hamburg – unter den wenigen wäh-
lenden Italienern – die traditionellen Arbeiterparteien deutlich besser abgeschnitten zu haben als in Italien. Dies erklärt sich wohl mit der sozialen Zusammenstellung der italienischen Gruppe in Deutschland, die fast ausschließlich aus Angehörigen der Arbeiterschicht bestand. 1984 beispielsweise erreichte anlässlich der
Wahlen zum europäischen Parlament die *Democrazia Cristiana* (eine CDU-
ähnliche Partei) in Hamburg nur 21,3 Prozent gegenüber 33.0 Prozent der Stimmen in Italien. Die PCI war etwa gleich stark mit 32,8 Prozent in Hamburg und
33,3 Prozent in Italien, aber die Sozialisten und die Sozialdemokraten legten deut-

---

[371] Es handelt sich hierbei um Angaben des italienischen Generalkonsulates in Hamburg.

[372] Richtlinie 94/80/EG des Rates vom 19. Dezember 1994 über die Einzelheiten der Ausübung
des aktiven und passiven Wahlrechts bei den Kommunalwahlen für Unionsbürger mit
Wohnsitz in einem Mitgliedstaat, dessen Staatsangehörigkeit sie nicht besitzen, in:
http://europa.eu.int/eur-lex/de/lif/reg/de_register_2020.html.

[373] Gesetz vom 27. Dezember 2001, Nr. 459, in: Gazzetta Ufficiale Nr. 4 vom 5. Januar 2002.

lich zu.[374] Zwar fehlen Hamburger Daten, bundesweit haben sich aber – bei einer sinkenden Wahlbeteiligung[375] – den letzten Jahren diese Stärkeverhältnisse deutlich zugunsten konservativer Parteien verschoben. Anlässlich der Europawahlen von 1994 wählte die große Mehrheit der in der BRD lebenden Italiener, 44,5 Prozent, die konservative Partei *Forza Italia*. Das *Partito Democratico della Sinistra* („Demokratische Partei der Linken") und die *Rifondazione Comunista* („Kommunistische Neugründung"), die Erben des Anfang der Neunziger aufgelösten PCI, kamen zusammen auf nur 17,8 Prozent.[376] Die Gründe dieser krassen Verschiebung sind bestimmt unterschiedlicher Natur. Möglicherweise hat die strukturelle Wandlung, die in den letzten Jahren innerhalb der italienischen Gruppe stattgefunden hat, zu diesem Ergebnis geführt. Während in den sechziger Jahren die italienische Gruppe in Deutschland fast nur aus italienischen Fließbandarbeitern bestand, die notorisch zum Wahlbassin linker Parteien gehören, gibt es heute mehr Selbstständige sowie überhaupt weniger Erwerbstätige. Konservative Parteien haben sich darüber hinaus im Namen eines starken „nationalen Geistes" seit langem für eine Wahl der im Ausland residierenden Italiener eingesetzt und dies endlich erreicht. Eine Tatsache, die viele Emigranten, die sich von der Heimat oft verraten und verlassen fühlten, besonders schätzen dürften. Schließlich werden die italienischen Migranten über Satelliten-TV von einem Medienangebot beeinflusst, der zum größten Teil aus dem Hause des konservativen italienischen Medienzars und heutigen italienischen Ministerpräsidenten Berlusconi stammt, Gründer der Partei *Forza Italia*.

4.4.5.   Die „Gastarbeiterkinder"

Eine der Folgen der Migrationsphänomene war die häufig problematische Kindheit der Migrantenkinder. Wenn ein Elternteil nur für einen begrenzten Zeitraum auswanderte, blieb in der Regel das Kind (oder die Kinder) bei der Familie im Heimatort und konnte dort leben und die Schule besuchen. Das Fehlen eines Elternteiles wurde durch die Präsenz anderer Familienmitglieder und der Freunde ausgeglichen. Die schwierige finanzielle Lage der Familie, die die Auswanderung ausgelöst hatte, wurde normalerweise durch die aus dem Ausland eintreffenden Geldüberweisungen gemildert. Allerdings konnte sich in manchen Fällen die Situation plötzlich gefährlich zuspitzen. Manche ausgewanderten Elternteile schickten kein Geld mehr nach Hause, und die im Heimatland zurückgelassene Familie

---

[374] Definitive Wahlergebnisse der Wahl der in Deutschland und in Hamburg lebenden Italiener zum europäischen Parlament 1984. Eigene Sammlung.

[375] Anlässlich der Europawahlen von 1994, wählten bundesweit lediglich etwa 19 Prozent der italienischen Stimmberechtigten. Siehe: Elezioni Europee: Come hanno votato gli italiani in Germania, in: CGIL News Nr. 3 vom Mai/Juni 1994. Eigene Berechnungen.

[376] Ebenda.

stürzte ins Elend. Schuld daran konnte der plötzliche Verlust des Arbeitsplatzes oder auch der Beschluss des Ausgewanderten sein – meist aufgrund einer Liaison im Ausland – sich vom „alten" Leben ohne große Rücksicht zu verabschieden.[377] Es handelte sich aber nur um dramatische Einzelfälle. Generell wurden die Kinder erst dann mit größeren Schwierigkeiten konfrontiert, wenn beide Elternteile auswanderten.

Da alle italienischen Migranten, die ins europäische Ausland auswanderten, von einer baldigen Rückkehr ausgingen, versuchten viele von ihnen ihre Kinder in der Heimat zu lassen – 1964 hatten nach Angaben der italienischen Mission in Hamburg rund 320 in der Stadt lebende Ehepaare Kinder in Italien[378]. Die Eltern, die Glück hatten, konnten die Kinder Großeltern oder anderen Familienmitgliedern anvertrauen. Andere, die diese Möglichkeit nicht hatten, versuchten sie in Internaten unterzubringen. Dort waren aber die Kinder aus ihrem alten Umfeld herausgerissen und gänzlich auf sich selber gestellt. In Abwesenheit der zentralen Identifikationsfiguren der Eltern beschäftigten sich nun ausschließlich Internatsangestellte mit der Erziehung der Kinder, die nicht selten Schwierigkeiten in der Sozialisierung und im Lernen zeigten. Besorgt um das Schicksal ihrer fernen Kinder mussten sich die Eltern nicht selten mit kurzen und etwas gefühllosen Briefen der Institute zufrieden geben.[379] Wenn die Internatsgebühren nicht regelmäßig bezahlt wurden, drohte die Ausweisung der Kinder. Eine Möglichkeit, die vermutlich nicht wenige Elternpaare stark bedrückte. So etwa die Mitte der sechziger Jahre in Hamburg lebende Familie S.:

Ich muss ihnen heute eine Nachricht mitteilen, die mich sehr besorgt. Aufgrund der Arbeitskrise, die sich hier sehr bemerkbar macht, sind auch ich und meine Frau wie viele andere gekündigt worden. [...] Die Sorgen um meine finanziellen Verpflichtungen für M. zermürben mich Tag und Nacht. Wenn es so weiter geht, wird es mir unmöglich sein, diesem Druck stand zu halten. Ich erlaube mir daher an Ihr Verständnis und Ihre Güte zu appellieren, indem ich Sie bitte, im Rahmen des Möglichen die Internatsgebühren für M. zu reduzieren.[380]

---

[377] Dies wird in verschiedenen Briefen aus Italien bezeugt, die Mitte der sechziger Jahre an die MCI in Hamburg gesandt wurden. Siehe: Briefwechsel des Sozialarbeitbüros der Caritas für Italiener bei der MCI in Hamburg 1966/1967. Privatbesitz des ehemaligen Sozialbetreuers des Caritasverbandes für die Italiener in Hamburg, Luigi Giorgio.

[378] CHH (Hg.), JaBerCHH 1964 (1975), Italienerbetreuung, S. 2.

[379] Siehe beispielsweise: Direktor des *Istituto San Carlo per i figli degli emigrati italiani* (Osimo/Ancona) an Herrn M. und Don Giuseppe Clara (italienischer Missionar in Hamburg), Osimo/Ancona, 21. Januar 1966, in: Briefwechsel des Sozialarbeitbüros der Caritas für Italiener 1966/67. Privatbesitz Luigi Giorgio.

[380] Familie S./Hamburg an Direktor des *Istituto Giovanni XXIII* (Bozen/Italien), Hamburg, 25. Januar 1967, in: Briefwechsel des Sozialarbeitbüros der Caritas für Italiener 1966/67. Privatbesitz Luigi Giorgio. Eigene Übersetzung.

Wenn aus einer temporären Auswanderung ein längerer Aufenthalt im Ausland wurde, beschlossen viele Migranten, die engsten Verwandten, also Ehegatten und Kinder oder nur die Kinder, nachzuholen. Dies war für viele Kinder der Anfang neuer Probleme, obwohl sie nach langer Zeit wieder mit den Eltern zusammenkommen konnten. Die Kinder waren die Opfer der elterlichen Emigration. Anders als ihre Eltern hatten sie nicht beschlossen auszuwandern und wurden ungefragt und in noch sehr jungem Alter ihrer vertrauten Umgebung entrissen, gezwungen eine neue Sprache zu erlernen und sich in eine fremde Welt und, wenn schulpflichtig, in ein neues Schulsystem einzufügen.

In Hamburg herrschte seit 1957 die allgemeine Schulpflicht auch für die Kinder ausländischer Staatsangehörigkeit, die in der Stadt lebten.[381] Sie wurden wie ihre deutschen Schulkameraden ihrem Alter entsprechend auf die Regelklassen verteilt. Den Sprachschwierigkeiten wurde, einem Beschluss der Kultusministerkonferenz vom 14./15. Juni 1964 folgend, wenn nötig, durch begleitende Spezialkurse in Deutsch abgeholfen. Diese wurden mit dem Steigen der Zahl der ausländischen Schüler (im Jahre 1967 etwa 670 und im Jahre 1970 etwa 2250) laufend intensiviert. Im November 1970 fanden in 26 verschiedenen Hamburger Schulen, in denen sich die größten Gruppen ausländischer Kinder befanden, 45 solcher Kurse statt. Die Politik des Senats war darauf ausgerichtet, diesen Kindern ein rasches Erlernen der deutschen Sprache und eine rasche Eingliederung ins deutsche Schulsystem zu ermöglichen.[382] Um dieses Ziel zu erreichen, wurden in der ersten Hälfte der siebziger Jahre auch multinational zusammengesetzte „Vorlaufgruppen" und „Vorbereitungsklassen" eingeführt. In den „Vorlaufgruppen" wurden ausländische Kinder drei bis vier Monate vor Beginn ihrer Schulpflicht auf den Unterricht im 1. Schuljahr vorbereitet. In den „Vorbereitungsklassen" sollten dagegen ältere ausländische Schüler mit „erheblichen sprachlichen Schwierigkeiten" einen für den Unterricht ausreichendes sprachliches Niveau erreichen.[383] Parallel zum normalen Unterricht beschloss der Senat, in der Ungewissheit, wie lange die „Gastarbeiter" und ihre Familien überhaupt in Deutschland bleiben würden, den ausländischen Kindern auch einige Unterrichtsstunden in ihrer Muttersprache zu erteilen. Auf diese Art und Weise sollte ihnen bei einer eventuellen Rückkehr ins Herkunftsland eine Anschlussmöglichkeit an das dortige Schulsys-

---

[381] Gesetz über das Schulwesen der Freien und Hansestadt Hamburg in der Fassung vom 16. April 1957, in: Senat der Freien und Hansestadt Hamburg (Hg.), Hamburgisches Gesetz- und Verordnungsblatt, Hamburg, 26. April 1957. In anderen Bundesländern wurde die Schulpflicht für ausländische Kinder erst viel später eingeführt. In Baden-Württemberg beispielsweise erst am 1. April 1965, in NRW und im Saarland sogar noch später.

[382] Mitteilungen des Senats an die Bürgerschaft Hamburgs, Bericht über die wirtschaftliche und soziale Lage (1970), S. 12ff.

[383] Mitteilungen des Senats an die Bürgerschaft Hamburgs, Leitlinien für die hamburgische Ausländerpolitik, Bürgerschaftsdrucksache 8/1990, Hamburg 1976, S. 933.

tem gewährleistet werden. Die Lehrkräfte für den italienischen, portugiesischen und türkischen Sprachunterricht wurden von den diplomatischen Vertretungen dieser Länder in Zusammenarbeit mit der Behörde für Schule, Jugend und Berufsbildung ausgesucht und von der Behörde auch besoldet. Die Kurse waren freiwillig und lagen außerhalb der normalen Schulzeit. Sie fanden am Nachmittag in den Hamburger Schulen statt. Während es sich am Anfang um reinen Sprachunterricht handelte, wurden sie schon Mitte der sechziger Jahre auf Fächer wie Geschichte, Geographie und Religion ausgedehnt.[384] Zusätzliche Italienischunterrichtstunden fanden in der italienischen Mission statt.[385] 1965 war für die italienischen Kinder in Hamburg ein italienischer Lehrer tätig, der in verschiedenen Schulen arbeitete.[386] Im Jahre 1970 waren es bereits drei.[387]

Entgegen der Erwartungen der deutschen Behörden blieben viele Migranten und ihre Familien in der Bundesrepublik. Das Vorhaben nicht nur der Hamburger, sondern aller deutschen Landesregierungen (mit unterschiedlichen Methoden) die Gastarbeiterkinder ins deutsche Schulsystem einzugliedern, blieb aber oft auf der Strecke. Ihre Einschulung ließ sich aus vielerlei Gründen selten reibungslos realisieren und die meisten von ihnen litten unter großen Sozialisationsproblemen und geringen Aufstiegschancen. Die Gründe dafür lagen bereits bei ihrer sozialen Herkunft. Die Kinder wuchsen in einem sozialen Milieu auf – in den untersten Schichten der Gesellschaft –, das ihre Bildungs- und Aufstiegschancen stark einschränkte. Anders als die Kinder, deren Eltern den Mittelschichten angehörten, erlernten die Kinder der „Gastarbeiter" in der Familie und im Freundeskreis nur einen „restringierten Sprachcode" (kurze, grammatikalisch unkorrekte Sätze, häufige Benutzung von Konjunktionen wie „so" und „dann" usw.), was ihnen nicht unerhebliche Schwierigkeiten bei der Verarbeitung der von der Schule vermittelten Lehrinhalte bereitete. Darüber hinaus lebten diese Kinder anders als die deutschen Gleichaltrigen meistens in kleinen, stark lärmbelasteten und mit hygienischen Einrichtungen (Toiletten, Duschen usw.) absolut unzureichend versorgten Wohnungen. Dies war eine zusätzliche deutliche Benachteiligung angesichts der Tatsache, dass die deutsche Halbtagsschule auch häusliche Arbeitsleistungen fordert. Hinzu kam, dass die Eltern selber die Sprache des Residenzlandes nicht beherrschten und über ein geringes Bildungsniveau verfügten, so dass sie den Kindern bei ihren Schularbeiten kaum helfen konnten. Ferner mussten letztere

---

384 Mitteilungen des Senats an die Bürgerschaft Hamburgs, Bericht über die wirtschaftliche und soziale Lage (1970), S. 13.

385 CHH (Hg.), JaBerCHH 1963 (1964), Italienerbetreuung, S. 2.

386 Schulische Betreuung von Kindern ausländischer Gastarbeiter, Hamburg, 2. November 1965, StAHH, Bestand 361-2 VI, Akte 3199.

387 Unterrichtsplan der Hamburger Schulbehörde für das Fach Italienisch, Stand April 1970, StAHH, Bestand 361-2 VI, Akte 3208.

häufig aufgrund der Berufstätigkeit beider Eltern oder weil die Familie aus kulturellen Gründen keinen großen Wert auf Bildung legte, trotz der Schulpflicht Zuhause bleiben um auf kleinere Geschwister aufzupassen oder um zu arbeiten. Schließlich prallten für die Kinder beim Beginn des Schulbesuchs auch ganz unterschiedliche kulturelle Welten aufeinander, und es entstand ein Konflikt, der in den schlimmsten Fällen „soziale Desorientierung, Flucht in Aggression, Resignation und ‚soziale Anomie'" bedeuten konnte.[388] Und letztlich wurden viele Gastarbeiterkinder aufgrund ihrer Sprachprobleme und ihres meist auffälligen Aussehens von den deutschen Schulkameraden – die allerdings oft Haltung und Kommentare der Eltern übernahmen – als Außenseiter gehänselt und diskriminiert.[389] Italienische Kinder waren ebenso wie alle anderen Gastarbeiterkinder schwer von dieser Gesamtsituation betroffen. Im Jahre 1969 resümierte der italienische Missionar in Hamburg die trostlose Lage vieler junger Italiener in der Stadt:

Sprachlich können sie [in der Schule – E.M.] oft schwer nachkommen, so dass sie leicht in niedrigere Klassen eingestuft werden, und dabei sind sie nicht selten als Zuhörer in den letzten Bänken zu finden. Die unzureichende und teils unwürdige Wohnung bietet dem Kinde kein geeignetes und ruhiges Milieu, um sich den Schulaufgaben zu widmen. Die Eltern sind selbst nicht in der Lage, sei es wegen des mangelnden Verständnisses, des niedrigen kulturellen Niveaus und der mangelnden Sprachkenntnisse, in schulischen Belangen beizustehen.[...] Leider aber besuchen nicht alle schulpflichtigen Kinder die Schule. Größere Kinder müssen zuhause auf die kleineren achten und Hausarbeiten verrichten, während beide Eltern zur Arbeit gehen.[390]

Je jünger allerdings die Kinder waren, desto rascher verlief das Erlernen der neuen Sprache und die Anpassung an die neue Umgebung. Je älter sie waren desto mehr Schwierigkeiten mussten sie dagegen überwinden.[391] Dies war, wie der italienische Missionar besorgt registrierte, besonders der Fall, wenn es sich um Kinder im schulpflichtigen Alter handelte, die bereits einige Schuljahre im Heimatland hinter sich hatten, als sie im Zuge des Familiennachzuges nach Deutschland kamen (die sogenannten „Seiten-Einsteiger"[392]):

---

[388] Stefan Harant, Schulprobleme von Gastarbeiterkindern, in: Reimann (Hg.), Gastarbeiter. (1987), S. 243-263, hier: S. 245ff.

[389] „Sie lernen schnell. Gastarbeiterkinder in unseren Volksschulen", in: Welt der Arbeit vom 31. Dezember 1965.

[390] CHH (Hg.), JaBerCHH 1969 (1970), Italienerbetreuung, S. 3. Ferner: Ders. (Hg.), JaBerCHH 1972 (1973), Italienerbetreuung, S. 2.

[391] „Wie bei den anderen Nationalitäten habe man auch bei den Spaniern festgestellt, dass die Einschulung der unteren Altersgruppen im allgemeinen keine Schwierigkeiten bereitet. Der Grad der Schwierigkeit steige mit dem Alter". Siehe: Niederschrift über eine Besprechung in der Schulbehörde über die schulische Betreuung der Kinder ausländischer Gastarbeiter, Hamburg, 21. April 1965, StAHH, Bestand 361-2 VI, Akte 3199.

[392] Siehe das Glossar in: Reimann (Hg.), Gastarbeiter (1987), S. 282.

Besonders Kinder, die im Alter von 12 – 15 Jahren aus Italien kommen, versäumen oft die Schulpflicht, weil sie größere Schwierigkeiten für eine entsprechende Eingliederung haben.[393]

Im Jahr 1971 mieden schätzungsweise etwa 200 von etwa 600 schulpflichtigen
italienischen Kindern die Schule. Die Verletzung der Schulpflicht war allerdings
keine italienische Domäne. Noch 1972 wurde vom Senat beklagt, dass „eine Reihe" von Kindern ausländischer Arbeitnehmer (etwa 650) der Schulpflicht nicht
nachkam.[394]

Eine weitere Folge der schwierigen sozialen Ausgangsposition, oft aber auch des
geringen Ehrgeizes vieler Eltern, die darüber hinaus meistens nicht genügend über
die deutschen Schulabschlüsse und die mit diesen Abschlüssen gewährleisteten
beruflichen Aussichten informiert waren, war, dass sich die „Gastarbeiter"-Kinder
deutlich mehr als ihre deutschen Gleichaltrigen in wenig qualifizierenden Schulen
konzentrierten. Wie Tabelle V.14 auf S. 337 zeigt, besuchten in Deutschland im
Schuljahr 1970/1971 etwa 93,7 Prozent der „Gastarbeiter"-Kinder, aber nur etwa
70,6 Prozent der deutschen Kinder die Volksschule. In Hamburg waren es 91,5
und 66,5 Prozent. Die italienischen Schüler stellten keine Ausnahme dar. Im selben Jahr waren rund 91 Prozent von ihnen in Hamburg in der Volksschule (326,
darunter 151 Mädchen) angemeldet. Mit dem in der Volksschule erlangten Abschluss konnten sie nur eine Berufsausbildung in einer Berufsschule oder in einem
Betrieb absolvieren, was ihnen einen beruflichen und sozialen Aufstieg sehr
schwer machte und sie deshalb in der sozialen Schicht der Eltern festhielt. Noch
weniger Perspektiven hatten diejenigen „Gastarbeiter"-Kinder, die aufgrund besonderer Lern- und Anpassungsschwierigkeiten von eiligen Lehrern im stark se-
lektiven deutschen Schulsystem als „Lernbehinderte" in Sonderschulen versetzt
wurden. Wie die Tabelle V.14 zeigt, waren sie dort allerdings im Jahre 1970 im
Vergleich zu den deutschen Kindern sowohl bundesweit als auch in Hamburg
noch nicht besonders stark vertreten.

Der italienische Staat reagierte in dieser Phase kaum auf diese insgesamt wenig
erfreuliche Situation. Er hatte keine besonderen Betreuungspläne für die Wanderer
entwickelt und konnte deshalb auch keine Strategien vorschlagen – oder im Rahmen des Möglichen selber umsetzen –, die eine schulische Bildung der Kinder
hätten gewährleisten können, die auf ihre besondere Situation als Migranten zuge-
schnitten war.[395] Ein erster, unsicherer Schritt des italienischen Staates zur

---

[393] CHH (Hg.), JaBerCHH 1969 (1970), Italienerbetreuung, S. 3.

[394] Antwort des Senats auf die Kleine Anfrage der Abgeordneten Frau Schuchardt betr.: Verletzung der Schulpflicht durch Kinder ausländischer Arbeitnehmer, Drucksache Nr. 1985, Hamburg, 1972, StAHH, Bestand 361-2 VI, Akte 3066.

[395] Natale Filippi, Dall'analfabetismo all'intercultura, Verona 1992, S. 122.

Tab. V.14: Ausländische Schüler in allgemeinbildenden Schulen in Hamburg 1970/1971 – 2000/2001. Prozentwerte (ausgewählte Nationalitäten)

	Deutsche	Hauptanw. insg.	Italiener	Griechen	Portugiesen	Türken	Spanier	Jugoslawen
1970/1971								
Volk.	66,5 (70,6)*	91,5 (93,7)	91,0 (93,0)	90,6 (96,3)	91,7 (92,0)	92,5 (93,8)	89,8 (92,5)	92,4 (91,6)
Real.	8,4 (9,7)	2,7 (1,5)	1,6 (1,3)	2,6 (1,0)	2,5 (2,9)	2,8 (1,6)	3,6 (2,1)	2,3 (2,3)
Sond.	4,5 (3,6)	2,0 (2,4)	3,0 (3,8)	3,3 (1,0)	2,0 (2,5)	1,2 (2,0)	2,2 (3,5)	0,9 (1,2)
Gym.	19,3 (15,5)	3,7 (2,1)	4,1 (1,7)	3,3 (1,5)	3,6 (2,4)	3,3 (2,4)	4,2 (1,8)	4,2 (4,7)
1989/1990								
Haupt.	8,1 (13,9)	23,0 (29,9)	23,4 (29,8)	19,0 (32,1)	21,4 (26,8)	22,8 (30,3)	20,3 (23,4)	25,1 (29,2)
Real.	7,9 (13,2)	9,2 (9,1)	8,9 (8,3)	12,7 (9,6)	14,1 (13,3)	7,7 (7,6)	15,4 (15,6)	11,2 (13,5)
Sond.	4,0 (3,4)	4,8 (6,0)	5,8 (8,0)	3,9 (3,5)	4,2 (4,6)	4,9 (6,5)	3,7 (4,9)	4,6 (4,3)
Gym.	31,0 (24,6)	11,0 (3,3)	10,0 (5,4)	17,7 (13,3)	16,7 (11,7)	8,7 (5,7)	24,8 (15,0)	13,9 (11,6)
2000/2001[1]								
Haupt.	6,8 (10,1)	14,0 (21,7)	17,5 (26,1)	11,8 (22,5)	16,1 (23,1)	13,0 (21,0)	11,4 (15,1)	18,3 (21,7)
Real.	4,9 (13,1)	4,8 (8,7)	4,5 (9,6)	4,4 (10,4)	7,6 (10,5)	4,2 (8,3)	7,2 (12,9)	6,7 (8,9)
Sond.	3,6 (3,9)	7,4 (7,0)	5,7 (8,0)	5,1 (5,1)	6,9 (6,5)	6,5 (6,3)	3,6 (4,8)	12,7 (9,6)
Gym.	29,9 (24,0)	10,0 (6,3)	16,9 (6,1)	15,4 (11,0)	14,1 (8,6)	7,8 (5,3)	21,8 (15,5)	15,0 (8,0)

Quelle: StatB (Hg.), Fachserie A, Reihe 10 Schuljahr 1970/1971 (1974), S. 6, 8, 13, 26ff, 82, 89ff, 111, 128ff, 164, 172ff; Fachserie 11, Reihe 1, Schuljahr 1989/1990 (1991), S. 14f, 18, 59, 63, 69, 95; Fachserie 11, Reihe 1, Schuljahr 2000/2001 (2001), S. 25, 72f. Eigene Berechnungen. *Die Werte zwischen Klammern beziehen sich auf das Bundesgebiet. [1]Jugoslawien: Jugoslawien, Kroatien, Slowenien, Bosnien-Herzegowina, Makedonien.

Behandlung der Frage der schulischen Bildung der italienischen Kinder geschah zwar schon 1964. Es handelte sich allerdings nur um ein Rundschreiben des italienischen Außenministeriums betreffend die „Betreuung der Kinder der in Benelux, Deutschland und in der Schweiz residierenden italienischen Arbeiter" (*Assistenza scolastica dei figli dei lavoratori italiani residenti nel Benelux, Germania e Svizzera*), in dem Zufriedenheit über die Tatsache geäußert wurde, dass die jeweiligen Aufnahmeländer die Kinder in ihrem Schulsystem aufgenommen hätten und behauptet wurde, dass aufgrund dieser Tatsache der italienische Staat keine „nationalen" Schulen zu gewährleisten hätte. Es wurde auch der Wunsch geäußert, dass diese Länder besondere Maßnahmen für die Eingliederung der italienischen Kinder ins neue Schulsystem treffen und muttersprachliche Kurse organisieren sollten, um den Kindern eine eventuelle Wiedereingliederung ins italienische Bildungssystem zu erleichtern. Es handelte sich also nicht um Gesetze, und es wurden weder Methoden vorgeschlagen noch zeitliche Fristen gesetzt.[396] Mit dem Gesetz Nr. 153 vom 3. März 1971 beschränkte sich später der Staat auf die Festigung der im Laufe der Jahre entwickelten Praxis (Vorklassen, muttersprachlicher Unterricht, Kurse für die Vorbereitung auf italienische Schulprüfungen), ohne eine Lösung für die Probleme zu finden, die sich inzwischen bereits gezeigt hatten. Es wurde beispielsweise ein besonderer Wert auf den muttersprachlichen Unterricht gelegt, obwohl bereits bekannt war, dass diese Kurse ineffizient waren, weil sie eine Überbelastung der Schüler bedeuteten und dass die Kinder wenig Interesse mitbrachten, weil sie sich mehr für die umgebende deutsche Kulturwelt interessierten. Zudem waren die Kurse inadäquat, weil sie nicht die Gleichwertigkeit des deutschen mit dem italienischen Schulabschluss gewährleisteten. Es wurden ferner zwar spezielle Lehrprogramme entwickelt, aber die Lehrer wurden nicht mit entsprechenden Kursen auf die Auslandsarbeit vorbereitet und waren deshalb oft nicht ausreichend qualifiziert.[397] So wurden die schulpflichtigen italienischen Kinder, wenn nicht theoretisch, so doch praktisch weitgehend ihrem Schicksal überlassen, sowohl bei einem Verbleib in Deutschland als auch bei einem eventuellen Rückzug nach Italien, wo sie Schwierigkeiten beim Anschluss ans dortige Schulsystem hatten.

In den achtziger und neunziger Jahren hat sich in Deutschland, trotz der nunmehr beachtlichen Dauer des Aufenthaltes vieler „Gastarbeiter"-Familien (manche bereits seit vierzig Jahren), die schulische Lage der jüngeren Ausländergenerationen nur wenig verbessert und in mancher Hinsicht sogar verschlechtert. Im Schuljahr 1989/1990 besuchten deutlich mehr „Gastarbeiter"-Kinder als Deutsche die wenig qualifizierende Hauptschule (29,9 gegenüber 13,9 Prozent). Der Anteil der Gymnasiasten und der Realschüler war etwas gestiegen (3,3 und 9,1 Prozent),

---

[396] Ebenda, S. 145.
[397] Ebenda, S. 159ff.

blieb gleichwohl stark unterdurchschnittlich (24,6 und 13,2 Prozent der deutschen Kinder besuchten ein Gymnasium bzw. eine Realschule), und der Anteil der Sonderschüler war nun sogar höher als der der deutschen Kinder (sechs gegenüber 3,4 Prozent). Italienische Kinder schnitten dabei sehr schlecht ab, denn sie hatten den größten Anteil an Sonderschülern (acht Prozent – dieser war sogar doppelt so groß als zehn Jahre zuvor) und den kleinsten an Gymnasiasten (5,4 Prozent).

Gegenwärtig hat sich die schulische Lage der jüngeren Ausländergenerationen wieder um einen Schritt verbessert und gleichzeitig um einen Schritt verschlechtert. Sie sind weniger in den Hauptschulen (von 29,9 auf 21,7 Prozent der Gruppe aus den ehemaligen Hauptanwerbestaaten) und stärker in den Gymnasien (von 3,3 auf 6,3 Prozent) vertreten, dafür aber auch mehr in den Sonderschulen (von sechs auf sieben Prozent). Und wieder mal schneiden dabei die Italiener schlecht ab. Sie weisen den größten Hauptschüleranteil (26,1 Prozent der italienischen Schüler), den zweitkleinsten Gymnasiastenanteil (6,1 Prozent) und einen unveränderten Sonderschüleranteil auf (acht Prozent) – nun nehmen allerdings in den Sonderschulen die Kinder aus dem ehemaligen Jugoslawien die „Spitzenposition" ein (9,6 Prozent).

In Hamburg scheint sich die schulische Lage der italienischen Kinder in den vergangenen zwei Jahrzehnten im Gegensatz zu den bundesweiten Tendenzen verbessert zu haben. Im Schuljahr 2000/2001 war der Sonderschüleranteil nur etwas niedriger (etwa sechs Prozent der italienischen Schüler) als im bundesweiten Durchschnitt (etwa acht Prozent), der Hauptschüleranteil aber viel niedriger (etwa 17 Prozent gegenüber etwa 26 Prozent) und der Anteil der Gymnasiasten deutlich höher (etwa 17 Prozent gegenüber etwa sechs Prozent). Es ist allerdings zu bemerken, dass in Hamburg „Gastarbeiter"-Kinder zwar immer noch vornehmlich wenig qualifizierende Schulen besuchen, jedoch offenbar alle besser abschneiden als im bundesweiten Durchschnitt.[398]

Viele regionale Untersuchungen glaubten die Gründe für das schlechte bundesweite schulische Abschneiden der italienischen Kinder im Vergleich zu den anderen ehemaligen „Gastarbeiter"-Nationalitäten in der Tatsache gefunden zu haben, dass viele Italiener oft zwischen dem Heimatland – oder Herkunftsland der Eltern – und Deutschland pendelten und damit ihre Schulkarriere zu häufig unterbrachen und den Anschluss verpassten. In der jüngsten Vergangenheit hat aber auf der Basis einer größeren bundesweiten Untersuchung Mona Granato festgestellt, dass die Mobilität der italienischen Jugendlichen nicht höher war als die anderer ausländischer Jugendlicher. Da auch in Italien viele Jugendliche ohne Abschluss die

---

[398] StatB (Hg.), Fachserie 11, Reihe 1, Schuljahr 2000/2001 (2001), S. 25, 72f. Eigene Berechnungen.

Schule verlassen und darüber hinaus dort für das berufliche Weiterkommen dem
Erlangen eines formalen Zeugnisses nicht dieselbe Bedeutung wie in Deutschland
beigemessen wird, sei vielmehr zu vermuten, dass „das Verlassen des Schulsys-
tems ohne formalen Abschluss eher ein ‚italienisches Phänomen' [sei], als ein
migrationstypisches Problem von Italienern". Dieses Phänomen sei „durch die
Migration lediglich verstärkt".[399] Es wurden auch einige andere Erklärungsansätze
formuliert. Beispielsweise, dass sich die meisten Italiener in Süddeutschland konzentrieren, also ausgerechnet dort, wo das Schulsystem für Migrantenkinder am
härtesten sei.[400] Eine wirklich zufriedenstellende Erklärung des Phänomens steht
aber noch aus.

Auch in den letzten zwei Jahrzehnten gab es kaum Initiativen des italienischen
Staates um die schulische Bildung und damit letztendlich die beruflichen Perspektiven der italienischen Jugendlichen zu verbessern. Es blieb im Großen und Ganzen bei den alten und wenig erfolgreichen Lösungen (muttersprachlicher Unterricht, Nachhilfekurse usw.). In den letzten Jahren hat jedoch das italienische
Außenministerium selbstkritisch begonnen anzuerkennen, dass in der Vergangenheit die italienischen Lehrer meistens unqualifiziert oder zu wenig qualifiziert
waren, dass die aufgebrachten finanziellen Mittel zu knapp waren und dass
eine verkrustete Ministerialbürokratie die Effizienz der bestehenden Aktivitäten
hemmte. Heute scheint der italienische – und auch der deutsche Staat – auf die
Errichtung von „bilingualen Schulen" zu setzen, die offenbar beste Lösung vieler
Probleme sprachlicher Natur der jüngsten Italienergenerationen. Schulen, in denen
die italienische und die deutsche Sprache gleichberechtigt sind und gemeinsam
zur Bildung des Kindes beitragen.[401] Hamburg hat zusammen mit Berlin und
Dortmund in dieser Hinsicht eine Spitzenreiterposition eingenommen, da seit kurzem in diesen Städten deutsch-italienische Grundschulklassen funktionieren. In
der Hansestadt hat die bilinguale Schule, die als Kooperationsprojekt zwischen
dem italienischen Außenministerium und der Behörde für Schule, Jugend und Soziales entstanden ist, am 1. August 1999 ihre Pforten geöffnet[402] und kann sich
angeblich „vor Anmeldungen kaum retten".[403]

---

[399] Granato, Italienische Jugendliche (1998), S. 116f.

[400] Siehe die Einführung von Antonella Serio in: ders. (Hg.), Der Unsichtbare Mitbürger (2000).

[401] Unveröffentlichte Unterlagen verschiedener italienischer Institutionen in Deutschland zur
Vorbereitung eines Planes für zukünftige linguistisch-kulturelle Aktivitäten in der Bundesrepublik, Juni 2000. Eigene Sammlung

[402] BehSHH (Hg.), Die Bilinguale Schule. Deutsch-Italienische Schule Döhrnstraße, Broschüre,
Hamburg 2000.

[403] "Hamburg: Piccola Europa", in: "Ende der Kuschelpädagogik", in: Der Spiegel Nr. 22 vom
27. Mai 2002.

Die schlechte Bildungslage und die schlechte Position auf dem Arbeitsmarkt hat allerdings offenbar – angesichts der Voraussetzungen eher überraschend – aus der italienischen zweiten Generation keine Außenseitergruppe gemacht. Im Gegenteil haben die Kinder und Kindeskinder der italienischen „Gastarbeiter" anscheinend einen sehr hohen Grad an gesellschaftlicher Integration erreicht. Bei binationalen Ehen und Freundschaften sowie bei der Aufenthaltsorientierung und Lebenszufriedenheit rangieren sie in Deutschland weit vor Personen mit anderer ausländischer Herkunft.[404]

4.4.6.   Die Kriminalität der Migranten

In der Hansestadt, die als Deutschlands „Tor zur Welt" ein großes Verkehrskreuz für Menschen und Waren und somit auch der ideale Schauplatz für kriminelle Taten war, verkehrten in den sechziger Jahren, wie der italienische Missionar berichtete, nicht wenige kriminelle Italiener:

In dieser Hafenstadt kommen von Süden und von Norden (bes. Schweden) auch viele [italienische – E.M.] Abenteurer zusammen, die oft mit der Polizei zu tun haben und so mancher kommt ins Gefängnis.[405]

Hier handelt es sich um „professionelle" Kriminelle. Neben ihnen musste allerdings die Hamburger Polizei mit dem Beginn der „Gastarbeiter"-Zuwanderung auch die Präsenz einer italienischen Kriminalität verzeichnen, die dem klassischen Umfeld der Arbeitsmigration zuzurechnen war. Eine Untersuchung über die Kriminalität der „Gastarbeiter" (Italiener, Griechen, Spanier, Portugiesen und Türken) in den Jahren 1964 und 1965 in Hamburg gibt einige Aufschlüsse über Ausmaße und Charakteristika dieser Kriminalität. Im Jahre 1964 waren von 82 Straftaten, die in diesem Jahr in Hamburg von „Gastarbeitern"[406] verübt worden waren, 25 (30 Prozent) Italienern zuzuschreiben. Im Jahre 1965 waren es dagegen 43 (34 Prozent) von insgesamt 128. Sowohl 1964 als auch 1965 war die prozentuale Beteiligung von Italienern an allen Straftaten (30 Prozent und 34 Prozent) etwa so hoch wie ihr Anteil an der „Gastarbeiter"-Bevölkerung (31 Prozent und 30 Prozent). Etwa dasselbe galt für Griechen und Türken. Die Spanier wiesen dagegen eine unterdurchschnittliche und die Portugiesen eine überdurchschnittliche Straffälligkeit

---

[404] Granato, Italienische Jugendliche (1998), S. 117–120.

[405] Ebenda.

[406] Der Autor der Studie sortierte von allen 1964 und 1965 in Hamburg registrierten Straftätern 210 Individuen (männlichen Geschlechtes) aus, die er aufgrund besonderer Merkmale als „typische ,Gastarbeiter'" einordnete (Nationalität und Beruf) und die keine Verkehrsstrafen begangen hatten. Dieses Sample wurde dann mit einem vergleichbaren Sample von Deutschen verglichen. Siehe: Hans-Bernd Grüber, Kriminalität der Gastarbeiter. Zusammenhang zwischen kulturellem Konflikt und Kriminalität, Diss. Hamburg 1969, S. 39–47.

auf.[407] Diese Stärkeverhältnisse werden allerdings von der Schwere der begangenen Straftaten relativiert. Die Portugiesen begingen vor allem leichte Vermögensdelikte (95 Prozent) und wurden hauptsächlich zu Geldstrafen verurteilt. Am anderen Ende der Skala standen die Türken, die mehr Sittlichkeitsdelikte und Straftaten gegen Leib und Leben begingen (35 Prozent) und deshalb auch am meisten zu Freiheitsstrafen verurteilt wurden (34 Prozent). Die Italiener kamen auf dieser summarischen „Skala des Verbrechens" vor den Türken.[408] Allerdings sind die hier in Betracht gezogenen absoluten Zahlen ziemlich gering, so dass diese Skala mit Vorsicht interpretiert werden muss. Sicher ist, dass es sich bei den von den „Gastarbeitern" begangenen Straftaten größtenteils um Bagatellen wie einfachen Diebstahl handelte. Bezeichnenderweise wurden 27,1 Prozent von ihnen frei gesprochen (23,5 Prozent der Italiener), 48,4 Prozent mussten eine Geldstrafe bezahlen (44,1 Prozent der Italiener) und nur 24,5 Prozent wurden zu einer Freiheitsstrafe verurteilt (32,4 Prozent der Italiener).[409] Auch in letzteren Fällen handelte es sich aber nicht um schwere Delikte. Nur zwei Personen wurden zu einer Haftzeit verurteilt, die länger als ein Jahr war, weil sie ein Tötungsdelikt begangen hatten (keine Italiener).

Wie alle anderen „Gastarbeiter" neigten die Italiener dazu, Vermögensdelikte zu begehen (72 Prozent der Fälle).[410] Meistens machte offenbar die Gelegenheit den Dieb. Viele „Gastarbeiter" arbeiteten im Stückgutumschlag im Freihafenbereich, wo täglich enorme Mengen an Waren ankamen, die sich nicht selten in beschädigten Kisten befanden und deren Eigentümer anonyme und ferne Multinationale waren. Im Freihafenbereich wurden rund 59,5 Prozent aller Vermögensdelikte der „Gastarbeiter" begangen (38 Prozent aller Gastarbeiterdelikte). Oft taten die „Gastarbeiter" nichts anderes als ihre deutschen Kollegen zu imitieren. Nicht selten wurden sie sogar von ihnen aufgefordert, die aus manchen beschädigten Kisten herausquellenden Waren mit nach Hause zu nehmen. Meistens taten sie es aber, anders als ihre „routinierten" deutschen Kollegen, ungeschickt und wurden beim Passieren der Zollkontrolle nach der Arbeit mit der „Beute" gestellt.[411] Ein italienischer Interviewpartner, der Mitte der sechziger Jahre als Hilfsarbeiter im Hafen tätig war, berichtet, dass die Polizei ihre Kontrollen beim Anlaufen von Schiffen mit einer besonders wertvollen Ladung (Kleider, HiFi-Geräte) intensivierte. Allerdings soll es auch vorgekommen sein, dass sie beide Augen zudrückte, wenn die Arbeiter im unerlaubten Besitz von weniger wertvollen Sachen wie

---

[407] Ebenda., S. 48f.

[408] Ebenda, S. 58, 66.

[409] Ebenda, S. 66.

[410] Ebenda, S. 58.

[411] Ebenda, S. 68–73.

Esswaren oder beschädigten Sachen entdeckt wurden.[412] Der andere Ort schlechthin, wo die „Gastarbeiter" Diebstahl begingen, waren die für die meisten Migranten aus rückständigen ländlichen Gebieten des Mittelmeerraumes gänzlich unbekannten Selbstbedienungsgeschäfte (15,4 Prozent der einfachen Diebsstähle). Auch dort konnten sie auf die Ware leicht und unbemerkt zugreifen und sie am Körper verstecken. Meist stellten Lebensmittel die Beute dar.[413] Neben leichten Vermögensdelikten begingen die „Gastarbeiter" vor allem Delikte gegen Leib und Leben. Es handelte sich meistens um Körperverletzungen, und in zwei Drittel der Fälle waren fremde Deutsche die Opfer. Die meisten Vorfälle ereigneten sich in Gaststätten (85 Prozent), in denen es zu einer „nationalen" verbalen Konfrontation zwischen „Gastarbeitern" und Deutschen und anschließend zu Gewaltakten gekommen war, meistens nach reichlichem Genuss von Alkohol.[414]

Der Kriminalitätsgrad der „Gastarbeiter" war um etwa die Hälfte niedriger als der einer vergleichbaren deutschen Gruppe. Alles in allem begingen sie auch kaum gravierende Straftaten, die dementsprechend nur leicht sanktioniert wurden. Manche traf es allerdings besonders hart. Einige der Straftäter mussten im Gefängnis auf ihren Prozess warten, und manche von ihnen wurden, wie bereits erwähnt, zum Zuchthaus verurteilt und mussten in Deutschland ihre Strafe absitzen. Meist hatten sie aber niemanden in Deutschland. Italiener waren deshalb auf die Hilfe italienischer Institutionen wie des Generalkonsulats und der italienischen Mission angewiesen. Vor allem der Missionar kümmerte sich um sie, indem er sie besuchte, als Dolmetscher half, ihnen Zeitschriften und Bücher brachte[415] und Hilfen aller Art leistete:

Ich habe meine Kleider in jener Pension. Ich habe sie in Hamburg gelassen, als ich gestellt wurde und sie [der Missionar – E.M.] haben mich im Gefängnis in Hamburg besucht und gesagt, dass sie sich drum kümmern werden.[416]

Der Missionar war immer für eine Auskunft ansprechbar, sowohl für die Häftlinge als auch für deren italienische Verwandte, die von manchen Migranten offenbar auch über ihre Probleme mit der Justiz im Dunkeln gelassen wurden:

Ehrwürdiger Pater, [...] der Ehemann, [...], der zur Arbeitsaufnahme nach Hamburg fuhr, hat seit dem 10. Juni nichts mehr von sich hören lassen. In seinem letzten Brief schrieb er, er sei schwer an

---

[412] Interview mit G. Giorgetti vom 20. Oktober 1999.

[413] Grüber, Kriminalität der Gastarbeiter (1969), S. 73ff.

[414] Ebenda, S. 77–83.

[415] JaBerMCI 1968, BAO, Bestand 06-11-20, Akte 5/ Italienerseelsorge/ Regionen/ Einzelne Orte/ Raum Osnabrück 1964 – 1976.

[416] A. R. an italienischen Missionar in Hamburg, Sizilien, 8. August 1966, Briefwechsel des Sozialbüros der Caritas für Italiener 1966/67. Privatbesitz Luigi Giorgio.

Lungenentzündung erkrankt. Tatsächlich befand er sich aber im Gefängnis, wie die Ehefrau vom Polizeipräsidium in Sassari erfuhr [...] So weit bekannt, befindet er sich noch „wegen Raub" im Gefängnis, wo er auf den Prozess wartet. Seine Ehefrau konnte nichts erfahren, nicht mal durch den Generalkonsulat. Ich bitte sie [...] sich für diese Angelegenheit zu interessieren und Nachrichten zu übermitteln.[417]

Schließlich half der italienische Missionar den Häftlingen auch nach ihrer Entlassung aus dem Gefängnis, wenn sie gänzlich mittellos wieder freigelassen wurden.[418]

Wie kann das Phänomen der „Gastarbeiter"-Kriminalität bewertet werden? Handelte es sich um eine „physiologische" Erscheinung im Rahmen des Zuwachses der italienischen Präsenz oder hing sie in irgendeiner Form mit den materiellen und psychologischen Umständen der Migration zusammen? Der Jurist Hans Grüber glaubte mit seiner Untersuchung die Theorie des *„culture conflict and crime"* bestätigen zu können, die in den dreißiger Jahren in den USA entstand. Die heute noch gültige Theorie des Kulturkonflikts[419] besagt in ihren wesentlichen Zügen, dass die Kriminalität durch den Kontakt von sozialen Gruppen von der Familie bis zur ethnischen Gruppe mit verschiedenen Verhaltensnormen entsteht. Je länger und ausgiebiger der Kontakt, desto stärker sei die Verhaltensdesorientierung und die zu erwartende Tendenz zu einem kriminellen Verhalten. Im Falle der Migration würde die Kriminalität aus der Begegnung zwischen Gruppen mit einem „kooperativen" Charakter, die aus weitgehend noch ländlich geprägten Mittelmeerraumgebieten stammten, und der „individualistischen und konsumorientierten" Aufnahmegesellschaft im industrialisierten Deutschland entstehen. Grüber weist zwar darauf hin, dass er lediglich in drei Fällen (von 210!) den *„culture conflict"* als klaren Auslöser der Straftat feststellen konnte. Der Anstieg der Kriminalität durch die Zuwanderung der „Gastarbeiter" sei jedoch letztendlich ebenfalls auf kulturelle Anpassungsprozesse zurückzuführen, und dadurch würde die *„culture conflict and crime"*-Theorie im Wesentlichen Bestätigung finden.[420] Die Behauptung Grübers, dass die Kriminalität der „Gastarbeiter" vor allem eine Folge des *„culture conflict"* zwischen heimischen und deutschen Verhaltensmustern sei, scheint nicht ganz unproblematisch zu sein. Die meisten Delikte der „Gastarbeiter" waren beispielsweise Vermögensdelikte und zwar solche, die genauso gut

---

[417] Pater M. F. an italienischen Missionar in Hamburg, Sardinien, 8. Juli 1966, Briefwechsel des Sozialbüros der Caritas für Italiener 1966/67, Privatbesitz Luigi Giorgio.

[418] JaBerMCI 1969, BAO, Bestand 06-11-20, Akte 5/ Italienerseelsorge/ Regionen/ Einzelne Orte/ Raum Osnabrück 1964 – 1976.

[419] Hans-Jörg Albrecht, Immigration, Kriminalität und Innere Sicherheit, in: Günter Albrecht u. a. (Hg.), Gewaltkriminalität zwischen Mythos und Realität, Frankfurt am Main 2001, S. 259–281, hier: S. 275.

[420] Grüber, Kriminalität der Gastarbeiter (1969), S. 119.

in sizilianischen oder türkischen Freihäfen hätten stattfinden können. Gewiss könnte der Kulturkonflikt bei der Gastarbeiterkriminalität eine Rolle gespielt haben, aber wie die Häufigkeit des einfachen Diebstahls andeutet, scheint mehr die sozial und ökonomisch marginale Lebenslage der Migranten sie zu einem widerrechtlichen Handeln bewegt haben.

Eine detaillierte Auswertung der Akten der italienischen Tatverdächtigen der zweiten und dritten Generation in Hamburg gibt es nicht und konnte im Rahmen dieser Arbeit nicht geleistet werden. Forscher wie W. Steffen behaupten allerdings, dass sich Personen fremder Herkunft, die in Deutschland geboren und aufgewachsen sind, nunmehr im Wesentlichen „an deutschen Normen und Lebenszielen orientieren [und] nur noch im bevölkerungsstatistischen Sinne als Ausländer gelten". Damit sei ihre Kriminalität eine „hausgemachte" Kriminalität, deren Ursachen weniger bei ihrem Ausländersein liege als vielmehr bei ihrer Zugehörigkeit zu unteren sozialen Schichten.[421]

4.4.7.   Berufliche und außerberufliche Kontakte mit den Deutschen

Nach ihrer Ankunft in Hamburg kamen ausländische Arbeitsmigranten in sämtlichen Lebensbereichen in Kontakt mit der sie umgebenden deutschen Gesellschaft. Besonders intensiv kamen sie im Arbeitsbereich mit Deutschen in Berührung, aber auch in außerberuflichen Bereichen mangelte es nicht an Kontakten, wie beispielsweise beim Erledigen von behördlichen Angelegenheiten, beim Einkaufen, beim Sport oder beim Besuch von Lokalitäten wie Clubs und Kneipen. Besonders in der Frühphase der Gastarbeiterzuwanderung, als weder Einheimische noch Zuwanderer ein Miteinander mit „Andersartigen" gewohnt waren, waren für beide Seiten die Kontakte sehr mühsam. Es mussten Vorurteile abgebaut und große kulturelle Unterschiede überwunden werden. Die allererste Barriere stellte aber die Sprache dar. Die ausländischen Migranten kamen meist ohne jegliche Sprachkenntnisse nach Deutschland, was auch die simpelste Kommunikation sehr erschwerte.

Auf dem Arbeitsplatz konnten sich beispielsweise die ausländischen Arbeiter mit ihren deutschen Kollegen nicht oder kaum verständigen, sie kannten die Arbeitsbegriffe nicht und arbeiteten mit dem Gedanken, dass sich hinter jeder Anmerkung eine Beschimpfung oder eine Beleidigung verbergen konnte.[422] Die Unkenntnis der deutschen Sprache führte auch dazu, dass sie wenig Aufklärung über ihre Lohnstreifen bekamen und deshalb nicht genau wussten, wie die Löhne

---

[421] Wiebke Steffen, Ausländerkriminalität zwischen Mythos und Realität, in: Albrecht u. a. (Hg.), Gewaltkriminalität zwischen Mythos und Realität (2001), S. 282–300, hier: S. 296f.

[422] Stefano Vilardo, Tutti dicono Germania Germania. Poesie dell'emigrazione, Milano 75, S. 9.

zustande kamen, was ihre bereits frustrierende Lage noch mehr anspannte.[423] Erst
nach einem längeren Aufenthalt in Deutschland und dem Erlernen einiger Grund-
kenntnisse der deutschen Sprache gelang es ihnen, die fremde Umgebung positiver wahrzunehmen und von den deutschen Kollegen auch positiver eingeschätzt
zu werden.[424]

Auch in der außerberuflichen Sphäre stellten die mangelnden Kenntnisse in der
deutschen Sprache ein großes Hindernis zur Kommunikation dar. Allein die
Abwicklung einfacher Angelegenheiten, wie beispielsweise der Kauf von Lebensmitteln, verlangte, wie ein ehemaliger italienischer Bahnarbeiter berichtet,
von beiden Seiten größtes Verständnis und Geduld:

> Und heute gehen Sie in den Supermarkt, da ist alles ausgestellt, Sie sehen alles, was Sie brauchen!
> Sie brauchen niemanden zu fragen. Wenn Sie etwas haben wollen, das sehen Sie dann! Damals
> waren Sie nicht in der Lage zu sprechen, zu sagen, was sie wollten! Wenn das da nicht ausgestellt
> war! [...] Ich habe das mal erlebt. Da war ein Kollege, der wollte Eier haben. Da hat er gesagt:
> „Kikeriki". Da hat er ein Huhn bekommen. Ein Huhn!.[425]

Auch in den Behörden mussten die Migranten die bittere Erfahrung machen, dass
sie von niemandem verstanden wurden. Der Staat war auf eine starke Inanspruch-
nahme seiner Einrichtungen seitens der Migranten nicht vorbereitet. Die deutschen Angestellten waren der Sprachen der Zuwanderer nicht mächtig, und die
Formulare waren lediglich auf Deutsch gedruckt. Da nützte es auch nichts, dass
Anfang der siebziger Jahre die Arbeits- und Sozialbehörde Informationsbroschü-
ren herausgab, die in verschiedenen Sprachen verfasst waren und die Ausländer
über die Leistungen der Behörden aufklärten.[426] So belagerten die Migranten die

---

[423] „Gastarbeiter in Hamburg. Jeder braucht sie – keiner will sie", in: Hamburg Heute vom Februar 1971.

[424] Der ehemalige Personalleiter des Rangierbahnhofs Hamburg-Wilhelmsburg in den sechziger
Jahren, M. W., schildert mit folgenden Worten die Lage in seinem Betrieb: „Ich habe eigentlich nie den Eindruck gehabt, dass da irgendwelche Rivalitäten entstanden sind. Im Gegenteil,
man hat sich auch so gefrotzelt, wie das so üblich ist, also ein bisschen auch so geneckt
und so weiter. Schwierigkeiten hat es eigentlich mehr in der Anfangsphase [gegeben]. Da
musste man sich erst mal beriechen und so weiter. Da gab es dann auch, was ich eingangs mal
sagte, wenn vielleicht einer mal ein falsches Wort gesagt hat, was gar nicht so gemeint war-.
Wenn einer zum anderen gesagt hat: ‚du Idiot' oder [...] was weiß ich! Und der hat es dann
gleich zu persönlich genommen, war gar nicht so gemeint[...] Ausdrücke wie zum Beispiel
‚Makkaroni' oder so, [...] habe ich persönlich nie gehört". Ein ehemaliger italienischer Bahn-
kollege, M. T., fügt hinzu, dass er die Bezeichnung „Spaghettifresser" gehört habe, aber es sei
„nicht so bös gemeint" gewesen. Siehe: Interview mit M. Weger und M. Tenco. FZH, WdE
720, Interview vom 17. August 2001, S. 16.

[425] Ebenda, S. 21.

[426] „Es steht alles drin von Fahrkarten und Behörden – aber wenn sie irgendwo ankommen, ver-
steht kein Mensch ihre Sprache. Sagen wir: ‚Nix verstehen – tschüs' und sind so verloren wie

wenigen in der Stadt existierenden nichtstaatlichen oder konsularischen Beratungsstellen für Ausländer. Nur dort konnten sie mit sprach- und fachkundigem Personal Dokumente vorbereiten, Formulare ausfüllen und sich über Rechtsfragen informieren lassen.

Besonders Vorurteile und kulturelle Unterschiede erschwerten die Kontakte zwischen Deutschen und Ausländern. Auf dem privaten Wohnungsmarkt wurden „Gastarbeiter" benachteiligt, weil sie vermeintlich laut, schmutzig und unzuverlässig waren. In Clubs und Kneipen wurden die Ausländer aufgrund ihres meist auffälligen äußerlichen Bildes und ihrer fremden Art und Weise sich zu verhalten oft als ein Fremdkörper empfunden und mit Misstrauen beobachtet. Mancher deutsche Wirt fürchtete ein Wegbleiben der deutschen Kundschaft und beschloss bestimmten Nationalitäten oder pauschal allen „Gastarbeitern" den Zutritt zu seinem Lokal zu verwehren.[427] Dies kam Mitte der sechziger Jahre auch in Hamburg vor. Erst nachdem die Angelegenheit von der Presse in die Öffentlichkeit getragen worden war, diese empört reagiert und sich ein Konsulat eingeschaltet hatte, konnten die Zutrittsverbote aufgehoben werden.[428] Solche diskriminierenden Erscheinungen hielten sich aber schließlich in der Hansestadt in Grenzen. Italienische und andere ausländische Migranten besuchten anscheinend ohne besondere Probleme viele deutsche Kneipen, aber vor allem Tanzlokale, wo eine jüngere und „weltoffenere" einheimische Kundschaft verkehrte. Die besten Gelegenheiten dazu bot das Vergnügungsviertel St. Pauli, das aufgrund seiner Nähe zum Hafen traditionell mit der Präsenz von Fremden vertraut war.

---

vorher". Siehe: „Gastarbeiter in Hamburg. Jeder braucht sie – keiner will sie", in: Hamburg Heute vom Februar 1971.
[427] Dunkel/Stramaglia-Faggion, Zur Geschichte der Gastarbeiter in München (2000), S. 214.
[428] Hamburger Regierungsdirektor an Innenminister des Landes Schleswig-Holstein/Kiel, Hamburg, 27. September 1966, StAHH, Bestand 136-1, Akte 2251. Die Diskriminierung der Ausländer, die sich in der Verhängung der Zutrittsverbote offenbarte, beruhte aber offenbar nicht immer auf Fremdenfeindlichkeit, wie 1963 ein Wilhelmsburger Wirt der Polizei erklärte: „Seit Jahren verkehren bei mir in erster Linie Gastarbeiter [...] Ich habe mich in früherer Zeit immer für diese Leute eingesetzt und habe auch in Kauf genommen, dass die einheimische Bevölkerung mein Lokal schließlich mied. Es haben sich aber dann die Zwischenfälle mit den Gastarbeitern gehäuft. [...] Die Polizei [kam] innerhalb eines Vierteljahres 126 Mal [...] Daraufhin habe ich schließlich keinen anderen Weg gesehen, als das von mir ausgehängte Schild anzubringen. [...] Ich möchte noch bemerken, dass ich mich schon vor längerer Zeit an die Hamburger Behörden gewandt habe [...] um zu einer Lösung dieses Problems zu kommen. Es ging mir in erster Linie darum, eine Ausweisung der mir durchaus bekannten hauptsächlich Störenfriede und Schläger zu erreichen. Es handelt sich nämlich im Höchstfall um 20 Leute, die, wenn sie unsere Gaststätten nicht mehr besuchen könnten, auch keine Unruhe mehr in die Mehrzahl der durchaus vernünftigen Gastarbeiter bringen würden." Siehe: Protokoll der im Polizeirevier Wilhelmsburg vom Gastwirt H.N abgegebenen Erklärung, Hamburg, 22. August 1963, StAHH, Bestand 136-1, Akte 2251.

Als besonders hilfreich für viele – vor allem männliche – Migranten im Hinblick auf Kontakte mit Deutschen entpuppte sich trotz aller Vorbehalte und Differenzen anscheinend ihr südländisches „exotisches" Aussehen und ihr Ruf als „feurige" Verehrer und Liebhaber. Ende 1960 berichtete das Hamburger Abendblatt, dass „deutsche Mädchen lange Zeit hindurch" das Wohnhaus eines Lokstedter Betriebes, wo Italiener untergebracht waren, „förmlich belagert" hätten. Ein Manager dieses Betriebes habe ferner mitgeteilt, dass „die Initiative ausschließlich bei den deutschen Mädchen" gelegen habe.[429] Gewiss handelte es sich hier um eine Übertreibung, deutsch-italienische Verhältnisse waren jedoch keineswegs rar, auch angesichts der Tatsache, dass die meisten Arbeitsmigranten jung und ledig oder alleinlebend waren. Bereits Mitte 1961 wurden nach Angaben des italienischen Generalkonsulates rund 185 deutsch-italienische Ehen geschlossen.[430] Im Jahre 1965 waren es 198, was für einen Betreuer des Caritasverbandes eine im Vergleich zu anderen Nationalitäten „auffallend große" Zahl von binationalen Eheschließungen darstellte.[431] Binationale Verhältnisse und Ehen litten allerdings nicht selten unter den oft sehr unterschiedlichen kulturellen, religiösen und sozialen Hintergründen der Partner. Es konnte zu verschiedenen Auffassungen gegenüber Komplexen wie Familie, Ehe und Kinder kommen. Um die Beteiligten auf diese Problematik aufmerksam zu machen und um die möglichen Streitpunkte an der Wurzel zu beseitigen, wurde 1969 in der italienischen katholischen Mission ein Ehevorbereitungskurs mit der Beteiligung u. a. eines Arztes, einer Pädagogin und einer Psychologin eingerichtet.[432]

Ein besonderer Bereich, in dem verschiedene Lebensauffassungen und Verhaltensweisen eine Annährung von Deutschen und Ausländern nicht sonderlich erschwerten, war der Sportbereich. Dort zählten weder Wortgewandtheit noch eine „typisch deutsche" Lebensauffassung, sondern in erster Linie die von den Sportlern erbrachten Leistungen. Viele Italiener traten deutschen Sportvereinen bei. Meistens handelte es sich um Fußballvereine (beispielsweise den SC Sternschanze), aber nicht nur. Im November 1970 trafen zwei italienische Boxer aus verschiedenen Vereinen (BC Wilhelmsburg und SV Lurup) im Ring aufeinander und wurden nach einem Bericht des Hamburger Abendblattes von einem „integrierten deutsch-italienische[n] Publikum" angefeuert.[433] Von einem „integrierten" Publikum zu sprechen ist sicher eine journalistische Simplifizierung, aber die

---

[429] „Lokstedts italienische Gäste kamen geschlossen zurück", in: Hamburger Abendblatt vom 20. Dezember 1960.

[430] Hierbei handelt es sich um Angaben des italienischen Generalkonsulats in Hamburg.

[431] Niederschrift über eine Besprechung am 22. Juni 1966, Arbeits- und Sozialbehörde Landessozialamt/Hamburg, AFZH, Bestand 556-8.

[432] CHH (Hg.), JaBerCHH 1969 (1970), S. 3.

[433] „Italienische Gastarbeiter im Boxring", in: Hamburger Abendblatt vom 25. November 1970.

gemeinsame Leidenschaft für eine Sportart stellte häufig einen gemeinsamen Nenner in der deutsch-ausländischen Beziehung dar.

Nicht nur erwachsene Migranten, sondern auch die in Deutschland lebenden Migrantenkinder mussten, wie bereits erwähnt, mit zahlreichen Schwierigkeiten im Umgang mit den Deutschen rechnen. Mitte der siebziger Jahre ergab eine Umfrage unter Schulkindern (977) aus 16 Schulen in drei Hamburger Stadtteilen, dass deutsche Schüler lieber in Gesellschaft von deutschen als von ausländischen Klassenkameraden waren und deutsch-ausländische Kontakte kaum über die Klasse hinaus gingen.[434] Bei der Beurteilung der Gründe für die mangelnde Akzeptanz der ausländischen Klassenkameraden seitens der Deutschen nahm die Sprachkompetenz den ersten Platz ein.[435] Auch in diesem Fall spielten also die Sprachkenntnisse eine entscheidende Rolle. Sprachlich bedingte Probleme wurden ferner von sozialen Unterschieden und vom Konflikt zwischen dem familiären kulturellen Hintergrund und der Kultur, die von der deutschen Gesellschaft und Schule vermittelt wurde, verschärft. Besser erging es in dieser Hinsicht den Kindern, die aus binationalen Ehen hervorgingen, da sie offenbar immer einem starken sprachlichen und kulturellen Einfluss seitens des deutschen Familienteiles ausgesetzt waren und deshalb den Klassenkameraden „integrierter" erschienen.

Schwierigkeiten im Umgang mit den Fremden, seien es die „Gastarbeiter" für die Deutschen oder die Deutschen für die „Gastarbeiter", konnten sich in unterschiedlichen Abstufungen manifestieren – was von der Anpassungsbereitschaft und auch der Wahrnehmung der einzelnen Beteiligten abhängig war –, waren letztendlich aber aufgrund der Umstände der Migration vorprogrammiert. Insgesamt gestaltete sich im Allgemeinen die deutsch-ausländische Beziehung sehr schwierig. Mitte der achtziger Jahre stellte eine Untersuchung anhand einiger Interviews (33) fest, dass es anscheinend in Hamburg zu keinen intensiven Beziehungen zwischen Deutschen und Ausländern, sondern lediglich zu einem „konfliktarmen Nebeneinanderleben" der zwei Gruppen gekommen war.[436] Dieses findet im Wesentlichen in anderen damaligen Untersuchungen über die Lebensverhältnisse von Ausländern in Hamburg Bestätigung. Ausländische Frauen bedauerten beispielsweise, dass Kontakte zu deutschen Nachbarn selten mehr als unpersönlich und oberflächlich blieben, selbst wenn die Kinder miteinander spielten.[437] Bereits 1971 brachte eine Hamburger Journalistin das Problem auf dem Punkt: „Sie [die Ausländer –

---

[434] Schildmeier u. a., Ausländische Arbeitnehmer in Hamburg (1975), S. 140.

[435] Ebenda, S. 146.

[436] Bonacker/Häufele, Grosstädtische Wohn- und Lebensverhältnisse (1986), S. 219f.

[437] Leitstelle Gleichstellung der Frau des Senats (Hg.), Ausländerinnen in Hamburg, Hamburg 1982, S. 32f.

E.M.] arbeiten in Hamburg – leben tun sie nicht mit uns".[438] Mit der Zeit scheint
sich allerdings für die damaligen Zuwanderer diese Lage verbessert zu haben, was
wahrscheinlich auf einen langjährigen gegenseitigen Annährungsprozess zurückzuführen ist: viele Deutsche gewöhnten sich an eine stärkere kulturelle Vielfalt
und die Ausländer passten sich gleichzeitig der deutschen Umwelt an. Eine Umfrage unter italienischen und anderen ausländischen Senioren (Portugiesen, Türken, Polen, Jugoslawen, Iraner) aus dem Jahre 1996 zeigte, dass fast alle Befragten deutsche Freunde und Bekannte hatten und sich auch des Öfteren mit ihnen
trafen.[439]

4.4.8.   Kontakte zwischen „alteingesessenen" Italienern und neuen Migranten

Die „alteingesessenen" Italiener hatten mit den neuen italienischen Migranten
wenig gemeinsam, angefangen bei der Herkunft. Erstere stammten fast ausschließlich aus dem Norden und letztere aus dem Süden Italiens, was große kulturelle und auch sprachliche Unterschiede bedeutete. Viele der in Hamburg lebenden „alteingesessenen" Italiener fühlten sich außerdem zwar noch „italienisch",
waren aber gesellschaftlich völlig integriert und bewegten sich nicht wie ihre
„Landsleute" auf der untersten Sprosse der sozialen Leiter. Bereits in der zweiten
Generation war einigen von ihnen ein beruflicher und sozialer Aufstieg gelungen.
Der Interviewpartner G. G. begann in den zwanziger Jahren seine berufliche Kar-
riere als Eisverkäufer für seinen Vater und wurde später ein sehr wohlhabender
Schiffsausrüster. Ein weiterer Interviewpartner, V. Picchi, Sohn eines italienischen Terrazzounternehmers, studierte und erreichte den Doktortitel und arbeitete
vor und nach dem Zweiten Weltkrieg lange Jahre als Leiter der italienischen Handelskammer in Hamburg. In den nachfolgenden Generationen setzte sich diese berufliche Integration fort. Ein Paradebeispiel ist der heutige Steuerberater F.
Ginocchio, der Nachfahre einer ligurischen Familie, die sich um die Jahrhundertwende in Altona ansiedelte und auf den Straßen Scherzartikeln feilbot. Das „Ita-
lienischsein" dieser Personen war das einzige Bindeglied zu den neuen Migranten.
Manche hatten noch Kontakte zu Verwandten in Italien[440] oder unterhielten aufgrund ihrer Tätigkeiten Handelsbeziehungen zu Italien (beispielsweise die Importeure), keiner hegte aber ernsthaft den Gedanken Deutschland für die italienische
„Heimat" zu verlassen. Alle hatten ihr ganzes Leben lang in Hamburg gelebt, dort

---

[438] „Gastarbeiter in Hamburg. Jeder braucht sie – keiner will sie", in: Hamburg Heute vom Februar 1971.

[439] Kauth-Kokshoorn, Älter werden in der Fremde (1998), S. 157.

[440] Die um die Jahrhundertwende in Hamburg ansässig gewordenen ligurischen Familien Cuneo
und Ginocchio unterhalten beispielsweise gegenwärtig noch Beziehungen mit Familienmitgliedern in Ligurien. Für diese Behauptung stütze ich mich auf die Aussagen von Maria Marchi (Name geändert. Geb. Cuneo) vom 15. Mai 2001 und von Franco Ginocchio vom 20. April
2001.

die Schule besucht und gearbeitet, sprachen besser Deutsch als – wenn überhaupt
– Italienisch, waren meist mit Deutschen verheiratet oder stammten selber schon
aus einer binationalen Familie und betrachteten die Hansestadt und Deutschland
als ihre Heimat. Dennoch war dieses Italienischsein-Gefühl bei manchen älteren
„alteingesessenen" Italienern – zum Teil vermutlich auch aufgrund der faschistischen Versuche, die Italianität unter den Emigranten zu stärken – anscheinend tief
verankert. Einige „Alteingesessene" setzten sich, wie bereits dargestellt, energisch
für die in den ersten Nachkriegsjahren in Hamburg verkehrenden Italiener ein –
bezeichnenderweise handelte es sich dabei oft um Personen, die an den Aktivitäten des *Fascio* in Hamburg teilgenommen hatten. Dieses Engagement wurde in
den sechziger und siebziger Jahren, als die italienische Präsenz in der Stadt aufgrund massiver Arbeiterzuwanderung deutlich zunahm, in Zusammenarbeit mit
dem italienischen Generalkonsulat und der italienischen katholischen Mission
verstärkt fortgesetzt.

So kam es trotz der großen Differenzen in der regionalen und sozialen Herkunft
und im Grad der Integration in der Aufnahmegesellschaft zu Kontakten zwischen
„alteingesessenen" und neuen italienischen Migranten. Weitere Kontakte ergaben
sich etwa in der Freizeit der Migranten, da viele von ihnen die 1905 gegründete
italienische Gastwirtschaft „Cuneo" auf St. Pauli besuchten. Zu Kontakten kam es
aber vornehmlich durch die Beschäftigung von italienischen Migranten seitens der
Betriebe, die von alteingesessenen Italienern gegründet und geführt wurden.[441] Es
handelte sich dabei vor allem um einige Terrazzowerke (etwa drei), die um die
Jahrhundertwende gegründet worden waren und die zwei Weltkriege überstanden
hatten. Zur Zeit der Beschäftigung der neuen italienischen Migranten stellten
allerdings diese Betriebe kaum mehr *Terrazzo* her, da dies nach einer Blütezeit in
den Jahren des Wiederaufbaues in den sechziger und siebziger Jahre weniger
nachgefragt wurde und die Terrazzowerke ihre Produktion auf Betonartikel
(Waschbetonplatten usw.) umstellten.[442] Vor allem bei diesen Begegnungen außerhalb der italienischen Betreuungsstrukturen zeigte sich, dass die „Alteingesessenen" kaum mehr etwas mit den neu angekommenen Italienern gemeinsam hatten. So wie die Interviewpartner über ihre Erfahrung im Umgang mit italienischen
Arbeitern berichten, blickten sie mit großem Verständnis und Wohlwollen auf
ihre „Landsleute", ansonsten aber verlief die Kommunikation wie zwischen
„normalen" deutschen Arbeitgebern und ihren italienischen Arbeitskräften. Frau I.
Rizzotti, die das Unternehmen ihres Vaters in Blankenese leitete, sprach „haupt-

---

[441] „Deutsche Arbeitskräfte waren fast überhaupt nicht zu rekrutieren und da habe ich mich sehr
       stark auf Ausländer stützen können. [Das] waren im Grunde Türken in erster Linie, und dann
       hatten wir aber auch Italiener, etliche, das waren zum größten Teil Sizilianer. Zwei Neapolita-
       ner waren auch dabei". Siehe: Interview mit H. Monti, FZH, WdE Sig. 703, Interview vom 20.
       November 2000, S. 3.
[442] Ebenda.

sächlich auf Deutsch" und lediglich „aushilfsweise so'n bisschen auf Italienisch" mit ihren sizilianischen Arbeitern.[443] Dass eine Unterhaltung auf Italienisch nicht funktionierte, lag wohl daran, dass weder Frau Rizzotti. noch die sizilianischen Arbeiter des Hochitalienischen wirklich mächtig waren. Erstere aufgrund der unzureichenden Praxis und der Tatsache, dass sie Friaulisch von ihren Eltern gelernt hatte, und Letztere aufgrund der meist sehr geringen Schulbildung.

Es kam also zu Kontakten zwischen „Alteingesessenen" und neuen Migranten, aber sie waren eher sporadisch oder zufällig. Es begegneten sich dabei ferner Personenkreise, die in vielerlei Hinsicht kaum etwas Gemeinsames hatten. Auch deshalb mündeten vermutlich diese Begegnungen nicht in der Entwicklung eines national-italienischen sozialen Gefüges bzw. von Organisationen, die verschiedene Zuwanderergenerationen integrierten. Manche „Alteingesessene" pflegen noch heute Kontakte zueinander und treffen sich gelegentlich, allerdings nicht in einem „altitalienischen Kreis", sondern innerhalb mehrerer informeller Bekanntschaftskreise. Ehemalige italienische „Gastarbeiter" und ihre Familien gehören anscheinend zu keinem dieser altitalienischen Kreise. Diese kommen heute, nach dem Ende des Betreuungs-Ausnahmezustands der sechziger Jahre, als sich manche Altitaliener für sie einsetzten oder sie für manche von ihnen arbeiteten, ausgesprochen selten mit den „Alteingesessenen" in Berührung.

5.   Die gegenseitige Wahrnehmung von Hamburgern und Italienern nach dem Zweiten Weltkrieg

Wie bereits im Kapitel III.5.1 dargestellt, basierte die gegenseitige Wahrnehmung von Deutschen und Italienern im Deutschland um 1900 auf Stereotype und ethnische Vorurteile, die im Laufe jahrhundertelanger Kontakte zwischen den zwei Völkern entstanden waren. Die Italiener bewunderten die Deutschen für ihren vermeintlichen Sinn für Ordnung, Fleiß und Disziplin, sie hielten sie aber auch für wenig lebensfroh und kühl. Auch Deutschland selbst wurde wie seine Bewohner als kühl und unfreundlich angesehen. Die Deutschen dagegen bewunderten traditionell Italien aufgrund seines Klimas und seiner Geschichte, sahen aber die Italiener selbst ziemlich negativ. Sie seien einerseits lebhaft und schön, aber andererseits vor allem faul, schmutzig, unordentlich, individualistisch, aggressiv und nicht sonderlich aufrichtig. Selbst das Intermezzo der nationalsozialistisch-faschistischen Freundschaft in den dreißiger Jahren hatte an der geteilten Bewunderung der Italiener für die Deutschen und der herabsehenden Einstellung der Deutschen gegenüber den Italienern nicht viel geändert.

---

[443] Interview mit I. Rizzotti, FZH, WdE Sig. 685, Interview vom 7. Dezember 2000, S. 16.

Alte stereotype und ethnische Vorurteile prägten auch die deutsch-italienische Wahrnehmung in Deutschland nach dem Zweiten Weltkrieg, als in der BRD die „Gastarbeiter" erschienen. Die italienische „Gastarbeiter"-Migration und die früheren italienischen Zuwanderungsströme ähnelten sich in vielerlei Hinsicht. Es handelte sich in beiden Fällen um eine Migration von meist jungen, wenig gebildeten und wenig qualifizierten männlichen Arbeitern, die nicht auf eine Zukunft im Zielland, sondern vielmehr auf eine rasche Heimkehr orientiert waren. Sie hielten deshalb einen strikten Sparkurs ein, der sich zwangsläufig auf ihre Lebensverhältnisse niederschlug. In den sechziger und siebziger Jahren lebten in Hamburg wie in ganz Deutschland viele ausländische Arbeiter zusammengepfercht in kasernenartigen, aber billigen Firmenunterkünften oder in sanierungsbedürftigen Häusern. Diese Zustände belebten wieder das wohlbekannte Stereotyp des heruntergekommenen italienischen Arbeiters. 1965 behauptete beispielsweise ein Manager einer großen Hamburger Firma in einem Schreiben an die Hamburger Handelskammer, dass „bekanntlich unsere italienischen Gastarbeiter in ihren Gepflogenheiten unordentlich und unsauber sind".[444] Wie in der Vergangenheit wurden nach dem Zweiten Weltkrieg die italienischen Migranten nicht nur für unsauber, sondern auch für heißblütig und aggressiv gehalten. Parallel und in völligem Widerspruch zu diesen negativen Stereotypen genossen sie jedoch weiterhin das unerschütterliche Image des freundlichen, warmherzigen und gemütlichen Südländers, der aus dem „Sonnenparadies"[445] jenseits der Alpen kam.[446]

Auch in der Wahrnehmung der Deutschen seitens der Italiener hatte sich in den sechziger Jahren seit der Jahrhundertwende nicht viel geändert. Kälte und Verschlossenheit, aber auch Ordnung, Sauberkeit, Disziplin, Aufrichtigkeit und Leistungsfähigkeit wurden weiterhin als „typisch deutsch" erachtet.[447] Besonders bewundert, vor allem von den italienischen Migranten, wurde ihre Aufrichtigkeit und Leistungsfähigkeit. 1966 wollte ein ehemaliger Migrant, der schwer krank in einem italienischen Hospital lag, unbedingt wieder nach Hamburg gebracht werden, wo er eine Zeit lang gearbeitet hatte, weil er den Ärzten des Hamburger Krankenhauses „tiefes Vertrauen schenkte" und man ihn dort sicher „besser behandelt hätte".[448] Ein weiterer Italiener meldete sich aus Italien beim italienischen katholischen Missionar in Hamburg mit der Bitte ihm dort eine Arbeit zu besor-

---

[444] Schreiben an die Handelskammer Hamburg, Hamburg, 31. August 1965, AHH, Bestand R 304/2 b, Bd. 1.

[445] „Salvatore baut zwei Häuser zugleich", in: Hamburger Abendblatt vom 11. März 1970.

[446] Mazza Moneta, Deutsche und Italiener (2000), S. 123-133.

[447] Ebenda, S. 77-80.

[448] Familie G. an italienischen katholischen Missionar in Hamburg, Italien, 20. Dezember 1966, Briefwechsel des Sozialarbeitbüros der Caritas für Italiener bei der MCI in Hamburg 1966/1967. Privatbesitz Luigi Giorgio.

gen, weil er gehört habe, dass dort „keine Unterschiede zwischen lokalen und ausländischen Arbeitskräften" gemacht werden würden.[449]

Während sich heute dieser italienische Blick auf die Deutschen nicht wesentlich
geändert zu haben scheint, erfreuen sich dagegen die Italiener in Hamburg sowie
deutschlandweit offenbar eines positiveren Images als früher. Dies hat mit verschiedenen Faktoren zu tun. Dazu kann vermutlich das Ende der Arbeiterzuwanderung aus der Halbinsel gerechnet werden sowie die Tatsache, dass heute Italien
zu den industrialisiertesten und wohlhabendsten Ländern der Welt zählt. Der erste
Faktor hat die Angst vor einer italienischen „Überfremdungsgefahr" gestoppt und
der zweite für eine positivere Perzeption des Landes und seiner Bewohner
gesorgt. 1997 titulierte bezeichnenderweise die Zeitschrift „Hamburger Wirtschaft": „Geschäftspartner Italien: Von wegen ‚dolce far niente'[‚süßes Nichtstun'
– E.M.]".[450] Hinzu kommt das zunehmend von den Medien verbreitete positive
Italienbild (wenn nicht gerade in politischer Hinsicht, so zumindest im Sinne des
savoir vivre!). All dies hat zweifellos dazu beigetragen, das Profil der Italiener in
Deutschland in den letzten Jahren zu verbessern. Aus den jüngsten Umfragen geht
hervor, dass Italienern weiterhin alte Eigenschaften wie besonderes Temperament,
Aufgeschlossenheit und mangelnde Gründlichkeit zugeschrieben werden. Nun
werden sie aber auch erstmals als sauber und modern angesehen.[451] Viele traditionelle Schattenseiten des Italiener-Bildes, die im Grunde genommen vor allem auf
die frühere Begegnung mit armen Personen zurückzuführen waren, sind in den
Hintergrund gedrängt worden. Die heute in der BRD präsente Angst vor der sogenannten Überfremdung richtet sich eher gegen Einwanderer aus anderen Weltre-
gionen, die fremdere Kulturen mitbringen und von weniger positiven Stereotypen
begleitet werden. Es ist bezeichnend, dass, anders als in den sechziger und siebziger Jahren, Italiener sowie andere heutige EU-Bürger wie Spanier, Portugiesen
usw., die in Deutschland leben, gegenwärtig in der deutschen Presse kaum mehr
als „Problemgruppen" auftauchen. Die neuen „Fremden", auf die sich alle Aufmerksamkeit konzentriert, kommen nun aus Ländern jenseits der EU-Grenzen.[452]

---

[449] Herr T. an italienischen katholischen Missionar in Hamburg, Italien, 29. April 1966, Briefwechsel des Sozialarbeitbüro der Caritas für Italiener 1966/1967. Privatbesitz Luigi Giorgio.

[450] „Geschäftspartner Italien: Von wegen ‚dolce far niente'", in: Hamburger Wirtschaft vom August 1997.

[451] Mazza Moneta, Deutsche und Italiener (2000), S. 128f.

[452] Die Zeitschrift "Der Spiegel" titulierte am 17. Juni 2002 bezeichnenderweise: „Ansturm der
Migranten. Europa macht dicht", wobei miteinbegriffen ist, dass nun nicht mehr nur Deutschland, sondern die ganze Europäische Union als zu verteidigende Einheit wahrgenommen wird.

6.   Vom Italiener zum Hamburger? Stabilisierungs- und Integrationsmomente nach dem Zweiten Weltkrieg

In den sechziger Jahren war die italienische Gruppe in Hamburg von sehr starken Zu- und Abwanderungsbewegungen der Gruppenmitglieder gekennzeichnet (vgl. Kap. V.4.1.5). Viele italienische Migranten kamen wie schon um die Jahrhundertwende nur temporär nach Deutschland bzw. nach Hamburg. Sie wollten nicht emigrieren, sondern nur in möglichst kurzer Zeit im Ausland viel arbeiten und viel Geld beiseite legen, um sich mit dem Ersparten bessere Zukunftsperspektiven im Heimatland sichern zu können, eine selbstständige Aktivität, den Erwerb eines Hauses oder eines Stück Landes. Gleichwohl neigten viele von ihnen auch zur Ortsansässigkeit, beispielsweise weil sie einen deutschen Partner hatten. Die guten Arbeitsperspektiven in Deutschland bewogen ferner viele bereits verheiratete Migranten, die mit der Absicht bald wieder heimzukehren, alleine ausgewandert waren, ihre Familien aus dem Heimatland zu holen. 1968 meldete der italienische katholische Missionar in Hamburg, dass die Zahl der Familien „ständig" steige.[453] Dies lässt sich auch an zwei Indikatoren beobachten, an der Zahl der italienischen Frauen und der italienischen Kinder in der Stadt. 1961 waren lediglich 17 Prozent der in Hamburg gemeldeten Italiener weiblichen Geschlechtes.[454] Doch später stieg der Frauenanteil langsam, aber stetig. Ende September 1969 war er auf etwa 22 Prozent angewachsen.[455] Da alleinstehende italienische Frauen selten die Möglichkeit wahrnahmen im Ausland zu arbeiten, war ein großer Teil dieser Frauenzuzüge sicher Familienzusammenführungen zuzuschreiben. Infolge der Familienzusammenführungen stieg auch die Zahl der italienischen Kinder und Jugendlichen stetig an. Nach Angaben der italienischen katholischen Mission lebten 1964 etwa 430 unter 14 Jahre alte Kinder in Hamburg.[456] 1971 sollen sogar weit mehr als 1.000 Kinder unter 16 Jahren in der Hansestadt gelebt haben.[457] Die Präsenz der Familie und die Möglichkeit langfristig arbeiten zu können, waren Faktoren, die eine Reduzierung der Mobilität und eine Verstärkung der Niederlassungstendenzen nach sich zogen. Wie die Gründung mehrerer italienischer Vereinigungen in den siebziger Jahren belegt, orientierte sich damals ein Einwandererkern auf einen längerfristigen Verbleib in der Stadt. Wie schon für die Zuwanderer vor dem Ersten Weltkrieg stellten die Organisationen eine Antwort dar auf die neuen Lebensbedürfnisse, die mit einer längerfristigen Niederlassung verbunden waren. Sie waren Interessenvertretungen gegenüber dem italienischen Staat bzw. General-

---

[453] JaBerMCI 1968, BAO, Bestand 06-11-20, Akte 5/ Italienerseelsorge/ Regionen/ Einzelne Orte/ Raum Osnabrück 1964 – 1976.

[454] StatLHH (Hg.), StatHS, Heft 71 (1965), S. 94.

[455] CHH (Hg.), JaBerCHH 1969 (1970), S. 1.

[456] CHH (Hg.), JaBerCHH 1964 (1965), S. 2.

[457] JaBerMCI 1971, BAO, Bestand 06-11-20, Akte 5/ Italienerseelsorge/ Personalia 1962 – 1968.

konsulat oder gegenüber deutschen Instanzen und gleichzeitig Orte der Solidarität und der Geselligkeit und stellten dabei auch ein Refugium vor dem allgegenwärtigen Anpassungsdruck dar.

In den siebziger Jahren kam es also zu einer langsamen Konsolidierung der italienischen Präsenz in Hamburg. Viele Migranten hatten beschlossen sich in der Stadt niederzulassen. Während sich allerdings viele binationale Familien eher auf einen dauerhaften Verbleib orientierten, hofften die italienischen Familien in absehbarer Zeit in die Heimat zurückkehren zu können. Aus vielerlei Gründen, sei es, weil die Ersparnisse nie ausreichten, sei es, weil die Kinder ihre schulischen und beruflichen Ausbildungen in Deutschland beenden sollten, verschob sich jedoch für viele dieser Familien die Zeit der Rückkehr ständig. Die meisten ehemaligen „Gastarbeiter" mussten nach vielen Jahren in Deutschland schließlich feststellen, dass sich mit der Zeit ihre Bindungen zu Italien gelockert und die zum Aufnahmeland gestärkt hatten. In Italien hatten manche dank ihrer in der „Ferne" hart erarbeiteten Ersparnisse Wohnungen gekauft oder Häuser gebaut, aber ihre ganze Familie (Kinder und Enkelkinder) lebte mittlerweile meistens in Deutschland, und es fehlte ihnen somit an engen Familienangehörigen in der Heimat. Ihr Lebensmittelpunkt hatte sich somit nach Deutschland verlagert. Hinzu kam, dass sie mit den deutschen sozialen Verhältnissen vertraut waren und Angst hatten – vor allem was die medizinische Versorgung anbelangte –, in Italien nicht mehr zurecht zu kommen. Einige betrieben in Deutschland gut laufende Geschäfte, die sie für eine unsichere Zukunft nicht aufgeben wollten. Oft hatten sie auch den Anschluss an die italienische gesellschaftliche Entwicklung verpasst und fühlten sich mit ihren in der „Ferne" quasi unter der Glasglocke hochgehaltenen „Traditionen" selbst in Italien nicht mehr wirklich „daheim".

Wie in den Kapitel V.4.1.1 dargestellt, dürfte dieser Einwandererkern einen Umfang von etwa 6.000 Personen gehabt haben. Zwar hat heute die italienische Gruppe in Hamburg nicht gänzlich den ursprünglichen Charakter einer temporären Arbeiteransiedlung verloren (vgl. Kap. V.4.1.5), die meisten der in der Stadt lebenden Italiener sind jedoch ehemalige „Gastarbeiter" und ihre Familien sowie die Nachfahren der Zuwanderer der Jahrhundertwende. 1997 lebten gut 81 Prozent der Italiener seit länger als zehn Jahren in Hamburg.[458]

Wie die bereits Mitte der sechziger Jahre große Zahl von deutsch-italienischen Eheschließungen andeutet (vgl. Kap. V.4.4.7), scheinen auch die „Gastarbeiter", ähnlich wie die italienischen Zuwanderer vor 1914, relativ kontaktfreudig und aufgeschlossen gegenüber der sie umgebenden deutschen Gesellschaft gewesen zu sein. Die große Zahl an binationalen Ehen deutet auch auf eine verhältnismäßig

---

[458] StatLHH (Hg.), Amburgo e i suoi partners. L'Italia (1999).

reibungslose gesellschaftliche Eingliederung vieler zugewanderter Italiener hin –
wenn auch Unterschiede in der Lebensauffassung oft für große Schwierigkeiten
unter Partnern sorgten. Diese Migranten erlernten relativ schnell die deutsche
Sprache, wurden nicht oder weniger mit Diskriminierungserscheinungen – beispielsweise bei der Wohnungssuche oder bei der Erledigung von behördlichen
Angelegenheiten – konfrontiert, ihre Kinder wurden im Umgang mit der deutschen Umwelt von dem linguistischen und kulturellen Einfluss des deutschen Elternteiles sehr begünstigt. Die meisten italienischen Zuwanderer und ihre Kinder
genossen aber keine solche Sonderstellung. Offene Diskriminierungen seitens der
Einheimischen waren ebenso wie gesellschaftliche Ausgrenzung für sie keine sel-
tene Erscheinung. Hinzu kam, dass in italienischen Familien auch im Hinblick auf
eine zukünftige Heimkehr oft heimatliche Lebensauffassungen – in Fragen der
Familie, der Ehe, der Bildung usw. – besonders hochgehalten wurden. Eine archa-
ische Familienverband-Mentalität aus landwirtschaftlich geprägten Regionen
prallte somit gegen das extrem individualistische Denken und Handeln einer modernen Industriegesellschaft. Zwei ganz unterschiedliche Welten kollidierten miteinander, und die mangelnden Sprachkenntnisse der Migranten machten die gegenseitige Verständigung oft noch schwieriger.

Für diejenigen Migranten, die bis heute in Hamburg geblieben sind, scheint sich
mittlerweile diese Situation zugunsten einer besseren gesellschaftlichen Integration geändert zu haben.[459] Diese ging für viele ehemalige italienische „Gastarbeiter" Hand in Hand mit einem neuen Zugehörigkeitsgefühl zum Aufnahmeland.
Mehr als die Hälfte der in einer Untersuchung aus dem Jahre 1997 befragten, in
Hamburg lebenden italienischen Senioren sagten aus, Deutschland sei ihnen „zur
zweiten Heimat geworden" und weitere zehn Prozent, dass sie sich in Deutschland
„mehr Zuhause als in der Heimat fühlen" würden. Allerdings fühlte sich trotz allem ein Drittel von ihnen in der BRD „weiterhin fremd".[460] Es handelt sich dabei
vermutlich vor allem um Italiener, die aus beruflichen und/oder familiären Gründen von ihrem langjährigen Deutschlandaufenthalt enttäuscht sind und nicht zurückkehren können weil sie in Italien keine Kontakte mehr haben. Dieser Frust
wird oft von Sprachproblemen verschärft. Ältere Italiener verfügen zwar über eine
im Vergleich zu den anderen befragten Ausländergruppen vergleichsweise hohe
Sprachkompetenz, sie ist aber allein betrachtet immer noch relativ schlecht. Die
Gründe für die mangelnden Sprachkenntnisse liegen in der Tatsache, dass die
meisten von ihnen zum einen eine schlechte Vorbildung (wenig Schuljahre) mitbrachten und zum anderen die Sprache von den Arbeitskollegen lernten. Letzteres
führte dazu, dass sie sich lediglich ein meist sehr rudimentäres Deutsch aneigne-
ten. Hinzu kam, dass sie aus Zeitmangel oder weil sie dachten in kurzer Zeit wie-

---

[459] Kauth-Kokshoorn, Älter werden in der Fremde (1998), S. 157.
[460] Ebenda, S. 60.

der heimzukehren, Deutschkurse nicht wahrnehmen konnten oder wollten. Bei
Frauen ist die Lage oft sogar schlechter als bei Männern, da sie oft als Hausfrauen
zu Hause blieben und sich somit nicht einmal elementare Deutschkenntnisse
durch den Kontakt zu Arbeitskollegen aneignen konnten.[461] Nicht wenige italienische Migranten sprechen weiterhin ein gebrochenes Deutsch, haben deshalb hin
und wieder Probleme im Umgang mit der deutschen Umwelt und fühlen sich somit nicht „daheim". Es wundert also nicht, dass viele ältere italienische Migranten
die Freizeit oft im Kreise von Landsleuten in ethnischen Vereinen verbringen, die
gern aufgesuchte Zufluchtsorte vor der immer noch als „fremd" empfundenen
deutschen Umwelt darstellen.

Durch den Besuch italienischer Vereine in Hamburg viel auf, dass dort allerdings
wenig Angehörige der zweiten und dritten Italienergeneration verkehren. Für sie
scheinen also diese Vereine an Bedeutung zu verlieren. Wahrscheinlich schwächen sich für die jungen Italiener die Probleme ab, auf welche die erste Generation mit der Gründung dieser Organisationen reagierte. Es wurde bereits erwähnt,
dass in Sachen binationaler Ehen und Freundschaften sowie Aufenthaltsorientierung und Lebenszufriedenheit junge Italiener in Deutschland weit vor Personen
mit anderer ausländischer Herkunft rangieren. Einige Indikatoren sprechen also
dafür, dass die Kinder und Kindeskinder der italienischen „Gastarbeiter" mittlerweile einen hohen Grad an gesellschaftlicher Integration erreicht haben. Diese positive Entwicklung ist vermutlich teilweise auch auf den Wandel in der Rezeption
der Italiener seitens der Deutschen zurückzuführen. Viel wichtiger war jedoch,
dass, obwohl der Kontakt mit der deutschen Umwelt für die „zweite Generation"
nicht einfach war, dieser dennoch dazu führte, dass sie Lebensvorstellungen entwickelten, die sich von den „traditionellen" Erwartungen der italienischen Familie
entfernten und sich den Vorstellungen der deutschen Gleichaltrigen annäherten,
was innerfamiliäre Konflikte auslösen konnte, aber die Integration begünstigte.[462]
Obwohl allerdings die jungen Italiener gegenwärtig gesellschaftlich integriert zu
sein scheinen, sind sie wie bereits angedeutet in Sachen schulischer Bildung,

---

[461] Ebenda, S. 157–161.

[462] Eine Ende der achtziger Jahre im Rahmen einer Reihe von Gesprächen mit jungen Ausländerinnen interviewte Italienerin erklärte beispielsweise, dass sie mehr Bewegungs- und Ent-
scheidungsfreiheit und eine gute schulische und berufliche Ausbildung genießen, arbeiten und
finanziell unabhängig sein wollte. Um diese Ziele zu erreichen, hätte sie sich innerhalb der
Familie energisch durchsetzen müssen. Interviewtext im Anhang zu: Cornelia Bock, Ausländische Mädchen in Hamburg. Zur Situation ausländischer Mädchen in Schule und Beruf,
Hamburg 1988. Die Studie von C. Bock basiert u. a. auf 87 Interviews mit ausländischen
Mädchen. Diese Gespräche wurden aber größtenteils mit türkischen Mädchen (61) und kaum
mit jungen Italienerinnen (4) geführt. Andere derartige Interviewreihen mit Vertretern der
„zweiten Generation" liegen für Hamburg nicht vor und konnten im Rahmen dieser Arbeit
nicht geleistet werden. Um die Entwicklung der Lebensverhältnisse junger Italienerinnen in
der Stadt analysieren zu können, bedarf es einer eigenen Untersuchung.

beruflicher Qualifizierung, Zugang zur Arbeitswelt und beruflicher Positionierung sehr wenig erfolgreich und das nicht nur im Vergleich zu den Deutschen, sondern auch zu Ausländern aus anderen ehemaligen Anwerbestaaten.

Festzuhalten ist also, dass sich gegenwärtig junge Italiener im Vergleich zur „Gastarbeitergeneration" mittlerweile zwar *in*, aber in mancher Hinsicht allzu oft auch *am Rande* der Aufnahmegesellschaft befinden.

VI.   ZUSAMMENFASSUNG

Der Blick auf die Geschichte der italienischen Zuwanderung im Hamburger Raum, d.h. nach Hamburg und in die (ehemals) Nachbarstädte Altona, Harburg und Wandsbek, hat gezeigt, dass die italienische Präsenz dort Wurzeln hat, die bis ins 16. Jahrhundert zurück reichen. Zunächst handelte es sich nur um wenige Personen. Lange Zeit lebten im Hamburger Raum vor allem italienische Kaufmannsfamilien, für die die Hansestadt einen optimalen Standort für die Abwicklung ihrer internationalen Geschäfte darstellte, aber auch italienische Handwerkerfamilien, die Fertigkeiten anboten, die in Deutschland hoch begehrt waren.

In der zweiten Hälfte des 19. Jahrhunderts, als eine italienische Massenarbeitswanderung nach Deutschland einsetzte, stieg die italienische Präsenz im Hamburger Raum – wo Italiener sich ohne Einschränkungen niederlassen und beruflich tätig sein konnten – deutlich an. Waren bis zu diesem Zeitpunkt nur wenige italienische Familien in Hamburg anzutreffen, befanden sich in den Jahren vor dem Ersten Weltkrieg etwa 1.000 Italiener dort. Der Hamburger Raum hatte damit die größte italienische „Kolonie" in Norddeutschland, gehörte aber eindeutig nicht zu den Hauptzielen der italienischen Deutschlandwanderung im Kaiserreich. Es handelte sich offenbar größtenteils um Migranten, die sich nur temporär dort aufhielten. Alles deutet darauf hin, dass die italienische Zuwanderung größtenteils aus jungen, männlichen und hochmobilen Bauarbeitskräften bestand, die nur anlässlich außerordentlicher Bauvorhaben im Hamburger Raum Beschäftigung fanden und anschließend weiterzogen oder heimkehrten. Dass es sich meistens um solche Wanderarbeiter handelte, hing vermutlich zum einen mit den Charakteristika der damaligen italienischen Deutschlandwanderung und zum anderen mit der Wirtschaftsstruktur des Hamburger Raumes zusammen. Die italienischen Migranten, die sich zwischen 1871 und 1918 ins Kaiserreich begaben, waren größtenteils wenig qualifizierte, männliche Arbeiter, die sich vor allem in Sektoren konzentrierten, in denen sie am Saisonende wieder heimkehren konnten. Sie konzentrierten sich demnach vorwiegend im Baugewerbe und in der Industrie der Steine und Erden (Ziegeleien und Steinbruch). Branchen, in denen relativ leicht ausführbare Tätigkeiten verrichtet wurden und die von einer starken saisonalen Fluktuation gekennzeichnet waren. In ganzjährigen Berufszweigen, die eine langfristige Niederlassung erforderten, waren sie hingegen kaum anzutreffen. Gerade auf diese Berufszweige – unter anderem Schiffbau und Zulieferbetriebe, Nahrungs- und Genussmittelindustrie und Textilindustrie – stützte sich aber die um die Jahrhundertwende boomende Wirtschaft des Hamburger Raums. So kam dort für ungelernte italienische Arbeiter lediglich, wenn überhaupt, das Baugewerbe als Auffangbecken in Frage. Zwar stieg nach der Jahrhundertwende im Kaiserreich die Zahl der Italiener in Sektoren mit ganzjährigen Berufen, in Hamburg aber und seinen Nachbarstädten, anders als in Süddeutschland, stießen sie auf die stärkere Konkurrenz anderer Arbeitsmigranten wie z.b. der Polen, die traditionell zum Arbeitskräftereservoir der Region zählten. So übte im Kaiserreich der Hamburger Raum nur eine relativ niedrige Anziehungskraft auf italienische Migranten aus. Dennoch kam es zu einer gewissen Zuwanderung und schließlich auch zur Niederlassung italienischer Zuwanderer. Anders als ungelernte Bauarbeitskräfte, denen sich selten regelmäßige Arbeitsgelegenheiten am selben Ort boten, fanden Gewerbetreibende in den Städten des Kaiserreichs und besonders in Metropolen wie Hamburg oder Berlin mit ihren großen Absatzmärkten sehr günstige Arbeitsbedingungen, zumal sie meistens auch in Marktnischen tätig waren, die traditionell Italiener besetzten wie beispielsweise der Straßenhandel mit Spielwaren und Gipsfiguren. Sie konnten das ganze Jahr über arbeiten und relativ gute Verdienste erzielen. Viele von ihnen ließen sich deshalb nieder. Eine weitere Gruppe von Italienern, die sich in den Hamburger Raum begab, war die der Großhändler, die mit typisch südländischen Waren wie Wein, Öl, Teigwaren und Zitrusfrüchten handelten und traditionell von der Bedeutung Hamburgs als Handelsstandort angezogen wurden. Diese Großhändler waren bis auf wenige Ausnahmen nicht dem Umfeld der in der zweiten Hälfte des 19. Jahrhunderts einsetzenden Arbeitermigration nach Deutschland zuzurechnen. Ebenfalls in Hamburg anzutreffen und nicht dem Umfeld der Arbeitermigration zuzurechnen waren italienische Lehrlinge, Künstler, Gelehrte und Freiberufler, die aus Karrieregründen oder sonstigen Motiven kamen. Aus all diesen Italienern, die im Hamburger Raum interessante Berufsperspektiven entwickeln konnten, rekrutierte sich eine Gruppe von Personen, die ihre Lebensperspektive dort allmählich auf einen dauerhaften Verbleib orientierten.

Nach der regionalen Herkunft dürften Veneter, Friauler und Ligurier überwogen haben. Im Hamburger Raum waren vor allem venetische und friaulische Bauarbeiter, venetische Eisverkäufer und ligurische Straßenhändler und –musiker anzutreffen. Vereinzelt gab es aber auch Vertreter anderer Regionen. Einige Künstler kamen aus Rom, Venedig und Turin. Ein Sprachlehrer stammte aus der lombardischen Stadt Brescia. Die Großhändler waren aus dem Piemont, aus Ligurien, der Lombardei und Sizilien zugewandert.

Wie schon in anderen Großstädten, die um die Jahrhundertwende italienische Zuwanderer aufnahmen, spielte offenbar die Verfügbarkeit von Arbeit und Wohnraum bei der Verteilung der Italiener auf den Hamburger Raum eine entscheidende Rolle. Räumlich konzentrierten sich die Italiener fast ausschließlich in Hamburger und Altonaer Altstadtvierteln. Dies lag daran, dass viele Italiener Gewerbetreibende wie Straßenhändler und –musiker oder Eisverkäufer waren und dort die besten Absatzmöglichkeiten für ihre Produkte bzw. ein großes Publikum fanden. Da damals ferner die Hamburger Altstadt gründlich saniert wurde, fanden dort auch zahlreiche Bauarbeiter Beschäftigung. Sowohl Gewerbetreibende als auch Bauarbeiter lebten oft als Untermieter bei in der Altstadt wohnenden armen deutschen Familien, die damit ihre Mietkosten senken konnten. Ein weiterer Faktor bei der Verteilung der Italiener im Stadtgebiet war – insbesondere bei Migranten, die stabile Tätigkeiten ausübten – die bereits vorhandene Ansiedlung von Verwandten, Freunden und Menschen mit derselben regionalen Herkunft, zum einen, weil die Nähe zu Verwandten und Bekannten Unterstützung im Alltagsleben sicherte und zum anderen, weil sich die Italiener viel stärker über regionale als über nationale Bindungen identifizierten, da das Nationalgefühl im jungen italienischen Königreich – 1861 proklamiert – sehr schwach war. Dies lässt sich besonders für Altona-Altstadt feststellen, wo sich nahezu alle in Hamburg lebenden ligurischen Familien ansiedelten und eine kleine ligurische „Enklave" entstand. Dort befand sich auch der Schwerpunkt der italienischen Niederlassung in Hamburg, was sich an relativ ausgeglichenen Geschlechterverhältnissen innerhalb der Gruppe und auch am Aufbau eigener Organisationsstrukturen und Vereine zeigt – Strukturen, die als eine Antwort auf die Verunsicherungen und auf die neuen Bedürfnisse gedeutet werden können, die mit der Niederlassung in der „Fremde" verbunden waren.

Bemerkenswert ist, dass sich anscheinend das Rückgrat der Hamburger, bzw. Altonaer/St. Paulianer italienischen Kolonie aus einer bestimmten regionalen Gruppe zusammensetzte, nämlich aus Liguriern. Ligurier waren die meisten Bewohner der Altonaer „Enklave", und Ligurier waren auch die Gründer eines Vereins und der meisten Gastwirtschaften. Von allen italienischen Migrantengruppen scheinen sie somit die höchste Niederlassungsbereitschaft mitgebracht zu haben.

Die Zahl der Italiener in Hamburg stieg seit den siebziger Jahren des 19. Jahrhunderts ungestört und konstant. Durch den Ersten Weltkrieg kam es dann zu einer unerwarteten Wende in diesem Prozess. Italien, der ehemalige Verbündete Deutschlands und Österreichs im Dreibund, hatte am Anfang des Krieges seine Neutralität erklärt, was eine starke Missstimmung gegenüber den Italienern entstehen ließ. Hinzu kam, dass Hamburger Arbeitgeber italienische Arbeiter entließen, um deutschen Arbeitslosen und den Familienangehörigen deutscher Soldaten Arbeitsplätze freizumachen. Aufgrund der sozial und finanziell immer schlechter werdenden Lage beschlossen viele Italiener heimzukehren. Am Jahresende 1916, nach der Kriegserklärung Italiens an Deutschland am 28. August 1916, wurden lediglich noch 400 italienische Staatsangehörige im alten hamburgischen Staatsgebiet gezählt. Diese Zahl dürfte sich bis Kriegsende kaum geändert haben, da die zu feindlichen Ausländern erklärten Italiener kaum mehr heimkehren konnten. In den zwanziger und frühen dreißiger Jahren brachten eine strenge Abriegelung des inländischen Arbeitsmarktes vom Ausland und die schwierige wirtschaftliche Lage Deutschlands den Zuzug von italienischen Arbeitsmigranten nach Deutschland praktisch zum Erliegen. Manche derjenigen Italiener, die Hamburg lediglich aufgrund der Kriegslage verlassen hatten, kehrten allerdings zurück. Es kamen ferner einige wenige neue Migranten nach Hamburg – neapolitanische fliegende Stoffhändler und sizilianische Zitrusfruchtimporteure –, aber eine nennenswerte Zuwanderung aus der Halbinsel fand nicht mehr statt. Im Jahre 1925 wurden nur 555 italienische Staatsangehörige in Hamburg und Altona gezählt. Im Jahre 1939, zwei Jahre, nachdem das Groß-Hamburg- Gesetz, das die preußischen Nachbarstädte Altona, Wandsbek und Harburg-Wilhelmsburg dem hamburgischen Staat angliederte, in Kraft trat, waren es schließlich 647.

In den zwanziger und dreißiger Jahren ist eine Konsolidierung der italienischen Ansiedlung im Hamburger Raum feststellbar, die definitiv ihren Übergangscharakter der Vorkriegsjahre verlor. Dies kann beispielsweise an der „Normalisierung" der Geschlechterproportion und an der hohen Zahl von Personen, die Deutsch als Muttersprache sprachen oder des Deutschen kundig waren, festgestellt werden. Als weiterer Beweis eines fortgeschrittenen Niederlassungsprozesses dienen die Gründungen von verschiedenen Firmen und gewerblichen Aktivitäten und die damit verbundenen sozialen Aufstiegsbestrebungen der Zuwandererfamilien. Manche Einwanderer wagten nun auch den Sprung in Tätigkeiten, die nicht traditionell von Italienern ausgeübt wurden. Die italienische Gruppe war unmittelbar nach dem Ersten Weltkrieg in Hamburg zahlenmäßig dermaßen bescheiden und durch binationale Ehen mit der deutschen Gesellschaft dermaßen verwoben, dass sich die meisten Angehörigen, darunter besonders die „zweite Generation", vermutlich auf dem Weg zur Assimilierung befanden. Dieser Prozess wurde aber von einer unerwarteten politischen Entwicklung verlangsamt.

Anfang der zwanziger Jahre war in Italien Mussolini an die Macht gekommen. Der italienische Diktator erhoffte sich durch die italienischen Emigranten, die sich bis dahin in vielen Ländern der Welt niedergelassen hatten, die Position und das Ansehen des faschistischen Italiens im Ausland zu stärken. Sie sollten zu einer „Fünften Kolonne" Italiens werden, zu einer menschlichen Ressource und zu einem Mittel, um die neue faschistische Weltanschauung in der Welt bekannt und respektiert zu machen. Erstmals in der Geschichte der italienischen Auswanderung wurde entschieden gegen die Assimilierung der Emigranten gewirkt. Aus den Emigranten sollten gut eingegliederte, aber anderseits faschismus- und heimattreue Italiener werden. Es wurde also eine Art von „integriertem Nebeneinanderleben" zwischen den Italienern und den Einheimischen im Ausland angestrebt. Als Ausgangspunkt dieser neuen Politik sollten die Auslandsortsgruppen der faschistischen Partei, die *Fasci*, mit ihren Organisationen für Jung und Alt dienen. In Hamburg fasste der Faschismus bereits Mitte der zwanziger Jahre Fuß, als in der Stadt ein *Fascio* gegründet und die örtliche diplomatische Mission „gleichgeschaltet" wurde. In wenigen Jahren waren auch in der Hansestadt sämtliche faschistischen Organisationen und erstmals auch ein italienisches Kulturinstitut aktiv. Die faschistische Idee eines großen und starken italienischen Staates, der seine Emigranten in der Welt nicht ihrem Schicksal überlassen, sondern ihnen durch ständige Betreuung beistehen wollte, fand bei vielen italienischen Emigranten große Resonanz. Kulturinstitute, Schulen, Bibliotheken, Spiel- und Sportgeräte, Italienreisen und manches andere bürgten erstmals für eine konkrete Präsenz des italienischen Staates unter den Emigranten. Die Aktivitäten des *Fascio* scheinen tatsächlich nicht wenige in Hamburg lebende Italiener angesprochen zu haben. Die sich auflockernden Beziehungen zum Heimatland wurden in der älteren Generation der gebürtigen Italiener wieder aufgefrischt und in der sich auf dem Weg zur Assimilierung befindenden zweiten Generation nicht selten durch Italienischkurse, Italienaufenthalte und Mitgliedschaft in faschistischen Jugendorganisationen völlig neu aufgebaut.

Am Anfang des Zweiten Weltkrieges wuchs die italienische Präsenz in Hamburg, die bisher sehr bescheidenen Umfanges war, durch neue Zuzüge aus Italien deutlich an. Die deutsche Aufrüstung in der zweiten Hälfte der dreißiger Jahre und mehr noch die Masseneinberufungen von Deutschen zur Wehrmacht zu Beginn des Zweiten Weltkrieges hatten große Lücken in der deutschen Arbeiterschaft hinterlassen. Dieser Arbeitskräftebedarf wurde teils durch Anwerbung von mehr oder weniger „freiwilligen" zivilen ausländischen Arbeitskräften und teils durch den Einsatz von Kriegsgefangenen gedeckt. Ein Teil der zivilen ausländischen Arbeitskräfte kam bereits vor dem Krieg aus Italien. Das „Dritte Reich" hatte 1937 mit dem befreundeten faschistischen Staat ein Abkommen vereinbart über die Anwerbung und Vermittlung auf der Basis von zeitlich beschränkten Verträgen von italienischen Arbeitskräften nach Deutschland. Die ersten größeren Gruppen italienischer Arbeiter erreichten aber Hamburg erst zwischen April und Mai 1941. Die meisten von ihnen waren im Baugewerbe tätig, gefolgt von der Rüstungsindustrie und dem Verkehrswesen, insbesondere bei der Deutschen Reichsbahn. Es handelte sich also erstmals in der Geschichte der italienischen Zuwanderung nach Hamburg auch um Fabrikarbeiter. Diese Arbeiter wurden größtenteils in Wohnlagern einquartiert und von der Deutschen Arbeitsfront und den örtlichen faschistischen Stellen betreut. Im April 1942 stellten die Italiener mit etwa 6.200 Personen die stärkste Gruppe (20 Prozent) unter den ausländischen Zivilarbeitern in Hamburg. Die Arbeit in Hamburg wurde mit der Intensivierung der Bombenangriffe zunehmend gefährlicher, und viele angeworbene italienische Arbeitskräfte versuchten sich so bald wie möglich abzusetzen. Hinzu kam, dass die italienische Regierung auf die Repatriierung der Arbeiter aus dem Reich drängte. So ging die Zahl der Italiener in der Stadt in den folgenden Monaten stark zurück. Im September 1943 schnellte sie allerdings wieder stark nach oben. Am 3. September hatte die italienische Regierung, die inzwischen nicht mehr von Mussolini, der am 25. Juli 1943 gestürzt worden war, sondern vom Marschall Badoglio geführt

wurde, einen Waffenstillstand mit den Alliierten unterzeichnet. Daraufhin hatten
die deutschen Armeen auf verschiedenen Kriegsschauplätzen etwa 725.000 italienische Soldaten gefangen genommen und ins „Dritte Reich" deportiert, um sie
dort als Zwangsarbeiter einzusetzen. Mehr als 16.000 von ihnen wurden nach
Hamburg gebracht. Als Kriegsgefangene hatten die Italiener eigentlich Anspruch
auf die Betreuung durch das Internationale Rote Kreuz und durften laut Genfer
Konvention nicht in der Kriegswirtschaft eingesetzt werden. So wurden sie von
der deutschen Führung mit der Begründung, dass sich Deutschland nicht im
Kriegszustand mit Italien befand – Mussolini hatte inzwischen mit deutscher Unterstützung die norditalienische faschistische Salò-Republik gegründet –, in den
Status der „Militärinternierten" (Italienische Militärinternierte, kurz IMI) überführt. Auf diese Weise wurden sie jeder internationalen Betreuung und Obhut entzogen und konnten beliebig in der Industrie eingesetzt werden. In Hamburg wie
überall im Reich kam es zur paradoxen Situation, dass sowohl zivile italienische
Arbeiter als auch IMI in der Stadt arbeiteten und lebten. Erstere durften zwar nach
dem 3. September nicht mehr heimkehren und verloren den Sonderstatus unter
den „Fremdarbeitern", den sie als Verbündete bis dahin genossen hatten, ihre Lage verschlechterte sich aber – von der allgemeinen Kriegsnot und der Ächtung der
Bevölkerung für die italienischen „Verräter" abgesehen – nicht in außerordentli-
chem Maße. Auf die Kriegsgefangenen entlud sich dagegen die Wut der Nationalsozialisten für den vermeintlichen „Verrat". Sie wurden militärisch streng überwacht, unmenschlich behandelt, beschimpft und gepeinigt. Eine der Folgen dieser
Behandlung war, dass sie schon bald kaum in der Lage waren eine befriedigende
Arbeitsleistung zu bringen. In der Hoffnung diese Situation zu ändern, beschloss
zwischen August und September 1944 die NS-Führung die IMI in den Zivilarbeiterstatus zu überführen, auch um einem Wunsch Mussolinis entgegen zu kommen.
Ende September, nachdem der Statuswechsel vollzogen war, wurden in Hamburg
etwa 17.300 italienische Zivilarbeiter, darunter 93 Frauen, gezählt. Ende Mai
1945, nach dem Einmarsch der Briten in Hamburg, befanden sich in der Stadt gut
25.000 Italiener, verteilt auf 42 Lager. Es ist aber möglich, dass einige Tausend
von ihnen nach dem Krieg von den Alliierten aus Schleswig-Holstein nach Hamburg gebracht worden waren. Hamburg diente als Sammelpunkt der Alliierten für
die zu repatriierenden Italiener, die sich in der ganzen Region befanden.

Der rapide Zuwachs der italienischen Gruppe während des Zweiten Weltkrieges
ereignete sich also nicht im Rahmen einer sich frei entfaltenden Zuwanderungsbewegung, sondern zunächst im Rahmen eines erstmals zwischenstaatlich sorgfältig organisierten und gelenkten *temporären* Einsatzes von Arbeitskräften, wobei
ein Familiennachzug nicht vorgesehen war, und nach September 1943 fast ausschließlich im Rahmen von Deportationen. Diese besonderen Umstände – von der
allgemeinen Kriegsnot ganz zu schweigen – schlossen neue Niederlassungen von
Italienern in Hamburg aus. Sie führten außerdem dazu, dass zwei separate Italie-

nerkreise in der Stadt existierten. Auf der einen Seite die „alteingesessenen" und weitgehend „integrierten" Italiener, die seit Jahren in Hamburg frei lebten und arbeiteten, und auf der anderen die italienischen Vertragsarbeiter, die nur „auf Zeit" in Hamburg bleiben sollten. Es standen sich eine kleine, nunmehr in Hamburg verwurzelte und akzeptierte italienische, oder besser italienisch-deutsche Gruppe, und eine mobile und kasernierte italienische Arbeitergruppe gegenüber. Kontakte zwischen den Italienergruppen fehlten zwar nicht, blieben aber offenbar meist im Rahmen der politisch-sozialen Aktivitäten des *Fascio* – für deportierte IMI lediglich nach ihrer Freilassung –, dessen Anführer die Alteingesessenen waren. Die außerordentliche Präsenz von Italienern während des Krieges in der Stadt blieb eine Episode. Anfang September 1945 befand sich von den mehreren Tausend Italienern, die während des Krieges nach Hamburg gekommen waren, keiner mehr in der Stadt. Zurückgeblieben waren lediglich die Italiener, die bereits vor dem Krieg in Hamburg gelebt hatten und für die die Stadt zur Heimat geworden war. Es handelte sich vermutlich um etwa 500 Personen. In wenigen Jahren nahm aber die Zahl der Italiener in der Stadt erneut deutlich zu.

Der mit der Währungsreform beginnende Aufwärtstrend der deutschen Wirtschaft verursachte auch angesichts der kriegsbedingten Lücken in der erwerbsfähigen Bevölkerung einen steigenden Arbeitskräftebedarf. Der größte Teil dieses Bedarfes konnte durch die damals zahlreichen nach Westen strömenden Flüchtlinge aus der DDR gedeckt werden, aber in manchen Bereichen, besonders in der wenig attraktiven Landwirtschaft, herrschte trotzdem Arbeitskräftemangel. Der damalige Wunsch Italiens, wo in vielen wirtschaftlich unterentwickelten Gebieten Arbeitslosigkeit herrschte, nach einer Arbeitskräfteausfuhr kam gerade gelegen. 1955 unterzeichneten die beiden Staaten auf ähnlicher Basis wie 1937 ein Anwerbeabkommen über die Vermittlung italienischer Arbeiter in die BRD. Im Abkommen wurden sämtliche Arbeits-, Entlohnungs- und Unterkunftsfragen geregelt. Eine „Deutsche Kommission" der Bundesanstalt für Arbeit sollte in Italien die Auswanderungskandidaten in gesundheitlicher und beruflicher Hinsicht prüfen und nach Deutschland weiterleiten. Dieses Abkommen stellte Anfang der sechziger Jahre, als der Arbeitskräftemangel – in weniger qualifizierten Bereichen – in Deutschland aufgrund des steigenden Produktionswachstums und des Versiegens des Ost-West-Stromes akut wurde, das Muster für spätere Vereinbarungen mit anderen Ländern dar (1960 mit Spanien und Griechenland, 1961 mit der Türkei etc.). Die Deutschen Kommissionen hatten allerdings nie die totale Kontrolle über die Wanderungsströme nach Deutschland, da es für Ausländer auch andere Wege gab, um in der BRD eine Arbeit aufzunehmen. Dies traf besonders bei den Italienern zu, die EWG-Bürger waren und seit 1961 im Rahmen der Freizügigkeit der Arbeitskräfte innerhalb der Gemeinschaft auch ohne staatliche Vermittlung eine Tätigkeit in Deutschland leicht aufnehmen konnten, was wichtige Folgen für die Entwicklung der italienischen Präsenz in Hamburg hatte.

Obwohl mit einer gewissen Verspätung im Vergleich zu anderen deutschen Bundesländern kam es auch in Hamburg in der zweiten Hälfte der fünfziger Jahre zu Arbeitsmarktengpässen und zur Einstellung von Ausländern, darunter zahlreichen Italienern. Erst allerdings am Anfang der sechziger Jahre wuchs die italienische „Kolonie" an der Alster stark an. Die Anzahl der Italiener erreichte ihren Höhepunkt Ende 1966, als etwa 8.000 italienische Staatsangehörige in Hamburg gemeldet waren. Seitdem schwankt die Anzahl der Italiener in der Stadt zwischen 6.000 und 7.000. Die neuen Zuzüge führten zu einer raschen Änderung der Charakteristika der italienischen Präsenz in der Stadt. Anstatt aus wenigen integrierten Familien setzte sich nun wie schon um die Jahrhundertwende die italienische Gruppe in Hamburg vor allem aus jungen, berufstätigen Männern zusammen, die sich nur temporär in der Stadt befanden. Wie damals wanderten Angehörige der untersten sozialen Schichten nach Deutschland. Ebenfalls wie um die Jahrhundertwende migrierten sie nicht mit der Absicht dort zu bleiben, sondern mit der Hoffnung in kurzer Zeit ausreichend Geld für einen Neuanfang in Italien beiseite legen zu können. Allerdings unterschied sich diese Deutschlandwanderung auch von der früheren. Die Migration nach Deutschland war nicht mehr eine jedes Jahr im Rahmen einer bestimmten Überlebensstrategie wiederkehrende Erscheinung. Die Migranten verrichteten diesmal ganzjährige Tätigkeiten und blieben in Deutschland, bis sie ihre Sparziele erreicht hatten. Eine weitere bedeutende Änderung in der Zuwanderung ergab sich aus der Herkunft der Migranten. Anders als in früheren Migrationsphasen, die von der Zuwanderung vornehmlich von Norditalienern geprägt waren, stammten nun die meisten Italiener, die nach Deutschland bzw. nach Hamburg kamen, aus süditalienischen Regionen. Während sich, wenn auch nicht gleichzeitig, alle Regionen des italienischen Nordens wirtschaftlich entwickelten und die lokale Arbeitskraft aufsogen, blieb der *Mezzogiorno*, der Süden des Landes, weitgehend unterentwickelt. Die Hansestadt hatte zwar in der Vergangenheit aufgrund ihres Großstadtcharakters und der Präsenz des Hafens anders als andernorts in Deutschland besondere Gruppen von Italienern angezogen, darunter auch Süditaliener, beispielsweise sizilianische Zitrusfruchtimporteure und neapolitanische Stoffhändler. Dennoch prägten eher Ligurier und Veneter die Hamburger italienische „Kolonie" vor dem Zweiten Weltkrieg. Mit dem Beginn der neuen Zuwanderung Mitte der fünfziger Jahre kam es auch in Hamburg zu einer radikalen Veränderung dieses Bildes. Mitte der achtziger Jahre stammten gut 88 Prozent der im Hamburger Generalkonsulatsbezirk (Hamburg, Bremen und Schleswig-Holstein) angemeldeten Italiener aus dem *Mezzogiorno*, darunter 59 Prozent aus den Regionen Apulien, Kalabrien und Sizilien.

Die Italiener waren von 1961 bis 1967 in Hamburg die am stärksten vertretene ausländische Nationalität. Bereits zu Anfang der siebziger Jahre stellten sie aber nur noch die fünftgrößte und 1999 mit 7.073 Personen lediglich die achtgrößte Ausländergruppe in der Hansestadt dar – Spitzenreiter waren die Türken mit

67.000 Personen. Bundesweit rangierten dagegen die Italiener bis 1970 als stärkste und seitdem als drittstärkste ausländische Gruppe nach Türken und Jugoslawen. Die italienische Gruppe in Hamburg war bzw. ist demnach, bis auf die erste Hälfte der sechziger Jahre, im Vergleich zum Bundesdurchschnitt deutlich unterrepräsentiert. Auch in absoluten Zahlen war und ist die Größe der italienischen Gruppe in Hamburg recht bescheiden.

Allerdings war nicht nur die Zahl der Italiener, sondern auch die von Ausländern aus anderen Anwerbestaaten vergleichsweise niedrig. Die Gründe für den geringen Umfang der Präsenz von Ausländern aus den Anwerbestaaten in einer großen Industriestadt wie Hamburg scheinen in erster Linie von den Strukturen des örtlichen Arbeitsmarktes abhängig gewesen zu sein, die die Gastarbeiterzuwanderung stark bremsten. Der Hamburger Arbeitskräftebedarf bei Männern bezog sich mehr auf Facharbeiter als auf ungelernte Arbeitskräfte und war aufgrund der lokalen Wirtschaftsstruktur ohnehin weniger ausgeprägt als in anderen deutschen Bezirken. Die Wirtschaft der Hansestadt stützte sich stärker als andere deutsche Industrieschwerpunkte auf Wirtschaftszweige wie Handel, Dienstleistungsgewerbe und Verkehr, in denen solche ungelernten Tätigkeiten eher seltener waren. Wie schon um die Jahrhundertwende bremste die Hamburger Wirtschaftsstruktur, wenn auch diesmal aus anderen Gründen, besonders die italienische Zuwanderung. Arbeitskräfte aus anderen Anwerbestaaten konnten offenbar eine vergleichsweise höhere Qualifikation vorweisen als die Italiener und sich in die lokalen Arbeitsstrukturen besser einfügen, weil sie vermutlich anders als die Italiener, die sich besonders seit der Einführung der EWG-Freizügigkeit auch ohne staatliche Vermittlung leicht nach Deutschland begeben konnten, größtenteils von „Deutschen Kommissionen" im Ausland vermittelt wurden und dabei einer gewissen beruflichen Auslese unterzogen wurden. Unqualifizierte Italiener konnten dagegen ungehindert nach Deutschland strömen. In Hamburg fanden sie aber deutlich weniger Arbeitsmöglichkeiten als andernorts. Möglicherweise spielte bei der geringen Zahl der Italiener in der Hansestadt nicht nur die Hamburger Wirtschaftsstruktur eine Rolle, sondern auch die Entfernung Hamburgs von Italien. Die meisten von ihnen blieben auf der Suche nach Arbeit zunächst in Süd- und später in Westdeutschland „hängen", wo sich die größten Industriezentren des Landes befanden und sie aufgrund der dort stärker angewendeten Produktionsmethode der Fließbandarbeit zahlreich gebraucht wurden.

Ähnlich wie vor dem Ersten Weltkrieg spielte offenbar die Verfügbarkeit von Arbeit und Wohnraum und die Existenz von familiären und regionalen Netzwerken bei der Verteilung der neuen Zuwanderer auf das hamburgische Stadtgebiet wieder eine wichtige Rolle. In der Frühphase der „Gastarbeiter"-Zuwanderung wohnten die meisten ausländischen Arbeiter in Wohnquartieren, die ihnen von ihren Arbeitgebern zur Verfügung gestellt wurden. Die von den Deutschen Kommissionen vermittelten Migranten hatten nach den Anwerbeverträgen Anspruch darauf. Diese Quartiere befanden sich oft in der Nähe der Betriebe, entweder in firmeneigenen oder angemieteten Wohnungen und Häusern oder Behelfsunterkünften (Baracken usw.). Die Migranten, die nicht in solchen Firmenquartieren wohnen wollten oder konnten, suchten möglichst billige Alternativen, da ihr Ziel ein kurzer und sparsamer Arbeitsaufenthalt in der BRD war. Diese fanden sie meistens in alten und sanierungsbedürftigen Häusern in der Altstadt. So befanden sich 1976 die größten Ausländerkonzentrationen in Altstadtvierteln wie St. Pauli, Ottensen und Altona-Altstadt sowie in Industriestadtteilen wie der Elbinsel Wilhelmsburg und Harburg. Auch die Italiener waren in Stadtteilen mit hoher ausländischer Präsenz überproportional vertreten. Bemerkenswert ist allerdings, dass sie sich trotzdem im Unterschied zu anderen Gruppen aus den Hauptanwerbestaaten gleichmäßiger auf das ganze Stadtgebiet verteilten.

Infolge einer schweren wirtschaftlichen Krise Anfang der siebziger Jahre und der später immer schwieriger werdenden Arbeitsmarktlage nahm die Rotation der Italiener ab. Nicht wenige Italiener orientierten sich damals – auch dank des entgegenkommenden EWG-Arbeits- und Niederlassungsrechts – auf einen längerfristigen Verbleib in der Stadt. Manche, weil sie mit deutschen Partnern lebten, andere, weil sie sich in der Stadt selbstständig gemacht hatten oder auch weil sie warten wollten, bis die Kinder die Schule oder die Ausbildung beendeten. Es entstanden in dieser Phase mehrere italienische Vereine (Sportvereine, Regionalvereine und kulturelle Zentren), die wie schon für die Zuwanderer der Jahrhundertwende eine Antwort auf die neuen Lebensbedürfnisse boten, die mit der Niederlassung verbunden waren. Sie waren Interessenvertretungen gegenüber dem italienischen Staat bzw. Generalkonsulat oder gegenüber deutschen Instanzen und Orte der Solidarität und der Geselligkeit und stellten dabei auch ein Refugium vom allgegenwärtigen Anpassungsdruck dar. Die Migranten hatten kein einfaches Leben. Sie mussten oft gegen Vorurteile und Diskriminierungen kämpfen und sich an eine meist völlig neue Welt anpassen. Der größte Teil von ihnen stammte aus armen ländlich geprägten Gebieten mit einer archaischen sozialen Struktur, die mit der modernen und reichen Hamburger Industriegesellschaft wenig gemeinsam hatten.

Der Stabilisierung vieler „Gastarbeiter" folgte nicht ihre Annäherung an die früheren italienischen Zuwanderer. Die „alteingesessenen" Italiener hatten mit den neuen italienischen Zuzüglern, angefangen bei der Herkunft – erstere kamen vor allem aus Nord- letztere vor allem aus Süditalien – wenig gemeinsam. Viele der in Hamburg lebenden „alteingesessenen" Italiener fühlten sich zwar noch „italienisch", waren aber völlig integriert und bewegten sich nicht wie ihre „Landsleute" auf der untersten Sprosse der sozialen Leiter. Manche Vertreter der älteren und integrierten Zuwanderergenerationen übten zwar in Zusammenarbeit mit dem italienischen Generalkonsulat und mit der seit den fünfziger Jahren in Hamburg bestehenden italienischen katholischen Mission Solidarität gegenüber den neu angekommenen „Landsleuten", aber die Kontakte blieben eher spärlich und diese Begegnung mündete nicht in die Entwicklung eines national-italienischen sozialen Gefüges und von Organisationen ein, die verschiedene Zuwanderergenerationen umfassten.

Was Integrationsprozesse der italienischen Zuwanderer im Jahrhundert-Längsschnitt betrifft, konnte die vorliegende Arbeit einige Tendenzen nachzeichnen. Einige Indizien, wie die vielen italienischen Zuwanderer, die Mischehen mit Deutschen eingingen, deuten auf eine hohe Bereitschaft sowohl der früheren als auch der späteren Zuwanderer hin, sich in die umgebende deutsche Gesellschaft einzugliedern. Die Migranten der Jahrhundertwende scheinen sich allerdings etwas schneller in Deutschland gesellschaftlich, schulisch und beruflich integriert zu haben als die späteren Migranten. Eine Erklärung kann die unterschiedliche Herkunft der beiden Zuwanderergruppen sein, wobei die erste, die sich fast ausschließlich aus Norditalienern zusammensetzte, aus einem vergleichsweise näheren kulturellen Umfeld kam. Dies kann aber zum einen auch daran liegen, dass um die Jahrhundertwende der Anpassungsdruck angesichts des deutlich kleineren Umfanges der italienischen „Kolonie" viel größer war, und zum anderen, dass sich aus Quellengründen die vorliegende Arbeit mit dem Schicksal von Familien auseinander setzen musste, die eine stabile Tätigkeit in Hamburg ausübten und sich damit schon früh auf einen langfristigen Aufenthalt in Deutschland hin orientierten, was die Anpassungsbereitschaft erhöht haben dürfte. Sicher ist, dass nach vier Generationen die Nachfahren der Migranten der Jahrhundertwende heute zwar oft eine sehnsüchtige Sympathie für Italien pflegen, jedoch nur vom Namen her, von einer deutschstämmigen Person zu unterscheiden sind. Ein Prozess, der trotz Satelliten-TV, Billigfluggesellschaften, und EU-Bürger-Freizügigkeits-Gesetzen die Nachfahren der späteren Zuzügler aus der Halbinsel wohl auch mitmachen werden, wenn sie ihn nicht bereits ungemerkt durchlaufen haben.

VII. ANHANG

1. Abkürzungsverzeichnis

AAHH	Archiv des Hamburger Arbeitsamtes
AAVr	Archiv des Arbeitsamtes von Verona
AfS	Archiv für Sozialgeschichte
AFZH	Archiv der Forschungsstelle für Zeitgeschichte in Hamburg
AHH	Arbeitsamt Hamburg
AHHH	Archiv der Handelskammer Hamburg
AitGkHH	Archiv des italienischen Generalkonsulats in Hamburg
ANAP	Associazione Nazionale Addestramento Professionale
ANBfA	Amtliche Nachrichten der Bundesanstalt für Arbeit
ASDR	Archivio Storico Diplomatico Roma
AstatLE	Annuario di statistiche del lavoro e dell'emigrazione
BAO	Bistumsarchiv Osnabrück
BehSHH	Behörde für Schule, Jugend und Berufsbildung Hamburg
BfA	Bundesanstalt für Arbeit
BRD	Bundesrepublik Deutschland
CALI	Centro Assistenza Lavoratori Immigrati
CDU	Christlich-Demokratische Union
CEI	Conferenza Episcopale Italiana
CFLI	Confederazione Fascista dei Lavoratori dell'Industria
CGIL	Confederazione Generale Italiana del Lavoro
CHH	Caritasverband Hamburg
CISL	Confederazione Italiana Sindacati Lavoratori
COMITES	Comitato Italiani all'Estero
CRI	Croce Rossa Italiana
CSER	Centro Studi Emigrazione Roma
DAF	Deutsche Arbeitsfront
DAV	Deutsche Arbeitgeberverbände
DDR	Deutsche Demokratische Republik
DGB	Deutscher Gewerkschaftsbund
DP	Displaced Persons
EG	Europäische Gemeinschaft
ENAIP	Ente Nazionale Acli Istruzione Professionale
ERP	European Recovery Programm
EWG	Europäische Wirtschaftsgemeinschaft
FZH	Forschungsstelle für Zeitgeschichte in Hamburg
HZa	Hamburg in Zahlen
HZe	Hamburger Zeitreihen

INAPLI	Istituto Nazionale per l'Addestramento e il Perfezionamento dei Lavoratori dell'Industria
INAS	Istituto Nazionale Assistenza Sociale
INCA	Istituto Nazionale Confederale di Assistenza
ISTAT	Istituto Centrale di Statistica
IWHH	Italienische Wirtschaftskorporation für Handel und Schifffahrt in Hamburg und den Hansestädten e. V.
JaBerCHH	Jahresbericht über die Tätigkeit des Caritasverbandes für Hamburg e.V.
JaBerIWHH	Jahresbericht der Italienischen Wirtschaftskorporation für Handel und Schifffahrt in Hamburg und den Hansestädten e. V.
JaBerLGHH	Jahresbericht des Landesverbandes des Gaststätten- und Hotelgewerbes der Freien und Hansestadt Hamburg e.V.
JaBerMCI	Jahresbericht über die Tätigkeit der Missione Cattolica Italiana in Hamburg
KstatBB	Königliches statistisches Bureau Berlin
LAAHH	Landesarbeitsamt Hamburg
LASH	Landesarchiv Schleswig-Holstein
LGHH	Landesverband des Gaststätten- und Hotelgewerbes der Freien und Hansestadt Hamburg e.V.
LK	Legitimationskarte
MAE	Ministero degli Affari Esteri
MAN	Maschinenfabrik Augsburg-Nürnberg
MCI	Missione Cattolica Italiana
NRW	Nordrhein-Westfalen
OEEC	Organisation for European Economic Cooperation
PCI	Partito Comunista Italiano
PNF	Partito Nazionale Fascista
RSI	Repubblica Sociale Italiana
SAI	Servizio Assistenza Internati
SED	Sozialistische Einheitspartei Deutschlands
SPD	Sozialdemokratische Partei Deutschlands
StAHH	Staatsarchiv Hamburg
StatAA	Statistisches Amt Altona
StatB	Statistisches Bundesamt
StatBerHH	Statistische Berichte der Freien und Hansestadt Hamburg
StatBHH	Statistisches Bureau (Hamburg)
StatDR	Statistik des Deutschen Reiches
StatHbHH	Statistisches Handbuch für den Hamburgischen Staat
StatHS	Statistik des Hamburgischen Staates
StatJbHH	Statistisches Jahrbuch für Hamburg
StatJbBRD	Statistisches Jahrbuch für die Bundesrepublik Deutschland

StatLHH   Statistisches Landesamt Hamburg
StatMHH   Statistische Mitteilungen über den hamburgischen Staat
StatPS   Statistik des Preußischen Staates
StatR   Statistisches Reichsamt
StatTbHH   Statistisches Taschenbuch für die Freie und Hansestadt Hamburg
UIL   Unione Italiana del Lavoro
UNRRA   United Nations Relief and Rehabilitation Administration
WberASH   Wirtschaftsberichte für Altona und Schleswig-Holstein
WdE   Werkstatt der Erinnerung (bei der FZH)

2.   Tabellenverzeichnis

3.   Abbildungsverzeichnis

## 4.	Quellen- und Literaturverzeichnis

### 4.1.	Quellen

#### 4.1.1.	Ungedruckte Quellen

##### 4.1.1.1.	Archivalien

Staatsarchiv Hamburg (StAHH)

Bestand 111-1		Senat
Bestand 111-2		Senat-Kriegsakten
Bestand 131-1	II	Bd. 1 Senatskanzlei-Gesamtregistratur II
Bestand 131-4		Senatskanzlei-Präsidialabteilung
Bestand 131-6		Staatsamt
Bestand 132-1	II	Senatskommission für die Reichs- und auswärtigen Angelegenheiten II
Bestand 135-1	I-IV	Staatliche Pressestelle I-IV
Bestand 136-1		Behörde für Inneres
Bestand 136-3		Landsamt für Verfassungsschutz
Bestand 213-11		Staatsanwaltschaft Landgericht-Strafsachen
Bestand 241-1	I	Justizverwaltung I
Bestand 311-2	IV	Finanzdeputation IV
Bestand 314-15	I	Oberfinanzpräsident (Devisenstelle und Vermögensverwertungsstelle I
Bestand 314-15	IV	Oberfinanzpräsident (Devisenstelle und Vermögensverwertungsstelle IV
Bestand 331-1	II	Polizeibehörde II
Bestand 331-3		Politische Polizei
Bestand 332-7		Staatsangehörigkeitsaufsicht
Bestand 351-2	II	Allgemeine Armenanstalt II
Bestand 351-10	I	Sozialbehörde I

Bestand 353-2	II	Wohnungsamt II
Bestand 356-2	I	Arbeitsbehörde I
Bestand 356-7		Landesarbeitsamt Hamburg, Arbeitsamt Hamburg
Bestand 361-2	I	Oberschulbehörde I
Bestand 361-2	V	Oberschulbehörde V
Bestand 361-2	VI	Oberschulbehörde VI
Bestand 371-8	II	Deputation für Handel, Schifffahrt und Gewerbe II
Bestand 376-2		Gewerbepolizei
Bestand 376-3		Zentralgewerbekartei
Bestand 376-17		Marktverwaltung – Vergnügungs- und Wochen-märkte
Bestand 621-1		Firmenarchive/Blohm &Voss

Archiv des Hamburger Arbeitsamtes (AAHH)

Statistische Meldungen. Statistiken über die sozialversicherungspflichtig beschäftigten ausländischen Arbeitnehmer in der Hansestadt 1957 bis 1972 (hj. fortlaufend).

Statistiken über die Vermittlung italienischer Arbeitskräfte nach Hamburg durch die Deutsche Kommission in Italien.

Archiv der Handelskammer Hamburg (AHHH)

| Bestand R 304/2 b | Ausländische Arbeitnehmer |

Archiv der Forschungsstelle für Zeitgeschichte in Hamburg (AFZH)

Bestand K	Krogmann Tagebücher 1933 – 1945
Bestand 556-8	DGB/Soziale Gruppen/Ausländische Arbeitnehmer
Bestand 223-17	Kriegswirtschaft 1939 – 1945/Arbeitseinsatz
Bestand 353-20	Deutsches Reich 1933 – 1945. Verfolgung, Widerstand, Exil/Konzentrationslager Neuengamme
Bestand 552-31	DGB/Landesbezirk Nordmark

Bistumsarchiv Osnabrück (BAO)

| Bestand 06-11-20-Ital. | Ausländerseelsorge/Italiener |

Archiv des Arbeitsamtes von Verona/Italien (AAVr)

| Liste di Trasporto | Verschiedene Ordner Juli 1959 bis Juli 1963 |

Ministero degli Affari Esteri - Archivio Storico Diplomatico/Rom (ASDR)

Inventario delle rappresentanze diplomatiche/Berlino 1867 – 1943
Repubblica Sociale Italiana, Archivio di Gabinetto (RSI 1)
Repubblica Sociale Italiana, Direzione Generale Affari Generali (RSI 5)

Landesarchiv Schleswig-Holstein (LSH)

| Abt. 301 | Preußische Regierung zu Schleswig |
| Abt. 309 | Oberpräsidium zu Kiel (1879 – 1917 zu Schleswig) |

Archiv des italienischen Generalkonsulats in Hamburg (AitGkHH)

Briefwechsel 1873-1876.
Briefwechsel 1887-1889
Briefwechsel 1890-1892
Briefwechsel 1893-1896
Briefwechsel 1897

Privatbesitz des ehemaligen Sozialbetreuers des Caritasverbandes für die Italiener in Hamburg, Luigi Giorgio

Briefwechsel 1966/67 zwischen der Italienischen Katholischen Mission in Hamburg und italienischen sowie Hamburger Bürgern und italienischen Institutionen und Firmen.

Text der Rede, die von Monsignor Benatti am 30. März 1964 auf der Informationstagung der Bundesvereinigung der Deutschen Arbeitgeberverbände in Bad Godesberg gehalten wurde.

4.1.1.2.   Sonstige ungedruckte Quellen

AHH, Statistiken über die Italienerbeschäftigung 1997 bis 2000 nach Berufen und Wirtschaftszweigen in der Hansestadt (Auszug aus der elektronischen Datenbank). Eigene Sammlung.

Definitive Wahlergebnisse der Wahl der in Deutschland und in Hamburg lebenden Italiener zum europäischen Parlament 1984. Eigene Sammlung.

Informationsblatt über die Tätigkeit des italienischen Emigrationszentrum in Verona. Eigene Sammlung.

Mitteilung der Hamburger Handelskammer vom 10. Oktober 1969 betreffend Fortbildungskurse für italienische Gastarbeiter. Eigene Sammlung.

StatLHH, Statistiken über die Zu- und Fortzüge von Ausländern (Auszüge aus der elektronischen Datenbank 1991 bis 1998). Eigene Sammlung.

Unterlagen verschiedener italienischer Institutionen in Deutschland zur Vorbereitung eines Planes für zukünftige linguistisch-kulturelle Aktivitäten in der Bundesrepublik, Stand Juni 2000. Eigene Sammlung.

Materialien (Flugblätter, etc.) des PCI-Hamburg. Eigene Sammlung.

4.1.2.   Gedruckte Quellen

4.1.2.1.   Statistiken

AHH (Hg.):   Ausländer in Hamburg, Daten-Fakten-Analysen, Hamburg 1985.
Ders. (Hg.):   Ausländer in Hamburg 1999, Hamburg 2000.
ISTAT (Hg.):   AstatLE 1960, Rom 1961; AstatLE 1965, Rom 1966; AstatLE 1968, Rom 1969.
KstatBB (Hg.):   StatPS, Heft 66, Die definitiven Ergebnisse der Volkszählung vom 1. Dezember 1880, Berlin 1883; StatPS, Heft 148, Die endgültigen Ergebnisse der Volkszählung vom 2. Dezember 1895, Berlin 1898; StatPS, Heft 177, Die endgültigen Ergebnisse der Volkszählung vom 1. Dezember 1900, Berlin 1903; StatPS, Heft 206, Die endgültigen Ergebnisse der Volkszählung vom 1. Dezember 1905, Berlin 1908; StatPS, Heft 234, Die endgültigen Ergebnisse der Volkszählung vom 1. Dezember 1910, Berlin 1913.
StatAA (Hg.):   WberASH, Die Volkszählung in Altona am 16. Juni 1925, Heft 1, Altona 1927.
StatB (Hg.):   Fachserie A (Bevölkerung und Kultur), Reihe 1 VI (Ausländer), Jahrgang 1974, Stuttgart 1975; Fachserie 1 (Bevölkerung und Erwerbstätigkeit), Reihe 1.4 (Ausländer), Jahrgang 1980, Stuttgart 1981; Fachserie 1 (Bevölkerung und Erwerbstätigkeit), Reihe 2 (Ausländer), Jahrgang 1994, Stuttgart 1995.
Ders. (Hg.):   Fachserie A (Bevölkerung und Kultur), Reihe 10 (Bildungswesen), Schuljahr 1970/1971, Stuttgart 1974; Fachserie 11 (Bildung und Kultur), Reihe 1 (Allgemeinbildende Schulen), Schuljahr 1989/1990, Stuttgart 1991; Fachserie 11, Reihe 1, Schuljahr 2000/2001, Stuttgart 2001.

Ders. (Hg.): StatJbBRD 1969, Stuttgart 1969; StatJbBRD 1971, Stuttgart 1971; StatJbBRD 1987, Stuttgart 1987; StatJbBRD 1995, Stuttgart 1995; StatJbBRD 2001, Stuttgart 2001.

StatBHH (Hg.): StatHS, Heft IV, Ergebnisse der Volkszählung vom 1. Dezember 1871, Hamburg 1872; StatHS, Heft VI, Ergebnisse der Volkszählung vom 1. Dezember 1871, Hamburg 1873; StatHS, Heft XI, Die Volkszählung vom 1. Dezember 1880, Hamburg 1881; StatHS, Heft XVI, Die Volkszählung vom 1. Dezember 1890, Hamburg 1894; StatHS, Heft XIX, Die Volkszählung vom 2. Dezember 1895, Hamburg 1900; StatHS, Heft XXI, Die Volkszählung vom 1. Dezember 1900, Hamburg 1903; StatHS, Heft XXIV, Die Volkszählung vom 1. Dezember 1905, Hamburg 1909.

StatLHH (Hg.): StatHbHH 1920, Hamburg 1921.

Ders. (Hg.): StatJbHH 1926/27, Hamburg 1927; StatJbHH 1929/30, Hamburg 1930; StatJbHH 1933/34, Hamburg 1934; StatJbHH 1957, Hamburg 1957; StatJbHH 1962, Hamburg 1962; StatJbHH 1966/67, Hamburg 1967; StatJbHH 1972/73, Hamburg 1974; StatJbHH 1974/75, Hamburg 1975; StatJbHH 1976/77, Hamburg 1978; StatJbHH 1981, Hamburg 1981; StatJbHH 2001/2002, Hamburg 2001.

Ders. (Hg.): StatTbHH 1997, Hamburg 1998.

Ders (Hg.): StatBerHH, Reihe A 1 IV (Ausländer), Jahrgänge 1977 – 2002, Hamburg 1977 – 2002.

Ders (Hg.): StatBerHH, Reihe A VI 5 (Sozialversicherungspflichtig beschäftigte Arbeitnehmer), Jahrgänge 1986 – 1994, Hamburg 1986 – 1994.

Ders. (Hg.): StatHS, Heft XXVIII, Die Volkszählung vom 1. Dezember 1910, Hamburg 1919; StatHS, Heft XXXII, Die Volks-, Berufs und Betriebszählung vom 16. Juni 1925, Hamburg 1927; StatHS, Heft XXXV, Ergebnisse der Volks- Und Berufszählung in der Hansestadt Hamburg am 29. Oktober 1946, Hamburg 1950; StatHS, Heft 71, Die Volkszählung in Hamburg am 6. Juni 1961, Hamburg 1965.

Ders. (Hg.): StatMHH, Heft 3, Die Bevölkerung des hamburgischen Staates am 12. Juni 1907 nach dem Beruf und dem Geburtsort, Hamburg 1915.

Ders. (Hg.): StatMHH, Heft 4, Die Gewerbetreibende im hamburgischen Staate am 12. Juni 1907, Hamburg 1915.

Ders. (Hg.): HZe 1970-1997, Heft 10, Hamburg 1999.

Ders. (Hg.): HZa 1970, Hamburg 1970; 1971, Hamburg 1972.

Ders. (Hg.): Amburgo e i suoi partners. L'Italia, Broschüre, Hamburg 1999.

StatR (Hg.):   StatDR, Bd. 552, Volks- Berufs-, und Betriebszählung vom 17.
                  Mai 1939, Heft 5 (Die Ausländer im Deutschen Reich - Tabellen-
                  teil), Berlin 1943.

4.1.2.2.   Sonstige gedruckte Quellen

Atlas Tele-Info Italia s.r.l. (CD-ROM), 1998.

Ausländergesetz vom 28. April 1965, in: Bundesministerium der Justiz (Hg.):
    Bundesgesetzblatt I, Bonn 1965, S. 353.

BehSHH (Hg.): Die Bilinguale Schule. Deutsch-Italienische Schule Döhrnstraße,
    Broschüre, Hamburg 2000.

BfA (Hg.): ANBfA 12, Nürnberg 1997.

Bracker, Jörgen (Hg.): Die Kinder vom Bullenhuser Damm, Broschüre zu einer
    Ausstellung des Museums für Hamburgische Geschichte, Hamburg 1996.

Bundesvereinigung der DAV (Hg.): Magnet Bundesrepublik, Informationstagung
    der Bundesvereinigung der Deutschen Arbeitgeberverbände am 30. und
    31. März 1966 in Bad Godesberg, Schriftenreihe der Bundesvereinigung
    der DAV, Heft 42, Bonn 1966.

Centro di studi italiani in Svizzera (Hg.): Cinema e emigrazione. Materiali della
    rassegna cinematografica organizzata al Kunstgewerbemuseum di Zurigo
    dal 3 al 14 febbraio 1981, Zürich 1981.

CHH (Hg.): Jahresberichte über die Tätigkeit des Caritasverbandes für Hamburg
    e.V. 1963 – 1972, Hamburg 1964 – 1973.

Der Große Brockhaus, Bd. 5, Wiesbaden 1979 (achtzehnte Auflage); Bd. 11,
    Mannheim 1997 (zwanzigste Auflage).

Der Ausländerbeauftragte des Senats der Freien und Hansestadt Hamburg (Hg.):
    Erster Bericht an den Senat über die Arbeit des Ausländerbeauftragten und
    Vorschläge zur Verbesserung der Integration und Gleichstellung der nicht-
    deutschen Bevölkerung Hamburgs, Hamburg 1992.

Fondazione Migrantes della CEI (Hg.): Una memoria che obbliga all'impegno,
    Quaderno di "Servizio Migranti" 23, Rom 1988.

Ders. (Hg.): Germania, 1938 – 1990. Assistenza pastorale agli internati e agli
    emigranti italiani. Una vita fatta storia. Mons. Alfredo Prioni. Missionario
    degli italiani in Germania, Quaderno di „Servizio Migranti" 30, Rom
    2000.

Gaunachrichten, Kreis 2 des Gaues Hamburg der NSDAP, Hamburg, März 1941.

Gesetz über das Schulwesen der Freien und Hansestadt Hamburg in der Fassung
    vom 16. April 1957, in: Senat der Freien und Hansestadt Hamburg (Hg.):
    Hamburgisches Gesetz- und Verordnungsblatt, Hamburg, 26. April 1957.

Gesetz Nr. 459 vom 27. Dezember 2001, in: Gazzetta Ufficiale della Repubblica
    Italiana Nr. 4 vom 5. Januar 2002.

Hamburger Heimatatlas in Verbindung mit Prof. Dr. Paul Schlee ausgeführt in der Geographischen Anstalt der Verlagshandlung, Leipzig 1913.

IWHH (Hg.): Jahresberichte der Italienischen Wirtschaftskorporation für Handel und Schifffahrt in Hamburg und den Hansestädten e. V. 1938, Hamburg 1939; 1941, Hamburg 1942.

Kinder & Jugend Museum im Prenzlauer Berg/Istituto Italiano di Cultura Berlino (Hg.): Italiener in Prenzlauer Berg. Spurensuche vom Kaiserreich bis in die Gegenwart, Berlin 1997.

Koch, Christian: Der Ausländer im Fürsorgerecht unter besonderer Berücksichtigung der hamburgischen Verhältnisse, Hamburg 1933.

Landeszentrale für politische Bildung/Der Ausländerbeauftragte des Senats der Freien und Hansestadt Hamburg (Hg.): Als Fremde zu Hause in Hamburg. Ein Handbuch für Zuwanderer und Zuwanderinnen, Hamburg 1992.

LGHH (Hg.): Jahresberichte des Landesverbandes des Gaststätten- und Hotelgewerbes der Freien und Hansestadt Hamburg e.V. 1979 – 2000, Hamburg 1980 – 2001.

Lauenstein, Karl: Die Caissonerkrankungen beim Schachtbau des Elbtunnels auf Steinwerder, in: Sonderabdruck aus der Monatsschrift für Unfallheilkunde und Invalidenwesen, Leipzig, Juli 1909.

Leitstelle Gleichstellung der Frau des Senats (Hg.): Ausländerinnen in Hamburg, Hamburg 1982.

MAE (Hg.): Problemi del lavoro italiano all'estero 1967, Rom 1968; 1969, Rom 1970.

Ders. (Hg.): Direzione Generale dell'Emigrazione, Emigrazione Italiana (Situazione-Prospettive-Problemi), Rom 1949.

MCI in Hamburg (Hg.): La Missione Cattolica Italiana. Da 25 anni in Alfredstraße 38. 3.12.60 – 3.12.85. Cenni di storia e di lavoro svolto, Heft der MCI in Hamburg zu ihrem 25. Jubiläum, Hamburg 1985.

Mitteilungen des Senats an die Bürgerschaft Hamburgs, Bericht über die wirtschaftliche und soziale Lage der ausländischen Arbeitnehmer in Hamburg, Bürgerschaftsdrucksache 7/1186, Hamburg 1970.

Mitteilungen des Senats an die Bürgerschaft Hamburgs, Leitlinien für die hamburgische Ausländerpolitik, Bürgerschaftsdrucksache 8/1990, Hamburg 1976.

Melhop, Wilhelm: Historische Topographie der Freien und Hansestadt Hamburg von 1880 bis 1895 (nebst vielen Nachträgen aus älterer Zeit) im Anschluß an die „Historische Topographie" von C. F. Caedechens unter Benutzung amtlicher Quellen, Hamburg 1895, S. 250.

Reetz, Jürgen: Dom Vergangenheit, in: Arbeitsgemeinschaft 650 Jahre Hamburger Dom (Hg.): 650 Jahre Hamburger Dom. Das große Volksfest des Nordens, Hamburg 1979.

Richtlinie 94/80/EG des Rates vom 19. Dezember 1994 über die Einzelheiten der
    Ausübung des aktiven und passiven Wahlrechts bei den Kommunalwahlen
    für Unionsbürger mit Wohnsitz in einem Mitgliedstaat, dessen Staatsange-
    hörigkeit sie nicht besitzen, in: http://europa.eu.int/eur-lex/de/lif/reg/de_
    register_2020.html.
Secchia, Pietro (Hg.): Enciclopedia dell'antifascismo e della resistenza, Bd. 1,
    Mailand 1968.
Staatlicher Außenhandelskontor Hamburg (Hg.): Hamburg im Außenhandel. Ex-
    port – Import Handbuch, Hamburg 1949.

4.1.3.   Zeitungen und Zeitschriften

Altonaer Nachrichten, Altona, Jahrgänge 1900, 1914.
Bergedorfer Zeitung, Hamburg, Jahrgänge 1940, 1942.
Bundes-Anzeiger, Köln, Jahrgang 1956.
CGIL News, Frankfurt am Main, Jahrgang 1994.
Der Flüchtling, Hannover, 1965.
Der Spiegel, Hamburg, Jahrgänge 1964, 2002.
Deutsche Allgemeine Zeitung, Berlin, Jahrgang 1941.
Die Welt, Hamburg, Jahrgänge 1965, 1966, 1971.
Die Zeit, Hamburg, Jahrgang 1995.
FAZ, Frankfurt am Main, Jahrgang 1960.
Grundstein, Hamburg, Jahrgang 1898.
Hamburg Heute, Hamburg, Jahrgang 1971.
Hamburger Abendblatt, Hamburg, Jahrgänge 1960, 1970, 1971, 1999.
Hamburger Anzeigen und Nachrichten, Hamburg, Jahrgang 1984.
Hamburger Anzeiger, Hamburg, Jahrgänge 1939, 1941, 1942.
Hamburger Echo, Hamburg, Jahrgänge 1896, 1914, 1923, 1963.
Hamburger Fremdenblatt, Hamburg, Jahrgänge 1892, 1895, 1896, 1899, 1927,
    1933, 1934, 1935, 1937, 1938, 1939, 1940, 1941, 1942.
Hamburger General-Anzeiger, Hamburg, Jahrgänge, 1913, 1914, 1937.
Hamburger Morgenpost, Hamburg, Jahrgang 1965.
Hamburger Nachrichten, Hamburg, Jahrgänge 1914, 1937, 1939, 1940.
Hamburger Neueste Zeitung, Hamburg, Jahrgang 1939.
Hamburger Tageblatt, Hamburg, Jahrgänge 1939, 1940, 1942.
Hamburger Volkszeitung, Hamburg, Jahrgänge 1923, 1927.
Hamburger Wirtschaft, Hamburg, Jahrgang 1997.
Hamburgischer Correspondent, Hamburg, Jahrgänge 1896, 1914, 1933.
Handelsblatt, Düsseldorf, Jahrgänge 1954, 1955, 1960.
Industriekurier, Düsseldorf, Jahrgänge 1956, 1965, 1966.
La Repubblica, Mailand, Jahrgang 1996.
L'Operaio Italiano, Hamburg, Jahrgänge 1898, 1902, 1908.

Neue Hamburger Presse, Hamburg, Jahrgang 1945.
Norddeutsche Nachrichten, Hamburg 1923, 1942.
Pressespiegel, Düsseldorf, Jahrgang 1965.
Völkischer Beobachter, Berlin, Jahrgang 1942.
Welt der Arbeit, Hamburg, 1965.

4.1.4.   Interviews, Expertenbefragungen und telefonische Informationen

Interviews

In Hamburg:

Arrigo Palazzi   5.12.2000 (FZH, WdE 684)
Zur Person: geboren 1924 in Hamburg, seither dort lebend, verheiratet mit einer
                      deutschen Frau, ehem. Geschäftsmann, heute Rentner.
Vittorino Picchi   8.11.2000 (FZH, WdE 687)
Zur Person: geboren 1912 in Hamburg, seither dort lebend, verwitwet (war mit einer
                      deutschen Frau verheiratet), ehem. leitender Beamter, heute Rentner.
Giovanni Visconti   1.11.2000 (FZH, WdE 664)
Zur Person: geboren 1905 in Valle di Cadore/Italien, seither in Hamburg lebend,
                      verwitwet (war mit einer eingewanderten Tschechin verheiratet), ehem.
                      Geschäftsmann, heute Rentner.
Lucia Monti   24.11.2000 (FZH, WdE 686)
Zur Person: geboren 1906 in Hamburg, seither in Hamburg lebend, verwitwet (war
                      mit einem deutschen Mann verheiratet), ehem. Geschäftsfrau, heute
                      Rentnerin.
Mario Tenco   17.8.2001 (FZH, WdE 720)
Zur Person: geboren 1940 in Sassari, seit 1960 in Hamburg lebend, verheiratet mit
                      einer italienischen Frau, ehem. Bauarbeiter und Bahnangestellter, heute
                      Rentner.
Horst Monti   20.11.2000 (FZH, WdE 703)
Zur Person: geboren 1938 in Hamburg, seither in Hamburg lebend, verheiratet mit
                      einer deutschen Frau, ehem. Geschäftsmann, heute Rentner.
Irene Rizzotti   7.12.2000 (FZH, WdE 685)
Zur Person: geboren 1912 in Hamburg, seither in Hamburg lebend, verwitwet (war
                      mit einem deutschen Mann verheiratet), ehem. Geschäftsfrau, heute
                      Rentnerin.
Maria Marchi   15.5.2001
(geb. Cuneo)
Zur Person: geboren 1940 in Hamburg, seither in Hamburg lebend, verheiratet mit
                      einem italienischen Mann, Inhaberin einer Eisdiele.

Lucio Barba	5.5.1999
Zur Person:	geboren 1940 in Siena/Italien, seit 1960 in Hamburg lebend, verheiratet mit einer deutschen Frau, ehem. Industriearbeiter, heute Besitzer eines Ladens mit italienischen Lebensmitteln.
Salvatore Gennari	12.5.1999
Zur Person:	geboren 1926 in Neapel/Italien, seit 1951 in Hamburg lebend, verheiratet mit einer deutschen Frau, ehem. fliegender Stoffhändler und Besitzer eines Textilwarengeschäftes, heute Rentner.
Piero und Angela Lago	18.5.1999
Zu den Personen:	Ehepaar, beide 1930 in Andria/Italien geboren, seit 1960 in Hamburg lebend, beide ehem. Industriearbeiter und heute Rentner.
Salvatore Cerami	22.5.1999
Zur Person:	geboren 1935 in Salerno/Italien, seit 1960 in Hamburg lebend, verheiratet mit einer italienischen Frau, ehem. Bahnarbeiter, heute Rentner.
Paolo Cossu	26.5.1999
Zur Person:	geboren 1946 in Sassari/Italien, seit 1964 in Hamburg lebend, verheiratet mit einer deutschen Frau, ehem. Industriearbeiter, heute Besitzer eines italienischen Restaurants.
Alessandro Fiore	5.6.1999
Zur Person:	geboren 1955 in Cagliari/Italien, seit 1971 in Hamburg lebend, verheiratet mit einer italienischen Frau, Industriearbeiter.
Giovanni Caino	11.6.1999
Zur Person:	geboren 1937 in Nuoro/Italien, seit 1965 in Hamburg lebend, verheiratet mit einer deutschen Frau, ehem. Industriearbeiter, heute Rentner.
Roberto Primo	3.7.1999
Zur Person:	geboren 1939 in Matera/Italien, seit 1965 in Hamburg lebend, ledig, ehem. Industriearbeiter, heute Rentner.
Giuseppe Argento	3.7.1999
Zur Person:	geboren 1950 in Crotone/Italien, seit 1968 in Hamburg lebend, verheiratet mit einer deutschen Frau, Industriearbeiter.
Renzo Allori	2.6.1999
Zur Person:	geboren 1942 in Ascoli/Italien, seit 1960 in Hamburg lebend, verheiratet mit einer italienischen Frau, ehem. Industriearbeiter, heute Besitzer eines Restaurants.
Vincenzo Cerra	13.5.1999
Zur Person:	geboren 1948 in Agrigento/Italien, seit 1965 in Hamburg lebend, verheiratet mit einer italienischen Frau, Industriearbeiter.
Luigi Porro	29.5.1999
Zur Person:	geboren 1941 in Nuoro/Italien, seit 1960 in Hamburg lebend, verheiratet mit einer deutschen Frau, Industriearbeiter.

Alessandro Piacentino 19.6.1999

Zur Person: geboren 1921 in Potenza/Italien, seit 1970 in Hamburg lebend, verheiratet mit einer italienischen Frau, ehem. Industriearbeiter, heute Rentner.

In Verona/Italien:

Giovanni Giorgetti 20.10.1999

Zur Person: geboren 1940 in Verona/Italien, lebte in Hamburg von 1964 bis 1966, ledig, ehem. Industriearbeiter, heute Rentner.

Expertenbefragungen

In Hamburg:

Don Quintino Lugnan 17.5.1999 und 5.10.2000

Zur Person: italienischer katholischer Missionar in Hamburg 1971 bis 2001.

Franco Bonsignore 25.11.2000

Zur Person: Hamburg-Vertreter des italienischen Fürsorgewerkes INCA seit 1992.

Gualberto Galetti 11.10.2000 (FZH, WdE 667)

Zur Person: Mitbegründer der Hamburger Ortsstelle des PCI im Jahr 1974 und 1979 bis 1992 Hamburg-Vertreter des italienischen Fürsorgewerkes INCA.

Michael Weger 17.8.2001 (FZH, WdE 720)

Zur Person: 1958 bis 1987 leitender Angestellter (u. a. Personalchef 1967 bis 1976) im „Bahnhof Hamburg-Süd" und anschließend bis 1994 Leiter des Bahnhofs Hamburg-Wilhelmsburg, heute Rentner.

Franco Cuneo 15.6.1999 und 19.11.2001

Zur Person: Besitzer des 1905 in Hamburg gegründeten italienischen Restaurants "Cuneo" auf St. Pauli.

Franco Ginocchio 20.4.2001

Zur Person: Nachfahre einer um die Jahrhundertwende nach Hamburg gekommenen ligurischen Familie, Steuerberater.

Emanuele Padula 22.5.1999

Zur Person: aktueller Präsident des COMITES im Bezirk des Hamburger Generalkonsulats.

Luigi Giorgio 12.5.1999

Zur Person: Italienerbetreuer des Caritasverbandes in Hamburg 1979 bis 2001.

In Vadena bei Bozen/Italien:

Don Giuseppe Clara   Interview vom 19.10.1999
Zur Person: italienischer katholischer Missionar in Hamburg 1963 bis 1971.

Telefonische Informationen

Klaus Fischer   2. Mai 2001
Zur Person: leitender Angestellter der Handwerkskammer Hamburg.

4.2   Literatur

4.2.1.   Allgemeine Literatur

Alborino, Roberto/Pölzl, Konrad (Hg.): Italiener in Deutschland. Teilhabe oder Ausgrenzung? Freiburg im Breisgau 1998.

Albrecht, Hans-Jörg: Immigration, Kriminalität und Innere Sicherheit, in: Günter Albrecht u. a. (Hg.): Gewaltkriminalität zwischen Mythos und Realität, Frankfurt am Main 2001.

Bade, Klaus J.: Vom Auswanderungsland zum Einwanderungsland? Deutschland 1880 – 1980, Berlin 1983.

Ders. (Hg.): Auswanderer – Wanderarbeiter – Gastarbeiter. Arbeitsmarkt und Wanderung in Deutschland seit der Mitte des 19. Jahrhunderts, Ostfildern 1984.

Ders.: Einheimische Ausländer: „Gastarbeiter" - Dauergäste - Einwanderer, in: ders. (Hg.): Deutsche im Ausland - Fremde in Deutschland. Migration in Geschichte und Gegenwart, München 1992, S. 393-400.

Baily, Samuel L.: Immigrants in the Lands of Promise. Italians in Buenos Aires and New York City, 1870 – 1914, Ithaca and London 1999.

Barbagallo, Francesco: Lavoro ed esodo nel Sud 1861 – 1971, Neapel 1973.

Barfuss, Karl M.: „Gastarbeiter" in Nordwestdeutschland 1884 – 1918, Bremen 1986.

Bermani, Cesare: Odyssee in Deutschland. Die alltägliche Erfahrung der italienischen „Fremdarbeiter" im „Dritten Reich", in: Bermani, Cesare/Bologna, Sergio/Mantelli, Brunello: Proletarier der „Achse". Sozialgeschichte der italienischen Fremdarbeit in NS-Deutschland 1937 bis 1943, Berlin 1997, S. 37-252.

Bingemer Karl u. a.: Leben als Gastarbeiter. Geglückte und missglückte Integration, Köln und Opladen 1970.

Birindelli, Anna Maria: L'emigrazione italiana con particolare riguardo alla emigrazione continentale nell'ultimo dopoguerra, in: Istituto di Demografia della Università di Roma (Hg.): Emigration from mediterranean basin to industrialised Europe, Mailand 1976, S. 169-220.

Blumer, Giovanni: L'emigrazione italiana in Europa. Un sottoproletariato che lo sfruttamento internazionale tiene socialmente e politicamente diviso dalla classe operaia, Milano 1970.

Borruso, Paolo: Le organizzazioni per l'assistenza sociale e religiosa agli emigranti italiani in Germania negli anni cinquanta e sessanta, in: Jens Petersen (Hg.): L'emigrazione tra Italia e Germania, Manduria 1993, S. 169-184.

Britschgi-Schimmer, Ina: Wirtschaftliche und soziale Lage der italienischen Arbeiter in Deutschland. Ein Beitrag zur ausländischen Arbeiterfrage, Diss. Karlsruhe 1916.

Bürer, Werner: Wirtschaft in beiden deutschen Staaten. Ökonomische Entwicklung der Bundesrepublik 1945 bis 1961, in: Bundeszentrale für politische Bildung (Hg.): Deutschland in den fünfziger Jahren, Information zur politischen Bildung 256, Bonn 1997, S. 32-37.

Cafiero, Salvatore: Le migrazioni meridionali, Rom 1964.

Cajani, Luigi: Die italienischen Militär-Internierten im nationalsozialistischen Deutschland, in: Ulrich Herbert (Hg.): Europa und der „Reichseinsatz". Ausländische Zivilarbeiter, Kriegsgefangene und KZ-Häftlinge in Deutschland 1938 – 1945, Essen 1991, S. 295–316.

Ders./Mantelli, Brunello: In Deutschland arbeiten: Die Italiener – von der „Achse" bis zur Europäischen Gemeinschaft, in: Archiv für Sozialgeschichte 32, 1992, S. 231-246.

Calvaruso Claudio u. a., L'emigrazione italiana negli anni '70. Antologia di studi sull'emigrazione, Rom 1975.

Cinanni, Paolo: Emigration und Imperialismus. Zur Problematik der Arbeitsmigration, München 1970.

Kammerer, Peter: Sviluppo del capitale ed emigrazione in Europa: la Germania Federale, Mailand 1976.

Carr, William: A history of Germany 1815 - 1990, London 1991.

Castles Stephen u. a.: Australia's Italians. Culture and community in a changing society, St. Leonards/Australia 1992.

De Bottazzi, Giovanni: Italiani in Germania. Als Italiener im Deutschland der Jahrhundertwende, Turin 1895.

Del Fabbro, René: Wanderarbeiter oder Einwanderer? Die italienischen Arbeitsmigranten in der Wilhelminischen Gesellschaft, in: AfS 32, 1992, S. 207–229.

Ders.: Emigrazione proletaria italiana in Germania all'inizio del XX secolo, in: Jens Petersen (Hg.): L'emigrazione tra Italia e Germania, Bari und Rom 1993, S. 27–44.

Ders.: Transalpini. Italienische Arbeitswanderung nach Süddeutschland im Kaiserreich 1870-1918, Osnabrück 1996.

De Matteis, Mario: Die zweite italienische Gastarbeitergeneration, in: J. Papalekas (Hg.): Die Ausländerfrage. Gastarbeiter im Spannungsfeld von Integration und Reintegration, Herford 1983, S. 187-192.

Dohse, Knuth: Ausländische Arbeiter und bürgerlicher Staat. Genese und Funktion von staatlicher Ausländerpolitik und Ausländerrecht. Vom Kaiserreich bis zur Bundesrepublik Deutschland, Königstein/Ts. 1981.

Dunkel, Franziska/Stramaglia-Faggion, Gabriella: Zur Geschichte der Gastarbeiter in München. „Für 50 Mark einen Italiener", München 2000.

Favero, Luigi/Tassello, Graziano: Cent'anni di emigrazione italiana (1876 – 1976), in: Gianfausto Rosoli (Hg.): Un secolo di emigrazione italiana: 1876 – 1976, Rom 1978.

Filippi, Natale: Dall'analfabetismo all'intercultura, Verona 1992.

Foerster, Robert F.: The italian Emigration of our times, Harvard University Press 1919.

Fofi, Goffredo: L'immigrazione meridionale a Torino, Milano 1964.

Forberg, Martin: Manodopera italiana e sindacati tedeschi nell'impero (1890 – 1916), in: Jens Petersen (Hg.): L'emigrazione tra Italia e Germania, Bari und Rom 1993, S. 45–62.

Franzina, Emilio: Gli italiani al nuovo mondo. L'emigrazione italiana in America 1492 – 1942, Mailand 1995.

Ders.: La grande emigrazione. L'esodo dei rurali dal Veneto durante il sec. XIX, Venedig 1976.

Ders. u. a. (Hg.): Storia dell'emigrazione italiana, Bd.1-2, Rom 2001/2).

Gebhardt, Bruno: Handbuch der deutschen Geschichte, Bd. 4, 1. und 2. Teilband, Stuttgart 1973 und 1976.

Geiselberger, Siegmar: Schwarzbuch: Ausländische Arbeiter, Frankfurt am Main 1972.

Gentileschi, Maria Luisa: La collettività italiana di Stoccarda, in: CSER (Hg.): Studi Emigrazione 47, Rom 1977, S. 247–280.

Dies.: L'immigrazione italiana a Wolfsburg, „città nuova" della Germania Federale, in: Scritti geografici, Firenze 1982, S. 429-451.

Dies. u. a.: Sardi a Stoccarda. Inchiesta su un gruppo di emigrati in una grande città industriale, Cagliari 1979.

Ginsborg, Paul: Storia d'Italia dal dopoguerra ad oggi, Turin 1989.

Granato, Mona: Italienische Jugendliche in der Bundesrepublik. Leben in der Migration zwischen Integration und Ausgrenzung, in: Roberto Alborino und Konrad Pölzl (Hg.): Italiener in Deutschland. Teilhabe oder Ausgrenzung?, Freiburg im Breisgau 1998, S. 110-126.

Graziani, Augusto: Introduzione, in: ders. (Hg.): L'economia italiana dal 1945 a oggi, Bologna 1989.

Hammermann, Gabriele: Zwangsarbeit für den „Verbündeten". Die Arbeit und Lebensbedingungen der italienischen Militärinternierten in Deutschland 1943 – 1945, Tübingen 2002.

Harant, Stefan: Schulprobleme von Gastarbeiterkindern, in: Horst und Helga Reimann (Hg.): Gastarbeiter. Analyse und Perspektiven eines sozialen Problems, Opladen 1987, S. 243-263.

Haug, Sonia: Soziales Kapital und Kettenmigration: Italienische Migranten in Deutschland, Wiesbaden 2000.

Heckmann, Friedrich: Die Bundesrepublik. Ein Einwanderungsland? Zur Soziologie der Gastarbeiterbevölkerung als Einwandererminorität, Stuttgart 1981.

Ders.: Ethnische Minderheiten, Volk und Nation. Soziologie inter-ethnischer Beziehungen, Stuttgart 1992.

Herbert, Ulrich: Fremdarbeiter. Politik und Praxis des „Ausländer-Einsatzes" in der Kriegswirtschaft des Dritten Reiches, Bonn 1999, S. 118.

Ders.: Geschichte der Ausländerpolitik in Deutschland. Saisonarbeiter, Zwangsarbeiter, Gastarbeiter, Flüchtlinge, München 2001.

Hoffend, Andrea: Zwischen Kultur-Achse und Kulturkampf. Die Beziehungen zwischen „Drittem Reich" und faschistischem Italien in den Bereichen Medien, Kunst, Wissenschaft und Rassenfragen, Frankfurt am Main 1998.

Jacini, Stefano: Die italienische Auswanderung nach Deutschland, in: Weltwirtschaftliches Archiv 5, 1915, Bd. I, S. 124–136.

Kodolitsch, Paul von/ Schuleri-Hartje, Ulla-Kristina: Teilnahme von Ausländern an der Kommunalpolitik, Ausländische Arbeitnehmer und ihre Familien, Teil 4, Berlin 1986.

Lang, Ralf: Italienische „Fremdarbeiter" im nationalsozialistischen Deutschland 1937 – 1945, Frankfurt am Main 1996.

Lehmann, Joachim/Elsner, Lothar: Ausländische Arbeiter unter dem deutschen Imperialismus 1900 bis 1985, Berlin (Ost) 1988.

Lehment, R.: Rapporto su Kiel, in: MAE (Hg.): Emigrazione e Colonie. Raccolta di rapporti dei RR. Agenti diplomatici e consolari, Bd. 1, Teil 3, Rom 1905, S. 28-30.

Lucrezio, Giuseppe/Favero, Luigi: Un quarto di secolo di emigrazione italiana, in: ders. u. a.: L'emigrazione italiana negli anni '70. Antologia di studi sull'emigrazione, Rom 1975, S. 3-92.

Mantelli, Brunello: Zwischen Strukturwandel auf dem Arbeitsmarkt und Kriegswirtschaft. Die Anwerbung der italienischen Arbeiter für das „Dritte Reich" und die „Achse Berlin-Rom" 1938 – 1943, in: Bermani, Cesare/Bologna Sergio/ Mantelli, Brunello: Proletarier der „Achse". Sozialgeschichte der italienischen Fremdarbeit in NS-Deutschland 1937 bis 1943, Berlin 1997, S. 253-392.

Ders.: Kurze Geschichte des italienischen Faschismus, Berlin 1998.

Manz, Peter: Emigrazione italiana a Basilea e nei suoi sobborghi 1890 – 1914. Momenti di contatto tra operai immigrati e società locale, Comano 1988.

Martini, Claudia: Italienische Migranten in Deutschland. Transnationale Diskurse, Berlin 2001.

Mazza Moneta, Elisabetta: Deutsche und Italiener. Der Einfluss von Stereotypen auf interkulturelle Kommunikation, Frankfurt am Main 2000.

Mehrländer, Ursula: Beschäftigung ausländischer Arbeitnehmer in der Bundesrepublik Deutschland unter spezieller Berücksichtigung von Nordrhein-Westfalen, Köln und Opladen 1969.

Michels-Lindner, Gisela: Die italienischen Arbeiter in Deutschland, in: Der Arbeitsmarkt 14, 1910 – 1911, Sp. 101–135.

Monferrini, Mario: L'emigrazione italiana in Svizzera e Germania nel 1960 – 1975. La posizione dei partiti politici, Roma 1987.

Nikolinakos, Marios: Politische Ökonomie der Gastarbeiterfrage. Migration und Kapitalismus, Reinbek bei Hamburg 1973.

Ostuni, Maria Rosaria: Leggi e politiche di governo nell'Italia liberale e fascista, in: Emilio Franzina u.a. (Hg.): Storia dell'emigrazione italiana. Partenze, Rom 2001, S. 309-322.

Oswald, Anne von: „Venite a lavorare alla Volkswagen!" Strategie aziendali e reazioni degli emigrati italiani a Wolfsburg, 1962 – 1975, in: Fondazione Giangiacomo Feltrinelli (Hg.): „Annali" della Fondazione Giangiacomo Feltrinelli 1997, S. 695-740.

Pagani, Bianca M.: L'emigrazione friulana dalla metà del secolo XIX al 1940, Udine 1968.

Paoletti, Marcello: L'unita' d'Italia e l'emigrazione verso l'Europa continentale (origine e sviluppi) 1860-1970, Diss. Freiburg in der Schweiz 1976.

Parini, Piero: Gli italiani nel mondo, Milano 1935.

Passigli, Stefano: Emigrazione e comportamento politico, Bologna 1969.

Perchinig, Bernhard: Migrantenpolitik europäischer Städte: Strategien gegen soziale Exklusion und Fremdenfeindlichkeit im Vergleich: Amsterdam, Birmingham, Hamburg, Wien. Endbericht für das Österreichische Bundesministerium für Bildung, Wissenschaft und Kultur, Wien 2001.

Pertile Giacomo: Italiani in Germania, in: MAE (Hg.): Bollettino della Emigrazione 11/13, Rom 1914, S. 703-1043.

Petersen, Jens: Italia-Germania: percezione, stereotipi, pregiudizi, immagini d'inimicizia, in: ders. (Hg.): L'emigrazione tra Italia e Germania, Manduria 1993, S. 199-220.

Pichler, Edith: Migration, Community-Formierung und ethnische Ökonomie. Die italienischen Gewerbetreibenden in Berlin, Berlin 1997.

Pisani, Pietro: Gli emigranti italiani all'estero e specialmente in Germania, in: Rivista internazionale di scienze sociali e discipline ausiliarie 26, 1901, S. 3–22.

Piva, Giorgio: La difficile costruzione dell'INCA in Germania, in: INCA/CGIL, 1945/1985, Questi 40 anni. La storia, le immagini, le testimonianze, Rom 1985, S. 194-197.

Portera, Agostino: Die kulturelle Identität italienischer Jugendlicher in Deutschland. Empirische Untersuchung über die psychosoziale Situation und soziokulturelle Orientierung italienischer Jugendlicher in Freiburg, in: Ausländerkinder 21, S. 4-22.

Pütz, Wolfgang: Das Italienbild in der deutschen Presse. Eine Untersuchung ausgewählter Tageszeitungen, München 1993.

Quaritsch, Helmut: Die Rechtsstellung des Gastarbeiters in der Bundesrepublik Deutschland, in: Horst und Helga Reimann (Hg.): Gastarbeiter. Analyse und Perspektiven eines sozialen Problems, Opladen 1987, S. 95-115.

Rieker, Yvonne: Südländer, Ostagenten oder Westeuropäer? Die Politik der Bundesregierung und das Bild der italienischen Gastarbeiter 1955 – 1970, in: AfS 40, 2000, S. 231–258.

Dies.: „Ein Stück Heimat findet man ja immer". Die italienische Einwanderung in die Bundesrepublik, Essen 2003.

Rinn, Barbara: Italienische Stuckatur des Spätbarock zwischen Elbe und Ostsee – Studien zu den Werkstätten italienischer Stuckateure in Hamburg und Schleswig-Holstein unter Berücksichtigung ihrer Arbeiten in Mecklenburg-Vorpommern und Dänemark (ca. 1685 – 1740), Diss. Kiel 1995.

Rosoli, Gianfausto (Hg.): Un secolo di emigrazione italiana: 1876 – 1976, Rom 1978.

Sacchetti, Gian Battista: Cento Anni di „Politica dell'emigrazione". L'incerta presenza dello Stato di fronte alla realtà migratoria italiana, in: Gianfausto Rosoli (Hg.): Un secolo di emigrazione italiana 1876 – 1976, Rom 1978, S. 253-272.

Salamone, Frank A.: Italians in Rochester, New York 1900 – 1940, Lewiston/ New York 2000.

Sartorius, August von Waltershausen: Die italienischen Wanderarbeiter, Leipzig 1903.

Schäfer, Hermann: Italienische „Gastarbeiter" im deutschen Kaiserreich (1890 – 1914) in: Zeitschrift für Unternehmensgeschichte 27, 1982, S. 192–214.

Schildmeier, Angelika: Integration und Wohnen. Analyse der Wohnsituation und Empfehlungen zu einer integrationsgerechten Wohnungspolitik für ausländische Arbeitnehmer und ihre Familien, Hamburg 1975.

Schindling, Anton: Bei Hofe und als Pomeranzenhändler: Italiener im Deutschland der Frühen Neuzeit, in: Klaus J. Bade (Hg.): Deutsche im Ausland – Fremde in Deutschland. Migration in Geschichte und Gegenwart, München 1992, S. 287-294.

Schminck-Gustavus, Christoph: Herrenmenschen und Badoglioschweine. Italienische Militärinternierte in deutscher Kriegsgefangenschaft 1943 – 1945. Erinnerungen von Attilio Budini und Gigina Querzé in Buldini aufgezeichnet von C.U. Schmink-Gustavus, in: Herrenmensch und Arbeitsvölker. Ausländische Arbeiter und Deutsche 1939 – 1945, Beiträge zur nationalsozialistischen Gesundheits- und Sozialpolitik 3, Berlin 1986, S. 55-102.

Schneiders, Rudolf: Deutsch-Italienische Handelsbeziehungen, Bonn 1926.

Schreiber, Gerhard: Die italienischen Militärinternierten im deutschen Machtbereich 1943 bis 1945. Verraten – Verachtet – Vergessen, München 1990.

Sereni, Emilio: Il capitalismo nelle campagne, Rom 1968.

Serio, Antonella (Hg.): Der unsichtbare Mitbürger. Soziale und gesellschaftliche Aspekte der Integration der Italienerinnen und Italiener in Deutschland, Freiburg im Breisgau 2000.

Sori, Ercole: L'emigrazione italiana dall'Unita' alla seconda guerra mondiale, Bologna 1979.

Ders.: L'emigrazione italiana in Europa tra Ottocento e Novecento. Note e riflessioni, in: Luciano Trincia (Hg.): Dossier: l'emigrazione italiana in Germania fra Otto e Novecento: Fonti, aspetti e problemi di metodo, in: CSER (Hg.): Studi Emigrazione 38, Rom 2001, S. 259-291.

Steffen, Wiebke: Ausländerkriminalität zwischen Mythos und Realität, in: Günter Albrecht u. a. (Hg.): Gewaltkriminalität zwischen Mythos und Realität, Frankfurt am Main 2001, S. 282–300.

Steinert, Johannes D.: Migration und Politik. Westdeutschland – Europa – Übersee 1945 – 1961, Osnabrück 1995.

Trincia, Luciano: Migration und Diaspora: katholische Kirche und italienische Arbeitswanderung nach Deutschland und in die Schweiz vor dem Ersten Weltkrieg, Freiburg im Breisgau 1998.

Ders.: Verso un quadro globale dell'emigrazione italiana in Germania, in: ders. (Hg.), Dossier: l'emigrazione italiana in Germania fra Otto e Novecento: Fonti, aspetti e problemi di metodo, in: CSER (Hg.), Studi Emigrazione 38, Rom 2001, S. 245-258.

Vilardo, Stefano: Tutti dicono Germania Germania. Poesie dell'emigrazione, Milano 1975.

Wennemann, Adolf: Arbeit im Norden. Italiener im Rheinland und Westfalen des späten 19. und frühen 20. Jahrhunderts, Osnabrück 1997.

Wiesemann, Falk: Italienische Arbeitskräfte im nationalsozialistischen Deutschland, in: Annali della facoltà di lettere e filosofia dell'Università di Napoli 25, A.A. 1982/1983, S. 423–437.

Woydt, Johann: Ausländische Arbeitskräfte in Deutschland. Vom Kaiserreich bis zur Bundesrepublik, Heilbronn 1987.

Zamagni, Vera: Dalla periferia al centro. La seconda rinascita economica dell'Italia 1861 – 1981, Bologna 1990.

Zancan, Livio: L'altro volto della Germania: l'emigrazione, Brescia 1979.

Zucchi, John E.: Italians in Toronto. Development of a National Identity, 1875 – 1935, Kingston and Montreal 1988.

4.2.2.   Auf Hamburg bezogene Literatur

Amenda, Lars: Chinesen in Hamburg 1917 bis 1945. Zur Sozial- und Kulturgeschichte einer fremden Minderheit, Mag. Hamburg 2000.

Bieber, Hans-Joachim: Der Hamburger Hafenarbeiterstreik 1896/97, in: Arno Herzig/Dieter Langewiesche/Arnold Sywottek (Hg.): Arbeiter in Hamburg. Unterschichten, Arbeiter und Arbeiterbewegung seit dem ausgehenden 18. Jahrhundert, Hamburg 1983, S. 229-245.

Biehl, Karl H.: Die volkswirtschaftliche Bedeutung der Beschäftigung ausländischer Arbeitnehmer in der Freien und Hansestadt Hamburg 1960 – 1980 unter besonderer Berücksichtigung der organisierten Beschaffung von Wanderarbeitern aus dem Ausland, Diss. Hamburg 1985.

Bock, Cornelia: Ausländische Mädchen in Hamburg. Zur Situation ausländischer Mädchen in Schule und Beruf, Hamburg 1988.

Böcklitz, Klaus: Der Bau des Hamburger Elbtunnels, in: Verein Deutscher Ingenieure (Hg.): Sonderdruck der Zeitschrift Technik-Geschichte vom Verein Deutscher Ingenieure, Düsseldorf 1974.

Bonacker, Margit/Häufele, Reinhard: Großstädtische Wohn- und Lebensverhältnisse von Arbeitsmigranten. Dargestellt am Beispiel Hamburgs, Hamburg 1986.

Büttner, Ursula: Der Stadtstaat als demokratische Republik, in: Werner Jochmann und Hans-Dieter Loose (Hg.): Hamburg. Geschichte der Stadt und ihrer Bewohner, Hamburg 1986, Band II, S. 131-265.

Ders., Errichtung und Zerstörung der Demokratie in Hamburg: Freie Gewerkschaften, Senatsparteien und NSDAP im Kampf um die Weimarer Republik, Hamburg 1998.

Busch, Ralf: Ein Papst in Hamburg: ein historisches Essay über Benedikt V, Hamburg 1999.

Eder, Angelika: Aspekte polnischen Lebens in Hamburg. Beispiele 1918 bis 1980, in: Christoph Pallaske (Hg.): Die Migration von Polen nach Deutschland. Zu Geschichte und Gegenwart eines europäischen Migrationssystems, Baden-Baden 2001, S. 43-60.

Eiber, Ludwig: Arbeitssklaven für SS und Kriegswirtschaft. Häftlingsarbeit im KZ Neuengamme 1940 – 1945, in: Arno Herzig/Dieter Langewiesche/ Arnold Sywottek (Hg.): Arbeiter in Hamburg. Unterschichten, Arbeiter und Arbeiterbewegung seit dem ausgehenden 18. Jahrhundert, Hamburg 1983, S. 559-567.

Ellermeyer, Jürgen: Die Industrialisierung Harburgs im 19. Jahrhundert, in: ders. u. a. (Hg.): Harburg. Von der Burg zur Industriestadt, Hamburg 1988, S. 158-205.

Felsmann, Matthias: Italiener in Hamburg: Wanderung und Leben in der Bundesrepublik nach 1955, Mag. Hamburg 1988.

Giacchi, Giuseppe: Amburgo sotto l'aspetto storico ed economico, in: MAE (Hg.): Bollettino dell'emigrazione, Parte commerciale, Rom 1913.

Giordano, Ralph: Die Bertinis [Roman], Frankfurt am Main 1982.

Görlitz, Walter: Italien und Hamburg in alter Zeit. Streiflichter aus der Vergangenheit, in: Walter Görlitz/Hans W. Grohn/Ingeborg Brandt, Beziehungen zu Italien im Hamburger Kunst- und Geistesleben, Hamburg 1973, S. 1-7.

Grüber, Hans-Bernd: Kriminalität der Gastarbeiter. Zusammenhang zwischen kulturellem Konflikt und Kriminalität, Diss. Hamburg 1969.

Grüttner, Michael: Arbeitswelt an der Wasserkante. Sozialgeschichte der Hamburger Hafenarbeiter 1886 – 1914, Göttingen 1984

Gunkel-Henning, Doris/Mayer, Udo: Tendenzen der Ausländerpolitik in der BRD und in Hamburg, in: Hochschule für Wirtschaft und Politik Hamburg (Hg.): Jahrbuch für Sozialökonomie und Gesellschaftstheorie – Hamburg Studien, Opladen 1983, S. 289-305.

Hartwich, Hans-Hermann: Freie und Hansestadt Hamburg. Die Zukunft des Stadtstaates, Hamburg 1987.

Hartwig, Michael: Großvaters Harburg. Ein Lesebuch für „kleine Leute" über Harburg in der ersten Hälfte des zwanzigsten Jahrhunderts, Hamburg 1984.

Hauschildt, Elke: Polnische Arbeitsmigranten in Wilhelmsburg bei Hamburg während des Kaiserreichs und der Weimarer Republik, Dortmund 1986.

Heyer, Ernst: Hamburg. Wirtschaft zwischen Übersee und Binnenland, Essen 1966.

Italiaander, Rolf: Vielvölkerstadt. Hamburg und seine Nationalitäten, Düsseldorf 1986.

Janssen, Jürgen: Ausländische Arbeitnehmer in Hamburg. Entwicklung der Beschäftigung und der Arbeitsmarktsituation, in: Hochschule für Wirtschaft und Politik Hamburg (Hg.): Jahrbuch für Sozialökonomie und Gesellschaftstheorie – Hamburg Studien, Opladen 1983, S. 269–288.

Jochmann, Werner: Handelsmetropole des Deutschen Reiches, in: ders. und Hans-Dieter Loose (Hg.): Hamburg. Geschichte der Stadt und ihrer Bewohner, Hamburg 1986, Band II, S. 15-130.

Johe, Werner: Im Dritten Reich 1933 – 1945, in: Werner Jochmann und Hans-Dieter Loose (Hg.): Hamburg. Geschichte der Stadt und ihrer Bewohner, Hamburg 1986, Band II, S. 265 – 377.

Joho, Michael (Hg.): Not sehen und handeln. 75 Jahre Caritasverband in Hamburg, Hamburg 2000.

Kauth-Kokshoorn, Erich-Marcel: Älter werden in der Fremde. Wohn- und Lebenssituation älterer ausländischer Hamburgerinnen und Hamburger, Hamburg 1998.

Kleßmann, Eckart: Geschichte der Stadt Hamburg, Hamburg 1981.

Ders.: Ausländer in Hamburg, Hamburg 1993.

Koch, Marion: Italiener im KZ Neuengamme, in: KZ-Gedenkstätte Neuengamme (Hg.): Häftlinge im KZ Neuengamme. Verfolgungserfahrungen, Häftlingssolidarität und nationale Bindung, S. 67–73.

Königstein, Horst: Die Schiller-Oper in Altona. Eine Archäologie der Unterhaltung, Frankfurt am Main 1983.

Könke, Günter: Arbeiterschaft und sozialdemokratische Arbeiterbewegung in Harburg 1918 – 1933, in: Jürgen Ellermeyer u.a. (Hg.): Harburg. Von der Burg zur Industriestadt, Hamburg 1988, S. 403-416.

Kopitzsch, Franklin: Zwischen Hauptrezeß und Franzosenzeit 1712 – 1806, in: Werner Jochmann und Hans-Dieter Loose (Hg.): Hamburg. Geschichte der Stadt und ihrer Bewohner, Hamburg 1982, Band I, S. 351-414.

Krause, Thomas: Das „Bürgerliche Trauma". Revolution in Altona, in: Arnold Sywottek (Hg.): Das andere Altona, Hamburg 1984, S. 39-59.

Kürschner-Pelkmann, Frank: Fremde bauen eine Stadt, Hamburg 1993.

Littmann, Friederike: Ausländische Zwangsarbeiter in Hamburg während des Zweiten Weltkrieges, in: Arno Herzig/Dieter Langewiesche/Arnold Sywottek (Hg.): Arbeiter in Hamburg. Unterschichten, Arbeiter und Arbeiterbewegung seit dem ausgehenden 18. Jahrhundert, Hamburg 1983, S. 569-583.

Dies.: Ausländische Zwangsarbeiter in der Hamburger Kriegswirtschaft 1940 – 1945, in: Frank Bajohr und Joachim Szodrzinsky (Hg.): Hamburg in der NS-Zeit, Hamburg 1995, S. 175–202.

Liva, Giovanni: Le „aziende Greppi" in Europa: Amburgo e Amsterdam, in: Società Storica Lombarda (Hg.): Archivio Storico Lombardo, Bologna 1997, S. 189-238.

Loose, Hans-Dieter: Das Zeitalter der Bürgerunruhen und der großen europäischen Kriege 1618 – 1712, in: ders. und Werner Jochmann (Hg.): Hamburg. Geschichte der Stadt und ihrer Bewohner, Band I, Hamburg 1982, S. 259-350.

Manos, Helene: Zu Hamburg in der „Fremde"? Eine Kritik der griechischen Emigrationsideologie, Hamburg 2001.

McElligott, Anthony P.: Das „Abruzzenviertel". Arbeiter in Altona 1918 – 1932, in: Arno Herzig/Dieter Langewiesche/Arnold Sywottek (Hg.): Arbeiter in Hamburg. Unterschichten, Arbeiter und Arbeiterbewegung seit dem ausgehenden 18. Jahrhundert, Hamburg 1983, S. 493-507.

Ders.: Altona vor dem Ersten Weltkrieg. Zur wirtschaftlichen, gesellschaftlichen und politischen Entwicklung, in: Arnold Sywottek (Hg.): Das andere Altona, Hamburg 1984, S. 22-38.

Meyhoff, Andreas: Blohm & Voss im „Dritten Reich", Hamburg 2001.

Pinto, Michelangelo: L'immigrazione italiana ad Amburgo, in: Gli italiani nelle provincie e negli stati della Germania settentrionale, in: MAE (Hg.): Emigrazione e colonie. Raccolta di rapporti dei RR. Agenti diplomatici e consolari, Bd. 1, Teil 3, Rom 1905, S. 26f.

Röpke, Georg-Wilhelm: Wandsbek. Vom stormarnschen Dorf zum Hamburger Stadtteil, in: Werner Johe u. a.: Vom Vier-Städte-Gebiet zur Einheitsgemeinde. Altona – Harburg-Wilhelmsburg – Wandsbek gehen in Groß-Hamburg auf, Hamburg 1988, S. 87-102.

Roth, Karl H.: Ökonomie und politische Macht: Die "Firma Hamburg" 1930 – 1945, in: Angelika Ebbinghaus und Karsten Linne (Hg.): Kein abgeschlossenes Kapitel: Hamburg im 3. Reich, Hamburg 1997, S. 15–177.

Schildmeier, Angelika/Stertkamp, Ruth /Lühring, Horst: Ausländische Arbeitnehmer in Hamburg. Wohnsituation und Integration in ausgewählten Wohngebieten, Hamburg 1975.

Schwarberg, Günther: Der SS-Arzt und die Kinder. Bericht über den Mord vom Bullenhuser Damm, Hamburg 1979.

Sywottek, Arnold: Hamburg seit 1945, in: Werner Jochmann und Hans-Dieter Loose (Hg.): Hamburg. Geschichte der Stadt und ihrer Bewohner, Hamburg 1986, Band II, S. 377-468.

Wagner, Patrick: Displaced Persons in Hamburg. Stationen einer halbherzigen Integration 1945 bis 1958, Hamburg 1997.

Wischermann, Clemens: Wohnquartier und Lebensverhältnisse in der Urbanisierung, in: Arno Herzig/Dieter Langewiesche/Arnold Sywottek (Hg.): Arbeiter in Hamburg. Unterschichten, Arbeiter und Arbeiterbewegung seit dem ausgehenden 18. Jahrhundert, Hamburg 1983, S. 339-358.

www.peterlang.de